Heinrich Kellner

Hellenismus und Christentum

Oder, die geistige Reaktion des antiken Heidentums gegen das Christentum

Heinrich Kellner

Hellenismus und Christentum
Oder, die geistige Reaktion des antiken Heidentums gegen das Christentum

ISBN/EAN: 9783743698628

Hergestellt in Europa, USA, Kanada, Australien, Japan

Cover: Foto ©Lupo / pixelio.de

Weitere Bücher finden Sie auf **www.hansebooks.com**

Hellenismus und Christenthum

oder

die geistige Reaktion des antiken Heidenthums gegen das Christenthum.

.·...............

Mit besonderer Rücksicht

auf die christenfeindliche Literatur des klassischen Alterthums
so wie auch der Gegenwart.

Γυμνάσιον μὲν φάμεν εἶναι τῆς ψυχῆς
τὴν ἀνθρωπίνην σοφίαν, τέλος δὲ
τὴν θείαν. Origenes c. Cels. VI, 13.

Von

Dr. Heinrich Kellner.

Köln, 1866.

Verlag der M. DuMont-Schauberg'schen Buchhandlung.

Druck von M. DuMont-Schauberg.

Sr. Hochwohlgeboren,

dem Königlich Preußischen Geheimen Oberregierungsrathe und vortragenden
Rathe im Ministerium der geistlichen ꝛc. Angelegenheiten,
Mitgliede des Herrenhauses,

Herrn Dr. Th. Brüggemann,

Ritter des Rothen Adler-Ordens II. Kl. mit dem Stern und
Commandeur des Päpstlichen Gregorius-Ordens,

hochachtungsvoll gewidmet.

Vorrede.

Der religiöse Umschwung, der sich in den fünf ersten Jahrhunderten unserer Zeitrechnung vollzog und die antike heidnische Welt in eine christliche verwandelte, ist auch nach Renan's Ansicht das größte Ereigniß, welches die Welt- und Menschengeschichte aufzuweisen hat. Ihn zu erklären und aufzuhellen bleibt eine der höchsten Aufgaben der historischen Wissenschaft, sich mit ihm auseinander zu setzen eine unabweisliche Forderung an jedes religiöse System. Das Alte trat nicht vom Schauplatz ab, ohne dem Neuen einen langwierigen, hartnäckigen und allseitigen Widerstand entgegenzusetzen. Während andere, besonders Tschirner und Lasaulx untersucht haben, was den Sturz des Heidenthums bewirkte, will das gegenwärtige Werk darstellen, was geschah, um diesen Fall aufzuhalten und dem Leser die bedeutenden Anstrengungen vorführen, welche das Heidenthum auf geistigem Gebiete machte, um dem Christenthum entgegenzuarbeiten, um es zu bekämpfen, den verlorenen Boden wieder zu gewinnen, oder doch wenigstens eine ebenbürtige Stellung zu behaupten.

Der geistige Kampf, den der Hellenismus gegen das Christenthum führte, hat wie jedes geistige Ringen und Streben sein Interesse und seine Geschichte. Er bietet zwar nicht das Schauspiel einer von Stufe zu Stufe vor- und rückwärts schreitenden Entwicklung, wie andere geistige Kämpfe, sondern er hat etwas Planloses

und Vieles geht sprung= und stoßweise; aber was ihm an Folge=
richtigkeit fehlt, ersetzt er reichlich durch die Mannigfaltigkeit der zu
Tage geförderten Erscheinungen.

Auch ist es gewiß für Jeden von Werth, zu erfahren: was
wußten die gebildeten Gegner in jener ältesten Zeit von einer noch
heute alles Interesse beanspruchenden Stiftung, was hielten sie von
ihren Lehren und Einrichtungen was verhießen sie ihr endlich für
eine Zukunft. Die Darstellung der wissenschaftlichen Bekämpfung
wirft somit auch Licht auf das Christenthum selbst, auf seine Ent=
stehung und Geschichte; denn, was nicht existirt, kann nicht bekämpft
werden. Man darf sich die Sache freilich nicht so vorstellen, als
könnte man aus den Gegenschriften ein vollständiges System der
christlichen Dogmen reconstruiren; das ist schon deswegen nicht mög=
lich, weil die betreffende Literatur nur sehr lückenhaft überliefert ist.
Aber wenn eine behutsame Kritik die schiefen Auffassungen entfernt
und die Mißverständnisse der Polemiker aufgehellt hat, so ist auch
in dieser Beziehung manches Ergebniß gewonnen, zumal es gerade
die Hauptlehren des christlichen Glaubens sind, worüber vorzugs=
weise verhandelt wird.

Verhältnißmäßig noch mehr Beiträge aber liefert eine solche
Darstellung für eine noch ziemlich vernachlässigte Partie; denn
neben der philosophischen und politischen Seite bereichert sie na=
mentlich auch unsere Kenntniß der religiösen Seite des antiken Lebens
in jenem spätesten Zeitraum. Ueberall aber ist es unser Bestreben ge=
wesen, das weit zerstreute Material übersichtlich zu ordnen, zur
Bildung eines selbständigen Urtheiles in objektiv historischer Weise
darzustellen und nebenbei für gewisse Tagesfragen zu verwerthen.

Trier, im September 1865.

Der Verfasser.

Inhaltsangabe.

IV. Abſchnitt.

Das Stadium des überhand nehmenden Aberglaubens und der Religionsmengerei.

V. Abſchnitt.

Die Anſtrengungen des Heidenthums, ſeine bürgerliche und rechtliche Stellung zu behaupten. Der Kampf um die Exiſtenz.

VI. Abſchnitt.

Die letzten philoſophiſch-theologiſchen Controverſen zwiſchen heidniſchen und chriſtlichen Gelehrten. Schluß.

Erstes Kapitel.

Einleitung.

Die Lage des Christenthums im Römischen Reiche. Sein Dasein blieb den gebildeten Heiden Anfangs verborgen.

1. Die christliche Religion sollte nicht in dem Lande, wo sie entstanden war, ihre volle Größe und Bedeutsamkeit entfalten und ihre Hauptsiege feiern; es war nur für die wenigen Jahre unmittelbar nach dem Tode ihres Stifters, daß sie auf das Jüdische Land beschränkt und gleichsam in den mütterlichen Schoß, wo sie das Leben empfangen hatte, noch eingeschlossen blieb. Dieses Land war, wie es von einem Philosophen der alten Zeit verächtlich genannt wird, ein Winkel des bewohnten Erdkreises, aber es war doch auch ein Bestandtheil des großen Römerreiches, jenes Kolosses, den Römische Mannhaftigkeit und Tapferkeit errichtet hatte, Römische Staatsklugheit erhielt und Griechische Bildung beseelte, so daß sein politisches Handeln von Römischen Anschauungen bestimmt war, in seinem wissenschaftlichen Leben und Treiben aber Hellenisches Wesen entschieden vorherrschte. Dieses war der Boden, auf welchen der Keim des Christenthums von der Vorsehung gesetzt war, aus welchem es die guten Theile an sich ziehen, wo es sich innerlich und äußerlich kräftigen und seine schwierigsten und folgenreichsten Kämpfe durchkämpfen sollte.

2. Die Religion Jesu Christi hatte das bewußte Streben und die ausgesprochene Bestimmung, sich auf der ganzen Erde zu ver-

breiten. Wenn sie also dieser Bestimmung gemäß bald die engen
Gränzen der Provinz Judäa überschritt, so befand sie sich auf dem
Gebiete und in der geistigen Atmosphäre des Griechisch-Römischen
Weltreiches. Dazu gehörte, Dank den politischen Verhältnissen, nur ein
kleiner Schritt. Sieben Jahrhunderte hatten zur Erbauung und Festi-
gung dieses Reiches gehört, die begabtesten Geister der Menschheit
hatten zu dessen Verherrlichung und Consolidirung in allen Zweigen
menschlicher Thätigkeit, im Staatsleben, in Religion, Kunst und Wissenschaft gearbeitet und beigetragen. Und wenn es auch zur Zeit Christi
schon den Keim der Entartung und Erschlaffung in sich trug, so
war es doch noch immer viel zu stark, um von äußern oder innern
Feinden sich leicht überwältigen zu lassen oder wehrlos die Waffen
zu strecken. Ein schwerer Kampf gegen das Christenthum war vor-
auszusehen, eine gewaltige Reaktion mußte erfolgen. Denn das Christenthum war zuerst zwar nur der heidnischen Religion feindlich, es
bekämpfte sie auf Tod und Leben; in so fern aber mit dem Religionswesen die Staatseinrichtungen zusammen hingen, drohte es auch
diesen gefährlich zu werden und es schien schließlich sogar die heidnische Bildung und Philosophie vernichten zu wollen. Auf dem Boden
des Römerreiches nur zu existiren, war also für die neue Religion
keine leichte Sache. Es ging ihr wie einem vertriebenen Königs-
sohne, der sich das Erbe seiner Väter wieder erringen will und der
sich im Lande seiner Feinde sogar erst die Mittel erkämpfen muß,
um sie zu vertreiben und sich in den Besitz zu setzen. Die ersten
Anhänger und Verbreiter des Christenthums besaßen aber weder
Macht, noch Einfluß, noch Gelehrsamkeit; wenn daher der junge
Keim nicht alsobald geradezu von den feindlichen Elementen vernichtet werden sollte, so gab es kein anderes Rettungsmittel für
ihn, als den Schleier der Verborgenheit. Die christliche
Religion mußte vor der Hand der Aufmerksamkeit derer entgehen,
welche einen Einblick in ihre Lehren und Grundsätze gehabt hätten, und
im Stande gewesen wären, deren politische Tragweite zu ermessen.

3. Das Christenthum hielt sich zuerst fast nur in den niedern
Klassen der Bevölkerung, verbreitete sich nur unter diesen und erregte
nur bei ihnen Aufmerksamkeit. Daher sehen wir auch im ersten
Jahrhundert nach Christus allerlei Gerüchte in Betreff desselben

umlaufen, Gerüchte, denen man es ansieht, daß sie in den Kreisen ungebildeter und roher Menschen entstanden waren. So glaubte man, von den Christen, daß sie bei ihren geheimen Zusammenkünften das Blut eines geschlachteten neugebornen Kindes mit Mehl vermischten und genössen und daß sie bei ausgelöschten Lichtern wilde Unzucht trieben.[1]) Es war eigentlich keine Vermuthung und Verleumdung so abgeschmackt, daß sie nicht Glauben gefunden hätte. So trug man sich z. B. einige Zeit mit dem Wahn, die Christen beteten einen Eselskopf an, während andere meinten, sie erwiesen der Sonne göttliche Verehrung. Wenn also solche Gerüchte in jener Zeit fleißig circulirten, wie wir aus den Schriften der Apologeten ersehen, so ist das ein Beweis, daß man sich vorherrschend unter dem gemeinen Volk für das Christenthum interessirte.

4. Im Ganzen hielt man die Christen für eine abergläubische, gefährliche, lichtscheue und menschenfeindliche Sekte, trug kein Verlangen, sie näher kennen zu lernen, und begnügte sich mit wunderlichen Vermuthungen, vagen Gerüchten und unklaren Vorstellungen, wie sie sich der gemeine Mann in Betreff geheimer Gesellschaften, von deren Treiben er nichts versteht, zu machen pflegt. Das war im Ganzen ein Glück für die junge Pflanzung, wie auch einer unserer größten Kenner des Alterthums bemerkt, wenn er sagt: „Die heidnischen Machthaber und Philosophen ahnten noch nicht, kamen noch lange zu keiner klaren Vorstellung darüber, bis zu welchem Grade die christliche Kirche die Nebenbuhlerin des Römischen Staates war und in welch' weitem Umfange die Christen andern Gesetzen folgten, einer andern Sphäre angehörten; sie würden sonst nicht stoßweise und mit Unterbrechungen, sondern von Anfang an, planmäßig, ununterbrochen und bis zur Ausrottung die Kirche verfolgt haben."[2])

5. Darum beobachtet auch die gleichzeitige Literatur ein Stillschweigen in Betreff des Christenthums, das sonst auffallend

---

1) Diesen Vorwurf machte den Christen sogar der Rhetor Fronto in einer untergegangenen Schrift, worüber Minuc. F. Octavius c. 9 u. 31.

2) Döllinger, Christenthum und Kirche, S. 414.

zu nennen wäre, wenn es nicht diese natürlichen Ursachen hätte. Kein Philosoph zieht dessen Lehren in den Kreis seiner Betrachtungen, es entspinnt sich kein Kampf darüber und auch die blutigen Verfolgungen des ersten Jahrhunderts tragen gar sehr den Charakter des Zufälligen, Gelegentlichen und Unplanmäßigen. Mit dieser Ansicht steht der Umstand, daß das Christenthum damals schon einige Schriftsteller aufzuweisen hatte, keineswegs im Widerspruch. Denn Bildung war damals vielfach verbreitet und namentlich waren unter den Sklaven, unter denen das Christenthum die größte Anzahl von Anhängern zählte, viele Männer von einer 'gewissen Bildung, welche als Abschreiber, Vorleser, Bibliothekare, Sekretäre u. dgl. gebraucht wurden. Daß aber durch einige vorhandene christliche Schriften die Kenntniß vom Christenthum schnell verbreitet worden wäre, ist unmöglich; denn diese waren nur in sehr wenigen Exemplaren verbreitet, mußten abgeschrieben werden und gingen von Hand zu Hand. Anzunehmen, daß diese Schriften die Bekanntschaft mit dem Christenthum in weiteren Kreisen gefördert hätten, wäre ein lächerlicher Anachronismus.

6. Aber der Schleier der Verborgenheit mußte endlich doch gelüftet werden. Die Zahl der Christen nahm von Tag zu Tag zu und sie mußten endlich auch die Aufmerksamkeit der höhern Stände, der Staatsmänner und Gelehrten erregen. Und diese beiden Stände haben sich nichts weniger als gleichgültig bei den Fortschritten des Christenthums verhalten. Wir können darum in der heidnischen Reaktion gegen dasselbe im Ganzen eine dreifache Strömung unterscheiden, zuerst eine Befeindung durch die untern Volksklassen, welche sich in thörichten und albernen Verleumbungen kund gab, dann der Widerstand der Römischen Staatsmänner, welcher die gewaltsamen Versuche zur Ausrottung des Christenthums, die man Verfolgungen nennt, herbeiführte, und endlich eine Reaktion des Hellenischen Geistes in den verschiedenen Gebieten des geistigen Lebens und besonders auch in der Literatur. Die erste Reaktion war die älteste, die zweite die am meisten energische und systematische, und die dritte die am spätesten beginnende, aber am längsten dauernde, denn sie setzte sich durch fünf volle Jahrhunderte hindurch fort.

7. Den Römischen Staatsmännern ging, wie gesagt, etwas früher als den Gelehrten eine Erkenntniß darüber auf, daß das Christenthum die Grundlagen des Staates gefährde, und daß es, ins Leben eingeführt, eine totale Veränderung hervorbringen müsse. Man vermerkte es übel, daß sich seine Bekenner vom öffentlichen Leben zurückzogen und hielt sie für aufrührerische, staats=gefährliche Menschen, welche mit den bestehenden Zuständen unzufrieden seien.[1] So viel etwa sagte ihnen ihr Gefühl und ihr staats=männischer Takt; denn von einer klaren Erkenntniß waren sie größtentheils weit entfernt. Die meisten von ihnen hatten entweder gar keine oder höchst mangelhafte Begriffe von den christlichen Lehren, wovon uns in den Akten der Märtyrer manche merkwürdige Proben erhalten sind. Wenn wir dieselben hier vorführen, so geschieht es nicht, als ob wir den betreffenden Bemerkungen irgendwie andere Bedeutung als eine geschichtliche beilegten; wir wollen vielmehr nur ein Bild von der Stellung der vornehmeren und gebildeteren Heiden zum Christenthum, von ihrer Unkenntniß und ihren irrigen Anschauungen desselben entwerfen.

8. Es war keineswegs eine Pflicht der Richter, die angeklagten Christen über ihre Lehre auszuforschen, mit ihnen zu disputiren und sie durch Ueberredung davon abzubringen, aber dennoch machten sie zuweilen derartige Versuche. Wenn diese Versuche auch sehr unvollkommen sind, so bilden sie doch eine Art Vorspiel zu dem Kampfe der Geister, welchen wir in den folgenden Blättern schildern werden, und wir dürfen sie deshalb nicht ganz unbeachtet lassen. Der Richter hatte weiter nichts zu thun, als die kaiserlichen Edikte gegen die Christen zu vollstrecken, d. h., entweder durch Zeugenaussagen oder durch auf der Folter erpreßte Geständnisse die Thatsache festzustellen, daß die Angeklagten Christen seien, und sie demgemäß, wenn sie hartnäckig blieben, nach den bestehenden Gesetzen zu bestrafen.[2] Damit hatte er seiner Pflicht genügt und sich auf nichts weiter einzulassen.

---

1) Flav. Vopisc. Saturnin. cap. VII. Nam et Christiani et Samaritae et quibus praesentia semper tempora cum enormi morum libertate displiceant. Bgl. Justin. Mart. Ap. I, 11. pag. 49. B.

2) Epist. Traiani inter Plinian. X, 98.

9. Und so hielten es die Richter in der älteren Zeit, wie wir aus den uns erhaltenen Märtyrerakten sehen, fast immer. Sie fragen einfach: Wer bist du? Wie heißest du? Bist du Christ? Und dann befehlen sie ihm ganz kurz und barsch: Opfere, der Kaiser will, daß du opferst! In dieser Art wurde in der ältesten Zeit verfahren, später aber kam es häufiger, im Verhältniß zur Wichtig= keit der Sache freilich immer noch selten genug vor, daß die Be= amten weiter gingen und Fragen an die Angeklagten in Betreff ihres Glaubens richteten, bald aus Mitleid und in der wohlwollen= den Absicht, sie von ihrem vermeintlichen Wahne abzubringen und von der Strafe zu retten, bald um etwas von einer Sache zu er= fahren, die ihnen noch ganz fremd war, bald aus raffinirter Bos= heit und grausamer Schadenfreude.

10. Ein merkwürdiges Beispiel eines solchen Verfahrens und zugleich das älteste, wo ein Präfekt von der frühern kurzen und barschen Art abging, ist das des jüngern Plinius, welcher unter Trajan Statthalter von Bithynien war. Dieser Mann wußte vom Christenthum nichts und hatte sich auch, als er noch zu Rom lebte, niemals die Mühe genommen, einer gerichtlichen Verhandlung gegen die Christen beizuwohnen, wozu er oft genug Gelegenheit ge= habt hätte. Als Statthalter in Kleinasien kam er nun in die Lage, über Christen, welche bei ihm als solche angezeigt worden, zu Ge= richt sitzen zu müssen. Er bekennt von sich, daß er völlig fremd in der Sache gewesen, und nicht einmal gewußt habe, was der Gegen= stand der Untersuchung und das Objekt der Strafe sei.[1] Er forschte also der Sache nach und fand, daß die Schuld der Angeklagten darin bestand, daß sie an einem bestimmten Tage vor Sonnenauf= gang zusammen kämen, Christus als ihrem Gott ein Lied sängen, sich verpflichteten, nicht zu stehlen, nicht zu rauben, nicht die Ehe zu brechen oder falsch zu schwören, nicht anvertrautes Gut dem Eigenthümer vorzuenthalten, und daß sie dann gemeinsam eine ge= wisse gewöhnliche und unschädliche Speise (die Liebesmahle und das Abendmahl) genössen. Diese merkwürdigen Dinge, diese seine neuen Entdeckungen berichtete Plinius seinem Kaiser und erbat

1) Epist. X, 97.

sich von ihm Verhaltungsmaßregeln. So sah es in den höheren und höchsten Klassen der Gesellschaft mit der Kenntniß vom Christenthum aus. Wäre Plinius, der Philosoph, der Redner und Schriftsteller nicht zufälliger Weise Präfekt geworden, so würde er in seinem ganzen Leben vielleicht nie etwas vom Christenthum erfahren haben.

11. Unter demjenigen, was gut gesinnte Richter den Christen, um sie von ihrer Hartnäckigkeit abwendig zu machen, gewöhnlich zu bedenken geben, spielt der Vorwurf des Ungehorsams gegen die Gesetze jederzeit eine wichtige Rolle. So lesen wir in der Passion des h. Symphorianus vom Jahre 180 n. Chr.[1]), wie der Richter mit Unwillen ausruft: „Er will nicht bloß ein Verächter der Götter, sondern auch ein Aufrührer sein. Ist dir vielleicht unbekannt, was die Gesetze der Kaiser bestimmen?“ Er läßt nun ein Dekret des Kaisers Aurelian vorlesen und fährt fort: „Was erwiederst du nun, Symphorian? Können wir diese Dekrete mißachten? Ein doppeltes Vergehen wird dir zur Last gelegt. Du erscheinst als ein Frevler durch deine Verachtung der Götter und als ein Vermessener durch deinen Widerstand gegen die Gesetze.“ Aehnlich sagte der Prokurator zum h. Leo: „Du scheinst mir, o Greis, entweder die Macht der himmlischen Götter nicht zu kennen, weil du ihren Dienst zu vernichten suchst, oder von Sinnen zu sein, weil du den Willen unserer göttlichsten Kaiser, die wir gnädige Beschützer und Götter nennen, zuwider handelst.“[2])

12. Noch mehr Mühe gab sich der Richter, welcher Epipodius und Alexander zu verhören hatte. „Wir verehren“, belehrt er sie[3]), „die unsterblichen Götter, welchen die Gesammtheit der Völker, welchen auch die geheiligten Personen der Fürsten dienen. Unsere Verehrung der Götter besteht in Fröhlichkeit, Gastmählern, Gesängen, Spielen, Schmausereien und Ungebundenheit; ihr aber betet einen gekreuzigten Menschen an, dessen Wohlgefallen die, welche sich an all dem erfreuen, nicht besitzen können, der auch die Fröhlichkeit verpönt, der an Fasten sich erfreut, der die Lüste verdammt und die trüb-

---

1) Ruinart, Acta Mart. p. 80.
2) Ibid. p. 546.
3) Ibid. p. 75. Diese Passion ist etwa 170 n. Chr. geschrieben.

selige und unfruchtbare Keuschheit liebt. Was kann er für Wohlthaten erweisen, da er sich nicht einmal vor der Verfolgung ganz
gemeiner Menschen zu schützen im Stande war?"

13. In ähnlichem Sinne spricht der Proconsul Sabinus zu
Lucian und Marcianus: „Wer hat euch nur beredet, die ehrwürdigen
und wahren Götter, von welchen ihr so viel erlangt habet, und um
derentwillen ihr beim Volke beliebt waret, (beide waren beliebte
Aerzte) zu verlassen, und einem todten und gekreuzigten Menschen
anzuhängen, der sich nicht einmal selbst erretten konnte?"[1]) Der
Präses Aemilianus aber kann sich gar nicht vorstellen, was die
Christen eigentlich anbeten, wenn es nicht die Götter und die Bilder der Kaiser sind.[2]) Manchmal sind die Ermahnungen der Römischen Beamten wirklich naiv. So gab in der Diocletianischen Verfolgung einer derselben dem Märtyrer Rogatian den guten Rath,
durch sein exclusives Bekenntniß des einen Gottes doch nicht den
Zorn der übrigen Götter auf sich zu ziehen.[3])

14. Zuweilen lassen sich die Beamten mit den Angeklagten
in förmliche Disputationen ein und dann ist es gewöhnlich das
Dogma von der Dreifaltigkeit oder vom Sohne Gottes, um welches
das Gespräch sich dreht. So richtete Marcianus an den Bischof
Achatius die Frage: „Hat also Gott einen Sohn, wie du sagst?
Achatius: Ja. Marc.: Wer ist der Sohn Gottes? Ach.: Er heißt
Jesus Christus. Marc.: Von welcher Gattin ist er denn empfangen? Ach.: Gott hat nicht nach menschlicher Weise seinen Sohn
mit einem Weibe erzeugt, sondern der Sohn Gottes, das Wort der
Wahrheit, ist aus dem Herzen Gottes hervorgegangen. Marc.:
Wenn Gott keinen Körper hat, so hat er auch kein Herz, denn es
kann kein sinnliches Gefühl ohne Körper bestehen."[4]) Daß Gott
einen Sohn haben und doch nur ein Gott sein soll, das ist fortwährend der Stein des Anstoßes. Maximus, ein grober und roher

---

1) Ibid. p. 167. Vgl. auch die acta s. Patricii. Ibid. p. 554 seqq.
2) Qui audiuntur, qui timentur, qui adorantur, si dii non coluntur,
nec imperatorum vultus adorantur? Ibid. passio s. Fructuosi p. 22J.
3) Ibid. p. 281.
4) Idib. p. 154.

Menſch, der im Jahre 304 die Märtyrer Tarachus, Probus und Andronikus hinrichten ließ, fuhr den Tarachus, welcher geſagt hatte, er vertraue auf Gott und Chriſtus, mit den Worten an: „Unge= rechter und verfluchter Menſch, wie kannſt du den zwei Göttern dienen, die du da bekennſt, und dabei doch die Götter (die heid= niſchen) leugnen?"[1]

15. Auch Chriſtus, ſeine Perſon und ſeine Lebensſchickſale ſind ein Gegenſtand, der den heidniſchen Behörden einiger Maßen geläufig iſt. „Weißt du nicht", ſagt einer der Richter, „daß Chriſtus, den du anbeteſt, in die Gefangenſchaft des Pontius Pilatus kam und beſtraft wurde, worüber auch Akten aufbewahrt werden. Was haſt du, größter der Thoren, für einen Nutzen von dem Glauben und der Hoffnung auf den Menſchen, den du Chriſtus nennſt?"[2] „Erbärmlicher Menſch", ſagt ein anderer zu dem Prieſter Theodoret: „Jenen, der, wie wir alle wiſſen, vor dreihundert und mehr Jahren von einem Weibe geboren wurde, hältſt du für den Erſchaffer der Welt und für den Vergelter?"[3]

16. Andere reden den Märtyrern mit Gründen des haus= backenen Alltagsverſtandes und der praktiſchen Lebensklugheit zu. So ſagt z. B. Aemilianus nicht ohne eine gewiſſe Gutmüthigkeit: „Ich habe bereits nicht bloß ſchriftlich, ſondern auch mündlich über die Milde unſerer Kaiſer zu euch geſprochen. Sie haben nämlich euer Wohlergehen ganz in eure Hände gelegt, wenn ihr nur zu dem, was die Natur verlangt, euch bequemen, die Schutzgott= heiten des Reiches anbeten und deſſen, was der Natur ſelbſt ent= gegen iſt, vergeſſen wollt. Was habt ihr darauf zu erwiedern? Ich hoffe, ihr werdet nicht undankbar gegen ihre Milde ſein."[4] Einer ſolchen Gutmüthigkeit muß man, um ſie zu würdigen, eine ſo rohe Aeußerung, wie die des Ruſticus gegenüber halten, der zu Juſtinus ſagte: „Höre du, der du behaupteſt, beredt zu ſein, und die rechte Lehre zu haben meinſt! Wenn du am ganzen Leibe mit Geißeln

---

1) Ibid. p. 424.
2) Ibid. p. 442.
3) Ibid. p. 560.
4) Ibid. p. 182.

gestrichen sein wirst, glaubst du dann noch bis in den Himmel hin=
auf steigen zu können?"[1])

17. Ein einzig in seiner Art dastehendes Beispiel eines förm=
lichen Ausfragens findet sich in den Akten des h. Phileas vom Jahre
306 n. Chr. Der Präfekt Culcianus, dessen auch Epiphanius als
eines Verfolgers der Christen erwähnt, hat sichtlich die Absicht, den
Märtyrer durch Querfragen in Verlegenheit zu setzen. Wir führen
den betreffenden nicht uninteressanten Dialog hier vor. Culcianus
sagt: „Opfere nun! Phileas: Ich opfere nicht. Culc.: Hat denn
Paulus nicht geopfert? Phil.: Nein, bewahre! Culc.: Hat Moses
nicht geopfert? Phil.: Es war den Juden befohlen, dem einen Gott
in Jerusalem zu opfern; nun aber sündigen die Juden, wenn sie
ihre Feste an andern Orten feiern. Culc.: Opfere! Phil.: Ich will
meine Seele nicht beflecken. Culc.: Werden wir die Seele verlieren?
Phil.: Ja, Seele und Leib. Culc.: Diesen Leib hier? Phil.: Ja.
Culc.: Wird das Fleisch auferstehen? Phil.: So ist es. Culc.:
Hat Paulus (er hat den Petrus im Sinn) nicht Christus ver=
leugnet? Phil.: Nein, bewahre. Culc.: War Paulus nicht ein Ver=
folger? Phil.: Nein, bewahre. Culc.: War Paulus nicht ein Un=
wissender? War er nicht ein Syrer? Hat er nicht Syrisch ge=
sprochen? Phil.: Nein, er war ein Hebräer, hat Griechisch ge=
sprochen und eine überaus große Weisheit besessen. Culc.: Vielleicht
behauptest du, daß er weiser gewesen als selbst Plato? Phil.: Nicht
bloß weiser als Plato, sondern auch als alle Philosophen. Culc.:
Opfere jetzt! Phil.: Ich opfere nicht. Culc.: Gibt es ein Gewissen?
Phil.: Ja. Culc.: Warum bewahrst du also, was deine Gattin
und deine Kinder angeht, dein Gewissen nicht? Phil.: Weil die
Pflichten gegen Gott höherer Art sind. Culc.: Spare deine Worte
und opfere! Phil.: Nein. Culc.: War Christus Gott? Phil.:
Ja. Culc.: Warum glaubst du von ihm, daß er Gott war?
Phil.: Er machte Blinde sehend und Taube hörend. Culc.: Ist
Gott gekreuzigt worden? Phil.: Ja, um unseres Heiles willen
ist er gekreuzigt worden. Auch wußte er vorher, daß er gekreu=
zigt werden und Schmach erleiden müsse, und gab sich selbst

---

1) Ibid. p. 59.

hin, alles zu leiden um unsertwillen. Culc.: War Paulus Gott?
Phil.: Nein. Culc.: Wer war er also? Phil.: Ein Mensch wie
wir, aber der Geist Gottes war in ihm und im Geist that er
Zeichen und Wunder."[1]) Daß Culcianus keine Belehrung sucht,
leuchtet ein; denn kaum hat er einen Punkt berührt, so springt er
wieder davon ab. Er will nur, das, was er vom Christenthum zufällig oder in seiner Praxis als Untersuchungsrichter gehört hat,
an den Mann bringen und, da er gerade guter Laune zu sein
scheint, in Kreuz- und Querfragen seinen Witz üben.

18. Wir beschließen damit diesen Gegenstand, da das Gesagte
hinreicht, um zu zeigen, daß diese polemischen Versuche der hohen
Römischen Beamten nur auf sehr geringen und irrigen Kennt-
nissen vom Christenthum beruhten. Das ist auch sehr natürlich;
denn der Verkehr der Geister war damals kein so reger wie heut
zu Tage und die geistige Mittheilung eine weit langsamere.

19. Wie schwer es den gebildeten Griechen und Römern fiel,
sich von auswärtigen, fremden oder neuen religiös-sittlichen Zuständen zu unterrichten, sich in dieselben zu versetzen und sich eine
einiger Maßen klare Anschauung davon zu bilden, zeigen uns die
Mittheilungen, welche die Wortführer der Literatur z. B. über das
Judenthum machen. Um eine Probe davon zu geben, mit welchen dürftigen Nachrichten, mit welchen Fabeln und Ungeheuerlichkeiten sie
sich in Betreff desselben begnügten, theilen wir hier einen Abschnitt
aus Trogus Pompejus, einem Geschichtschreiber der Auguftei-
schen Zeit mit.

20. „Die Heimat der Juden, belehrt er seine Leser, ist Damascus, eine bedeutende Stadt Syriens, von wo auch die Assyri-
schen Könige ihre Abstammung durch die Königin Semiramis her-
leiten. Ihren Namen hat die Stadt von dem Könige Damascus.
Nach Damascus waren Azelus, darauf Adores, Abraham und
Israhel Könige. Den Israhel aber machte der glückliche Erfolg
seiner Söhne berühmter, als seine Vorfahren gewesen waren. Daher theilte er sein Volk in zehn Königreiche und übergab diese
seinen Söhnen, nannte sie alle nach dem Namen des Judas, der

---

1) Ibid. p. 494 seq.

nach der Theilung gestorben war, Juden, und befahl, dessen An=
denken allgemein zu ehren; sein Antheil aber kam den übrigen
zu Gute. Der jüngste unter den Brüdern war Joseph, dessen aus=
gezeichnete Anlagen die Brüder fürchteten, weshalb sie ihn heim=
lich gefangen nahmen und an fremde Kaufleute verhandelten. Von
diesen wurde er nach Aegypten gebracht, und dort gewann ihn,
nachdem er die magische Kunst erlernt hatte, sogar der König lieb
und werth, denn er war sehr scharfsinnig in Betreff der Wunder=
zeichen, begründete die Wissenschaft der Traumdeuterei, und nichts
vom göttlichen und menschlichen Rechte war ihm unbekannt, so daß
er auch den kommenden Mißwachs viele Jahre vorher sah, und
ganz Aegypten durch Hungersnoth zu Grunde gegangen wäre, wenn
der König nicht nach seiner Anweisung die Früchte viele Jahre
lang hätte aufspeichern lassen."

21. „Sein Sohn, (also der Sohn des Joseph) war Moses,
dem außer der Erbschaft des natürlichen Wissens auch noch die
Schönheit der Gestalt zur Empfehlung gereichte. Aber die Aegypter
trieben ihn in Folge eines Orakelspruches wegen einer Epidemie
mit allen Kranken, die an Krätze und Flechten litten, aus ihrem
Lande, damit nicht die Ansteckung noch mehrere ergriffe. Als Führer
der Verbannten bemächtigte er sich durch Diebstahl der Heiligthümer
der Aegypter; diese wollten sie mit den Waffen wieder gewinnen,
mußten aber wegen der Stürme nach Hause zurückkehren. Moses suchte
nun wieder nach dem alten Vaterland Damascus zu gelangen,
und besetzte den Berg Syna. Als er endlich dahin gekommen war,
und nachdem er mit dem Volke in der Wüste Arabiens sieben
Tage lang Mangel gelitten hatte, heiligte er den siebenten Tag,
welchen das Volk Sabbat nannte, für alle Zukunft durch Fasten,
weil an diesem Tage das Fasten und die Irrfahrten für sie ein
Ende genommen hatten. Und eingedenk dessen, daß sie aus Furcht
vor Ansteckung aus Aegypten vertrieben worden, hüteten sie sich vor
jeder Gemeinschaft mit Fremden (wie pfiffig!), um nicht aus der
nämlichen Ursache den Einwohnern wieder verhaßt zu werden, und
was so zufällig entstanden war, wurde allmählig Bestandtheil ihrer
Sitte und Religion. Nach Moses wurde sein Sohn Aruas (Aaron?),
der Priester der Aegyptischen Religion war, auch bald zum Könige

gewählt, und das blieb von da an Gewohnheit bei den Juden, daß ihre Könige auch Prieſter in einer Perſon waren, und durch ihre Gerechtigkeit und ihren Religionseifer gelangten ſie zu einer unglaublichen Macht."[1]

22. Dieſem Abriß der Jüdiſchen Geſchichte aus einem Römiſchen Hiſtoriker ließe ſich noch Anderes von derſelben Art an die Seite ſtellen.[2] Allein derſelbe iſt mit all ſeinen Einfältigkeiten und innern Widerſprüchen charakteriſtiſch genug. Wenn alſo die Schriftſteller jener Zeit mit dem Judenthum, welches ſich an eine ganze Nation anlehnte und alſo hiſtoriſches Intereſſe hatte, ſo trefflich Beſcheid wußten, welche Kenntniß vom Chriſtenthum werden wir dann erſt bei ihnen ſuchen müſſen! So viel wir aus den noch erhaltenen Werken von Schriftſtellern des erſten Jahrhunderts erſehen können, nahmen ſie vom Chriſtenthum keine Notiz. Wenn wir auf die Griechiſchen und Römiſchen Schriftſteller allein angewieſen wären, ſo würden wir kaum ſagen können, ob daſſelbe überhaupt nur exiſtirte oder nicht, und ſind ſomit zu der Annahme berechtigt, daß ſie vom Chriſtenthume überhaupt keine Kenntniß hatten, während man von den Helleniſtiſchen Schriftſtellern des Jüdiſchen Volkes, von Philo und Joſephus, wohl eher ſagen kann, daß ſie daſſelbe abſichtlich ignoriren.[3] Nur bei zwei heidniſchen Schriftſtellern, welche aber beide ſchon dem Ende des erſten Jahrhunderts angehören, findet ſich eine Erwähnung des Chriſtenthums, und zwar ſind dieſe beiden Schriftſteller Hiſtoriker. Aus dieſem Umſtande ſehen wir, daß das Chriſtenthum ſich dem Heiden viel eher im Leben aufdrängte, als

---

1) Justin. Hist. lib. XXXVI. cap. 2.

2) Z. B. der Brief der Spartaner an die Juden I. Macoab. 12, 20 ff. Tacitus Hist. V. 2—7 läßt die Juden aus Kreta vom Berge Ida herſtammen, nach Libyen fliehen, dann nach Aegypten kommen und endlich unter der Führung des Hieroſolymus und Judas nach Paläſtina ziehen. Juvenal aber ſagt Sat. XIV, 96 von ihnen:

Quidam sortiti metuentem sabbata patrem

Nil praeter nubes et coeli numen adorant,

Nec distare putant humana carne suillam etc.

3) Die einzige Stelle bei Joſephus, wo Chriſti und der Chriſten erwähnt wird, iſt unecht und läßt ſich durch ſolche geſuchte und unmotivirte Verſuche, wie der kürzlich von A. Otto („Katholik" 1864. I. S. 152) gemachte, nicht retten.

in der Wissenschaft, wie es denn nicht allein und vorwiegend eine Theorie, eine Lehre ist, sondern vielmehr auch im Leben stets nach einer praktischen Ausgestaltung strebt. Daher war der Historiker weit früher dazu geführt, vom Christenthum Kenntniß zu nehmen, als der Philosoph, und wiederum der Staatsmann viel früher, als der Gelehrte.

23. Diese beiden Historiker, deren Mittheilungen als die ältesten bei Heiden vorfindlichen unsere Aufmerksamkeit verdienen, sind Suetonius und Tacitus. Sueton erwähnt der Christen in seiner Lebensgeschichte des Kaisers Claudius aber nur ganz im Vorbeigehen und noch dazu mit einem Mißverständniß. Denn er nennt zwar dem Wortlaute nach die Juden, meint aber die Christen, wenn er erzählt, daß Claudius die Juden aus Rom vertrieben habe, „weil sie auf Anstiften eines gewissen Chrestus in beständigem Aufruhr waren."[1]) Unter diesem Chrestus ist Niemand anders als Christus zu verstehen; denn so veränderten die Alten durch den Jotacismus zuweilen diesen Namen, und Sueton meint somit nichts anders, als daß die Römische Judenschaft durch das Eindringen der christlichen Lehre unter einander in Parteiungen zerfallen und in Aufruhr gerathen sei, und glaubt, daß daran ein gewisser Chrestus (als Person anstatt die Lehre) schuld sei. Daß er von dem Dasein des Christenthums selbst eine Kunde hatte, geht indessen daraus hervor, daß er dessen Anhänger eine Menschenklasse nennt, die einem neuen und schädlichen Aberglauben huldige, und unter die wegen ihrer Härte tadelnswerthen Maßregeln Nero's auch die Hinrichtung der Christen zählt.[2])

24. Dieses letztern Vorfalles erwähnt Tacitus ausführlicher[3]) und gibt uns bei dieser Gelegenheit einige lehrreiche und schätzenswerthe Notizen. Er spricht von der großen Feuersbrunst, welche unter Nero im Jahre 64 n. Ch. einen Theil der Stadt Rom in Asche legte, und berichtet dabei, daß man Nero selbst für den Anstifter derselben angesehen habe. „Um dieses Gerücht", fährt er dann fort, „verstummen zu machen, schob er gewisse, durch ihre

---

1) Sueton. Claud. cap. 25. Vgl. dazu Döllinger, Christenthum und Kirche. S. 98.
2) Suet. Nero cap. 16.
3) Tac. Annal. XV, 44.

Schandthaten verhaßte Menschen, welche das gemeine Volk Christen nennt, als Schuldige vor, und belegte sie mit den ausgesuchtesten Strafen. Sie haben diesen Namen von Christus, welcher unter der Regierung des Tiberius, durch den Landpfleger Pontius Pilatus peinlich bestraft worden ist. Der bis zur Gegenwart niedergehaltene verderbliche Aberglaube brach wieder hervor, nicht bloß in Judäa, der Wiege dieses Uebels, sondern auch in Rom selbst, wohin von allen Seiten alle gräulichen und schändlichen Dinge zusammenfließen und gefeiert werden. Also diejenigen, welche zuerst ergriffen wurden und bekannten, dann weiter auf ihre Angaben eine ungeheure Menge, wurden nicht sowohl des Verbrechens der Brandstiftung als vielmehr des Hasses gegen das Menschengeschlecht überführt."

25. Wie dieselben nun auf die qualvollste Weise und in solchen Massen hingerichtet wurden, daß sie sogar das öffentliche Mitleiden erregten, interessirt uns hier weniger, wir fragen vielmehr danach, was weiß Tacitus von den Christen und was hält er von ihnen? Er ist der Ansicht, daß diese Sekte, welche das gemeine Volk Christen nennt, einem verderblichen Aberglauben huldige. Welcher Art derselbe sei, hat der große Römer ohne Zweifel nicht gewußt; denn Aberglauben ist nichts für einen Gebildeten und kann nur das gemeine Volk interessiren, welches zu jener Zeit allerdings sehr abergläubisch war. Er weiß nur, daß dieser Aberglaube in Palästina entstand, und ein gewisser Christus der Urheber desselben ist. Er wurde durch dessen Hinrichtung eine Zeit lang unterdrückt, trat aber zur Zeit Nero's sowohl in Judäa als auch in Rom mit erneuerter Stärke wieder auf. Das ist die Ansicht des Tacitus von den Christen. Der Brandstiftung hält er sie nicht für schuldig, wohl aber des Hasses des ganzen menschlichen Geschlechtes. Daß er auf diesen Irrthum verfiel, könnte sonderbar erscheinen; aber derselbe wurde nicht durch eine Lehre des Christenthums veranlaßt, sondern einzig und allein durch das Benehmen der Christen. Sie fühlten, daß sie, wie die Welt damals war, eigentlich darin unmöglich seien; denn wie sollte das winzige Häuflein mit und nach seinen allen bestehenden Ansichten und Einrichtungen widersprechenden Lehren leben und existiren? Möglichst sich verheimlichen, möglichst sich vom Umgang mit Nichtchristen und von

allem öffentlichen Leben und Verkehr zurückziehen, das war damals
die Losung. So lange das glückte, war man seines Lebens sicher,
sonst nicht mehr. Daß ein solches Benehmen von einer Partei der
Heiden für Menschenhaß ausgelegt wurde, ist erklärlich, andern schien
wieder Liebe zur Ruhe, zur Muße des Privatlebens oder kurz
gesagt, sträfliche und verächtliche Trägheit[1]) die Ursache eines solchen
scheuen und zurückgezogenen Lebens zu sein.

Zweites Kapitel.

**Allmähliches Hervortreten des Christenthums. Die geistige Reaktion gegen
dasselbe. Allgemeine Uebersicht.**

1. Mit der Zeit mußte es anders werden und das Christen=
thum die Aufmerksamkeit aller Klassen der Bevölkerung auf sich
ziehen und das geschah denn auch in einer sehr ausgedehnten Weise.
Man beschäftigte sich namentlich im dritten und vierten Jahrhun=
derte recht angelegentlich damit und der Genius des Heidenthums
ließ sich auch aus dem Gebiete des Wissens keineswegs leicht ver=
treiben. Blutig verfolgt wurde das Christenthum in den meisten
heidnischen Ländern, wo es zum ersten Male auftrat, wissen=
schaftlich bekämpft wurde es nirgends als nur im Griechisch=
Römischen Reiche. War die wissenschaftliche Bekämpfung und die
geistige Reaktion verhältnißmäßig spät erwacht, so wurde sie trotz
der eingetretenen Erschlaffung des Hellenischen Geistes, doch eine
recht allseitige und nachhaltige. Er suchte sich auf den verschiedenen
Gebieten wieder zu erneuern und zum Widerstande zu kräftigen, ja
man bekämpfte das Christenthum und seine Lehren in einer Reihe
von polemischen Werken.

---

1) Contemptissima inertia. Suet. Domitian c. 15.

2. Innerhalb des antiken Heidenthums kommt die thatkräftige Reaktion, die Verfolgung, faſt ausſchließlich dem Römerthum zu, die gelehrte, die geiſtige aber geht allein vom Hellenenthum aus; denn alle gegen das Chriſtenthum direkt oder indirekt gerichteten und in der Zeit vom zweiten bis zum ſechſten Jahrhundert ans Licht getretenen Schriften, haben Griechen zu Verfaſſern. Zwar redet Lactantius ſo, als ob es auch gelehrte Bekämpfer des Chriſtenthums Lateiniſcher Zunge gebe, und ſagt: „Ich zweifle nicht, daß auch viele andere an vielen Orten, nicht bloß in Griechiſchen, ſondern auch in Lateiniſchen Schriftwerken ein Denkmal ihrer Gottloſigkeit errichtet haben.“[1]) Aber ſchon die Ausdrucksweiſe dieſer Stelle zeigt an, daß ihm keine Lateiniſchen Schriftſteller der Art bekannt waren.

3. Die Reihe der Griechiſchen Schriftſteller iſt dagegen eine recht lange, und die betreffende Literatur, ſo wie die ganze geiſtige Reaktion bietet des Intereſſanten und Belehrenden viel.[2]) Dieſer Kampf hat, wenn man das blutige Ringen des alten Götterglaubens mit der neuen Religion, die bekannten zehn Verfolgungen und die Darſtellungen und Bearbeitungen, welche ſie gefunden, damit vergleicht, in der Literatur, wie es ſcheint, noch nicht die verdiente Berückſichtigung erfahren.[3]) Und doch, wie viel Kämpfer zählt auch er auf beiden Seiten! Es iſt ein Kampf um die Grundwahrheiten aller Philoſophie und der Religion, und wenn auch die Detailfragen nicht in dem Maße beſprochen werden, wie man es erwarten und wünſchen möchte, und wenn uns auch die betreffende

---

1) Divin. instit. V, 4.

2) Das Allgemeine in Betreff derſelben ſiehe bei Alzog, Univerſalgeſchichte der chriſtl. Kirche. 6. Aufl. S. 131 f. 216 f. Döllinger, Handbuch der K.-G. I. Abth. II. S. 50 ff.

3) Der Anglicaniſche Theolog N. Lardner hat die heidniſchen und jüdiſchen Zeugniſſe zu apologetiſchen Zwecken geſammelt. A large collection of ancient jewish and heathen testimonies of the truth of the Christ. 1764—76. Leider war mir dieſes Werk nicht zur Hand. Mit Benutzung Lardner's hat ſie in der neueſten Zeit Richard von der Alm zum Gegentheil angewendet in ſeinem „Die Urtheile heidniſcher und jüdiſcher Schriftſteller der vier erſten chriſtl. Jahrhunderte über Jeſus und die erſten Chriſten“, Leipzig 1864, betitelten Buche.

Literatur leider nur sehr lückenhaft überliefert ist,[1]) so schöpfen wir
dennoch aus derselben eine Menge historischer Kenntnisse und Auf=
klärungen, werden in eine große, tiefgehende und vielseitige Bewe=
gung der Geister hineinverfetzt, und endlich haben die betreffenden
Erscheinungen wie alles, was das Christenthum angeht, die Eigen=
thümlichkeit, daß sie zwar alt, aber an Interesse immer neu sind.
Denn auch in unseren Tagen sehen wir über gewisse Grundlehren
des Christenthums einen Kampf toben, namentlich dreht sich der
Streit, wie einst auch zur Zeit eines Celsus und Porphyrius, um
die Person Jesu Christi. Sollte es da, wenn nicht von Nutzen doch
nicht wenigstens von Interesse sein, außer den lebenden Gegnern
der Gottheit Jesu, deren Stimmen uns überall in die Ohren tönen,
auch die alten noch einmal abzuhören, und mit den neuen zu ver=
gleichen? So werden wir außer dem rein historischen Gewinn für
die Geschichte der Kirche und der religiösen Bewegungen in einer
der wichtigsten und folgenreichsten Perioden der Menschengeschichte,
auch noch auf einige Ausbeute in Betreff der brennenden Fragen
des Tages zu zählen haben.

4. Um uns zum Voraus einigermaßen auf dem Felde der
Literatur, welches wir betreten wollen, zu orientiren, geben wir einen
allgemeinen Ueberblick über das betreffende Gebiet, denn auch auf
ihm offenbart sich der antike Geist als ein fruchtbarer und schöpfe=
rischer. Er trat dem Christenthum bald negativ zersetzend gegenüber,
bald positiv schaffend und restaurirend, und man kann sagen, daß
mit Ausnahme der Poesie hier jeder Zweig der Literatur vertreten
ist, die Rhetorik, die Geschichtschreibung, die Satire und die philoso=
phische Darstellungsweise, welche schließlich das Hauptinteresse in
Anspruch nimmt.

5. Wollen wir uns die hierher gehörigen Schriften nach Klassen
eingetheilt vorführen, so werden wir am Besten thun, die Satiriker
als die leichten Truppen, welche indessen in solchen Kämpfen der

---

1) Lessing, Boissonade u. A. glauben, daß noch Schriften von Porphyrius,
Eunapius und anderen Gegnern des Christenthums in Italien vorhanden seien, aber
aus Furcht verheimlicht und unterdrückt würden. Wenn dem so wäre, so würde
die Italienische Regierung wohl schon für die Veröffentlichung gesorgt haben.

Geiſter eine gar nicht zu verachtende Rolle ſpielen, vorauszuſchicken. Zu den Spottvögeln gehörte alſo ſchon gleich im zweiten Jahrhundert Lucian, ſodann der Kaiſer Julian mit zwei Schriften, und endlich der Verfaſſer des Dialogs Philopatris.

6. Verhältnißmäßig ſchwach an Zahl, wie an Gehalt, ſind die Gegner, welche auf dem Felde der Geſchichtſchreibung operirten. Ihre Zahl beſchränkt ſich im eigentlichen Sinne auf Eunapius und Zoſimus, während man von Libanius nicht recht weiß, ob man ihn zu den Hiſtorikern oder Rhetoren zählen ſoll.

7. Um ſo reicher iſt dagegen die folgende Klaſſe von Schriftſtellern, welche wir als die Apologeten des Heidenthums bezeichnen können. Sie waren in den verſchiedenſten Richtungen thätig. Theils wollten ſie der geiſtigen Verarmung des Heidenthums zu Hülfe kommen, indem ſie Geſtalten vorführten, an welchen ſich das Hülfe- und Troſt ſuchende Gemüth erbauen und aufrichten, der an der Philoſophie wie am Götterglauben verzweifelnde Verſtand ſich beruhigen und der in Troſtloſigkeit und Verzagtheit verſunkene Muth das Vertrauen auf ſich und den Genius des Hellenismus wieder gewinnen ſollte. Solche Erſcheinungen ſind der Apollonius, wie ihn uns Philoſtratus, der Pythagoras und Plotinus, wie ſie uns Porphyrius und Jamblichus vorführen, und der Proklus, den uns Marinus ſchildert. Andere verſuchten, den Götterglauben den Anforderungen der Zeit gemäß zu geſtalten und auf auktoritativer Grundlage neu zu erbauen und zu befeſtigen, nämlich die allegoriſchen Ausleger der Mythen, die Verfaſſer der Orphiſchen und Hermetiſchen Schriften, und vor allen wieder Porphyrius. Weiterhin konnte man ſich auch der Verpflichtung nicht entziehen, die Mythen und überhaupt die Theologie des Heidenthums ſpekulativ und philoſophiſch zu begründen. Gewiß ein verzweifelt ſchwieriges Unternehmen! Aber auch dafür fanden ſich opferwillige Kräfte in Porphyrius und Jamblichus. Dahin gehört denn endlich auch der augenblicklich und alsbald ſpurlos verſchwindende Verſuch des Kaiſers Julian, das Heidenthum ſittlich zu erneuern, ſeinem Prieſterthum einen andern Geiſt einzuflößen, ſeinen Gottesdienſt zu reformiren, ihm eine moraliſche Seite abzugewinnen, und ihm gewiſſe Tugenden anzuleiſten.

2*

8. Ein größeres Interesse aber und einen größern Anspruch auf Berücksichtigung, als die vorgeführten Kategorieen von Schriften, werden dann die in Anspruch nehmen, welche einen eigentlich antichristlichen Charakter haben, diejenigen nämlich, welche gegen Lehren, Einrichtungen und Wirkungen des Christenthums polemisiren und dasselbe mit den Waffen des Verstandes bekämpfen. Hier wurde vieles und manches nicht Untüchtige geleistet. Wer kennt nicht die Namen eines Celsus, Porphyrius, Julian, Hierokles, Proklus, und Simplicius, welche alle das Christenthum vom philosophischen oder rationellen Standpunkte aus zu widerlegen suchten. Wie uns die Historiker, Satiriker und Rhetoren für die Geschichte des Christenthums nach seiner äußeren Erscheinung von Werth sind, so sind es die Schriftsteller dieser Klasse für die Geschichte seiner inneren Entwicklung, seines Lehrinhaltes und seiner Dogmen, und wir haben uns darum der Mühe unterzogen, ihre Angriffe und Gründe, so weit sie noch erhalten sind, zu sammeln und übersichtlich darzustellen. Viele ihrer Argumente sind durch die Zeit allein schon erledigt, andere aber könnten auch heutigen Tages noch gelten, ja sie werden heute wieder hervorgesucht, ein Beweis, daß der Standpunkt vieler dem Christenthum gegenüber noch der alte oder wieder der alte geworden ist.

9. Ueberblicken wir das vor uns liegende Feld der Zeit nach, so hat die ihm zugehörende Literatur keine einheitliche Entwicklung, sondern den Charakter des Planlosen und Zerstreuten. Als ältester Repräsentant der ganzen Richtung tritt uns Celsus entgegen, der schon einen beachtungswerthen Anlauf nimmt, und der, wenn seine Leistungen auch von Porphyrius übertroffen wurden, uns dennoch die wichtigste Erscheinung bleibt, einmal eben als der älteste Repräsentant, und dann, weil von ihm die vollständigsten Fragmente gerettet sind. Nicht viel jünger ist Lucian; dann folgt mit einem Werke von völlig entgegengesetzter Art Flavius Philostratus. Eine rührige Thätigkeit entfaltet sich seit der Mitte des dritten Jahrhunderts nach dem Entstehen der Neuplatonischen Schule. Besonders ist hier zu nennen, der nach allen Richtungen hin thätige Porphyrius, Jamblichus und der Kaiser Julian, welcher ebenfalls zu den Neuplatonikern gehört. Außerhalb dieser Schule oder wenigstens in kei-

nem nachweisbaren Zuſammenhange dazu, ſtehen Hierokles und ein
gleichzeitiger ungenannter Philoſoph. Wir haben mit Julian und
ſeinen Zeitgenoſſen die Blütheperiode dieſer Literatur ſchon über=
ſchritten, als ein ſpäterer Nachzügler kommt nach Libanius. In das
fünfte Jahrhundert gehören die beiden einzigen uns hier intereſſiren=
den Hiſtoriker Eunapius und der auf ſeinen Schultern ſtehende
Zoſimus, zwei einander verwandte Geiſter. Als ſpätes Nachſpiel
folgt endlich eine literariſche Fehde über ein ſpezielles Dogma des
Chriſtenthums, die Lehre von der Erſchaffung und zeitlichen Entſte=
hung der Welt. Da es eine der Grundanſchauungen des Neuplatoni=
ſchen Syſtems iſt, daß die Welt ewig und unvergänglich ſei, ſo
wurde ſchon von Plotinus die betreffende Controverſe angeregt;
ernſtlich in Angriff genommen wurde ſie dann von Proklus und
zum Austrage gebracht durch Johannes Philoponus, den Gram=
matiker, und Simplicius, welche beide ſchon der erſten Hälfte des
ſechſten chriſtlichen Jahrhunderts angehören. Nachdem wir uns ſo
vorläufig auf dem zu durchwandernden Gebiete orientirt haben, ge=
hen wir zu demjenigen literariſchen Gegner des Chriſtenthums über,
welcher der Zeit nach der erſte und der eigentliche Bahnbrecher iſt,
an Sachkenntniß, Einſicht und Gründlichkeit aber manche ſeiner
Nachfolger übertroffen hat.

I.

Die Bekämpfung des Christenthums

vom Standpunkte

des Skepticismus und der Negation.

———•◦✕◦•———

Drittes Kapitel.

Der Philosoph Celsus.

Um 150 n. Chr.

1. Wenn wir vorhin gesagt haben, daß es sich bei dem geistigen Widerstand des antiken Heidenthums gegen das Christenthum mehr um die großen Grundprincipien der Religion handle und zu einer einläßlichen Bekämpfung spezieller christlicher Lehren und Institutionen wenig Raum und Zeit bleibe, so gilt dieses doch nicht von der ältesten wissenschaftlichen Bekämpfung des Christenthums. Wohl finden auch hier die Hauptlehren vorwiegende Beachtung, daneben aber begegnen wir sehr schätzbaren Details und darum ist gerade diese älteste Gegenschrift historisch und apologetisch von dem größten Werthe.

2. Mehr als ein Jahrhundert war nach dem Tode des Stifters der christlichen Religion verflossen und noch hatte kein Jude oder Heide den Versuch gemacht, die Lehren derselben zu widerlegen. Bald hatten Judenthum und Heidenthum in der neuen Religion eine Feindin erkannt und das Blut ihrer Bekenner begann in Strömen zu fließen, aber erst, nachdem dieselben schon unter vier oder fünf Römischen Kaisern blutig verfolgt worden waren, fing man an, den Kampf auch auf das geistige Gebiet zu verpflanzen. Endlich mußte man doch erkennen, daß es nicht genug sei, mit roher Faust gegen die Anhänger des Christenthums zu wüthen, daß

gerade in Ertragung und Ueberwindung der rohen Gewalt die Hauptstärke der neuen Religion liege und das vergossene Blut der Märtyrer eine Aussaat neuer Christen sei. Der erste aller Gegner des Christenthums, welcher ahnen und fühlen mochte, daß die bisher befolgte Art des Kampfes ungenügend sei und geistige Kräfte auch mit geistigen Waffen angegriffen werden müßten, war der Philosoph Celsus. Er verdient deswegen unsere volle Beachtung.

3. Leider wissen wir von den Lebensumständen dieses Mannes äußerst wenig. Origenes selbst scheint davon sehr wenig unterrichtet gewesen zu sein, da er sich in Betreff derselben entweder sehr allgemein oder gar zweifelnd ausdrückt.[1]) Zunächst ist seine Angabe hinsichtlich der Zeit, wann er gelebt haben soll, sehr allgemein. Er sei schon lange todt[2]) und habe unter der Regierung Hadrians (117—138) und später gelebt.[3]) Er war von Haus aus Epikuräischer Philosoph, gehörte also zu den damaligen Aufgeklärten. Darum muß er auch jener Freund des Spötters Lucian von Samosata gewesen sein, dem dieser seine Schrift über Alexander von Abonoteichos widmete, in welcher er das heidnische Wunder- und Prophetenwesen seiner Zeit auf's bitterste geißelt. Dieser Mann nun schrieb unter dem Titel: „Das Wort der Wahrheit" (λόγος ἀληθής) eine Schrift gegen das Christenthum, welche nicht ohne nachtheilige Wirkung für dasselbe geblieben ist, so daß noch nach ziemlich langer Zeit der reiche Alexandrinische Christ Ambrosius seinen Freund, den gelehrten Origenes, zu einer Widerlegung auffordern zu müssen glaubte. Origenes unterzog sich dieser Aufgabe und schrieb zu einer Zeit, als sich die Kirche der größten Ruhe erfreute und er selbst schon über sechzig Jahre alt war, seine acht Bücher gegen Celsus.[4]) In denselben hat er den Celsus Schritt für Schritt meistens mit Glück widerlegt und uns viele Stellen aus dem Buche des Celsus mitgetheilt, so daß wir ein ziemlich klares Bild davon gewinnen und zum großen Theil aus eigener Anschauung darüber urtheilen können. Wir begegnen bei ihm haupt-

---

1) Orig. ed. de la Rue tom. I. c. Cels. IV, 54.
2) Ibid. Praef. no. 4.
3) Ibid. I, 8.
4) Euseb. h. e. VI, 36 und Orig. c. Cels. I, 8.

ſächlich Platoniſchen Anſichten und Argumenten [1]), allein wir werden
am ſicherſten gehen, wenn wir ihn darum doch nicht für einen
Platoniker oder für einen Eklektiker, ſondern für einen verkappten
Epikuräer halten. Denn erſtens hält ihn Origenes ſelbſt für
einen ſolchen und ſcheut ſich nicht, ihm den Vorwurf der Heuchelei
zu machen, [2]) und dann finden ſich in den mitgetheilten Bruchſtücken
ſeines Werkes einige Spuren Epikuräiſcher Denkart, beſonders die
öfters hervortretende Meinung, daß ſich Gott oder die Götter nicht
um die Menſchen kümmern, ſondern im Genuß behaglicher Ruhe
leben. [3]) Wenn er hie und da die Olympiſchen Götter und die
Orakel in Schutz nimmt, ſo läßt ſich nicht ſagen, wie viel davon
ſeine wahre Herzensmeinung geweſen ſei; denn andererſeits verab-
ſcheut er den Aberglauben und alles, was er dafür anſieht, und
warnt ſogar davor, daß man ſich nicht zu tief in den Götterdienſt
einlaſſe. [4]) Somit tritt er nur nothgedrungen als Anwalt des Hei-
benthums auf und war als Freund Lucians auch deſſen Geſinnungs-
genoſſe. Daß er ſich mit Platoniſchen Beweiſen zu helfen ſucht und
den chriſtlichen Anſichten gern Platoniſche entgegenſetzt, iſt ganz natürlich; denn der Epikuräismus war ja nur praktiſche Lebemanns-
philoſophie und das theoretiſche oder ſpekulative Element darin völlig
unbedeutend. Und wenn er ſeinen Epikuräiſchen Standpunkt faſt
durchweg verleugnet, und ſich auf einen andern ſtellt, ſo iſt auch
in neuerer Zeit Aehnliches vorgekommen und jedenfalls läßt ſich ein
philoſophiſcher Standpunkt mit dem anderen leichter vertauſchen,
als der rationaliſtiſche und pantheiſtiſche mit dem orthodor prote-
ſtantiſchen. [5])

4. Celſus muß übrigens ſehr thätig und ein Mann geweſen
ſein, der ſich für alles, was ſeine Zeit bewegte, lebhaft intereſſirte.

---

1) Sie ſind zuſammengeſtellt bei Werner, Geſchichte der apol. und polem.
Literatur. I. p. 172.

2) C. Cels. I, 8; IV, 36.

3) Ibid. IV, 99; V, 3. Ebenſo ſeine Anſichten über das Weſen der Thiere
IV, 69—99.

4) Ibid. VIII, 60.

5) Aehnliche Beiſpiele kommen auch ſonſt im Alterthum vor, z. B. Eurinus
aus Heraklea war Epikuräer, begirte aber auch den Pythagoräismus. Philoſtrat.
Vit. Apoll. I, 7.

Das erstere beweist der Umstand, daß er in seinem „Wort der
Wahrheit" noch ein anderes polemisches Werk moralischen In=
halts gegen das Christenthum zu liefern versprach.[1]) Ob er dieses
Vorhaben, das er am Schluße jener Schrift ausgesprochen hatte,
auch gehalten habe, ist dem Origenes nicht bekannt; dagegen ist
derselbe nicht abgeneigt ihm zwei andere zu seiner Zeit vorhandene
Schriften gegen das Christenthum[2]) so wie einige gegen die
Magie gerichtete Schriften beizulegen.[3]) Er hatte von den verschie=
denen religiösen Systemen seiner Zeit Notiz genommen, kannte
manche christliche Sekten, besonders die Ophiten und Marcioniten
und scheint sich einige Zeit bei Aegyptischen Priestern aufgehalten zu
haben, um ihre Weisheit kennen zu lernen.[4]) Diesen religiösen
Drang theilte er mit den Besseren seines Zeitalters, z. B. einem
Justin, ohne jedoch auf der betretenen Bahn zu dem glücklichen
Ziele zu gelangen, wie jener, woran ein Hang zu Epikuräischem
Weltgenuß, so wie eine nicht geringe Flüchtigkeit und Oberflächlich=
keit die Schuld tragen mochten.

    5.   Das philosophische System des Celsus, wenn man davon
überhaupt sprechen kann, hat, wie es sich denken läßt, ein etwas
buntscheckiges Aussehen. Im Ganzen spricht er sich wenig über
seine eigenen Ansichten aus und sucht höchst selten den von ihm
bekämpften Lehren etwas Positives entgegen zu setzen. Er nimmt
im Menschen eine unsterbliche Seele an[5]), ein Werk des höchsten
Gottes, während der Leib von den niederen Gottheiten erschaffen
sei[6]), und bekennt sich zum Glauben an eine Belohnung und Be=
strafung nach dem Tode.[7]) Höchst sonderbar sind seine Ansichten
in Betreff der Thiere. Er legt denselben vollkommen dieselben Fä=
higkeiten und geistigen Kräfte bei wie den Menschen, wähnt, daß

---

1) Ibid. VIII, 76.
2) Ibid. IV, 36.
3) Ibid. I, 68.
4) Ibid. I, 8. VIII, 58.
5) Ibid. I, 8. IV, 52.
6) Ibid. IV, 54.
7) Ibid. VIII, 49. Ueber seine Ansichten vom Leben nach dem Tode. Vgl.
noch VI, 21. VIII, 53.

ſie Begriffe bilden und unter einander reden, iſt ſehr entrüſtet
über die Anmaßung derer, welche glauben, Gott habe die Welt
und die Thierheit nur der Menſchen wegen erſchaffen, und meint,
daß das Wohl der Menſchen der Vorſehung um kein Haar mehr
am Herzen liege, als das der geringſten Thiere.[1]) Der Vorſehung
ſelbſt räumt er nur eine ziemlich untergeordnete Stellung ein, be=
ſonders ſpricht er ihr alle Macht über das Böſe in der Welt ab,
da daſſelbe nach ſeiner Meinung nur aus der Materie hervorgehe
und ihr anhafte.[2])

6. Was ſeinen heidniſch=theologiſchen Standpunkt
angeht, ſo trägt er ſchon diejenigen Anſichten vor, welche nach=
mals bei allen gebildeten Heiden herrſchend wurden und an Ju=
lian dem Abtrünnigen einen gewandteren Vertheidiger fanden.[3])
Es gebe nur einen einzigen höchſten Gott, aber viele Untergötter,
welche nach den Anordnungen deſſelben die Welt regieren; unter
ihnen gebe es edle, reine Weſen (αἰθέριοι) und niedere, geile
und gemeine (περίγειοι). Doch will Celſus es noch nicht für
beſtimmt behaupten, ob ein ſolcher Unterſchied Statt finde. Daß
in dieſem Syſtem auch die geſammte heidniſche Götterwelt nebſt
ihren Heroen, Opfern, Drakeln u. dgl. ganz bequem Platz hat, iſt
einleuchtend. Hinſichtlich des eigentlichen Götzendienſtes d. h. der Ver=
ehrung ſteinerner und hölzerner Götterbilder ſind ſeine Anſchauungen
ſchon etwas geläuterter, als die meiſten ſeiner Zeitgenoſſen, welche
dieſe Bilder für die Gottheit ſelbſt anſahen und ſie anbeteten.[4]) Er
ſagt nämlich: „Wenn die Chriſten bloß deßhalb die Götterbilder
verachten, weil der Stein, das Holz, das Erz oder das Gold, welches
dieſer oder jener angefertigt hat, kein Gott ſein könne, ſo muß man
über dieſe Art von Weisheit lachen. Denn wer, der nicht ganz ein=
fältig iſt, hält wohl das für Götter und nicht viel mehr für bloße
Weihgeſchenke und für Bilder?“[5])

---

1) Ibid. IV, 69, 74—99.
2) Ibid. IV, 62—68.
3) Cyrill. Al. c. Julianum lib. IV.
4) Döllinger, Heidenthum und Judenthum. S. 622 f.
5) Orig. c. Cels. VII, 62.

7. Dabei findet aber Celsus die Verehrung der Götterbilder ganz in der Ordnung; denn sie seien Bilder der niederen Gottheiten, der Dämonen, welche zwar unter dem höchsten Gott stehen, aber doch als sonst vollbürtige Götter, denen die Regierung und Leitung der Erde übertragen ist. Alle irdischen Gaben seien ihre Geschenke, man müsse ihnen dafür danken und ihnen die üblichen Opfer der Erstlinge und Gebete darbringen.[1]) Wenn die Christen einwenden, wer dem höchsten Gott diene, dürfe nicht die Dämonen verehren, denn man könne nicht zweien Herren dienen, so erwidert Celsus, daß das in menschlichen Dingen ganz richtig sei, nicht aber in Betreff Gottes. Es sei im Reiche Gottes kein Zwiespalt, keine Trennung, es gebe keinen Widersacher Gottes. Die Menschen, ja sogar noch die Heroen und Dämonen können neidisch werden über die einem andern Menschen erwiesenen Dienste oder die einem andern Dämon bezeigte Verehrung, der höchste Gott aber sei der gemeinsame Gott aller, er sei gut, ohne Bedürfnisse und neidlos. Wer darum mehrere Götter verehre, der thue etwas dem höchsten Gotte Angenehmes, indem er ja doch nur ein ihm angehöriges Wesen verehre.[2])

8. Das Verhältniß dieser Dämonen zu Gott sucht er nirgends mit einiger Genauigkeit zu bestimmen, wohl aber macht er hin und wieder Andeutungen darüber, welche wir, weil dieser Punkt auch für später wichtig ist, hier sammeln. „Daß über jedes, selbst das kleinste Ding irgend einem Dämon die Gewalt verliehen ist, kann man aus dem ersehen, was die Aegypter lehren, daß nämlich sechsunddreißig Dämonen oder ätherische Gottheiten den Leib des Menschen unter ihre Obhut genommen und in eben so viele Abtheilungen getheilt haben, wovon ein jeder einen zur Aufsicht erhalten hat. Sie wissen auch die Namen derselben in ihrer Landessprache zu nennen, als: Chnumen, Chnachumen, Knat, Sikat, Biu, Eru, Erebiu, Ramanor, Reianor u. s. w. Ja sie heilen sogar die Krankheiten der betreffenden Körpertheile durch ihre Anrufung. Man muß sich jedoch davor hüten, daß man sich durch den Verkehr mit

---

1) Ibid. VIII, 28. 33.
2) Ibid. VII, 68. VIII, 2, 21, 28, 33, 55, 58.

ihnen zu sehr in ihren Dienst vertiefe, und in der Liebe zum Ma= teriellen sich vom Höheren abwende und es vergesse. Man muß vielleicht den weisen Männern Glauben schenken, wenn sie lehren, daß der größte Theil der irdischen Dämonen, nach Wolluft verlan= gend, nach Fett, Blut und Gesängen begierig und andern Dingen der Art hingegeben, nicht Besseres verstehe, als den Körper zu pflegen, einzelnen Menschen und Städten die Zukunft zu weissagen und was sie sonst noch von irdischen Dingen wissen und können.[1])

9. Die Aeußerungen des Celsus sind hierin sehr schwankend; denn bald darauf sagt er wieder: „Die Meinung, daß die Dämonen nichts bedürfen, sondern sich nur derer freuen, welche devot gegen sie sind, diese Meinung ist die bessere." Aber die praktische Folgerung daraus bleibt wieder wie oben: „Wenn die Sache so steht, was ist es dann Schlimmes, sich die Herrscher dieser Welt geneigt zu machen? Es ist ebenso wenig etwas Schlimmes, als sich die menschlichen Gewalthaber und Könige gewogen zu machen, welche ja ihre Ge= walt auch nicht ohne die Mitwirkung der Dämonen erhielten. Gott zwar darf man nun und nimmer verlassen, sondern immer muß die Seele auf ihn gerichtet sein. Wenn jemand einem Verehrer Gottes befehlen wollte, etwas Gottloses zu thun, oder eine Lästerung aus= zusprechen, so dürfte man nie und auf keine Weise gehorchen, sondern müßte lieber alle Qualen ausstehen, lieber jeden Todes sterben, als etwas Unwürdiges von Gott reden oder denken. Wenn aber jemand befehlen würde, den Helios zu preisen oder die Athene durch einen schönen Gesang zu ehren, so würde man doch nur den großen Gott mehr zu ehren scheinen; denn diejenige Frömmigkeit, die sich auf alles bezieht, ist die vollkommnere."[2])

10. Auch das Orakelwesen und die heidnischen Wunderthäter finden an ihm einen Vertheidiger, die Mythologie und aber= gläubische Märchen aller Art einen gläubigen Verehrer. So z. B. macht es ihm gar keine Beschwerde, die Geschichte von dem wun= derbaren Verschwinden des Kleomedes von Astypalaion zu glauben, der in einen leeren Kasten gestiegen sei und denselben darauf zu=

---

1) Ibid. VIII, 58. 60.
2) Ibid. VIII, 63. 66.

gemacht habe. Als man den Kasten nachher zerschlug, habe man
keine Spur von ihm vorgefunden, sondern er sei durch eine höhere
Fügung verschwunden.[1]) Auf der andern Seite bediente er sich
wiederum der allegorischen Auslegung, um Ungereimtheiten und unsaubere Geschichten aus der Mythologie zu entfernen, ein Verfahren, welches vor ihm schon mehrere eingeschlagen hatten.[2]) Was
von allen diesen Ansichten wahre Herzensmeinung des Celsus gewesen sei, ist unmöglich zu sagen, aber das leuchtet ein, daß er
sehr unklar und sich auch nicht überall in seinen Meinungen gleich
ist. Somit ist es sehr wahrscheinlich, daß er seinen eigentlichen
Epikuräischen Standpunkt aus Rücksichten der Nützlichkeit und Bequemlichkeit, um besser gegen das Christenthum polemisiren zu können,
mit einem positivern zu vertauschen gesucht hat, was ihm aber nicht
durchweg gelungen ist.

11. Hinsichtlich des literarischen Werthes des „Wortes
der Wahrheit" fällt Origenes kein besonders günstiges Urtheil und
nach den erhaltenen Bruchstücken können wir ihm nur beistimmen,
weil es unverkennbar die Spuren großer Flüchtigkeit und Leicht-
fertigkeit trägt. Celsus erlaubt sich auch nicht selten die ärgsten
Grobheiten, ja gemeine Schmähungen gegen die Christen, welche
sich mit der Ruhe eines gelehrten Werkes nicht vertragen; besonders
ermüdend und unangenehm sind aber seine häufigen Wiederholungen. Er gibt sich den Anschein, als kenne er die Lehren der Christen
sehr genau, ja er will dieselben sogar besser kennen als sie selbst,
und doch ist er darin so unwissend, daß er nicht einmal die Zahl
der Apostel richtig anzugeben vermag. Zwar hat er von manchen
Vorgängen, Begebenheiten und Lehren des alten wie des neuen
Testaments Kenntniß, aber die heiligen Schriften selbst kann er,
das erste Buch Mosis und ein Evangelium (des Matthäus oder
Markus) etwa ausgenommen, nicht gelesen haben, sondern was er
weiß, hat er nur aus mündlichen Mittheilungen und durch den
Umgang mit Juden und Häretikern erfahren; denn der katholischen
Kirche scheint er nicht näher gestanden zu haben. Zwar unterscheidet

---

1) Ibid. III, 33. Vgl. III, 26—32. VII, 35.
2) Beispiele davon III, 43. VI, 42.

er sie als die große Kirche von den Sekten[1]), verwechselt aber dennoch Lehren der Sekten und Lehren der Kirche mit einander, sei es aus Unkenntniß, sei es aus böser Absicht. Der Plan seines Werkes ist wenigstens im Großen und Ganzen aus der Widerlegungsschrift des Origenes noch ersichtlich. Denn derselbe hat nicht, wie er Anfangs wollte[2]) und zum Theil auch gethan hat, die Gedanken und Grundsätze des Celsus in mehr logischer, kunstgerechter Form widerlegt, sondern ist dem Werke Schritt für Schritt gefolgt, hat überall die Worte seines Gegners selbst angeführt und seine Bemerkungen daran geknüpft.

12.   Im ersten Theile seines Werkes läßt Celsus einen Juden als redende Person auftreten. Da es ihm nämlich nicht entgangen war, daß auch die Juden in vielen Punkten Gegner des Christenthums seien, so glaubte er seiner Schrift einen passenden rhetorischen Schmuck zu verleihen, wenn er seine Vorwürfe einem Juden in den Mund legte. Der Jude polemisirt zuerst gegen die Würde Jesu Christi (I. 26—71.), wendet sich dann aber an die Anhänger desselben und sucht ihren Abfall vom Judenthum als einen thörichten und ungerechtfertigten zu brandmarken. Dann endlich wirft Celsus die Maske hinweg und tritt in eigner Person auf, indem er sich vernehmen läßt: „Es ist eine Thorheit, wenn Juden und Christen mit einander hadern. Sie streiten über des Kaisers Bart. In ihrer Controverse ist kein wichtiges Moment; denn beide glaubten, es sei vom göttlichen Geiste vorherverkündet worden, daß ein Erlöser des Menschengeschlechts erscheinen solle, stimmen aber darin nicht überein, ob er gekommen sei oder nicht."[3]) Und nun zieht er im Folgenden gegen beide, ohne rechten Plan und Ordnung, zu Felde, bald gegen die Christen, bald gegen die Juden seine Angriffe richtend. Den letzteren rückt er besonders den ruhmlosen barbarischen Ursprung ihres Volkes vor[4]) und macht sich über ihre Urgeschichte lustig.[5])

13.   Seine ganze Polemik gegen das Judenthum, wie auch ein großer Theil der gegen das Christenthum gerichteten, geht aus einer dem damaligen Heidenthum ganz eigenthümlichen Anschauungs-

---

1) Ibid. V, 9. — 2) Ibid. Praef. no. 6. — 3) Ibid. III, 1.
4) Ibid. III, 4 seqq. IV, 31—36. — 5) Ibid. IV, 41—47. V, 41—53.

weise hervor. Es ist bekannt, wie sehr im antiken Heidenthum
Staatswesen und Religion zusammenhing; ein anderes Volk ein
anderer Gott, ein anderer Gott ein anderes Volk und ein anderer
Staat. Die Verehrung und der Bereich manches Gottes ging nicht
über die Grenzen eines Landes oder Ländchens, einer Stadt oder
eines Städtchens hinaus. Und wenn es auch gemeinschaftliche Götter
gab, so hatte doch jeder Stamm und jeder Staat seinen eigenen
Nationalgott, den er besonders verehrte, z. B. Athen die Pallas
Athene. So unterscheiden sich schon die Stämme eines und desselben
Volkes, noch mehr natürlich die verschiedenen Nationalitäten von
einander. Und wenn auch in späterer Zeit eine Mischung der Kulte
und ein Austausch der Gottheiten eintrat, so blieb man sich doch
des Ursprungs und der Fremdartigkeit solcher angenommenen Kulte
bewußt. Selbst die wahre Religion, das Judenthum, stand in dieser
Beziehung den heidnischen Religionen einigermaßen gleich, sie war
und blieb Volks- und Landesreligion, wenn auch der Gott, den es
verehrte, der Gott des Himmels und der Erde war. Der Begriff
einer allgemeinen, für alle Menschen, alle Länder und
alle Zeiten bestimmten Religion war daher der alten Welt fremd
und neu. Ja es mußte in den Augen des Heiden als ein Vorwurf
erscheinen, einer solchen Religion anzugehören, welche sich nicht an
ein bestimmtes Land, Volk und Staatswesen anlehnte, und in dieser
Beziehung mußte er das Judenthum über das Christenthum stellen.
„Die Christen sind nicht ein bestimmtes Volk wie die Juden," be=
merkt Celsus zur Orientirung seiner Leser[1]).

14. Bei der Wechselbeziehung, in welcher also Nationalität
und Kultus für die Anschauungen der Heiden standen, glaubt Cel=
sus den Ursprung und die Urgeschichte des Jüdischen Volkes in Be=
trachtung ziehen zu müssen. Er findet, daß dasselbe eine Abzwei=
gung vom Aegyptischen Stamme sei, welche einer Empörung ihren
Ursprung verdanke. Die Stammväter der Juden nennt er entlaufene
Sklaven der Aegypter, unwissende Schaf- und Ziegenhirten, Land=
streicher, welche sich von Moses täuschen ließen, und die Jüdische
Nation habe sich nie in politischer Beziehung hervorgethan, noch auch

1) Ibid. V, 25.

wie andere alte Völker, durch Gelehrsamkeit und Weisheit ausgezeichnet. Was er sonst aus ihrer Urgeschichte anführt von den
Patriarchen, der Sündfluth, der Arche u. dgl., das gilt ihm nur
für eine Art Mythologie; denn — jedes Volk muß ja seine Mythologie haben — nur ist sie im Vergleich zu denjenigen anderer
Völker geistlos, abgeschmackt, lächerlich [1]).

15. „Doch was die Juden den Aegyptern thaten, das wider-
fuhr ihnen dann selbst von denen, welche Christo anhängen und
ihm glauben." Also auch die Christen sind nach seiner Ansicht Em-
pörer, doch mit dem Unterschiede, daß die Juden ein besonderes
Volk bilden und dadurch einen Vorzug vor den Christen haben.
Celsus sagt von den Juden: „Obwohl dieselben ein obscures Volk
sind und in einem Winkel von Palästina wohnen, so bilden sie
doch ein eigenes Volk und haben sich ihrem Vaterlande angemessene
Gesetze gegeben, welche sie unter sich auch jetzt noch ehren; sie beobachteten einen vaterländischen Kultus, mag er nun sein, wie er
will, und verfahren darin doch wie andere Menschen auch." Von
den Christen aber läßt sich das nicht sagen. „Woher kommen sie
und wen haben sie zum Urheber ihrer vaterländischen Gesetze?
Sie werden keinen solchen angeben können und dennoch sind sie
von den Juden abgefallen." [2])

16. Aus demselben Grunde, weil für den Heiden die Begriffe
Religion und Staatswesen auf's Engste verwachsen waren, ist es
dem Celsus so unbegreiflich, daß die Christen, „wenn sie einmal
Neuerungen machen wollen, nicht lieber einem Manne anhängen,
der eines ruhmvollen Todes gestorben sei," der sich durch Macht
und Ansehen auszeichne, sondern im Gegentheil einem, der den
schimpflichen Kreuzestod gestorben sei.

17. Dieses Wenige genüge, um jene heidnische Anschauungsweise zu charakterisiren. Es läßt sich daraus beurtheilen, auf welche
Schwierigkeiten die christliche Religion stieß, wenn sie von sich behauptete, daß sie die Universalreligion sei, und welche Vorurtheile sie hier hinwegzuräumen hatte. Dieselben hier widerlegen

---

1) Ibid. IV, 41—48.
2) Ibid. III, 5. V, 25—41.

zu wollen, hieße Wasser ins Meer tragen, eine Bemerkung aber
können wir nicht unterdrücken. Wenn es dem Celsus nicht entging,
daß das Christenthum nicht wie die anderen Religionen einen na-
tionalen Charakter habe, sich nicht an ein bestimmtes Volk und
Staatswesen anlehne, und wenn Origenes nichts zur Widerlegung
dessen vorbringt, so ist das ein Punkt, in welchem diese beiden
Gegner übereinstimmten. Sie werden sich demnach in diesem Punkte
nicht geirrt haben; die Kirche des zweiten und dritten Jahrhunderts
besaß die Eigenthümlichkeit, welche sie ihr beilegen, wirklich und so
unterscheiden sich die Kirchen, welche jetzt den erhabenen Titel Lan-
deskirchen führen, in einer sehr wichtigen Beziehung von der alten
K i r c h e.[1]

18. Indem wir seine sonstige Polemik gegen das Judenthum
als minder bedeutend bei Seite lassen,[2] gehen wir zu dem über,
was er über den inneren Zusammenhang zwischen diesem und
dem Christenthum, eine damals von den Häretikern viel behandelte Frage, sagt. „Der Gott der Juden und der ihrige (der
christliche) ist einer und derselbe, da diejenigen, welche der großen
Kirche angehören, das offenbar zugeben und auch der Jüdischen
Schöpfungslehre als der richtigen beistimmen."[3] Dabei glaubt er
folgenden Widerspruch aufdecken zu müssen. „Wenn die Propheten
des Judengottes verkündeten, dieser Jesus werde sein Sohn sein,
wie kann er durch Moses vorschreiben, sich Reichthum und

---

1) Origenes bestreitet mit vieler Gründlichkeit und philosophischen Tiefe die
absolute Verbindlichkeit der Landesgesetze und behauptet, daß das bürgerliche Gesetz,
(ὁ ταῖς πόλεσι γραπτὸς νόμος) wenn es gültig und verbindlich sein solle, mit
dem Naturgesetz (ὁ τῆς φύσεως νόμος) übereinstimmen müsse, c. Cels. V,
28, 34—40.

2) Er spricht ihnen alle Wichtigkeit in politischer Hinsicht ab, hebt hervor,
daß sie aller Weisheit und Bildung baar gewesen (I, 22—24; IV, 36) und macht
seine spöttischen Bemerkungen über ihre Urgeschichte. Auch glaubt er wie andere
unter den Alten, z. B. Juvenal (Sat. XIV, 97), daß sie den Himmel als ihren
Gott verehren und ihre Engel den Dämonen entsprechen. V, 6. 44. Dann tadelt
er den übermäßigen Stolz der Juden, den sie wegen der Beschneidung und der
beobachteten Enthaltung von verschiedenen Speisen hegten. I, 22. Die Entgegnung
des Origenes siehe V, 41—51.

3) Ibid. V, 59. 61.

Macht zu erwerben, zu herrschen, die Erde zu erfüllen, die Feinde
bis auf die Säuglinge zu tödten und ganze Stämme auszurotten,
was er selbst, wie Moses erzählt, vor den Augen der Juden
that? Sein Sohn aber, der Mann aus Nazareth, gibt ent=
gegengesetzte Vorschriften. Der werde nicht zum Vater kommen,
der reich oder herrschsüchtig sei, oder nach Weisheit und Ruhm strebe.
Man müsse auf Nahrung und Unterhalt nicht mehr bedacht sein,
als ein Rabe und auf Kleidung nicht mehr als die Lillen und von
dem, der einmal geschlagen hat, sich auch das zweite Mal schlagen
lassen. Lügt Moses oder Jesus oder hat der Vater, da er den
letzteren sendete, vergessen, was er dem Moses aufgetragen hat?
Oder verwirft und bereut er seine eigenen Gesetze?"[1] Celsus hat
hier einen Punkt berührt, worin sich allerdings das alte Testament
vom neuen unterscheidet. Jenes verheißt irdische Güter und Kriegs=
glück als Lohn für treue Erfüllung des Gesetzes, und droht mit
zeitlicher Strafe bei dessen Uebertretung. Gott verheißt irdisches
Glück, nicht als wäre es die letzte höchste Belohnung der Frömmig=
keit, und deshalb auch das letzte Ziel und Ende alles Frommseins,
sondern es entsprechen diese Verheißungen nur dem niederen Stand=
punkte des alten Testamentes. Sie sollten ein pädagogisches Zucht=
mittel sein, das Volk zur Gesetzestreue und Frömmigkeit anleiten,
ihm die Güte und Liebe, wie auf der anderen Seite auch die Ge=
rechtigkeit seines Gottes auf eine seinem niedrigen Standpunkte an=
gemessene Weise vor Augen halten. Gott zeigte dadurch seine Ob=
macht über die heidnischen Götzen, indem er die Heidenvölker seinem
auserwählten Volke, so lange es ihm treu blieb, unterwarf. Eine
solche Führung und Leitung war der kindlichen, ungebildeten Denk=
art der Juden entsprechend. Uebrigens waren ja auch jene Ver=
heißungen Gottes mehr dem ganzen Volke als solchem und nicht so
sehr dem Einzelnen gemacht. In diesem Stücke verhält sich das
alte Testament zum neuen, wie Fleisch zum Geist, wie das Kind
zum Manne. Zeitliches Wohlergehen war der Segen des alten
Bundes, Trübsal ist der Segen des neuen.[2]

1) Ibid. VII, 18.
2) Döllinger, Christenthum und Kirche. S. 362.

19. Was Celsus an mehreren Stellen seines Werkes über
die Wunder und Weissagungen bemerkt, das trifft sowohl die
Jüdische als die christliche Religion. Was zuerst die Wunder an-
langt, so hält er es für einen Vorzug der Philosophie, daß sie
ihre Ansichten nicht mit Wundern zu stützen suche. Sein Widerwille gegen das, was er unter Wundern versteht, schreibt sich offenbar daher, daß es zu seiner Zeit so unendlich viele heidnische Zauberer und Wunderthäter gab, welche dem Pöbel Kunststückchen und
Wunderdinge vorgaukelten, um ihm Geld zu entlocken und ihm
namentlich für gutes Geld Orakel gaben. Gegen diese Zunft ist
Celsus eben so eingenommen, wie sein Freund Lucian, der in seinem
„Alexander oder der Lügenprophet" eine so meisterliche wie ergötzliche und auf Wahrheit beruhende Schilderung dieses Unwesens
hinterlassen hat. Da er die Wunder der heiligen Schrift mit diesen
Gaukeleien und Betrügereien auf eine Stufe stellt, so glaubt er sich
der Mühe überhoben, dieselben noch zu untersuchen. Darum verkannte er auch den ethischen Gehalt der christlichen Wunder und
ihre großartigen Wirkungen auf die sittliche Umwandlung der Augenzeugen, auf welche Origenes wiederholt aufmerksam macht.[1] Ganz
dieselbe rationalistische und Epikuräische Voreingenommenheit hatte
er gegen Weissagungen. Besonders glaubte er, die Christen hätten
davon die — übrigens echt heidnische — Vorstellung, daß der Gott
gezwungen sei, dies oder jenes zu thun, weil der Prophet es vorhergesagt und den Gott durch eine magische Gewalt und Besprechung vermocht habe, sich zu irgend etwas anheischig zu machen.[2]
Auch hatte der Anblick Montanistischer falscher Propheten und
Schwärmer — denn Niemand anders kann in der betreffenden
Stelle gemeint sein — ihn gegen alles Prophetenthum eingenommen.
Er hatte das Unwesen derselben in Phönicien und Palästina mit
angesehen und gehört, wie sie weissagten: „Ich bin Gott oder
Gottes Sohn oder der göttliche Geist. Ich bin gekommen — schon
geht die Welt unter und ihr, o Menschen, geht wegen der Unge-
rechtigkeit zu Grunde. Glücklich, wer mir jetzt dient! Die anderen

---

1) Vgl. c. Cels. I, 68. 69; II, 49. 50; VI, 8.
2) Ibid. II, 20.

werfe ich alle in's ewige Feuer, sowie auch die Städte und Länder u. s. w." In diesem Stile weissagten diese Schwärmer des zweiten Jahrhunderts und der Anblick des Unwesens, das sie trieben, wirkte dazu mit, bei manchem den Glauben an alle Weissagung zu zerstören.[1]) Celsus hat sich deshalb nicht die Mühe genommen, die Weissagungen der heiligen Schrift zu prüfen, sondern verwirft sie unter den verächtlichsten Ausdrücken. Er hat sich in diesem Punkte durch seine Vorurtheile zu sehr beherrschen lassen und zu schnell geglaubt, was er sonst den Christen so sehr zum Vorwurf zu machen beliebt.

20. „Manche von den Christen wollen", sagt er nämlich, „über das, was sie glauben, weder eine Begründung geben, noch auch hören; es heißt bei ihnen immer: Untersuche nicht, sondern glaube! und: der Glaube wird dich retten," und diesen Glauben denkt er sich als einen Zustand der Seele, „wo sie alles Beliebige vorher erfaßt."[2]) Die Stellen, worin Origenes diese Meinung berichtigt, gehören zu den besten seines ganzen Werkes gegen Celsus. Er weist den Vorwurf, daß die Christen eine Prüfung und Begründung ihres Glaubens aus Unwissenheit und blindem Wahn verschmähen, als eine bloße Verleumdung zurück. Allerdings sei es möglich, auch durch Prüfung der christlichen Lehren sich von ihrer Vortrefflichkeit zu überzeugen, aber dazu seien die meisten Menschen nicht fähig, theils weil ihre Geisteskräfte zu solcher Forschung zu gering, theils weil sie von den Sorgen für das Materielle, für den nöthigen Lebensunterhalt viel zu sehr in Anspruch genommen seien. Nun gebe es in der menschlichen Seele einen Zug zu Gott, so daß sie, wenn sie vom wahren Gott höre, durch eine Art Wahlverwandtschaft (ὡςπερεὶ τὸ συγγενὲς ἐπιγνοῦσα) ihn erkenne, und es erwache in ihr dann eine ihrer Natur entsprechende Liebe zu ihrem Schöpfer, so daß sie die falschen Götter von sich stoße. Dieses nennt Origenes den glücklichen Glauben (πίστις εὐτυχής), zum Unterschied von einer ähnlichen Kraft, welche zum Bösen, zur Lüge und Sünde hinziehe (πίστις ἀτυχής). Sind die Christen zu

---

1) Ibid. VII, 9.
2) Ibid. I, 9. III, 38. 39. VI, 10. 11.

tadeln, wenn sie dem Zuge des glücklichen Glaubens folgen und
ohne langes Prüfen und Zweifeln schnell zur Erkenntniß der Wahr=
heit und zur Besserung ihres Lebens gelangen?

21. Wir gehen nun auf den Glaubensinhalt selbst ein,
um zu untersuchen, was Celsus davon wußte, was für Einwendun=
gen er dagegen machte und auf was für Mißverständnisse ihn sein
heidnischer Standpunkt und seine oberflächliche Sachkenntniß geführt
hat. Eines der größten ist, daß er meinte, die Christen dächten sich
Gott als ein körperliches Wesen, welches dem Menschen an
Gestalt ähnlich sei. Er kannte nämlich jene Stelle der Genesis, wo
es heißt: Gott schuf den Menschen nach seinem Bilde und Gleich=
nisse. Anstatt nun zu schließen, demnach ist der Mensch Gott ähn=
lich durch seine Seele, schließt er, Gott ist dem Menschen ähnlich
durch seinen Körper [1]) und kämpft mit großem Wohlgefallen und
noch größerem Erfolge gegen dieses Phantom an.

22. Die Namen der drei göttlichen Personen kommen
in seinem Werke zwar alle vor, aber er gibt nicht zu erkennen, daß
er etwas von der Dreipersönlichkeit Gottes wisse und polemisirt nir=
gends gegen diese Lehre. Da er sonst ziemlich viel von den Haupt=
dogmen weiß, so würde diese Unkenntniß sehr auffallend sein, wenn
man nicht wüßte, daß diese Lehre zu denjenigen gehörte, welche vor
den Heiden und Katechumenen aus guten Gründen geheim gehalten
wurden. Darum vermeidet auch Origenes jede Erörterung hierüber.
Im Uebrigen ist Celsus wie Plato der Ansicht, daß es sehr schwer
sei, Gott zu erkennen und unmöglich, ihn, wenn man ihn gefunden
hat, allen kund zu machen; auch könne man sein Wesen nicht in
Worte fassen (οὐκ ὀνομαστός ἐστιν). Origenes stimmt ihm in so
weit bei, daß er sagt, es sei über die Kräfte der Natur, Gott zu
erkennen, aber Gott verleihe diese Erkenntniß durch sein fleischge=
wordenes Wort den Menschen, von welchen er durch sein Vorher=
wissen erkenne, daß sie ein dieser Erkenntniß entsprechendes Leben
führen und ihn gebührend ehren würden.[2]) Und was die Ausdrücke
angehe, in welchen man von Gott und seinen Eigenschaften rede, so

---

1) Ibid. VI, 63. VII, 27.
2) Ibid. VII, 44.

seien sie im Wesentlichen richtig und bezeichnend, obwohl sie das Wesen der Sache nicht erschöpfen.[1]) Wenn die Annahme richtig wäre, daß Gott ein körperliches Wesen sei, so wäre seine Erkenntniß nicht schwierig, weil er dann mit körperlichen Augen geschaut werden könnte. Eine solche Anschauung Gottes lehrt aber das Christenthum nicht, wie Celsus wähnt, und wenn die heilige Schrift von Händen, Augen, Antlitz Gottes spricht, so läßt sie sich zu der Redeweise der Menschen herab. Auch wenn sie von einem Zorn oder anderen Affekten Gottes redet, so soll damit nicht gesagt sein, daß Gott etwa ein dem Zorne ähnliches Gefühl in sich verspüre, sondern seine Handlungen sind dann so, daß die Menschen daraus auf Zorn oder andere Affekte schließen; z. B. wenn Gott straft, so thut er es nur aus Gerechtigkeit ohne jegliche Zornmüthigkeit, aber der Mensch sagt in seiner Weise zu reden, Gott ist zornig, weil zornige Menschen zu strafen pflegen.[2])

23. In Bezug auf die Schöpfungslehre ist Celsus der Ansicht, Gott könne nichts Sterbliches und Vergängliches schaffen, der Geist des Menschen, den er für unsterblich hält,[3]) sei darum auch allein von Gott erschaffen. Der Leib aber sowie die gesammte sichtbare Schöpfung sei ein Werk niederer Gottheiten. Er versucht nicht diese Sätze zu begründen und eben so wenig sind seine Angriffe auf die christliche Schöpfungslehre irgendwie bedeutend. Nur an einer Stelle tritt er der Sache etwas näher. „Es ist sehr einfältig," sagt er, „die Weltschöpfung auf gewisse Tage zu vertheilen, bevor es noch Tage gab. Da die Himmel noch nicht geschaffen, die Veste der Erde noch nicht gegründet war und die Sonne noch nicht ihre Bahn durchlief, wie konnte es denn da einen Tag geben? Um der Sache noch näher auf den Grund zu gehen, wollen wir zusehen, ob es nicht ein Widerspruch ist, wenn der höchste und größte Gott bloß befiehlt: Dieses soll geschehen oder jenes, und wenn er dann an dem einen Tage doch nur den einen Theil der Welt zimmert, am anderen Tage wieder um so viel mehr u. s. w. am dritten, vierten und fünften Tage. Und wenn er nun vollends am siebenten Tage ruhte, so erscheint er dadurch ganz und gar wie ein träger und müder

---

1) Ibid. VI, 65. — 2) Ibid. IV, 72. — 3) Ibid. I, 8. IV, 52.

Handarbeiter, der zu seiner Erholung der Ruhe bedürftig ist." [1] Origenes verweist hier auf seine Kommentare zur Genesis, wo er diese Schwierigkeiten erklärt habe. Leider sind diese verloren gegangen und so wissen wir nicht genau anzugeben, wie er über diese großen Probleme der Schriftauslegung dachte. Nur so viel ist aus seinen kurzen Andeutungen zu ersehen, daß er die sechs Tage nicht im buchstäblichen Sinne, sondern im allegorischen aufgefaßt wissen wollte. Denn Moses schließe nach Aufzählung der einzelnen Tage und ihrer Werke seinen Bericht mit den Worten: Dieses ist das Buch der Entstehung des Himmels und der Erde, da sie geschaffen wurden, an dem Tage, an welchem Gott Himmel und Erde schuf. So schnell werde doch Moses nicht vergessen haben, daß er so eben noch von mehreren Tagen gesprochen, und auf den ersten Vers: Im Anfang schuf Gott Himmel und Erde, könnten diese Worte auch nicht zurückgehen, weil es ja damals weder Licht noch Sonne, also auch keine Tage gab. Er scheint sich daher zu der Ansicht zu bekennen, wonach die Zerlegung des Schöpfungswerkes in Tage, um einen Ausbruck von Mensch zu gebrauchen, nur ein logisches, kein chronologisches Nacheinander bezeichne. [2] Wie dem auch sein mag, so viel versteht sich von selbst, daß dieser älteste Exeget der Kirche nicht aus irgend welchen Rücksichten auf eine ungläubige Naturwissenschaft, der er Zugeständnisse machen wollte, zu dieser Auslegung griff. Die Ruhe Gottes am siebenten Tage bezieht Origenes auf den Sabbat der Gottesruhe, d. i. der Seligkeit, welche Gott in sich selbst besitzt, und woran die Theil nehmen sollen, welche ihr Tagewerk auf Erden vollbracht haben.

24. Am ausführlichsten verbreitet sich Celsus über die Lehre vom Sohne Gottes, von der Menschwerdung und der Person Christi. Es ist dies wohl der wichtigste Gegenstand unserer Abhandlung, weil Celsus sich hier in den Details ziemlich gut unterrichtet zeigt, andererseits aber, was das innere Verständniß angeht, die meisten Verkehrtheiten und auch mancherlei Fabeln zu Markte bringt. Ein Verständniß dieser Haupt- und Grundlehren des Christenthums

---

1) Ibid. VI, 60. 61.
2) Bibel und Natur. S. 145.

ift nicht möglich, wenn man nicht die Kenntniß und das rechte
Verständniß der Lehre von der göttlichen Dreieinigkeit besitzt, welches, wie gesagt, bei Celsus gänzlich fehlt. Aber seine Auffassung
der Sache und die Vermuthungen und Schlüsse, die er auf das ihm
Bekannte baut, zeigen, daß er ein offener Kopf war und nur noch
weniger Schritte bedurft hätte, um den rechten Boden zu gewinnen.
Doch ehe wir dieser höheren Sphäre des Gegenstandes uns zuwenden, wollen wir erst die niedere, nämlich das bloß Faktische besprechen.

25. Was Celsus hierüber, über Person, Herkommen,
Leben, Thaten, Leiden Jesu weiß und was er auf Grund dessen
gegen seine Gottheit einzuwenden hat, das legt er sammt und sonders dem Juden in den Mund. Dieser hat bei ihm gerade die
Aufgabe, die göttliche Würde Jesu anzugreifen, wie seine am
Ende des zweiten Buches befindlichen Schlußworte beweisen: „Jener,
nämlich Jesus, war also ein Mensch und zwar ein solcher, wie ihn
die Wahrheit darstellt und die Vernunft ihn zeigt."

26. Es ist bekannt, daß die messianischen Erwartungen der
Juden zur Zeit Christi und auch schon vorher ganz sinnlich, irdisch,
oder um einen anderen Ausdruck zu gebrauchen, politischer Natur
waren. Die Mehrheit derselben erwartete keinen Erlöser vom geistigen Joche der Sünde und keinen Lehrer, sondern einen großen
mächtigen, begabten Anführer aus dem Hause Davids, der das Volk
vom Joche der Römer befreien und ihm nicht bloß zu seiner Selbständigkeit, sondern sogar zur Weltherrschaft verhelfen würde; die
sittlichen und religiösen Erwartungen, wenn überhaupt noch davon
die Rede sein konnte, liefen höchstens nur noch nebenbei so mit. In
diesem Sinne, also mit historischer Treue läßt Celsus seinen Juden
sagen: „Mein Prophet verkündete, daß einst in Jerusalem der Sohn
erscheinen werde als Richter der Frommen und Bestrafer der Gottlosen,"[1] und „denjenigen, der da kommen soll, schildern die Propheten als einen gewaltigen Herrscher und Herrn der ganzen Erde,
aller Völker und Heere."[2] Diesen Erwartungen entsprach natürlich
Christus sehr wenig; wer sich solche Ideen in den Kopf gesetzt hatte,

---

1) Die ὅσιοι sind natürlich die Juden, die ἄδικοι oder ἀσεβεῖς die Heiden.
2) C. Cels. I, 49. II, 29.

konnte in ihm den von den Propheten verheißenen nie und nimmer finden.

27. Daher mußte man von vornherein schon an seiner niedrigen Geburt Anstoß nehmen. „Die, welche die Abkunft Jesu vom ersten Menschen und von den Königen der Juden herleiteten, waren doch sehr verwegene Menschen und die Frau des Zimmermanns würde es sicher gewußt haben, wenn sie von solcher Herkunft gewesen wäre." [1] Gewiß wußte sie es und war so gut von Davidischer Herkunft als jene armen Bauersleute, welche später bei Domitian als Davididen denunzirt wurden, welcher ihnen, wie bekannt, als er sah, daß sie von ihrer groben Arbeit dicke Schwielen in den Händen hatten, sofort die Freiheit schenkte, da sie als Thronprätendenten nicht zu fürchten seien.

28. Die übernatürliche Geburt Jesu wird, wie sich erwarten läßt, gänzlich geleugnet; dafür bringt der Jude des Celsus eine abscheuliche Fabel vor. Die Mutter Jesu, ein armes Landmädchen, das durch Spinnen seinen Unterhalt verdienen mußte, sei mit einem Zimmermann verlobt gewesen, aber von demselben, weil sie sich mit einem Soldaten, Namens Pantheras, vergangen habe, wegen ihrer Untreue verstoßen worden. Nun sei sie im Lande umhergezogen und habe heimlich in einem Dorfe Judäas Jesum geboren. Dieser habe sich aus Armuth als Taglöhner nach Aegypten verdingen müssen und daselbst magische Künste gelernt, worauf sich die Aegypter so gut verstanden. In sein Vaterland zurückgekehrt, habe er dieselben ausgeübt und sich dadurch den Namen eines Gottes zu verschaffen gesucht [2]. So lautet dieses Mährchen, welches übrigens von den Juden erfunden und von Celsus entlehnt worden ist; denn auch in der Babylonischen Gemara, dem jüngsten Theile des Talmud, der um 500 n. Chr. entstanden ist, wird Jesus wiederholt ein Sohn des Pandira genannt. Ausführlich aber wird diese Geschichte in dem Büchlein Toldoth Jeschu (Geburt Jesu) erzählt, welches in zwei sehr abweichenden Versionen vorhanden ist. Die ältere davon ist noch viel jünger als die jüngsten Bestandtheile des

---

1) Ibid. II, 32.
2) Ibid. I, 28. 32.

Talmud, die andere aber ist erst während der Judenverfolgungen des Mittelalters entstanden. Beide haben keinen andern Werth, als daß sie durch den wunderlichen Blödsinn, den sie enthalten, Zeugniß dafür ablegen, wie sehr das spätere Judenthum geistig heruntergekommen war[1]. Origenes behandelt diese Sache übrigens als das, was sie ist, als eine böswillige Erfindung, die sich nicht im Geringsten historisch nachweisen läßt und legt hingegen dar, daß die Juden auf Grund der Weissagungen ihrer eigenen Propheten (Jsai. 7, 10.) die übernatürliche Geburt des Messias annehmen müssen. Er findet es ganz natürlich, daß die, welche die Geburt aus der Jungfrau nicht annehmen wollen, auf solche unsaubere Vermuthungen kamen. Und doch sei diese höhere Abkunft, wenn man die Stellung und Aufgabe Jesu, sowie sein Wirken und seine Erfolge betrachte, schon von der Vernunft unabweislich gefordert.

29. Auch die Ankunft der drei Weisen aus dem Morgenlande wird erwähnt: „Jesus,“ fährt Celsus fort, „gab vor, Chaldäer hätten sich bei seiner Geburt bewogen gefunden zu kommen, um ihn schon in seiner Kindheit als Gott anzubeten. Sie hätten das dem Tetrarchen Herodes gemeldet, welcher alle in derselben Zeit Gebornen durch Aussendlinge habe tödten lassen, in der Meinung, daß er mit umkommen würde, damit er nicht, wenn er herangewachsen wäre, der Herrschaft sich bemächtigen könne.“ Die Darstellung ist diesmal ziemlich richtig, doch muß Origenes tadeln, daß Celsus aus den Magiern Chaldäer gemacht und des wunderbaren Sternes keine Erwähnung gethan habe. Er selbst hält diesen für einen Kometen und meint, die Magier seien bei seinem Anblick an die prophetische Stelle im 4. Buch Mosis 24, 17. erinnert worden, wo es heißt: Es wird ein Stern aus Jakob aufgehen und ein Mann sich aus Israel erheben[2].

30. Sodann wendet sich der Jude mit der Frage an Jesus: „Warum war es denn nöthig, daß du als Kind nach Aegypten gebracht wurdest? Etwa damit du nicht getödtet würdest? Aber für einen Gott ziemt es sich nicht, den Tod zu fürchten. Doch es

---

1) Das Nähere bei Rud. Hoffmann, Leben Jesu nach den Apokryphen. S. 90 u. 342.

2) C. Cels. I, 58.

war ja ein Engel, der vom Himmel kam und dich und die Deinigen
fliehen hieß, damit ihr nicht umkämet. Konnte denn der große Gott,
der um deinetwillen schon zwei Engel geschickt hatte, seinen Sohn
nicht zu Hause schützen und sichern[1])." Auf diese Frage zu antworten, ist nicht schwer. Gottes Sohn war Mensch geworden und
wollte als Mensch unter Menschen leben. Darum hatte er einen
Körper und darum entzog er sich auf menschliche Weise seinen Feinden. Es bleiben noch Wunder genug übrig, und eben das ist mit
eine Bürgschaft für die Wahrhaftigkeit der evangelischen Berichte,
daß sie oft da von keinem Wunder erzählen, wo man ein solches
erwartet hätte. Ein Poet oder Lügenschmied würde bei jeder Gelegenheit die Tarnkappe (wie Origenes sagt, den Helm des Pluto)
zu Hülfe genommen haben.

31. Das bloße Faktum der Taufe Jesu im Jordan durch
Johannes wird zugegeben, alle höheren Erscheinungen dagegen, welche
dabei Statt fanden, in Abrede gestellt. „Behauptest du etwa, daß
bei deiner Taufe eine Taubengestalt auf dich herabgeschwebt sei?
Welcher glaubwürdige Zeuge hat es gesehen? Wer außer dir und
den mit dir bestraften (Johannes der Täufer ist gemeint) hat noch
die Stimme gehört, welche dich zum Sohne Gottes machte?"[2]) Die
Polemik des Celsus läuft hier wie in anderen ähnlichen Fällen darauf hinaus, die historischen Berichte als absichtliche Lügen und Erfindungen darzustellen. Origenes versucht nirgends solchen und ähnlichen Einwendungen gegenüber sich auf die Glaubwürdigkeit
der h. Schriften zu berufen und dieselbe nachzuweisen, sondern
er pflegt, wenn Celsus irgend ein Ereigniß oder ein Wunder des
Herrn angreift, dasselbe ins rechte Licht zu stellen, verkehrte Auffassungen und Folgerungen zu beseitigen, und Sinn und Bedeutung
desselben an den Tag zu legen. Nur hier an dieser Stelle, wo von
der Taufe im Jordan die Rede ist, erörtert er in Kürze, was sich
von dieser Sache sagen ließ. Er will sich nämlich nicht allein auf
die Wunder Jesu berufen, obwohl sich gar kein Grund angeben
lasse, warum Jesus nicht eben so gut habe Wunder wirken können

---

1) Ibid. I, 66.
2) Ibid. I, 41.

als Moses und manche Propheten. Er will sich also nicht sowohl auf diese berufen als auf die Wunder, welche die Apostel Jesu wirkten. Denn es sei ganz undenkbar, daß dieselben durch ihr bloßes Wort so viele Menschen bewegen konnten, ihre väterliche Religion zu verlassen und mit Gefahr ihres Lebens diese ganz neuen Lehren anzunehmen. Ja auch noch zu seiner Zeit, setzt Origenes hinzu, dauere die Wundergabe fort. Noch heilten die Christen Kranke, trieben Teufel aus und sagten die Zukunft vorher. So seien denn manche auf wunderbare Weise gleichsam wider ihren Willen zum Christenthum, das sie vorher haßten, bekehrt worden, und er selbst sei wiederholt Augenzeuge solcher Dinge gewesen. Ferner, an der Aufrichtigkeit und Wahrhaftigkeit der Apostel sei nicht zu zweifeln, weil sie auch das erzählen, was ihnen selbst nicht zum Lobe gereiche, z. B. die Verleugnung durch Petrus. Sie seien auch für ihre Lehre und die Wahrheit ihrer Berichte meistens in den Tod gegangen. Niemand aber setze sich gern Unannehmlichkeiten aus, und kein Vernünftiger thue es vollends um Dinge willen, die er selbst für Lügen hält. Wenn demnach jemand für seine Lehre und das Zeugniß, das er ablegt, stirbt, so sei das eine größere Bekräftigung als der stärkste Eid[1].

32. Durch solche Nachweisungen widerlegt er einige kurzsichtige und zugleich sehr massiv gehaltene Einwendungen des Celsus. „Die Schüler Jesu hätten sich, da sie sich auf keine offenbar große That Jesu, wodurch er seine Gottheit bewies, zu stützen wußten, damit geholfen, daß sie sagten, er habe alles vorher gewußt; damit hätten sie die entgegenstehenden Schwierigkeiten nur bemänteln wollen. Es sei das aber gerade so, als wenn man jemand als gerecht schildere, dann aber Ungerechtigkeiten von ihm berichte, und zuletzt, nachdem er gestorben, hinzufüge, das sei ihm nur zugestoßen, nachdem er es vorausgesagt habe. Mit demselben Rechte könne man von jedem beliebigen bestraften Räuber oder Mörder sagen, er sei kein Mörder sondern Gott gewesen; denn er habe seinen Spießgesellen vorausgesagt, daß er das leiden werde, was er gelitten. Im Uebrigen hätten die Jünger es nicht einmal vermocht, ihre ersonnenen

---

1) Ibid. I, 45. 46. Vgl. II, 15. 45. 56.

Fabeln mit einem Schein von Wahrheit zu umgeben."[1]) Eben so
wenig trifft es zu, wenn er den Christen vorwirft, sie hätten die
Evangelien verfälscht und je nach Bedürfniß drei-, vier- und mehrmals verändert.[2]) Was nach Origenes niemand als die Häretiker
gethan hat, das legt Celsus ohne den mindesten Beweis der wahren
christlichen Kirche zur Last.

33. Was Celsus den Juden noch weiter über das Leben
Jesu sagen läßt, hat alles den Zweck zu zeigen, daß dasselbe eines
Sohnes Gottes unwürdig gewesen sei. Alles, die Armuth Jesu
und der Apostel, seine Art zu lehren, der Verrath des Judas, der
Kreuzestod beweisen dem Celsus, daß er nicht Gott gewesen sei,
weil das alles seinen heidnischen Begriffen von Seligkeit, Glück,
Macht und Hoheit so sehr widerstrebte. Jeder Mensch denkt sich
natürlich seinen Gott als das Ideal der Macht, Hoheit, Seligkeit,
als im vollen und ungetheilten Besitze alles dessen, was ihm bese-
ligend, erstrebenswerth und wünschenswerth erscheint. Darum sind
die selbstgemachten Vorstellungen der Menschen von Gott je nach
den Willensrichtungen der Menschen verschieden. Das antike Heidenthum glaubte seine Götter im Vollgenuß sinnlichen Wohlseins und
höherer sinnlichen Annehmlichkeit, der Epikuräer im Besitz der Ruhe,
der Freiheit von Leidenschaften, das nordische Heidenthum dachte sich
seine Götter als abwechselnd, bald Meth zechend, bald sich befehdend
und raufend, der Indianer läßt seinem großen Geiste die Tabaks-
pfeife nicht ausgehen. Celsus aber meinte, ein Gott müsse immer
im Reichthum, äußerer Macht und Herrlichkeit auftreten. Daher
sagt er: „Jesus gesellte sich zehn oder elf übel berüchtigte Menschen
zu, Zollpächter und verkommene Schiffer; mit diesen zog er bald
hierhin bald dorthin, sich auf schimpfliche Weise einen kärglichen
Unterhalt erwerbend oder erbettelnd."[3]) Auch macht er ihm seine
Mühen und seine Armuth wiederholt zum Vorwurf. Das kann,
meint Origenes mit Recht, nur ein Epikuräer thun, der Standhaftigkeit, Arbeitsamkeit, Seelengröße und Geduld nicht für Tugenden hält, sondern im Wohlbefinden das höchste Gut erblickt.[4])

---

1) Ibid. I, 45. 46. II, 26. 44. — 2) Ibid. II, 27.
3) Ibid. I, 62. 65. — 4) Ibid. II, 41. 42.

34. Am allerwenigsten aber scheint es dem Celsus mit der Würde eines Gottes verträglich zu sein, daß er leidet und stirbt; darum richtet er hiegegen alle Waffen seiner Gründe und namentlich seines Spottes. „Wie sollten wir den für Gott halten," läßt er den Juden sagen, „der, als wir ihn anschuldigten, verurtheilten und seine Bestrafung verlangten, sich verbarg und umherirrend, von denen, welche er seine Schüler nannte, verrathen auf's schimpflichste gefangen genommen wurde. Und doch ziemte es sich für einen Gott weder zu fliehen noch gebunden weggeführt zu werden, am wenigsten aber daß er von seinen Genossen, mit denen er alles gemeinschaftlich hatte, und die ihn als ihren Lehrer betrachteten, verlassen und ausgeliefert wurde, er, der für den Erlöser, für den Sohn des höchsten Gottes und für einen Engel galt. [1]) Denn ihr lehrt ja nicht, daß es nur den gottlosen Menschen so geschienen habe, als litte er, in Wirklichkeit aber habe er nicht gelitten, sondern ihr gesteht es geradezu, er habe wirklich gelitten. [2]) Wenn es sein eigener Wille war und er aus Gehorsam gegen den Vater litt, so ist offenbar, daß ihm, der ja Gott war und es selbst wollte, das, was mit seinem Willen ihn traf, nicht schmerzlich und peinlich sein konnte." [3]) Also ein scheinbares Leiden würde Celsus noch allenfalls gelten lassen und mit der Würde eines Sohnes Gottes vereinbaren können. Es wäre das diejenige Irrlehre, die man in der Kirchengeschichte Doketismus nennt. Aber die Christen billigen sie nicht und er ist ganz damit zufrieden, weil er darum einen guten Grund mehr zur Verwerfung des Christenthums zu haben wähnt. Daher spottet er nun: „Was jammert und wehklagt er und bittet, den Schrecken des Todes zu entgehen, indem er sagt: „Vater, wenn dieser Kelch vorübergehen kann?!" [4]) Dann spottet er über den Purpurmantel, die Dornenkrone und das Rohr, das man Jesus in die Hand gab, [5]) und fügt hinzu: „Was war das für ein Saft, der aus dem an den Pfahl gehefteten Körper floß? Etwa ein solcher, wie er in den Adern der seligen Götter fließt." So sucht Celsus den erhabenen Eindruck, den das Leben Jesu auf jeden unbefangenen Menschen machen muß, zu

---

1) Ibid. II, 9. — 2) Ibid. II, 16. — 3) Ibid. II, 23.
4) Ibid. II, 24. — 5) Ibid. II, 34.

schwächen und überall nur das Unscheinbare und Niedrige hervor=
zuheben, ohne zu berücksichtigen, daß ja in Christus nicht die Gottheit
litt und daß er nach der Lehre des Christenthums nicht bloß Gott,
sondern zugleich auch Mensch in einer Person war. Auffallend bleibt
es, wie Celsus den Verrath des Judas dem Herrn so oft zum Vor=
wurf machen konnte, und darin ein Unvermögen sieht, auch nur
seine Jünger bleibend an sich zu fesseln. [1]

35. Daraus, daß Jesus dieses alles erlitten habe, folgert
Celsus als einen weiteren Beweis gegen seine Gottheit, daß er es
auch nicht voraus gewußt habe. „Welcher Gott oder Dämon,"
läßt er sich vernehmen, „oder auch welcher verständige Mensch, der
vorausgesehen hätte, daß ihm solche Dinge begegnen würden, wäre
ihnen nicht aus dem Wege gegangen, wenn er gekonnt hätte, an=
statt sich in die Gefahr, die er doch kannte, zu stürzen? Wenn
er den Verräther und den Verleugner vorher bezeichnete, warum
fürchteten sie ihn denn nicht als einen Gott, also daß ihn der eine
nicht verrieth, der andere ihn nicht verleugnete? So aber verriethen
und verleugneten sie ihn, ohne seiner zu achten. Wenn jemand die
Nachstellungen merkt, die man ihm bereitet und es denen sagt, die
sie ihm bereiten, so werden sie davon abstehen und sich zu schützen
suchen." [2] Auf dieses, aus dem hausbackenen Menschenverstande
hervorgehende, echt rationalistische Argument ist zu erwiedern, daß
sich der Fall wohl denken läßt, daß jemand einer Gefahr, die er
vorausfieht, dennoch nicht ausweicht, nämlich wenn höhere Pflichten
als die bloße Erhaltung des Lebens ihm obliegen. Und sodann
folgt auch nicht aus diesen Thatsachen, was Celsus daraus folgert,
daß Judas und Petrus keine Furcht, Achtung und Liebe zu Jesus
gehabt hätten. Denn beide bereuten alsbald ihren Fehltritt, jeder
freilich in seiner Art, und ihr verkehrtes Handeln ging also nur
aus Schwäche und Wankelmuth hervor.

36. Auch die Thaten Jesu und die Erfolge seines Wir=
kens seien nicht der Art gewesen, wie man sie von einem Gott er=
warten müsse. Der Jude des Celsus verweist, indem er freilich gar

---

1) Ibid. II, 11. 12.
2) Ibid. II, 17—19.

sehr aus seiner Rolle in die des Griechen fällt, auf Perseus, Amphion, Aeakus und Minos, welche wegen mancher Großthaten im Alterthum für Göttersöhne gehalten worden seien. Was habe denn Jesus gethan, das den Thaten dieser Männer ähnlich sei?[1]) Auch habe er zu seinen Lebzeiten nur einige wenige ungebildete und verdorbene Menschen zum Glauben an seine Gottheit bewegen können und auch diese seien ihm nicht einmal recht treu gewesen. „Er hat persönlich nur zehn Schiffer und Zöllner von der verderbtesten Sorte gewonnen und auch diese nicht einmal alle. Er selbst überredete in seinem Leben niemanden ihm zu glauben; da er aber gestorben ist, so überreden die, welche es nur wollen, so viele Menschen.“[2]) Er findet das abgeschmackt, bei richtiger Erwägung aber muß man darin eine Bürgschaft für die Göttlichkeit der Lehre Christi erkennen. Denn, wenn er selbst nur so wenige Menschen zu überzeugen im Stande war, so hätten nach menschlichem Ermessen seine Schüler nach seinem Tode noch weniger jemanden überzeugen können.

37. Was Celsus von den Wundern hält, ist im Allgemeinen schon angegeben und auf das Einzelne einzugehen verlohnt nicht, aber eine seiner Bemerkungen zeugt noch von Nachdenken und Aufmerksamkeit. „O Licht und Wahrheit“, ruft er aus,[3]) „er sagt es oft genug mit eignem Munde, daß auch andere Leute auftreten würden, welche dieselben Wunder thun, aber schlechte Menschen und Zauberer seien; und er nennt einen gewissen Satan als einen, der solche Dinge thun werde. Also leugnet er es selbst nicht einmal, daß solche Dinge nichts Göttliches, sondern Werke von schlechten Menschen sind... Ist es nun nicht kläglich, wegen derselben Dinge den einen für einen Gott, die andern für Zauberer zu halten? Warum sollte man andere Leute eher als ihn für schlecht halten, da er doch selbst gegen sich zeugt? Er hat also selbst eingestanden, daß das nicht Kennzeichen des göttlichen Wesens, sondern Kennzeichen von Betrügern und schlechten Menschen seien.“ Allerdings warnt Christus (Matth. 24. 23.) vor den falschen Propheten und ihren Wundern, die h. Schrift redet auch sonst von falschen Wundern und auch

---

1) Ibid. I, 67. — 2) Ibid. II, 46.
3) Ibid. II, 49.

Origenes räumt ein, daß es solche gebe, es seien das Blendwerke des bösen Feindes. Man könne aber die Wunder, welche in der Kraft Gottes verrichtet würden, von denen des Satans dadurch unterscheiden, daß man ihre Wirkungen auf das eigene Leben des Wunderthäters und die Sitten der Menschen beachte, die an sie glauben. Wenn sie die Menschen zum sittlichen Verderben führten, so seien sie gewiß Blendwerke des bösen Feindes. Uebrigens muß man noch hinzufügen, daß der böse Feind eigentliche Wunder, d. h. Dinge, welche über die Kraft der Natur hinausgehen, niemals wirken könne. Nur bei solchen Dingen, welche sich mehr im Bereiche des Natürlichen halten, als Krankenheilungen und dergleichen kann die berührte Frage auftauchen und muß zu dem erwähnten Unterscheidungszeichen gegriffen werden.[1])

38. Es wäre gewiß ein wichtiger Theil der Aufgabe des Celsus gewesen, die Zeugnisse, welche im alten Testament über die Gottheit Jesu enthalten sind, nach der Reihe durchzunehmen und zu widerlegen, und er hätte das um so mehr thun müssen, als er einen Juden redend einführt. Allein es fehlte ihm dazu an der nöthigen Bekanntschaft mit dem alten Testament. Das gibt sich sogleich zu erkennen, wenn er sagt: „Mein Prophet hat einst gesagt, daß in Jerusalem der Sohn Gottes erscheinen werde, als Richter der Frommen und Bestrafer der Gottlosen.“ Nachdem er diese unbestimmte und nichts sagende Prophezeiung vorgebracht hat, fährt er fort: „Warum bist du es gerade vor tausend andern, die auch in der Zeit nach dieser Weissagung lebten? Warum bist du gerade derjenige, auf welchen sie zielt? Nur Fanatiker und Betrüger können sich für den Sohn Gottes

---

1) Estius comm. ad Matth. 7, 22, geht daher zu weit, wenn er meint, der Teufel könne wirkliche Wunder wirken und Wunder seien darum kein durchaus nothwendiges Kriterium und kein durchaus nothwendiges Geleit der wahren Offenbarung. Wunder müssen stets in Gefolge einer echten göttlichen Offenbarung sein. Denn sonst wären objektive Kriterien einer solchen nicht vorhanden, sondern nur subjektive d. h. der den Menschen gegebene Begriff des Unterschiedes zwischen dem sittlich Guten und Bösen. Auch sind die Dinge, die er als faktische Beweise dieser Ansicht aus der h. Schrift beibringt, z. B. Exod. 7, 12, wohl nur Taschenspielerstücke und die Weissagung Balaams Num. 24, 17, wird ja direkt auf Gott zurückgeführt.

ausgeben, der vom Himmel gekommen ist. Unzählige widerlegen Jesum, indem sie behaupten, daß sich auf sie beziehe, was über ihn vorherverkündet sein soll."[1] Wer sind denn, muß man fragen, diese Unzähligen? Ist es denn etwas Alltägliches, daß Menschen auftreten, die sich für Söhne Gottes ausgeben. Das haben höchstens ein Theudas, Judas Galiläus, Dositheus oder Simon Magus gethan, welche aber schon längst durch die Worte Gamaliels (Apstgesch. 5, 38.): „Wenn dieses Werk von Menschen ist, wird es von selbst zerfallen", ihr Urtheil empfangen haben, und bald verschollen sind.

39. Sehr ausführlich verbreitet sich Celsus über die Auferstehung Jesu. „Durch welche Gründe," redet er die Christen an, „seid ihr zum Glauben gebracht worden? Etwa dadurch, daß er vorhergesagt hat, er werde nach seinem Tode wieder auferstehen. Wohlan denn! Wir wollen glauben, daß er dieses gesagt habe. Allein wie viele andere reden von solchen wunderbaren Dingen, um einfältige Zuhörer zu beschwätzen, da sie vom Betruge leben müssen! So erzählt man bei den Scythen vom Zamolxis, einem Sklaven des Pythagoras, und in Italien von Pythagoras selbst, auch vom Rhampsinit in Aegypten, welcher in der Unterwelt mit der Demeter Würfel gespielt und bei seiner Rückkehr ihren goldenen Mantel als ein Geschenk von ihr mitgebracht habe. Auch erzählt man so vom Orpheus bei den Odrysern, vom Protesilaus in Thessalien, vom Herkules in Tänarum und vom Theseus. Indeß, man muß kritisch prüfen, ob jemals einer, der wirklich gestorben war, mit dem Leibe wieder auferstanden ist. Oder seid ihr etwa der Meinung, daß die Erzählungen anderer bloße Fabeln, euere Tragödie hingegen allein so schön und glaubwürdig erfunden und entwickelt sei, nämlich sein Ruf am Pfahl, als er verschied, das Erdbeben und die Sonnenfinsterniß; wie er sich lebend nicht half, gestorben aber auferstand, die Male seiner Hinrichtung zeigte und die Hände, wie sie durchbohrt waren? Wer hat das gesehen? Ein närrisches Weib, wie ihr selbst sagt, oder einer, der denselben Künsten zugethan war, oder einer, der es im krankhaften Seelenzustande träumte, oder der es sich mit Ueberlegung im Irrwahn ersann, was schon bei tausend Leuten

---

1) c. Cels. I, 49; 50; 57.

geschehen ist, oder, was noch am ersten der Fall sein kann, einer, der die anderen durch ein solches Wunder in Erstaunen setzen wollte. Wenn Jesus seine göttliche Kraft in Wahrheit offenbaren wollte, so mußte er weiterhin gerade seinen Peinigern und Richtern erschei= nen. Hoffentlich fürchtete er sich doch vor keinem Menschen mehr, nachdem er gestorben und, wie ihr ja sagt, Gott war. Er war ja doch Anfangs nicht zu dem Ende gesandt worden, um verborgen zu bleiben. Als er keinen Glauben fand — bei seinem Leibesleben — da predigte er reichlich, da er aber festen Glauben hätte finden kön= nen, — nämlich als er von den Todten auferstanden war — da erschien er heimlich nur einem einzigen Weibe und dann noch sei= nen Genossen. Alle waren Zeugen seiner Bestrafung, nur ein ein= ziger seiner Auferstehung, während es doch hätte umgekehrt sein müssen." [1]

40. So viel auch im einzelnen an dieser Darstellung schwach und ungenau sein mag, so enthält sie doch einiges, was nicht ohne Scharfsinn und einer ernstlichen Widerlegung schon würdig ist. Was die Gegenüberstellung heidnischer Mythen angeht, so ist zwischen ihnen und der Auferstehung Jesu Christi der Unterschied, daß die, welche nach jenen märchenhaften, unverbürgten Sagen in die Unterwelt gestiegen sein sollen, gar nicht gestorben waren, sondern in ihrem lebendigen Leibe hinabstiegen, während hier eine Neubelebung des Leibes, die mit einer Verklärung verbunden ist, behauptet wird. Sodann erschien Jesus nach seiner Auferstehung allerdings nur seinen Anhängern, aber diese waren keineswegs leichtgläubig, sondern theil= weise einem so unerhörten Ereigniß gegenüber zu einem sehr natür= lichen Unglauben geneigt. Er erschien seinen Feinden deshalb nicht, weil für sie die Zeit der Gnade vorbei war, weil sie diese Gnade nach göttlichem Rathschluß nicht erhalten sollten und auch ohne sie bei gutem Willen zur Gewißheit über das Faktum der Auferstehung kommen konnten und mußten. Denn sie mußten sich doch die Frage aufwerfen, wohin ist der von uns begrabene und durch Schildwa= chen bewachte Leib Jesu gekommen? Sie mußten das um so mehr, als die Jünger nicht ein halbes Jahrhundert, sondern sieben Wochen

---

1) Ibid. II, 54. 56. 63. 67. 70.

nach dem Tode Jesu am Pfingstfeste seine Auferstehung öffentlich
zu behaupten anfingen. Origenes freilich sucht auf eine andere Weise
diesen Schwierigkeiten aus dem Wege zu gehen. Er glaubt, die
Feinde Jesu hätten diese Erscheinungsweise Jesu, den Anblick seines
verklärten Leibes nicht ertragen können, sondern wenn sie ihn ge=
sehen, leiblich erblinden müssen. Allein diese Annahme ist rein will=
kürlich.[1]

41. Zum Schluß legt Celsus dem Juden noch die pomphaften
Worte in den Mund: „O höchster und himmlischer Gott! Wel=
cher Gott, der zu den Menschen kam, fand keinen Glauben bei
ihnen, zumal wenn er sich denen offenbarte, die auf ihn hofften!
Oder wie ist es möglich, daß er nicht von denen erkannt wird, die
ihn so lange erwarteten? Er bedient sich so gern der Drohungen
und Scheltworte, wie wenn er spricht: Wehe euch! und: Ich sage
es euch vorher. Dadurch gesteht er selbst ein, daß er nicht zu über=
zeugen vermag. Das würde kein Gott, nicht einmal ein verständiger
Mensch thun."[2] Darauf ist kurz zu entgegnen, ein Jude sollte
es doch nicht unbegreiflich finden, wenn Gott keinen Glauben findet.
Er braucht nur an die Geschichte seines Volkes und an das zu
denken, was die heiligen Schriften von dessen Herzenshärtigkeit und
Ungläubigkeit sagen und erzählen. Uebrigens liefert die ganze Ar=
gumentation, welche darauf ausgeht, zu zeigen, daß Jesus wegen seiner
Niedrigkeit und Armuth, seiner Mühsale, seiner Leiden und seines
Todes nicht Gott sein könne, nur einen weitläufigen Kommentar zu
den Worten des heil. Paulus, daß das Kreuz den Juden ein Aer=
gerniß, den Heiden eine Thorheit sei.

42. So weit der Jude, den Celsus, um keinerlei rhetorischen
Schmuckes zu entbehren, als redende Person hatte auftreten lassen.
Er sollte offenbar, obwohl er manches nicht ganz zu seiner Rolle
Passende sagen mußte, dasjenige vorbringen, was sich vom Stand=
punkte des Judenthums aus gegen die Lehre von der Gottheit
Christi einwenden ließ. Er hält sich eigentlich nur an das Fak=
tische und sucht aus dem Leben Jesu zu beweisen, daß er nicht

---

1) Ibid. II, 64—67.
2) Ibid. II, 74—76.

Gott gewesen sein könne. Seine Bedenken gegen die Gottheit Jesu
sind in diesen Partien seines Werkes die Bedenken der rein natür=
lichen, verstandesmäßigen Auffassung. Doch mit dem, was Celsus den
Juden gegen die Gottheit Christi sagen läßt, sind seine Gegenbe=
weise nicht erschöpft, sondern er kommt noch öfters in seinem Werke
auf diesen Punkt zurück. Er ist in dem, was er später in seiner
eigenen Person vom heidnischen Standpunkte aus dagegen sagt,
glücklicher, indem er die Sache mehr von der metaphysischen Seite
zu fassen sucht, und ich möchte sagen, sichtlich nach einem tieferen
Verständnisse ringt.

43. An einer Stelle meint er zwar, der Inhalt der Lehre
von der Menschwerdung des Sohnes Gottes laufe auf eine einfache
Vergötterung eines verstorbenen Menschen hinaus und sei darum
nicht besser als der entsprechende heidnische Aberglaube. Vielmehr
stünden die Christen hierin noch unter den Heiden, weil diese wohl
manche längst verstorbene Menschen wegen außerordentlicher Eigen=
schaften ehrten, ohne sie gerade für Götter auszugeben; die Christen
aber verehrten „einen Gott mit einem sterblichen Leibe und glaubten
darin noch sehr fromm zu handeln." Sofort macht er sich den Ent=
wurf: „Aber Jesus wird wohl nach Ablegung dieser (niedrigen)
Eigenschaften Gott sein. Was ist er dann Besseres als Asklepios
oder Dionysos oder Herakles?" Wenn ihr ihn erst darum für Gott
haltet, weil er nach seinem Tode eine höhere Seinsweise erhalten
hat und sein materieller Körper vergeistigt und geadelt ist, so steht
euer Gott nur im Range unserer Heroen, der Götter zweiten Ran=
ges, d. i. der Menschen, welche nach ihrem Tode der Mythologie
zufolge in die Gesellschaft der Unsterblichen aufgenommen worden
sind. [1])

44. Doch Celsus weiß es besser; er weiß, daß damit das
christliche Dogma nicht erschöpft ist. Wenn er auch lange in diesem
Sinne spricht, so ahnt er doch, daß es einen tieferen Hintergrund
habe und gibt zu erkennen, daß er sich diese oberflächliche Auffassung
selbst gebildet habe, um sie zu bekämpfen. Er ahnt, daß in der
christlichen Lehre vom Sohne Gottes ein tieferes Geheimniß verbor=

---

1) Ibid. III, 22—43.

gen sei, und müht sich ab, dasselbe zu ergründen. Daher die verschiedenen Conjekturen, welche er darüber macht. So wirft er den
Christen vor, „sie seien Sophisten, wenn sie sagen, daß der Sohn
Gottes das Wort Gottes selbst sei. Wenn sie lehren, daß der
Sohn Gottes das Wort sei, so zeigen sie uns nicht das reine und
heilige Wort, sondern einen hingerichteten und gegeißelten Menschen.
Wenn das Wort für euch der Sohn Gottes ist, so stimmen wir
euch zu.“[1] Bei dieser Stelle scheint er an die Philonische Logos-
lehre oder wenigstens an die Platonische Ideenlehre gedacht zu haben.
Er vermuthet, daß der Sohn Gottes, den die Christen bekennen,
vielleicht das Wesen sein solle, das manche Philosophen in so eigenthümliche Beziehung zu Gott setzten; aber wieder ist es die Niedrigkeit Jesu, welche ihm das als unmöglich erscheinen läßt und ihn
von dieser Spur, die ihn auf das Richtige hätte führen müssen,
leider abbringt, wie gleich aus dem Folgenden zu ersehen ist.
„Manche von den Christen und Juden behaupten, irgend ein Gott
oder Gottes Sohn sei herabgestiegen, beziehungsweise werde erst
herabsteigen als Rechtfertiger (δικαιώτης) der Erdbewohner. Das
ist abgeschmackt; zur Widerlegung bedarf es nicht vieler Worte.
Welches ist denn die Absicht einer solchen Herabkunft Gottes? Etwa
die menschlichen Angelegenheiten kennen zu lernen? Weiß er denn
nicht alles? Er weiß es. Also er kannte sie und verbesserte sie nicht,
und auch seine göttliche Kraft vermochte nicht sie zu bessern, ohne
daß er jemand eigens zu diesem Zwecke sandte?“ Aus der Behauptung der Christen, Gott selbst sei herabgestiegen, meint er, folge,
daß er seinen Thron so lange leer lassen müsse, das gehe aber doch
nicht an. Denn, wenn man das Geringste in der Weltordnung verändere, so stürze alles zusammen. Er geht hier offenbar wieder von
seinem Vorurtheil aus, die Christen lehrten, daß Gott ein körperliches Wesen sei.[2]

45. Celsus philosophirt weiter gegen die Vernünftigkeit und
Möglichkeit einer Herabkunft Gottes: „Gott ist gut, schön, glücklich,
besitzt alles Gute und Schöne. Wenn er nun zu den Menschen

---

1) Ibid. II, 31.
2) Ibid. IV, 2. 3. 5.

herabkömmt, so kann das nicht ohne eine Veränderung geschehen,
eine Veränderung vom Guten zum Schlechten, vom Vollkommenen
zum Häßlichen, vom Glück zum Unglück, vom Besten zum Aller=
schlechtesten. Wer würde nun eine solche Veränderung sich wünschen?
Sterblichen Dingen eignet von Natur das Verändert= und Umge=
staltetwerden, das Unsterbliche aber muß ein und dasselbe und sich
immer gleich bleiben. Eine derartige Veränderung kann also Gott
nicht zukommen. Entweder verwandelt sich Gott wirklich in einen
sterblichen Leib, wovon die Unmöglichkeit nachgewiesen wurde, oder
er verwandelt sich zwar nicht, macht aber die, welche ihn sehen, es
glauben und täuscht und betrügt sie so. Täuschung und Lüge sind
aber immer sittlich schlecht, außer wenn jemand sie wie eine Arznei
anwendet, nämlich um kranke oder wahnwitzige Freunde zu heilen,
oder gegen Feinde, um einer Gefahr zu entgehen."[1) Wieder will
Celsus den Doketismus dem christlichen System als eine nothwen=
dige Consequenz aufdrängen. Andererseits hat er in dieser Stelle die
Ansicht vor Augen, als sei der Incarnirte der höchste Gott selbst,
d. h. um christliche Ausdrücke zu brauchen, die erste Person, Gott
der Vater, welcher dann die einzige Person in der Gottheit wäre
und so würde sich die Grundlehre des Patripassianismus ergeben.

46. Wir sehen an allen diesen Stellen, wie Celsus sich ab=
müht, gleichsam hinter das Geheimniß zu kommen, wer eigentlich
der Menschgewordne, was für eine Persönlichkeit er selbst und wel=
ches seine Beziehung zu Gott sei. Eine andere Variation desselben
Themas ist wieder folgende: „Wie sie dazu kommen, von einem
Sohne Gottes zu reden, will ich jetzt angeben. Die Alten haben
diese Welt, als aus Gott entstanden, Gottes Sohn und einen
halben Gott genannt. Nun ist eine große Aehnlichkeit zwischen die=
sem und jenem Sohn Gottes."[2)

47. Leider hatten in diesem Lehrpunkte die unsinnigen Sätze
der Gnostiker, namentlich der Marcioniten, seine Vorstellungen ver=
wirrt und ihm das Verständniß erschwert oder geradezu unmöglich

---

1) Ibid. IV, 14.
2) Ibid. VI, 47., wo ich der Lesart ἡμίθεος statt des sinnlosen ἤθεος
folge.

gemacht. Dieselben lehrten bekanntlich eine Zweiheit von Prinzipien, ein gutes und ein böses, wovon das letztere der Weltschöpfer ist, der Erlöser aber ist der Sohn oder ein Ausfluß des guten Gottes. Da Celsus gnostische Lehren mit den christlichen absichtlich oder aus Unwissenheit vermischt, so vermag er die drei Wesen, Gott, Sohn Gottes und Demiurg nicht recht auseinander zu halten und in ein vernünftiges Verhältniß zu bringen, und weiß nicht zu sagen, wer davon denn eigentlich der rechte Gott sein soll.[1]) Er weiß sich nicht anders aus dieser Confusion zu ziehen, als daß er einmal in der Verlegenheit den Christen den Vorwurf macht, sie verehren den Sohn Gottes mehr als Gott selbst, schieben die Lehre von einem Gott nur zum Schein vor und gebrauchen sie nur als Deckmantel, um unangefochten ihren gekreuzigten Menschensohn erheben und ver= ehren zu können.[2])

48. Viertens ließe sich noch denken, daß Jesus ein Mensch wäre, in welchen Gott seinen Geist eingehaucht hätte. Das nähert sich der Irrlehre der Paulianisten. „Da Gott groß und schwierig zu erkennen ist, sagt Celsus, verband er seinen Geist mit einem dem unsrigen ähnlichen Körper und sendete ihn hierher, daß wir von ihm hören und lernen könnten." Er glaubt, diese Lehre widerlege sich selbst; denn, „da der in Menschengestalt erschienene Sohn der Geist Gottes ist, so wäre er, dieser Sohn Gottes, nicht einmal un= sterblich." Das Göttliche ist aber nach der Ansicht des Celsus un= sterblich und unvergänglich. Zweitens war es nothwendig, „daß Jesus den Gott (d. i. den göttlichen Bestandtheil seines Wesens) im Tode wieder aushauchte und daraus würde folgen, daß er nicht mit dem Leibe auferstehen konnte. Und Gott hätte auch den Geist, da er durch die Natur des Leibes befleckt worden war, nicht in sich zurückgenommen." Wir haben diese dunkle Stelle des Celsus hin= gesetzt, wie sie ist; auch Origenes bezeichnet sie als eine confuse. Klarer ist, was in dem darauf Folgenden gesagt werden soll. „Wenn Gott aus sich selbst den Geist ausgehen lassen wollte, was brauchte er ihn dann in den Mutterschoß eines Weibes zu hauchen. Er

---

1) Ibid. V, 54. VI, 53.
2) Ibid. VIII, 15.

konnte doch, da er ſchon Menſchen zu bilden verſtand, ihn mit einem Leibe umkleiden, nicht aber ſeinen eigenen Geiſt in einen ſolchen unſauberen Ort ſenden. So hätte man ihm auch geglaubt,
wenn er gleich (als Mann) aus der Höhe gekommen wäre."

49. Auch hier behagen dem Celſus wieder häretiſche Vorſtel-
lungen beſſer als die chriſtlichen. Ueberhaupt iſt aus der ganzen
Darſtellung erſichtlich, wie der Geiſt des Heidenthums die chriſtlichen Ideen zu erfaſſen ſuchte, wie er ſie ſich verähnlichen und mit
ſich verſchmelzen wollte; hier erſcheinen uns mehrere chriſtologiſche
Ketzereien ſo recht in ihrer Verwandtſchaft mit dem heidniſchen Geiſte.
Dieſe Stellen des Celſus, wo die Grundgedanken von drei bis vier
dieſer Häreſien durcheinander wogen und gähren, laſſen uns tiefe
Blicke in dieſes Getriebe der ſich bald abſtoßenden, bald anziehen-
den religiöſen und philoſophiſchen Elemente thun. Wenn der Geiſt
Gottes, meint er weiter, in dem Leibe Jeſu geweſen iſt, „ſo mußte
er die andern übertreffen an Größe, Schönheit, Stärke, Stimme,
Majeſtät und Redegabe. Denn es iſt unmöglich, daß ein Körper,
dem das Göttliche mehr als andern inne wohnt, ſich nicht von
einem andern unterſcheide. Dieſer aber unterſchied ſich nicht von andern, ſondern war, wie ſie (die Chriſten) ſelbſt ſagen, klein, häßlich und gewöhnlich." Nach dieſen merkwürdigen Worten zu urtheilen, war in der alten Kirche die Meinung, Jeſus ſei klein von
Statur und häßlich von Anſehen geweſen, ſo allgemein und verbreitet,
daß auch der Heide ſie kannte und Schlüſſe darauf baute.[1]

50. Endlich bietet ſich dem Celſus noch die Möglichkeit dar,
Jeſus ſei ein Engel, ein Bote Gottes geweſen, was zuzugeben er
nicht gerade abgeneigt iſt. Doch, ſagt er, laſſe ſich nicht annehmen,
daß die Chriſten dieſe Vorſtellung von Jeſus hätten; denn ſie behaupteten ja eine Vielheit von Engeln oder Engelerſcheinungen.[2]
So hat Celſus alle erdenklichen Möglichkeiten durchgenommen und
man ſieht, daß die Lehre von der Menſchwerdung die war, welche
ſein Nachdenken am meiſten anregte. Origenes aber ſtellt ſeinen
Einwendungen die Lehre von der Menſchwerdung und der Vereini-

---

1) Ibid. IV, 69—75.
2) Ibid. V, 22 seq.

gung der beiden Naturen in Christus bestimmt und treffend gegen=
über, ohne sie gerade eigens zu besprechen und die mehr abwehrende
Methode zu verlassen.

51. Ueber den Zweck der Menschwerdung spricht sich
Celsus also aus: „Wollte Gott, da er unter den Menschen nicht
gekannt war und ihm daher etwas fehlte, gern gekannt werden und
die Probe machen, wer ihm glaube und wer nicht?" Er glaubt
das Richtige auf diese Frage zu antworten, wenn er fortfährt:
„Nicht etwa seinetwegen hatte er nöthig, erkannt zu werden, sondern
zu unserem Heile will er uns Kenntniß seiner selbst gewähren, da=
mit die, welche sie annehmen, gut und gerettet, die aber, welche sie
nicht annehmen und sich als böse erweisen, gestraft würden. Wie
aber? Ist es Gott nun jetzt erst nach so langer Zeit eingefallen,
das Leben der Menschen zu bessern und hat er sich früher nicht
darum bekümmert?" Diese Frage, warum kommt die wahre Re=
ligion so spät, warfen die Heiden dem Christenthum oft entgegen
und Celsus war nicht der erste, der es that. Die richtige Antwort
darauf zu geben, ist eine der interessantesten Aufgaben der Theodicee,
welche von jeher die christlichen Forscher vielfach beschäftigt hat. Es
braucht aber immer längere Zeit, bis eine falsche Lehre sich völlig
ausgestaltet und ihre äußersten Consequenzen entwickelt hat. Denn
erst an diesen vermag die Masse der Menschen sich zu orientiren, erst
dann sind die Früchte da, wonach man den Baum selbst beurtheilen
kann. Bis aber diese Früchte reifen, bis ein Irrthum alle seine Phasen
durchlaufen, alle seine Wirkungen in der Theorie wie im Leben ge=
zeigt hat, dazu gehören oft Jahrhunderte und Jahrtausende. Darum
dürfen wir uns nicht so sehr wundern, wenn Gott das Heidenthum
vier Jahrtausende hindurch fortwuchern ließ und erst dann die Zeit
der gründlichen, erfolgreichen Heilung gekommen war, als der
Genius des Alterthums, wie ein großer Forscher unserer Tage sich
ausdrückt, alle auf der einmal gegebenen und überlieferten Grund=
lage möglichen Combinationen, die ganze ihm inwohnende plastische
Kraft versucht, erschöpft und verbraucht hatte. Erst nachdem er voll=
ständig verleiblicht, nachdem jede seiner Formen, Doctrinen und
Institutionen ihre Lebenskraft erprobt und aufgezehrt hatte, tritt
der große Wendepunkt ein und wird ein Blatt in der Geschichte

des menschlichen Geistes umgeschlagen. Uebrigens glaube ich, daß diese Frage durch die Zeit selbst nach und nach eine Beantwortung erhält. Sie wird im Laufe der Zeit immer mehr aufhören eine brennende zu sein, je näher der Zeitraum nach Christus dem vor der Ankunft Christi verflossenen an Ausdehnung kommt. Zur Zeit, als die neue Heilslehre kaum einige Jahrhunderte alt war, da war die Theodicee in diesem Punkte ungleich schwieriger! Denn was sind zweihundert Jahre gegen vier Jahrtausende. Unsere heutige Wissenschaft, die nun eine Entwickelung des Neuen von nahezu zweitausend Jahren vor sich hat, befindet sich in einer entschieden günstigeren Lage, wenn ihr diese Frage vorgelegt wird, als der Verfasser des Briefes an Diognet oder als Origenes.

52. Nach seinen eben angeführten Worten begreift Celsus sehr wohl, daß mit der Menschwerdung des Sohnes Gottes der Zweck einer Belehrung der Menschen über Gott, also eine Einwirkung auf die Erkenntniß verbunden sein könne. Von einer Einwirkung auf den Willen, überhaupt von der eigentlich erlösenden Thätigkeit weiß er wenig und kann bei seiner Ansicht von der Stabilität des Bösen, wogegen nach seiner Meinung selbst Gott nichts vermag, eigentlich gar kein Verständniß davon haben. Eine solche Erlösung von der Sünde hält er wohl für wünschenswerth und gut, weil alle Menschen zum Bösen geneigt seien, aber nicht so recht für möglich. „Gott ist zu den Sündern geschickt worden? Warum nicht zu den Sündelosen? Was ist es denn Böses, nicht zu sündigen? Wenn der Sünder, sagen die Christen, sich erniedrigt wegen seiner Schlechtigkeit, wird ihn Gott annehmen, den Gerechten aber, wenn er von Anfang an mit Gerechtigkeit geschmückt zu ihm aufblickt, wird er nicht annehmen. Menschen, die dem Richteramt gut vorstehen, heißen diejenigen, welche wegen ihrer Vergehungen jammern, mit ihren Klagen aufhören, um nicht etwa mehr nach ihrem Mitleid als der Wahrheit gemäß Recht zu sprechen; und Gott sollte nach diesen Schmeicheleien und nicht der Wahrheit gemäß richten?" So sieht Celsus also in denen, welche sich wegen ihrer Sünden vor der Gottheit demüthigen, elende Schmeichler. Aber wie reimt sich das mit dem Folgenden, wenn er sogleich fortfährt: „Es ist sehr wahr, daß das menschliche Geschlecht von Natur auf

eine gewisse Weise zum Sündigen geneigt ist. Gott mußte demnach
einfach alle rufen.   Woher also diese Bevorzugung der Sünder?"
Er meint, die Christen geben bei Bekehrungsversuchen und Gott bei
der Berufung den Sündern als solchen den Vorzug vor ordentlichen
Leuten und nehmen sie lieber auf.   Das Christenthum sei deßhalb
eine Religion für die Schlechten, die Gemeinen und Niedrigen.
Hingegen sei es doch selbstverständlich, daß die Tugendhaften und
Gerechten der Vorliebe und Sorge Gottes würdiger wären und theil=
haftig würden.   „Und," fährt er fort, „das ist wohl ganz klar, daß
niemand die, welche zum Sündigen geneigt und ganz daran gewöhnt
sind, selbst durch Strafen völlig umändern könne, noch auch etwa
durch Erbarmen.   Seine Natur völlig zu ändern, ist sehr schwer."[1]

53.   Ein anderes Mal stellt Celsus die Ansichten der Juden und
Christen über diese Sache, wie er sie versteht, einander gegen=
über.   „Die Juden sagen, da das Leben voll von jeglicher Schlech=
tigkeit ist, so ist ein Gesandter Gottes nothwendig, damit die Unge=
rechten bestraft und alles gereinigt werde, ähnlich wie durch die
erste Fluth.   Und die Christen sagen, indem sie zu den Behauptun=
gen der Juden einiges hinzusetzen, daß der Sohn Gottes wegen der
Sünden der Juden schon geschickt sei, und daß die Juden, indem
sie Jesus peinlich straften und mit Galle tränkten, den Zorn Gottes
auf sich herabgezogen hätten."[2]   So wenig bleibt sich Celsus oft in
seinen Auffassungen getreu und wenn man meint, er habe sich dem
besseren Verständniß genähert, so muß man sich bald danach über=
zeugen, daß er davon wieder abgefallen ist.   Doch ist es genugsam
zu erkennen, wie schwer es ihm fällt, die christlichen Ideen von der
moralischen Verderbtheit des Menschengeschlechts und der moralischen
Erlösung durch die stellvertretende Genugthuung auch nur annähernd
zu begreifen und wie fremd, wie neu gerade diese Theorie den heid=
nischen Begriffen war.

54.   Ganz eigenthümlich ist, was Celsus über das Verhält=
niß Gottes und des Sohnes Gottes zum Satan sagt.   „Sie
haben manche Irrthümer der gottlosesten Art, eine Folge ihrer gro=

---

1) Ibid. III, 62—65.
2) Ibid. IV, 20. 22.

ßen Unwissenheit in göttlichen Dingen. Sie nehmen einen Wider=
sacher Gottes an und nennen ihn Teufel oder auf Hebräisch
Satan. Das ist eine ganze schreckliche und nicht bloß unfromme
Lehrmeinung, daß der große Gott, wenn er den Menschen in etwas
helfen will, einen Widersacher habe und nichts vermöge. Der Sohn
Gottes also wird vom Teufel besiegt; von ihm gepeinigt, lehrt
er uns ebenfalls die Peinigungen desselben zu verachten, indem er
voraussagt, daß auch Satan erscheinen, große und wunderbare Dinge
thun und sich den Ruhm Gottes aneignen werde. Diesen Dingen
aber dürften die, welche ihn überwinden wollen, keinen Glauben
schenken, sondern man müsse ihm allein glauben. Das ist die Sprache
eines Betrügers."[1] Da seien doch die Götterkämpfe, von welchen
die griechische Mythologie erzählt, viel sinnreicher. Sie zeigen un=
ter sinnlicher Hülle, wie Gott das Chaos überwältigte, wie er es
in die Bande der Ordnung schlug und die Materie zum Kosmos
gestaltete. „Den Sohn Gottes hingegen lassen sie vom Teufel ge=
peinigt werden und ihn uns lehren, wie wir, wenn wir von ihm
gepeinigt werden, standhaft bleiben sollen. Das ist vollständig lächer=
lich. Ich meine, er hätte den Teufel strafen sollen, anstatt den
Menschen, welche von ihm verfolgt werden, zu drohen."[2]

55. Da Celsus hier für die heidnischen Mythen die Statt=
haftigkeit und Nothwendigkeit der allegorischen Auslegung behauptet,
so ist es sehr unbillig von ihm, wenn er so heftig gegen die Juden
und Christen polemisirt, welche mit ihren h. Schriften ebenso ver=
fuhren. „Diejenigen unter den Juden und Christen, welche gemäßigter
sind, suchen dergleichen allegorisch zu erklären. Manche Dinge lassen
sich aber gar nicht allegorisch erklären, sondern sind offenbar abge=
schmackte Fabeln, und weil sie sich derselben schämen, so nehmen sie
ihre Zuflucht zur Allegorie. Die Allegorien aber, welche darüber
geschrieben sind, sind noch viel schändlicher und abgeschmackter als
die Mythen selbst u. s. w."[3] Er hatte hier die übertriebene Sucht
nach Allegorien, welche bei den Alexandrinischen Juden und auch
theilweise bei den Christen der ersten Jahrhunderte herrschte, im
Auge. Die Männer dieser Richtung pflegten die Fakta des alten

---

1) Ibid. VI, 42. — 2) Ibid. IV, 50. 51. — 3) Ibid. IV, 50. 51.

Testamentes als symbolische Einkleidungen philosophischer, mora-
lischer und theologischer Lehren anzusehen, und namentlich schwierige,
dunkle oder anstößige Dinge durch eine Exegese zu beseitigen, die
am Ende sehr leicht war, weil nur Phantasie und Geist, aber keine
Kenntnisse dazu gehörten. So z. B. erklärt Philo die Schlange,
welche in der Geschichte des Sündenfalls der ersten Menschen
vorkommt, als ein Symbol der Wollust.[1] Wenn Männer wie
Aristobulus, Philo, Josephus unter den Juden und einzelne unter
den Christen so ihre Ansichten in die h. Schriften hineintrugen, so
war die allegorisirende Auslegung der Heiden nicht weniger willkürlich, und Celsus war nicht berechtigt, sich über jene verächtlich
zu äußern. Daß seine Bemerkungen nicht gegen die typischen und
allegorischen Stellen der h. Schriften gerichtet sind, braucht nicht
bemerkt zu werden, denn diese kannte er offenbar nicht.

56. Worauf unser Polemiker dann noch seine Angriffe richtet,
das ist die allgemeine Auferstehung, überhaupt die Lehre
des Christenthums von den letzten Dingen. Er beliebt die
Vorstellungen der Christen vom Ende der Welt also darzustellen:
„Aus Mißverständniß der Lehren der Griechen und Barbaren kam
ihnen die Kunde, daß nach dem Kreislauf langer Zeiten, nach der
Rückkehr und dem Zusammenstoß der Sterne Weltbrände und Ueber-
schwemmungen stattfinden werden, und daß nun, nach der zuletzt
geschehenen Ueberschwemmung zur Zeit des Deukalion, der wech-
selnde Kreislauf der Dinge einen Weltbrand erfordere. Dies ver-
anlaßte sie zu der verkehrten Behauptung, daß Gott wie ein Henker
mit Feuerbränden herabkommen werde."[2] An einer anderen Stelle
fährt er in dem nämlichen Tone fort: „Thöricht ist auch, daß sie
meinen, wenn Gott wie ein Koch Feuer anlege, so werde alles andere
verbrennen, sie selbst aber würden allein übrig bleiben; nicht bloß
diejenigen, welche leben, sondern auch die, welche schon längst gestorben sind, würden dann in ihrem eigenen Fleisch aus der Erde
hervorkommen, eine Hoffnung, wie sie sich eigentlich für Würmer

---

1) Mehr im Freiburger Kirchen-Lexicon VII, 448 ff. Art. Mystischer Sinn
der Bibel v. Hofmann.
2) Ibid. IV, 12,

Kellner, Hellenismus und Christenthum. **5**

geziemt. Denn welche menschliche Seele würde sich wohl nach ihrem
verwesten Leibe sehnen? Und einigen unter euch Christen selbst ist
dieses Dogma nicht genehm und diese beweisen dadurch, daß es
sehr schimpflich, ekelhaft und unmöglich sei. Welcher ganz verweste
Leib kann wohl seine frühere Natur und Beschaffenheit, die er verlassen hat, wieder annehmen? Da sie nichts zu entgegnen wissen,
greifen sie zur abgeschmacktesten Ausflucht, daß nämlich Gott alles
möglich sei. Aber nichts Schändliches ist Gott möglich und er will
auch nichts Widernatürliches, und wenn man aus eigner Schlechtigkeit etwas Abscheuliches begehrt, so vermag Gott das nicht und
man darf nur nicht glauben, daß es geschehen werde. Nicht die
sündhafte Begierde oder fehlerhafte Unordnung will Gott, sondern
er ist Haupt der geordneten und harmonischen Natur. Wohl kann
er der Seele ein ewiges Leben gewähren, die Leichen aber, sagt
Heraklit, sind geringer als Koth. Dem Fleische, das mit Armselig-
keiten behaftet ist, die man nicht einmal gern nennt, Ewigkeit beizulegen, ist unvernünftig. Gott will es nicht, Gott kann es nicht;
denn er selbst ist die Vernunft aller Dinge und er ist nicht im
Stande, etwas gegen die Vernunft, das heißt gegen sich selbst zu
thun.“[1] Allein es kann ebenso wenig eine Unvernunft sein, den
Menschen in seiner aus Leib und Seele bestehenden Wesenheit wiederherzustellen, als es eine Unvernunft war, ihn als ein solches Wesen
zu erschaffen. Man kann zu diesem Widerwillen gegen die Auferstehung nur kommen, wenn man, wie Celsus, der verkehrten Ansicht
ist, der Leib sei das Werk geringerer und bösartiger Gottheiten.
Der Dualismus führt regelmäßig eine zu tiefe Geringschätzung der
leiblichen Seite des Menschen mit sich. Die Wahrheit aber ist, daß
beide Theile des Menschenwesens von einem Schöpfer erschaffen,
von Natur beide gut sind, und dem gemäß soll auch der ganze Mensch
in seiner Eigenthümlichkeit als ein geistig-leibliches Wesen in Ewigkeit erhalten bleiben. Er soll in Ewigkeit Mensch bleiben und
nicht etwa durch eine Ablegung der irdischen Hülle ein reiner Geist
werden.

---

1) Ibid. V, 14.

57. Aus der Widerlegung des Origenes ist noch hervorzuheben, daß er sagt: wenn Celsus den Christen die Meinung unterschiebt, sie würden bei dem Weltbrande verschont bleiben, so könne das nur eine populäre Vorstellung einzelner ungebildeter Christen sein; aber nicht alles, was irgend ein Christ sage, sei christliche Lehre. Das ist im Allgemeinen richtig; aber was den vorliegenden Fall betrifft, so dachte Origenes, als er diese Worte schrieb, schwerlich an die Stelle des Apostels Paulus: Der Herr wird bei dem Aufrufe, bei der Stimme des Erzengels, beim Schall der Posaune Gottes herabkommen vom Himmel und die, welche in Christo gestorben sind, werden zuerst auferstehen, alsdann werden wir, die da leben, die übrig sind, zugleich mit ihnen hingerückt werden in den Wolken Christo entgegen.[1]) Wenn die Anführungen des Celsus auch ungenau sind, so sind sie doch in der Hauptsache wenigstens richtig. Immerhin bleibt es auffallend, daß Celsus als Heide Kenntniß von diesen Lehren hatte, und es ist das ein Beweis, daß dieselben die Urkirche lebhaft bewegten. Und in der That beschäftigten die chiliastischen Ideen viele hervorragende Geister des zweiten bis vierten Jahrhunderts und führten sie zum Theil auf Irrwege. Weiter setzt Origenes auseinander, daß der Auferstehungsleib ein vergeistigter sei und sich zu dem jetzigen irdischen verhalte, wie die Pflanze zum Samenkorn, anknüpfend an die bekannte Stelle I Kor. 15, 36 ff. Er äußert sich über diesen Punkt ganz rechtgläubig, ja er sagt ausdrücklich: „Wir halten die Lehre der Kirche Christi fest"[2]); so daß man diese Stelle als eine Art Widerruf seiner früher in dieser Beziehung ausgesprochenen Irrthümer ansehen kann.

58. Celsus sucht sich sodann die Entstehung dieser ihm so fremd klingenden Lehre zu erklären und vermuthet, sie habe in der mißverstandenen Theorie von der Seelenwanderung ihren Ursprung, oder die Christen hätten in Folge ihrer Lehre von einem körperlichen Gott dazu gegriffen, um zu erklären: „wie wir Gott erkennen, ihn sehen und zu ihm kommen können."[3]) An einer anderen Stelle redet er wieder anders. „Ist das nicht unsinnig, daß ihr den Leib

---

1) I. Thess. 4, 15. — 2) c. Cels. V, 22.
3) Ibid. VII, 32. 33.

so liebt und daß ihr hofft, er werde in seiner Identität wieder
auferstehen — als wenn wir nichts Besseres und Vorzüglicheres
hätten — und auf der anderen Seite doch wieder den Leib den
Peinigungen Preis gebt, als gelte er ganz und gar nichts. Aber ihr
seid zu dumm und unwissend, als daß man mit euch streiten könnte."
So glaubt er also, es spreche sich eine niedrige Liebe zum Leibe,
dieser geringeren Hälfte des menschlichen Wesens, in der Hoffnung
auf eine dereinstige Auferstehung aus. Dieselbe ist ihm um so mehr
zuwider, als er der Ansicht ist, der Leib sei nur ein Gefängniß der
Seele und sie sei nur an ihn gebunden „entweder wegen der
Harmonie des All, oder um gewisse Sündenstrafen abzubüßen." [1]

59. Auch auf die Lehre von der ewigen Bestrafung der
Bösen in der anderen Welt ist er nicht gut zu sprechen. Warum,
kann man nicht einsehen; denn er sagt: „Es komme ihm nicht in
den Sinn, die Lehre von der ewigen Belohnung der Guten und der
ewigen Bestrafung der Bösen anfechten zu wollen." Und dennoch zieht
er gegen die christlichen Lehren los, weil sie Schreckmittel seien, wodurch die Menschen so zu sagen betäubt würden, wie die in die Kory-
bantischen Mysterien Aufzunehmenden durch wüsten Lärm, Trugbilder und Vorspiegelung von schrecklichen Erscheinungen in eine Art
von Betäubung versetzt würden. [2]

60. Die Verheißungen der ewigen Seligkeit nennt er
„trügliche Hoffnungen, wodurch man elende Menschen köbere und
sie zur Verachtung besserer Dinge berede, als würde es, wenn
sie sich derer enthielten, besser um sie stehen." [3] Hier kommt die
Epikuräische Blöße einmal zum Vorschein, und Celsus ist aus der
Rolle des Platonikers gefallen. Die „besseren Dinge" sind etwas
verdächtig und geben genügend zu erkennen, daß ihm an der ewigen
Belohnung, an die er zu glauben vorgab, doch nicht so viel gelegen
sein kann. Auch die Lehre vom Himmel sollen die Christen von den
Heiden, von Homer und besonders von Plato entlehnt haben. „Wohin werden sie gehen und welche Hoffnung haben sie? In ein anderes besseres Land, als dieses hier ist?" Diese Erwartungen seien

---

1) Ibid. VIII, 49. 53. — 2) Ibid. III, 16. IV, 10. VIII, 48.
3) Ibid. III, 78.

nichts anderes, als was man sonst die Inseln der Seligen oder
das Elysium genannt habe.[1]) Ueber die Art und Weise der Selig=
keit, der seligen Anschauung sagt er: „Sie hoffen mit den Augen
des Körpers Gott zu sehen und mit den Ohren seine Stimme zu
hören und mit den sinnlichen Händen ihn zu betasten.“ Da sollten
sie, räth Celsus, doch lieber in die Tempel des Trophonius, Am=
phiaraus und Mopsus gehen, „wo die Götter in Menschengestalt
zu schauen seien, nicht als Trugbilder, sondern wahrhaftig. Man
sehe sie nicht bloß einmal vorbeigleiten, sondern immer weilen sie
bei denen, die es begehren.“[2])

61. Da, wo Celsus von der Herabkunft des Sohnes Gottes
spricht, erwähnt er auch der Engel, ihrer Erscheinungen und
ihrer Verehrung. Nach dem, was über seine Theorie in Betreff
der Dämonen und ihres Verhältnisses zu Gott angedeutet wurde,
läßt es sich erwarten, daß er geneigt sein werde, die Engel mit
seinen Dämonen zu identificiren. „Wenn ihr sagt, daß es Engel
seien, die herabgestiegen sind, so frage ich, wen nennt ihr Engel?
Sind es Götter oder andere Wesen? Sind es andere Wesen, so
müssen es natürlich Dämonen sein.“[3]) Origenes beschreibt in Er=
wiederung darauf die Engel als dienende Geister, welche im Him=
mel wohnen und die Gebete der Menschen vor Gott bringen, aber
wie Gott würden sie nicht verehrt und angebetet.[4]) Doch verwahrt
er sich gegen jede Verwechselung der Engel mit den Untergöttern
des Celsus; denn wenn dieser sich auch seine Dämonen so beschaffen
denkt, wie die christlichen Engel, so hat er doch die bösen Geister
im Sinne. Daß Origenes mit den eben angeführten Worten nicht
jede Verehrung der Engel von der Hand weisen will, leuchtet aus
einer späteren Stelle ein. Celsus sagt einmal, wenn es erlaubt und
nothwendig sei, einen Sohn Gottes zu verehren, so folge daraus,
daß man auch die Diener Gottes verehren müsse. Damit aber sei
die Einheit Gottes über den Haufen geworfen. Dem entgegnet Ori=
genes wörtlich Folgendes: „Wenn dem Celsus die, welche nach
dem Sohne Gottes wirklich Diener Gottes sind, bekannt wären,

1) Ibid. VII, 28. — 2) Ibid. VII, 34. 35. — 3) Idib. V, 4.
4) Οὐ σέβειν καὶ προσκυνεῖν ἀντὶ τοῦ θεοῦ προστάττεται. Ibid.

Gabriel, Michael und die anderen Engel und Erzengel, und er ge=
sagt hätte, daß man diese verehren müsse, so hätten wir vielleicht
den Begriff vom Verehren und den Leistungen des Verehrenden et=
was berichtigt und dann gesagt, was bei Besprechung so wichtiger
Dinge am Platze und was uns davon zu verstehen möglich ist."
Diese genauere Bestimmung des Ausdruckes Verehren, die sich dem
großen Geiste und dem Tiefblicke des Origenes schon darstellte, ist
nichts anderes, als das, was fünf Jahrhunderte später die siebente
allgemeine Synode wirklich that.

62. Hiemit sind wir denn mit der Darlegung dessen, was
Celsus gegen den Lehrinhalt des Christenthums vorbringt,
zu Ende gekommen. Werfen wir noch einen flüchtigen Rückblick
auf die Lehren und Wahrheiten, gegen welche er seine Angriffe
richtet, so concentriren sich dieselben hauptsächlich gegen die Lehre
von der Person, dem Wesen, der Geburt, dem Leben, den Wundern,
dem Leiden und Tode und endlich der Auferstehung Jesu Christi.
Dazu kommt noch einiges, was er gegen andere Lehren zu bemerken
hat, was aber weder der Sache noch dem Umfange nach so bedeu=
tend ist, als seine Polemik gegen das Dogma der Menschwerdung.
Es ist das, was er gegen die Lehre vom Wesen Gottes, von der
Erschaffung der Welt, von der allgemeinen Auferstehung, vom Him=
mel und der Hölle und von den Engeln einzuwenden hat. Damit
ist offenbar auch alles erschöpft, was Celsus vom dogmatischen In=
halt des Christenthums wußte, und wir vermissen demnach die Be=
rücksichtigung mehrerer Grunddogmen. Von der Trinität sagt er,
wie wir gesehen haben, gar nichts, und er weiß auch nichts davon,
weil sonst seine Beweisführungen gegen die Lehre vom Sohne Gottes
und der Menschwerdung ganz anders hätten ausfallen müssen. Von
der Erbsünde hat er kaum eine schwache Ahnung; dem entspricht
natürlich, was er über die Vergebung der Sünden und über die
Heiligung der Menschen sagt. Am meisten aber muß es auffallen,
daß er über das eigentliche innere Leben der Kirche, über Sakra=
mente und Kultus gänzlich schweigt, und weder Taufe noch
Abendmahl erwähnt.

63. Sollte Celsus diese Lehren und die gesammte Einrichtung
des Kultus und Kirchenwesens gebilligt haben? Da niemand das

annehmen wird, so bleibt nichts übrig, als zu sagen, er habe nichts davon gewußt. Wenn also Celsus nichts davon wußte, er, der sich so gern rühmt, daß er alles wisse und kenne, was das Christenthum angehe, und der sich auch sichtlich darum gekümmert und seinen Lehren nachgeforscht hat, so kann das nicht anders erklärt werden, als durch ein Verschweigen der betreffenden Lehren seitens der Christen, d. i. durch die disciplina arcani. Wir werden auch selbst noch Bemerkungen des Celsus begegnen, wo er von der übertriebenen Vorsicht und Heimlichthuerei der Christen redet. Aus der ganzen Darstellung läßt sich entnehmen, wie wenig Verständniß Celsus auch für die ihm bekannten Lehren des Christenthums hatte, und von welcher Art überhaupt die Schwierigkeiten waren, worauf sie bei den gebildeten Heiden stießen. Celsus setzt ihnen einen entschiedenen Rationalismus entgegen und namentlich war die Empfänglichkeit der Heiden, das Bewußtsein der Erlösungsbedürftigkeit nicht so entwickelt und klar, als man es sich meistens vorstellt. Wenn dasselbe so verbreitet und allgemein gewesen wäre, so wäre es dem Celsus unmöglich so schwer gefallen, auch nur den Begriff einer Erlösung und eines Erlösungstodes zu erfassen, und wären ihm nicht so sonderbare Mißverständnisse und schiefe Auffassungen in dieser Sache begegnet. Das Heidenthum an sich war bankerott, konnte nichts mehr bieten und hatte nicht mehr die Kraft, die Gemüther zu befriedigen und zu beruhigen, die es früher doch in etwa gehabt hatte; aber daß in den einzelnen Menschen das Bewußtsein der Erlösungsbedürftigkeit und das Verlangen nach einer Erlösung lebendig gewesen sei, davon können wir wenigstens nichts entdecken. Und die Erfahrung lehrt es ja auch, wenn eine Seele ahnt, daß ihr etwas fehlt, wenn sie ein Bewußtsein ihrer Sündhaftigkeit hat, dann ist das Bessere schon faktisch in ihr erwacht, dann ist der Zug der Gnade schon da, dann hat die Besserung schon angefangen. Wenn die Sehnsucht nach Erlösung so allgemein gewesen wäre, so hätte es nicht fünf Jahrhunderte bedurft, um die Griechisch-Römische Welt dem Christenthum zu erobern. Nein, die ungeheuere Mehrzahl der damaligen Menschen mußte erst lernen, daß sie sündhaft sei, und erst davon überzeugt werden, daß sie eines Erlösers bedürfe. Nur das kam der christlichen Religion zu statten,

daß das Verderben ſo groß, ſo leicht zu erkennen, ſo augenfällig
war, daß ſich nirgends etwas zeigte, was die Herzen irgendwie
befriedigen konnte, und daß das Heidenthum in Poeſie, Kunſt,
Philoſophie und Religion abgelebt und verkümmert war. Und ſo
waren dem Chriſtenthum allerdings die Wege gebahnt, aber nur in
negativer Weiſe.

64. Celſus iſt aber einer von denen, welche doch noch eine
gewiſſe Achtung vor dem Heidenthum zu haben vorgeben. Er will
keine Vorzüge am Chriſtenthum entdecken und wenn ſie dennoch zu
offenbar ſind und er etwas Gutes anerkennen muß, ſo bemüht er
ſich, ihm das Verdienſt der Neuheit zu nehmen und nachzuweiſen,
daß es ſchon längſt dageweſen ſei. Es läßt ſich denken, daß ſich
beim Auftreten neuer und eigenthümlicher Anſichten zwiſchen den
Vertretern des Alten und des Neuen ein Streit über das Mein
und Dein entſpann. Die Chriſten behaupteten: dieſe oder jene Lehre
iſt uns eigenthümlich; wenn eure Weiſen und Dichter dieſe und
jene Wahrheit ausſprechen, ſo haben ſie dieſelbe von unſeren Leh=
rern und Propheten, welche viel älter ſind, entlehnt. Da mußte
denn Plato bei den Juden und bei Moſes ſeine Weisheit geholt
haben.[1] Umgekehrt behauptet Celſus, die Schriftſteller des alten
Teſtaments, Jeſus Chriſtus und die Apoſtel hätten aus Plato ge=
ſchöpft.[2] Die eine Behauptung iſt ſo grundlos wie die andere, und
beide Theile ſind im Unrecht. Den Heiden aber iſt noch der Vor=
wurf zu machen, daß ſie das wirklich Neue nicht als neu wollten
gelten laſſen, um der neuen Religion keinen wahrhaften Vorzug ein=
räumen zu müſſen. Auch Celſus hat dieſe Art der Kriegführung,
die übrigens von den Ungläubigen aller Zeiten gern angewandt
worden iſt, ſchon gebraucht.

65. Celſus gibt ſich viele Mühe in dieſem Stücke, ſo daß
man ſieht, die Sache ſchien ihm beſonders wichtig zu ſein. Er be=
hauptete friſch weg, „das Sittengeſetz der Chriſten ſei weder heilig
noch neu.“ Ob er Beweiſe für dieſe kühne Behauptung beigebracht
hat, iſt aus den Mittheilungen des Origenes nicht erſichtlich.[3] Auch
die Verwerfung des eigentlichen Götzendienſtes d. i. der Anbetung

---

1) Ibid. VI, 19. — 2) Ibid. VI, 7. — 3) Ibid. I, 4.

hölzerner und steinerner Bilder, sei nicht neu, schon Heraklit habe sie mißbilligt.[1]) Origenes giebt das nicht nur zu, sondern er bestätigt es sogar noch durch eine Stelle aus Zeno von Cittium. Dieses und was sich sonst Schönes und Wahres im Heidenthum finde, seien Reste der den Menschen eingebornen Ideen, welche ja niemals gänzlich ausgerottet werden könnten. Auch sucht Celsus für manche im alten Testament vorkommende Geschichten einen Hellenischen Ursprung zu behaupten; so sei die Erzählung vom Babylonischen Thurmbau dem Mythus von den Aloaden, und die Erzählung vom Untergange Sodoma's und Gomorrha's dem Mythus von Phaethon nachgebildet.[2])

66. Im sechsten Buche des Origenes aber finden wir sogar noch eine ganze Reihe solcher evangelischen Aussprüche, welche geeignet schienen, gebildeten Heiden zu gefallen und sie zu gewinnen, von Celsus zu dem Ende gesammelt, um ihnen entsprechende Aussprüche heidnischer Autoren gegenüberzustellen mit der Bemerkung, „die Aussprüche der Griechen seien viel schöner und nicht von Drohungen und Verheißungen eines Gottes oder Gottessohnes begleitet.“ Origenes macht hierauf die schöne und wahre Bemerkung: Wenn die Lehrer der Wahrheit die Absicht haben, aus Menschenliebe so vielen als möglich zu nützen und einen jeden zur Wahrheit zu führen, den Einfältigen wie den Gebildeten, Griechen wie Barbaren — es ist aber eine Handlung großer Menschenliebe, Wilde und Unwissende zu belehren — so ist es klar, daß sie die Redeweise anwenden müssen, die volksthümlich und der Fassungskraft aller angemessen ist. Diejenigen hingegen, welche die Einfachen und Ungebildeten unbeachtet gelassen und nur die wissenschaftlich Gebildeten berücksichtigt haben, diese haben ihrer Gemeinnützigkeit sehr enge Schranken gezogen. Wenn die Worte der christlichen Redner auch des Schmuckes der Rede entbehrten, so sei ihnen eine gottentstammte Kraft eigen, welche die Herzen anderer umwandle, während jene schön redenden Philosophen nicht einmal sich selbst zu bessern vermocht hätten. Sodann folgen mehrere Stellen des Celsus, worin er den Plato preist, seine Vorzüge, seine Tiefe lobt; er führt auch mehrere Stellen aus Plato an, die ihm

1) Ibid. I, 6. — 2) Ibid. IV, 21.

ganz beſonders gefallen. Er hat indeſſen eine ſchlechte Auswahl von
Stellen getroffen, ſie ſind wenig markirt und treffend, und Origenes
hätte nicht nöthig gehabt, ihnen Ausſprüche der heiligen Schriften,
welche ihm wiederum beſonders zuſagten, gegenüberzuſtellen. Das
ſind am Ende nur Zänkereien über Geſchmacksſachen.[1]

67. Die erſte Stelle aus der h. Schrift, welche Celſus vorführt, lautet bei ihm: „Die menſchliche Weisheit ſei vor Gott Thorheit.“ Er denkt an die Stelle I. Kor. 3, 9, wo es genau heißt:
„Die Weisheit dieſer Welt ſei Thorheit vor Gott.“ Obwohl er ſonſt
an dieſem Gedanken ſehr viel zu tadeln hat, ſo findet er es doch
hier der Mühe werth, ihm folgende Stellen entgegenzuſetzen. 1. Aus
Heraklit: Das menſchliche Thun ruht nicht auf Regeln, wohl aber
das göttliche. 2. Aus demſelben: Ein unwiſſender Mann lernt vom
Dämon, wie ein Knabe von einem Manne. 3. Aus Plato's Apologie
des Sokrates: Ich habe durch nichts als durch die Weisheit dieſen
Namen erlangt. Und durch welche Weisheit? Ich denke durch die
menſchliche; denn darin ſcheine ich in der That weiſe zu ſein.[2]

68. Den Begriff der Demuth (ταπεινοφροσύνη) hätten die
Chriſten aus folgender Stelle der Schrift Plato's über die Geſetze
entnommen: Gott, der, wie die Vorfahren überliefert haben, Anfang,
Ende und Mitte aller Dinge in ſich enthält, ſchreitet auf dem ge-
raden Wege durch die Natur. Ihm folgt ſtets die Gerechtigkeit, die
Rächerin der Uebertretungen des göttlichen Geſetzes. Wer glücklich
ſein will, folgt ihren Fußſtapfen in Demuth (ταπεινός) und Ordnung nach.[3]

69. Das Wort Jeſu, es ſei leichter, daß ein Kameel durch
ein Nadelöhr gehe, als daß ein Reicher ins Himmelreich komme,
ſei ein Ausſpruch Plato's und von Jeſus verfälſcht; er laute bei
Plato: Es iſt unmöglich, daß wer ausnehmend reich iſt, auch
ausnehmend gut ſei.[4] Abgeſehen von der Unmöglichkeit, daß
Jeſus, der Sohn des Jüdiſchen Zimmermanns, oder ſeine ungebildeten Jünger und Apoſtel Plato's Schriften geleſen haben könnten,
beſagt doch der Ausſpruch Jeſu etwas ganz anderes als der Plato's,

---

1) c. Cels. VI, 1—12. — 2) c. Cels. VI, 12.
3) c. Cels. VI, 15. — 4) c. Cels. VI, 16.

welcher in dieser ziemlich platten Fassung eine alltägliche Beobach=
tung gibt.

70. Mehreren Stellen aus dem Phädrus und den unechten
Briefen Plato's, welche von der Herrschaft Gottes sprechen, setzt
Origenes andere aus der h. Schrift, welche also viel älter sind,
entgegen. „Manche Christen, fährt Celsus fort, welche Platonische
Aussprüche mißverstanden haben, preisen den Gott, der über den
Himmeln ist." Solche Stellen Plato's wären: Den Raum, der über
dem Himmel ist, hat noch kein Dichter genügend gefeiert, und es
wird ihn auch niemals einer würdig feiern. [1] Allein wenn die Psal=
men und die Propheten den Himmel und den Gott des Himmels
verherrlichen, so ist das nicht aus Plato entlehnt, denn sie sind
viel älter.

71. Auch die Feindesliebe, glaubt Celsus, hätten die Alten
schon gelehrt. „Die Christen haben auch die Lehrmeinung, daß man
dem Beleidiger nicht vergelten solle, und wenn er dich auf die eine
Wange schlägt, sagen sie, so reiche ihm auch die andere dar. Das
ist schon vor Alters und zwar sehr elegant gesagt worden. Sie ha=
ben den Ausspruch auf eine rohe Art wieder producirt. Denn so
läßt Plato den Sokrates mit Kriton sprechen: Man soll also nie=
mals Unrecht thun? Kr.: Gewiß nicht. Sokr.: Man soll also auch dem,
der uns Unrecht thut, nicht wieder Unrecht thun, wie viele meinen,
da man ja niemals Unrecht thun soll. Kr.: Es scheint nicht. Sokr.:
Wie nun, Kriton? Darf man etwas Böses thun oder nicht? Kr.:
Man darf es niemals, o Sokrates. Sokr.: Also ist es, wie viele
behaupten, recht, dem, der uns Böses thut, wieder Böses zu thun
oder nicht. Kr.: Es ist niemals recht, denn den Menschen Böses
thun und Unrecht thun ist ein und dasselbe. Sokr.: Du hast Recht.
Also darf man auch nicht Unrecht mit Unrecht vergelten und kei=
nem Menschen Böses thun, was man auch immer von ihm mag
erlitten haben. So Plato, und weiter sagt er: Siehe also auch du
wieder und wieder zu, ob wir einer Meinung sind, ob es dir auch
so scheint, und wir das zur Grundlage unserer Erörterung nehmen,
daß es nicht recht sei, Unrecht zu thun, oder Unrecht mit Unrecht

---

1) Ibid. 19 seqq.

zu vergelten, oder wenn man Schaden erlitten hat, wieder Schaden
zuzufügen. Siehe, ob du zurücktrittſt und in Betreff der Grundlage
nicht mit mir übereinſtimmſt. Ich aber denke ſchon lange und
denke noch ſo. So lehrte Plato, und eben daſſelbe wurde ſchon
früher von trefflichen Männern gebilligt."[1])

72. Wenn aber Celſus meint, Plato und Chriſtus ſtänden
in dieſem Punkte auf gleicher Höhe, ſo hat er zweierlei überſehen.
Plato verwirft nur die Wiedervergeltung des Unrechts durch eine
ungerechte That, über die Geſinnung, die man gegen den Feind
hegen ſoll, ſchweigt er; ob man Zorn, Haß und Abneigung gegen
ihn hegen darf oder nicht, das läßt er dahingeſtellt; Chriſtus aber
verbietet ſogar jeden feindſeligen, zornigen Gedanken, denn er ſagt:
Liebet euere Feinde, thuet wohl denen, die euch haſſen, betet für die,
welche euch verfolgen und läſtern. Zweitens iſt es ein großer Unter‐
ſchied, irgend etwas als eine nicht recht ausgemachte Sache in der
Form einer ſubjektiven Ueberzeugung oder es als allgemein gültigen
ſittlichen Grundſatz hinzuſtellen und deſſen Erfüllung von allen zu
verlangen. Im Uebrigen tritt bei allen dieſen Gegenüberſtellungen
höchſtens eine gewiſſe Aehnlichkeit, niemals aber eine volle Gleich‐
heit zu Tage.

73. Es iſt nun noch der letzte Theil unſerer Aufgabe, eine
Darſtellung von dem zu geben, was Celſus über die äußere Er‐
ſcheinung des Chriſtenthums, über ſeine Stellung im bürgerlichen
und ſtaatlichen Leben, über die Lage, die Hoffnungen und Aus‐
ſichten deſſelben bemerkt. Das Aeußerliche an einer Sache, das,
was in die Augen fällt, wie ſie ſich präſentirt, iſt gewiß etwas
Wichtiges und jedenfalls iſt es leichter, hierüber ein Urtheil zu
fällen, weil es in dieſem Punkte leichter iſt, die Wahrheit zu ſa‐
gen und gefährlicher, zu lügen. Darum werden wir dem, was
Celſus in dieſer Beziehung ſagt, auch hiſtoriſches Gewicht beilegen müſ‐
ſen und manche als hiſtoriſche Wahrheit verwendbare Aufſchlüſſe
über die Lage des geringen Chriſtenhäufleins inmitten der heidni‐
ſchen Welt, ſowie über den Eindruck erhalten, den das Chriſtenthum
als Anſtalt auf den gebildeten Heiden machte. Wir ſind dazu um

---

1) c. Cels. VII, 58.

so mehr berechtigt, als die antike christenfeindliche Literatur im Ganzen eine Wahrheit liebende und Wahrheit suchende genannt werden kann und jenes wissentliche tendenziöse Lügen, woran man jetzt fast gewöhnt ist, nicht so im Schwange war.

74. Zuerst mußte den Heiden an der äußeren Erscheinung des Christenthums der Mangel eines sichtbaren Götterwesens und der Götterbilder auffallen. Celsus ist zwar Philosoph, aber seine Philosophie läßt ihn hier im Stiche, er äußert darüber sein Befremden und stellt einen gehässigen Vergleich des Christenthums mit dem Aegyptischen Kultus an. „Wenn man zu ihnen (den Aegyptern) kommt, so erblickt man glänzende Heiligthümer und Haine, große, schöne Eingangspforten, bewunderungswürdige Tempel, erhabene Gezelte, schauerliche und geheimnißvolle Ceremonien. Wenn man aber hineingeht und drinnen ist, so erblickt man als Gegenstand der Anbetung eine Katze oder einen Affen, oder ein Krokodil, einen Bock oder einen Hund.[1)]" Wenn der Heide in ein christliches Gotteshaus trat, und diese waren ihm nicht geradezu verschlossen, so bemerkte er nichts von dem, was er als Gegenstände der Anbetung, als gottesdienstliche Geräthe und Handlungen sonst zu sehen gewohnt war. Der christliche Kult hatte keine äußere Aehnlichkeit mit dem heidnischen. Zu den eigentlichen Mysterien, dem Centrum des christlichen Gottesdienstes, hatte der Heide keinen Zutritt, und wenn er ihn gehabt hätte, so hätte er abermals nichts bemerkt, was ihm als eine gottesdienstliche Handlung erschienen wäre. Darum schloß er, die Christen haben keine Götterbilder, also auch keine Götter; sie sind gottlos, sie sind Atheisten. „Sie können," sagt auch Celsus, „keine Tempel, keine Altäre, keine Götterstatuen sehen." Vorerst sucht er dem Christenthum auch hierin das Verdienst und Lob der Neuheit zu entziehen, indem er fortfährt: „Die Skythen können das auch nicht, ebenso wenig als die Libyschen Nomaden, die Serer, die keine Götter haben, und andere verkommene und ruchlose Völker."[2)] Also wenn es etwas Gutes ist, so ist es nicht dem Christenthum eigenthümlich; aber es ist doch nichts Gutes, sondern ein Beweis von Verkommenheit und Ruchlosigkeit.

----

1) Ibid. III, 17. — 2) Ibid. VII, 62.

75. Bevor wir weiter gehen, müssen wir noch einem Miß=
verständnisse vorbeugen. Wenn Celsus behauptet und Origenes zu=
gibt, die Christen hätten keine Tempel und Altäre, so könnte man
auf den Gedanken kommen, als hätten die Christen jener Zeit gar
keine kirchlichen Gebäude und Geräthe gekannt. Und doch steht es
aus anderweitigen Zeugnissen hinlänglich fest, daß sie zur Zeit des
Origenes schon Kirchen besaßen. Darum sind diese Aeußerungen
nicht wörtlich zu nehmen; und um nichts Verkehrtes daraus zu
schließen, muß man festhalten, daß sie ihre Versammlungsorte Kir=
chen (ἐκκλησίαι) und nicht Tempel (νεώς) nannten, aus dem ein=
fachen Grunde, weil diese Dinge schon im Aeußeren ganz verschieden
waren. Ebenso konnte und mußte Origenes auch sagen, daß seine
Glaubensgenossen keine Altäre (βωμοί), d. h. drei= oder vierkantige
Opfersteine gehabt hätten, weil ihre Altäre Opfertische (θυσιαστή=
ρια, ἁγίαι τραπέζαι) waren. Jetzt freilich kommt nichts mehr dar=
auf an, ob man sagt, Tempel oder Kirchen, Altäre oder Opfer=
tische, weil wir keine heidnischen Tempel und Opfersteine mehr ken=
nen und diese Namen gar keine scharf markirte Bedeutung mehr
haben. Wenn es keine Juden mehr gäbe, so könnte man die christ=
lichen Kirchen auch ohne Anstand Synagogen nennen, was man
jetzt nicht thuen kann. Um wieder auf Celsus zu kommen, so spricht
er sich auch noch an einer anderen Stelle tadelnd darüber aus, daß
die Christen „es vermeiden, Altäre, Bildsäulen und Tempel zu er=
richten; das sei, meint er, das verabredete Kennzeichen der verbor=
genen und geheimen Gesellschaft."[1]

76. Es war dem Celsus als eine Eigenthümlichkeit des Chri=
stenthums aufgefallen, daß sich in seinem Schooße Sekten bildeten,
die sich gegenseitig anfeindeten und er ist geneigt, das als eine
Schattenseite der christlichen Religion anzusehen. „Sie sagen gegen
einander", sind seine Worte, „alles erdenkliche Schreckliche und würden
einander nicht das Geringste um des Friedens willen nachgeben,"
und dann zählt er einige Spottnamen auf, womit sich die christlichen
Sekten wechselseitig belegten.[2] Allein wenn sich dieselbe Erscheinung

---

1) Ibid. VIII, 17.
2) Ibid. V, 61. 64. Σιβυλλισταί, ἀκοῆς καυτήρια, αἰνίγματα, Σειρῆνες.

auch auf andern Gebieten und in andern Wissenschaften zeigt, so kann uns ihr Hervortreten auf dem Boden des Christenthums am allerwenigsten wundern, denn keine Religion und kein philosophisches System tritt so dem Stolze und den Leidenschaften der Menschen entgegen als die christliche, und fordert solche Unterwerfung des Verstandes und des Willens. Darum sträubt sich auch der mensch= liche Geist so vielfach gegen sie, sowie gegen die geschichtlichen und autoritativen Grundlagen, auf welchen sie ruht.

77. Die groben Verläumbungen, mit welchen sich die Heiden im ersten Jahrhundert trugen, daß die Christen in ihren geheimen Versammlungen ein Kind schlachteten, wilde Unzucht trieben und einen Eselskopf anbeteten, finden sich bei Celsus nicht wieder= holt. Diese armseligen Lügen mußten, als er schrieb, doch nur noch beim gemeinen Volke einigen Credit haben, wenn sie nicht schon ganz vergessen waren. Wohl aber sagt Celsus, das Christenthum gehöre zu den gesetzlich von Staatswegen verbotenen Verbin= dungen und glaubt, die Zusammenkünfte der Christen seien gemein= gefährlich. Diesen Vorwurf hatte er schon gleich am Anfang seines Werkes ausgesprochen, um seine Leser gegen das Christenthum ein= zunehmen. Unter der großen Zahl von Religionen und Kulten, welche den damaligen Menschen zu beliebiger Auswahl zu Gebote standen, wurde ihnen nur die einzige christliche als eine verbotene bezeichnet, weil sie einen geheimen Kultus habe.[1]

78. Weit mehr noch mußte es den Heiden befremdend er= scheinen, daß dieselbe sich so feindselig gegen die heidnische Staatsreligion verhielt. Alle Religionen wurden neben der Rö= mischen Staatsreligion geduldet, wenn sich ihre Götter und Priester nur dem einen Kaisergotte zu Rom, der zugleich der erste Priester war, und allenfalls noch dem Capitolinischen Jupiter unterordneten.[2] Das war die einzige Bedingung, welche an fremde, ausländische Kulte gestellt und niemals erlassen wurde, im Uebrigen herrschte Denk= und Gewissensfreiheit. Alle anderen Kulte fügten sich dieser Anforderung, selbst die so spröde Aegyptische Religionsform; die ein=

---

1) Ibid. I, 1.
2) Döllinger, Heidenthum und Judenthum, S. 612.

zigen, welche sich nicht fügen konnten und wollten, waren die Jüdische
und die christliche. Die erstere duldete man, weil sie einmal seit
langer Zeit rechtlich tolerirt und eine Volksreligion war, dem
Christenthum aber stand keiner dieser zwei Vorzüge zur Seite.

79. In dieser späteren Periode des Heidenthums waren die
lebenden und verstorbenen Kaiser eigentlich die Hauptgottheiten und
ihre Verehrung drängte die der anderen Götter wenigstens in der
Oeffentlichkeit etwas in den Hintergrund. Auch galten die Eide,
die unter Anrufung der Kaisergötter geschworen wurden, als die
heiligsten und bindendsten. Einen solchen Eid zu verweigern, hatte
folglich den Charakter einer Majestätsbeleidigung und eines religiösen
Frevels zugleich, es erschien als eine Vorenthaltung der dem Kaiser
schuldigen Ehre. „Und wenn jemand dich heißen sollte, bei einem
menschlichen Kaiser zu schwören", sagt Celsus, „so ist das nichts Bö=
ses; denn ihm ist die irdische Herrschaft verliehen." In der Ver=
weigerung dieser Ehre sieht er das ganze Unterthanenverhältniß ver=
nichtet, weshalb er fortfährt: „Wenn du das Prinzip: „„Einer sei
König, dem es der Sohn des List sinnenden Kronos verliehen hat""
umstößest, so wird es der Kaiser nach Gebühr an dir zu ahnden
wissen. Denn wenn alle das thäten, so würde er sofort allein und
verlassen sein. Der bewohnte Erdkreis und alles, was darin ist,
würde den uncivilisirtesten Barbaren anheimfallen und weder von
deiner Religion noch von der wahren Bildung eine Spur zurück=
bleiben."[1]

80. Weiter ermahnt Celsus am Schlusse seines Werkes die
Christen: „Dem Kaiser aus allen Kräften zu helfen, an seinen
Mühen Theil zu nehmen, für ihn zu kämpfen, mit ihm zu Felde
zu ziehen und, wenn es verlangt wird, auch eine Feldherrnstelle
anzunehmen, ferner obrigkeitliche Aemter, wenn es verlangt wird,
zum Nutzen des Vaterlandes zu verwalten."[2] Die Christen ver=
mieden es sorgfältig, am öffentlichen Leben Theil zu nehmen, nicht
aus Trägheit und Mangel an Patriotismus, wie die Heiden ihnen
vorwarfen, sondern um nicht mit dem Götzendienst in Berührung

---

1) c. Cels. VIII, 67. 68.
2) Ibid. VIII, 73. 75.

treten zu müssen. Denn die städtischen Behörden, zu denen jeder nach einer gewissen Reihenfolge, wenn er das nöthige Vermögen besaß, herangezogen wurde, hatten auch für den Gottesdienst zu sorgen, zuweilen in eigner Person Opfer zu bringen, fast immer aber wenigstens indirekt mitzuwirken und Theil zu nehmen. Darum konnte kein Christ sich zur Uebernahme solcher Aemter hergeben. Sich ihnen zu entziehen, wäre leichter gewesen, wenn sie etwas eingebracht hätten; so aber brachten sie nicht nur nichts ein, sondern verursachten bedeutende Kosten, so daß sich reichere Christen in einer sehr schwierigen Lage befanden.

81. Das ganze öffentliche Leben des Alterthums war auf's innigste mit der heidnischen Religion verbunden und von heidnisch-religiösen Handlungen durchflochten; es gab kaum einen Zweig der öffentlichen Thätigkeit, der nicht einen religiösen Charakter gehabt hätte. Das mußte die Lage der Christen sehr erschweren, ihr Auftreten zaghaft und unsicher machen, und sie konnten sich kaum anders helfen, als indem sie sich von allem zurückzogen und ruhig für sich blieben. Natürlich konnte ihnen das in den Augen der Heiden nur wieder zum Vorwurf gereichen. „Gott ist der gemeinsame Gott aller," heißt es bei Celsus, „er ist gut, ohne Bedürfnisse, neidlos. Was steht also im Wege, daß die, welche ihm vorzüglich geheiligt sind, auch an den öffentlichen Festen Theil nehmen? Wenn die Idole nichts sind, argumentirt er weiter, was ist es dann Schlimmes, an einem Opferschmause Theil zu nehmen? Wenn sie aber etwas sind, so sind sie offenbar Gottes und man muß ihnen glauben, günstige Wahrzeichen den Gesetzen gemäß erwarten und sie anflehen, damit sie gnädig seien." [1]

82. Wenn die Christen sich so von den Heiden absonderten, ihren Umgang möglichst mieden, um nicht in Versuchung zur Theilnahme an der heidnischen Religion zu kommen, überhaupt möglichst zurückgezogen lebten, so schlossen sie sich unter einander um so enger an. Auch das mußte den Heiden auffallen und ihre Vorstellungen von der Staatsgefährlichkeit dieses Christenbundes steigern. Es veranlaßt den Celsus zu folgender Bemerkung: „Wenn alle

---

1) Ibid. VIII, 21. 24.

Menſchen Chriſten werden wollten, ſo würde es ihnen gar nicht einmal recht ſein."[1]) Daß das eine Unwahrheit ſei, ſagt Origenes, erhellt daraus, daß die Chriſten ihre Lehre auf der ganzen Erde nach Kräften ausbreiten. Einige haben es ſich zu ihrem Berufe ge= macht, nicht bloß in den Städten, ſondern auch in Dörfern und Weilern umherzuziehen, damit ſie andere Menſchen zur Frömmigkeit gegen Gott bekehren. Es kann auch niemand ſagen, daß ſie dies aus Habſucht thun, da ſie zuweilen nicht einmal ihren Unterhalt annehmen; ſie begnügen ſich mit dem Nothwendigſten, obſchon es ſehr viele Leute gibt, welche ihnen gern mehr geben und mittheilen würden. Und wenn jemand einwenden wollte, daß jetzt, da doch ſchon einige Reiche, einige hohe Beamte und beſonders manche vornehme Frauen ſich zu dieſer Lehre bekennen, manche wegen des bischen Ruhmes (διὰ τὸ δοξάριον) die chriſtliche Lehre predigen, ſo ſage ich, fährt Origenes fort, daß am Anfange, als den Lehrern des Chriſtenthums die größten Gefahren drohten, auch noch nicht einmal dieſer Verdacht Platz greifen konnte. Und auch jetzt noch ernten ſie bei denen, die draußen ſind, weit mehr Haß, als bei den Ihrigen Bewunderung, die ihnen noch nicht einmal von allen ge= zollt wird. Welch' anſchauliches Bild gewinnen wir durch dieſe Schilderung von der Lage und den apoſtoliſchen Mühen, wie ſie die Verbreiter des Evangeliums noch zur Zeit des Origenes zu dulden hatten!

83. Obwohl Celſus früher den Unterſchied zwiſchen menſch= licher und göttlicher Weisheit gelten ließ, ja, ſogar Stellen heid= niſcher Schriftſteller anführte, worin dieſe denſelben Unterſchied zu machen ſcheinen, ſo benutzt er ihn doch auch wieder in perfider Weiſe, um die Chriſten zu verhöhnen. „Bei ihnen gilt als Prinzip, es komme keiner, der gelehrt, der weiſe, der verſtändig iſt; denn dieſe Eigenſchaften gelten bei ihnen als ſchlecht; aber wenn jemand unwiſſend, unverſtändig, ungelehrt und albern iſt, der komme ge= troſt! Solche Leute halten ſie ganz offenherzig ihres Gottes für würdig und geben dadurch zu erkennen, daß ſie nur Tröpfe, Lum= pen, Thoren, Sklaven, Weiber und Kinder überreden können und

---

.1) Ibid. III, 9.

wollen. Was ist es denn überdies auch Böses, gelehrt zu sein, guten Spekulationen obzuliegen, verständig zu sein und zu lehren? Was hindert das denn an der Erkenntniß Gottes? Ist das nicht vielmehr förderlich und könnte dadurch nicht jemand um so eher zur Wahrheit gelangen?"[1]) Origenes kann die letztere Frage nur bejahen und thut dieses sehr gern; im Uebrigen, meint er, seien diese Vorwürfe wohl verursacht durch unverständige Reden und Aeußerungen mancher Christen, welche das natürliche Wissen und Können zu sehr herabsetzen.

84. Sodann gibt Celsus in seiner Weise eine Schilderung davon, wie die Christen zu Werke gingen, wenn sie Prose= lyten machen wollten, und an welche Leute sie sich am liebsten wen= deten. „Wir sehen ja auch, wie die, welche auf Märkten ihre fa= mosen Stückchen sehen lassen und dann einsammeln, nie in einen Kreis verständiger Männer kommen und nicht wagen, vor solchen ihre Kunststücke sehen zu lassen. Aber wo sie junges Volk, einen Schwarm Sklaven oder einen Haufen alberner Menschen sehen, da drängen sie sich hinzu und prahlen in marktschreierischer Weise. Und auch in den Privathäusern nehmen wir wahr, daß Weber, Schuster, Walker oder sonst ungebildete, bäuerische Menschen vor älteren und verständigen Herren nicht wagen, den Mund zu öffnen; sobald sie aber die Kinder allein oder nur einige unverständige Weiber bei ihnen treffen, so bringen sie ihre Wunderdinge vor und sagen auch, es sei nicht nöthig, auf den Vater und die Lehrer zu hören, sondern man müsse ihnen glauben; jene seien thöricht und verblendet, wüßten und vermöchten nichts Treffliches und seien zu sehr von leeren Thorheiten eingenommen. Sie allein aber wüßten, wie man leben müsse; wenn die Kinder ihnen glaubten, so würden sie glück= selig sein und das ganze Haus glücklich werden. Sobald sie nun aber unter dem Sprechen merken, daß ein Lehrer der Wissenschaft oder ein verständiger Mann oder der Vater selbst kommt, so ge= rathen die Besseren unter ihnen in Angst, die Frechen aber reizen die Kinder, das Joch abzuwerfen, indem sie ihnen zuflüstern, daß sie im Beisein des Vaters und der Lehrer den Kindern nichts Gutes

---

1) Ibid. III, 44. 49.

6*

mittheilen könnten oder wollten, weil sie die Thorheit oder Grobheit
jener verabscheuten, da sie ganz verdorben seien, zu tief in der
Schlechtigkeit steckten und sie nur züchtigen würden. Wenn sie etwas
von ihnen profitiren wollten, so müßten sie den Vater und die
Lehrer[1]) fortlassen und mit den Weibern und Sklavenkindern, die mit
ihnen spielen, in das Frauengemach oder in die Schusterwerkstätte
oder in die Walkerei gehen, um das Vollkommene von ihnen zu
hören. Durch solche Reden verführen sie dieselben."[2]) Celsus führt
uns eine häusliche Scene vor. Einige Sklaven, der Schuster, der
Walker, der Weber sind Christen, sie bearbeiten nun heimlich die
Kinder ihres Herrn. Wir sehen hier, wie die Sklaverei, die sonst
so nachtheilig auf die Erziehung und die Sitten der vornehmeren
Jugend einwirkte, nun auch ein Mittel wurde, das Christenthum
im Schoße der Familien zu verbreiten. Durch die Sklaven, welche
so oft Christen waren, wurden die Weiber und Kinder des Hauses,
also die einstigen Erben gewonnen, und so schritt das Christenthum
von unten nach oben allmählich fort.

85. Weiter unten theilt Origenes noch mehrere Stellen des
Celsus mit, worin dieser die Lehrer des Christenthums ver=
spottet und sie von sich selber das Geständniß machen läßt: „Die
Weisen wandten sich von unserer Lehre ab, durch ihre Weisheit irre
geleitet und befangen gemacht". „Ein Verständiger," meint Celsus
weiter, „werde nicht für ihre Lehre gewonnen, sondern abgeschreckt
von der Menge derer, die ihr anhängt." Das heißt, die Wahrneh=
mung, daß so viele Arme, Unwissende und Sklaven zu den Christen
zählten, mochte manchen stolzen Philosophen von vorn herein abschrecken.
Er vergleicht das Verfahren der christlichen Lehrer mit dem Kunst=
griffe von Quacksalbern, „welche die Leiber gesund zu machen ver=
sprächen und ihren Patienten verböten, sich an verständige Aerzte
zu wenden, damit sie nicht ihrer Unwissenheit überführt würden".
So suchen, will er sagen, die Christen ihre Proselyten gegen ander=
weitige Einflüsse abzusperren und sagen ihnen immer: „Ich

---

1) Unter den Lehrern sind die gelehrten und gebildeten Sklaven zu verstehen,
deren jedes angesehene Haus einen oder mehrere besaß.

2) Ibid. III, 50. 55. Vgl. VI, 14.

allein werde euch erretten." Weiter vergleicht er sie mit Betrunkenen, welche die Nüchternen der Trunkenheit beschuldigen. [1])

86. Celsus will nach diesen Schmeicheleien doch den Vorwurf der Leidenschaftlichkeit von sich abwenden und sagt: „Ich mache ihnen keinen herberen Vorwurf, als wozu die Wahrheitsliebe mich zwingt. Und man urtheile doch über sie! Andere, welche zu Myste= rien einladen, rufen aus: Wer reine Hände hat, wer verständig in der Rede ist, wieder andere: Wer rein ist von jeder Schandthat, wer sich nichts Böses bewußt, wer gut und gerecht ist, der trete herzu! Und solches rufen sie, indem sie Reinigung von den Sünden versprechen. Hören wir nun diese da rufen: Wer ein Sünder, ein Thor, ein Unverständiger, wer, um es kurz zu sagen, ein dummer Teufel ist, den wird das Reich Gottes aufnehmen! Und versteht ihr unter Sündern nicht die Ungerechten, die Einbrechenden, die Gift= mischer, die Tempelräuber und Gräberschänder? Wer eine Räuber= bande zusammenbringen wollte, an wen anders würde der seinen Aufruf richten?"[2]) Mit solchen Augen sah der Heide es an, wenn das Christenthum sich vorzugsweise mit seinem Rufe an die Armen, die Unwissenden und die Sünder wandte.

87. Wir erkennen sofort, worin Celsus übertrieben, wo er die Sache in diesen Darstellungen verdreht und entstellt hat, wo er tadelt, was doch nur klug und den Umständen angemessen war, und was uns nach Abzug alles dessen als historische Schilderung wichtig und als Beobachtung eines intelligenten Feindes willkommen ist. Origenes will ihn widerlegen und sucht hervor, was sich zur Entschuldigung sagen und wodurch sich der Sache, die er vertritt, auch einiger äußere Glanz retten läßt. Dieses Bestreben ist zu natürlich, zu menschlich, als daß wir uns darüber wundern dürften; doch werden wir mit größerer Unbefangenheit die Sache betrachten und dem Celsus gern glauben, daß das Christenthum zu seiner Zeit, in der Mitte des zweiten Jahrhunderts, noch sehr wenige Gebildete, Vornehme und Reiche unter seinen Anhängern zählte, um so mehr, als Origenes selbst keine bestimmten Personen anzuführen weiß.

---

1) Ibid. III, 72. 73. 74. 75. 76. Vgl. auch 1, 27.
2) Ibid. III, 59.

Christus wollte eben nicht durch Könige und Fürsten, welche ihre Länder reformiren sollten, sondern durch arme, ungebildete Fischer die Welt sich unterwerfen. Er selbst hob es schon als ein unter= scheidendes Merkmal seiner Thätigkeit hervor, daß den Armen das Evangelium geprebigt werde und daß sich beshalb niemand an ihm ärgern solle.¹) Und der Apostel Paulus findet es für nöthig, den Korinthern in's Gedächtniß zurückzurufen, daß unter ihnen nicht viele Weise dem Fleische nach, nicht viele Mächtige, nicht viele Eble seien.²)

88. Ueber die christliche Literatur scheint Celsus nicht eigens gesprochen zu haben. Nur einmal im Vorbeigehen fällt er, wie sich erwarten läßt, ein ungünstiges und wegwerfendes Urtheil, doch zum Glück ist es auch ein sehr leichtfertiges. Die christlichen Schriften, lautet es, könnten keinen Glauben erwecken und niemand überzeugen. „Von dieser Art sei auch die Disputation eines gewissen Papiskus und Jason, welche er gelesen habe. Sie verdiene nicht einmal verlacht, sondern nur bemitleidet und gehaßt zu werden. Es könne nicht in seiner Absicht liegen, sie zu widerlegen; denn es sei wohl jeder gleich damit fertig, zumal wenn er es über sich gewinnen könne, die Schrift zu lesen.“³)

89. Wir haben im Verlaufe unserer Auseinandersetzung noch nicht gefunden, daß Celsus etwas am Christenthum des Lobes wür= dig erachtet hätte. Wenn ihm ja eine oder die andere Lehre zusagte, so war es eine, die er auch schon bei den Philosophen oder anderen heidnischen Schriftstellern gefunden haben wollte. Eins nur ist es, was er lobt. Er vertheidigt nämlich das Benehmen derer, welche ihr Zeugniß für das Christenthum mit dem Tode besiegeln, indem er sagt: „Ich bin nicht der Meinung, daß, wenn man einer trefflichen Lehre anhängt, man von ihr abfallen oder vorgeben dürfe, man sei von ihr abgefallen, oder daß man sie verleugnen dürfe, wenn man von den Menschen deshalb verfolgt wird.“⁴) Also diese ganz neue Erscheinung, daß Menschen für ihren Glauben in den Tod gingen, ist es, welche auch einem Celsus Anerkennung abge=

---

1) Matth. 11, 15. — 2) I. Cor. 1, 26. Vgl. Jac. 2, 5.
3) c. Cels. IV, 52. — 4) Ibid. I, 8.

drungen hat. Sie vermochte es, auch bei denen Aufmerksamkeit und
Staunen zu erregen, auf welche die Lehren des Christenthums we=
gen ihres Stolzes oder ihrer Verbildung keinen Eindruck machten.
Uebrigens ist diese Anerkennung doch nicht rückhaltlos und unge=
theilt; denn einmal sucht er jene Erscheinung dadurch an Werth
herabzusetzen, daß er sagt, es sei nichts Neues, daß Menschen für
eine Lehrmeinung in den Tod gingen. Sokrates habe das auch ge=
than.[1] Aber schon der Umstand, daß er nur einen vereinzelten
Fall aufweisen kann, wo ein hochgebildeter Mann, ein Philosoph,
um seiner Lehre willen den Tod leiden mußte, beweist hinlänglich,
daß das keine genügende Parallele für die christlichen Märtyrer ist.
Denn unter ihnen befanden sich Menschen von allen Ständen, Le=
bensaltern und Bildungsstufen, welche nicht etwa bloß gemordet
wurden, ohne gefragt zu sein, sondern welche, wenn ihnen die freie
Wahl gelassen wurde, entweder ihren Glauben zu verleugnen oder
ihr Leben zu verlieren, mit Bewußtsein und freiem Willen das
letztere vorzogen.

90. So kann also Celsus nicht umhin, an den einzelnen die
Standhaftigkeit zu billigen, auf der anderen Seite aber meint er,
es ergäben sich für die Gesammtheit der Christen nachtheilige Ver=
muthungen aus der Thatsache, daß sie überall bedrängt und ver=
folgt seien. Hierin gebe sich die O h n m a c h t des von ihnen verehrten
Gottes zu erkennen, und die Christen könnten unmöglich die gottge=
liebten Menschen sein, als welche sie sich so gern hinstellten und
anpriesen. Wenn es eine populäre Beweisführung der Christen für
die Nichtigkeit der Götzen war, zu sagen: „Siehe, ich trete zu einem
Bilde des Zeus oder Apollo oder irgend eines anderen Gottes,
beschimpfe es und schlage es an die Ohren und es thut mir nichts,"
so nimmt Celsus dieses Argument sehr übel auf und glaubt ihm
ein ähnliches gegenüberstellen zu müssen. Er erwidert also mit
großer Entrüstung: „Siehst du nicht, mein Bester, wie man zu dei=
nem Dämon hintritt, ihn nicht bloß lästert, sondern ihn auch von
Land und Meer verjagt? Und dich, der du gleichsam als Ebenbild
ihm geheiligt bist, bindet man, führt dich zum Tode, heftet dich an's

---

1) Ibid. I, 3.

Kreuz, und der Dämon, oder wie du sagst, der Sohn Gottes, läßt das alles geschehen." Er erkannte also nicht oder wollte nicht erkennen, daß in diesem leiblichen Unterliegen der Sieg des Geistes bestand, dem dann auch der äußere sichtbare Erfolg, die Einwirkung auf andere, auf dem Fuße folgte. Aehnlichen Zweck hat es, wenn er an einer anderen Stelle sagt: „Du wirst doch gewiß nicht behaupten wollen, daß, wenn die Römer dir folgen, die Gesetze, welche bei ihnen in Bezug auf Götter und Menschen gelten, vernachlässigen und deinen höchsten Gott, oder wen du sonst angerufen wissen willst, verehren wollten, daß dann dieser herabsteigen, für sie kämpfen und keines anderen Beistandes bedürfen würde? Euer Gott hat früher, wie ihr selbst sagt, denen, die ihm anhängen, dieses und noch viel Größeres versprochen. Sehet nun, was es jenen und euch geholfen hat! Anstatt, daß jene die ganze Erde besäßen, ist ihnen nicht einmal eine Erdscholle und ein heimatlicher Heerd geblieben, und wenn von euch noch einer in einem Versteck am Leben ist, so sind die Häscher schon aus, ihn zur Hinrichtung aufzusuchen."[1]

91. Was die Christen in den ersten Jahrhunderten von ihren heidnischen Mitbürgern zu hoffen und zu erwarten hatten, läßt sich auch aus folgender Stelle des Celsus ersehen. „Für eins von beiden muß man sich vernünftiger Weise entscheiden. Wenn sie es von der Hand weisen, die Götterbilder[2] und deren Vorsteher, denen dieselben angehören (die Dämonen), zu verehren, so sollen sie auch nicht zum Mannesalter gelangen, keine Weiber nehmen, keine Kinder erzeugen und nichts im Leben unternehmen, sondern alle insgesammt sollen aus dem Dasein scheiden und keinen Samen hinterlassen, damit die Erde von einer solchen Sippschaft befreit werde." Wenn wir hier nicht den Zornerguß eines Mannes aus dem Pöbel vor uns haben, sondern eine philosophische Ueberzeugung, einen Grundsatz, mit dessen Durchführung allem Anschein nach auch leicht einmal Ernst gemacht werden konnte, so werden wir gestehen müssen, daß die Lage unserer christlichen Vorfahren in jenen Tagen keine

---

1) Ibid. VIII, 38. 39. 69.
2) Ibid. VIII, 58. nach der Lesart εἴδωλα statt εἰκότα.

beneidenswerthe war, und daß andere Kräfte als bloß menſchliche und natürliche in ihnen wirkſam ſein mußten, wenn ſie dennoch ausharren, mit der Zuverſicht des endlichen Sieges der guten Sache in die Zukunft ſchauen und ſogar noch, wie Origenes es thut, glaubensvoll verſichern konnten: „Die chriſtliche Religion wird einſt die allein herrſchende ſein.“[1])

Viertes Kapitel.

Lucian von Samoſata.

Um 200 n. Chr.

1. Wenn Lucian von Samoſata hier unter den Gegnern des Chriſtenthums erſcheint, ſo iſt es nicht deswegen, weil er es in ernſter, würdiger Weiſe bekämpft hätte. Es iſt erſtaunlich, wie wenig Poſitives ſich überhaupt in dem Charakter und in den Schriften dieſes Mannes findet. Er gehört ganz zu den negirenden, kritiſchen Geiſtern, welche von einem überwiegend praktiſchen, auf das Nützliche gerichteten klaren Verſtande ihre Richtung erhalten. Ohne tieferes Streben und ohne Bedürfniß nach etwas Höherem trachten ſie, von großen natürlichen Gaben begünſtigt, nach den vor ihnen liegenden irdiſchen Gütern, als den Mitteln zu ſoliden ſinnlichen Genüſſen, laſſen ſich um nichts graue Haare wachſen, am wenigſten um das, was eine Zukunft, ein Jenſeits bringen könnte, ſehen denen, welche ein anderes Ziel und Streben haben, behaglich zu, ergötzen ſich über ihre dabei zum Vorſchein kommenden Schwächen und die theilweiſe Vergeblichkeit ihres Ringens und beluſtigen ſich namentlich über die Armſeligkeiten und Fehlgriffe derer, welche weniger natürliche Gaben beſitzen, als ſie. Lucian war ein Mann von

<hr>

1) ‘Η τῶν Χριστιανῶν θρησκεία μόνη ποτὲ κρατήσει. Ibid. VIII, 68.

Geist und seiner literarischen Bildung; er wollte, wie Jakob[1]) sehr
richtig bemerkt, geistig leben und genießen, ein gründliches, mühe=
volles Forschen und Ringen nach der Wahrheit war seine Sache
gar nicht. Diese Seelenrichtung bringt dem Menschen ganz folge=
richtig einen Widerwillen gegen alles bei, was auf eine höhere,
geistige, jenseitige Sphäre Bezug hat. So finden wir denn auch bei
Lucian einen großen Abscheu vor allem, was er für Dämonologie
und Aberglauben ansah. Wenn er nun gegen den damals so reich=
lich wuchernden Aberglauben des Heidenthums mit allen Waffen
des Spottes ankämpft, so ist das kein eigentliches Verdienst, denn
dieser Kampf ging aus einer Gleichgültigkeit, um nicht zu sagen
Feindseligkeit gegen alles Uebersinnliche und Uebernatürliche hervor.
Das Christenthum aber erschien ihm nur als eine andere, neue Ge=
stalt des vielgestaltigen Aberglaubens. Demgemäß ist auch seine
Polemik gegen dasselbe beschaffen. Doch bevor wir hierauf näher
eingehen, wollen wir die Hauptmomente seines äußern Lebens flüchtig
ins Auge fassen.

2. Lucian war geboren in der Syrischen Stadt Samosata,
am Euphrat gelegen. Das Jahr seiner Geburt ist ungewiß und die
Vermuthungen der Gelehrten darüber schwanken zwischen den Jahren
120—135 n. Chr. Seine Blüthezeit fällt in die Regierung der
beiden Antonine und des Commodus (138—192). Der lebhafte
Knabe Lucian wurde wegen Dürftigkeit der Familie zu seinem
Oheim, einem Steinmetzen, in die Lehre gethan. Doch er fand kein
Gefallen an dieser Beschäftigung und brachte es bei seinen Eltern
so weit, daß er Rhetorik studiren durfte. Er erlernte diese in
Jonien, besonders in Smyrna und Ephesus, und übte sie in der
gerichtlichen Praxis und anderweit auf Reisen mit vielem Beifall
und Erfolg aus. Seine Reisen führten ihn über Rhodus nach Ita=
lien und Rom, wo er einen längeren Aufenthalt nahm. Von da
aus machte er auch einen Ausflug nach dem südlichen Gallien, wo

---

1) R. G. Jakob, Charakteristik Lucian's von Samosata, Hamburg, 1832, S.
166. Eine gründliche und lehrreiche Schrift, deren Verfasser nur etwas zu sehr
für Lucian eingenommen ist und von dessen sittlichem und religiösem Werthe viel
zu günstig urtheilt.

damals noch Griechische Bildung herrschte, und kehrte von Italien über Griechenland und Macedonien nach Syrien zurück. Diese Reisen benutzte er nach Art der damaligen Rhetoren dazu, bei passenden Gelegenheiten in verschiedenen Städten Vorträge zu halten, was ihm nicht wenig Beifall, Ruhm und Geld eintrug. Reich an Geld und Ehre, zog er sich nach Athen, welches immer noch bedeutende geistige Anziehungskraft für die damaligen Gebildeten besaß, in eine behagliche Muße zurück. In diese Periode seines Lebens mögen kleinere Reisen fallen, wie auch die im Jahre 165 nach Olympia unternommene, wo er die Selbstverbrennung des Peregrinus mit ansah. Nachmals trat er wieder die Laufbahn eines reisenden Redekünstlers an, und in der letzten Periode seines Lebens endlich bekleidete er ein nicht unbedeutendes, doch nicht näher bezeichnetes öffentliches Amt in Aegypten. In diesem Amte starb er hoch betagt.[1]

3. Was seine Angriffe auf das Christenthum betrifft, so sind es nur die Waffen des Spottes und der Verachtung, welche er handhabt, von einer nur einigermaßen beachtenswerthen, gründlichen, theoretischen Widerlegung ist bei ihm keine Rede. Eine solche hätte nur von irgend einem philosophischen oder überhaupt positiven Standpunkte aus versucht werden können, und Lucian hatte außer seinem Epikuräismus von der Philosophie, von Plato und Aristoteles nur dürftige und oberflächliche Kenntnisse.[2]

4. Als eine von den Stellen, welche gegen die christliche Religion zielen, wird gewöhnlich angeführt, was im „Lügenfreund"[3] von dem Teufelsbanner gesagt ist. In diesem Dialog verspottet Lucian den Aberglauben und die Wundersucht seiner Zeit, indem er uns an das Krankenbett eines reichen, alten Herrn versetzt, der an einer Unpäßlichkeit leidet und nun die Krankenbesuche seiner Freunde, Verehrer und Schmarotzer empfängt, welche sich gegenseitig mit Erzählung von sympathetischen Kuren, Hexereien und dämonischen Erscheinungen zu überbieten suchen. Nachdem das Gespräch

---

1) Vgl. Reitzii Sylloge de aetate, vita scriptisque Luciani im ersten Bande der Zweibrücker Ausgabe und Preller in Pauly's Realencyclopädie der klassischen Alterthumswissenschaft, Stuttgart, 1837—1852. Bd. IV. Artikel: Lucianus.

2) Preller a. a. O.

3) Philopseudes cap. 16. ed. Bipont. t. VII.

durch Erwähnung einer sympathetischen Kur des alten Herrn auf
diese Bahn gelenkt war, tischte nun jeder sein bestes Stückchen auf.
Um die laut gewordenen Zweifel des Tychiades, einer der Personen
des Dialogs, recht zu widerlegen, sagt ein anderer der Mitredenden:
„Ich hätte wohl Lust, dich zu fragen, was du von denen sagst, die
die Gabe haben, die Besessenen von ihren Schreckbildern zu befreien, indem sie ihnen durch ihre Zauberformeln die Geister sogar
sichtbarer Weise austreiben? Doch es ist überflüssig, viele Worte
darüber zu verlieren; denn wem ist der Syrer aus Palästina unbekannt, der ein so großer Meister in dieser Kunst ist? Und wer weiß
nicht, wie viele, die beim bloßen Anblick des Mondes umfallen, die
Augen verdrehen, wobei ihnen der Schaum vor den Mund tritt,
dieser Mann auf die Füße stellt und gesund wieder nach Hause
schickt, nachdem er die bösen Geister gegen gute Bezahlung aus
ihnen ausgetrieben hat? Denn wenn sie so vor ihm auf der Erde
liegen und er den Dämon fragt, woher er in diesen Leib gefahren
sei, so spricht zwar der Kranke kein Wort; aber der Dämon antwortet auf Griechisch oder in einer barbarischen Sprache und meldet,
sowohl wer er selbst ist, als wie und von wannen er in den Menschen gefahren, und dann wird er von ihm durch Beschwörung, und
wenn das noch nicht helfen will, durch Drohungen hinausgejagt.
Ich selbst sah einmal einen solchen Teufel ausfahren, der ganz
schwarz und wie geräuchert aussah." Einige Ausleger haben gemeint,
in diesem Syrer aus Palästina einen Christen erkennen zu müssen.
Allein es waren damals der Leute genug, welche sich mit solchen
Beschwörungen abgaben, und ein Christ hätte sicher kein Geld dafür
genommen. Doch kann man wiederum nicht wissen, ob Lucian an
einen wirklichen Vorfall gedacht hat, oder nur durch ein selbster-
sonnenes pikantes Stückchen diese Art von Leuten und unter ihnen
auch die Christen als Betrüger brandmarken wollte. Immerhin ist
also die Möglichkeit nicht ausgeschlossen, daß er die Christen im
Auge hatte, worauf auch namentlich die an den Dämon gerichteten
Fragen hinzudeuten scheinen.

5. Unzweideutig geschieht der Christen in der „Alexander oder
der Lügenprophet" betitelten Schrift Lucian's Erwähnung. In
derselben schildert er den Lebenslauf eines gewissen Alexander von

Abonoteichos, eines Betrügers, der sich für einen Sohn des Halb=
gottes Podalirios ausgab und seinen Landsleuten vorschwindelte,
Aeskulap sei unter ihnen sichtbar erschienen, und zwar in der Ge=
stalt einer zahmen Schlange, welche er selbst aus Macedonien mit=
gebracht hatte. Er ließ durch diese Schlange Orakel ertheilen und
verstand das leichtgläubige Volk nah und fern so zu täuschen, daß
er außerordentlichen Zulauf bekam und erstaunliche Summen ver=
diente. Man ging sogar so weit, für dieses neue Orakel einen eigenen
Tempel zu erbauen und zum Andenken daran Münzen zu schlagen,
von welchen noch einige erhalten sind. [1]) Die Erzählung beruht dem=
nach auf historischer Wahrheit. Als endlich doch viele die Betrügerei
merkten, suchte dieser Mensch Schrecken unter seine Gegner zu brin=
gen, indem er öffentlich erklärte, ganz Pontus sei mit Atheisten und
Christen angefüllt, die sich erfrechten, die schändlichsten Lästerungen
gegen ihn auszustoßen, und befahl dem Volke, diese Leute zu stei=
nigen, wenn sie anders die Gnade seines Gottes nicht verscherzen
wollten. [2]) Er führte auch förmliche Mysterien ein, welche drei Tage
hindurch gefeiert wurden. Am ersten Tage geschah ähnlich wie zu
Athen der öffentliche Ausruf: „Wenn ein Atheist, ein Christ oder
ein Epikuräer als Zuschauer der Mysterien gekommen ist, der mache
sich fort! Die aber an den Gott glauben, die mögen zu ihrem Heil
die Mysterien feiern.“ Und nun wurde sofort zur Austreibung der
Profanen geschritten und er selbst fing an zu rufen: „Hinaus mit
den Christen!“ und die ganze Menge rief hinten drein: „Hinaus
mit den Epikuräern!“ Außer den Epikuräern, welche in solchen
Dingen natürlich Zweifler und Ungläubige waren, sah dieser Mensch,
wie alle heidnischen Zauberer und Wunderdoktoren, in den Christen
seine größten Feinde. Denn wo sie zahlreich waren, da fand dieses
Gelichter kein Publikum, oder wenn sie wirklich durch dämonische
Mitwirkung etwas vermochten, so verlor der Dämon durch die
Christen seine Macht. Dergleichen Thatsachen sehen wir im christ=
lichen Alterthum seit dem Ereigniß mit der Magd zu Thyatira[3])
oft wiederkehren.

---

1) Vgl. die Note des du Soul im V. Bde. der Zweibrücker Ausg. des Lucian
S. 440, und Döllinger, Heidenthum und Judenthum, S. 644 f.
2) **Alexander**, cap. 25. — 3) Act. 16. 16.

6. Beachtungswerther sind jedoch die Bemerkungen, welche Lucian im „Tod des Peregrinus" über das Christenthum macht. Dieser Peregrinus war ein Cynischer Philosoph, wenn er überhaupt den Namen eines Philosophen verdienen sollte. Er führte ein abenteuerliches Leben und suchte sich in jeder Weise bemerklich zu machen, was ihm aber nicht sonderlich gelungen zu sein scheint. Um die Augen der Menschen auf sich zu ziehen und sich einen bleibenden Namen zu sichern, beschloß er etwas recht Unerhörtes zu thun und machte bekannt, er werde zu Olympia bei Gelegenheit der Spiele vor den Augen von ganz Griechenland in den Flammen seinen Tod suchen. Obwohl es ihn bald nachher reuete, konnte er doch nicht mehr zurücktreten, und gab sich wirklich auf die angekündigte Weise den Tod im Jahre 165 n. Chr. Lucian, der uns das alles ausführlich beschreibt, war Augenzeuge seines Todes. Seinen Angaben zufolge war dieser Peregrinus, der sich gern Proteus nannte, in einer frühern Zeit seines Lebens einmal Christ gewesen, und Lucian erzählt: „Damals ließ er sich auch in der wundervollen Weisheit der Christen unterrichten, indem er sich in Palästina bei ihren Priestern und Schriftgelehrten aufhielt. Bald waren sie nur Kinder gegen ihn und er wurde Prophet, Thiasarch[1]), Synagogenvorsteher und alles in allem. Er erklärte und kommentirte ihre Bücher und schrieb deren selbst eine Menge, ja, sie ehrten ihn wie einen Gott, ließen sich Gesetze von ihm geben und ernannten ihn zum Vorstand. Sie verehren übrigens den großen Mann, der in Palästina gekreuzigt wurde, weil er diese neuen Mysterien ins Leben rief. Endlich wurde Proteus dabei ergriffen und ins Gefängniß geworfen. Eben das verschaffte ihm für sein späteres Leben nicht wenig Ansehen und bewirkte, daß er Aufsehen zu machen und Ruhm zu erwerben trachtete. Als er nun gefesselt war, hielten das die Christen für ein Unglück und setzten alles in Bewegung, um ihn zu befreien. Da es aber unmöglich war, so erhielt er anderweitig eine sehr sorgfältige Pflege und Aufwartung, und schon früh Morgens konnte man das Gefängniß von alten Weibern, gewissen Witwen und Waisen umlagert sehen; die Vornehmen unter ihnen übernachteten sogar drinnen

---

1) Welches Amt Lucian mit diesem Titel meint, ist schwer zu sagen.

bei ihm, indem sie die Wächter bestachen. Sobann schafften sie ver=
schiedene Mahlzeiten hinein, ihre heiligen Schriften wurden vor=
gelesen und der theure Peregrin -- denn so hieß er schon — wurde
von ihnen der neue Sokrates genannt. Ja, sogar aus den Städten
in Asien kamen einige Christen, von der Gemeinde gesandt, um
ihm zu helfen, für ihn zu sprechen und ihn zu trösten. Denn bei
solchen gemeinsamen Angelegenheiten zeigen sie eine erstaunliche Rüh=
rigkeit, mit einem Wort, sie sparen nichts. Und auch dem Peregrinus
spendeten sie damals viel Geld von wegen seiner Bande, und er
hatte davon keine kleine Einnahme. Denn diese armen Tröpfe haben
sich in den Kopf gesetzt, daß sie ihrem ganzen Wesen nach unsterblich
seien und ewig leben werden. Deswegen verachten sie auch den Tod
und viele rennen freiwillig in denselben. Dann hat ihnen ihr erster
Gesetzgeber eingeredet, sie seien alle Brüder unter einander, sobald
sie einmal übertreten, die Griechischen Götter verleugnen, jenen
ihren gekreuzigten Sophisten[1]) anbeten und nach dessen Gesetzen
leben. Alles andere verachten sie miteinander und halten es für
erbärmlich, ohne einen triftigen Grund zu haben, warum sie diesen
Meinungen zugethan sind. Sobald also ein Taschenspieler oder ein
verschmißter Mensch, der sich auf Schliche versteht, an sie kommt,
so wird er in Kurzem sehr reich, indem er diese simpeln Menschen
hinters Licht führt. Allein der damalige Statthalter Syriens schonte
des Peregrin, da er ein·Freund der Philosophie war, und merkte,
daß jener in seiner Narrheit sterben würde, um sich dadurch be=
rühmt zu machen. Er entließ ihn und hielt ihn keiner Strafe wür=
dig."[2]) Sodann erzählt Lucian weiter, wie Peregrin flüchtig ge=
worden, aber immer noch von den Zehrpfennigen der Christen gelebt
habe. Endlich habe er einmal eine bei ihnen verbotene Speise ge=
gessen und es dadurch mit ihnen verdorben.[3])

1) Das soll nicht gerade ein Vorwurf sein, sondern Lucian glaubte, der,
welcher so viele Menschen überredet und für seine Ansicht gewonnen habe, hätte
das nicht erreichen können, wenn er nicht ein tüchtiger Redekünstler, ein Sophist
gewesen wäre.

2) De morte Peregr. cap. 11—15. ed. Bipont. t. VIII. — 3) Ibid.
cap. 16.

7. Das ist es, was Lucian über Peregrins Beziehungen zu den Christen zu erzählen weiß. Wenn Preller der Ansicht ist,[1] Lucian habe eben nichts Nachtheiliges von den Christen gesagt, so muß man sich sehr darüber wundern. Jemanden für einen Tropf auszugeben, der nicht recht weiß, was er thut, das ist doch gewiß kein Lob. Die Frage, ob Peregrin, welcher eine historische Person ist, einstmals zu den Christen gehört habe, mag auf sich beruhen, die Sache aber, wie sie da erzählt wird, enthält keine innere Unmöglichkeit. Wir wollen nur das ins Auge fassen, was Lucian hier vom Christenthum selbst urtheilt. Urheber der Weisheit der Christen, welcher er von vorn herein das Beiwort wundervoll gibt, ist der bekannte Sophist, der in Palästina deswegen gekreuzigt wurde, weil er diese neuen Mysterien einführte. Daß die Christen diesen Stifter ihrer Religion für eine göttliche Person hielten, ist dem Lucian offenbar entgangen, das weiß er nicht; denn er nennt ihn bloß einen Menschen. Er hat ihnen eingeredet, sie seien unsterblich nach Leib und Seele, und darum verachten sie den Tod. Sie sind der Meinung, daß sie Brüder würden, sobald sie das Heidenthum von sich gethan haben. Alles andere außer ihren Lehrmeinungen schätzen sie gering, ohne doch einen stichhaltigen Ueberzeugungsgrund zu haben. Das ist es, worauf sich die Bekanntschaft Lucian's mit den dogmatischen Lehren des Christenthums beschränkt. Sonst hebt er noch als Eigenthümlichkeiten hervor, daß· seine Anhänger h. Bücher haben, welche von ihren Lehrern und Vorstehern ausgelegt werden, daß manche Speisen bei ihnen verboten sind, und daß diejenigen, welche die bei ihnen geltenden Ordnungen übertreten, aus ihrer Mitte ausgestoßen werden. Zu bemerken ist noch der verächtliche Ton, in welchem Lucian redet. Das Christenthum ist für ihn nur eine neue ergötzliche Thorheit, ein neues, buntes Steinchen in dem Kaleidoskop menschlicher Schwächen und Narrheiten, welches er seinen Lesern vor Augen hält. Wenn er die Bruderliebe der Christen, ja, selbst ihre Todesverachtung bespöttelt, so urtheilt er eben wie ein Lebemann, der Erwerb und jegliche Art sinnlichen und ästhetischen Genusses für das höchste Gut hält, der dieses leibliche Leben über

---

[1] Pauly, Realencyclopädie. Bd. IV. Art. Lucianus.

alles liebt und die an eine höhere Welt glauben, für Schwärmer
ansieht. Wie und durch welche historische Verhältnisse Lucian zu
einigen dieser Anschauungen kam, das sehen wir sehr wohl ein,
ob er aber nicht wohl anders von den Christen denken konnte und
ob alle verständigen und gelehrten Heiden seiner Zeit so denken
mußten, wie Wieland meint,[1] das ist nur für den erwiesen, der
ebenfalls auf Epikuräischem Sumpfboden steht.

8. Faktisch freilich standen die Sachen allerdings so, daß dem
Christenthum der Zugang zu den Gebildeten fast unmöglich wurde;
denn was man von vorn herein verachtet, das pflegt man keiner
Untersuchung zu würdigen. Und dies ist eben der Fall, in dem Lucian sich befindet. Er theilt offenbar die Anschauung jenes Statthalters von Syrien, der ein Philosoph war und den Peregrinus
für verrückt hielt, ihn entließ und keiner Strafe werth achtete. Das
ist denn doch der höchste Grad von Verachtung, wenn man jemand
nicht einmal bestrafen zu müssen glaubt. Jener Statthalter glaubte
ferner, daß Peregrinus in seiner Narrheit zu sterben bereit sei, um
sich berühmt zu machen. Diese Worte sind nicht für eine bloße
Schmähung aus dem Munde Lucian's anzusehen, sondern sie sind
wohlberechnet und enthalten den Eindruck, den die Standhaftigkeit
und Todesfreudigkeit der Märtyrer auf Leute von der Gesinnung
Lucian's machte. In diesen Worten ist nämlich das Urtheil der
Epikuräisch Gesinnten über diese damals neue Erscheinung niedergelegt. Das Urtheil der Stoisch Gesinnten aber stimmt damit nahezu
überein. Denn Marc Aurel sagt in seinen philosophischen Betrachtungen mit offenbarer Beziehung auf die christlichen Märtyrer:
„Die Seele soll bereit sein, wenn sie den Körper verlassen muß,
entweder zu verlöschen oder aufgelöst zu werden oder noch eine
Zeit lang mit dem Körper fortzudauern. Diese Bereitwilligkeit muß
aber von eigenem Urtheil herrühren, nicht von einer bloßen Widerspenstigkeit wie bei den Christen, sondern es muß mit Ueberlegung
und Würde geschehen, so daß man auch einen andern überzeugen
könne, ohne Prunk."[2] Also der Epikuräer sagt, die christlichen
Märtyrer gehen aus Verrücktheit in den Tod, der Stoiker: Sie

---

1) Uebersetzung Lucian's III. S. 63. — 2) Lib. XI. c. 3.

thuen es aus Widerspenstigkeit gegen die Gesetze, ohne eine innere, philosophische Ueberzeugung.

9. Dies ist die einzige Stelle in den Werken Lucian's, wegen welcher er ebenfalls einen Platz unter den literarischen Gegnern des Christenthums verdient. Wenn dann noch einige Stellen in der „Wahren Geschichte" auf das Christenthum zu beziehen wären, wie manche meinen, so müßte er noch einige Kenntnisse mehr von demselben gehabt haben. Das „Wahre Geschichte" betitelte Werk ist eine Satire auf verschiedene Dichter, Geschichtschreiber, Philosophen und, um einen modernen Ausdruck zu gebrauchen, Reisebeschreiber des Alter-thums. Je schwieriger, gefahrvoller und seltener das Reisen im Alterthum war, desto leichter war es, denen, die zu Hause blieben, allerlei aufzubinden. Namentlich wurde über die Länder und Völker, welche jenseits der Gränzen der damaligen civilisirten Welt (der sog. οἰκουμένη) lagen, sehr viel Wunderbares gefabelt und sogar von verständigen Männern geglaubt. Ursache genug für unsern Lucian, eine Satire wie die „Wahre Geschichte" zu erfinnen. Er er-zählt darin seine Fahrt in den Atlantischen Ocean, nach der Insel, bis wohin Bacchus und Hercules gekommen waren, seine Reise in die Luft und seinen Aufenthalt unter den Bevölkerungen des Aethers und der Gestirne. In dieser Art geht es weiter und alles ist voller Anspielungen auf Schriftsteller, deren Werke leider meistens nicht mehr erhalten sind.

10. Anspielungen auf Christliches indessen vermag ich nicht zu entdecken. Denn wenn erzählt wird, wie das Schiff in den Bauch eines Seeungethüms eingelaufen sei und wie die Mannschaft lange in demselben gehaust habe, so kann das wohl von der Geschichte des Jonas entlehnt, aber auch eben so gut selbständig erfunden sein. So viel Phantasie muß man dem Lucian schon zutrauen. Und bei seiner Schilderung der Unterwelt, der Aufenthaltsorte der Seligen und der Verdammten denkt er sicher nur an die betreffenden Homerischen Beschreibungen. Wie er selbst sagt, hat er nur ge-wisse Dichter, Geschichtschreiber und Philosophen bei seiner Satire vor Augen.[1] Die Christen gelten ihm aber nicht als Philosophen;

---

[1] Ver. histor. I, 2. ed. Bipont. t. IV.

so hoch stehen sie in seiner Meinung noch lange nicht. Auffallend allerdings ist die Beschreibung, welche er von der Stadt der Seligen macht.[1]) „Die ganze Stadt, heißt es dort, ist von Gold und die Ringmauer von Smaragden. Jedes ihrer sieben Thore ist aus einem einzigen Zimmetstamme, das Pflaster und der ganze Boden in der Stadt aus Elfenbein, die Tempel aller Götter sind aus Quadern von Beryll erbaut, und die Altäre darin sehr groß, aus einem Stück und von Amethyst, auf denselben opfern sie die Hekatomben. Um die Stadt fließt ein Strom des besten Salböls, hundert königliche Ellen breit und tief genug, um bequem darin zu schwimmen. Ihre Bäder sind herrliche Gebäude von Krystallglas und werden mit Zimmetholz geheizt." Die Beschreibung dieser Stadt, welche sich bei Homer und den Alten nicht findet, erinnert auffallend an die Beschreibung der h. Stadt der Seligen in der Offenbarung des Johannes.[2]) Es ist möglich, daß Lucian etwas davon zu Ohren gekommen war und ihm bei jener Stelle vorschwebte; doch scheint mir die Aehnlichkeit beider Schilderungen nicht groß genug zu sein, um das geradezu zu behaupten.

11. Ferner will man in dem Kampfe des Endymion mit dem Sonnenkönige Phaethon eine Anspielung auf den Kampf Michaels mit Lucifer gefunden haben und die Schilderung der Menschen, welche auf dem Wasser gehen können, soll von der ähnlichen evangelischen Erzählung entlehnt sein.[3]) Aber das sind Einbildungen; wer Aehnlichkeiten sucht, der findet sie. Lucian dachte an nichts von allem dem, sondern hatte die Berichte lügenhafter Reisenden und fabelhafter Schriftsteller, wie Ktesias vor Augen, dachte an Dinge wie die Fabel von Abaris u. dergl., das Uebrige that seine eigne Phantasie hinzu.

12. Wenn wir also die Polemik Lucian's gegen das Christenthum auf ein geringeres Maß zurückführen, als es sonst wohl geschieht,

---

1) Ibid. II, 11. — 2) Apoc. 21, 10—21.

3) Siehe Jacob in der angeführten Schrift S. 164 ff. Um solcher Stellen willen haben La Croze und Reßner (in der Agape, Jena, 1819) Lucian zu einem Christen machen wollen und zwar nicht etwa bloß zum Scherz, sondern im vollen Ernst. (Jacob a. a. O. S. 166.)

und wenn wir zudem einiges, wie den ganzen Dialog Philopatris, ihm absprechen müssen, so bleibt doch dessen, was offenbar gegen christliche Lehren und Sitten gerichtet ist, in seinen Werken noch genug übrig, und seine Anspielungen und Erwähnungen erscheinen uns merkwürdig und inhaltreich, besonders wenn wir bedenken, daß in jener Zeit zwischen den Heiden der gebildeten Stände und dem Christenthum eigentlich noch gar keine Beziehungen stattfanden.

II.

Das Wiedererwachen

des religiösen Bedürfnisses im Heidenthum

und

die Sehnsucht nach dem Positiven.

Der Neupythagoräismus.

———•o◦∘◦o•———

Fünftes Kapitel.

Flavius Philostratus, der Neupythagoräer.

Gest. um 250 n. Chr.

1. Wenn wir mit den beiden besprochenen Schriftstellern einen Abschnitt machen, so waren wir vollkommen dazu berechtigt, nicht nur weil sie in religiöser und philosophischer Beziehung Skeptiker sind, oder sich wenigstens dem Christenthum gegenüber auf einen skeptischen und negirenden Standpunkt stellen, sondern weil sie auch ihrer Lebenszeit nach einem vorwiegend skeptischen und indifferenten Zeitalter angehörten. Später gewann aber die mehr positive Richtung, die im gemeinen Volke im Ganzen noch vorherrschte, auch in der Literatur das Uebergewicht. Ueber diesen Umschwung sagt Döllinger in seinem Epoche machenden Werke über die religiösen und sittlichen Zustände des Alterthums[1]): „Im Ganzen war die Philosophie und Literatur seit dem Beginne der Kaiserzeit in den Ländern Griechischer Zunge weit schonender und rücksichtsvoller gegen die Religion als in Rom. Seit der Mitte des ersten Jahrhunderts nach Christus wird selbst eine immer stärker hervortretende Rückkehr zu einer gläubigeren Stimmung bemerklich; man fühlt die große in der geistigen Atmosphäre vorgegangene Veränderung, wenn man Polybius, Strabo, Diodor, Dionysius mit Plutarch, Aristides, Maximus von Tyrus, Dio Chrysostomus vergleicht, und den Unterschied zwischen Griechen und Römern, wenn man die Aeußerungen dieser Männer über religiöse Dinge mit denen eines Seneca, Plinius, Tacitus zusammenhält.“

---

1) Döllinger, Heidenthum und Judenthum, S. 596.

2. So wichtig nun ein Plutarch, Aristides und Maximus auch in religiöser Beziehung als conservative Geister sind, so müssen wir uns hier doch auf die Erscheinungen beschränken, bei welchen ein wahrnehmbarer Einfluß des Christenthums vorhanden ist und sofort zur Neupythagoräischen Schule übergehen, welche wieder mehr auf Gott d. h. auf den einen göttlichen Geist, der sich in den einzelnen Menschenseelen individualisire, zurückging, zuvor aber einige einleitende Bemerkungen vorausschicken.

3. Es ist eine den späteren Griechischen Philosophen eigenthümliche Manier, die Lehren der Schulen, welchen sie anhingen, in biographischem Gewande darzustellen. Während die alten Philosophen ihre Lehren in dialogischer oder dogmatisirender Form vortrugen, lieben es die späteren, besonders die Neuplatoniker eine bestimmte Persönlichkeit herauszugreifen und als Trägerin einer Theorie vor Augen zu führen; während jene ihre abstrakten Ideen darlegten, schildern diese ein einzelnes Leben, das von den Ideen durchdrungen, getragen und geleitet war. Es leuchtet ein, daß dieses Verfahren ein sehr vortheilhaftes war, denn hier trat dem Schüler und Jünger kein dürres, abstoßendes: „Du sollst, Du mußt" entgegen, sondern ein Bild voll Gestalt und Leben. Es war ein Schritt zur Popularisirung der Philosophie, wenn man davon im Alterthum reden kann, indem in darstellender, unterhaltender Weise philosophische Ideen dargeboten wurden. Hier sah man ferner das Ideal erreicht, die Frage nach der Ausführbarkeit eines Systems im Leben erschien praktisch gelöst, die Vollkommenheit und Glückseligkeit, zu der irgend ein System führen konnte, ward in einem zur Nachahmung spornenden Ideale vorgehalten. Und gerade das war sehr wichtig. Bei der Zerfahrenheit, welche in den letzten Zeiten des Heidenthums herrschte, bei der Auflösung aller sittlichen und religiösen Bande, bei der innern Haltlosigkeit des damaligen, dem Sinnentaumel hingegebenen Lebens und bei der daraus entspringenden und offen vor Augen tretenden allgemeinen Trostlosigkeit, Rathlosigkeit und Ruhelosigkeit der Herzen war es nicht genug, einen festen Punkt zu zeigen, wohin man den Fuß stellen konnte, — denn das war oft genug versucht worden — sondern es war nothwendig, darzuthun: diese Lehre, jenes System führt auch wirklich zu dem ersehnten Ziele. Und das konnte

nicht besser erreicht werden, als durch eine ins Einzelne gehende Beschreibung des Lebens eines großen Philosophen. Daher sehen wir vom dritten Jahrhundert an diese Art der Biographik eifrig gepflegt.

4. Eine würdige Stelle in diesem Zweige der Literatur nimmt das Werk des Atheners Flavius Philostratus ein, welches: „Nachrichten über Apollonius von Tyana" (Τὰ ἐς τὸν Τυανέα Ἀπολλώνιον) betitelt ist. Flavius Philostratus, Sohn eines Sophisten, der ebenfalls Philostratus hieß, lebte Anfangs zu Athen, weshalb er der Athener genannt wird. Dann nahm er unter Septimius Severus seinen Aufenthalt zu Rom, wo er bis zu den Zeiten des Philippus Arabs (244—249) lebte. Den Kaiser Cara= calla begleitete er nach Gallien; er war auch, wie wir aus seinen Schriften sehen, eine Zeit lang zu Antiochia in Syrien. Zu Rom nahm ihn Julia Domna, die Gemahlin des Severus, in den Kreis von Gelehrten auf, den sie um sich zu versammeln pflegte. Auf ihr Geheiß schrieb er auch sein Leben des Apollonius von Tyana, indem er die Berichte des Maximus von Aegä, des Moeragenes und be= sonders des Damis von Ninive als Quellen benutzte. Da das Buch der Julia Domna nun gleichwohl nicht gewidmet ist, so ist die An= nahme, daß es bei dem Tode der geistigen Urheberin im Jahre 207 n. Chr. noch nicht vollendet war, sehr begründet.[1]

5. Was die Person des Apollonius betrifft, so ist an seiner historischen Existenz nicht zu zweifeln. Er lebte im ersten Jahrhundert der christlichen Zeitrechnung und starb hochbetagt unter der Regierung des Nerva. Mehrere der Alten nennen ihn als einen bekannten Magier. Origenes beehrt ihn auch noch mit der Benen= nung eines Philosophen.[2] Dagegen stellt ihn Lucian von Samosata ohne Weiteres mit Alexander von Abonoteichos zusammen,[3] der nach seiner Darstellung bekanntlich das Urbild eines frechen und abgeschmackten Betrügers ist. Auch der Geschichtschreiber Dio Cassius kennt ihn nur als einen geschickten Zauberer und Goeten.[4] In

---

1) Siehe West's Abhandlung in Pauly's Realencyclopädie. Art. Philo=
stratus.

2) c. Celsum VI, 41. — 3) Alexander cap. 5.

4) Dio. Cass, lib. 77. c. 18. γόης καὶ μάγος ἀκριβὴς ἐγένετο.

Betreff seiner sonstigen Lebensumstände beobachten die Alten ein völ-
liges Schweigen, und wir sind hier lediglich auf die Mittheilungen des
Philostratus angewiesen; denn auch die von ihm namhaft gemachten
und benutzten Quellen sind verloren gegangen. Er selbst kritisirt
diese Quellen also: Damis aus Ninus habe sich der Philosophie
unter Leitung des Apollonius gewidmet, ihn auf seinen Reisen begleitet, und seine Gedanken, Reden und Weissagungen in zwar
deutlicher aber schmuckloser Schreibart aufgezeichnet. Durch einen
Verwandten des Damis seien diese vorher noch unbekannten Denkschriften in die Hände der Kaiserin Julia Domna gekommen. Die
Schrift des Maximus von Aegä umfaßte alles, was Apollonius
in Aegä gethan hatte. Die Schrift des Moeragenes dagegen schildert
Philostratus ungünstig und sagt, er habe in seinen vier Büchern sich
manche Irrthümer oder falsche Auffassungen zu Schulden kommen
lassen.¹) Zu diesem ungünstigen Urtheil hatte Philostratus seine
eigenen Gründe. Denn wie wir aus der eben angeführten Stelle
des Origenes sehen, beurtheilte Moeragenes seinen Helden viel nüch-
terner. Er will ihn nur für einen Magier gehalten wissen, der durch
seine Zauberkünste einige nicht unbedeutende Philosophen gewonnen
habe, so daß sie ihn als einen Zauberer betrachtet hätten.²) Er
sieht in der Größe des Apollonius also einen Sieg der Magie
selbst über die Philosophie; hingegen ist das ganze Bestreben
des Philostratus dahin gerichtet, den Apollonius gerade vom Vorwurf der Magie zu reinigen, und ihn rein als inspirirten Philosophen hinzustellen. Außerdem will Philostratus selbst noch manche
Dokumente in Städten und Tempeln vorgefunden und andere Nachrichten aus mündlichen Aussagen und Briefen des Apollonius gesammelt haben.

6. Also Apollonius war nach der Aussage der ältern und
glaubwürdigen Quellen ein Mann, der in der Magie sehr geschickt
und auch in der Philosophie bewandert war; er war ein Mann

---

1) Vita Ap. I, 3.

2) Ἔφησεν, ἁλῶναι ὑπὸ τῆς ἐν Ἀπολλωνίῳ μαγείας οὐκ ἀγεννεῖς
τινας φιλοσόφους, ὡς πρὸς γόητα αὐτὸν εἰσελθόντας· ἐν οἷς, οἶμαι,
καὶ περὶ Εὐφράτου πάνυ διηγήσατο καί τινος Ἐπικουρείου. Orig. l. c.

vom Schlage des Appulejus von Madaura, aber edler und sittenreiner. Die Nachwelt dagegen hatte von ihm eine viel höhere Meinung. Schon zur' Zeit des Caracalla (211—217) galt er als ein Halb= gott und Heros, und dieser Kaiser erbaute ihm ein Heroon.[1] Philostratus war schwerlich der erste, der diesen Mann vergötterte, er fand seine Verehrung vor, trug aber durch seine Lebensbeschrei= bung unstreitig zu deren Steigerung bei. Dio Cassius berichtet, daß Apollonius den Tod des Domitian geahnt und geschaut habe, ohne ihm aber weitere Lobsprüche zu ertheilen.[2] Dagegen stellte Alexan= der Severus sein Bild mit denen des Christus, Abraham und Orpheus in seiner Hauskapelle auf,[3] und Aurelianus (270—275) machte ein Gelübde, ihm Bildsäulen und einen Tempel weihen zu wollen. Er wurde als ein ehrwürdiger Greis dargestellt und sein Bild fand sich in vielen Tempeln. Flavius Vopiscus nennt ihn einen berühmten, hochangesehenen Weisen, alten Philosophen und wahren Freund der Götter, der göttlich zu ehren sei.[4] So wuchs im Laufe der Zeit sein Ruhm und Ansehen, und er wurde ein sagenhafter Halbgott. Das Alterthum kannte auch mehrere Werke von ihm; nämlich das Buch über „die Cärimonien oder über die Opfer," woraus uns Eusebius eine lange Stelle mittheilt, in wel= cher sich Apollonius, der ebenfalls dem bekannten monotheistischen Polytheismus huldigte, dahin ausspricht, man solle dem einen höch= sten Gott, welcher das Urwesen (ὁ πρῶτος) sei, keine andern Opfer darbringen, als nur Gebete, wodurch er allein gebührend geehrt werde; denn die andern Opfer z. B. Thieropfer, seien weder rein genug, noch bedürfe er derselben.[5] Ferner wird erwähnt ein Buch über die Orakelsprüche, ein Hymnus auf das Gedächtniß,[6] die Mne= mosyne, sein Testament, Briefe, ein Leben des Pythagoras, außerdem gab es noch viele andere, deren Titel und Inhalt wir nicht kennen.[7] Dieses Verzeichniß seiner Werke gibt uns untrüglichen Aufschluß über die Richtung seines Geistes, wonach er ein Magier und Pytha= goräischer Philosoph zugleich war.

---

1) Dio Cass. 77, c. 18. — 2) Ibid. 67, 18. — 3) Lamprid. Alex. c. 29. 4) Vita Aurel. c. 24. — 5) Euseb. Praep. Ev. p. 150. b. ed. Colon. 1688. 6) Ueber seine Schriften f. Philostr. Vita Ap. III, 41. — 7) Id. ibid. I, 14.

7. Als Wunderthäter, Prophet und Philosoph erscheint
er denn der Hauptsache nach auch in dem Roman des Flavius
Philostratus. Doch soll die Wunderkraft des Apollonius nicht die
finstere, strafbare Gewalt der in jenen Zeiten so häufigen ordinären
Zauberer gewesen sein, sondern eine reine, höhere, die auf die Götter
als ihren Ursprung zurückgeführt werden müsse. Das sagt uns
Philostratus an unzähligen Stellen seiner Lebensbeschreibung, be=
sonders deutlich drückt er sich aber in der folgenden aus: „Daß die
Behauptung derer, die ihn für einen Zauberer halten, ohne
Grund ist, erhellt aus dem schon Gesagten; doch wollen wir auch
noch Folgendes erwägen: Die Zauberer, die ich für die unseligsten
der Menschen halte, behaupten durch Peinigung der Götzenbilder
oder durch Formeln und äußere Mittel die Bestimmungen des Schick=
sals ändern zu können; und viele haben bei gerichtlichen Untersuchun=
gen eingestanden, daß sie solcherlei Dinge verständen. Apollonius
aber folgte den Beschlüssen des Schicksals; er verkündigte, was die
Nothwendigkeit (das Fatum) mit sich brachte, erkannte es aber nicht
durch Zauberei, sondern aus den Anzeichen der Götter.“[1] Hier
sagt uns Philostratus ganz klar, was die Alten sich unter der Zau=
berei dachten. Sie war die Kunst, durch magische Mittel, Formeln,
Cärimonien u. s. w. die höheren Mächte, gute oder böse, sich unter=
thänig zu machen und sie zu zwingen, das Gewünschte zu thun.
Ein solcher Zauberer konnte und mußte zugleich auch Prophet sein.
Denn, wenn er der höheren Mächte durch seinen Zauber Herr ge=
worden war und sie seinem schlimmen Vorhaben dienstbar gemacht
hatte, so konnte er natürlich auch voraussagen, was geschehen würde.
Oder der Zauberer konnte die höheren Mächte durch ähnliche Mittel
auch zwingen, ihm ihr Wissen von der Zukunft mitzutheilen. Darum
ist die Kraft der Wunder und der Prophetie im Heidenthum eine
und dieselbe, und Wunder und Weissagungen haben im Wesen den=
selben Ursprung.

8. Das ist die heidnische Vorstellung von der Zauberei und
verbotenen Wahrsagerei, denn eine andre Art der letztern war
ja erlaubt und wurde öffentlich von Staatswegen geübt, weil die

---

1) Vita Ap. V, 12. Vgl. IV, 41.

Mittel, deren diese sich bediente, andre waren. Sie bestand in der Beobachtung gegebener Zeichen und war passiver Natur, indem sie aus gegebenen Zeichen die Zukunft las und errieth, während die als schlimm und verboten geltende Art mehr aktiv war und solche Zeichen gleichsam erst erpreßte. Von dem Vorwurfe dieser schlimmen Art der Zauberei und Wahrsagerei seinen Helden ˙zu reinigen, das ist also die ausgesprochene Tendenz des Philostratus. Nachdem wir dieses vorausgeschickt, gehen wir nun an eine Darlegung und Zergliederung seiner Lebensbeschreibung des Apollonius selbst.[1])

9. Er muß sogleich mit dem Geständniß beginnen, daß sein Held den Menschen noch nicht hinlänglich von Seiten der wahren Weisheit bekannt sei, sondern daß sie ihn für einen Zauberer hielten, der gewaltthätiger Wissenschaft kundig gewesen. Allein auch andere Philosophen wie Empedokles, Demokritus und Pythagoras selbst, hätten mit Magiern Umgang gehabt und noch andere, wie Sokrates und Anaxagoras sogar eine ähnliche Gabe des Vorhersehens besessen und seien darum doch nicht in den Verdacht der Zauberei gekommen. Wer sich von Apollonius diese Vorstellung mache, der irre. Er sei vielmehr ein Anhänger der Lehre des Pythagoras gewesen, welche so hohe Vorzüge besitze und so hohes Lob verdiene, und sei ihm auch in seiner Lebensweise und in seinen religiös-philosophischen Gebräuchen nachgefolgt. Er verdiene deshalb besondere Aufmerksamkeit, weil er größer sei als jener und „sich der Weisheit auf eine noch göttlichere Weise genähert habe als Pythagoras, weil er sich über die Tyrannei erhoben und weder in sehr alter noch in ganz neuer Zeit gelebt habe."

10. Apollonius, Sohn eines gleichnamigen Vaters von altem Geschlecht, war geboren zu Tyana in Kappadocien und von Haus aus sehr begütert. Als seine Mutter mit ihm schwanger ging, erschien ihr der Aegyptische Proteus, dessen Verwandlungen aus dem Homer bekannt sind. Ohne zu erschrecken, fragte sie, wen sie gebären würde. Er antwortete: Mich. Nach der Deutung des

---

1) Wir legen dabei die Uebersetzung von Fr. Jacobs, Stuttgart, 1829, zu Grunde; nur hie und da werden wir uns eine geringfügige Aenderung erlauben.

Philoſtratus ſoll dieſes Geſicht den Sinn haben, daß der Spröß-
ling gleiche Vorkenntniß des Zukünftigen wie Proteus haben und
ſich ebenſo aus vielen Schwierigkeiten heraushelfen werde. Da
Apollonius in ſeinem Leben nur ſehr ſelten in eine ſchwierige Lage
kam, ſich niemals verwandelte und niemals zeigte, daß er ſich beſonders zu winden und zu drehen wiſſe, ſo bedarf es kaum der
Bemerkung, daß die Deutung eine ſehr geſuchte und die ganze
Viſion wohl nur eine Beängſtigung eines ſchwangern Weibes war.

11. Bei ſeiner Geburt, erzählt unſer Gewährsmann, ging es
ſo zu. Seine Mutter erging ſich auf einer Wieſe, woſelbſt ihm jetzt
ein Tempel erbaut iſt, um, gehorſam einem Traume, dort Blumen
zu pflücken. Da ſie eine Müdigkeit fühlte, lehnte ſie ſich ins Gras
und ſank in Schlaf. Da bildeten die Schwäne, welche die Wieſe
nährte, einen Chor um die Schlafende und ſtimmten, die Fittige
nach ihrer Weiſe erhebend, ein gemeinſames Lied an. Sie fuhr bei
dem Geſange auf und gebar. Die Landesbewohner erzählen auch,
daß bei der Geburt ein Blitzſtrahl ſich in die Erde ſenkte, dann
ſich zum Aether erhob und in der Höhe verſchwand, wodurch die
Götter den Glanz des Mannes, ſo wie ſeine Erhebung über das
Irdiſche und ſeine Annäherung an die Götter hätten andeuten
wollen. Philoſtratus erwähnt auch eine Ueberlieferung der Einwohner jener Gegend, wonach er ein Sohn des Zeus ſei, fügt
aber ſogleich bei, er ſelbſt nenne ſich nur einen Sohn Apollonius.[1])

12. Als er herangewachſen war, wurde er von ſeinem Vater
der Studien halber nach Tarſus in Cilicien gebracht und dem
Redner Euthydemus übergeben. Da ihm das Leben und Treiben
wie die Sitten von Tarſus nicht gefielen, ſo erbat und erhielt er
von ſeinem Vater die Erlaubniß nach dem nahen Aegä ziehen zu
dürfen, wo er ſich ungeſtörter den philoſophiſchen Studien widmen
konnte. Unter den Syſtemen der Philoſophen, die er alle ohne
Ausnahme kennen lernte, ſagte ihm die Lehre des Pythagoras
beſonders zu und er entſchloß ſich, ihr ſich gänzlich hinzugeben. Er
begann nun ſogleich, die äußere Asceſe der Pythagoräer mit Ent-
ſchiedenheit nachzuahmen, und enthielt ſich von nun an der thieri-

---

1) Vit. Ap. I, 4. 5.

schen Nahrungsmittel als unrein und den Verstand umnebelnd,
so wie des Weines, als welcher den klaren Aether der Seele ver=
finstere, legte alle Fußbekleidung ab, trug keine Kleider mehr, die
aus thierischen Stoffen verfertigt waren, sondern nur linnene und
ließ sich das Haupthaar wachsen. Durch dieses ascetische Leben ge=
langte er bald in der Umgegend zu hohem Ansehn.¹)

13. Alsbald zeigten sich bei ihm auch Spuren höheren Wissens
und zwar hatte dasselbe, wie Philostratus zu verstehen gibt, in den
ersten Fällen seinen Ursprung in Mittheilungen des Aeskulap. Zuerst
offenbarte es sich bei folgendem Vorgange. Ein schwelgerischer Jüng=
ling, aus Assyrien, suchte beim Tempel des Aeskulap zu Aegä Hülfe
und Wiederherstellung seiner zerrütteten Gesundheit. Da er aber
sein unmäßiges Leben immer noch fortsetzte, so zog er sich dadurch
die Abneigung des Gottes zu, der ihn deshalb auch ganz vernach=
lässigte und ihn an Apollonius verwies; dieser setzte ihm nun
aus einander, daß er durch sein schwelgerisches, unmäßiges Trinken
seiner Krankheit in die Hände arbeite und den Gott erzürne. Der
gute Philostratus verfehlt nicht, bei Gelegenheit dieses ersten Durch=
leuchtens höherer Gaben seine Bewunderung auszusprechen.²) Auch
noch zwei ähnliche Fälle, die indeß nicht so läppisch sind, sollen zu
Aegä vorgekommen sein.³)

14. Im zwanzigsten Jahre seines Alters verlor Apollonius seinen
Vater und erbte mit seinem ausschweifenden, dem Trunke ergebenen
Bruder ein bedeutendes Vermögen. Als er mündig und Herr seiner
Habe geworden war, trat er seinem Bruder die Hälfte seiner Erb=
schaft ab, indem er sagte, jener bedürfe des Mehreren, er des We=
nigern. Dadurch machte er ihn für gute Belehrungen empfänglich
und brachte ihn von seinen zahlreichen Fehlern allmählich ganz zurück.
Sodann theilte er den Rest seines Vermögens unter seine bedürf=
tigen Verwandten aus. Zu diesen edlen Handlungen gesellten sich
bald noch höhere. Als man das Gebot des Pythagoras rühmte,
daß ein Mann zu keinem andern Weibe gehen sollte, als zu
seinem eigenen, sagte er, dieses Gebot möge andern gelten, er
selbst aber werde nicht heiraten noch Liebesgenuß suchen.⁴) Schon

1) Ibid. I, 7. 8. — 2) Ibid. I, 10. — 3) Ibid. I, 11. 12. — 4) Ibid. I, 13.

vorher hatte er Gelegenheit gehabt, seine Festigkeit in dieser Be=
ziehung zu bethätigen, indem er den schändlichen Antrag eines Wüst=
lings, der nach seiner Schönheit lüstern war, mit Entrüstung zurück=
wies. [1]) Um sich recht zu läutern und zu einem würdigen Gebrauche
der Rede zu befähigen, nahm er sich vor, eine Zeit lang gar nicht zu
sprechen, und setzte diese Uebung fünf Jahre fort. Doch schloß er
sich darum nicht von allem Verkehr mit den Menschen ab, sondern
gab durch den Blick der Augen, durch Haltung und Bewegungen
der Hand und des Hauptes seine Meinung zu erkennen. Etwas
affektirt aber nimmt es sich aus, wenn Philostratus zu Aspendus
in Pamphylien seinen schweigenden Helden durch seine bloße Er=
scheinung und sein Winken einen Volksaufruhr stillen läßt. [2])

15. Trotz mancher solcher Schwächen ist es nicht zu verkennen,
daß uns Philostratus einen höchst erhabenen Charakter vorführt.
Seine Ascese erreichte eine Höhe, welche ihn, selbst wenn er Christ
wäre, noch höher Bewunderung würdig machen würde. Allein zu
einer solchen Bewunderung läßt es der immer bei solchen Berichten
wieder erwachende Zweifel an der Wahrheit der Fakta nicht kommen.
Bewunderung verdient nur das Ideal von Sittlichkeit, welches
das Genie des Philostratus uns vorhält, weil es sich in mehreren
Punkten besonders durch die Lobpreisung der freiwilligen Armuth
und Ehelosigkeit weit über den heidnischen Standpunkt erhebt und
vielleicht noch mehr, als es durch das Prunken mit physischer
Ascese den Leser abstößt, durch zahlreiche Züge eines wahrhaft
edlen, gerechten, uneigennützigen, offenen Wesens anspricht, welche
einen so vollkommenen, rein menschlichen Tugendcharakter kund=
geben. [3])

16. Nachdem die Zeit seiner Schweigsamkeit vorüber war, lebte
Apollonius in Antiochia und andern Städten, mit wissenschaftlichen
Unterredungen beschäftigt. Zugleich offenbarte sich in dieser Zeit ein
andrer vorherrschender Zug seines Charakters — seine große Fröm=
migkeit. Philostratus kann nicht genug darauf aufmerksam machen,
wie sehr er die Hellenischen Götter ehrte, und nicht genug Beispiele
seiner Religiosität erzählen. Er geht an keinem Tempel vorbei, er

---

1) Ibid. I, 12. — 2) Ibid. 14. 15. — 3) Vgl. Ibid. II, 7.

vernachläſſigt keinen heiligen Ort,[1]) er verachtet keine Götterſage, er iſt äußerſt bewandert in allem, was die Art der Opfer, die Feſt=zeiten u. dergl. angeht,[2]) er opfert und betet ſelbſt fleißig, er ſorgt dafür, daß alte, vergeſſene Opfer und Feſte wieder hergeſtellt wer=den,[3]) er unternimmt ſelbſt Todtenbeſchwörungen, er betet ſtets bei Sonnenaufgang und zur Mittagszeit, er opfert fleißig nach Pytha=goräiſcher Weiſe kleine, aus Weihrauch gebildete Stierfiguren,[4]) kurz, er iſt das Muſterbild eines religiöſen Hellenen, — abgeſehen freilich von den Thieropfern, welche er entſchieden mißbilligte. Er pflegte, wenn er in einer Helleniſchen Stadt war und die heili=gen Gebräuche kannte, die Prieſter um ſich zu verſammeln, mit ihnen über die Götter zu philoſophiren und ſie zu belehren, wenn ſie vom Herkömmlichen abwichen. Waren die Gebräuche aber bar-bariſch und von eigenthümlicher Art, ſo forſchte er nach denen, die ſie gegründet hatten, und zu welchem Zwecke ſie gegründet worden, und wenn er ſich von der Weiſe des Gottesdienſtes unterrichtet hatte, oder ihm etwas Beſſeres als das, was üblich war, in den Sinn kam, theilte er es mit. Weiter pflegte er ſeinen Jüngern zu ſagen: Wer nach ſeiner Weiſe philoſophire, müſſe bei Tagesan=bruch mit den Göttern Umgang pflegen. Und er ſelbſt verkehrte bei Sonnenaufgang einige Zeit mit den Göttern.[5]) Alſo Philoſtratus entwirft kein Ideal philoſophiſcher Glückſeligkeit, Erhabenheit und Vollkommenheit auf Koſten der heidniſchen Religion, ſondern ſein Ideal iſt auf dem Boden beider, der Religion und der Philoſophie, zugleich emporgewachſen, und es fehlte ihm kein Element der da=maligen Bildung.

17. Die Sprache des Apollonius war rein Attiſch, ſein Aus=druck kurz und gemeſſen, aber nicht affektirt.[6]) Um ſich neue Kenntniſſe zu ſammeln und ſeinen Horizont zu erweitern, beſchloß er zu reiſen und richtete ſeine Blicke auf Indien und die dortigen Weiſen, die ſog. Brachmanen oder Brahminen. Er theilte dieſen Vorſatz

1) Ibid. IV, 24. 34. — 2) Ibid. IV, 19. 19—21. 21.
3) Ibid. IV, 23. — 4) Ibid. V, 25.
5) Ibid. I, 16. Vgl. in Betreff ſeiner Religiöſität I, 19. II, 9. 38. 39. IV, 13. 41. V, 43. — 6) Ibid. I, 17.

seinen sieben Jüngern mit und verließ bald mit zwei Dienern Antiochien. In Ninus lernte er seinen nachmaligen treuen Schüler
und Biographen Damis kennen, der in Bewunderung seiner Weisheit von nun an sein unzertrennlicher Gefährte wurde. „Laß uns,
sagte er, zusammen gehen, Apollonius, du dem Gotte folgend, ich
dir, du wirst mich auch nicht werthlos finden. Wenn ich auch nichts
anders weiß, so kenne ich doch den Weg nach Babylon und die
sämmtlichen Städte, endlich auch die Sprachen der Barbaren, so
viel ihrer sind. Denn anders sprechen die Armenier, anders die Meder
und Perser, anders die Kabusier. Ich verstehe sie alle." „Auch ich,
Freund, erwiederte Apollonius, verstehe alle, ohne eine gelernt zu
haben." Da sich nun der Ninivite wunderte, sagte er: „Wundere
dich nicht, wenn ich alle Sprachen der Menschen weiß; weiß ich
doch auch alles, was die Menschen schweigen." Als der gute Damis
das hörte, betete er ihn an und betrachtete ihn wie einen Gott.[1]

18. Von Ninive ging es nach Mesopotamien. Von den dortigen Arabischen Nomaden erlernte Apollonius nun auch noch die
Thiersprache.[2] Als er die Persische Grenze überschritt, wurde er von
der Grenzwache aufgegriffen und zum Satrapen geführt. Dieser ließ
ihn ziemlich hart an: „Wer er denn sei, daß er des Königs Land
besuche?" — „Die ganze Erde ist mein, antwortete Apollonius, und
es ist mir gestattet, sie zu durchwandern." Solche hochtrabende
Reden brachten den Mann außer Fassung, und da er weiter sah,
wie leicht sich Apollonius ohne Dollmetscher im Persischen auszudrücken wußte, schlug er einen sanfteren Ton an und fragte ihn,
wer er sei. Auf seine Antwort, er sei der Thaneer Apollonius, wird
jener ganz höflich und sagt, daß er schon lange von ihm gehört
habe, und bietet ihm nicht nur seine Gastfreundschaft, sondern auch
Geld, Wein und Speisen als Reisevorrath an.[3]

19. Nach einem kleinen Abstecher zu den Nachkommen der
Eretrier, welche Darius aus Euboea nach Cissia verpflanzt hatte,
gelangte er nach Babylon. Philostratus entwirft eine prachtvolle
Schilderung von dieser Stadt, gerade als ob sie noch stünde, während sie doch seit langer Zeit in Schutt und Asche lag. Ueber den

1) Ibid. I, 18. 19. — 2) Ibid. I, 20. — 3) Ibid. I, 21.

Umgang des Apollonius mit den Magiern wird berichtet, er habe einiges gelernt, anderes gelehrt. Damis aber wisse von all dem, was Apollonius zu den Magiern gesprochen habe, nichts; denn es war ihm verboten, seinen Meister zu begleiten, wenn er zu ihnen ging. [1])

20. Demnach sehen wir unsere Neugierde hinsichtlich der Magier und ihrer Weisheit unbefriedigt. Näheres wird nur über den Umgang berichtet, welchen unser Weiser mit dem Könige Bardanes gepflogen. Als er nämlich in Babylon angekommen war und der Satrap an der großen Pforte hörte, daß er aus Wißbegierde käme, reichte er ihm ein goldenes Bildniß des Königs hin, ohne dessen Verehrung niemand der Zutritt gestattet wurde. Als Apollonius das Bild erblickte, fragte er: „Wer ist dies?" und da er hörte, daß es der König sei, sagte er: „Wenn der Mann, den ihr hier anbetet, mir als ein edler und biederer Mann erscheint und als ein solcher gepriesen wird, so wird er Großes erlangen." Vom Erhabenen zum Lächerlichen ist nur ein Schritt, das ist ein Satz, dessen Wahrheit man an dieser bombastischen Antwort deutlich erkennt. Doch auf den Satrapen machte sie einen anderen Eindruck. In starrer Verwunderung folgte er dem voran schreitenden Apollonius nach, fragte ihn — das ist zu bemerken — durch einen Dollmetscher nach Namen, Heimat, Geschäften und Absicht seines Kommens. [2]) Er meldete ihn nun bei den höheren Hofbeamten als einen nicht gewöhnlichen Menschen an und diese befahlen, ihn mit Achtung und ohne alle Beleidigung herbeizuführen. War es ihm schon gelungen, den Satrapen durch räthselhafte, hochtrabende Reden dumm zu machen, so erklärten die Hofbeamten bereits, ein Gott führe diesen Mann her. [3])

21. Als der König, der eben in Gegenwart der Magier opferte, von der Ankunft eines Hellenen und weisen Mannes hörte, streckte er seine Rechte aus und sagte: „Rufe ihn! Er möge hier mit dem Schönsten beginnen, indem er mitopfert und betet." [4])

---

1) Ibid. I, 23—26. — 2) Ibid. I, 27.
3) Ibid. I, 28. — 4) Ibid. I, 29. 30.

Da ihn der König kommen sah, grüßte er ihn in Griechischer Sprache und befahl ihm, an dem Opfer, das in einem weißen Pferde bestand, Theil zu nehmen. Allein jener entgegnete: „Opfere du, o König, nach deiner Weise, mir aber gestatte nach der meinigen zu opfern." Er faßte dann mit den Fingern den Weihrauch und sagte: „Sende mich, o Sonne, so weit auf der Erde umher, als es mir und dir gut dünkt, und mache, daß ich tugendhafte Menschen kennen lerne, die Schlechten aber weder mich kennen noch ich sie." Mit diesem Gebet warf er den Weihrauch ins Feuer, beobachtete genau, wo es sich theilte, an welcher Stelle die Flamme trüb würde, wo und mit wie vielen Spitzen sie aufstieg, berührte das Feuer an der Stelle, wo es Gutes verkündend und rein brannte und sagte: „Opfere nun, o König, nach dem Gebrauche deiner Väter! denn mein Gebrauch ist dies." Und damit trat er vom Opfer zurück, um keinen Theil an dem Blute zu nehmen.[1]) Wir haben hier eine Probe von der Religion und dem Kultus des Apollonius. Denn, wiewohl es denkbar wäre, daß er sich bloß dem Persischen Sonnenkultus anbequemt hätte, so mußte er doch schon an sich als Pythagoräer eine große Verehrung gegen die Sonne und das Feuer hegen. Nach ihrer Ansicht nämlich befand sich ja in der Mitte des Weltalls die Hestia, das Centralfeuer, der Sitz der Gottheit.[2])

22. Nach Beendigung des Opfers stellt sich Apollonius dem Könige förmlich vor und offenbart den Zweck seiner Reise. „Der Zweck meiner Reise, eröffnet er ihm, sind die Inder. Ich habe aber an euch nicht vorbeigehen wollen, weil ich hörte, daß du ein Mann seist, und weil ich von euerer einheimischen Weisheit, dem Studium der Magier, zu erfahren wünschte, ob sie von göttlichen Dingen so viel wissen, als man sagt. Meine Weisheit ist die des Pythagoras, des Samiers, der mich gelehrt hat, auf diese Weise den Göttern zu dienen und sie zu verstehen, sichtbar oder unsichtbar, und mit ihnen zu sprechen und mich in dieses Erzeugniß der Erde (linnenes Gewand) zu kleiden. Auch selbst dieses frei hängende Haar trage ich nach Pythagoras Gebrauch und die Enthaltung von thierischer

---

1) Ibid. I, 31.
2) Döllinger, Heidenthum und Judenthum. S. 229 f.

Nahrung ist mir von seiner Weisheit geboten. Theilnehmer eines Trinkfestes also oder der Muße und Ueppigkeit werde ich weder bei dir noch irgend einem andern sein, wohl aber kann ich die Lösung dunkler oder schwer zu erklärender Probleme geben. Denn ich weiß nicht bloß, was zu thun ist, sondern weiß es auch zum Voraus."[1]

23. Hier in Babylon sprach er auch bei einer gewissen Gelegenheit seine Ansicht über die Enthaltsamkeit aus. Nicht die Verschnittenen, welche man durch eine gewaltsame Kunst dazu genöthigt habe, seien enthaltsam, sondern die Enthaltsamkeit bestehe darin, daß man, bei allem Antriebe und Verlangen doch der sinnlichen Lust nicht unterliege und sich diesem Wahnsinne überlegen erweise.[2]

Durch seine weisen Reden übte er großen Einfluß auf den König. Als derselbe einst krank wurde, sprach Apollonius vieles Göttliche mit ihm über die Seele, so daß er zu den Umstehenden sagte: „Apollonius benimmt mich der Sorge nicht nur in Betreff des Königreichs, sondern auch in Betreff des Todes."

24. Als die Zeit des Scheidens gekommen war, und Bardanes die Abreise gestaltete, empfahl Apollonius seinen Wirth, den er noch nicht bezahlt habe, der Freigebigkeit des Königs; auch den Magiern sei er einen Lohn schuldig. Bardanes versprach, sie alle so reichlich zu bedenken, daß man sie beneiden werde. Da er wußte, daß Apollonius kein Abschiedsgeschenk von ihm annehmen würde, so bat er ihn um Erlaubniß, wenigstens dem Damis und seinen übrigen Begleitern ein solches machen zu dürfen. Allein auch diese lehnten das Anerbieten ab und so blieb ihm nichts übrig, als ihnen die Kameele und einen Führer zur Weiterreise mitzugeben.[3]

25. Also reichlich mit allem Nothwendigen versorgt, reisten sie ab. Das erste Kameel des Zuges trug auf der Stirn eine goldene Spange, woraus jeder, der ihnen begegnete, erkennen konnte, daß der Reisende ein Freund des Königs sei. Sie überstiegen nun das Gebirge Paropamisus, welches das Medische und Indische Land trennt. Als sie auf dem andern Abhange hinabstiegen, erblickten sie Menschen von vier Ellen Länge, die schon schwärzlich waren, und nachdem sie über den Indus gesetzt hatten, andere von fünf

---

1) Vita Ap. I, 32. — 2) Ibid. I, 34. — 3) Ibid. I, 41.

Ellen. Philostratus theilt seinen Lesern auch immer die Eigenheiten und Sonderbarkeiten der von seinem Helden betretenen Länder mit, und was er sagt, ist dann gewöhnlich in der Manier gehalten, wie sie Lucian in seiner „Wahren Geschichte" gegeißelt hat. Wenn er nun auch wohl nicht verlangen sollte, daß man diese Dinge glaube, so sind doch derartige Fabeln eine schlechte Beigabe bei einem Werke, das der Hauptsache nach allerdings glaubwürdig sein will. Auf diesem Wege war es, wo den Reisenden das Trugbild einer sogenannten Empusa, eines bösartigen Gespenstes, entgegentrat und bald diese bald jene Gestalt annahm. Apollonius ahnte, was es wäre, rief ihm Schmähworte zu und befahl seinen Begleitern, dasselbe zu thun; denn das sei das Mittel gegen dessen Angriffe. Und so floh das Trugbild, schrillend wie die Schatten der Todten.[1]

26. Die Oertlichkeiten, welche auf der Reise berührt werden, geben dem Verfasser Anlaß, allerlei Lokalsagen, Göttermythen u. dergl. zu erwähnen, die Gegend bietet ohnehin manches Fremdartige und Auffallende, was zu besprechen ist, und Fabeln über die Thiere und ihre Gewohnheiten müssen den Reisenden und dem Leser den langen Weg bis zum Indus verkürzen. Nachdem sie diesen Fluß überschritten hatten, gelangten sie schnell nach Taxila, der Hauptstadt der Inder, der ehemaligen Residenz des aus der Geschichte Alexanders d. Gr. bekannten Königs Porus.[2] Damals regierte daselbst Phraotes, ein philosophischer König. Nachdem ihm die Ankunft der Fremden gemeldet worden, ließ er ihnen sagen, daß er sie auf drei Tage zu seinen Gastfreunden mache; denn längeres Verweilen in der Stadt erlaubte die Sitte den Fremden nicht.[3] Schon an den Gebäuden der Hauptstadt sah man keinen Schmuck, noch mehr aber waren die Reisenden überrascht, in den Sälen, den Hallen und dem ganzen Hofe des Königs die größte Einfachheit zu finden. Daher sagte Apollonius, den Dollmetscher zur Seite, zum Könige: „Ich freue mich, o König, in dir einen Philosophen zu sehen." Und Phraotes verdiente dieses Kompliment. Denn er verachtete ebenfalls den Reichthum, trank keinen Wein und genoß nur Pflanzenkost, ganz wie Apollonius; auch verstand er sehr

---

1) Ibid. II, 1—4. — 2) Ibid. II, 20. — 3) Ibid. II, 23.

gut Griechisch und liebte die Griechische Literatur. Als Philosoph
war er ein Freund des Friedens und hielt die benachbarten Barbaren durch Geldgeschenke von räuberischen Einfällen ab.[1])

27. Nach dem Mahle, wobei Phraotes seinem Gaste erzählt
hatte, daß er ein Schüler der Indischen Weisen sei, begaben sie
sich zur Ruhe. Am andern Morgen kam der König in das Schlaf-
gemach des Apollonius, faßte das Lager mit der Hand und fragte
ihn, worüber er nachdächte. Denn er war der Meinung, daß sein
ascetischer Gast auch des Schlafes nicht bedürfe, oder höchstens
eines Schlafes benöthigt sei, der nur auf den Augen, nicht auf der
Seele ruhe. Apollonius ist aufrichtig genug, den König dieses
Vorurtheiles zu benehmen und behauptet nur, daß Asceten wie er
einen leichtern, süßern und schmerzlosern Schlaf schliefen, weil ihre
Seele leichter, freier und reiner sei, während umgekehrt, je unmäßi-
ger jemand lebe, auch sein Schlaf desto wüster, tiefer und dem
Tode ähnlicher sei. In einem solchen Schlafe offenbare sich dann
auch die weissagende Kraft der Seele nicht.[2]) Solche Ideen kann
man schwerlich aussprechen, wenn man sich die Seele nicht körper-
lich denkt, und dieser Vorstellung von einer irgendwie materiellen
Seele entspricht dann auch diese rein äußere, physische Ascese. Die
Ascese, wie sie Apollonius übt, hat nicht den Zweck, die Persönlichkeit zu veredeln und ihm zur Herrschaft über seine niederen
Kräfte und Begierden und seine bösen Leidenschaften zu verhelfen,
sondern sie soll das Wesen der Seele verändern und bessern, gleichsam
die groben und materiellen Elemente aus derselben herausdestil-
liren, und ist mit einem Wort keine moralische, sondern eine physische.

28. Zum Abschiede wollte der König ihnen wieder große
Geschenke machen. Apollonius nahm diesmal einen Edelstein an,
vermuthlich, sagt Philostratus, weil er eine geheime und göttliche
Kraft in ihm erkannte. Reichlich mit allem ausgerüstet und mit
einem Empfehlungsschreiben versehen, reisten sie nach dem Berge
der Weisen ab.[3])

Auf ihrer Weiterreise von Taxila überschritten sie zuerst
den Hydraotes und kamen dann an den Hyphasis, an welchem

---

1) Ibid. II, 26. — 2) Ibid. II, 35—37. — 3) Ibid. II, 40. 41.

Alexander seinen Rückzug begonnen hatte. Als sie über denselben
gesetzt waren, befanden sie sich im eigentlichen Lande der Wunder,
und Philostratus gibt zunächst eine weitläufige Beschreibung seiner
Pflanzen, Thiere und Produkte, in welcher das Märchen- und
Feenhafte sehr vorwaltet.[1]) Nachdem sie zuletzt vier Tage lang
durch schönes, angebautes Land gereist waren, sah sich Apollonius
am Ziel seiner Wünsche; sie gelangten zum Thurme der Weisen,
welcher eine Art Grenzwarte ihres Gebietes gewesen sein muß.
Hier sprang der Führer der Karawane voll Furcht und Angst von
seinem Kameel; denn die Inder fürchteten jene Weisen mehr als den
König. Als sie nun im Begriff waren, in einem Dorfe, das nur
noch ein Stadium vom Hügel der Weisen entfernt war, einzu-
kehren, sahen sie einen Jüngling herbeilaufen, der schwärzer war,
als sonst die Inder sind, und zwischen den Augenbrauen einen mond-
förmigen, glänzenden Fleck hatte. Er trug einen goldenen Anker
als Zeichen seiner Heroldswürde und redete den Apollonius in
Griechischer Sprache an, was alle mit Bewunderung erfüllte.
„Diese da", sagte er, „kehren hier ein, du aber sollst kommen;
denn so befehlen sie." In diesem sie erkannte jener die Pythagoräische Sprechweise und folgte mit Freuden.[2])

29. Der Hügel, auf welchem die Weisen wohnen, steigt aus
der Ebene empor und ist ringsum mit ansehnlichen Felsen umgeben, an welchen Spuren von Hufen, Eindrücke von Bärten
und Gesichtern und auch wohl die Formen von Rücken zu sehen
sind. Als nämlich Bacchus mit Herkules den Platz zu erstürmen
unternahm, befahl er den Panen einen Angriff zu machen; aber
von den Schrecknissen der Weisen zurückgeschlagen, stürzten sie Kopf
über Kopf unter die Felsen hinab und hinterließen in denselben
jene Eindrücke. Ueber dem Hügel sah man eine Wolle, in welcher
die Weisen wohnen. Apollonius stieg nun unter Leitung des Inders
am südlichen Theil des Hügels hinan. Hier sah er zuerst einen
Brunnen, vier Klafter tief und daneben einen Feuerkessel, in welchem
sich die Inder von unvorsätzlichen Vergehungen reinigen, weshalb
die Weisen jenen Brunnen den Brunnen der Prüfung, das Feuer

1) Ibid. III, 1—9. — 2) Ibid. III, 10—12.

aber den Krater der Verzeihung nennen. Ferner sah er zwei Fässer von schwarzem Stein, dem Regen und den Winden bestimmt. Das Faß des Regens wird geöffnet, wenn das Indische Land von Dürre gedrückt ist. Das Faß der Winde aber bewirkt dasselbe, was nach Homer der Schlauch des Aeolus. Oben auf dem Hügel sollen — Philo- stratus drückt sich in dieser Beschreibung öfters zweifelnd aus — auch Götterbilder aufgestellt sein und zwar nur Bilder solcher Götter, welche bei den Hellenen die ältesten sind, das Bild der Athene Polias, des Delischen Apoll, des Dionysos Hylemanes und des Amykläischen Phöbus. Auch werden sie nach Hellenischer Art ver- ehrt. Das Feuer, welches aus den Strahlen der Sonne gewonnen wird, verehrten sie ebenfalls, indem sie ihm Tag für Tag zur Mit- tagszeit einen Hymnus sangen. [1])

30. So viel über den Wohnsitz dieser Weisen. Er ist ein irdisches Paradies, und sie genießen eine irdische von den gewöhn- lichen Sorgen um das tägliche Brod nicht getrübte Seligkeit; sie sind „ohne Besitzthum dennoch im Besitze von allem". Als Apollo- nius ankam, gingen ihm die Weisen entgegen, ihr Patriarch aber, Jarchas, blieb sitzen, begrüßte den Ankömmling in Griechischer Sprache, und gab sogleich eine Probe seiner Weisheit, indem er bemerkte, daß in dem Empfehlungsschreiben des Phraotes, welches jener zu überreichen im Begriffe stand, ein Buchstabe, ein D., fehle. Und so war es auch. Nachdem man es gelesen, eröffnete ihm Apollo- nius, er sei gekommen, weil er glaube, daß ihre Kenntnisse tiefer und göttlicher seien, und weil er von ihnen lernen wolle. Jarchas erzählte nun, als Beweis seiner Wissenschaft, die ganze Geschichte des Apollonius, seine Abkunft und auch die Abenteuer seiner Reise, und lobte dann das Naturell seines Gastes, indem er hinzufügte, daß sie alles, auch die Eigenthümlichkeiten der Seele erkännten. Apollonius, obwohl selbst ein großer Weiser, staunte. [2])

31. Bescheiden sind diese Weisen offenbar nicht. Das sieht man auch aus der Aufforderung des Jarchas: „Frage nun, was dir beliebt; denn du bist zu Männern gekommen, die alles kennen." Jener fragte, ob sie sich auch selbst kennten, und Jarchas antwortete

---

1) Ibid. III, 13. 14. — 2) Ibid. III, 15. 16.

mit einer unerwarteten Wendung: „Wir kennen alles, weil wir
zuvörderst uns selbst kennen." Also fragte jener weiter, wofür sie
sich hielten? „Für Götter," antwortete Jarchas. Und warum?
fragte er weiter. „Weil wir gute Menschen sind." In diesem Aus=
spruche fand Apollonius viel Verstand. [1])

Auf seine Frage nach ihrer Lehre in Betreff der Seele, sagte
jener, sie lehrten hierüber, wie Pythagoras und wie die Aegypter,
welche diese Lehre von ihnen erhalten hätten. Nun erzählten sich beide
gegenseitig ihre Erlebnisse aus ihrer frühern Existenz, wonach Jar=
chas in seiner frühern Existenz ein König war, Apollonius aber
sich mit der Rolle eines Steuermanns auf einem Kauffahrer be=
gnügen mußte. [2])

32. In philosophischem Zwiegespräch begriffen, hörten sie ein
Geräusch, welches die bevorstehende Ankunft des Königs des Landes
ankündigte. Dieser war nichts weniger als ein Philosoph, sondern
ein roher und übermüthiger Mensch, der keinen Anstand nahm, mit
nüchternen und plumpen Bemerkungen, mitten in die erhabensten
und tiefsinnigsten Unterredungen seiner Wirthe hineinzuplatzen und
gelegentlich die subtilen Philosophen zum Besten zu haben. Diese
nahmen dafür auch von seiner königlichen Hoheit sehr wenig Notiz,
und behandelten ihn mit fühlbarer Kälte und Verachtung. Als
Apollonius im Laufe des Gesprächs einmal den Namen der Hellenen
nannte, benützte der König sogleich die Gelegenheit, eine wegwerfende
Bemerkung über dieselben zu machen, indem er sie Knechte des
Xerxes nannte. Apollonius aber entgegnet mit Ruhe, Xerxes sei der
Knecht, weil er vor den Athenern davon gelaufen sei; wäre er im
Kampfe mit denselben gefallen, führt er nicht ohne gewisse Bered=
samkeit aus, so würden die Athener ihn, obwohl er ihr Feind war,
doch gepriesen haben. Die Griechen seien von Natur gewohnt, den
Tugenden Achtung zu zollen und diejenigen zu loben, welche von
ihnen besiegt worden. Nach diesen Worten des Fremden brach der
König in Thränen aus und rief: „Was für Männer, o Freund, stellst
du mir da in den Hellenen dar!" Auf die Frage, warum er denn
so übel gegen sie gestimmt sei, gibt jener zur Antwort: „Die Aegyp=

---

1) Ibid. III, 18. — 2) Ibid. III, 19—24.

lischen Reisenden, welche zu uns kommen, setzen den Namen der
Hellenen herab, indem sie sich selbst für die Urheber der heiligen
Gebräuche erklären, welche die Hellenen beobachten. An diesen aber
sei nichts Gesundes, sie wären hochmüthige Frevler, zusammenge=
laufenes Volk, nichts als Zuchtlosigkeit und Aufruhr, Fabelhänse,
Großprahler, Aufschneider, Diebe und arme Teufel. Jetzt aber,
da ich dich hierüber sprechen höre, söhne ich mich mit ihnen aus."[1])

33. Diese schnelle Sinnesänderung des Königs zu Gunsten
der Hellenen ist weiter nichts als eine der vielen in dem Buche des
Philostratus vorkommenden Verherrlichungen des Griechischen
Nationalcharakters, des Wesens und der Wissenschaft der
Griechen. Ueberhaupt wird dem Nationaldünkel der Griechen nicht
wenig geschmeichelt und alles Griechische wird weit über die Bar=
baren erhoben. Man hat diesem Punkte bis jetzt zu wenig Auf=
merksamkeit geschenkt, obwohl der Verfasser an vielen Stellen seines
Buches ganz sichtlich die Absicht hat, dem Griechenthum das Selbst=
vertrauen einzuflößen, welches ihm im dritten christlichen Jahr=
hundert schon sehr abhanden gekommen war. Ueberall und bei jeder
Gelegenheit wird das Griechische Wesen gepriesen und seine Vorzüge
hervorgehoben. So weiß z. B. Apollonius dem Könige Barbanes
kein größeres Lob zu ertheilen, als: „Er sei eines besseren Looses
würdig, als über Barbaren zu herrschen".[2]) Und als er den
Indischen König Phraotes fragte, warum er nicht gleich Anfangs
Griechisch mit ihm gesprochen habe, da er des Griechischen völlig
mächtig war, gab dieser die bescheidene Antwort: „Ich fürchtete zu
kühn zu erscheinen, wenn ich mich selbst verkännte oder vergäße, daß
es dem Glücke beliebt hat, mich zum Barbaren zu machen."[3]) So
muß das Barbarenthum in diesen zwei ausgezeichneten Männern
und Königen dem Hellenenthum seine Huldigungen darbringen. Der=
selbe König pflegt die Leibesübungen nach Griechischer Art zu betreiben,
er rühmt die Blüthe der Philosophie in Hellas und deren allgemeine
Verbreitung unter allen Ständen.[4]) · Hellas ist überhaupt der Sitz
der Weisheit und das Benehmen der Hellenen als solcher muß edel

---

1) Ibid. III, 26—82. — 2) Ibid. I, 40.
3) Ibid. II, 27. — 4) Ibid. II, 29.

und tugendhaft sein.[1]) Sogar das Römische Wesen muß es sich
gefallen lassen, vom Apollonius als Barbarenthum gebrandmarkt
zu werden.[2]) Vespasian aber verdarb es mit dem Philosophen dadurch gänzlich, daß er den Schein von Selbständigkeit, welche Nero
den Griechischen Provinzen verliehen hatte, wieder aufhob und mußte
sogar grobe Briefe von ihm hinnehmen.[3]) Die ganze Reise zu den
Gymnosophisten hat keinen andern Zweck, als die Hellenische Weisheit, über die jener triumphiren zu lassen und zu zeigen, daß sie
hoch über ihr stehe.[4]) Nur der Indischen Weisheit wird ein gewisser
Vorrang eingeräumt, oder eigentlich auch das nicht einmal; denn
im Wesentlichen ist ja die Philosophie der Weisen ganz die des
Apollonius, nämlich Pythagoräisch, nur in den Gaukeleien und
Zaubereien sind sie ihm überlegen, und diese ahmt er gerade nicht
nach, so daß das Ganze nur eine neue Bekräftigung und Gut-
heißung des geläuterten Pythagoräismus in sich schließt.

34.   Apollonius muß in der ganzen alten Welt umherreisen,
um dem an sich selbst und am Hellenenthum verzagenden Griechen
die Lehre zu geben: Siehe, ich bin überall gewesen, und habe nichts
Edleres gefunden, als deine Nationalität, nichts Höheres, als deine
Bildung, nichts Besseres, als deinen Kultus und deine echten alten
Religionsgebräuche,[5]) und die Indier haben nichts Treffliches aufzuweisen, als was du auch hast. Und namentlich das letztere war
geeignet, Selbstvertrauen und ruhige Zuversicht einzuflößen, weil das
Indische Volk mit seinen Einrichtungen und besonders die Kaste der
Weisen, die Brahmanen, sich stets bei den Griechen in hohem Ansehen behauptete.[6]) Und das war es ja gerade, was in jener Zeit
so sehr Noth that, daß der Griechische Geist sich selbst wieder achten
lernte und in sich selbst den Keim einer Erneuerung des öffentlichen
und privaten Lebens suchte, nicht aber in den verschiedenartigen
ausländischen Philosophien und Religionen. Der Apollonius des Philostratus ist also als Weiser, als Philosoph und als Heide durch
und durch Hellene und ein rettender Leuchtthurm, woran sich das

1) Ibid. I, 35. — 2) Ibid. IV, 5. — 3) Ibid. V, 41.
4) Ibid. VI, 10—28, besonders 19 und 20. — 5) Ibid. III, 14.
6) Döllinger, Heidenthum und Judenthum, S. 44.

versinkende und an sich selbst verzweifelnde Fahrzeug des Hellenis=
mus wieder orientiren soll.

35. Die Weisen erlaubten nun auch noch dem Damis zu
kommen und an ihren Gesprächen Theil zu nehmen. Die Ansichten,
welche sie in denselben aus einander legen, sind hauptsächlich folgende:
Die Eigenlehre der alten Pythagoräer, daß die Zahl das Wesen,
der Grund aller Dinge sei, und die Eigenthümlichkeit, alles auf
Zahlen, das Gerade und Ungerade, Quadratzahlen u. dergl. zurück=
zuführen, weswegen Aristoteles sagt, die Mathematik sei ihnen zur
Philosophie geworden — diese schwache Seite des Pythagoräismus
hatten sie überwunden, und von der Zahl ließen sie sich nicht be=
herrschen.[1]) Die Welt, meinten sie, bestehe aus fünf Elementen,
indem sie den vier bekannten als fünftes Element den Aether,
woraus die Götter entstanden seien, hinzufügten. Alle Elemente
seien gleich ewig und bilden zusammen die Welt, welche lebendig
ist und alles Leben aus sich gebiert, indem sie zugleich die männ=
liche und weibliche Natur vereinigt. Die Welt sei ein aus vielen
Theilen bestehendes Ganzes, worin die vornehmste Stelle Gott ein=
nehme, die nächstfolgenden Stellen aber den Göttern zugewiesen
werden müssen, welche die Theile der Welt regieren.[2]) Die Philosophie
der Weisen ist demnach ein hylozoistischer Pantheismus.

36. Diesen Unterredungen über allgemeinere Gegenstände durfte
Damis beiwohnen, andere Dinge aber besprach Apollonius mit Jarchas
allein, so namentlich die weissagende Kraft der Gestirne, die Vor=
kenntniß des Künftigen und die Opfer und Anrufungen, welche den
Göttern besonders wohlgefällig sind. Ueber die Mantik insbesondere
äußerte Jarchas: Diejenigen, welche sich derselben erfreuten, würden
zu göttlichen Menschen und handelten für das Wohl anderer. Denn
der sei so glücklich, wie der Delphische Apoll, der die Zukunft vor=
auswisse. Ein solcher sei, so müsse man schließen, gewiß rein an
seiner Seele, ohne Flecken oder Narben von Sünden. Darum wun=
dere es ihn auch nicht, daß Apollonius diese Wissenschaft umfasse,
da in seiner Seele ein so heiterer Aether (die Substanz der Götter)
strahle. Die Mantik habe der Menschheit schon viel genützt,

---

1) Vita Ap. III, 30. — 2) Ibid. III, 34. 35.

namentlich in Bezug auf die Heilkunde; denn Asklepius sei ja der
Sohn des Apollo gewesen.[1]

37.   Vor ihrer Abreise hatten die Fremden noch Gelegenheit,
einige sympathetische Heilungen des Jarchas mit anzusehn.[2] Beim
Abschiede gaben die Weisen ihnen das Geleit, priesen sich und den
Apollonius glücklich und machten ihm das Kompliment, daß er
nicht bloß nach seinem Tode, sondern schon zu seinen Lebzeiten den
Menschen als ein Gott gelten werde. Sie reisten nun über Babylon,
Ninive und Antiochia nach Seleucia, wo sie sich nach Jonien ein-
schifften. Nachdem Apollonius noch unterwegs das symbolische Bildniß der Aphrodite zu Cypern bewundert und verehrt hatte, kam
er glücklich in Ephesus an.[3]

38.   Dort erregte er außerordentliches Aufsehen, alles an ihm,
sogar seine Gestalt fand Beifall; Nahe und Entfernte und sogar
die Götter in ihren Orakeln beeilten sich, ihm ihre Bewunderung
auszudrücken. Seine erste Rede, die er zu Ephesus hielt, war gegen
den dortigen Luxus und die Vergnügungssucht und Weichlichkeit
gerichtet, und es gelang ihm, die Epheser in dieser Beziehung zu
ändern.[4] Hier hatte er auch Gelegenheit, von seiner Kenntniß der
Thiersprache Gebrauch zu machen.

Das Wichtigste aber, was aus dem Aufenthalte zu Ephesus zu melden ist, war, daß er das Herannahen der Pest voraus-
sagte. Oft rief er mitten in seinen Reden drohend aus: „O Erde,
bleibe dir gleich!" und dergl. Er besuchte fleißig die Tempel und
betete, um das Unheil fern zu halten. Ebenso verkündete er in dem
benachbarten Smyrna die Pest als bevorstehend und da sie wirklich
bald eintrat, schickten die Epheser nach ihm und ließen ihn als
den besten Helfer herbeiholen. Er kam ungesäumt, versammelte
die Einwohner und begab sich mit ihnen zum Theater, wo sie
einen mit Lumpen bekleideten, schmutzigen Greis fanden, der zu
betteln schien. Er befahl, daß man ihn umringe und steinige. Die
Epheser wollten sich Anfangs nicht dazu verstehen, aber da einige
doch anfingen, ihn anzugreifen, so begann der Mann, der vorher

---

1) Ibid. III, 42. 44. — 2) Ibid. III, 39. 40.
3) Ibid. III, 50—58. — 4) Ibid. IV, 1. 2.

nur mit den Augen geblinzelt hatte, feurige Blicke zu schießen. Daran erkannten sie den Dämon und steinigten ihn mit solchem Eifer, daß sich ein Hügel von Steinen um ihn aufthürmte. Nach einer kleinen Weile befahl er ihnen, die Steine wieder wegzuräumen, damit sie sähen, wen sie getödtet hätten. Und siehe, man fand unter den Steinen einen wunderbar großen Hund, dem alle Glieder zermalmt waren, der aber noch Geifer spie. Zum Andenken an diese Begebenheit stellten die Epheser auf dem Platze vor dem Theater ein Bild des Herkules Apotropaeus auf. [1]

39. Darauf verließ er Jonien, um nach Hellas zu gehen. Unterwegs zu Pergamum besuchte er das Heiligthum des Asklepios und gab den Hülfeflehenden guten Rath, was sie zu thun hätten, um vorbedeutende Träume zu erhalten. Auch beschloß er trotz aller Abmahnungen, eine Nacht am Grabe des Achill zuzubringen, um eine Erscheinung von ihm zu haben. Nach Verrichtung der von den Indern erlernten Gebete erschien ihm Achill als ein fünf Ellen hoher Jüngling, der immer größer wurde, bis er die Höhe von zwölf Ellen erreicht hatte. [2]

40. In Athen langte er zur Zeit der Mysterienfeier an. Neue Huldigungen warteten hier seiner; dagegen mußte aber auch er die Demüthigung hinnehmen, daß er als ein Zauberer, der sich durch den Umgang mit den Dämonen befleckt habe, von den Mysterien zurückgewiesen wurde. Indeß gelang es ihm, den Priester einzuschüchtern, und da die Menge auch für ihn war, so sollte er doch noch aufgenommen werden; aber nun wies er es zurück. [3] Er hielt zu Athen zahlreiche Vorträge, namentlich sprach er über die Art und Weise, wie man den verschiedenen Gottheiten opfern müsse. Er that dieses hauptsächlich, um sich von dem Vorwurfe der Zauberei und dämonischen Umgangs zu reinigen. Denn wie konnte, sagt Philostratus, der Mann sich mit Dämonen befleckt haben, der über die rechte Weise den Göttern zu dienen philosophirte? Als er einstmals das Volk über die Art und Weise, ein Trankopfer zu spenden, belehrte, befand sich ein sehr ausschweifender Jüngling unter seinen Zuhörern, der bei diesen feierlich ernsten Belehrungen des Apollonius auf ein-

---

1) Ibid. IV, 4—10. — 2) Ibid. IV, 10—16. — 3) Ibid. IV, 17. 18.

mal ein unbändiges Gelächter aufschlug. Der Weise erkannte, daß
das die Folge einer dämonischen Besessenheit sei; er blickte den
Jüngling scharf und zornig an, und siehe, der Dämon stieß sogleich
kägliche und schmerzliche Töne aus, fing an zu bitten und versprach,
keinen Menschen wieder anzufallen. Apollonius aber befahl ihm in
zornigem Tone, sich mit einem sichtbaren Zeichen zu entfernen, und
der Dämon sagte: Ich will dort das Standbild umwerfen, und
zeigte auf ein in der Nähe befindliches Standbild, welches alsobald
in Bewegung gerieth und dann fiel. Alles war außer sich vor Bewunderung; der Jüngling aber rieb sich die Augen, als ob er aus
dem Schlafe erwachte, schämte sich und wurde ein anderer Mensch,
ja, er nahm sogar die philosophische Ascese des Apollonius an.[1])
Es braucht kaum bemerkt zu werden, daß diese Austreibung des
Dämons und die damit verbundene Bekehrung des Jünglings auffallend an einige Vorfälle der Evangelien erinnert und gerade so
aussieht, als ob sie eine Nachbildung derselben sei; dieser Gedanke
läßt sich nicht unterdrücken. Ferner aber beweist diese Erzählung
auch, daß in der heidnischen Welt des dritten Jahrhunderts der
Glaube an derartige Besessenheit herrschte, und daß sie natürlich
auch eben nichts Seltenes war. Philostratus glaubte es daher seinem
Helden schuldig zu sein, ihn auch mit Wundern dieser Art zu
schmücken. Wir haben dieses eine Beispiel mit dem Jüngling ausführlich mitgetheilt, um später über ähnliche hinweggehen zu können.

41. Von Athen ging er nach Thessalien, wo er fleißig die
heiligen Stätten besuchte. Von da begab er sich über den Isthmus
nach Korinth, wo er eine sog. Empusa oder Lamia entlarvte, die in
der Gestalt eines schönen Weibes einen armen Jüngling zu umgar-
nen und, indem sie seine Liebe entflammte, seine Lebenskräfte aufzu-
zehren strebte.[2]) Von Korinth ging er nach Olympia, wo ihn Gesandte nach Sparta einluden. Da er an ihnen nichts von Sparta-
nischer Strenge und Einfachheit bemerkte, sondern sah, daß die Spartaner Weichlinge und Schwelger geworden waren, so forderte er die
Behörden Sparta's auf, allen Luxus und alle Weichlichkeit zu
verbannen und die alte Strenge wieder herzustellen, was sie auch

---

1) Ibid. 19. 20. — 2) Ibid. IV, 21—26.

thaten. Er folgte übrigens den Gesandten nicht, sondern blieb noch zu Olympia, wo er viele Gelegenheit fand, als Wiederhersteller der alten guten Sitten und der Hellenischen Frömmigkeit zu wirken. Namentlich in Sparta, wo er alles neu d. h. nach den alten Gesetzen zu gestalten und die Weise Lykurgs wieder zur herrschenden zu machen hatte, fand er ein großes Feld für seine reformatorische Thätigkeit. [1]

42. In Folge eines Traumgesichtes ging er nach Kreta, und nachdem er die dortigen Heiligthümer verehrt hatte, begab er sich nach Rom. [2] Der Zeitpunkt seines Besuches aber war sehr ungünstig gewählt; denn Nero verfolgte damals die Philosophen, indem er sie der Zauberei beschuldigte, und der Babylonier Musonius stand in eben diesem Augenblicke in großer Lebensgefahr. Unterwegs, nicht weit von Rom, traf Apollonius auf einen flüchtigen Philosophen, der ihm dringend rieth, nicht nach Rom zu gehen, oder, da er dieses nicht wollte, wenigstens seine Begleiter zurückzulassen; denn Apollonius war auf diesen Reisen stets von einem Schwarme von Jüngern umgeben. Es bedurfte aber bei diesen keiner Ermahnung dazu, die meisten liefen von selbst davon und es blieben nur drei oder vier bei ihm, worunter natürlich Damis die Hauptperson war. Die Zurückgebliebenen belobte er als wahre Philosophen, ermahnte sie, die Götter um ihren Schutz zu bitten, und sagte, daß ein weiser Mann nichts auf der Welt zu fürchten habe und man sich nicht an jenes tyrannische Verbot der Philosophie kehren dürfe. [3]

43. Sie zogen ungehindert in Rom ein, aber schon am andern Tage wurde unser Weiser vor den Consul Telesinus beschieden, um sich wegen seiner Tracht und seiner Weisheit zu verantworten. Es gelang ihm, den Consul für sich einzunehmen, und derselbe erlaubte ihm, die Tempel zu besuchen, wie und wann er wollte. Apollonius wohnte nun förmlich in den Tempeln, zog aus einem in den andern und hielt in denselben Vorträge. Die Folge war, daß die Götter eifriger verehrt wurden. [4]

Allein in Folge einiger unbedachtsamen Worte eines seiner

1) Ibid. IV, 26—33. — 2) Ibid. IV, 34.
3) Ibid. IV, 35—38. — 4) Ibid. IV, 39—41.

Schüler ließ Tigellinus, der Präfekt der Prätorianer, den Weisen durch Spione scharf bewachen. Es gelang ihnen, auch einiges Verdächtige aufzufangen; Apollonius wurde eingezogen und von einem bekannten und gewandten Angeber eine Anklageschrift geschmiedet. Aber siehe da, als es zum Verhör kommt, sind die Schriftzüge im Anklage=Protokoll wunderbar ausgelöscht, und Apollonius weiß noch dazu durch seine dreisten und geheimnißvollen Antworten den Tigellinus derart dumm zu machen, daß er ihn voller Furcht entläßt.[1]

44. Vor seiner Abreise von Rom verrichtete er noch eine Wunderthat. Er begegnete einem Leichenzuge; ein vornehmes Mädchen und glückliche Braut wurde zu Grabe getragen. Apollonius befahl den Trägern: „Setzt die Bahre nieder! Ich will eure Thränen über das Mädchen trocknen." Denn der Vater und der Bräutigam desselben folgten der Leiche und jammerten sehr. Er berührte sie nun, sagte einige geheimnißvolle Worte und erweckte das Mädchen, wie Philostratus ausdrücklich sagt, vom scheinbaren Tode; denn es sei noch ein Funke des Lebens in ihr gewesen, den Apollonius nur erkannt und wieder erweckt habe. Da ihm die Verwandten deswegen ein Geschenk von 150,000 Denaren machen wollten, so lehnte er es großmüthig ab.[2] Abgesehen von dem letztern Umstande, hat die Erzählung eine Aehnlichkeit mit der Auferweckung des Jünglings von Naim, welche stutzig machen muß; denn sogar die kleinsten Umstände, das Begegnen, das Weinen der Verwandten, das Niedersetzen der Bahre scheinen nachgeahmt.

45. Von Rom ging Apollonius nach Spanien, wo sich ihm übrigens kein geeigneter Boden für eine nützliche Wirksamkeit dargeboten haben muß; denn er verließ Spanien sehr bald und ging nach Sicilien.[3] Auch von seinem Aufenthalt in Sicilien weiß Philostratus nichts Erhebliches zu melden. Nur eine Aeußerung, die sein Held in Catana machte, und die mit seinen sonstigen Ansichten in einigem Widerspruche steht, verdient erwähnt zu werden. Als Apollonius in Catana hörte, daß die Einwohner glaubten, Typhos liege im Aetna gebunden und das Feuer steige von ihm auf, bezeichnete er diese Erklärung als denkender Männer unwürdig, und suchte die Natur-

---

1) Ibid. IV, 42—44. — 2) Ibid. IV, 45. — 3) Ibid. V, 13.

erscheinung auf natürliche Gründe zurückzuführen. Zugleich sprach er eine Art Verwerfungsurtheil über die ganze Mythologie aus, als welche unziemliche Liebschaften, Heiraten von Geschwistern, Schmähungen der Götter, Verschlingen von Kindern, unedle Ränke und Haber erzähle und dadurch das Ansehen der Götter und die Sittlichkeit der Menschen untergrabe. Mit diesem Zugeständniß zieht er freilich seinem sonstigen Götterglauben und seiner heidnischen Frömmigkeit, die im Grunde auf nichts anderem, als der Mythologie ruhte, allen Boden unter den Füßen hinweg.[1]

46. Im Frühjahre ging er über Chius und Rhodus nach Aegypten und landete zu Alexandrien. Hier erwartete man ihn mit großer Spannung, alle sahen auf ihn, sagt Philostratus, wie auf einen Gott, und machten ihm in den engen Straßen Platz, wie den Leuten, welche Heiligthümer tragen. Indem er so eine große Begleitung bei sich hatte, begegneten ihm zwölf Männer, die als Räuber zum Tode geführt wurden. Apollonius sah sie an und sagte: „Dieser hier ist fälschlich beschuldigt", und befahl den Henkern, ihn zuletzt hinzurichten. Und siehe, bevor die Reihe an ihn kam, langte ein reitender Bote auf dem Richtplatze an mit dem Auftrage, daß derselbe, den Apollonius bezeichnet hatte, geschont werden sollte. Der Jubel und die Bewunderung der Aegypter für Apollonius war seitdem gränzenlos.[2]

47. In jener Zeit kam auch Vespasian, der gegen Vitellius aufgetreten war, um ihn zu stürzen, nach Alexandrien und wurde mit Jubel aufgenommen, weil man sich nach so langer Tyrannei nach einem bessern Herrscher sehnte und von ihm große Erwartungen hegte. Dion und Euphrates, zwei dem Apollonius damals noch befreundete Philosophen, gingen sogar so weit, schon vor seiner Ankunft öffentlich Lobreden auf ihn zu halten.[3] Als er aber angekommen war, fragte er zu allererst, bevor er noch den Abgeordneten der Städte Gehör gegeben hatte, nach Apollonius, redete ihn an

---

1) Ibid. V, 14—17. — 2) Ibid. V, 21—24.

3) Dieser Euphrates war ein stoischer Philosoph, von welchem der jüngere Plinius Epist. I, 10 mit der größten Achtung spricht. Vitae sanctitas summa, comitas par. Insectatur vitia, non homines; neo castigat errantes sed emendat.

und sagte gleichsam zu ihm betend: Mache mich zum Kaiser! —
„Ich mache dich dazu, antwortete jener; denn da ich um einen
Kaiser betete, der gerecht, edel, mäßig, mit grauem Haar geschmückt
und ein echter Vater wäre, bat ich ja hiedurch die Götter eben
um dich." Mit dieser possierlichen Scene begann die Bekanntschaft
mit Vespasian. Dieser bewies dem Philosophen von nun an außer-
ordentliche Ehre und unbegrenztes Zutrauen. [1]

48. Er wurde von Vespasian zu seinem Vertrauten gemacht
und nebst Euphrates und Dion darüber befragt, was er thun,
ob er die Kaiserwürde annehmen solle oder nicht. Dion und
Euphrates riethen ihm davon ab, Apollonius aber redete ihm zu
und für seine Ansicht entschied sich auch Vespasian. Euphrates gab
nun auch dem Entschlusse Vespasians seine Zustimmung und ermahnte
ihn zum Schluß, die Philosophie lieb zu behalten, solche aber, die sich
göttlicher Eingebungen rühmten, von sich fern zu halten. Damit stichelte
er auf Apollonius und war schon im Begriff noch Härteres gegen denselben zu sagen, aber der Kaiser ließ ihn nicht zu Worte kommen.
Die Folge von dieser Unterredung war, daß Euphrates gänzlich in
Ungnade fiel, Dion behielt wegen seiner angenehmen Eigenschaften
im Ganzen noch die Zuneigung des Kaisers, Apollonius aber besaß
dieselbe in unbeschränktem Maße [2] und auch dieser bewahrte ihm
seine Liebe, bis jener den Griechen die Vorrechte, welche sie durch
Nero erhalten hatten, entzog. [3]

49. Noch eine Begebenheit verschaffte dem Apollonius in
Aegypten große Bewunderung. Es hatte jemand einen zahmen Löwen,
mit welchem er viel Geld verdiente. Dieser hatte für einen Löwen
ganz absonderliche Manieren, nämlich er genoß kein Blut, sondern begnügte sich mit Honigkuchen, Brod, Naschwerk und gekochtem Fleisch,
auch sah man ihn Wein trinken. Als unser Weiser eines Tages im
Tempel saß, kam der Löwe schmeichelnd und winselnd an ihn heran.
Alle glaubten, das sei eine von den Künsten, wozu er abgerichtet
war; Apollonius aber sagte: „Der Löwe bittet mich, euch zu belehren,
daß er die Seele eines Menschen hat, nämlich die des Amasis,
des Königs Aegyptens im Sartischen Distrikt." Als der Löwe das

---

1) Ibid. V, 28—31. — 2) Ibid. V, 33—87. — 3) Ibid. V, 41.

hörte, erhob er ein klägliches und jammerndes Brüllen, legte sich wimmernd auf die Erde und ließ einige Thränen fallen. Die Aegyptischen Priester waren einfältig genug, das zu glauben, opferten dem Amasis, schmückten den Löwen mit einer Halskette und Bändern und sendeten ihn unter Flötenspiel und Gesang als Weihegeschenk zum Tempel von Leontopolis.

50. Dieses abgeschmackte Geschichtchen ist das Letzte, was Philostratus aus dem Aegyptischen Aufenthalt des Apollonius zu berichten hat. Dieser versammelte nun seine Schüler und erklärte ihnen, daß er zu den Gymnosophisten nach Aethiopien reisen werde, ließ den Menippus mit zwanzig seiner Schüler in Alexandrien zur Beobachtung seines Feindes Euphrates zurück und machte sich mit zehn andern auf den Weg. An keiner Stadt, keinem Tempel, keinem der heiligen Plätze Aegyptens gingen sie vorüber, stets durch heilige Gespräche belehrt und belehrend. Und das Schiff, das Apollonius bestieg, glich einem Wallfahrerschiff.[1]

51. Von den Gymnosophisten macht Philostratus folgende Beschreibung. Sie wohnen auf einer mäßigen Anhöhe nicht weit von den Ufern des Nil, stehen aber an Weisheit so weit hinter den Indern zurück, wie sie vor den Aegyptern voraus sind. Sie verehren vorzüglich den Nil. Eine besondere Eigenthümlichkeit ist, daß sie nackt gehen, und keiner Wohnungen bedürfen, sondern unter freiem Himmel leben.[2] Mit dieser Schilderung stimmen die sonstigen Nachrichten der Alten, welche die Gymnosophisten erwähnen, nicht recht überein. Denn nach Plutarch und Diogenes Laertius sind sie Indische Weise, welche nackt im Walde leben und auf Steinen schlafen. Danach wären es die Fakire, jene bekannten Indischen Büßer. Ferner gab es nach Strabo und Plinius in Aethiopien ein besonderes Volk, das wegen seiner Nacktheit Gymnetes genannt wurde.[3] So hat sich denn Philostratus, da er seine Gymnosophisten in Aegypten wohnen läßt, wohl eine starke poetische Freiheit genommen.

---

1) V, 42. 43. Wörtlich: Einer Theoris. — 2) Ibid. VI, 6.

3) S. Stephani Thes. ling. Gr. s. v. Γυμνοσοφίσται und Pauly, Realencyclopädie s. v. Gymnetes.

52. Apollonius ging also diesen Weisen mit keiner sehr großen Erwartung entgegen und auch sie waren schon gegen ihn eingenommen, da Euphrates ihn durch einen seiner Anhänger bei ihnen hatte anschwärzen lassen. Die Folge davon war, daß sie ihn Anfangs gar nicht freundlich aufnahmen; doch ließen sie wenigstens ihn fragen, was er wolle und wünsche. Er gab ihnen hierauf zur Antwort: „Ueber diese Frage wundere er sich sehr, die Indier hätten das nicht gefragt, sondern es schon voraus gewußt.“[1]

Indessen man erkannte beiderseitig immer noch die unlautere Quelle dieses Mißverständnisses nicht. Bei der nun statt findenden Zusammenkunft wurde er von Thespesion, dem Aeltesten der Gymnosophisten, begrüßt. Dieser pries in einer längern Rede die Bedürfnißlosigkeit und Unabhängigkeit, zu welcher ihre Philosophie führe und empfahl zum Schluß dem Apollonius, sich zu ihrer Einfachheit und rauhen Lebensweise zu entschließen; der Entschluß sei zwar schwer, aber er sei der schönste Sieg des Menschen über sich selbst.[2]

53. Damit aber kam Thespesion bei seinem Gast nicht recht an. Dieser erwiederte, er kenne die Philosophie und alle philosophischen Schulen und Systeme sehr gut und habe seine Wahl mit Bewußtsein und Klarheit längst getroffen. „Er folge der reinen Lehre des Pythagoras. Diese verleihe ihm die Kenntniß der Zukunft und jene höhere Unterscheidungsgabe, wodurch er den Gott und den Heros erkenne und die dunklen Phantasmen enthülle, wenn sie lügnerisch die menschliche Gestalt annehmen. Weiter habe er nach dem Ursprunge aller Weisheit und Philosophie geforscht und dies habe ihn zu den Indern und nicht zu ihnen — den Aegyptern — geführt. Denn er habe bedacht, daß die Einsichten solcher Männer, welche reineres Sonnenlicht genössen, feiner und eindringender seien und ihre Meinungen von der Natur und den Göttern wahrhafter sein müßten, da sie den Göttern und den Quellen des belebenden und warmen Wesens nah wohnten.“ Dann stellte er in längerer Rede seine Sehergabe als eine unmittelbare Folge des reinen Pythagoräismus hin und vertheidigte die Inder gegen den Vorwurf des

---

1) Ibid. VI, 7. 8. — 2) Ibid. VI, 10.

Luxus, der Bequemlichkeit und der Prachtliebe; im Vergleich zu ihnen seien die Gymnosophisten nur alte Weiber, welche krankes Vieh besprechen und schloß seine lange Rede, indem er ihr Nacktgehen nicht für Freiheit des Geistes, sondern für Hochmuth erklärte.[1]

54. Nach diesem unverblümten Herzenserguß weiß man nicht, was Apollonius eigentlich bei den Aethiopiern noch sucht und warum er nicht gleich umkehrt, sondern noch lange Unterredungen mit ihnen hält. Ueberhaupt ist sein Benehmen bei ihnen sehr merkwürdig. So erfährt oder erräth er selbst erst, nachdem er seine lange Rede vollendet hat, durch sein höheres Wissen die Ursache der üblen Aufnahme, nämlich die Ränke des Euphrates. Gleichwohl macht er den Gymnosophisten sofort Vorwürfe darüber, daß sie seinen Einflüsterungen geglaubt hätten, und geräth in eine ordentliche Aufregung gegen diesen seinen Feind.[2]

55. Am zweiten Tage nach der Ankunft des Apollonius begannen seine eigentlich philosophischen Unterredungen mit den nackten Weisen. Er hob an: „Nachdem mich die Inder von ihrer Weisheit alles gelehrt haben, was ich für mich angemessen fand, so bin ich meiner Lehrer eingedenk und ziehe umher und lehre, was ich von ihnen gehört habe. Und auch euch werde ich nützlich sein, wenn ihr mich mit der Kenntniß eurer Weisheit entsendet; denn ich würde nicht aufhören, eure Lehre den Hellenen vorzutragen und den Indern zu schreiben." Er hob nun hervor, daß die Griechen ihre Götter nur in schöner und edler Gestalt bildeten, und wünschte zu wissen, warum sie die Aethiopier in so befremdlicher und lächerlicher Weise als Thiere darstellten? Thespesion erwiederte, es sei der Weisheit der Aegyptier angemessen, die Götter in symbolischer und allegorischer Weise darzustellen, denn so würden sie ehrwürdiger erscheinen. Apollonius aber fragt, was denn an einem Bocke oder Ibis Symbolisches und Ehrwürdiges sei? Thespesion wurde nun seinerseits auch spöttisch und da sie sich über diesen Punkt nicht einigen konnten, so lenkte er auf etwas anderes ein.[3]

56. Der Aufenthalt des Apollonius bei den Gymnosophisten, der für beide Theile sehr fruchtlos und unbefriedigend war, endigte

1) Ibid. VI, 11. — 2) Ibid. VI, 13. — 3) Ibid. VI, 18—22.

bald. Auf der Rückreise kehrte er in einem Aethiopischen Dorfe ein,
wo großer Tumult und Aufruhr herrschte, denn ein Satyrgespenst,
das auf die Weiber erpicht war und schon zwei, die es liebte, getödtet hatte, trieb hier sein Unwesen. Da nun die Gefährten be-
stürzt waren, sagte Apollonius: „Seid ohne Furcht! Ein Satyr
treibt hier seine Frevel." Ja wohl, sagte Nilus, schon lange und
die Gymnosophisten haben ihn nicht bannen können. Was die Gymnosophisten nicht vermocht hatten, das konnte Apollonius von Thana.
Er rieth den Vorstehern des Dorfes vier Eimer Wein in den
Brunnen zu gießen, woraus die Schafe soffen und dadurch den
Satyr trunken zu machen und einzuschläfern. Es geschah und Apollonius rief nun den Satyr mit geheimer Bedrohung herbei. Dieser
kam; aber nicht in sichtbarer Gestalt, denn man sah den Wein ab-
nehmen, als wenn er getrunken würde. Nachdem alles ausgetrunken
war, führte Apollonius die Bewohner des Dorfes zu einer Grotte
der Nymphen, wo er ihnen den schlafenden Satyr zeigte, verbot
ihnen aber denselben zu schimpfen und zu schlagen, weil er nun
von seinem Frevel ablassen werde. Wir überlassen die guten Bauern
ihrer sehr verzeihlichen Verwunderung und richten unsere Aufmerksamkeit auf das, was Philostratus bei dieser Gelegenheit bemerkt:
„Daß es Satyre gibt", sagt er, „welche der Liebe ergeben sind,
können wir nicht bezweifeln. Ich weiß selbst von einem meiner Ju-
gendgenossen in Lemnos, zu dessen Mutter ein Satyr häufig gekommen sein soll. Denn demselben war eine Hirschhaut auf dem Rücken
festgewachsen, deren Füße den Hals umfaßten und über der Brust
zusammengefügt waren."[1] So schöpfen wir manche Belehrungen
über den antiken Aberglauben aus dem Leben des Apollonius. Das
Alterthum kannte und fürchtete böse, lügenhafte und geile Dämonen,
Lamien, Empusen und Satyre. Wer sich mit denselben abgab, um
anderen Menschen zu schaden, war ein Zauberer und Zauberei war
verboten; Apollonius hingegen, der sie bekämpfte, mußte als Wohlthäter der Menschen erscheinen.

57. In jener Zeit, es war im Jahre 70 nach Chr., trat
er mit Titus, dem Sohne Vespasians, der eben Jerusalem zerstört

---

1) Ibid. VI, 27.

hatte, in Briefwechsel und bald nachher traf er in Argos in Cilicien
auch persönlich mit ihm zusammen. Diese Begegnung des Philosophen mit Titus und jene frühere mit Vespasian haben sehr viel
Aehnlichkeit. Titus hat eben so viel Achtung vor ihm wie Vespasian
und befragt ihn um vieles, und unser Philosoph behandelt ihn seinerseits mit derselben plumpen Anmaßung wie ehedem seinen Vater.[1]

58. Große Reisen unternahm Apollonius nun nicht mehr,
auch reiste er nicht mehr so oft und nur zu solchen Völkern, die
er schon kannte. Er bezeichnete seinen Weg überall durch Wohlthaten, die zuweilen sehr materiell waren, z. B. verschaffte er einem
Manne einen Schatz von 3000 Dariken als Aussteuer für seine
Tochter und ein anderes Mal heilte er einen von einem tollen Hunde
gebissenen Jüngling. Besonders verdient machte er sich um den
Hellespont, wo ein anhaltendes Erdbeben wüthete. Denn da sich
Chaldäer das Unglück zu Nutz machten und die Städte brand-
schatzten, um durch kostspielige Opfer, wobei sie selbst am meisten
profitirten, den Poseidon zu beschwichtigen, so beschloß Apollonius
sich der Hellespontier anzunehmen und entfernte durch die einer jeden Stadt angemessenen Opfer die Gefahr mit geringen Kosten und
die Erde stand fest. „Das sind“, schließt der Berichterstatter diesen
Abschnitt, „die Verrichtungen des Mannes für Tempel und Städte,
gegen Völker und für Völker, für Todte und Kranke, Weise und
nicht Weise, auch gegen Könige, die ihn der Tugend wegen zu
Rathe zogen.“[2]

59. Mit dem Tode des Kaisers Titus war aber diese glückliche Periode seines Lebens zu Ende. Als Philosoph, in dem der
Griechische Geist lebte, verabscheute er die Tyrannei des folgenden
Kaisers Domitian und machte aus dieser Abneigung auch eben
kein Hehl. Es lebten damals in Rom drei angesehene Männer
Orfitus, Rufus und Nerva, die Domitian wegen der Achtung, welche
sie genossen, haßte und fürchtete und, um sie unschädlich zu machen, unter dem Vorwande heimlicher Nachstellungen gegen seine
Person in die Verbannung schickte. Apollonius aber sympathisirte

1) Ibid. VI, 28—33. Siehe besonders die drei Briefe.
2) Ibid. VI, 36—43.

mit diesen dreien und unterhielt heimliche Verbindungen mit ihnen.[1])

60. Eine unbedachte Prophezeiung aber brachte ihn endlich selbst in Gefahr. Da er wußte, daß Nerva in Kurzem zur Regierung kommen würde, zeigte er, daß es auch Tyrannen nicht möglich sei, dem Schicksal zu widerstehen. Es stand nämlich zu Smyrna ein ehernes Bild des Domitian, auf welches Apollonius die Blicke der Gegenwärtigen lenkte, indem er sagte: „O Thor, wie wenig begreifst du die Parzen und die Nothwendigkeit! Der Mann, dem nach dir zu herrschen bestimmt ist, wird, auch wenn du ihn tödtest, wieder aufleben." Diese Worte gelangten durch Angeberei seines Feindes, des Euphrates, an Domitian, und niemand wußte, auf welchen von den drei Männern sie zielten; der Tyrann aber ging damit um, sie alle drei zu tödten und befahl zunächst im Geheimen, den Apollonius zu verhaften. Derselbe aber wußte durch seine Sehergabe von diesem geheimen Verhaftsbefehl und beschloß, der Gefahr offenen Muthes entgegen zu gehen. Ohne einem seiner Freunde oder auch nur dem Damis den Zweck seiner Reise mitzutheilen, schiffte er sich mit diesem ein und langte nach glücklicher Fahrt in Dikaearchia an, wo er den Philosophen Demetrius traf. Von ihm erfuhr er den Inhalt der gegen ihn erhobenen Anklage, wodurch ihm die Entmannung eines Knaben, seine auffallende Tracht und Lebensweise, die fast göttliche Verehrung, die er sich erweisen ließ, und die Tödtung eines Knaben, um aus seinen Eingeweiden zu weissagen, zur Last gelegt wurde.[2])

61. Als man suchte, ihn von seinem Plane, nach Rom zu reisen, abzubringen, entwickelte er Gründe, warum er sein Vorhaben nicht aufgeben dürfe, mit solcher Kraft und siegenden Beredsamkeit, daß sie ihm nicht mehr widersprechen konnten und auch Damis sich entschloß, bei seinem Herrn und Meister auszuharren. Und so segelten denn beide mit dem nächsten Schiffe zusammen nach Ostia ab[3]) und trafen am dritten Tage in Rom ein. Dort war damals Aelianus Präfekt der Prätorianer, ein Mann, der den Apollonius von früher her schätzte und liebte. Derselbe suchte den

---

1) Ibid. VII, 1—8. — 2) Ibid. VII, 9—11. 3) Ibid. VII, 14. 15.

Domitian in die möglich beste Stimmung zu bringen, ging dem Apollonius mit gutem Rath zur Hand und gab ihm verschiedene Winke über das, was er beim Prozeß und in der Vertheidigung zu beobachten habe. Der schwerste Punkt der Anklage sei, daß er bei einem Opfer gegen den Kaiser einen Arkadischen Knaben zerstückelt und dem Nerva durch dieses Opfer Hoffnungen auf den Thron gemacht haben sollte. Dann seien auch seine Weissagungen und die Verehrung, die er sich darbringen lasse, Gegenstände der Anklage.

62. Aelianus mußte nun seinen Freund, um nicht den Verdacht des Einverständnisses zu erwecken, in das Gefängniß bringen lassen. Er verfuhr aber so gelinde als möglich und gab ihn nur in ein freies Gefängniß (sog. custodia libera) d. h. er wurde einer sichern Privatperson zur Bewachung in ihrem eigenen Hause anvertraut, worüber Damis ungemein erfreut war. In dieser Haft tröstete Apollonius seine zahlreichen Mitgefangenen durch philosophische Trostgründe und verstand es, die Gebeugten aufzurichten und die Muthlosen zu beleben. Am sechsten Tage aber, in aller Frühe, wurde er durch ein kaiserliches Schreiben vor den Kaiser beschieden, wo er um Mittag desselben Tages erscheinen sollte.[2])

63. Anstatt, wie Damis ihm rieth, die Zeit zu benutzen und auf seine Vertheidigung zu sinnen, brachte er sie mit Schlafen und allerlei frembartigen Gesprächen zu. Als die Mittagszeit herangekommen war, wurde er von vier Trabanten zum Kaiser geführt und traf ihn, als er eben der Athene zu Ehren ein Opfer darbrachte. Als er des Apollonius ansichtig wurde, rief er, über die Gestalt des Mannes betroffen: „Aelianus, du hast einen Dämon bei mir eingeführt"! Unser Philosoph wollte nun mit seinem uns schon bekannten Geschick, diese schöne Gelegenheit benutzen, um dem Kaiser durch sein Wesen zu imponiren und ihn durch hochtrabende philosophische Reden verdutzt zu machen. Aber Apollonius war diesmal an den unrechten gekommen; jener erholte sich sehr bald von seiner Ueberraschung und sagte barsch und trocken: „Schweife mir nicht zu den Indern ab, sondern sprich von deinem lieben Nerva und den Theilnehmern

---

1) Ibid. VII, 16—20. — 2) Ibid. VII, 21—29.

feiner Schuld." Apollonius wollte ihm begreiflich machen, daß er eine
vorgefaßte Meinung gegen ihn habe und ihm Unrecht thue, aber Domitian ließ sich auf nichts mehr ein, sondern befahl dem Philosophen
Bart und Haupthaar abzuscheeren und ihn zu fesseln, was sofort geschah.
Als demselben die Fesseln angelegt wurden, sagte er zum Kaiser:
„Wenn du mich für einen Zauberer hältst, wie wirst du mich fesseln
können?" „Und ich werde dich", antwortete jener, „nicht eher los-
lassen, als bis du dich in Wasser oder in ein Thier oder in einen
Baum verwandelt hast, wie Proteus."[1])

Andere geben über diese Vorgänge einen andern Bericht,
der dem Apollonius ungünstiger ist und sagen, er sei erst nach seiner
Vertheidigung in Fesseln gelegt worden und habe dann einen demüthigen Brief an Domitian gerichtet, worin er ihn um Befreiung
anflehte. Das würde sich freilich nicht mit dem Bilde vertragen,
welches Philostratus von seinem Helden entwirft. Doch wie dem
auch gewesen sein mag, so viel ist klar, daß seine Künste bei Domitian nicht anschlugen.[2])

64. Damis aber wurde mit der Zeit mürbe und kleinmüthig,
und sagte eines Tages: „O Tyaneer, was wird uns widerfahren?"
„Nichts weiter," antwortete Apollonius, „niemand wird uns tödten."
Und um ihm einen Beweis seiner Unverwundbarkeit zu geben, zog
er alsbald den Fuß aus seiner Fessel und sagte zu Damis: „Ich
gebe dir hier einen Beweis meiner Freiheit. Fasse Muth!" „Damals",
sagt Damis, „habe er zuerst die Natur des Apollonius deutlich begriffen, daß sie göttlich und der menschlichen überlegen sei. Denn
ohne geopfert zu haben — wie hätte das im Gefängniß geschehen
können? — ohne zu beten, ohne etwas zu sagen, habe er seiner
Fesseln gespottet." Hierauf paßte er den Fuß wieder hinein und that,
als ob er gefesselt wäre.[3])

Bald darauf wurde Apollonius wieder in das freie Gefängniß geführt, und ihm ein Tag für die Gerichtsverhandlung und
Vertheidigung bestimmt. Er theilte das dem Damis mit und befahl
ihm, nach Dikaearchia zu gehen und dort zu warten, bis er ihm
wiedererscheinen werde. Aber er solle zu Lande reisen; denn es würde

---

1) Ibid. VII, 30—34. — 2) Ibid. VII, 34—37. — 3) Ibid. VII, 38.

in jenen Tagen ein heftiger Sturm auf dem Meere wüthen, was auch wirklich geschah.[1])

65. Am festgesetzten Tage versammelte sich der Gerichtshof in sehr feierlicher Weise, und Apollonius wurde vorgeführt. Da er den anwesenden Kaiser nicht einmal anblickte, so rief ihm sein Ankläger zu, er solle zu dem Gott aller Menschen aufschauen; so ließ sich Domitian nämlich nennen, Dominus ac Deus. Apollonius erhob die Augen zur Decke anzeigend, daß er zum Zeus aufschaue. Weiter bat er den Kaiser, dem Angeklagten die Zeit des Redens zuzumessen, denn sonst würde er durch sein langes Gerede ihnen allen die Kehle zuschnüren.[2]) Der Angeklagte hatte darauf gerechnet, daß er sich nach der Wasseruhr in zusammenhängender Rede vertheidigen dürfe und dafür eine lange Vertheidigungsrede sorgfältig ausgearbeitet, die uns Philostratus angeblich in authentischer Form[3]) mittheilt. Aber es wurde ein anderes Verfahren beliebt; der Ankläger las die einzelnen Punkte der Anklage in der Form kurzer Fragen nach der Reihe vor, der Verklagte mußte sich ganz kurz über jeden verantworten, und hatte seine Rede also umsonst angefertigt. Die vierte dieser Fragen hatte das Opfer des Knaben zum Gegenstand. Er verantwortete sich über diesen Punkt so kurz und treffend, daß im Gerichtssaal sich lauter Beifall hören ließ. Auch der Kaiser schien von seiner Unschuld überzeugt und sagte: „Ich spreche dich von der Anklage frei; du wirst aber bleiben, bis wir noch eine Zusammenkunft gehabt haben." — Apollonius aber erdreistete sich und sagte: „Dir, o Kaiser, gebührt Dank; aber durch diese Ruchlosen (die Angeber) gehen die Städte zu Grunde, die Inseln füllen sich mit Verbannten und der Senat mit Mißtrauen. Gib, wenn du willst, auch mir Raum. Wo nicht, so sende einen, der meinen Leib ergreift; denn meine Seele zu ergreifen, ist nicht möglich; oder vielmehr auch meinen Leib wirst du nicht fassen:

„Denn nicht wirst du mich tödten, dieweil nicht so mir bestimmt ist."

Mit diesen Worten verschwand er aus dem Gerichtshofe. Dies ist es, was Philostratus von dem Prozeß zu berichten hat.

---

1) Ibid. VII, 40. 41. — 2) Ibid. VIII, 1—4. — 3) Ibid. VIII, 7.

66. Jeder Leser wird sicher über dieses Verschwinden erstaunt sein und fragen, warum dieses Mirakel jetzt, wo keine Gefahr mehr vorhanden war? Philostratus aber ist der Meinung, es sei für den Augenblick das Zuträglichste gewesen, da der Tyrann offenbar noch überflüssige und verfängliche Fragen an ihn gerichtet haben würde, — wovor sich übrigens der weise Apollonius doch nicht zu fürchten gebraucht hätte — und weil er sich für die Zukunft so am Besten gegen eine solche Behandlung sicher stellte. [1]

67. Unterdessen war Damis wieder in Puteoli oder Dikaearchia angelangt, und befand sich bei Demetrius. Beide saßen in sehr ernster Stimmung bei einer den Nymphen geweihten Quelle, und unterhielten sich von Apollonius, ob er lebend oder todt ihnen wieder erscheinen würde. Apollonius aber war schon in der Nähe, so daß er diese Worte hörte; er streckte die Hand gegen Demetrius aus und sagte: „Da, nimm und überzeuge dich, daß ich kein Schattenbild, sondern ein Lebender bin." Jetzt konnten sie nicht mehr zweifeln, sondern standen auf und umarmten ihn. Uebrigens benahmen sie sich bei diesem großen Wunder sehr ruhig und äußerten gar kein Erstaunen, sondern fragten gleich, als ob nichts Besonderes vorgefallen wäre, wie es ihm bei seiner Vertheidigung ergangen sei. [2]

68. Er begab sich nach diesen Erlebnissen nach Griechenland. Dort kamen die Menschen schaarenweise aus den entferntesten Gegenden zu ihm, und da auch Reisende aus Italien eintrafen und die Vorgänge in Rom und vor Gericht erzählten, so fehlte nicht viel, daß ihn Hellas angebetet hätte, indem man ihn hauptsächlich deswegen, weil er so ganz ohne Prahlerei von der Sache redete, für einen göttlichen Mann hielt. [3] Als eine Art Gott benahm er sich denn auch. Als Damis ihn erinnerte, daß ihnen von dem Reisegelde nur sehr wenig übrig geblieben sei, antwortete er: „Morgen werde ich dafür sorgen"; den folgenden Tag ging er in den Tempel, und forderte von dem Priester tausend Drachmen von dem Gelde des Zeus, wenn er meine, daß der Gott nicht zürnen würde. „Nicht darüber, antwortete der Priester, wird er zürnen, sondern eher, daß du nicht mehr nimmst." [4]

---

1) Ibid. VIII, 5. — 2) Ibid. VIII, 8—12.
3) Ibid. VIII, 12—15. — 4) Ibid. VIII, 17.

69. Nachdem er vierzig Tage daselbst zugebracht hatte, machte er den Griechen seinen Entschluß kund, herumzuziehen und zur Beförderung ihres Wohls in den Städten, bei den Festen, Umgängen u. s. w. zu ihnen zu reden. Er ging zunächst, von einer Schaar Bewunderer gefolgt, nach Böotien zu der Höhle des Trophonius in Lebadea, in welcher der Gott Orakel ertheilte. Hier erging es ihm ähnlich, wie ehemals zu Athen bei den Mysterien, die Priester verweigerten ihm als einem Zauberer den Eintritt in das Heiligthum, indem sie ihn glauben machen wollten, es seien jetzt gerade verbotene, von der Befragung des Orakels ausgenommene Tage. Apollonius aber kehrte sich diesmal nicht an diese Zurückweisung, sondern öffnete sich am Abend selbst den Eingang und ging, mit einem Philosophenmantel bekleidet, unter die Erde. Dies letztere gefiel dem Gott so gut, daß er den Priestern erschien, sie des Apollonius wegen schalt und ihnen befahl, sich sämmtlich nach Aulis zu begeben, wo er auf die wunderbarste Weise zum Vorschein kommen würde. Nach sieben Tagen kam er heraus — so lange war noch niemand, der das Orakel besucht hatte, darin geblieben, — und brachte ein seiner Frage vollkommen entsprechendes Buch mit. Denn er hatte den Trophonius gefragt: „Welche Tugend hältst du für die schönste und welche Philosophie für die reinste?" Das Buch aber enthielt die Lehrsätze des Pythagoras, so daß also auch das Orakel dieser Weisheit beistimmte. Dieses Wunderbuch wurde zur Zeit des Philostratus in Antium aufbewahrt. [1])

70. Nachdem er so zwei Jahre in Hellas verweilt hatte und hier genug gethan zu haben glaubte, ging er nach Jonien, wohin ihm der Verein seiner Jünger, die sog. Apollonier, folgte, und philosophirte hier die meiste Zeit in Smyrna und Ephesus. In der Zeit, als er sich in Ephesus aufhielt, ereignete es sich, daß der Tyrann Domitian zu Rom durch den Freigelassenen Stephanus ermordet wurde. Apollonius, der gerade vor zahlreichen Zuhörern einen Vortrag hielt, sah, obwohl viele Tagereisen vom Schauplatz entfernt, den Vorgang so genau, als wenn er in unmittelbarer Nähe wäre. Er hielt sinnend in seinem Vortrag inne, dann rief

---

1) Ibid. VIII, 19. 20.

er aus: „Stoß ihn nieder den Tyrannen!" Dann · nach einer Weile
sagte er zu den Anwesenden: „Seid getrost! der Tyrann ist heute
getödtet worden." Die Ephefer hielten das für Wahnsinn; aber
bald kamen die Eilboten mit der Bestätigung und bezeugten so die
Weisheit des Mannes. Dreißig Tage nachher schrieb ihm Nerva,
er sei jetzt im Besitze der Herrschaft nach dem Willen der Götter
und dem seinigen — des Apollonius — und bat ihn um seinen
Rath. Der Philosoph aber schrieb ihm, freilich in dunklen Worten
zurück, daß er nicht lange regieren werde. [1]

71. So weit gehen die Nachrichten des Damis. In Betreff
seines Todes, worauf man gerade am gespanntesten ist, weiß Damis
nichts zu berichten, weil er nicht anwesend war. Denn sein Lehrer,
der oftmals den Grundsatz gelehrt hatte: „Suche verborgen zu leben
und wenn du es nicht kannst, doch verborgen abzuleben", schickte
ihn, als er seinen Tod herannahen fühlte, mit einem Briefe an
Nerva ab, um nicht vor Zeugen aus dem Leben zu scheiden. Doch
sagt Damis, er habe selbst bei der Abreise ein gewisses Vorgefühl
gehabt, Apollonius aber habe alles recht gut voraus gewußt, jedoch nichts von dem gesagt, was man beim Abschiede zu sagen
pflegt, sondern ihm nur die Ermahnung gegeben: „O Damis, auch
wenn du für dich philosophirst, habe mich vor Augen." [2]

72. So ist denn also hinsichtlich seines Todes der dichten-
den Phantasie der freieste Spielraum gelassen. Philostratus selbst
will nichts darüber entscheiden, aber er legt dem Leser die verschiedenen Sagen, die sich über seinen Tod gebildet haben, zur ge-
fälligen Auswahl vor. Die eine dieser Ueberlieferungen (λόγοι) läßt
ihn achtzig, die andere neunzig, die dritte über hundert Jahr alt werden
und ihn bis zu seinem Tode mit Kraft und mehr als jugendlicher
Anmuth begabt sein. Die einen sagen, er sei in Lindus verschieden, nachdem er in den Tempel der Athene gegangen und daselbst
verschwunden sei, nach andern habe er sich in Kreta aufgehalten und
sei zur Nachtzeit in den Tempel der Diktynna gegangen. Derselbe wird
von Hunden von ungeheurer Größe und Stärke bewacht, welche ihn
nicht einmal angebellt, sondern ihn ungestört hätten eintreten laffen.

---

1) Ibid. VIII, 24—27. — 2) Ibid. VIII, 28.

Deswegen von den Vorstehern des Tempels als ein Zauberer und Räuber, der den Hunden etwas zur Besänftigung vorgeworfen habe, ergriffen und gebunden, habe er sich um Mitternacht frei gemacht, die Priester, um nicht heimlich zu handeln, herbei gerufen, und sei zu den Thüren des Tempels geeilt, die sich ihm von selbst öffneten. Nachdem er eingetreten, hätten sich die Thüren wieder fest geschlossen und man habe einen Chor Jungfrauen gehört, welche sangen: „Steige von der Erde auf! Steige in den Himmel hinauf!" Ein Grab des Apollonius hat Philostratus nirgends gefunden; wohl aber überall wunderbare Sagen und einen Tempel zu Tyana, der auf kaiserliche Kosten aufgeführt ist; denn die Kaiser hielten ihn einer Ehre nicht unwerth, deren sie selbst gewürdigt wurden.

73. Nachdem wir so das Leben des Apollonius in allen seinen Hauptzügen an uns haben vorübergehen lassen, werden wir in Betreff seines ästhetischen Werthes dem Urtheil des gelehrten Philologen Fr. Jacobs [1]) beipflichten müssen, welcher sagt: „Wir zweifeln nicht, daß Philostratus den Wünschen seiner kaiserlichen Beschützerin durch ein Werk Genüge gethan habe, in welchem eine große Mannigfaltigkeit des Stoffes mit Mannigfaltigkeit des Vortrages verbunden ist, Thatsachen mit philosophischen Betrachtungen, Beschreibung ferner Länder und fremder Geschöpfe mit der Schilderung wunderbarer Kunstwerke, Erzählung mit Gespräch und ausführlichen Reden auf eine ergötzliche Weise abwechseln und alles endlich durch ausgesuchten Schmuck des Vortrages, so wie er sich durch die sophistische Rhetorik der Zeit gebildet hatte, bekleidet ist."

74. Wichtiger und schwieriger ist eine richtige Würdigung des historischen und theologischen Werthes des Philostratischen Werkes. Wollen wir zuerst die historische Glaubwürdigkeit gründlich erörtern, so müssen wir festhalten, daß Philostratus nicht Quelle, sondern Bearbeiter ist. Er benutzte von Buch I Kap. 7 bis 13 den Maximus von Aegae, von Buch I Kap. 19 bis Buch VIII Kap. 29 die Angaben des Damis, für den geringen noch übrigen Theil seines Buches gibt er keine Quellen an. Da wir keine eigentliche Quellen-

---

1) In seiner Uebersetzung der Vita Apollonii S. 160.

schrift über Apollonius mehr besitzen, so können wir nicht sagen, wie Philostratus seine Quellen behandelt; jedenfalls aber hat er für die Auffassung und Behandlung des Gegenstandes einzustehen, während es bei dem Urtheil über die Fakta mehr auf eine Kritik seiner Quellen selbst ankömmt.

75. Es ist sehr zu bedauern, daß die Schrift des Moeragenes, wovon wir oben gesprochen haben, und die auch Origenes kannte und citirte, völlig verloren gegangen ist. Das wegwerfende Urtheil des Philostratus über ihn, „er habe vieles nicht gewußt",[1] ist offenbar nur durch die von der seinigen abweichende Auffassung der Persönlichkeit des Apollonius eingegeben und macht uns gerade danach begierig, weil sein Buch demnach die Grundlage zu einer Kritik des Damis hätte geben können. Die vier Bücher des Moeragenes über Apollonius, waren jedenfalls ein gekanntes und gelesenes Werk. Dasselbe kann man von der Schrift des Maximus von Aegae nicht sagen, welche schon wegen ihres allzu geringen Umfanges und unbedeutenden Stoffes — sie enthielt nur das, was Apollonius zu Aegae, also in seinen Jünglingsjahren gethan hatte — keine Aufmerksamkeit erregen konnte. Auch die Schrift des Damis war eine obscures Machwerk. Dasselbe blieb nach der Angabe des Philostratus selbst in dem Besitze seiner Familie, und „ein Verwandter des Damis brachte diese Denkschriften, die vorher nicht bekannt waren, in die Hände der Kaiserin Julia".[2] Also unser Gewährsmann für die ganze Geschichte, ist jener unbekannte Verwandte des Damis, der die Schriften, nachdem sie etwa hundert Jahre im Archiv der Familie des Damis geruht hatten, der Kaiserin Julia einhändigte. Die Denkschriften konnten daher möglicher Weise so sicher von Damis sein, als das Buch Mormon von dem Jüdischen Propheten Moroni. Damis ist nun die bei weitem reichhaltigste Quelle für Philostratus. Er schließt sich an dieselbe, wie wir aus den vielen zwischendurch sich findenden Anführungen schließen müssen,[3] ziemlich genau an. Doch läßt sich darum noch nicht behaupten, daß alle Angaben von Buch I Kap.

---

1) Vit. Ap. I, 3. — 2) Ibid. I, 3.
3) Z. B. Ibid. I, 82. II, 28. III, 36. IV, 19. und sonst sehr häufig.

19 bis Buch VIII Kap. 29 aus Damis und nur aus ihm allein entnommen sind, einiges mag Philostratus auch noch aus anderen Quellen geschöpft haben. Denn wie er sagt,[1]) hat er viele Reisen gemacht und auch mündliche Ueberlieferungen gesammelt. Doch kann das, was er so aus dem Seinigen hinzugefügt hat, nur sehr Weniges sein; denn seine Berufungen auf Damis kehren zu häufig wieder, und er pflegt bei abweichenden Angaben stets der Meinung des Damis den Vorzug zu geben.[2])

76. Verdient nun das Buch des Damis, von wem es auch immer sein mag, Glauben? Wenn wir an die Lösung dieser Frage gehen, müssen wir erstens festhalten, daß Damis ein etwas beschränkter Mensch ist. Das kann nun freilich jeder aus seinem Berichte selbst sehen, aber zum Ueberfluß wird es noch bei vielen Anlässen ausdrücklich hervorgehoben.[3]) Damis will zweitens überall Augenzeuge gewesen sein und den Apollonius auf allen seinen Reisen begleitet haben. Er erzählt aber Dinge, die er schlechterdings nicht gesehen haben kann. Dahin gehören die Beschreibungen der fabelhaften Menschen und Thiere, z. B. der Drachen,[4]) dann die wunderbaren Dinge, die er bei den Indern vorgefunden haben will, z. B. das Faß Wind und das Faß Regen, womit die Inder das Wetter machen,[5]) und vieles andere der Art, was einzeln anzuführen nicht der Mühe lohnt. Hierher gehören auch die zahlreich vorkommenden Abgeschmacktheiten. Gibt es z. B. etwas Unsinnigeres und Unwahrscheinlicheres, als die Art und Weise, wie Apollonius Ephesus von der Pest befreite? Dazu kommen noch folgende rein objektive Beweise für die Unglaubwürdigkeit des Damis, welche der neueste Herausgeber des Philostratus C. L. Kayser kurz und bündig zusammengestellt hat. Damis reist mit seinem Herrn und Meister von Antiochia nach Ninus, dann kommt er erst nach Zeugma,[6]) während man sich durch einen Blick auf die Landkarte überzeugen kann, daß Ninive wenigstens dreimal so weit von Antiochia entfernt ist als Zeugma. Von Zeugma weiter gehend, kommen sie erst nach Ktesiphon und dann nach Babylon, obwohl Babylon am Euphrat liegt, Ktesiphon hin-

---

1) Vita Ap. I, 2. VIII, 31. — 2) Z. B. VII, 35. — 3) I, 19. III, 43.
4) III, 6—8. — 5) III, 14 seqq. — 6) Vgl. I, c. 19 u. c. 20.

gegen jenseits der Tigris.[1]) Bei der Abreise von den Brachmanen, haben sie den Ganges zur Rechten und den Hyphasis zur Linken,[2]) obwohl es, wenn das überhaupt etwas heißt, hätte umgekehrt sein müssen. Die Städte Babylon und Ninive, die längst Schutthaufen waren, läßt Damis im ersten Jahrhundert nach Christus noch in voller Pracht bestehen. Einige gewichtige Bedenken erheben sich auch gegen seine Chronologie. Damis läßt seinen Helden noch in einem Alter von etwa neunzig Jahren die große und beschwerliche Reise von Kleinasien nach Rom machen; denn so alt mußte er mindestens sein, da er schon unter Tiberius als Jüngling von zwanzig Jahren dem Statthalter Archelaus, der unter dem Kaiser Tiberius als Verschwörer im Jahre 16 n. Chr. hingerichtet wurde,[3]) seinen Sturz vorhersagte. Auch Damis, der nicht viel jünger war, als Apollonius selbst, soll noch unter Nerva die Reise von Ephesus nach Rom gemacht haben, also in einem Alter von mehr als neunzig Jahren. So viel über die Chronologie des Damis. Philostratus selbst aber läßt seinen Helden den Domitian überleben, also erst nach dem Jahre 98 n. Chr. sterben, folglich über hundert Jahre alt werden. Dennoch erwähnt er noch zwei andere Traditionen über dessen Lebensdauer, nach der einen wäre er achtzig, nach der andern neunzig Jahre alt geworden; da er diese Traditionen, die von seiner Berechnung sich weit entfernen, durchgehen läßt, ohne sie als falsch zu bekämpfen,[4]) so legt er damit einen starken Beweis von Gedankenlosigkeit und Nachlässigkeit ab.

77. Aus dem allen ergibt sich mit völliger Klarheit, daß wir keine Geschichte vor uns haben, sondern eine Fabel und daß weder der Bericht des Damis, noch die Ueberarbeitung des Philostratus historische Glaubwürdigkeit verdient. Das Werk des Philostratus enthält ohne Zweifel manche historische Nachrichten über das Leben des Apollonius; diese aber von dem Falschen zu sondern, ist unmöglich, und wollen wir ein Schlußurtheil abgeben, so haben wir auf der einen Seite die Denkschriften eines gewissen Damis von sehr zweifelhafter Echtheit, welche sich dahin aussprechen, daß Apollonius jenes halb himmlische, halb irdische Wesen war, als welches

---

1) I, 21. — 2) III, 49. — 3) Dio Cass. VII, 17. — 4) Vita Ap. VIII, 29.

er bei Philostratus erscheint. Auf der andern Seite stehen Moeragenes und Dio Cassius, denen sich indirekt Origenes und durch das
Lob, das er dem Euphrates ertheilt auch Plinius anschließt, mit der
dürren aber darum historisch zuverlässigen Nachricht, daß Apollonius
ein der Zauberei ergebener Mensch war, der in seinen philosophischen
Ansichten dem Pythagoras folgte. Das findet endlich sogar durch Philostratus selbst eine indirekte Bestätigung, indem er uns mittheilt,
wie die Zeitgenossen seinen Helden für nichts Besseres als einen
Zauberer hielten; so die Priester zu Eleusis, so die Priester zu Lebadea, so Domitian und manche andere.

78. Im Grunde genommen, interessirt es uns auch weniger,
was Apollonius war, als was er für den Philostratus ist, und als
was dieser ihn darstellt. Ob er die Dinge selbst ersonnen hat, oder
ob er in der Volkssage und unzuverlässigen geschriebenen Quellen
den Mann fand, den er zu seinen Zwecken brauchte, ist für unsern
Zweck gleichgültig. Er sah in der Pythagoräischen Philosophie, verbunden mit der Hellenischen Religion, das Heil für die alternde
Welt, und fand in der halb sagenhaft gewordenen Persönlichkeit
des Apollonius, „der weder in zu alter noch in ganz neuer Zeit
lebte," einen passenden Träger seiner Ansichten und die entsprechende Unterlage seines Werkes. So ist Apollonius unter seinen
bildenden Händen das geworden, als was wir ihn vorhin erblickten, ein menschlich edler, tadelloser Charakter, muthig, uner-
schrocken, gerecht, hochherzig, uneigennützig, gebildet, ohne überfeinert
zu sein, kurz das Ideal eines Menschen. Er ist ein frommer Heide,
ja er ist ein Reformator des Heidenthums. Wie der Stifter
der christlichen Religion in Judäa, so zieht er in Griechenland umher,
um überall den reinen Griechischen Götterdienst wieder herzustellen.
Er ist Philosoph, wie keiner vor ihm, er ist Ascet und über die
Sinnlichkeit und die Liebe zum Gelde erhaben, besitzt alle Weisheit
seines Zeitalters, kennt alle Sprachen der Thiere und Menschen und
die Lehren des weisesten Volkes hat er an Ort und Stelle studirt.
Er ist mit jenen geheimnißvollen Kräften begabt, nach welchen der
Heide so lüstern war, und die für ihn so viel Anziehungskraft hatten,
und hat dabei doch diese höheren Kräfte und dieses höhere Wissen,
das er stets zum Heile, nie zum Schaden seiner Mitmenschen an-

wendet, nicht durch die finſtern Wege der ſchwarzen Magie er=
worben. Apollonius iſt endlich ein Gott. Obwohl die Anſicht des
Philoſtratus über ſeine göttliche Würde nicht ohne Widerſprüche iſt,
ſo wird doch klar und wiederholt ausgeſprochen, daß er ein Gott
ſei. Das Heidenthum der alten grauen Vorzeit hatte ſo viele
Halbgötter hervorgebracht, einen Podalirius, Machaon, Herkules
und ſo viele andere, ſollte ſeine götterbildende Kraft ſo ganz er=
loſchen oder ſollte ſie ſo ſehr erſchlafft ſein, daß ſie nur noch
Römiſche Kaiſergötter und einen Gott Antinous hervorbringen könnte?
Nein, wer dem Heidenthum wieder ſein ganzes Selbſtvertrauen ein=
flößen wollte, der mußte ihm zum klaren Bewußtſein bringen, daß
es im Stande ſei, auch jetzt noch Geſtalten zu zeugen, welche den
alten erhabenen Halbgöttern und Göttern würdig an die Seite
treten könnten. Darum mußte aus Apollonius ein Gott werden,
wenn er der Tendenz ſeines Biographen vollſtändig entſprechen ſollte.
Uebrigens darf man es mit der göttlichen Würde des Apollonius
nicht ſo ſtreng nehmen und an eine Art Theophanie oder Herab=
kunft eines Gottes denken. So ſtellt ſich auch Philoſtratus die Sache
wohl nicht vor, und wenn Eunapius ſagt, Philoſtratus hätte ſein
Leben des Apollonius eigentlich „eine Herabkunft Gottes zu den
Menſchen" (ἐπιδημία εἰς ἀνϑρώπους ϑεοῦ) nennen ſollen, ſo iſt
das eine falſche Auffaſſung. Wenn Apollonius bei Philoſtratus als
Gott erſcheint, ſo iſt das nur eine Folge des ſtrengſten Pantheis=
mus, der den Kern des Syſtems bildet. Apollonius brachte den in
ihm, wie in jedem Menſchen ruhenden göttlichen Funken zur vollen
Herrſchaft, und mußte deshalb Gott ähnlich, ja göttlich werden.

79. Damit ſind wir denn der Löſung der letzten Frage, die
ſich uns aufdrängt, ganz nahe gekommen, welche Beziehung hat
die Lebensbeſchreibung des Apollonius zu Chriſtus und dem
Chriſtenthum? Die Meinungen ſtehen ſich hier ziemlich ſchroff
gegenüber, während die einen glauben,[1] Philoſtratus habe den

---

[1] Z. B. Huetius, der ſonſt das Buch des Philoſtratus ſehr richtig und
gründlich beurtheilt, glaubt, derſelbe habe in klar bewußter Abſicht der Perſon
Chriſti einen heidniſchen Chriſtus gegenüber ſtellen wollen: Ad Christi exemplar
hanc expressit effigiem, ne quid ethnici Christianis invidere possent. Dem.
ev. tom. II. cap. 147.

Apollonius Chriſtus gegenüberſtellen wollen, ſo ſtellen andere z. B.
Fr. Jacobs es mit einem unnöthigen Eifer in Abrede. Sich zu
ereifern, iſt vor der Hand gar keine Urſache, die Frage hat
nicht die geringſte dogmatiſche Wichtigkeit; die chriſtliche Religion
iſt nicht dabei intereſſirt, ſondern die Frage iſt eine rein ge=
ſchichtliche. Jacobs glaubt alles mit der Bemerkung abzumachen:
„Die Biographie des Philoſtratus iſt auf die Denkſchriften des
Damis gebaut, aus ihnen hat er auch das genommen, worin
Apollonius Chriſto zu gleichen ſcheint; daß man aber, als Damis
das Leben und die Wunder ſeines Helden beſchrieb, (im erſten
Jahrhundert) in der Römiſchen Welt Chriſti Wundern ein ſolches
Gewicht beigelegt habe, daß es nöthig geſchienen, ihnen die falſchen
Waffen abſichtlichen Truges entgegenzuſetzen, möchte kaum zu er=
weiſen ſein.“ In ihrem letzten Theile iſt dieſe Bemerkung durchaus
richtig, allein was die Quelle angeht, ſo kann man doch nicht mei=
nen, Philoſtratus habe ſeinen Damis rein abgeſchrieben und nur
in ſprachlicher Beziehung verbeſſert, weil ja Philoſtratus auch ſelb=
ſtändig nach Quellen geforſcht und Ueberlieferungen geſammelt hat.
Und ferner, wer kann denn nach den Irrthümern und Abſurditäten,
die wir oben zuſammengeſtellt haben, noch behaupten, daß ein Augen=
zeuge, ein Reiſegefährte, dieſe angeblichen Denkſchriften verfaßt habe?
Ein ſolcher hätte doch wiſſen müſſen, wo Zeugma, Ninive, Kteſiphon
und Babylon liegen, und wohin der Ganges und Hyphaſis flie=
ßen. Mit der Authenticität dieſer Denkſchriften und folglich auch
mit ihrer Entſtehung im erſten Jahrhundert der chriſtlichen Zeit=
rechnung ſieht es ſehr ſchlecht aus.

80. Doch faſſen wir nun einfach den Bericht ins Auge, wie
er uns vorliegt, ohne zu fragen, was rührt von Damis, was von
Philoſtratus her, ſo müſſen wir zugeben, daß jede direkte Bezie=
hung auf das Chriſtenthum fehlt. Nirgends wird daſſelbe genannt,
nirgends findet ſich die leiſeſte Anſpielung oder Hindeutung dar=
auf, nirgends wird es bekämpft, ſo viele Gelegenheiten ſich auch
immer dazu darbieten. Philoſtratus oder wer ſonſt der geiſtige
Urheber des ſo geſtalteten Lebens des Apollonius ſein mochte, ſcheint
nur das Heidenthum im Auge zu haben, und nur das Bild eines
Heroen der alten Religion auszumalen, um dadurch dem ſinkenden

Kultus einen neuen Schwung zu geben. Eine solche Bestrebung
aber konnte nicht ins Leben treten, ohne zugleich gegen das Christenthum gerichtet zu sein, mochte diese Tendenz nun ausgesprochen
werden oder nicht. Denn die heidnische Religion hatte im dritten
und vierten Jahrhundert nur zwei Feinde, den Indifferentismus ihrer
eignen Anhänger und das Christenthum. Wer dem Heidenthum aufhelfen wollte, mußte beide bekämpfen. Philostratus hat den Indifferentismus, den er offenbar bekämpft, auch nicht genannt und nicht
direkt gegen ihn polemisirt. Sein Verfahren ist überhaupt überall
ein sehr positives, niemals ein negirendes, eine Eigenthümlichkeit,
welche alle die nicht berücksichtigt haben, die jede Beziehung auf das
Christenthum rundweg leugnen. Aber war denn Philostratus nicht
unsere Religion und deren Stifter vielleicht ganz unbekannt? Wir
wissen ja, wie groß die Unwissenheit gebildeter Heiden in christlichen Dingen war. Bei Philostratus, ist darauf zu erwiedern,
der am Hofe des Alexander Severus lebte, welcher die Statue Christi
sogar in seinem Lararium stehen hatte, mußte die Sache schon anders sein und kann man eine solche Unkenntniß des Christenthums
nicht voraussetzen.

81.   Aber die Beziehung zum Christenthum ist eine noch tiefere.
Sie offenbart sich namentlich in der Art und Weise, wie Philo-
stratus seine Tendenz durchzuführen und seinen Zweck zu erreichen
sucht. Schon die Idee, in der Vorführung eines Lebensbildes eine
Lehre vorzutragen, ist ja eine christliche und erst durch das Christen-
thum auf die Bahn gebracht. Was sind die Evangelien denn anders?
Welcher heidnische Schriftsteller hat vor dem Christenthum den
Gedanken gehabt, die Biographik auf diese Weise zu verwenden?
Auch das Auftreten des Apollonius, wie es sein berühmter Biograph
schildert, gleicht in vielen Beziehungen dem Auftreten Jesu Christi.
Er zieht in allen Ländern umher, begleitet von zahlreichen Schülern,
überall lehrt er die Menschen, überall sorgt und eifert er für die
Ehre der Götter, stellt ihren Kultus her und reinigt ihn, er treibt
Teufel aus, bannt Lamien, Empusen und Satyre, heilt Kranke und
erweckt Todte. Er bedient sich seiner übernatürlichen Kräfte niemals
zum Schaden irgend eines Menschen, sondern ist ein Segen spendender
und verbreitender Wohlthäter der Menschheit und, was sehr zu be-

merken ist, er ist bei all seinem Thun völlig uneigennützig und sucht niemals seinen persönlichen Vortheil. Das gesammte Heidenthum mit seinen größten und edelsten Charakteren bietet hiezu kein Gegenstück dar. Es kennt wohl treffliche Philosophen, die in einem kleinen Kreise wirken, aber niemanden, der für seine Mitmenschen und namentlich nicht in der Allgemeinheit, wie Apollonius, lebt und wirkt. Dazu kommen noch einzelne kleinere Züge, welche unwillkürlich an Vorgänge des Evangeliums und der h. Geschichte erinnern. Wie ähnlich ist nicht die Vision, durch welche Apollonius nach Kreta gerufen wird, [1] mit dem Gesicht, das der h. Paulus in Troas hatte. Auch der berühmte Ausspruch der Apostel: Man muß Gott mehr gehorchen als den Menschen, findet seinen Nachhall, wenn Apollonius seinen Jüngern sagt, daß man dem Gesetze Nero's, der die Philosophie verbieten wollte, nicht gehorchen dürfe. [2] Und wie sehr erinnert nicht das Benehmen desselben, als er dem Damis und Demetrius wieder erschien, an das Erscheinen Jesu und die Worte, die er nach seiner Auferstehung sprach: Fühlet und sehet, denn ein Geist hat nicht Fleisch und Bein, wie ihr sehet, daß ich habe. (Lucas. 24, 39.) Es kommt uns nicht darauf an, zu behaupten, daß Philostratus alle und jeden dieser einzelnen Züge aus dem Evangelium entlehnt habe, aber im Großen und Ganzen ist die Absicht, ein Gegenstück zu Christus aufzustellen, unverkennbar. [3] Der Apollonius des Philostratus soll ein heidnischer Christus sein, in ihm erscheinen alle veredelnden Elemente, alle glücklich, edel und tugendhaft machenden Kräfte, so weit sie es nach der Ansicht seines Biographen waren, zusammengefaßt, auf eine Persönlichkeit übertragen und so gleichsam verleiblicht und verwirklicht.

82. Philostratus hat also in idealisirender Darstellung aus seinem Apollonius eine Art Christus zurecht gemacht. Hierbei ist das Original nicht ohne unverkennbaren Einfluß auf die Kopie geblieben, wie die große Zahl ähnlicher oder sogar ganz gleicher Züge in dem Leben beider zeigt. Diese sind, wie sie von Hue-

---

1) Vit. Apoll. IV, 34. — 2) Ibid. IV, 38. — 3) So sagt auch Kayser in der trefflichen Vorrede zu seiner Ausgabe S. VI.: Suberat tacita comparatio cum auctore fidei nostrae, was auch das Richtige ist.

tius [1]) und namentlich von Chr. Baur [2]) zusammengestellt worden, folgende:

a) Wir können im Leben des Apollonius drei Abschnitte, eine Periode der Vorbereitung, des Lernens und der Zurückgezogenheit, eine Periode des Lehrens und eine Periode des Leidens, welche die letzte seines Lebens ist, unterscheiden.

b) Die Geburt des außerordentlichen Mannes ist von wunderbaren Zeichen begleitet. Er liebte in seiner Jugend das Göttliche und weilte gern in den Tempeln.

c) Daß unter den Wundern des Apollonius Dämonen-Austreibungen sind, muß Aufmerksamkeit erregen, weil wohl bei Juden, aber nicht bei Heiden zu Philostratus Zeiten dergleichen vorkamen.

d) Er übt über die Dämonen eine quälende, für sie unwiderstehliche Gewalt aus. [3])

e) Die Erzählung von der angeblichen Todtenerweckung sieht der Luc. 7, 11 und Marc. 5, 39 erwähnten so ähnlich, wie ein Ei dem andern.

f) Die letzte und entscheidendste Prüfung für Grundsätze ist der Tod; wenn dieselben gegen die Schrecken des Todes stählen und diesen überwinden, dann erscheinen sie als bewährt. Apollonius geht nun mit freiem Entschlusse, die kleinlichen Abmahnungen der Schüler und Freunde verachtend, dem Tode entgegen, obwohl er ihm ausweichen konnte.

g) Der Urheber der Anklage war ähnlich wie bei Jesus einer seiner früheren Freunde und Anhänger, nämlich Euphrates.

h) Ursache der Entzweiung war die Geldgier und Habsucht des Euphrates. [4])

i) Eine Hauptanklage, welche gegen Apollonius vorgebracht wurde, war, daß er sich Gott nennen lasse und mit politischen Neuerungen umgehe.

---

1) Demonstr. evang. tom. II, cap. 147. no. 4. — 2) Apollonius von Thana und Christus. (Tübinger Zeitschrift für Theologie. 1832. Heft IV.)

3) Luc. 8, 28 bittet der Dämon Jesum: „Peinige mich nicht!" und Vita Ap. IV, 25 heißt es τὸ φάσμα ἐδέιτο, μὴ βασανίζειν αὐτό. — 4) Vita Ap. I, 13. VI, 13. V, 38.

k) Sein Benehmen vor Gericht ist dem sehr ähnlich, welches Jesus beobachtete. Er achtete gar nicht auf den Kaiser und erlitt von den Dienern und Schreibern unangemessene Behandlung.[1]

l) Dem Spott, den Jesus ertragen mußte, entspricht, daß dem Apollonius schimpflicher Weise Bart und Haupthaar abgeschoren wurde.[2]

m) Auch die Trostreden, die er an seine Leidensgefährten richtete[3], haben ihr Gegenstück bei Christus.

n) Wie dieser seiner Auferstehung, so ist jener des günstigen Ausgangs seiner Sache gewiß.

o) Wie Jesus seine Jünger nach Galiläa vorausgehen hieß, so wurde Damis nach Puteoli vorausgesandt.

p) Das plötzliche Nahen des Apollonius entspricht dem Erscheinen Jesu unter den Jüngern nach seiner Auferstehung.

q) Wie Jesus nach seinem Tode den ungläubigen Thomas überzeugte und den Verfolger Saulus bekehrte, so gab auch Apollonius nach seinem Tode noch kräftige Beweise seines Lebens, indem er einem Jünglinge, der seiner Lehre nicht beistimmte und an der Unsterblichkeit zweifelte, plötzlich erschien und ihn umwandelte.[4]

r) Wie man die Anhänger Christi Christianer nannte, so hießen die zahlreichen Anhänger des Apollonius Apollonier.

83. Das ist nun die lange Reihe der Vergleichungspunkte, welche sich zwischen Christus und dem Philostratischen Apollonius aufstellen lassen. Wenn auch der eine oder andere davon auf subjektiver Anschauung beruhen sollte und sich nicht durchfechten ließe, so bleiben doch noch genug andere übrig, um auf sie die Behauptung zu gründen, daß eine auffallende, unmöglich bloß zufällige Aehnlichkeit vorhanden sei und die Arbeit des Philostratus von dem Christenthum nicht unabhängig sein könne. Wenn derselbe bennoch nirgends das Christenthum auch nur mit einer Silbe erwähnt und so thut, als ob es gar nicht existire, so ist das weiter nichts als Politik und ein Zeichen seiner Gewandtheit.

1) Ibid. VIII, 2. — 2) Ibid. VII, 24. — 3) Ibid. VII, 26. — 4) Ibid. VIII, 31.

Baur bemerkt in dieser Beziehung ganz richtig: „Unvereinbar mit der Voraussetzung einer Beziehung seines Werkes auf Christus wäre das von ihm beobachtete Stillschweigen nur in dem Falle gewesen, wenn sein Werk eine unmittelbar feindliche Tendenz gegen das Christenthum hätte. Allein eine solche ihm zuzuschreiben, sind wir weder genöthigt noch berechtigt. Es läßt sich zunächst wenigstens eben so gut annehmen, daß es ihm nur um eine einfache Parallele zu thun war. Um seinen Gegenstand rein objektiv zu behandeln, vermied er jede Erwähnung des Christenthums, ob ihm gleich die Rücksicht auf das Christenthum bei seiner ganzen Darstellung vorschwebte, es galt nur den Versuch, aus den in der heidnischen Welt gegebenen Elementen eine idealische Person derselben Art, wie die Christen in ihrem Christus verehren zu dürfen glaubten, zu gestalten. Je objektiver der Gegenstand behandelt war, desto weniger konnte die Darstellung ihren Zweck verfehlen, jede Erinnerung an die Absicht, die ihr zu Grunde lag, und am meisten eine offen ausgesprochene Polemik hätte den Eindruck des Ganzen stören müssen; es wäre sogleich als ein bloßes Nachbild, dessen wesenlose Gestalt leicht zu durchschauen ist, erschienen, während nun der Schriftsteller, indem er sich geheimnißvoll genug den Anschein gibt, wie wenn er von keinem Christenthum in der Welt wüßte, und die Sache selbst reden lassen will, uns ein vom Christenthum völlig unabhängiges Erzeugniß zu geben scheint.“ Das ist vollkommen richtig; Philostratus verstand es, seine Tendenz geschickt zu verhüllen und die Sache selbst für seine Tendenz arbeiten zu lassen.

84. So hat er es also versucht ohne irgend welche Polemik das Gute und Edle, was im Christenthum lag, zu überbieten, Christus einen andern Heiland der Menschen gegenüberzustellen und der Menschheit ein Tempelchen herzurichten, worin sie glücklich, sittenrein und tugendhaft wohnen sollte. Betrachten wir noch einmal in flüchtigem Ueberblick die Bausteine, woraus er diesen Tempel erbaute, so sind sie neu behauene und polirte und zum Theil weit hergeholte Trümmer älterer schon zerfallener Gebäude und das Ganze hat somit ein etwas buntes, übrigens dem damaligen Eklekticismus sehr zusagendes Aussehen. Ein wichtiges Element

bildet die Zauberei, welche aber in Apollonius ihren finstern Charakter verloren und sich zu der bei den Neuplatonikern nachmals so hoch geschätzten Theurgie gestaltet hat, die dem Menschen dieselbe Macht und Wissenschaft verleiht, als die Magie, aber indem sie ihn Gott nähert und selbst vergöttlicht. Ein anderes Element ist der Pythagoräismus. Indem dieses System unter allen antiken philosophischen Systemen die meisten ethischen Elemente enthielt, ja vorherrschend praktische Moralphilosophie war, zur Ascese, Läuterung und Befreiung vom Niedern, Sinnlichen, Stofflichen anleitete und im Leben seines Stifters ein Ideal zur Nachahmung darbot, eignete es sich auch am besten zu der von Philostratus erstrebten religiös-sittlichen Erneuerung und Vervollkommnung des Menschen. Darum mußte Apollonius der vollkommenste Pythagoräer werden und sogar Pythagoras selbst übertreffen. Diese Art der Philosophie war auch der heidnischen Religion nicht feindlich, sondern sie hing mit einem wichtigen Theile des heidnischen Religionssystems, dem Kultus des Apollo, sehr eng zusammen.[1]) Darum konnte und mußte auch die heidnische Frömmigkeit im Charakter des Apollonius einen so wichtigen Zug bilden. Ferner war zur Zeit des Philostratus der Gesichtskreis sehr erweitert; die Völker waren aus ihrer Abgeschlossenheit herausgetreten und hatten ihre Religionen und Philosophien unter einander ausgetauscht. Sollte nun Apollonius der Inbegriff jeglicher Vollkommenheit sein, so mußte er auch alles, was die verschiedenen Völker Treffliches hatten, in sich vereinigen und besitzen. Daher das Bestreben, des Philostratus, alle auf dem Gebiete der alten Religion hervorgetretenen Erscheinungen als identisch darzustellen, ein Bestreben welches sich deutlich kundgibt, wenn er Apollonius zu den Indern reisen und dort doch nichts wesentlich Neues finden läßt.[2])

85. Nach allem dem hat sich Philostratus mit seinem Erlöser ($Απολλώνιος ἀλεξίκακος$) in nichts über den heidnischen Boden erhoben. Er hat dem Christenthum nur die Art abgelauscht,

1) Das Nähere bei Baur a. a. O. S. 168 ff. — 2) Von dem, was über die Religion und Philosophie der Inder mitgetheilt wird, weist Baur a. a. O. S. 215 ff. nach, daß es im Ganzen richtig ist.

ohne eine wesentlich christliche Idee erfaßt zu haben, er ahmt die
Flügelschläge des christlichen Geistes nicht übel nach, ohne die
Schwungkraft seiner Sehnen zu besitzen. Sollte darum die Art und
Weise seines Auftretens jemand begeistert haben, so wird ihn ein
Blick auf den er r ungenen Erfolg wieder ernüchtern. Es fehlt
an jeder tiefern und richtigern Erkenntniß des Bösen, welches im
Menschen ist; wohl werden einzelne Verkehrtheiten und Laster be=
kämpft, aber ohne daß eine gemeinsame Wurzel derselben er=
kannt und ausgerottet würde. Die Güte, welche Apollonius besitzt,
ist keine sehr innerliche, sondern sie besteht nur in einem gewissen
Zurückziehen des höheren Theiles im Menschen von dem niedern,
der Materie, einer Zurückdrängung und Einschränkung des körper=
lichen Lebens und einer darauf sich gründenden größern Freiheit
und Unabhängigkeit des Geistes. Dieses Princip der Güte liegt
offenbar im Menschen selbst, zu dieser Art der Erlösung bedarf
keiner einer andern Person als sich selbst, höchstens eines Lehrers,
der es ihm vormacht und dieses Vormachen ist gerade die erlösende
Thätigkeit des Apollonius. Also ist Philostratus in die sich wech=
selseitig bedingenden Gegensätze von Erlösung und allgemeiner dem
Menschen innerlich anklebender Sündhaftigkeit nicht eingedrungen.
Allerdings erscheint auch bei Philostratus ein allgemeines, in das Ge=
sammtleben der Menschen verderblich eingreifendes Uebel, aber es be=
steht nur in dem von den Römischen Kaisern ausgeübten tyranni=
schen Druck.[1]) Dieser drängte nämlich die bessern Kräfte des Men=
schen zurück, erstickte die eblern Regungen und hinderte so das in jedem
Menschen innerlich ruhende erlösende Princip, zur Entfaltung zu kom=
men. Darum muß Apollonius auch ein solcher Feind der tyrannischen
Gewalt sein, dieselbe bekämpfen und von ihr bekämpft werden. Also
Belehrung, Beispiel, Förderung der heidnischen Religiösität und
Bekämpfung der Anarchie und Gewaltherrschaft, das sind die er=
lösenden Thätigkeiten des Apollonius.

86. Man kann die Kraftlosigkeit dieses heidnischen Christus,
sein Unvermögen, den Menschen wahrhaft zu erlösen und zu heili=
gen, und die unendliche Mattigkeit seines Begriffes von Erlösung

---

1) Baur a. a. O. S. 161.

nicht treffender bezeichnen als mit einer Bemerkung des Apollo=
nius selbst. „Bei den guten Menschen", sagt er in seiner Verthei=
digungsrede [1]), „ist ein Kosmos (ein Princip der Ordnung), der das
Maß der Weisheit nicht überschreitet. Und was ist die Gestalt dieses
Kosmos? Seelen, welche wahnsinnig in Unordnung umherschweifen,
hängen sich an jede Gestalt; die Gesetze sind ihnen ohne Kraft,
nirgends Mäßigung und Zucht, die Ehre der Götter ungeehrt. Die
trunkenen Seelen stürzen sich auf vieles und nichts hält dieses
Rennen auf, wenn sie auch alles tränken; sondern es bedarf eines
Mannes, der für ihren Kosmos sorgt, und wie ein Gott von der
Weisheit herkommt. Dieser vermag sie von der Liebe abzuziehen,
die wild über die Schranken gewöhnlicher Vereinigung hinausstürzt
und von der Geldgier, die ihnen nie volle Genüge gewährt. Auch
von Morde sie abzuhalten ist einem solchen Manne vielleicht nicht
unmöglich; sie aber davon abzuwaschen ist weder mir möglich
noch Gott, dem Schöpfer des All." Seine Weisheit vermag also,
wie er selbst von sich sagt, die Menschen von einzelnen Ausschrei=
tungen, von unnatürlicher Wollust, brennender Habgier und viel=
leicht auch vom Morde abzuhalten, sie aber davon abzuwaschen
vermag weder er noch Gott, der Schöpfer des All. [2])

87. Endlich wird es unsere Leser interessiren zu erfah=
ren, daß auch noch im siebenzehnten und achtzehnten Jahrhun=
dert die Schrift des Philostratus dem Christenthum gefährlich wer=
den zu sollen schien. Die Englischen Deisten suchten das Leben des
Apollonius wieder hervor, um es dem Leben Christi entgegenzu=
setzen und hielten den Vertheidigern der Wunder und der Gottheit
Christi das Dilemma entgegen: Entweder sind die Wunder Christi
echt und glaubwürdig, dann darf man auch die Wunder des Apol=
lonius nicht verwerfen und muß ihn für Gott halten, oder man
bestreitet die Wunder des Apollonius, und dann hat man auch
kein Recht mehr die Wunder Christi in Schutz zu nehmen. Das that
zuerst Karl Blount in den Anmerkungen, welche er seiner Uebersetzung
der zwei ersten Bücher des Lebens des Apollonius, die zu London 1680
erschienen, beigab. Den Rest des Werkes zu ediren, hielt ihn der Un=

---

1) Vita VIII, 7 (7). — 2) Ἀπονίψαι δὲ οὔτε ἐμοὶ δυνατὸν οὔτε τῷ
πάντων δημιουργῷ θεῷ l. c.

wille der gläubig Gesinnten und besonders der Englischen Geistlichkeit
ab, wie denn auch das Buch zu London 1693 verdammt und ver=
brannt wurde. Die Anmerkungen soll Blount, nach einer Angabe
bei Jacobs, aus den Papieren des Lord Eduard Herbert of Cher=
bury gezogen haben. Das Werk Blounts wurde von Castilhon ins
Französische übersetzt (Berlin, 1774). Solche Vorstellungen, wie die
von Blount aufgestellten, wurden bekämpft von Pet. Dan. Huetius,
dem gelehrten Bischofe von Avranches, welcher in seiner Demon-
stratio evangelica mit Recht dem Berichte des Philostratus die
historische Glaubwürdigkeit abspricht und den Apollonius für einen
Zauberer hält, und von protestantischer Seite erschien eine Schrift unter
dem Titel: De miraculis, quae Pythagorae, Apollonio Tyanensi,
Francisco Assisio, Dominico et Ignatio Loyolae tribuuntur,
auctore Phileuthero Helvetio. (Duaci, 1734.) Als der Deismus
nach Deutschland herüberkam, wurde auch dieses Thema wieder aufge=
griffen und Apollonius aufs Neue vertheidigt in der Schrift: „Gewiß=
heit der Beweise des Apollinismus von Aemilius Licinius Cotta, Ober=
priester bei dem Tempel des Jupiter Capitolinus zu Rom, aus dem
Lateinischen übersetzt von dem Verfasser des Hierokles." (Frankfurt
und Leipzig, 1787.) Aus derselben verdient als Curiosum angeführt
zu werden, daß der unbekannte Verfasser sich so zu sagen ein ganzes
System Apollonistischer Apologetik nach dem Muster der christlichen
zusammengeleimt hatte und zu diesem Zweck auch förmliche Weis=
sagungen aus Homer, Hesiod, Pindar, Plato, Virgil und Horaz
anführt, die sich auf Apollonius beziehen sollen. Eine der vollstän=
digsten derselben soll z. B. die Schilderung des gerechten Mannes
sein, die Horaz [1]) entwirft: Iustum et tenacem propositi virum etc.
Diese übrigens unbedeutende Schrift rief die Gegenschrift eines ge=
wissen Dr. J. B. Lüderwald hervor: Antihierokles oder Jesus
Christus und Apollonius von Thana in ihrer großen Ungleichheit
vorgestellt. Halle, 1793. [2])

---

1) Od. III, 3.
2) Vgl. Jacobs' Einleitung zu f. Uebers. des Philostr. S. 162. Kayser,
praefat. ad edit. Philostr. p. VII. und besonders Baur a. a. O. S. 12 u. 16.

III.

Die fundamentale Erneuerung des Heidenthums

in religiös-philosophischer Hinsicht.

Die Blüthenperiode des Neuplatonismus

und

einige gleichzeitige Erscheinungen.

———•◦✕◦•———

Sechstes Kapitel.

Der Neuplatonismus und seine Stellung zum Christenthum im Allgemeinen. Plotinus und Amelius.

1. Während, wie oben gezeigt, im ersten Jahrhundert nach Christus in der Philosophie der Skepticismus und in der Religion der größte Indifferentismus, ja völlige Verachtung des Volksglaubens unter den gebildeten Heiden geherrscht hatte, sehen wir gegen Ende des zweiten Jahrhunderts jene positivere und, so zu sagen, gläubigere Richtung, die inzwischen entstanden war, im Neuplatonismus erstarken und feste Gestalt gewinnen, in der geistigen Atmosphäre des Heidenthums allmählich allein zur Herrschaft gelangen und sich in der spätesten Zeit zu einem starren und bornirten Aberglauben verknöchern. In keinem Zeitalter der Griechischen Philosophie war das Streben der Geister so sehr auf Erweiterung der Kenntnisse und auf die Erkenntniß des Urgrundes aller Dinge gerichtet als bei derjenigen Schule, welche sich am Ende des zweiten Jahrhunderts bildete und die Neuplatonische genannt wird. Dieselbe faßte alles Positive, was sie vorfand, alle besseren Elemente, welche der Skepticismus noch nicht zersetzt hatte, wieder zusammen, um daraus ein neues System zu bilden, welches den menschlichen Geist zu befriedigen im Stande wäre. Das Letztere war es gerade, was die Neuplatonische Philosophie vor allem bezweckte, indem sie ihre Anhänger nicht bloß zum Erkennen, sondern zum Schauen der

11*

Wahrheit felbft zu führen verfprach. Hätte fie das geleiftet, fo
hätte fie den Menfchen auf eine höhere Stufe des Dafeins erhoben,
dann hätte das menfchliche Gefchlecht im Neuplatonismus einen
Sprung gethan, dem man nur denjenigen an die Seite fetzen könnte,
der fich nach der Träumerei unferer Materialiften in dem Ent=
wicklungsgange der Dinge damals ereignete, als es in der
Schöpfung, man weiß nicht wie, einen Knacks that und der Affe
fich zum Menfchen potenzirte. Der Neuplatonismus ift alfo ein
Verfuch, dem Drang des menfchlichen Geiftes nach dem Befitz der
Wahrheit zu genügen und ihn innerlich zu befriedigen, jenen Drang,
der fich dann jedesmal allgemeiner zeigt und dann immer lauter
nach Befriedigung ftrebt, wenn eine Periode des herrfchenden Skep=
ticismus abgelaufen ift.

2. Schon daraus läßt fich die Wichtigkeit diefer neuen Er=
fcheinung ermeffen. Fragen wir aber nach den Mitteln, durch welche
fie diefes hohe Ziel zu erreichen ftrebte, fo find fie mit Ausnahme
eines einzigen alle fchon gebraucht. Was konnte man Befferes thun,
was bot fich dem fpähenden Blicke anders dar, als zuerft und vor
allen Dingen jene Elemente, welche einmal vorhanden waren und
gut, trefflich und brauchbar fchienen, zu fammeln. Dazu führte
die Vertreter jener Richtung naturgemäß fchon die Reaktion gegen
den vorangegangenen Skepticismus. Und dann, wenn fie auch
etwas Neues hätten bieten wollen, was hätte es fein können? Der
menfchliche Geift hatte fchon alle Pfade, die ihm zugänglich waren,
betreten und auch durchmeffen; die verfloffenen Jahrhunderte hatten
fo reichliche Bildungen gefchaffen, daß den Nachkommen nichts übrig
blieb, als den Kreislauf von Neuem zu beginnen. Die Schöpfer=
kraft des menfchlichen Geiftes ift ja eine endliche und befchränkte
und fo möchte denn wohl die Behauptung nicht zu kühn fein, daß
auf dem Gebiete der Spekulation, der Philofophie, eine wefentlich
neue Geftaltung gar nicht mehr zu erwarten fei und fchon damals
nicht mehr zu erwarten war. Was neu ift und neu werden kann,
das ift nur die Faffung und Einkleidung der Syfteme; bald wird
diefes bald jenes Glied der Ideenkette zum Anfangsglied gemacht
und fo fcheint die Kette dann eine neue zu fein, ift aber doch noch
die nämliche, wie denn z. B. die materialiftifchen Syfteme unferer

Zeit nur neue Details, keine einzige wirklich neue Grunbidee in sich schließen, welche sich in dem Epikuräismus oder den Systemen der alt= indischen Materialisten nicht auch schon nachweisen ließe. Der Neupla= tonismus enthält also, verglichen mit der frühern Philosophie und Religion des Heidenthums, nichts wesentlich Neues, sondern er macht nur von neuem die Probe, ob das Alte nicht etwa dennoch genü= gend sei, er versucht es, das alte, abgelebte Heidenthum, welches seinem Untergange zueilte, noch einmal zu Ehren zu bringen. Außer dem Skepticismus und Indifferentismus, war es aber das Christenthum, welches dem Heidenthum die meisten Wunden geschla= gen hatte, und deshalb müssen wir die neue Erscheinung auch von dieser Seite in Betracht ziehen.

3. Was die Stellung des Neuplatonismus zum Christenthum angeht, so wäre es durchaus falsch, zu meinen, daß er seine Exi= stenz dem Antagonismus gegen das Christenthum zu danken habe. Derselbe ist keine etwa nur zum Zweck der Bekämpfung des Chri= stenthums gemachte Erfindung, sondern er verdankt einem positi= ven, von aller polemischen Rücksicht unabhängigen Streben seinen Ursprung. Darum bemerken wir auch bei den Stiftern, bei Ammo= nius Sakkas und Plotinus, noch keinerlei direkte Angriffe auf die christliche Lehre. Es lag aber in seinem Charakter, daß er mit der= selben in einen heftigeren Kampf gerathen mußte, als die der Zeit nach vorausgehenden Skeptiker, Spötter und Epikuräer, nämlich Lucian und Celsus. Wenn der letztere behufs einer wirksamen Be= kämpfung des Christenthums sich erst auf den Standpunkt des Platonismus stellen zu müssen glaubte, so stanben die Neuplatoniker schon darauf und waren also an sich zur Polemik viel ge= eigneter; sie ging ihnen gleichsam mehr von Herzen, während bei Celsus das leichte, spottende Wesen doch immer wieder sich geltend macht und den gemessenen Schritt ruhiger, wissenschaftlicher Bekäm= pfung unterbricht. Und so hat benn der Neuplatonismus, sobald er aus den Windeln gewachsen und ins wehrfähige Alter getreten war, auch eine Menge tüchtiger Kämpfer ins Feld gestellt, wie kein an= beres System. Porphyrius, Jamblichus, Julianus der Abtrünnige, Eunapius, Proklus bekämpften das Christenthum direkt, während die andern zahlreichen Anhänger des Systems Amelius, Chrysan=

thius, Themistius, Libanius, Syrianus, Isidorus, Damascius, u. a. m. ebenfalls bittere, wenn auch nicht so thätige Feinde waren.

4. Bevor wir jedoch auf eine Charakterisirung der Einzelnen eingehen, müssen wir in flüchtigen Umrissen das System selbst kenn-zeichnen und in Kürze auf die Geschichte seiner Entstehung eingehen, doch so daß wir das Genauere der Geschichte der Philosophie überlassen.

5. Der Neuplatonismus ist nicht bloß als eine Lehre, als ein System philosophischer Sätze und Probleme zu fassen, sondern er war eine That des antiken Lebens, ein weltgeschichtlicher Lebens-prozeß der Griechisch-Römischen Welt, zu welchem sie ihre gesammten noch übrigen geistigen Kräfte einsetzte. Der Urheber desselben war der Alexandriner Ammonius. Dieser Mann lebte gegen Ende des zweiten Jahrhunderts, und mußte seinen Unterhalt durch das nie-drige Geschäft eines Sackträgers erwerben, wovon er auch den Bei-namen Saktas führte. Doch diese ungünstige äußere Lage vermochte nicht, die Kraft seines Geistes zu brechen; er widmete sich, — wir ken-nen den nähern Hergang dieser Veränderung nicht — der Philo-sophie und lehrte sie mit großem Erfolge und Beifall. Ob er Christ gewesen oder nicht, ist eine noch ungelöste Streitfrage. Eusebius von Cäsarea[1]) und ihm folgend Hieronymus,[2]) reden von einem christlichen Philosophen desselben Namens, der in jener Zeit zu Alexandria gelebt und de consonantia Moysis et Jesu so wie Evangelici canones geschrieben habe, während Porphyrius im dritten Buche seiner Schrift gegen die Christen behauptete, er sei Christ gewesen, aber zum Heidenthum abgefallen und daraus einen Schluß gegen die Vortrefflichkeit des Christenthums zieht.[3]) Beide Theile können Recht haben; denn es ist möglich, daß jener christliche Schrift-steller und der Neuplatoniker Ammonius Saktas, trotz der Gleichheit des Namens, Aufenthaltsortes und der Lebenszeit, zwei verschiedene Personen waren. Der berühmteste Schüler des Ammonius war Plotinus, der, als er von den übrigen Lehrern der Philosophie nicht befriedigt, zuerst in seine Schule kam und seinen Vortrag hörte, sogleich ausrief: „Dieser ist es, den ich gesucht habe"![4]) Zu den Ei-

---

1) Hist. eccl. VI, 19. — 2) Catal. script. Ed. Mart. t. IV, part. 2, pag. 117. — 3) Bei Euseb. a. a. O. — 4) Porphyrius vita Plotini c. 3.

genthümlichkeiten des Ammonius gehört es, daß er nichts schrieb, sondern nur mündlich vortrug. Auch seine drei bedeutendsten Schüler,
Herennius, Origenes (nicht der Kirchenschriftsteller) und Plotinus,
hatten aus Achtung für das System ihres Lehrers sich gegenseitig
das Wort gegeben, dasselbe nicht durch·Schriften bekannt zu machen. [1]) Aber Herennius brach den Vertrag, ihm folgte Origenes
und endlich auch Plotinus. Letzterer legte seine Lehren in einer Reihe
von Abhandlungen nieder, welche sein Schüler Porphyrius zu einem
Ganzen zusammenstellte und in sechs Gruppen von je neun Büchern
ordnete.

6. Das System des Plotinus schließt sich zunächst an das des
Plato an. Wenn das System Plato's ein feiner, sehr spiritualisti-
scher Pantheismus mit dualistischer Beimischung ist, so ist im Neuplatonismus die pantheistische Grundanschauung viel entschiedener ausgesprochen und ich möchte sagen, vergröbert, von jenem dualistischen
Zuge aber ist bei Plotinus nichts geblieben. Die Geringschätzung
des sinnlichen, physischen Lebens, die sich bei ihm findet, ist mehr
eine Folge der großen Sehnsucht nach der Wiedervereinigung mit
dem All-eins (dem αὐτό-ἕν), welche einen Grundzug des ganzen
Systems bildet. Diese Sehnsucht spricht sich z. B. in den letzten
Worten des Plotinus, welche er auf seinem Sterbebette gesprochen
haben soll, sehr markirt aus: „Ich suche jetzt, sagte er, den Gott
in uns zu dem im Universum befindlichen Gott zurückzuführen.“ [2])
Eine Folge solcher Anschauungen und dieser Sehnsucht war es auch,
wenn Plotin, wie Porphyrius gleich zu Anfang der Lebensbeschreibung seines Lehrers mittheilt, sich förmlich dessen schämte, daß seine
Seele in einem Körper war, wenn er nie von seiner Geburt, seinen
Eltern und seinem Vaterlande sprach und die Pflege seines Körpers
und seiner Gesundheit absichtlich vernachlässigte.

7. Der Mittelpunkt der gesammten Neuplatonischen Spekulation bildet das Eine, welches das Erste, das Ursein, das Prinzip
aller Dinge und das wesenhaft Gute ist. Das Eine ist nicht als
eine Zahleneinheit zu denken, sondern es ist das Größte unter allen
Dingen, es ist das Unendliche, an sich reines Sein ohne alle Acci-

---

1) Porph. l. c. — 2) Ibid. cap. 2.

benz; auch kommt ihm kein Denken und keine Bewegung zu, weil
es alles weiß, indem es sich selbst kennt und mit sich selbst aufs
innigste vereinigt ist.[1]) Das Eine ist die Quelle des Lebens und
der Vernunft, der Anfang alles Seins, die Ursache alles Gu=
ten, die Wurzel der Seele; alle diese Dinge gehen von ihm aus,
doch so, daß es nichts an seinem Sein verliert.

8. In Betreff der Entstehung der Dinge lehrt nun Plotinus
weiter: Das Vollkommenste aber nach dem Einen ist die Intel=
ligenz; denn diese schauet jenes an und ist dessen nur allein be=
dürftig, während das Eine der Intelligenz nicht bedarf. Nach ihr
folgt die Seele, welche ein Gedanke der Intelligenz und eine ge=
wisse Thätigkeit derselben ist, wie diese von jenem, dem Einen.[2])
Das Eine, die Intelligenz und die Seele (αὐτὸ-ἕν, νοῦς, ψύχη)
machen die übersinnliche Welt aus, und bilden die Plotinische gött=
liche Dreiheit. Er beschäftigt sich dann damit, möglichst erschöpfende
Bestimmungen von der Intelligenz zu geben, woraus wir nur einiges
hier anführen können. Sie ist ihm ein Bild des Einen, sie umgibt
das Eine wie ein Lichtkreis, und das unaufhörliche Ausströmen
dieses Lichtkreises ist die stetige, unveränderliche Thätigkeit des Einen.
Die Intelligenz ist die Urquelle des Erkennens und des bestimmten
Seins der Dinge und wir glauben sie im Wesen erschöpfend zu be=
zeichnen, wenn wir sagen: die Ideen des Plato zu einem mehr ein=
heitlichen Wesen zusammengefaßt und der Persönlichkeit näher ge=
rückt, das sei die Plotinische Intelligenz. Eine Stufe tiefer steht
schon die Seele d. i. die göttliche Allseele, die Quelle der einzel=
nen Seelen, und ist ein Produkt der Intelligenz, so wie die
Intelligenz ein Produkt des Einen. Sie ist Leben, Denken und Thä=
tigkeit und auch eine Art von Licht, aber nicht ein selbst leuchtendes,
sondern ein von einem andern erleuchtetes. Indem die Seele lebt
und wirkt, entstehen andere Seelen als Arten der einen Urseele.

---

1) Plotin. Ennead. VI, lib. 9. c. 6.

2) Ibid. V, 1, c. 6. *Μέγιστον δὲ μετ' αὐτὸ νοῦς καὶ δεύτερον·
καὶ γὰρ ὁρᾷ ὁ νοῦς ἐκεῖνο καὶ δεῖται αὐτοῦ μόνου, ἐκεῖνος δὲ τούτου
οὐδὲν . . . . Καὶ κρείττων ἁπάντων ὁ νοῦς, ὅτι τἄλλα μετ' αὐτὸν οἷον·
καὶ ἡ ψύχη, λόγος νοῦ, καὶ ἐνεργεία τις ὥσπερ αὐτὸς ἐκείνου.*

9. Der schwächste Punkt in dem tiefsinnigen und phantasie=
reichen Systeme ist die Erklärung der Entstehung der Materie und
der materiellen Dinge. Es liegt auf der Hand, daß dieses die größte
Schwierigkeit in einem so übertrieben spiritualistischen und idealisti=
schen Systeme sein mußte. Plotinus sagt: Geht das Eine aus sich
heraus und erzeugt etwas, so muß dieses Fortschreiten doch einmal
ein Ende nehmen und bei einem Letzten ankommen, nach welchem
nichts weiter möglich ist. Dieses Letzte ist nun die Materie, ein
völlig Unbestimmtes, welches nichts mehr von dem Einen und Voll=
kommenen an sich hat, und sich zu der fortschreitenden Produktion
des Einen verhält, wie der Schatten zum Licht. Plotinus spricht
ihr sogar die Bestimmtheit und Realität ab, sie ist ihm das Form=
lose, dem an sich weder Qualität nach Quantität, weder Ausdeh=
nung noch Größe, weder Farbe noch Gestalt zukommt. Alles dieses
erhält die Materie erst durch die betrachtende Thätigkeit der Seele.[1])

10. Die Plotinische Dreiheit der Prinzipien kommt der christ=
lichen Dreieinigkeit so nahe, als es bei der obwaltenden Verschieden=
heit der Grundansicht nur möglich ist. Während das christliche
Dogma drei verschiedene Personen lehrt, verschwindet bei Plotinus
der persönliche Charakter der drei Prinzipien, sie sind am Ende wie
ein Wesen, so auch nur eine Person und höchstens eine andere Er=
scheinungsweise des einen Wesens. Während ferner der innere Le=
bensprozeß in dem Ausgange der dritten Person sein Ende nimmt
und wieder in sich selbst zurückkehrt und während zwischen der gött=
lichen Dreiheit und allen übrigen Wesen eine unendliche, unausfüll=
bare Kluft befestigt ist, so gehören bei Plotinus die übrigen Wesen
und endlich auch die Materie zu dem Lebensprozeß des Einen.
Das Eine ist der Welt immanent, und diese von seinem eignen
Wesen. Der Neuplatonismus kennt also keine Erschaffung der Welt,
sondern die Welt gilt ihm als ewig, wie das Eine selbst.

---

1) Vgl. Tennemann Gesch. d. Phil. Bb. 6. S. 84. 90. 106 f. Eine
eigentliche Emanation, d. i. eine Emanirung aus dem Wesen lehrt Plotin nicht,
wohl aber eine Emanation aus der wesentlichen Kraft. Brandis, Gesch. d. Ent=
wicklungen d. Griech. Phil. II. Bb. 322—399, faßt das System zu spirituali=
stisch und nähert es zu sehr dem modernen Idealismus. Vgl. S. 398. Viel ob=
jektiver behandelt Zeller dasselbe. Die Philos. d. Griechen III, 2, S. 695 ff.

11. Sodann muß noch eine Lehre aus dem System des
Plotinus hervorgehoben werden, welche besonders für den Gesichts=
punkt, von welchem aus wir es betrachten, von Wichtigkeit ist.
Es ist das ein Gedanke, der sich auch bei Plato vorfindet, aber
lange nicht diese Ausbildung erhalten hat. Wir haben nämlich ge=
sehen, daß die menschliche Seele nach der Meinung Plotin's von
gleichem Wesen mit dem Einen ist, wenn dieses Wesen auch eine
Schwächung erlitten hat. Dieses müsse schon darum so sein, weil
sonst der Mensch das Eine gar nicht erkennen könne; denn ein Er=
kennen ist nach Plotinus nur dann möglich, wenn das Erkennende
und das Erkannte, das Subjekt und Objekt gewissermaßen identisch
sind. Das ist die Grundvoraussetzung des ganzen Systems, welche nicht
weiter bewiesen wird; sie ist das erste Glied der ganzen Kette, woran
alles hängt, sie ist das Postulat, welches geglaubt werden muß.

12. Wenn nach Plato die wahre Erkenntniß darin besteht,
daß der Mensch die göttlichen Ideen zu erfassen suchen muß, weil
sich in denselben das Göttliche manifestirt und enthalten ist,[1] so
ist nach Plotinus die Vernunft selbst das absolute Erkenntnißvermö=
gen. Dieselbe muß die Dinge erkennen, wie sie sind, und darf nicht
täuschen; denn sonst wäre sie unvernünftig, und es kann keine Unge=
wißheit, kein Schwanken und Vergessen obwalten. Wenn nun also die
Vernunft ein absolutes Erkenntnißvermögen ist, so müssen die Vernunft=
objekte mit der Vernunft identisch, von ihr unzertrennlich und nicht
außer ihr, sondern in ihr vorhanden sein. Außer dieser so beschaffenen
Vernunft, soll der Mensch nach Plotinus noch ein besonderes höheres
Organ, einen über der Vernunft stehenden innern Sinn besitzen,
wodurch er in den Stand gesetzt sei, Gott unmittelbar zu schauen[2];
durch dieses Vermögen, das freilich der Pflege und Ausbildung
bedürfe und nicht bei allen gleich kräftig sei, könne der Mensch
in eine höhere, übernatürliche Gemeinschaft mit Gott treten und
sich zeitweise zu einem ruhigen Schauen des Unendlichen erheben.

13. Hiedurch war einer leeren Schwärmerei und einem ge=
fährlichen Mysticismus Thür und Thor geöffnet, und es blieb in

---

1) Vgl. Becker, d. philos. System Platon's. S. 155 ff.
2) Tennemann a. a. O. S. 46. 48.

diesem Stücke nicht bei der bloßen Theorie, sondern die Neuplato=
niker suchten auch diesen Zustand an sich herbeizuführen und zu
fördern. Besonders glücklich war darin Plotinus selbst. „Da er sich“,
erzählt Porphyrius von ihm,[1] „durch dieses göttliche Licht oft mit
seinen Gedanken zu dem ersten erhabenen Gott erhob und alle von
Plato im „„Gastmahle““ angegebenen Wege zurücklegte, erschien ihm
der Gott, der keine Gestalt und Idee hat, und über allem Verstand
und jedem Gedanken in sich selbst steht. Auch ich, Porphyrius, kann
von mir sagen, daß ich mich ihm einmal genähert habe und mit
ihm geeinigt war. Es geschah dies, als ich das achtundsechzigste
Jahr zurückgelegt hatte. Plotinus aber erreichte, so lange ich mit
ihm zusammen war, diese hohe Stufe viermal, nicht bloß der Potenz
nach, sondern in einer unaussprechlichen Wirklichkeit.“ Es ist dem=
nach schwer zu erklären, wie ein neuerer Bewunderer der Neupla=
tonischen Philosophie den Vorwurf der Schwärmerei mit so großer
Entrüstung abweisen konnte.[2] Diese bildet einen Grundzug des
Systems, und die oben auseinandergesetzte Lehre führt nothwendig
zu einem förmlichen pantheistischen Pietismus oder Quietismus,
wo die Seele das Urwesen in untrüglicher Weise zu erkennen, ja
sogar in seiner Anschauung zu ruhen glaubte. Was kann wohl ge=
fährlicher sein, als diese Täuschung, was dem menschlichen Stolze
mehr schmeicheln!

14. Doch noch nicht genug! Porphyrius geht noch einen
Schritt weiter und nimmt für seinen Lehrer Plotinus sogar eine
dauernde Inspiration an. „Die Götter brachten ihn, wenn er auf
Abwege gerieth, oft auf den rechten Weg, indem sie ihm einen reich=
lichern Lichtstrahl sandten, so daß man von ihm sagt, er habe seine
Schriften in dem ihm eignen Schauen verfaßt.[3] Man muß sagen,
er hat durch sein Schauen vieles Treffliche gefunden, was nicht
leicht ein anderer Philosoph gesehen hat.“ Daß ihm auch eine
Wunder= und Sehergabe beigelegt wird, ähnlich der, welche Apol=

---

1) Vita Plotini c. 23. — 2) Steinhart in Pauly's Realencyklop. d. klass.
Alterthumswiss. Bd. 5. S. 1712.

3) Ὡς ἐπισκέψει τῇ παρ' ἐκείνῳ καὶ ἐπιβλέψει γραφῆναι τὰ γρά-
φέντα εἴρηται. Vita Plot. c. 23.

Ionius von Thana besessen haben soll, kann uns dann nicht mehr
auffallend sein. [1])

15. Ein fernerer Bestandtheil des Neuplatonischen Systems
ist der Griechisch-Aegyptische Polytheismus, welcher indessen
durch die orientalische Dämonologie eine düstere Färbung an=
genommen hat. Der Neuplatonismus stieß den Aberglauben des
Volks und seine Mythen keineswegs zurück, sondern nahm sie in
sich auf, indem er ihnen eine allegorische und moralisirende Deu=
tung gab und in denselben einen sinnlichen, bildlichen Ausdruck seiner
pantheistischen Dogmen wiederfinden wollte. Auf diese Weise fand
der Neuplatoniker, wie schon manche gebildete Heiden vor ihm, sich mit
seiner zweifelnden Vernunft ab. Im Grunde hatte er ein Recht
dazu, denn der eigentliche Charakter des antiken Naturdienstes ist
Pantheismus; manche andere Mythen sind freilich nichts als Erfin=
dungen der Dichter und der schöpferischen Phantasie, aber auch diese
mußten sich wohl oder übel der allegorischen Behandlung unterwerfen.

16. Der Neuplatonismus ist also in Wahrheit eine kräftige
Erneuerung des Heidenthums; in ihm erhob sich der schon
erstorben geglaubte heidnische Geist wie ein Phönix aus der Asche,
nur mit einigen zeitgemäßen Veränderungen, im Wesen aber der
alte. Ein sehr bemerkenswerther Umstand ist, daß derselbe bei seiner
Auferstehung als ein auf höhere Autorität gegründeter erscheint.
Im eigentlichen Alterthum wußte auf die Frage: Warum glaubst
du an deine Götter? niemand eine andere Rechenschaft zu geben,
als den Glauben seines Volkes und Landes und die trügerischen
Sagen der Vorzeit. Der Neuplatonismus aber gründete seine Lehre
auf eine höhere Grundlage, auf das unmittelbare Schauen des
Einen und auf Mittheilungen der Götter. Er fühlte also das Be=
dürfniß einer tiefern Begründung, welche über allem Zweifeln und
Grübeln des Verstandes erhaben bastehe, mit einem Wort, einer
Offenbarung Gottes; auf eine Offenbarung, auf eine höhere Autorität
ist angeblich das ganze System gebaut.

17. Es leuchtet ein, daß dieser Gedanke dem Christenthum
entlehnt ist. Die Neuplatoniker gaben vor, die absolute Wahrheit

---

1) Ibid. c. 10 u. 11.

zu besitzen, und entlehnten daher von dem Christenthum, welches mit dem gleichen Anspruch schon vor ihnen aufgetreten war, den Begriff einer göttlichen Mittheilung des Wissens an die Menschen. Aber eine solche Mittheilung hat nur da einen Sinn, wo ein persönlicher, freier Gott gelehrt wird, ein solcher nur kann sich dem Menschen offenbaren oder nicht offenbaren. Der pantheistische Gott aber, mag er heißen, wie er will, kann sich nicht offenbaren; was man seine Offenbarung nennt, ist ein fortdauernder Prozeß, der geschehen muß, immer geschehen ist und immer geschehen wird. Sie geschieht nicht an einzelne bestimmte Personen, sondern muß an alle gleichmäßig ergehen; denn sie ist nichts weiter als ein Eindringen des Menschen in Gott, indem dieser sich seiner Gottgleichheit bewußt wird. Darum fällt der Neuplatonische Offenbarungsbegriff in sich zusammen. Es wird aber im Systeme viel Gewicht darauf gelegt und viel Geräusch damit gemacht, und zwar am meisten von Porphyrius, dem auch die Orakel Organe der göttlichen Offenbarung und gleichsam die unfehlbare Lehrautorität sind. Er hat uns aber nicht belehrt, wie das Verhältniß der Orakel zu dem innern Organe und dem Schauen sei, und ob nicht die eine Offenbarungsweise die andere aufhebe und vernichte.

18. Soviel über das Neuplatonische System. Daß es dem Christenthum in hohem Grade feindlich und durch seine scheinbare Verwandtschaft und Aehnlichkeit äußerst schädlich sein mußte, liegt am Tage. Sein Hauptvertreter Plotinus selbst trat zwar persönlich nicht thätig gegen die christliche Lehre auf, wohl aber bekämpfte er den Gnosticismus, und hiedurch wenigstens indirekt und in einigen Punkten das Christenthum.

19. Plotinus war zu Lykopolis in Aegypten unter dem Kaiser Alexander Severus im Jahre 205 n. Chr. geboren. Er entwickelte sich so spät, daß er noch in seinem achten Jahre von der Amme genährt wurde und zeigte auch geistig wenig Anlagen. In seinem achtundzwanzigsten Lebensjahre verlegte er sich auf das Studium der Philosophie und besuchte die Schulen verschiedener Lehrer, ohne die gesuchte Befriedigung zu finden, so daß er sogar in Trübsinn verfiel. Endlich führte ihn ein Freund in die Schule des Ammonius, dessen Lehre und Vortrag ihn so vollständig befriedigten, daß er elf

Jahre lang sein Schüler blieb. Dann wünschte er noch die Weisheit der Perser und Indier kennen zu lernen, und schloß sich, um zu diesem Ziele zu gelangen, zunächst dem Heere des Kaisers Gordianus an, welches gegen die Perser zog. Aber bei dem baldigen Ende des Gordianus, der 244 von Philippus Arabs ermordet wurde, mußte er von seinem Vorhaben abstehen, und begab sich darauf, vierzig Jahre alt, nach Rom, wo er lange Zeit hindurch philosophische Vorlesungen hielt und eine sehr große Zahl von Schülern und Schülerinnen um sich sammelte. Er brachte durch sein Wirken ein höheres Streben in einen Theil der vornehmen Römischen Welt, und sogar Senatoren verschmähten es nicht, seine Schüler zu werden, ja einer derselben, der Senator Rogatianus, ließ aus Liebe zur Philosophie und aus Weltverachtung, wenn wir dem Porphyrius glauben dürfen,[1]) sein Vermögen im Stich, schickte seine Sklaven fort, gab den Besitz seines Hauses auf und verschmähte die Würde eines Prätors, zu welcher er erhoben werden sollte.

20. In seinem neunundvierzigsten Lebensjahre fing Plotin endlich an, auch Schriftsteller zu werden, indem er einzelne Vorträge und Abhandlungen verfaßte und Resultate von Disputationen u. s. w. niederschrieb. Von Porphyrius und Amelius darin bestärkt, fuhr er fort, zu schriftstellern, und schrieb nach und nach in den siebenzehn letzten Jahren seines Lebens jene 54 Abhandlungen, welche das große Werk der Enneaden bilden. Er schrieb sehr dunkel und nachlässig; indem er alles hinwarf, wie es ihm in den Sinn kam, ohne es weiter zu überlegen und auszuarbeiten. Daher mußte denn auch Porphyrius seine Abhandlungen erst durcharbeiten und zu einem systematischen Ganzen ordnen, so gut es sich eben machen ließ. Unter der Regierung des Kaisers Gallienus, faßte Plotin den abenteuerlichen Gedanken, den Platonischen Staat verwirklichen zu wollen und beabsichtigte, dazu eine Stadt Namens Platonopolis zu erbauen, welche ganz nach Platonischen Grundsätzen eingerichtet werden sollte. Obwohl Gallienus dem Projekte günstig war, wurde doch durch seine Räthe dessen Ausführung verhindert. Plotinus starb im Jahre 270 n. Chr. und in ihm verlor das antike Heiden

---

1 Ibid. o. 7.

thum seinen letzten schöpferischen Geist und eigentlichen Denker und behielt nur seine Nachtreter, welche noch einige Jahrhunderte von seinem Geiste zehrten. Plotinus war kein Mann von strengem, gründlichen Denken, kein systematisirender, klarer, ordnender Geist, aber ein Mann von großem Reichthum der Phantasie und wahrem Tiefsinn, der durch einen unbewußten Instinkt die rechte Losung fand, welche sein Zeitalter brauchte.

21. Porphyrius, der uns sein Leben beschrieben hat, macht ein übernatürliches Wesen aus ihm, eine Ehre, womit die Schriftsteller dieser Zeit gegen ihre Ideale und ihre Lehrer äußerst verschwenderisch sind. Es steht ihm ganz fest, daß Plotinus von Geburt an einen Vorzug vor andern Menschen erhalten habe. Während ein jeder Mensch seinen eigenen Dämon habe, der ihm und dem er zugewiesen sei und der auf ihn einwirke, hatte Plotinus nicht einen solchen befreundeten Dämon (οἰκεῖος δαίμων) sondern einen wirklichen Gott zu seinem himmlichen alter ego und Schutzgeist.[1] Zaubereien vermochten nichts gegen ihn, dagegen hatte er eine Gabe, die Geister zu unterscheiden und Wunder zu wirken, und dieser höhern Würde entsprechend, war auch sein Loos nach seinem Tode. Der Delphische Apoll ließ sich nämlich herbei, in einem besondern Orakel über das Schicksal des verstorbenen Plotinus offizielle Mittheilungen zu machen. Seine von ihrer Hülle befreite Seele, hieß es darin, sei jetzt voll unvergänglicher Freude, in Gesellschaft des Cupido, des Minos, Rhadamanthys, Aeakus, Plato u. s. w.[2]

22. Wenn Plotin auch selbst nicht gegen das Christenthum schrieb, so verhielt er sich doch keineswegs dagegen neutral. Porphyrius erzählt: „Es gab zu seiner Zeit sowohl sonst viele Christen, als auch Häretiker, welche aus der alten Philosophie hervorgegangen waren, Anhänger des Adelphius und Aquilinus, welche sich mit den zahlreichen Schriften Alexanders des Libyers, des Philokomus, Demostratus und Lydus trugen, Offenbarungen des Zoroaster, Zostrianus, Nikotheus, Allogenes, Mesus und anderer Leute der Art vorbrachten und, selbst getäuscht, viele andere täuschten, indem sie behaupteten, Plato sei nicht in die Tiefe des Erkennbaren

---

1) Ibid. c. 10. — 2) Ibid. c. 22.

eingedrungen. Deshalb machte Plotinus in seinen Disputationen
viele Gründe gegen sie geltend, schrieb auch gegen sie ein Buch,
welches wir „gegen die Gnostiker" betitelt haben, und überließ uns
das Uebrige zur Widerlegung.[1]) Amelius nun verfaßte vierzig Bücher
gegen die Schrift des Zostrianus, ich aber, Porphyrius, habe mit
vielen Gründen gezeigt, daß das von ihnen dem Zoroaster zuge=
schriebene Buch unecht, neu und von denen erdichtet sei, welche diese
Härese bildeten, um Zoroaster zum Vertreter ihrer Lehrsätze zu stem=
peln."[2]) Von dieser ganzen Fluth von Büchern ist außer der Abhand=
lung des Plotinus nichts mehr übrig, was wohl schwerlich ein Verlust für
die Literatur sein möchte. Auch von den genannten Gnostikern wissen wir
sonst nichts, nicht einmal ihre Namen werden in der Kirchengeschichte
genannt; denn der Gnosticismus erfreute sich einer solchen Fülle von
Gestaltungen und hatte so wenig Festes in seinen Lehren und Ein=
richtungen, daß es unmöglich war, alle seine abweichenden Lehrer
und Dogmen zu verzeichnen. Vielleicht sind die genannten Personen
die Vorsteher ebenso vieler von einander abweichenden kleinern gno=
stischen Gemeinschaften zu Rom gewesen.

23. Wenn Plotinus die Gnostiker selbst bekämpfte und durch
seine Schüler bekämpfen ließ, so ist das ein Beweis, wie sehr
ihm ihre dualistischen und emanatistischen Lehren zuwider waren,
und es leuchtet auch ein, daß dieselben von seinem Systeme äußer=
lich viel mehr abwichen als selbst das eigentliche Christenthum, wo=
von der Gnosticismus nur so wenige Elemente besitzt, daß die mei=
sten Gnostiker nicht einmal Christen genannt werden können. Wenn
also Plotinus die Gnostiker in einem besondern Buche oder viel=
mehr nur in einer Abhandlung bekämpfte, welche das neunte Buch
der zweiten Enneade bildet, so kann er nur in soweit das Christen=
thum angreifen, als die von ihm bestrittenen Lehren der Gnostiker
noch christlich sind. Diese Beziehungen, welche aber sehr schwache

---

1) Mehrere von den Freunden Plotin's waren Gnostiker geworden, gegen
oder vielmehr an sie wendet er sich, nicht aber an den großen Haufen der Gno=
stiker. Plotin. opera. ed Ficinus, Basil. 1580, Ennead II, lib. cap. 10.

2) Porph. vita Plot. c. 16.

und verborgene sind, hat Neander aufzudecken gesucht und in einer die Sache ziemlich erschöpfenden Abhandlung niedergelegt.[1])

24. Solche indirekte Beziehungen muß man von vorn herein als vorhanden voraussetzen, wenn gleich Plotinus nichts mit Bewußtsein und Absicht gegen das Christenthum sagt. Ist es doch schon unmöglich anzugeben, gegen welche gnostischen Parteien im Besondern die Polemik des Verfassers gerichtet ist, da er nur die Grundanschauungen, welche allen gnostischen Systemen mehr oder weniger eigen waren, bekämpft und seine Schrift nur gegen die Gnostiker im Allgemeinen gerichtet ist. Als einen Grundfehler der Gnostiker betrachtete er, wie wir schon aus Porphyrius mitgetheilt haben, auch hier ihre Geringschätzung des Plato und der ganzen Griechischen Philosophie.[2])

25. Zu den christlichen Elementen, welche sich in den Gnosticismus verirrt haben, gehört auch die Lehre, daß Gott bei der Weltschöpfung einen Zweck gehabt habe. Im Neuplatonischen Systeme gibt es keinerlei Zweckbeziehung, sondern in einem immanenten Prozesse entwickeln sich alle Dinge bis zur Materie, welche die Schranke des Existirenden bildet, aus dem Einen, dem Seienden heraus, erst die Intelligenz, dann die Urseele, dann die verschiedenen Einzelseelen, der Götter, Dämonen und Menschen und endlich die Materie. Hier geschieht alles nach starrer und unabänderlicher Nothwendigkeit. Ganz anders bei den Gnostikern; in ihrem System liegt der Weltbildung seitens des Weltbildners immer ein Zweck zu Grunde, bald sollen die in der Materie gefangenen göttlichen Elemente erlöst werden, bald gibt Gott, wie bei Valentinus, dem Aeon Sophia die Idee der Weltbildung ein, um als Urbild durch das Abbild geehrt zu werden. Plotinus untersucht nicht, ob Gott durch die Schöpfung geehrt werde oder nicht, sondern die bloße Vorstellung, daß Gott einen Zweck haben könne, ist ihm anstößig und scheint ihm menschliche Begriffe und Schwächen in Gott hineinzutragen.[3])

---

1) Sie führt den dem Inhalte nicht sehr entsprechenden Titel: Ueber die welthistorische Bedeutung des 9. Buches der II. Enneade des Plotinos oder seines Buches gegen die Gnostiker und steht in den Abhandlungen der Berliner Akademie der Wissenschaften vom Jahre 1843. S. 299 ff.

2) Plotinus l. c. cap. 6. — 3) Ibid. cap. 8.

26. Nach der Meinung der Neuplatoniker, worin ihnen Celsus vorangegangen war, gehört das Böse nothwendig zur göttlichen Weltregierung. Das Böse galt ihnen als ein nothwendiges Element, wenn die Welt fortbestehen soll, es erscheine nur der vereinzelten Betrachtung als böse, während es doch im Zusammenhange mit dem Ganzen betrachtet das nicht sei.[1]) Es gab für sie also kein moralisches Uebel, sondern das Uebel war nur Naturübel[2]) und konnte von einer Besserung des gegenwärtigen Zustandes, von einer Erlösung keine Rede sein. Hierin wichen die Gnostiker von den Neuplatonikern ab und hatten sie gleich die christliche Erlösungstheorie gewaltig verunstaltet, so ist es doch gerade die Behauptung der Nothwendigkeit, Möglichkeit und Wirklichkeit einer moralischen Erlösung, was das Christenthum von allen andern Religionen und allen Philosophien unterscheidet und die Erlösungstheorie ist eigentliches Eigenthum des Christenthums. Wenn daher Plotinus sagt: „Die unvernünftigen Menschen aber folgen solchen Reden, indem sie auf einmal hören: Du wirst besser sein, nicht bloß als alle Menschen, sondern auch als die Götter; denn groß ist bei den Menschen der Hochmuth. Auch der, welcher vorher ein Niedriger und Mittelmäßiger und Unwissender zu sein schien, wird sich bald über alle andern erhaben wähnen, wenn er hört: Du bist ein Sohn Gottes, die andern aber, welche du bewunderst, sind keine Söhne Gottes und das, was sie von den Vätern empfangen haben und hoch halten, ist etwas Nichtiges; du aber bist, ohne dich anzustrengen, höher als der Himmel."[3]) Diese Stelle des Plotinus trifft nicht einmal so recht den Gnosticismus, gegen welchen er schreibt. Die Gnostiker nämlich theilten die Menschen ihrer Natur nach in drei verschiedene Klassen, in die Hyliker, Psychiker und Pneumatiker. Die Pneumatiker waren die Blüthe der Menschheit, nämlich sie selbst, und wenn jemand Gnostiker wurde, so gab er damit den vollwichtigen Beweis, daß er von Gott eine pneumatische Natur empfangen hatte, also Geistesaristokrat von Gottes Gnaden war. Plotinus konnte, scheint es, den in dieser Lehrmeinung liegenden hohlen, maßlosen Stolz nicht so recht erkennen; denn eine solche Anschauung lag dem Neuplatonismus selbst gar

---

1) Ibid. c. 13. — 2) Ibid. c. 9. C. — 3) Ibid. c. 9. pag. 908. C.

nicht so fern, und Plotinus war ja dem Porphyrius zufolge ein
höheres, übermenschliches Wesen. Nein, was hier Plotinus bekämpft,
das ist nichts anderes, als der eigentliche christliche Erlösungsbegriff,
den er freilich nicht recht versteht und demgemäß auch als Hochmuth und Rohheit [1]) brandmarkt. Es geht aus seinen Worten klar
hervor, daß er von der Nothwendigkeit einer moralischen Erlösung
nicht die geringste Ahnung hat, nur Kenntnisse und Wissenschaft
können nach seiner Meinung den Menschen veredeln, also erlösen,
und darum kömmt es ihm, wie auch ehemals dem Celsus so drollig
vor, wenn ungebildete, unwissende Menschen, Nichtphilosophen glauben, sie könnten besser werden als Philosophen. Daraus sieht man
deutlich, daß er sich keinen sittlichen, sondern nur einen intellektuellen
Seelenadel vorstellen kann.

27. Endlich bekämpft er noch die Anmaßung der Gnostiker,
welche in ihrer Spekulation in das Gebiet des Uebervernünftigen
einzudringen suchten und so in das Unvernünftige verfielen. „Wir
müssen, ist seine Meinung, uns so weit erheben, als unsere Natur
vermag, und glauben, daß auch die andern Zugang zu Gott haben
und nicht ihm allein uns unterordnend, wie im Traume fliegen, indem wir durch unsere Schuld nicht dazu gelangen, Gott zu werden,
so weit es der menschlichen Seele möglich ist. Sie vermag es aber,
so weit die Vernunft führt. Das Uebervernünftige heißt schon aus
der Vernunft herausfallen." [2]) Das soll wohl nur heißen, wer nicht
auf Neuplatonische Weise zum Schauen der Gottheit gelangen, sondern auf andern Wegen in das Gebiet des Uebersinnlichen einbrin-
gen will, der geräth in das Unvernünftige. Ein solches Eindringen
sei nur auf dem Wege seines monistischen Pantheismus möglich und
die Offenbarungen, welche man sonst vorgebe, also vor allen auch
die christliche, nur eitel Träumerei und Täuschung.

28. Wenn wir zuvor bemerkt haben, der Neuplatonismus
habe dem Gnosticismus feindlicher gegenüber gestanden, als dem
eigentlichen Christenthum, so ist das noch zu wenig gewesen. Jene
freilich nur rein äußerliche Aehnlichkeit mancher Lehren mit den
Dogmen des Christenthums, namentlich der Dreiheit des Plotinus mit

---

1) *Αὐθάδεια καὶ ἀγροικία*. Ibid. — 2) Ibid. c. 9 pag. 208. B.

der h. Dreieinigkeit wurde von beiden Seiten erkannt, hervorgehoben
und benutzt. Die Kirchenschriftsteller führen unzählige Mal jene
Dreiheit als einen Beweis für das Dogma von dem Sohne Gottes
an. Wenn sie sich immer damit begnügt hätten, durch eine solche
Beweisführung darthun zu wollen, daß die Lehre von dem Vorhandensein dreier Personen in Gott nicht vernunftwidrig sein könne,
da die rein menschliche Erkenntniß schon aus sich auf eine ähnliche
Annahme verfallen sei, und wenn sie dabei immer auch auf die
vorhandene himmelweite Verschiedenheit der pantheistischen und christlichen Trinität aufmerksam gemacht hätten, so wäre eine solche Argumentation in jeder Beziehung zu billigen gewesen. Aber so war es
nicht immer. Namentlich ist Cyrill von Alexandrien von einer gewissen Oberflächlichkeit in dieser Beziehung nicht frei zu sprechen.
Wenn man seine Auseinandersetzungen liest, wie er aus Plato,
Porphyrius, Orpheus, Hermes Trismegistus und andern eine Dreiheit göttlicher Prinzipien darstellt, so sollte man glauben, die von
ihm verglichenen Lehren deckten sich vollständig. Wenn er sich vor-
setzt, aus heidnischen Schriftstellern zu beweisen, daß die Heiden
einen einzigen Gott lehrten, so kann man sich das noch gefallen
lassen. Wenn er aber dann fortfährt und sagt: „Daß sie auch seinen
aus ihm der Natur nach erzeugten Sohn, sein schöpferi-
sches Wort, gekannt haben, wollen wir aus ihren Schriften durch
Anführung von Stellen zeigen,“[1] so ist ein solches Verfahren sehr
kurzsichtig und offenbar auch gefährlich; denn, wenn eine solche
Beweisführung gerechtfertigt war, so konnte man die Sache mit demselben Rechte auch umkehren, und die Neuplatoniker konnten Stellen
aus der h. Schrift zum Beweise für ihr Eines, ihre Intelligenz
und ihre Urseele anführen. Und so geschah es denn auch.

29. Amelius, neben Porphyrius der bedeutendste Schüler des
Plotinus, hieß eigentlich Gentilianus und war aus Etrurien, wahr-
scheinlich aus Castellum Amerinum am See Vadimo gebürtig.[2]
Er hörte zu Rom die Vorträge des Plotinus, lebte von 246 bis zum

---

1) Ὅτι δὲ τὸν ἐξ αὐτοῦ κατὰ φύσιν γεννηθέντα υἱὸν, τὸν
δημιουργὸν αὐτοῦ λόγον ἐγνώκασι καὶ αὐτοί, δι' ὧν γεγράφασιν ἐπι-
δείξομεν κτλ. C. Julianum. l. I. id. Aubert. tom VI, p. 32. Man vgl. die
ganze folgende Beweisführung. — 2) Porphyr. vit. Plot. c. 7.

Tode desselben in seiner Umgebung,[1] und starb zu Apamea in Syrien.[2]

30. Von seinen vierzig Büchern gegen Zostrianus, den Gnostiker, haben wir oben gehört. Von seiner sonstigen schriftstellerischen Thätigkeit, welche groß gewesen sein muß, sind nur wenige Fragmente erhalten, worunter sich ein Abschnitt befindet, in welchem er über den Anfang des Johannes-Evangeliums spricht.[3] Derselbe lautet: „Und dieses war also das Wort, durch welches, während es selbst ewig ist, das geworden ist, was geworden ist, wie Heraklit behaupten würde. Und beim Zeus! auch jener Barbar behauptet, daß es die Ordnung und Würde eines Prinzips besitze, bei Gott sei und selbst Gott sei, durch welches einfach alles entstanden sei, in welchem das Gewordene lebend und das Leben selbst und das Sein geworden ist. Es sei in die Körper herabgestiegen, habe Fleisch angenommen und stelle sich als Mensch dar, und gebe auch danach die Erhabenheit seiner Natur noch zu erkennen. Ferner aber von der Materie befreit, vergöttliche es sich und werde wieder Gott, wie es zuvor gewesen, ehe es in den Leib und das Fleisch und die menschliche Gestalt herunterstieg.“ Diese Kunstgriffe des Amelius sind gar nicht so ungeschickt; mit großer Leichtigkeit gewinnt er aus den Anfangsworten des vierten Evangeliums das Grunddogma des Pantheismus.

31. Wenn es Eusebius[4] so übel nimmt, daß er den h. Johannes einen Barbaren d. h. Nichtgriechen nennt, so sollte man ihm diese Ungezogenheit gern hingehen lassen. Viel wichtiger ist es, daß er nicht beachtet, daß Johannes lehrt, das Wort Gottes habe eine menschliche Gestalt angenommen und sich mit e i n e r ganz bestimmten menschlichen Person verbunden, sondern frischweg das Wort in d i e Körper herabsteigen, dann es wieder von der Materie befreit werden und zu Gott zurückkehren läßt. So war es auf der einen Seite wohl ein großer Vortheil, daß die Spekulation der damaligen Zeit allgemein zur Annahme einer Dreiheit von Prinzipien hindrängte. Dadurch wurde eine Brücke zum Christenthum

---

1) Freiburger Kirch.-Lex. I. S. 200. — 2) Porph. l. c. c. 4 u. 3. — 3) Es steht Eusebius Praep. ev. XI, 19, von wo er in Cyrill. c. Jul. l. VIII, p. 283 und Theodoret. Gr. aff. cur. l. II. übergegangen ist. — 4) A. a. O.

hinübergeschlagen, und gerade das Dogma von der Dreieinigkeit,
woran in unserer Zeit die Rationalisten am meisten Anstoß nehmen,
war der damaligen Welt wenig befremdlich und in diesem Punkte
verständigten sich die Philosophen und Theologen ziemlich leicht.

32. Freilich blieb der große prinzipielle Gegensatz bestehen
und kam bei der Lehre von der Schöpfung immer wieder zum Vorschein. Denn für den Pantheisten mußte auch die Weltbildung zu
dem immanenten göttlichen Lebensprozesse gehören und die Welt
Gott wesensgleich und ewig sein, was der Christ nimmer zugeben
konnte. Denn die christlichen Systeme aller Schattirungen, das ortho-
doxe nicht weniger als die gnostischen, hielten gerade die Lehre von
der zeitlichen Erschaffung und von der Vergänglichkeit der sichtbaren
Welt für einen ihrer wesentlichsten Bestandtheile; das hat Plotinus
sehr wohl erkannt und darum kämpft er auch, was Neander
übersehen hat, gerade dagegen sehr eifrig und weist z. B. die Ansicht, daß der Himmel und die Sterne, also die vorzüglichsten
Theile der sichtbaren Welt verweslich seien, mit Entrüstung ab.[1])
Hierin bekämpft er also, wenn irgend, ein spezifisch christliches Dogma und gab schon den Anstoß zu der Controverse, die nachmals
gerade über diesen Punkt zwischen Proklus und Simplicius einerseits und Johann Philoponus andererseits entstand. Um uns nicht
zu wiederholen, sind wir hier nicht näher auf die betreffenden Auseinandersetzungen des Plotinus eingegangen, sondern begnügen uns,
auf den eigentlichen Anfang und den prinzipiellen Charakter dieses
Streites hingewiesen zu haben.

---

1) Ennead. II. lib. 9. cap. 3—5 u. 7.

Siebentes Kapitel.

Porphyrius.

233—304 n. Chr.

1. Eine der merkwürdigsten und bedeutendsten Erscheinungen im Neuplatonismus und in jener Zeit überhaupt, ist Porphyrius, ein Mann, der nach unserm Dafürhalten noch nicht die verdiente Beachtung gefunden hat.[1] Er war unstreitig der bedeutendste Geist, den das Heidenthum damals aufzuweisen hatte. Seine Verdienste um das Neuplatonische System werden sogleich, so weit sie uns angehen, erwähnt, und für die Regenerirung und Vergeistigung des heidnischen Religionswesens so wie in der Bekämpfung des Christerthums entwickelte er eine rastlose und vielseitige Thätigkeit. Wenn die Werke, worin er diese Ziele verfolgte, noch vollständig vorhanden wären, so würde man über ihn allein ein Buch schreiben können. So aber sind sie bis auf wenige Fragmente verloren, ein Umstand, der zum geringen Theil auch wohl mit auf Rechnung des noch im fünften Jahrhundert gegen seine Schriften erlassenen Ediktes zu setzen ist, welches dieselben zu verbrennen und zu vernichten befahl.[2] Und sein Name wurde sogar von den Gesetzen des Staates als der eines Feindes der christlichen Religion gebrandmarkt.[3]

---

1) Eine Gesammt-Ausgabe seiner Werke gehört noch immer zu den frommen Wünschen. — 2) Gesetz vom 17. Febr. 449. Cod. Justin. I, 1, 3. — 3) Cod. Theodos. XVI, tit. V, lex 66, cfr. Socr. h. l. I, 9.

2. Porphyrius, aus der Landschaft Batanea im nördlichen
Palästina gebürtig [1]) und im Jahre 233 geboren, war eigentlich
ein Syrer und hieß Malchus. Dieser Name, der König bedeutet,
wurde von Longinus in Basilius, von seinem Lehrer Plotin aber
in Porphyrius gräcisirt und unter dieser letzteren Bezeichnung ist
er denn auch in der Literatur bekannt. Porphyrius kam in seinem
dreißigsten Jahre aus Griechenland nach Rom (263), besuchte
von da ab sechs Jahre hindurch die Schule des Plotinus, dessen
besonderer Freundschaft er gewürdigt wurde,[2]) war neben Amelius der bedeutendste Schüler desselben und wurde von ihm namentlich bei der Abfassung seiner Werke verwendet[3]), was um so
mehr zu verwundern ist, als er sich Anfangs nicht so sehr mit
dessen Philosophie befreunden konnte, ihm opponirte und seine Bedenken sogar in einer besonderen Schrift niederlegte.[4]) Aber Plotin
nahm diese Schrift gut auf und beauftragte seinen älteren Schüler
Amelius mit einer Widerlegung derselben. Resultat war, daß Porphyrius die bestrittenen Lehrsätze besser verstand und ihnen bei-
pflichtete. Dafür hätte er seinem Mitschüler dankbar sein oder
ihn wenigstens schonen sollen; aber im Gegentheil wirft er ihm vor,
er sei von der Lehre Plotins abgewichen und entblödet sich nicht,
sich auf Kosten des Amelius zu erheben und einen Brief des Philologen Longinus anzuführen[5]), worin derselbe sagt, er, Porphyrius
verdiene den Vorzug vor Amelius. Schon hierin spricht sich eine
Eitelkeit und Selbstgefälligkeit aus, die nicht gering ist, die aber
vollständig abgeschmackt wird, wenn er in seinen Schriften seiner
werthen Person erwähnt. Dann sagt er niemals einfach: Ich oder

---

1) Er wird von Hieronymus praef. ep. ad. Gal. und von Chrysostomus ein
Bataneot genannt, während er sich selbst einen Syrer nennt (vit. Plot. c. 7).
Ueber den Namen Bataneot hat man mancherlei Conjekturen gemacht (Lucas
Holstenius de vita et scriptis Porph. philos. dissertatio) und sogar die im
A. Testament (z. B. Ps. 22.) erwähnten Ochsen von Basan mußten dazu her-
halten. Der Widerspruch hebt sich wohl am besten so: Der gräcisirte Porphyrius
nannte sich bei seiner Eitelkeit lieber nach der benachbarten, berühmten Stadt Thyrus
als nach der nur durch ihre schönen Ochsen bekannten Landschaft Basan.
2) Porph. vita Plotini c. 4. — 3) Ibid. c. 6. — 4) Ibid. c. 18. —
5) Ibid. c. 20. 21.

Porphyrius, sondern immer: Ich Porphyrius kam mit Antonius aus Rhodus von Griechenland nach Rom u. dergl.

3. Die Philosophie des Plotin machte einen gewaltigen Eindruck auf ihn; er fing an, die Welt zu verachten, und vielleicht hängt es damit zusammen, daß er den Entschluß faßte, sich das Leben zu nehmen.[1]) Plotin erkannte nach der Erzählung seines Biographen kraft seiner höheren, übermenschlichen Erkenntniß die Gedanken, womit sein Schüler umging, mahnte ihn vom Selbstmorde ab und hieß ihn Rom verlassen, damit er auf andere Gedanken käme. Er gehorchte und ging 269 n. Chr. nach Sicilien, weil er die Bekanntschaft eines gewissen Probus, eines fein gebildeten Mannes in Lilybaeum, zu machen wünschte. So wurde er zwar von dieser Geistesstörung geheilt, sah aber seinen geliebten Lehrer, der im folgenden Jahre starb, nicht wieder.[2]) Sein Aufenthalt in Lilybaeum ist uns noch deshalb merkwürdig, weil er daselbst seine „fünfzehn Bücher gegen die Christen" schrieb. Von dort aus scheint er auch Afrika besucht zu haben,[3]) später finden wir ihn wieder in Rom, wo er philosophische Vorträge hielt, dadurch selbst vielen Ruhm ärntete und den Ruf der Plotinischen Philosophie vermehrte.[4]) Er war mit einer Witwe Namens Marcella verheiratet, die er, obwohl sie sieben Kinder, fünf Söhne und zwei Töchter und kein Vermögen hatte, zum Weibe nahm, weil er viel Sinn für Philosophie bei ihr wahrzunehmen glaubte.[5]) In seinem acht und sechzigsten Jahre endlich gelang es ihm einmal, in den Zustand der Anschauung Gottes zu gerathen, der das Ziel der Wünsche der Neuplatoniker war.[6]) Dann schrieb er noch das Leben seines Lehrers Plotin und starb um das Jahr 304 zu Rom.

4. Porphyrius war ein Mann von großem Wissen, umfassender Gelehrsamkeit und ausbauernder Arbeitskraft. An Gedankenreichthum und Tiefsinn steht er freilich dem Plotin nach, auch besaß er keine Originalität und weniger Talent für die Spekulation, da-

---

1) Wörter, im Freib. K.-Lexikon VII, S. 544. — 2) Porph. vita Plot. c. 11. — 3) Fabric. Bibl. Gr. IV, 27. p. 192. — 4) Eunap. vit. Porph. p. 18. — 5) Porphyr. philos. opus ineditum ad Marcellam. Invenit notisque declaravit Angelus Mai. Mediol. 1816. cap. 1 u. 3. — 6) Porph. vit. Plot. c. 23.

gegen wußte er gut zu ſichten und zu ſyſtematiſiren, wodurch er der Plotiniſchen Philoſophie bedeutende Dienſte leiſtete. Er war für Plotin etwa, was Melanchthon für Luther war, indem er an eignen Gedanken arm, die Ideen, welche jener reichlich produzirte, aber nicht zu begründen und ſyſtematiſch darzuſtellen wußte, zu entwirren und zu verarbeiten die Geduld und das Geſchick beſaß. Er hatte einen durchbringenden Verſtand, und vielen Scharfſinn, es fehlte ihm aber die Gabe, große leitende Gedanken zu erfaſſen und bis zu den Prinzipien zu durchbringen; er arbeitete mehr und beſſer in kleinen Dingen. Das beweiſt auch der Umſtand, daß er in manchen Dingen zu keiner rechten Klarheit des Denkens kommen konnte, über dieſelbe Sache zu verſchiedenen Zeiten verſchieden urtheilt und zuweilen ſich in nicht geringen Widerſprüchen bewegt.[1]) Seine zahlreichen Schriften ſind in einer guten und klaren Schreibart verfaßt; ſeine Kenntniſſe waren nicht gering, namentlich auch in der Literatur, der Rhetorik, Grammatik und Geſchichte. Von dieſer ſeiner Gelehrſamkeit machte er einen ſchlimmen Gebrauch, indem er ſie dazu benutzte, umfaſſende Angriffe auf das Chriſtenthum zu machen. Er that das mit einer gewiſſen Gehäſſigkeit und Verbiſſenheit, weshalb er bei ſeinen chriſtlichen Zeitgenoſſen in einem noch übleren Rufe ſtand, als nachmals Julian. Manche chriſtliche Schriftſteller reden deshalb mit großer Indignation von ihm und namentlich Hieronymus macht ſeinem Unwillen zuweilen in ſtarken Ausdrücken Luft.[2])

6. Auf ſeine Leiſtungen in der Philoſophie können wir, wie geſagt, nicht näher eingehen, ſie ſind auch unbedeutender und wenig ſelbſtändig, indem ſich ſein Verdienſt darauf beſchränkt, die Lehren des Plotinus mit größerer Klarheit und Beſtimmtheit und in einem beſſeren Zuſammenhange vorzutragen. Er gab ſich auch viele Mühe, die Uebereinſtimmung des Platoniſchen und Ariſtoteliſchen Philoſophie darzuthun.

---

1) Das haben auch ſeine Verehrer eingeſtanden. Vgl. Eunapius pag. 20. Ed. Boissonade und Georgius Piſides (Cosmurg. v. 1045) ſagt von ihm:

$$T\tilde\omega\ \Pi o\rho\varphi v\rho i\omega\ \gamma\lambda\tilde\omega\sigma\sigma\alpha\ \mu\grave\epsilon\nu\ \tau\epsilon\vartheta\eta\gamma\mu\acute\epsilon\nu\eta$$
$$\Gamma\nu\acute\omega\mu\eta\varsigma\ \delta\grave\epsilon\ \varphi\acute v\sigma\iota\varsigma\ \acute\alpha\sigma\tau\alpha\tau\epsilon\tilde\iota\nu\ \epsilon\acuteἰ\vartheta\iota\sigma\mu\acute\epsilon\nu\eta.$$

2) Vgl. Luc. Holsten. de vit. et. script. Porph. c. 11.

6. Was eine besondere Berücksichtigung für unsern Zweck erheischt, ist seine sehr ausgebildete Dämonologie, seine Ansichten über Magie und Theurgie. Nach Porphyrius soll man dem höchsten Gott keine andern Opfer darbringen als reines Stillschweigen, richtige Vorstellungen von ihm und jene Beschauung seines Wesens, welche Plotin lehrte. Als einem ganz unmateriellen Wesen ist ihm alles Materielle, selbst die hörbare Nennung seines Namens unrein, geschweige denn Rauch- und Thieropfer. Die von dem höchsten Gott erzeugten Geister aber haben schon eine, wenn auch nicht grobe, stoffliche, doch materielle Hülle ihres höhern geistigen Wesens. Unter ihnen gibt es gutartige und böse; die guten regieren einzelne Theile der Welt, Erde und Gestirne, sind über einzelne Seelenkräfte gesetzt, über Thiere, Früchte und Künste, bewirken Regen, mäßige Winde, den Wechsel der Jahreszeiten, kurz, alles Gute in der Natur. Ihre Güte besteht darin, daß bei ihnen die Vernunft ihren geistigen Körper beherrscht; dagegen haben die bösen Dämonen diese Herrschaft über ihren Seelenkörper nicht, sondern werden von ihm beherrscht und zu Zorn und allerlei Leidenschaften hingerissen. Darum ist ihr Körper häßlich und ohne Ebenmaß, der der guten Götter aber schön und symmetrisch. Die Dämonen sind zu allem Bösen fähig und haben einen sehr unruhigen, gewaltsamen und sittenlosen Charakter. Sie regen im Menschen die Leidenschaften auf, entzünden die Geschlechtslust, die Begierde nach Streit, Geld, Vergnügen u. s. w. und verursachen die schädlichen Ereignisse in der Natur und im Völkerleben. Das Schlimmste aber, was sie thun, ist, daß sie dem Menschen den Wahn und die Täuschung beibringen, als seien sie die guten Götter und hätten die Macht über das Gute. Die guten Dämonen aber suchen durch Träume, Eingebungen und Orakel zu warnen. Beiden Gattungen von Dämonen kann man Thiere opfern, die bösen leben vom Geruch und Dunst der Opfer und ihr Luftkörper wird fett dadurch. Diejenigen Menschen, welche ihnen ähnlich sind, müssen sich durch Thieropfer von ihrem Einflusse und ihrem eigenen bösen Seelenzustande reinigen. Außer diesen Dämonen gibt es noch vom höchsten Gott entsprossene oder erzeugte Götter, welche der Mensch durch Gebete und Erstlinge ehren soll.[1]

---

[1] August. de civ. Dei 9—11, 19—23. 26. 27. Vgl. Tennemann, Gesch. d. Phil. VI, S. 222—226.

7. Einer ähnlichen Theorie begegnen wir auch bei Julian. Ueberhaupt spielt das heidnische Götzen= und Zauberwesen bei den Neuplatonikern und besonders bei Porphyrius eine große Rolle. Hier scheint ihn sein skeptischer Verstand, der ihm gegen die Lehren des Christenthums so viele Einwendungen eingibt, ganz verlassen zu haben. Er schrieb sogar einen eignen Brief an einen Aegyptischen Priester Anebontes, um Aufschlüsse von ihm über verschiedne einschlagende Fragen, besonders auch über die Weissagekunst zu erhalten. Wie man die Götter von den Dämonen unterscheide, woran man die verschiednen Klassen der Geister erkenne, das sind Fragen, deren Lösung unser Philosoph begehrt. Freilich hat er auch mancherlei Bedenken gegen die Mantik, z. B., warum sich besonders Frauen, ungebildete und junge Leute zu Wahrsagern eignen, wozu die Mittel, die Dämpfe und Getränke sind, die den Seher betäuben, ob die Mantik deshalb nicht etwas vom Wahnsinn an sich trage u. s. w. Aber solche Fragen hätte er als Philosoph sich am besten selbst beantworten müssen, und daß er es nicht konnte, sondern sich an einen Mann von Fach wenden zu müssen glaubt, ist ein Beweis seines unklaren und unfertigen Denkens. Daher hat der h. Augustin ganz recht, wenn er ihm zum Vorwurfe macht, er sei in seiner Dämonenlehre ganz unklar; er fürchte sich vor den Täuschungen der Dämonen und sei doch nicht so kühn, das dämonische Blendwerk ganz von sich zu werfen[1]) und er schwanke zwischen dem Bekenntnisse des einen Gottes und dem Kulte der Dämonen in Ungewißheit hin und her.[2])

8. Der finstere Charakter der Magie, welcher den Menschen in so viele Verbrechen und Täuschungen stürzte, entging auf der einen Seite dem Porphyrius und den Neuplatonikern nicht; sie konnten nach dieser Seite eine gewisse Furcht davor nicht überwinden. Auf der andern Seite war aber das Zauberwesen zu innig mit dem Heidenthum verwandt und verwachsen, als daß sie sich davon hätten losmachen können. Um sich zu beruhigen und sicher zu stellen, machte daher Porphyrius eine Unterscheidung, die er übrigens nicht erfunden hat, sondern die schon Celsus andeutet und Philostratus im

---

1) De civ. D. X, 11. — 2) Ibid. X, 26.

Leben des Apollonius, — nur ohne die Namen zu brauchen, durch=
führt. Er nennt die verdammlichen Werke der Zauberer, Goetie
oder Magie im engern Sinne, d. h. Zauberer sind ihm die, welche
sich mit den von ihm angenommenen bösen Dämonen abgeben und
durch deren Vermittlung Wirkungen hervorzubringen suchen. Die=
jenigen aber, welche sich mit den guten Dämonen in Verbindung
zu setzen suchen, lobt er und nennt sie Theurgen und verspricht
sich den Nutzen von der Theurgie, daß sie eine gewisse Reinigung
der Seele bewirke.[1]) Doch äußerte er sich hierüber mit Zurückhal=
tung und Unentschiedenheit, bald tadelte er die Magie als vorwitzig
und gesetzlich verboten, bald lobte er sie. Er fühlte ohne Zweifel,
daß die von ihm gesetzte Unterscheidung zwischen Magie und Theur=
gie in der Praxis gar nicht festzuhalten sei, und die bösen Dämo=
nen dem guten Theurgen ganz leicht einen Schabernack spielen und
sich als gute Geister präsentiren konnten, so lange man nicht ein
ganz sicheres Mittel gefunden hatte, ihnen die Legitimation abzu=
fordern. In Wahrheit konnte Porphyrius auch nicht weiter kommen,
als alle seine Vorgänger, — und den Charakter der Dämonen nur
nach dem von ihnen hervorgebrachten Erfolge beurtheilen; diejenigen,
welche Pest, Hungersnoth u. s. w. bewirkten, waren böse, diejenigen,
welche erwünschte Wirkungen hervorbrachten, gute Dämonen. Und
so blieb diese Theorie eine bloße Spiegelfechterei, welche aber den
Vortheil hatte, daß sie jedem das Recht gab, von sich zu glauben,
er sei ein Theurg und kein Goet, während sich in der Wirklichkeit
die Theurgie dieser Neuplatoniker von dem ganz ordinären gleich=
zeitigen Aberglauben und der Zauberei in gar nichts unterschied,
und ein Julian in den Eingewelden der Opferthiere herumwühlte,
wie ein gemeiner Zeichendeuter.

9. Merkwürdig ist noch, daß Porphyrius der Theurgie nur
eine Reinigung der Seele zuschreibt, den Vorzug aber, die Rück=
kehr der Seele in das All=Eins — das höchste Ziel der Neupla=

---

1) Porphyrius quandam quasi purgationem animae per theurgiam cun-
ctanter tamen et pudibunda quodammodo disputatione promittit; reversionem
vero ad Deum hanc artem praestare iniquam negat, ut videas, eum inter
vitium sacrilegae curiositatis et philosophiae professionem sententiis alter-
nantibus fluctuare. **Aug. de civ. Dei X, 9.**

tonischen Philosophie — zu fördern ihr absprach. Diesen Lehrsatz mußte sogar Apollo bestätigen, indem Porphyrius ein Orakel vorbrachte, in welchem es hieß, der Mensch könne weder durch die Sühnungen der Sonne noch des Mondes — also auch durch die heiligsten und kräftigsten nicht — gereinigt werden, nur die Prinzipien (αἱ ἀρχαί, d. i. das Eine und der Nus) könnten reinigen.[1]) Die Seelen, deren geistiger Theil nur durch die Kunst der Theurgie gereinigt sei, kehrten nach dem Tode also auch nicht zum Vater zurück, würden aber doch über den Regionen des Aethers unter den ätherischen Göttern wohnen.[2]) Folglich war die Theurgie den Philosophen nicht gerade zu empfehlen, desto nützlicher und nothwendiger aber dem großen Haufen, und so weiß man kaum, was größer ist, die Inkonsequenz oder der philosophische Dünkel des Porphyrius.

10. Ob Porphyrius einmal selbst Christ gewesen, dann aber abgefallen sei, ist sehr zweifelhaft. Sein Biograph Eunapius weiß nichts davon. Dagegen der Kirchenhistoriker Sokrates[3]) erzählt, er sei Anfangs dem christlichen Glauben zugethan gewesen, als er aber einmal von einigen Christen zu Cäsarea in Palästina hart zurecht gewiesen und sogar geschlagen worden, habe ihn das so verdrossen, daß er nicht nur dem Christenthum den Rücken gewandt, sondern auch aus Haß jene bekannten „fünfzehn Bücher gegen die Christen“ geschrieben habe, um die Christen zu ärgern und sie zu schmähen. Auch der h. Augustinus scheint etwas der Art geglaubt zu haben, wenn er ihn anredet: „Hättest du die Tugend und Weisheit je wahrhaft geliebt, so würdest du in Christus die Tugend und Weisheit Gottes erkannt und nicht von eitlem Wissen aufgebläht vor seiner heilsamen Demuth zurückgeschreckt sein.“[4]) Es ist in diesen Worten aber keineswegs direkt behauptet, Porphyrius sei vom Christenthum wieder abgefallen, sondern Augustinus will einfach sagen, wenn er wirklich ein Freund und Liebhaber der Wahrheit gewesen, so hätte er sich nicht von der demüthigen Lehre Christi abschrecken

---

1) Aug. de civ. D. X, 23. 62. — 2) Aug. l. c. 27. — 3) Hist. eccl. III, 19.

4) Quam si vero ac fideliter amasses, Christum Dei virtutem et Dei sapientiam cognovisses nec ab ejus saluberrima humilitate tumore inflatus vanae scientiae resiluisses. Civ. Dei X, 28.

laſſen. Somit ſteht Sokrates mit ſeiner Behauptung unter Chriſten und Heiden ganz vereinzelt da, und er will auch wohl nicht mehr damit behaupten, als daß Porphyrius einmal in einer Periode ſeines Lebens dem Chriſtenthum etwas näher geſtanden, vielleicht die Lehrvorträge beſucht habe und etwa Katechumen der unterſten Klaſſe geweſen ſei. Das iſt ſehr glaublich, und daher, ſowie aus der Lektüre der h. Schrift mag er ſeine Kenntniß der chriſtlichen Lehren geſchöpft haben, worin er alle übrigen Heiden, die etwas über das Chriſtenthum geſchrieben haben, übertrifft. Daß er ſich förmlich zum Chriſtenthum bekannt habe und getauft geweſen ſei, will Sokrates ſchwerlich ſagen. Gewiß aber iſt, daß er ein erbitterter Gegner des Chriſtenthums und ein fruchtbarer Polemiker gegen daſſelbe war.

11. In religiöſer Beziehung geht das Hauptſtreben des Porphyrius dahin, das ſinkende Heidenthum zu ſtützen und es gegen die Angriffe ſeiner Feinde zu vertheidigen. Daher zunächſt ſein Eifer, eine gute allegoriſche Deutung der Mythen und Auslegung der Dichter zu geben,[1]) wodurch er einestheils das Heidenthum innerlich zu heben und anderntheils die Angriffe der Gegner zu entkräften ſuchte. Denn in den unſinnigen und unſittlichen Mythen lag die verwundbarſte Stelle des Heidenthums, welche ſelbſt ungebildete Chriſten leicht erkannten und benutzten. Unter ſeinen verlornen Schriften betrafen ohne Zweifel mehrere dieſen Gegenſtand, z. B. die Schrift „über die Philoſophie des Homer"[2]) und „über die göttlichen Namen," deren Suidas erwähnt. Die moraliſche Auslegung der Irrfahrten des Ulyſſes, deren Autorſchaft nicht ſicher iſt, hat weniger theologiſches Intereſſe. Dagegen ſuchte Porphyrius in einer beſondern Schrift ſich mit dem ganzen Olymp und den Götzenbildern, ſo zu ſagen, wiſſenſchaftlich und theologiſch auseinanderzuſetzen. Es war dies die Schrift „über die Götterbilder,"[3]) woraus Euſebius einige längere Bruchſtücke mittheilt, welche zugleich die Grundgedanken des Ganzen enthalten.[4]) Er löſt hier den ganzen Olymp auf und verflüchtigt die einzelnen Götter in Naturerſcheinungen und

---

1) Hierin war ſchon Plotin vorangegangen. Vgl. Tzſchirner, b. Fall d. Heidenthums. Lpzg. 1829. S. 447 ff.

2) Fabr. Bibl. Gr. L. IV, c. 27. — 3) περὶ ἀγαλμάτων. Vgl. Holſten. de vita Porph. c. 9. — 4) Eus. praep. ev. III. die Kap. 7, 9, 11, 13.

philosophische Abstraktionen. Jupiter sei nicht andres als die Seele der Welt und der Gesammtbegriff derselben. Da er die Seele der Welt sei, so stelle man ihn in der Gestalt des vernünftigen Wesens, eines Menschen dar, die sitzende Stellung sinnbilde die Stetigkeit seiner Macht, der obere Theil des Körpers werde entblößt abgebildet, weil er in den obern Weltregionen klarer erkannt werde, die untern Theile aber seien verhüllt, weil er in den niedrigen Dingen selbst wenig sich offenbare; er halte das Scepter in der linken Hand, denn in der linken Brust befinde sich das Herz, wo der Verstand seinen Sitz habe; an der rechten Seite befinde sich der Adler, um anzudeuten, daß er auch über die Luftgötter gebiete und alles beherrsche. Juno oder Hera sei die obere oder reinere Luft, Latona aber die niedre, dunkle Luftschichte, in welcher sich die Sonne, Helios, und der Mond, Diana, die Kinder der Latona, befinden. Und so geht es weiter fort, alle Götter werden auf Naturkräfte zurückgeführt und die in der Mythologie ihnen beigelegten Handlungen sinnbilden Prozesse in der Natur. Warum die Götter bald als männliche, bald als weibliche Wesen gedacht wurden, war dann klar. Daß das Heidenthum im Wesen eine Naturvergötterung und einzelne Gottheiten personifizirte Naturkräfte waren, ist gewiß; aber so alle Götter als Naturkräfte hinzustellen und in den Mythen nichts als Vorgänge in der Natur zu finden und mit der größten Sicherheit bis in die Einzelheiten hinein alles in diesem Sinne auszudeuten, das ist nichts als spielende Willkür grübelnder Gelehrten. Darum bemerkte ihm auch Eusebius mit Recht, daß die Alten nicht im Traume an solche Ausdeutungen gedacht hätten.

12. Das Heidenthum des Porphyrius war von dem Homer's himmelweit verschieden. Schon das eine göttliche Wesen, welches über den Göttern steht, die diesem untergeordneten Götter, die guten und bösen Dämonen, welche wieder geringer sind als die Götter, dann die noch tiefer stehenden Heroen, bilden eine Hierarchie, welche der unbefangenen, nicht systematisirenden Theologie des Alterthums völlig fremd ist. Ein gleichfalls völlig fremdartiger Begriff ist das Wunder. Die Alten kennen keine Wunder in unserm Sinne, sie kennen nur Wunderzeichen,[1] welche die Nähe der Götter, ihre Einwilligung

---

[1] Vgl. Nägelsbach, die nachhomerische Theologie. Nürnberg, 1857. S. 164. ff.

ober Mißbilligung eines Vorhabens der Menschen anbeuten.¹) Erst
im Kampfe mit dem Christenthum brang die Idee des Wunders,
als einer in den gewöhnlichen, regelrechten Lauf der Natur eingrei=
fenden Thätigkeit in das Heibenthum. Celsus sah es noch als einen
Vorzug der Philosophen an, daß sie sich nicht auf Wunder berie=
fen,²) aber schon Flavius Philostratus macht in seinem Leben des
Apollonius einen reichlichen Gebrauch bavon, indem er sie nicht als
Schaustücke, als Wunderhanblungen der Zauberei angesehen wissen
will, sondern sich ihrer als Beweise der höhern Macht bedient, die
er für seinen Helden in Anspruch nimmt. Bei den Neuplatonikern
ist eine förmliche Wundersucht eingetreten. Schon Porphyrius, der
noch lange nicht der schlimmste in diesem Stücke ist, hat in seinem
Leben des Plotinus und des Pythagoras reichliche Anwendung ba=
von gemacht. Auch bei ihm befinden sich die Wunder im Dienste
einer Theorie; sie sollen zwar nicht die betreffenden einzelnen Män=
ner als göttliche Wesen erscheinen lassen, wie das mit Apollonius
von Tyana der Fall war, sondern sie sollen erhärten, daß die gro=
ßen heibnischen Weisen der Vorzeit wie der Gegenwart unter un=
mittelbarer Leitung der Götter ständen, sich ihres unmittelbaren
Beistandes und ihrer Mitwirkung erfreuten und folglich das Heiben=
thum keineswegs von Gott und den reinen, heiligen Mächten ver=
lassen sei. Mithin sollten diese Wunder der heibnischen Religion ben=
selben Dienst leisten und den Heiden dieselbe frohe Zuversicht des
Glaubens und Vertrauens einflößen, wie sie die Juden aus der
wunderreichen Führung ihres Volkes durch Gott, — und die Chri=
sten aus dem wundervollen Leben Jesu schöpften.

13. Groß war nach Porphyrius schon die Gewalt des Pytha=
goras über die Thiere. Er hielt eine reißende Wölfin, welche die
Einwohner von Daunien sehr beunruhigte, an, berührte sie, fütterte
sie mit Brod und Aepfeln, beschwor sie nichts Lebendes mehr anzu=
rühren und entließ sie dann. Sie ging barauf in die Einöden, und
man hat sie niemals wieder ein Thier anrühren sehen.³) Aehnliche
Proben seiner Gewalt über die Thiere lieferte er noch mehr, wie

1) Vgl. Nägelsbach a. a. O. S. 171—175. — 2) Orig. c. Cels. VI, 8.
— 3) Porph. de vita Pythag. ed. Kiessling, part II. pag. 52.

er denn auch ihre Sprache verstand.[1]) Ein andres seiner Wunder
war, daß er an einem und demselben Tage zu Metapont in Italien
und zu Tauromenium in Sicilien gesehen wurde.[2]) Ferner heilte
er Krankheiten des Leibes und der Seele durch Besprechungen oder
auch durch Musik.[3]) Gleich außerordentlich waren seine intellektuellen
Kräfte und Gaben; er hörte die Sphärenmusik, b. i. die Töne, welche
die Himmelskörper bei ihrer Bewegung im Weltenraume hervor=
bringen.[4]) Daß er auch ausdrückliche Weissagungen gab, welche der
Erfolg bestätigte, kann danach nicht mehr auffallen.[5])

14. Uebrigens ist es keineswegs die Absicht des Porphyrius
den Pythagoras als allein im Besitz solcher Wunderkräfte darzu=
stellen. „Auch Empedokles, Epimenides und Abaris waren im Besitz
solcher Kräfte und haben oft wunderbare Thaten verrichtet. So war
ja auch Sturmvertreiber der Beiname des Empedokles, Sühner der
des Epimenides und Luftdurchwandler der des Abaris. Denn dieser
letztere passirte Flüsse, Meere und unzugängliche Orte, auf einem
Pfeile des Hyperboreischen Apollo reitend, den er zum Geschenk er=
halten, indem er gewissermaßen die Luft durchschnitt, was einige
auch an Pythagoras wahrgenommen haben wollen."[6]) Auch von
seinem Zeitgenossen und Lehrer Plotinus erzählt Porphyrius ähnliche
Wunder, auf welche wir indessen der Kürze halber nicht eingehen
wollen.[7]) Indem er so ohne Unterschied Personen der Vorzeit wie
der Gegenwart mit dem Zauberschein des Wunders umkleidet, gibt
er zu erkennen, daß es nicht, wie wohl behauptet wird, ein Interesse
an den betreffenden Personen war, das ihn hierzu bewog, sondern
daß er dem Heidenthum als solchem den Glanz des Wunders
verschaffen wollte.

15. Mag man von gewisser Seite dieses Streben einzig und
allein als eine Folge abergläubischer Gesinnung, welche damals
überhand nahm, ansehen, so ist das nur ein Theil der Wahrheit,
und es läßt sich daraus allein die Nachhaltigkeit dieses Strebens,
welches wir gerade bei den gebildetsten Männern jener Zeit finden,

---

1) Ibid. p. 54. — 2) Ibid. p. 58. — 3) Ibid. p. 64. — 4) Ibid. p. 62.
— 5) Ibid. p. 54—60. — 6) Ibid. p. 60. — 7) Vita Plotini cap. 10. 11
und sonst.

nicht völlig erklären. Man fühlte vielmehr, daß dem Heidenthum hier etwas fehle und daß es, wenn es sich halten sollte, auch den neuen Faktor des Wunders bedürfe, welches sowohl für den prüfenden und untersuchenden Verstand der Gebildeten ein Ueberzeugungsmittel ist, als es für den Glauben der nicht denkenden Ungebildeten eine bedeutende Anziehungskraft besitzt.

16. Eine solche Behauptung kann für jemand, der die Schriften des Porphyrius einigermaßen kennt, nichts Befremdendes haben. Dieser Mann war Synkretist, Religionsmenger, wenn man will, in merkwürdiger Weise. Es hat immer etwas Bedenkliches, Erscheinungen verschiedener Zeiten in Vergleich zu bringen, aber im vorliegenden Falle kann man sich des Gedankens nicht erwehren, daß Porphyrius für seine Zeit und in seiner Art mit gewissen katholisirenden Protestanten der Reaktionsperiode eine merkwürdige Aehnlichkeit hat. Ein dunkel gefühltes religiöses Bedürfniß trieb sie dazu, entschieden katholische Lehren und Einrichtungen in ihr religiöses System aufzunehmen und Dinge, die dem protestantischen Prinzip schnurstracks zuwider laufen, wieder zu erneuern. Dennoch aber wollten sie bei Leibe nicht zugeben, daß das katholische Dinge seien, ja sie gingen in der Feindseligkeit gegen die katholische Kirche oft recht weit. Aehnlich ging es dem Porphyrius, und die Aehnlichkeit ist eine wahrhaft überraschende. Porphyrius, der heftige, scharfsinnige, thätige Gegner des Christenthums, war von christlichen Ideen und Anschauungen durchdrungen, wie das Brod vom Sauerteige, und er trägt diese Lehren mit einer Wärme und Begeisterung vor, welche selbst bei einem Christen beachtungswerth wäre.

17. Wer den Trostbrief des Porphyrius an seine Gattin Marcella, den Angelo Mai aufgefunden und herausgegeben, gelesen hat, wird sofort die Wahrheit dieser Behauptung zugestehen. Derselbe lautet mit Ausnahme einiger wenigen Stellen so vollkommen christlich, daß man glauben sollte, er habe einen Kirchenvater oder einen christlichen Mystiker zum Verfasser. Betrachten wir ihn darum in aller Kürze.

18. Zehn Monate, nachdem Porphyrius die Marcella zur Gattin genommen, sah er sich genöthigt, „im Interesse der Hellenen" eine weite Reise anzutreten, auf welcher ihn dieselbe nicht begleiten

konnte. Da er schon ein Greis war und Marcella seinetwegen sich
Sorgen machte und auch in ihrer Verlassenheit von feindlich gesinnten Menschen zu leiden hatte, so fand er es angemessen, einen
Trostbrief an sie zu richten. Er ermahnt sie vor allem, den Lehren
der Philosophie treu zu bleiben, durch ihre vermehrten Sorgen und
Arbeiten sich nicht niederschlagen zu lassen, sondern dies als eine
Vorbereitung auf das zukünftige Leben hinzunehmen.[1] Sie solle
sich durch den Gedanken trösten, daß wir durch Leiden würdig werden müßten, zu Gott zurückzukehren. Nichts sei dem Menschen auf
dem Rückwege zu Gott mehr hinderlich als Vergnügen und Leichtsinn.[2] Die Seele sei der bessere Theil des Menschen, der Leib aber
zu verachten und die Sehnsucht nach der körperlichen Nähe eines
Menschen eine Leidenschaft; Marcella solle sich also mehr von dem
Körper in ihr reineres geistiges Ich zurückziehen, dann werde sie
auch seine geistige Nähe und Anwesenheit empfinden und genießen.[3]
Diesen Neuplatonischen Bombast macht folgende Stelle sogleich wieder
vergessen. „Die wahre Lehre besagt, das Göttliche sei überall und
vollkommen (πάντως) gegenwärtig, der Sinn des Weisen allein aber
sei ihm am meisten als ein Tempel unter den Menschen geweiht.“
Nur wer Gott recht erkenne, könne ihn recht verehren; Gott bedürfe
niemandes, aber er sei für die, welche ihn erkennen, Quelle des
Glückes. „Und kein Mensch ist unglücklich, als wer seine Seele zur
Wohnung der bösen Geister macht.[4] Gott sieht und erkennt jegliche
That; als Urheber alles Guten, das wir thun, sollen wir Gott
ansehen.[5] Das Vergängliche sollen wir verachten, hingegen nach
dem streben, was nach der Trennung vom Leibe noch Bestand hat,
und Gott in diesem Streben um Beistand bitten.[6] Der reine Intellekt soll trachten, Gott zu schauen, die Seele und der Körper sollen dem Intellekt so viel als möglich folgen.[7] Dem entsprechend

---

1) Ad Marcellam c. 5 εἰς ἄσχησιν τοῦ προσδοκωμένου βίου.
2) Ibid. c. 6. Οὐ γὰρ ἐκ τῶν δι᾽ ἡδονῆς βεβιωκότων ἀνθρώπων
αἱ εἰς θεὸν ἀναδρομαί, ἀλλ᾽ ἐκ τῶν τὰ μέγιστα τῶν συμβαινόντων
γενναίως διενεγκεῖν μεμαθηκότων. c. 7. — 3) Ibid. c. 8—10. — 4) Ibid.
c. 11. — 5) Πάντων, ὦν πράττομεν, ἀγαθῶν τὸν θεὸν αἴτιον ἡγώμεθα
c. 12. — 6) Ibid. — 7) Ibid. c. 13.

follen auch die Worte und Werke des Menschen beschaffen sein, Lüge, Ungerechtigkeit und Habsucht, die immer beisammen sind, soll man beim Weisen nicht finden. Wessen Sinn nur auf irdisches Wohlergehen gerichtet ist, den soll man als einen Gottlosen meiden. Mit solchen, deren Lehren Marcella nicht billigt, soll sie auch nicht von Gott reden, und vollends vor schlechten Menschen und dem großen Haufen solle man Gottes gar nicht erwähnen, da nur ein reiner Mensch von Gott sprechen dürfe.[1] Die Seele wird aber rein und Gott ähnlich durch die Tugend und den Menschen, der das Gute thut, stärkt Gott, Führer zu bösen Werken ist aber der böse Dämon.[2] Gott kennen ist die wahre Weisheit; der Weise ehrt Gott am meisten, wenn er ihm ähnlich wird.[3] Opfer, Weihgeschenke, Gebete und Thränen haben daher nur relativen Werth.[4] Dann wird nochmals von der Gegenwart Gottes in der Seele des Weisen und von der Herrschaft des bösen Dämon über den Thoren gehandelt.[5] Der Böse aber, fährt Porphyrius fort, wird der Gerechtigkeit Gottes nicht entgehen.[6] Reinheit des Herzens, lehrt er weiter, sei viel besser als Opfer, ohne jedoch eine direkte Mißbilligung gegen dieselben auszusprechen.[7] Keiner der Götter sei Urheber eines Uebels für den Menschen, sondern der Mensch sei es selbst. Gebete müssen stets von guten Werken begleitet sein. „In der Beziehung zu Gott — und das ist die merkwürdigste Stelle der Schrift — in der Beziehung zu Gott muß man sich vier Grundlagen befestigen: den Glauben, die Wahrheit, die Liebe und die Hoffnung. Man muß nämlich glauben, daß in der Rückkehr zu Gott allein Heil ist, sich mit allen Kräften, so viel es nur möglich ist, bestreben, in Betreff seiner in Wahrheit zu erkennen, wenn man ihn erkannt hat, ihn lieben, wenn man ihn liebt, seine Seele mit guten Hoffnungen hinsichtlich des Lebenslaufes nähren und stärken. Denn

---

1) Ibid. 14, 15. — 2) Θεὸς τὸν ἄνθρωπον βεβαιοῖ πράσσοντα καλά· κακῶν δὲ πράξεων κακὸς δαίμων ἡγεμών cap. 16. — 3) Ibid. 17. — 4) Ibid. 19. — 5) Ibid. 20, 21. — 6) Ibid. 22. Αὐτοὺς δὲ τοὺς θεοὺς καὶ τὴν ὀπαδὸν τῶν θεῶν δίκην οὔτε φεύγειν οὔτε λαθεῖν δύνανται. — 7) Ibid. 23.

durch gute Hoffnungen zeichnen sich die Guten vor den Schlechten aus." [1])

19. Da die übrigen Kapitel sich mit dem natürlichen, gött= lichen und bürgerlichen Gesetz und der Pflichtenlehre beschäftigen, so interessiren sie uns hier nicht weiter.

20. So wenig in dieser Schrift der Neuplatoniker sich ver= leugnet, so wenig kann auch jemand, der zu sehen im Stande ist und sehen will, den Einfluß des Christenthums verkennen. Porphy= rius vermochte sich weder in formaler noch in sachlicher Hinsicht dem Einflusse desselben zu entziehen. Wir wollen ihn deswegen nicht zum Christen machen. Davon sind wir so weit entfernt, daß wir sogar glauben, eine Bemerkung in dieser Schrift an die Marcella gegen das Christenthum beziehen zu müssen. Obwohl in derselben nur gegen die Thoren, die Unweisen und die schlechten Menschen, aber gegen keine einzige philosophische Theorie polemisirt wird, so hat Porphyrius doch eine Bemerkung gegen diejenigen eingestreut, welche behaupten, Gott könne auch zürnen. „Der Zorn, sagt er, ist den Göttern fremd. Zorn ist nur ein Fehler der Unbedachtsamen, in Gott ist aber nichts Unbedächtiges. Besudle also das göttliche Wesen nicht mit falschen, menschlichen Meinungen. Du wirst ihm zwar nichts schaden, da es vollkommen glückselig ist und nichts seiner Unvergänglichkeit schaden kann, aber du wirst dich selbst der Seh= kraft für die größten und herrlichsten Dinge berauben." [2]) Unter den Lehren des Christenthums war die Theorie, daß Gott über das Böse und über böse Menschen zürne, und noch mehr die etwas anthropomorphistische Art, wie man diese Wahrheit ausdrückte, den heidnischen Philosophen stets ganz besonders befremdend und an= stößig. Schon Celsus sprach sich wiederholt dagegen aus, [3]) ebenso

---

1) *Τέσσαρα στοιχεῖα μάλιστα κεκρατύνθω περὶ θεοῦ, πίστις, ἀλήθεια, ἔρως, ἐλπίς. Πιστεῦσαι γὰρ δεῖ, ὅτι μόνη σωτηρία ἡ πρὸς τὸν θεὸν ἐπιστροφή· καὶ σπουδάσαντα, ὡς ἔνι μάλιστα σπουδάσαι, τ᾽ ἀληθῆ γνῶναι περὶ αὐτοῦ· καὶ γνόντα ἐρασθῆναι τοῦ γνωσθέντος. ἐρασθέντα δὲ ἐλπίσιν ἀγαθαῖς τρέφειν τὴν ψυχὴν περὶ τοῦ βίου. c. 24.* — 2) Ibid. c. 18. — 3) Vgl. Orig. c. Celsum II, 76. IV, 11. 73. 99, wo er sagt: „Gott zürnt nicht wegen der Menschen, eben so wenig als wegen der Affen oder Fliegen."

erregte diese Lehre den Unwillen Julian's, der sie mit großem Eifer
bekämpfte. [1])   Diese Ausdrucksweise fand so vielen Widerspruch bei
den Heiden, daß Lactantius eine besondere Abhandlung „de ira
Dei" schrieb.   Daher ist es kaum zu bezweifeln, daß Porphyrius
die obige Stelle auf das Christenthum und besonders auf die Anthropomorphismen des alten Testamentes gemünzt hat.

21.   Von seinen Schriften, welche direkt gegen die christliche
Religion gerichtet sind, wollen wir zuerst erwähnen seine „Philosophie aus den Orakelsprüchen," welche sehr umfangreich war
und wenigstens aus zehn Büchern bestand. [2]) Leider ist sie, wie die
übrige reiche Literatur über die Orakel, [3]) bis auf wenige Stücke verloren gegangen. Wenn sie noch vorhanden wäre, so würde sie
wahrscheinlich eine der interessantesten Schriften des Alterthums sein.
In den Aussprüchen der Orakel besaß das Heidenthum authentische
Mittheilungen seiner Götter und in seiner Art eine Offenbarung.
Porphyrius faßte den Plan, diese Orakelsprüche zu sammeln und
zu ordnen.   Er beabsichtigte natürlich nicht, eine diplomatisch zu-
verlässige Sammlung der zu seiner Zeit noch vorhandenen Orakel
zu veranstalten, sondern seine Sammlung mußte einem bestimmten
Zwecke dienen, es wurde eine systematisch angelegte Sammlung, eine
mit den Belegen versehene Darstellung der in den Orakeln nach der
Meinung des Porphyrius enthaltenen philosophischen und theologischen Ideen und Grundsätze. So erhielt das Heidenthum zu später
Stunde noch eine Offenbarungsurkunde, analog den heiligen Schriften der Juden und Christen, und zu gleicher Zeit auch ein daraus
gezogenes System.

22.   Porphyrius, der nach dem Zeugnisse des Eusebius unter
den damaligen Philosophen am meisten Verkehr mit den Dämonen
hatte und ein warmer Vertheidiger derselben war, sammelte die

---

1) An mehreren Stellen seines Buches gegen die Christen. Cyrill. c. Jul.
ed. Aubert p. 155. 160. 171. — 2) Die daraus erhaltenen Fragmente sind neuer-
dings gesammelt von G. Wolff: Porphyrii de phil. ex orac. haurienda libror.
rell. Berl. 1856. Wir können jedoch diesem gründlichen Forscher nicht beistimmen,
wenn er S. 39 sagt, die Schrift habe nur aus drei Büchern bestanden. — 3)
Wolff l. c. cap. IV.

Orakel sowohl des Apollo als der übrigen Götter und der guten
Dämonen. Er habe vorzüglich diejenigen ausgewählt, welche er für
geeignet gehalten habe, die Trefflichkeit der Lehren der Religion zu
zeigen und die Menschen für die Philosophie zu gewinnen.[1] So=
dann führt Eusebius eine Stelle aus der Einleitung an, wo sich
Porphyrius über Zweck, Nutzen und Einrichtung seiner Schrift aus=
spricht und von den Orakeln sagt: „Sicher und fest steht derjenige,
welcher seine Hoffnungen auf Errettung hierauf, als auf das einzige
Sichere gegründet. Solchen soll man sie mittheilen, ohne etwas da=
von vorzuenthalten, wie denn auch ich die Götter zu Zeugen nehme,
daß ich nichts hinzugesetzt und auch nichts von dem Sinn der Orakel
hinweggenommen habe; es sei denn, daß ich etwa eine falsche Lesart
verbessert, oder einen deutlichern Ausdruck hingesetzt, oder das ver=
stümmelte Metrum ergänzt, oder etwas, was nicht zu unserm Plane
gehört, ausgestrichen habe. (!) So habe ich den lautern Sinn der
Aussprüche bewahrt mehr aus Furcht vor einer Gottlosigkeit als
vor der Strafe, welche einer solchen gottesräuberischen Handlung
folgen würde. Die gegenwärtige Sammlung bietet aber eine Dar=
stellung vieler philosophischen Lehrsätze, so wie die Götter die Wahr=
heit kund gethan haben; in Kürze haben wir auch die Wahrsage=
kunst berührt, insofern sie zum Schauen (Gottes) und der völligen
Läuterung des Lebens förderlich ist. Welchen Nutzen die Sammlung
gewährt, werden diejenigen einsehen, welche nach der Wahrheit ge=
rungen und schon um Erscheinungen der Götter gefleht haben, um
durch die Glaubwürdigkeit der erhaltenen Lehren Ruhe in der Qual
der Zweifel zu erhalten.“[2] Porphyrius wollte also einem religiösen
und philosophischen Bedürfniß zugleich begegnen, die Uebereinstim=
mung der Neuplatonischen Philosophie mit den Lehren der heidnischen
Religion darthun und derselben die zur völligen Niederschlagung
aller Zweifel nöthige autoritative Grundlage geben. Beide Gedanken
waren innerhalb des Heidenthums neu; daß sie nicht an sich origi=
nell, sondern anderswoher entlehnt waren, leuchtet sofort ein.

23. Porphyrius scheint aber des Erfolges seines Unternehmens
selbst nicht ganz versichert gewesen zu sein. Er fühlte, daß seine

---

1) Euseb. praep. ev. IV, c. 6. — 2) Euseb. ib. IV, 7. Wolff. p. 109.

Sammlung nicht für alle sei. Darum redete er in der Einleitung seinen Leser an: „Du aber hüte dich vor allem, sie unter die Menschen zu bringen und Profanen aus Ehrgeiz oder Gewinnsucht oder sonst einer unfrommen Nachgiebigkeit vorzuwerfen. Es wäre nicht bloß Gefahr da für dich, der du dieses Gebot übertrittst, sondern auch für mich, der ich sie dir anvertraute und solche Wohlthaten nicht für mich allein behalten konnte. Man soll sie nur solchen mittheilen, die ihr Leben so einrichten, daß sie ihre Seelen retten. Verbirg mir dieselben noch heimlicher als Heimlichkeiten; denn auch die Götter haben nicht klar und deutlich darüber geredet, sondern in Bildern." [1]

24. Der Verfasser befolgte nun in dieser Schrift die Methode, daß er die betreffenden Orakel selbst mittheilte und eigene Bemerkungen hinzufügte, bald zur Erläuterung, bald um die darin liegenden Lehren und Ansichten zusammenzustellen. Im ersten Buche hatte Porphyrius unter Anderm über die bösen Dämonen gesprochen und darzuthun gesucht, daß dieselben unter der Obmacht des Pluto oder des Aegyptischen Serapis stünden, denn Pluto und Serapis seien dasselbe Wesen. Folglich gehe auch alle Gewalt, dieselben zu bannen und sie zu befriedigen, von Pluto aus und sei nur durch ihn zu erlangen. [2] In einer spätern Stelle beschreibt er die Wirkungen dieser Dämonen, wie sie ihre Anwesenheit und ihre Gewalt über den Menschen zu erkennen geben, wie sie den Menschen die Körper verrenken und sie Töne auszustoßen zwingen, wie sie ihre Freude an Blut und Unreinigkeit haben, wie sie die niedern Begierden im Menschen erregen und dergl. Man müsse sie durch Thierblut, durch Schläge in die Luft u. dergl. vertreiben. Wie Pluto oder Serapis, so habe auch Hekate über diese bösen Dämonen Gewalt.

25. Aehnlichen Inhalts sind die meisten Stellen, welche uns Eusebius aus diesem Buche aufbehalten hat. Sie strotzen von verrücktem Aberglauben und widerlichem Teufelsdienst und machen dem sonstigen reinen philosophischen Charakter ihres Verfassers wenig Ehre. Nach diesen Partien, welche einen großen Raum des Buches eingenommen zu haben scheinen, verdiente dasselbe wenig den Na-

1) Ibid. IV, 8. Wolff p. 110. — 2) Ibid. IV, 23.

men einer „Philosophie aus den Orakelsprüchen," sondern sollte eher ein Compendium der Zauberei, Nativitätsstellerei und Ritual des Götzendienstes und eine Vertheidigung alles dieses Unfuges auf Grund der Götteraussprüche selber heißen.

26. Im zweiten Buche belehrte Porphyrius seine Leser, daß alles unter dem Einflusse der Gestirne stehe, auch die Götter. Auch sie erkennen die Zukunft nur aus den Gestirnen, z. B. die Geschicke eines Menschen aus den Constellationen bei seiner Geburt. Er belegte das mit Aussprüchen von Orakeln.[1]) Sie schließen auf die Neigungen und Talente eines Menschen gleichfalls nur aus der Stellung der Gestirne zu einander, wie sie bei seiner Geburt war.[2]) Die Götter stünden auch unter der Gewalt des Schicksals und der Parzen.[3])

27. Im dritten Buche suchte er zu erklären, wie es zugehe, daß die Orakel so oft Falsches aussagten, gewiß ein sehr wichtiger Punkt für einen Apologeten des Orakelwesens. Er sagt, die Götter wüßten nicht alles — natürlich sie bedürfen ja der Sterne — nun aber geschehe es oft, daß sie durch unverständige und unkluge Menschen mit Anwendung magischer Mittel gezwungen würden, Rede und Antwort zu geben. Und so lasse sich denn auch die Erscheinung erklären, daß die Orakel oft sagen, man solle vom Zwange ablassen, sie könnten heute keine Antwort geben, oder wenn man sie dennoch zwinge, so seien sie genöthigt zu lügen.[4])

28. Darüber, daß gewisse Formeln, Beschwörungen und Opfer eine magische Gewalt über die Götter ausüben, der sie nicht widerstehen können, spricht Porphyrius des Langen und Breiten und erhärtet es durch Orakelstellen. Die Götter, sagt er, würden sogar dadurch gezwungen, ihre Namen anzugeben. Ebensowenig könnten die citirten Götter wieder fortgehen, wenn sie wollten, sondern sie müßten bleiben, bis der Zauber gelöst werde. Von dieser magischen Gewalt sei „das Pneuma und die von der himmlischen Macht in

---

1) Joh. Philoponus de mundi creat. IV, 20. in Gallandi Bibl. p. XII. p. 559. Euseb. praep. VI, 1. Wolff p. 170—174.
2) Euseb. ib. VI, 2. — 3) Ibid. VI, 3.
4) Joh. Philop. ib. IV, 20. Euseb. ib. VI, 5.

den organischen und belebten Körper ausströmende Kraft" die Ursache.[1])

29. Die Götter haben das alles genau angegeben, woran sie sich ergötzen, was einen Zauber auf sie ausübe, wie und an welchen Tagen man ihnen opfern müsse, so daß man die Riten und Gebräuche ganz nach ihren Offenbarungen einrichten könne.[2]) Sie beschreiben drollig genug, auch ihr eigenes Aussehen und Kostüm, wie Porphyrius in Betreff des Pan, des Serapis und der Hekate durch Drakel nachwies.[3]) Daß sie auch geoffenbart haben, wie man ihre Bilder anfertigen müsse, und welches ihre Symbole und Zeichen seien, kann dann nicht mehr befremden.[4]) Weitläufig handelte er auch über die Frömmigkeit gegen die Götter und über die Art, wie man ihnen opfern müsse. Er forderte hier ausdrücklich auf Grund von Drakeln, daß man den Göttern blutige Opfer bringe,[5]) während er sich in andern Schriften in Pythagoräischem Sinne, also gegen die blutigen Opfer ausgesprochen hatte. Wir haben schon oben bemerkt, daß Porphyrius sich in seinen Ansichten wenig konsequent blieb, sondern ein magister contradictionum war.

30. Bis dahin hat also die Philosophie aus den Drakelsprüchen keinen philosophischen Anstrich und man begreift kaum, wie der Verfasser des Briefes an Marcella sich in solchem finstern und doch wieder lächerlichen Glauben gefallen konnte. Doch scheint er auch seinen philosophischen Standpunkt in diesem Buche gewahrt zu haben. Freilich steht uns für diesen Punkt sehr wenig Beweisendes zu Gebote, doch wissen wir aus dem von Angelo Mai herausgegebenen Fragmente aus dem zehnten Buche, daß er auch dem Neuplatonischen Pantheismus gerecht wurde und von dem ewigen Vater redete, den das Licht umgibt, von dem Nus und der Hyle und den Ideen, welche die Typen und Samen (τύποι καὶ γοναί) der Dinge sind.[6])

---

1) Euseb. ib. V, 8. 9. — 2) Ibid. V, 7. 11. 14. — 3) Ibid. III, 14, V, 6. 13. — 4) Ibid. V, 13. 16. — 5) Ibid. IV, 8. 9.

6) Vgl. das ganze Fragm. u. bes. die letzten Verse.

Τύνη δ᾽ ἐσσὶ πατὴρ καὶ μητέρος ἀγλαὸν εἶδος,
Καὶ τεκέων τέρψιν ἄνθος ἐν εἴδεσιν εἶδος ὑπάρχων
Καὶ ψυχὴ καὶ πνεῦμα καὶ ἁρμονία καὶ ἀριθμός.

31. Schon an und für sich mußte ein solcher Versuch, dem Heidenthum aufzuhelfen, wie ihn Porphyrius unternahm, in jener Zeit wenigstens eine Feindseligkeit gegen das Christenthum sein. Da es nun auch nicht an direkter Polemik gegen dasselbe fehlte, so legt Eusebius mit Recht dem ganzen Buche eine feindselige Tendenz bei.[1])

32. Auffallend ist schon das Lob, welches dem Judenthum sowohl von Porphyrius selbst als auch in den von ihm angeführten Orakeln gespendet wird. Während z. B. noch Celsus sehr verächtlich davon redete, führte Porphyrius gleich im ersten Buche die größten Lobsprüche für dasselbe aus dem Munde seines Apollo an.

„Steil ist der Weg zu den Göttern und sehr rauh.
„Zuerst eröffnen sich eherne Thorflügel,
„Dann stellen sich unnennbare Schlingpfade dar,
„Welche unter den redenden Menschen mit unendlicher Mühe
„Die kund machten, welche das herrliche Wasser des Nil trinken.
„Viele Wege zu den seligen Göttern erkannten auch die Phöniker,
„Die Assyrer und Lyder und das Volk der Hebräischen Männer.

Porphyrius bemerkt dazu: „Der Weg zu den Göttern ist ehern, steil und rauh. Die Barbaren haben viele Pfade zu ihnen entdeckt, die Griechen aber verfehlten sie, oder wenn sie sie hatten, so verdarben sie dieselben. Von den Aegyptern, Phöniciern, Chaldäern — denn das sind die Assyrer — den Lydiern und Hebräern bezeugt der Gott, daß sie den Weg glücklich fanden." Ein anderes Orakel sagte:

„Die Chaldäer allein haben die Weisheit gefunden und die Hebräer,
„Welche dem aus sich selbst gebornen Gott-Könige eine keusche Verehrung
widmen.

Wieder ein anderes Orakel ließ sich also vernehmen:

„Ein Kreis aber mit sieben Gürteln schlägt sich
„Im ganzen Weltgewölbe zu den sternigen Pfaden,
„Die Chaldäer und die hochberühmten Hebräer haben sie die himmlischen
genannt.[2])

33. Hierher gehört auch ein anderes Orakel des Apollo von Milet. Ein Fragesteller, der offenbar zu den Denkenden gehörte,

---

Vgl. die oben aus **August. de civ. D.** angeführte Stelle eines Orakels, welches jedenfalls aus der in Rede stehenden Schrift des Porphyrius entnommen ist.

1) Ὁ τὴν καθ᾽ ἡμῶν συσκευὴν πεποιημένος, ἐν οἷς ἐπέγραψε περὶ τῆς ἐκ λογίων φιλοσοφίας, ἐκτίθεται. **Praep. V, 5.** — 2) **Ibid. IX, 10.**

wünschte zu wissen, wer besser sei, das Wort oder der Logos oder das Gesetz? Es wäre gewiß interessant zu wissen, wie sich Apollo aus dieser Schlinge gezogen habe. Aber unsere Neugier muß dieß mal unbefriedigt bleiben; denn das Orakel ist verloren bis auf ein paar Verse, welche vom Gott der Hebräer handeln; er sei, heißt es:

„Der Gott-König und Erzeuger aller Dinge,
„Den Himmel, Erde, Meer fürchten,
„Vor welchem auch die Unterwelt und die Dämonen zittern,
„Denen der Vater Gesetz ist, welchen die sehr heiligen Hebräer verehren.[1]

Es ist klar, während noch Celsus das Judenthum hochmüthig von sich stieß, hatte Porphyrius einen schätzbaren Verbündeten in demselben erkannt. Auch Julian, der in seiner Polemik gegen das Christenthum von jenem vielfach abhängig ist, lobhudelt das Judenthum und hebt' merkwürdiger Weise gerade wie Porphyrius als eine löbliche Eigenschaft die Pflege der Sternbeuterei hervor.[2]

34. Von den auf das Christenthum bezüglichen Stellen sind uns ebenfalls noch einige erhalten. Er erzählt: „Als Jemand die Frage stellte, welche Gottheit er versöhnen müsse, um seine Gattin vom Christenthum abwendig zu machen, antwortete Apollo in Versen Folgendes: Eher könntest du auf die Oberfläche des Wassers schreiben, oder wie ein Vogel, leichte Federn schwellend, durch die Luft fliegen, als den Sinn deiner einmal befleckten, gottlosen Gattin abwendig machen. Mag sie fortfahren, wie sie will, bei leeren Trugbildern zu beharren, und in trügerischen Klagen den Gott unter den Todten zu besingen, welchen der gerechte Ausspruch der Richter verurtheilt hat und den die schimpflichste Todesart und dazu noch der Speer in der Zeit seines größten Glanzes dahinraffte".[3] Apollo scheint, als er dieses Orakel gab, bei schlechter Laune gewesen zu sein, da er hier Christus den Gott unter den Todten nennt und den Richterspruch, der ihn verurtheilte, für gerecht erklärt. Eusebius theilt dagegen ein anderes Orakel mit, wo der Gott sich viel milder und vernünftiger ausspricht. Porphyrius leitet

---

1) Lactant. de ira Dei c. 23. August. de civ. D. XIX, 23. Wolff p. 142. — 2) Bei Cyrill. c. Jul. X. p. 356 seqq. — 3) Aug. de civ. D. XIX, c. 23.

daſſelbe mit den Worten ein: „Was wir nun ſagen wollen, dürfte wohl einigen befremdlich erſcheinen. Die Götter haben nämlich Chriſtus für einen ſehr frommen Mann erklärt, der auch unſterblich geworden ſei, und gedenken ſeiner mit vielem Lobe. Da man alſo in Betreff Chriſti anfragte, ob er Gott ſei, ſo war die Antwort:

„Erſt nach dem Tode wandelt die Seele unſterblich einher
„Und erkennt durch Weisheit verklärt. Die Seele aber
„Jenes Mannes iſt durch Frömmigkeit hoch ausgezeichnet.

Er nennt ihn alſo, fügt Porphyrius erklärend hinzu, einen ſehr frommen Mann und ſeine Seele, welche die unwiſſenden Chriſten anbeten, ſei wie die anderer Menſchen erſt nach dem Tode vergött= licht worden."

35. Wenn alſo ein Heide ſich angetrieben fühlte, ſich über die Perſon Chriſti zu unterrichten, ſo brauchte er nur zu hören, was Apollo bei Porphyrius ſagte. Danach war er ein ſehr frommer Mann, etwa wie Porphyrius oder gar ſein Lehrer Plotinus ſelbſt, aber doch ein gewöhnlicher Menſch, der erſt nach ſeinem Tode eine höhere Stufe des Seins erreichte und im Uebrigen nichts dafür konnte, daß die Chriſten ihn anbeteten. Soweit ſtimmt dieſes Orakel mit dem vorigen ſehr gut überein, aber in Betreff des Leidens und Todes Chriſti hatte dieſer Wahrſagergeiſt eine viel humanere Anſicht als jener. Als man fragte, warum Chriſtus hin= gerichtet worden ſei, ſagte das Orakel:

„Der Leib der Frommen wurde allzeit zermalmenden Qualen
„Hingegeben, ihre Seele aber weilt im himmliſchen Gefilde.

Porphyrius kommentirt: „Er iſt demnach ein frommer Mann und wie alle Frommen in den Himmel gekommen. Daher ſoll man ihn nicht läſtern, ſondern nur den Unverſtand der Men= ſchen, (die ihn vergöttert haben) bemitleiden."[1] Im Weſentlichen daſſelbe enthält ein anderes Orakel, welches der Mileſiſche Apoll als Antwort auf die Frage gab, ob Chriſtus Gott oder Menſch ge= weſen ſei. Es lautet:

„Sterblich war er dem Fleiſche nach, weiſe und von wundervollen Werken,
„Aber von den rechtſprechenden Männern der Chaldäer ergriffen
„Erlitt er durch Nägel angeheftet einen bittern Tod.[2]

_____

1) Euseb. Dem. ev. III, 6. Der geſchichtliche Takt erlaubt nicht mit W. G. Wolff, S. 183, anzunehmen, daß ſchon Phlegon, der Freigelaſſene Hadrians, dieſes Orakel gekannt habe. — 2) Lactant. Div. inſtit. IV, 13.

Die Götter und mit ihnen Porphyrius selbst wollen also Jesus für einen bloßen Menschen und noch nicht einmal für einen Heroen oder Halbgott im heidnischen Sinne gehalten wissen. Außerdem lassen sie ihn noch als einen frommen Wunderthäter passiren, was, wenn wir die Ausdrücke des Celsus über ihn damit vergleichen, immerhin eine bedeutende und erfreuliche Steigerung der Achtung für die Person Jesu und einen Fortschritt in der Toleranz bekundet. Im Uebrigen mag ich bei dem im Ganzen überall kritiklosen Verfahren des Porphyrius nicht behaupten, daß diese Orakel von einem Gotte gegeben und nicht etwa von irgend einem einfachen heidnischen Wahrsager oder Betrüger fabrizirt seien. Waren sie so gegeben oder erdichtet, in jedem Falle waren sie zu dem Ende gemacht, um das Urtheil der Heiden über Christus zu fälschen und dem Christenthum Abbruch zu thun.

36. Ihren schärfsten Ausdruck aber fand die Abneigung des Porphyrius gegen das Christenthum in seinen „fünfzehn Büchern gegen die Christen,“ [1] welche er während seines Aufenthaltes auf Sicilien zu Lilybaeum, [2] also um das Jahr 270 n. Chr. schrieb. Porphyrius besaß eine sehr genaue Bekanntschaft mit den christlichen Lehren und Verhältnissen und ferner, was ihn vor allen andern gelehrten Gegnern des Christenthums in dem Alterthum ein Uebergewicht gibt, eine vollkommene Kenntniß der Hebräischen Sprache und des alten Testamentes. Dazu kam eine ruhige Schärfe des Verstandes und ein großer Widerwille gegen die von ihm bekämpfte Religion, was ihn zu dem gefürchtetsten Gegner der Christen machte. Seine fünfzehn Bücher waren ein durchdachtes Werk, er muß so ziemlich alles gesagt haben, was sich gegen das Christenthum sagen ließ, und wohl noch etwas mehr; denn auch an Verleumdungen und hämischen Entstellungen fehlte es nicht. Diese Schrift des Porphyrius rief eine Menge Gegenschriften hervor. Zuerst trat der berühmte Bischof Methodius von Tyrus mit einer nach dem Zeugnisse des Hieronymus sehr umfangreichen Gegenschrift auf, wovon aber nur einzelne ganz kleine Fragmente bei Johannes von Damaskus vorhanden sind, die der Dominikaner Combesis gesammelt hat. [3]

---

1) Socr. h. e. III, 19. — 2) Euseb. h. e. VI, 19. — 3) Gallandi Bibl. t. III. p. 803 sq.

Dann folgte der bekannte Kirchenhistoriker Eusebius mit einem aus fünf und zwanzig Büchern bestehenden Werke[1]), dann mit dreißig Büchern[2]) Apollinaris von Laodicea, der nach dem Urtheile des Philostorgius seine beiden Vorgänger weit hinter sich gelassen haben soll, und endlich schrieb auch dieser selbst gegen Porphyrius im fünften Jahrhundert.[3]) Von dieser reichen Literatur ist nichts mehr vorhanden.

37. Auch von dem Buche des Porphyrius sind kaum noch Trümmer auf uns gekommen, nur sehr wenige seiner Ideen kennen wir aus den Schriften verschiedener Kirchenväter. Das erklärt sich aus dem üblen Rufe, worin das Buch bei allen Christen stand und aus ihrem Widerwillen gegen dasselbe. Schon Constantin erkannte in ihnen die höchste Stufe des Christenhasses, weshalb er die Feinde des Christenthums Porphyrianer genannt wissen will. Er sagt in einem an die Bischöfe und Gemeinden gerichteten Edikt vom Jahre 325 gelegentlich: „Porphyrius, der Feind der Frömmigkeit, der gegen die Religion feindselige Bücher geschrieben, hat den verdienten Lohn gefunden, nämlich daß sein Andenken für die folgende Zeit gebrandmarkt, daß er mit der größten Schande überhäuft ist und daß seine gottlosen Schriften untergegangen sind."[4]) Also schon Constantin glaubte sagen zu können, daß seine Schriften untergegangen seien; allein das war nicht so buchstäblich wahr. Denn noch in späterer Zeit wurden Widerlegungen dagegen geschrieben und erst Justinian befahl, die etwa noch vorhandenen Exemplare aufzusuchen und zu verbrennen. Wenn Lessing dies bedauert und verübelt,[5]) so ist das sonderbar; denn jede Person und Sache hat doch den Trieb und die Pflicht der Selbsterhaltung und es wäre doch ein kurioses Ansinnen, zu verlangen, die Christen hätten die Bücher ihrer Gegner fleißig abschreiben und aufbewahren sollen. Von historischem Standpunkt dagegen betrachtet, ist der Verlust dieser Schriften allerdings zu beklagen.

---

1) Hieron. ep. ad Magn. Ed. Martianay t. IV, 2. — 2) Philostorg. VIII, 14. Hieron. ep. ad. Pamm. 65. Cat. ill. script. Vinc. Ler. comm. ed. Brem. p. 292. — 3) Philost. X, 10. — 4) Socr. h. e. I, 9. Holstenius schließt daraus mit Unrecht, Constantin habe die Schriften des Porphyrius vertilgen lassen. — 5) Theol. Streitschr. S. 884. 908. D. Leipz. Ausg. 1841.

38. Wie Porphyrius über die Hauptdogmen des Christenthums dachte, wie er, der ihnen zum Theil so nahe stand, dieselben angriff, läßt sich nicht sagen: Wir besitzen nur einige Gedanken des Porphyrius, einige Splitter seines Werkes, welche uns nicht in Stand setzen, von seinen Grundgedanken, seiner Totalauffassung Rechenschaft zu geben. Er achtete Christum deshalb gering, weil er von einem Weibe empfangen und später gekreuzigt worden sei,[1] was sich aus seiner Neuplatonischen Verachtung der materiellen Dinge und der körperlichen Existenzweise sehr gut erklären läßt. In manchen Dingen erhob er sich nicht über die gewöhnlichen Vorurtheile der Menge und maß, wie diese, dem Christenthum die Schuld an öffentlichen Calamitäten bei. So sagt er z. B. „Und nun wundert man sich noch, wenn die Seuche die Stadt schon so viele Jahre lang verheert, da doch Asklepios und die übrigen Götter nicht mehr herabkommen. Denn seitdem Jesus geehrt wird, hat niemand mehr eine allgemeine und öffentliche Hülfeleistung der Götter wahrgenommen.“[2] Eine Bemerkung, welche recht das hämische Wesen dieses Schriftstellers charakterisirt, ist es, wenn er von den Christen sagt: „Alte Matronen und Weiber sind ihr Senat und die Gunst der Frauen verleiht die priesterliche Würde.“[3] Wenn auch die Frauen bei den Christen eine viel geehrtere Stellung einnahmen, so kam doch solcher Unfug, wie ihn Porphyrius geißelt, nicht in der Kirche, wohl aber bei den Häretikern z. B. den Montanisten und Donatisten vor.

39. Mehrere Einwendungen, die Porphyrius machte, werden uns in einem Briefe des h. Augustinus mitgetheilt. Ein Heide, der das Christenthum kennen zu lernen wünschte, hatte dem Priester Deogratias schriftlich sechs Fragen über schwierige Punkte der christlichen Lehre vorgelegt, wovon vier aus dem Philosophen Porphyrius genommen waren. Deogratias bat den h. Augustin, die Mühe der Beantwortung zu übernehmen, welcher es in einem Briefe an Deogratias that.[4]

---

1) Aug. civ. D. X, 28. — 2) Euseb. praep. ev. V, 1. Theodoret. Graec. aff. cur. XII. — 3) Hieron. comm. in Is. c. 3. v. 12. — 4) Epist. 49. Augustin meint zwar, dieser Porphyrius sei nicht der Porphyrius Siculus. Aber es gibt nur einen Philosophen Porphyrius, der sich mit christlichen Dingen befaßt hat.

40. Der erste Punkt aus Porphyrius betraf die Auferste=
hung und bestand in dem Dilemma: Ist die Auferstehung Christi
oder die Auferstehung des Lazarus Typus der künftigen allgemeinen
Auferstehung? Wenn die Auferstehung Christi der Typus ist, so muß
man fragen, warum hat Christus nach seiner Auferstehung noch
Speise zu sich genommen, und warum trug er die Narben noch an
sich? Beides war entweder nur Schein und für die Ungläubigen
berechnet, und dann war es eine bloße Fiktion, oder es war wesent=
lich für den auferstandenen Christus. Im letzteren Falle würde aber
folgen, daß auch wir nach der Auferstehung noch essen müssen und
Wunden haben werden. Ist hingegen die Auferstehung des Lazarus
der Typus, wie reimt es sich dann, daß derselbe aus verwesendem
Körper auferstand, während wir erst nach vielen Jahrhunderten
wieder auferstehen sollen? Augustinus erwiedert kurz und bündig:
„Der Leib der künftigen Auferstehung würde nur eine unvollkom=
mene Seligkeit besitzen, wenn er keine Speise zu sich nehmen kann,
und seine Glückseligkeit würde ebenso unvollkommen sein, wenn er
sie zu sich nehmen muß." Die Narben waren aber keine Schein=
narben und ebenso wenig Wunden, sondern wirkliche Narben und
Siegeszeichen. Wer Narben hat, kann immer noch glückselig sein,
dagegen Wunden vertragen sich nicht mit der Seligkeit. Die Auferste=
hung des Lazarus endlich ist kein Typus der allgemeinen Auferste=
hung, sondern eine Wiedererweckung eines eben Verstorbenen und
kommt also bei der Besprechung der ersteren nicht in Betracht.

41. Ueberhaupt führte die falsche Weltverachtung und die
übertriebene Geringschätzung des Körperlichen die Neuplatoniker zu
jener Feindseligkeit und Abneigung gegen die christliche Auferstehungs=
lehre. Porphyrius sagte über diesen Punkt an einer andern Stelle:
„Jeder Körper ist eine drückende Fessel der Seele." Obwohl unser
Leib, auch wie er jetzt ist, seine unbestreitbar vortrefflichen Eigenschaften
besitzt, so war sein Grundsatz: Corpus est omne fugiendum. Und
wenn auch der Auferstehungsleib als ein vollkommener, unsterblicher,
unverweslicher, leichter und beweglicher gepriesen wurde, so blieb
Porphyrius doch bei seiner Vorstellung und entgegnete: „Du lobst
mir vergebens den Leib, wie dieser Leib auch beschaffen sein mag;

wenn die Seele glücklich sein soll, so muß sie von jedweder Körper=
lichkeit frei sein."[1])

42. Der zweite Einwand war: „Wenn Christus sich den Weg,
die Gnade und die Wahrheit nennt, und die Rückkehr der gläubigen
Seelen in sich allein setzt (vergl. den Ausspruch Christi: Niemand
kommt zum Vater als durch mich), was haben dann die Menschen
in den vielen Jahrhunderten vor Christus angefangen? Was ist
aus den unzähligen Seelen geworden, welche ja ohne Schuld sind,
da der, welchem man glauben konnte, noch nicht erschienen war?
Der Erdkreis und Rom selbst war mit Tempeln bedeckt. Warum
blieb der sogenannte Erlöser so viele Jahrhunderte lang aus? Man
sage nicht, das menschliche Geschlecht wurde durch das Mosaische
Gesetz geheilt; denn das Jüdische Gesetz erschien auch erst in später
Zeit und war nur in einem kleinen Theile von Syrien in Geltung;
später allerdings wurde es auch nach Italien verschleppt, aber doch
erst nach Cajus Cäsar oder höchstens unter seiner Regierung."[2])
Augustin bemerkte in der Hauptsache Folgendes: Das ewige Wort
Gottes hat die Welt niemals ganz im Stich gelassen, sondern sich
allezeit in gewisser Weise geoffenbart. Also sind alle Menschen, von
Anfang an, die ihn wie immer erkannt und an ihn geglaubt haben,
und nach seinen Vorschriften fromm und gerecht lebten, ohne Zweifel
durch ihn gerettet worden. Aber den Zeitpunkt der Herabkunft des
Sohnes zu bestimmen, das stand nur Gott zu und darüber kann
man nicht mit ihm rechten.

43. Auf einer bloßen Verwechslung beruhte der dritte Ein=
wand. „Sie, die Christen, klagen die Opfergebräuche, Opfer, Weih=
rauch und was sonst der Tempeldienst erfordert, an, während doch
derselbe Kultus von ihnen oder von dem Gott, den sie verehren,
seinen Ursprung genommen hat." Das ist eine bloße Verwechslung;
denn die Christen tadelten ja diese Cärimonien nur in so fern, als
sie den falschen Göttern und den Götzenbildern erwiesen wurden.
Philosophischer ist hingegen die Bemerkung: „Christus droht denen,

---

1) August. Sermo de temp. 142. De resurr. corp. serm. 4. c. 4. —
2) Desselben Einwandes erwähnt auch Hieron. Ep. 48 ad Ctesiph. als von
Porphyrius gemacht.

welche nicht an ihn glauben, mit ewigen Strafen und doch sagt er
ein anderes Mal: Mit welchem Maße ihr messet, wird euch wieder
zugemessen werden. Lächerlich und widersprechend genug! Denn,
wenn mit demselben Maße vergolten wird und alles Maß doch
zeitlich begränzt ist, was sollen dann die Drohungen mit einer unend=
lichen Qual?" Die Bemerkung ist etwas philosophischer, aber nicht
viel; denn nach der Ansicht des Porphyrius müßte dann jede Strafe
zeitlich nur gerade so lange dauern, als der Akt der Sünde gedauert
hat, was eine Absurdität ist.

44. Mit der heiligen Schrift scheint sich Porphyrius ein=
gehender und gründlicher beschäftigt zu haben, als irgend ein an=
derer der alten Polemiker. Für die Kenntniß der h. Schrift war
damals schon manches geschehen, christliche Exegeten hatten die schwie=
rigen Punkte derselben zum Theil schon so genügend besprochen, daß
ihm nicht so viel mehr gegen sie zu sagen blieb, als er vielleicht
gewünscht hätte. Darum wandte sich sein Zorn zunächst gegen die
Bibelausleger und er sagte: „Einige haben, von dem Wunsche ge=
leitet, nicht etwa eine Abkehr von den erbärmlichen Schriften der
Juden anzubahnen, sondern eine Lösung zu finden, zu Erklärungen
ihre Zuflucht genommen, welche aber, als ungereimt und unvereinbar
mit dem Buchstaben, nicht so sehr eine Vertheidigung dieser fremd=
artigen Gewächse, als im Gegentheil vielmehr nur ein Lob und eine
Empfehlung der einheimischen (d. i. der Griechischen) Literatur sind.
Indem sie die klaren Aussprüche des Moyses für dunkle, tiefsinnige
Andeutungen ausgeben und ihnen als göttlichen Aussprüchen voll
geheimer Mysterien ein hohes Ansehn beilegen, betäuben sie durch
ihren Schwulst die kritische Kraft der Seele und bringen dann ihre
Erklärungen an."[1])

45. Man sieht, wie und warum ihm die kirchlichen Exegeten
ein Dorn im Auge waren, und wie er in der Exegese nur einen
Sieg der Hellenischen Weisheit über die fremden Dogmen, welche
man mit jener auszusöhnen trachte, erblickt. Besonders hat er es
gegen Origenes abgesehen. „Diese Unvernunft, fährt er fort, erhielt
ihren Charakter und ihr Gepräge von einem Manne, mit dem auch

---

1) Euseb. h. e. VI. 19.

ich in früher Jugend einſt umgegangen bin, von Origenes, der ſehr
berühmt war und durch ſeine hinterlaſſenen Schriften noch immer
berühmt iſt, und welchem von den Lehrern dieſer Anſichten großes
Lob gezollt wird. Dieſer war nämlich Zuhörer des Ammonius, der
zu unſerer Zeit den erſten Rang in der Philoſophie behauptete, und
profitirte in Bezug auf wiſſenſchaftliche Erfahrung ſehr viel von
dieſem ſeinem Lehrer, in Bezug auf die rechte Wahl der Lebensweiſe
(d. i. der Religion) ging er aber den entgegengeſetzten Weg wie
jener. Denn Ammonius war Chriſt und von chriſtlichen Eltern erzogen, als er aber auf das Denken und die Philoſophie verfiel, ſo
wendete er ſich ſogleich der geſetzlichen Lebensweiſe (der Staatsreligion) wieder zu. Origenes aber, Hellene und in der Helleniſchen
Wiſſenſchaft erzogen, gerieth auf die Abwege jenes ausländiſchen
Tollwahns. Dadurch, daß er ſich dahin wendete, verfälſchte er auch
ſeinen Bildungsſtand, indem er ſein Leben lang nach Weiſe der
Chriſten und den Geſetzen zuwider wandelte. In ſeinen praktiſchen
und theologiſchen Anſichten aber helleniſirte er und ſchob Helleni-
ſches den fremden Mythen unter. Denn der Plato kam ihm nicht
aus der Hand und er lebte ganz in den Schriften des Numenius,
Kronios, Apollophanes, Longinus, Moderatus, Nikomachus und der
bedeutenderen Pythagoräer; er bediente ſich auch der Bücher des
Stoikers ˙Chäremon und des Cornutus. Von ihnen entlehnte er die
Methode, wie ſie die Griechiſchen Myſterien erklärten und paßte ſie
den Hebräiſchen Schriften an.“[1])

46. Dieſe merkwürdige Stelle bietet in ſachlicher Beziehung
manche Schwierigkeiten. Es iſt augenſcheinlich, daß Porphyrius den
Kirchenſchriftſteller Origenes zu Alexandrien meint und auf ihn paßt
es auch, wenn geſagt wird, daß er viele Schriften hinterlaſſen habe,
in der Helleniſchen Literatur bewandert geweſen ſei und helleniſirt
habe. Aber daß die Eltern dieſes Origenes Heiden geweſen ſeien,
iſt falſch und daß er die Schriften des viel jüngeren Longinus ſo
fleißig ſtudirt haben ſoll, iſt unmöglich. Indeſſen die Schwierigkeit
klärt ſich ziemlich leicht auf, wenn man bedenkt, daß es außer dem
berühmten Neuplatoniker Ammonius Sakkas und deſſen weniger be-

---

1) Id. ibid.

kanntem Schüler Origenes [1]) auch einen christlichen Schriftsteller Am=
monius [2]) und den großen Kirchenschriftsteller Origenes gab. Por=
phyrius kannte den Neuplatoniker Origenes persönlich aber nur
wenig und warf nachmals, was er von dem Kirchenschriftsteller
Origenes hörte, mit dem, was er von jenem wußte, zusammen und
verwechselte überdies vielleicht auch noch die beiden Ammonius mit
einander. Eine solche Verwechslung ist sehr gut denkbar, wenn Por=
phyrius mit dem Neuplatoniker Origenes nicht sehr befreundet war
und, nachdem er ihn kennen gelernt, später räumlich von ihm ge=
trennt lebte.

47. Des Porphyrius Polemik scheint viele, vielleicht alle Bücher
der h. Schrift betroffen zu haben. Sein dreizehntes Buch beschäftigte
sich ausschließlich mit Daniel und scheint eine ganz ins Einzelne
gehende Analyse dieses prophetischen Buches enthalten zu haben.
Ueber den Verfasser desselben hatte er sich eine eigene Ansicht ge=
bildet und meinte, dieser habe zur Zeit des Antiochus Epiphanes
gelebt und es sei kein Daniel, der die Zukunft voraus verkünde,
sondern ein Fälscher, der vergangene Begebenheiten erzähle. [3]) Was
er bis auf Antiochus Zeit hin berichte, sei wahre Geschichte, was
über dessen Lebenszeit hinausgehe, sei gelogen; denn der Verfasser
habe die Zukunft nicht wissen können. [4]) Und das wollte Porphyrius
an der Hand bewährter Geschichtschreiber wie Kallinikus, Diodor,
Polybius u. a. nachgewiesen haben. [5])

48. Er stimmte in seinen Anschauungen zuweilen mit den
Juden d. i. mit dem Rabbinenthum überein. So erklärte er z. B.
in dem bekannten Gesichte des Nabuchodonosor das letzte der Welt=
reiche natürlich nicht als die christliche Kirche, sondern behauptete,
das Judenthum sei damit gemeint, weil es am Ende der Zeiten
wieder erstarken, alle Reiche zerstören und ein ewiges Reich aufrichten
werde. [6]) Außerdem hat uns Hieronymus in seinem Kommentar zum
Buche Daniel noch manche andere Einwürfe des Porphyrius auf=

---

1) Porphyrius vita Plotini. -- 2) Siehe oben S. 166. §. 5.
3) S. Reusch, Einleitung i. d. A. T. §. 43. Nr. 4.
4) Hieron. praef. in Dan. t. III, p. 1071. — 5) Ibid. p. 1073.
6) Ibid. p. 1081.

bewahrt, auf welche wir hier nur verweisen können.[1]) Sie gehen mehr ins Einzelne, als man von einem Heiden erwarten möchte und legen wenigstens von Gelehrtenfleiß und Streben nach Gründlichkeit Zeugniß ab. Dasjenige, was er über die Danielische Weissagung von den Jahrwochen sagte, bewog den Kirchenhistoriker Eusebius ihm drei besondere Bücher seiner Widerlegungsschrift, das 18.—20. entgegenzustellen.[2]) So hatte er also wenigstens das negative Verdienst, zu Untersuchungen den Anstoß gegeben zu haben.

49. Auch das neue Testament fand seine gebührende Berücksichtigung und die erhaltenen Bruchstücke beweisen, daß sich Porphyrius mit den Evangelien, der Apostelgeschichte und den Briefen Pauli beschäftigt hat. Seine desfallsigen Bemerkungen haben allerdings keinen weitern Werth mehr und sind zuweilen ziemlich kleinlich und nörgelnd,[3]) indessen müssen wir doch zu seiner Charakterisirung die besseren hier folgen lassen. Da Jesus sich bei seinem Aufenthalte in Galiläa Anfangs weigerte mit seinen Verwandten nach Judäa zum Feste hinaufzuziehen, nach einiger Zeit aber dennoch hinaufzog (Joh. 7, 8. 10.), so glaubte Porphyrius hierin Unbeständigkeit und Wankelmuth erkennen und rügen zu müssen.[4]) Dann beschuldigt er unter andern auf Grund der Stelle Matth. 9, 9, wo erzählt wird, daß Matthäus auf den Ruf des Herrn sogleich sein Nachfolger geworden sei, die Apostel des Unverstandes und Leichtsinnes, weil sie einem Fremden sogleich folgten, oder wenn das nicht der Fall sei, so müsse man eine Lüge des Berichterstatters voraussetzen.[5]) Glücklicher Weise aber braucht man keine von beiden Voraussetzungen anzunehmen; denn offenbar kannte Matthäus den Herrn und seine Lehre schon seit längerer Zeit.[6]) Ganz besonders aber suchte er den im Briefe an die Galater Kap. 2, 11 erwähnten Vorfall, die bekannte Mei-

---

1) Die betreffenden Stellen sind l. c. p. 1081 zu Dan. 2, 46. p. 1100 zu Dan. 7, 7. p. 1133 und p. 252 zu Dan. 11. 44. — 2) Hieron. op. t. IV, t. p. 115. — 3) Z. B. wenn er den Matthäus tadelt, weil er sagt: Jesus sei auf dem Meere gewandelt, während er doch nur den See Genesareth meint. Denn dieser See hieß bei den Juden Meer. Hieron. Quaest. t. II. p. 509. — 4) Hier. t. IV. p. 521. Dialog. adv. Pelag. lib. II. — 5) Hier. comm. in Matth. t. IV. p. 30. — 6) Ein weiterer auf des Ev. Matth. bezüglicher Einwand im Spicil. Solesm. I. p. LXIV.

nungsverschiedenheit zwischen Petrus und Paulus in Betreff der
Jüdischen Speisegesetze, zum Nachtheile der Apostel und des Christenthums auszubeuten. Er beschuldigte deswegen Petrus des Irrthums, Paulus der Frechheit und die christliche Lehre im Allgemeinen der Falschheit, da ja die Vorsteher der Kirchen selbst nicht einmal darüber einig gewesen seien. Ja er machte aus der brüderlichen Zurechtweisung, die Paulus dem Petrus wegen seines inconsequenten Verfahrens ertheilte, einen förmlichen Zank und eine Schimpferei, welche aber gar nicht vorlag.[1]) Wenn Porphyrius weiter meinte, Petrus habe den Tod des Ananias und der Sapphira durch Verfluchungen und Verwünschungen bewirkt[2]), so stellte er sich den Apostel vor als einen heidnischen Zauberer, von denen man glaubte, sie könnten durch magische Formeln und Imprecationen der Götter der Unterwelt den Tod einer Person herbeiführen. Endlich ist noch zu erwähnen, daß er behauptete, die Apostel hätten durch magische Künste Wunder gethan, aber es seien deren nur wenige und nicht so groß als z. B. die der Aegyptischen Magier, des Apollonius oder Appulejus[3]), und daß er die Wunder, welche an den Gräbern der Märtyrer vorkamen, für Werke der Dämonen ausgab.[4]) Abgesehen von der subjektiven Ansicht des Porphyrius über die Wunder, welche weiter nicht in Betracht kommt, liegt darin ein sehr schätzbares historisches Zeugniß für deren geschichtliche Wahrheit, indem auch er nicht das Faktum ganz leugnete, sondern nur seine Beweiskraft zu schwächen suchte.

50. Nach diesen geringen Ueberresten und den wenigen Mittheilungen der kirchlichen Schriftsteller aus dem Werke des Porphyrius muß dasselbe ein wahres Arsenal von Waffen gegen die christliche Religion gewesen sein. Unter allen Heiden, welche als Polemiker gegen sie auftraten, muß man ihm die eingehendste Kenntniß der

---

1) Hieron. comm. in Is. c. 53. op. t. III, p. 388. t. IV, 1. p. 223 Praef. ad Gal. t. IV, 2. p. 622. Ep. ad August. 74. Ein bloßes Mißverständniß ist es, wenn er Paulus des Hochmuthes beschuldigt. S. Hier. comm. Ep. ad Gal. I, v. 16. t. IV, 22. p. 233.

2) Hier. t. IV. p. 792. Ep. 97. ad. Demotriad.

3) Hier. t. II. part. 2. p. 335. Breviarium in psalter. ps. 81.

4) Hier. t. IV. p. 386 Ep. adv. Vigilant.

christlichen Lehre und der h. Schrift zuschreiben. Den breit getretenen Weg platter Mißverständnisse und sinnloser Verdrehungen
scheint er ziemlich verlassen zu haben. Wenn man sich auch keine
zu hohe Vorstellung von diesem Werke machen darf, und wenn man
auch bedenken muß, daß das, was die Kirchenschriftsteller daraus
ausgehoben und einer Besprechung gewürdigt haben, und was aus
ihren Schriften jetzt hier von uns vorgeführt wurde, jedenfalls
das Beste daran war, so muß man doch immerhin sagen, daß er in
manchen Beziehungen über sein Zeitalter hinausgegriffen und Schwierigkeiten aufgeworfen hat, so gut als mancher Rationalist der
neuern Zeit. Wir müssen nun die Neuplatonische Schule auf kurze
Zeit verlassen und uns einigen außerhalb derselben stehenden Erscheinungen zuwenden.

Achtes Kapitel.

— · —

Das Werk des Hierokles, Statthalters von Bithynien, gegen die Christen und die drei Bücher eines Unbekannten gegen die christliche Religion.

(303 n. Chr.)

1. Es ist nicht unmöglich, daß uns der eine oder der andere Leser den Vorwurf machen zu müssen glaubte, daß wir oben zu lange bei Apollonius von Thana verweilt hätten. Allein abgesehen davon, daß ein solcher positiver Restaurationsversuch, was den Erfolg angeht, dem Christenthum viel mehr Abbruch thun mußte, als zehn polemische Werke, so fand das von Philostratus aufgestellte Ideal einen sehr nachhaltigen Beifall und äußerte eine dem Christenthum nicht wenig nachtheilige Wirkung und nach einem halben Jahrhundert fand sich ein Mann, der die von Philostratus nur angedeuteten Ideen förmlich aussprach und die von ihm vorbereiteten und angebahnten Consequenzen wirklich zog. Und sogar nach anderthalb Jahrhunderten noch gab es Männer, welche sich Jünger des Apollonius nannten, seine Lebensweise nachahmten und mit Stolz auf ihn blickten.[1]) Darum verdiente Apollonius als eine für unsern Zweck sehr bemerkenswerthe Erscheinung unsere volle Aufmerksamkeit.

2. Zur Zeit des Diokletian, welche so reich an erklärten grimmigen Feinden und Verfolgern des Christenthums war, lebte ein Mann, der grausamer Peiniger der Christen und polemischer

---

1) Eunapius, vitae sophist. p. 189 ed. Boissonade.

Schriftsteller in einer Person war. Hierokles, dessen Hand das Schwert sowohl als die Feder gegen die Christen zu führen verstand, ist nicht mit andern Männern dieses Namens zu verwechseln, insbesondere nicht mit einem Neuplatonischen Philosophen, der in der Mitte des fünften Jahrhunderts zu Alexandrien lebte und von welchem noch Schriften vorhanden sind.[1]) Der Hierokles, von welchem wir reden, nahm zu Anfang des vierten Jahrhunderts die bedeutende Stellung eines Vicarius ein, d. h. er war Stellvertreter entweder des Präfekten der Prätorianer oder eines Statthalters.[2]) Es war in der Zeit unmittelbar vor dem Ausbruch der letzten, größten Christenverfolgung. Damals, im Jahre 303 nach Chr. brachte Diokletian, der eben aus dem Oriente zurückgekehrt war, den Winter zu Nikomedien zu, wo ihn sein Cäsar Galerius, voll von Plänen und Anschlägen, um die Christen zu verderben, besuchte. Derselbe blieb den ganzen Winter in seiner Nähe, ohne daß es ihm gelingen zu sollen schien, den Kaiser, der von Natur umsichtig und bedächtig war, für seine, die Ruhe des Reiches und die Wohlfahrt vieler Tausende aufs Spiel setzenden Pläne zu gewinnen. Das Einzige, wozu er sich verstand, war, den Palastbeamten und den Soldaten die Ausübung der christlichen Religion zu untersagen. Endlich aber brachte es Galerius so weit, daß die Angelegenheit, welche bis dahin nur zwischen den zwei Kaisern allein verhandelt worden war, in einer Versammlung von vertrauten Personen, hohen Beamten und Offizieren berathen werden sollte. Diese Rathsversammlung trat nun theils aus eigner Abneigung gegen die Christen, theils aus Gefügigkeit gegen Galerius der Ansicht desselben bei[3]) und Hierokles war damals einer von denjenigen, welche so eifrig zu einer Christenverfolgung riethen, daß Diokletian in der That im Jahre 303 das erste Verfolgungsedift gegen die Christen erließ. Bald darauf muß Hierokles Statthalter von Bithynien geworden sein. Unter ihm litt dann zu Nikomedien der Märtyrer Donatus den Tod.[4]) Sicherlich hat er auch sonst eine energische Thätigkeit

---

1) Pauly, Realencyclopädie. Art. Hierokles. — 2) Lactant. de mort. pers. c. 16. — 3) Tillemont, mémoires V, 1. Art. 7. — 4) Lact. l. c. und Div. instit. V, 2.

entfaltet und ist der Umstand, daß in Nikomedien einige Tausend Christen der Verfolgung zum Opfer fielen, zum großen Theil seiner Mitwirkung zuzuschreiben. Nach einigen Jahren kam Hierokles in gleicher Eigenschaft nach Alexandrien, wo er mit gleichem Eifer gegen das Christenthum verfuhr als in Bithynien. Hier wurden unter ihm Meletius und auch der h. Petrus, Patriarch von Alexandrien, eingezogen,[1] und letzterer im Jahre 311 auf Befehl des Maximinus hingerichtet.[2] Insbesondere gehörte er zu jenen Römischen Beamten, welche die nichtswürdige Maßregel in Anwendung brachten, christliche Frauen und Jungfrauen, zumal solche, welche Keuschheit gelobt hatten, an Kupplerinnen auszuliefern und in schlechte Häuser bringen zu lassen. Dieser schändliche Mißbrauch der Amtsgewalt, der ein Beweis ist, daß man damals nicht mehr, wie früher, ein rechtliches Verfahren gegen die Christen beobachtete, machte denn doch einem der sonst so geduldigen und ergebenen Christen die Galle überlaufen. Aedesius, ein Bekenner Christi, der schon lange in Fesseln gelegen hatte und zur Zwangsarbeit in den Bergwerken von Palästina verurtheilt gewesen war, konnte bei dem Anblicke solcher Niederträchtigkeit seiner sittlichen Entrüstung nicht mehr Einhalt thun, trat hervor und überhäufte den Statthalter mit Vorwürfen und Schlägen. Zum Lohn für diese Freimüthigkeit wurde er lange gemartert und endlich ins Meer geworfen.[3]

3. Das ist es, was uns hinsichtlich der Lebensumstände des Hierokles aufbehalten ist. Wir können darnach schon vermuthen, welches die Richtung seiner schriftstellerischen Thätigkeit war. Als

---

1) Epiphanius Haer. 68. — 2) Euseb. h. e. IX, 6.
3) Euseb. de mart. Pal. cap. 5. Vgl. Assemani acta sct. martyrum orient. et occident. Romae 1748 tom II. p. 196. s. Hedesius, Apiani frater, post primam confessionem ..... ad metalla aeris, quae in Palaestina sunt, damnatus; quum multa deinde mala ibi pertulisset, dimissus, Alexandriam tandem in urbem se contulit. Ubi in judicem nomine Heraclium, qui tum praefecturam totius Aegypti tenebat, quum incidisset, vidissetque, eum iniquas in Christianos sententias ferentem, et nunc quidem martyres Dei contumeliis per summum nefas adficientem, nunc sanctas Dei virgines lenonibus tradentem, hujusmodi impietatis spectaculum minime tolerandum ratus, idem plane ac frater, facere, fortissimus athleta decrevit.

er nämlich Statthalter in Bithynien war, behielt er bei aller seiner Blutarbeit noch Muße genug, um ein Werk in zwei Büchern zu verfassen, welches er im Jahre 303 nach Chr.[1]) unter dem Titel veröffentlichte: „Worte der Wahrheitsliebe an die Christen." (λόγοι φιλαληθεῖς πρὸς τοὺς Χριστιανούς.) Der Titel lautet sehr bescheiden und harmlos; er schreibt nicht gegen die Christen, sondern er richtet nur Worte der Wahrheitsliebe an sie, und doch war diese Schrift kein Versuch wissenschaftlicher Verständigung, sondern enthielt nichts als Feindseligkeiten und freche Lügen.

4. Lactantius gibt uns darüber einen kurzen Bericht, wonach der Verfasser im ersten Buche Widersprüche in der h. Schrift nachzuweisen suchte. Und zwar ging er mit solcher Sachkenntniß zu Werke und brachte eine solche Fülle von Materien zum Vorschein, daß man, wie Lactantius sagt, stark zu dem Glauben versucht wurde, er sei selbst einmal Christ gewesen.[2]) Indessen hatten doch seine Einwendungen nicht viel zu bedeuten, sie beruhten am Ende, wie in allen solchen Fällen, auf Unkenntniß oder Mißverständnissen. Dann fiel er über die Jünger Jesu und besonders über Petrus und Paulus her, als welche rohe und unwissende Schiffer und Verbreiter von trügerischen Lehren gewesen seien.[3]) Um so wunderbarer, entgegnet Lactantius, sei es, daß Einstimmigkeit unter ihnen geherrscht, und daß keiner etwas gelehrt habe, was den Lehren des andern widersprach, während unter den so gelehrten und gebildeten Griechischen Philosophen nicht zwei miteinander übereinstimmten. Sie hätten nicht um des Gewinnes und ihrer Bequemlichkeit willen das Amt des Apostolats übernommen, sondern freiwillig sich ein Leben voll Mühseligkeiten und Entbehrungen erkoren und nicht bloß für den Glauben ihr Leben hingegeben, sondern auch vorausgesehen und vorausgesagt, daß sie den Tod der Verbrecher würden erleiden müssen. In Betreff des Stifters der christ-

---

1) Lactant. Div. Instit. V, 2.

2) Auf diese Vermuthung kommen die kirchlichen Schriftsteller gern, wenn einer ihrer Gegner einigermaßen mit dem Christenthum vertraut ist. Das hat seine Ursache in der Beobachtung der disciplina arcani, vermöge deren die christlichen Lehren im Ganzen nicht leicht zur Kenntniß von Nichtchristen kamen.

3) Lactant. Div. instit. V, 2.

lichen Religion theilte Hierokles seinen Lesern mit, Christus sei von
den Juden vertrieben worden, habe dann eine Schaar von neun=
hundert Räubern um sich gesammelt und mit denselben Straßen=
raub ausgeübt. Solche tolle Lügen suchte dieser Mann in Betreff
Christi zu verbreiten, Lügen, an die er selbst schwerlich geglaubt
hat. Denn es verhält sich mit diesem Märchen nicht einmal so,
wie mit der Fabel von Pantheras beim Celsus, welche wenigstens
von den Juden entlehnt war. Christus ein Straßenräuber, das ist
die ureigene Erfindung des Hierokles. [1]

5. Einen ganz andern, einer wissenschaftlichen und gelehrten
Erörterung nicht unwürdigen Gesichtspunkt nimmt Hierokles dagegen
im Folgenden ein. Er erkannte, welche eigenthümliche Kraft in dem
Bericht von dem Leben Christi und seinen Wundern lag, und suchte
diese Macht auf irgend eine Art wirkungslos zu machen. Wohl
hätte er einfach die historische Glaubwürdigkeit dieser Wunder ab=
leugnen können, aber dieses einfache Ableugnen scheint ihm nicht
genügt zu haben. [2] Er verfiel darum auf den Gedanken, diesem
wunderbaren Leben ein anderes wunderbares Leben aus dem Hei=
denthume gegenüber zu stellen und jenes dadurch der Originalität
zu berauben. Er suchte also die halb vergessene Person des Apol=
lonius von Tyana wieder hervor, obwohl in jener Zeit niemand
mehr daran dachte, demselben eine göttliche Verehrung zu widmen. [3]
Hier war ihm durch Philostratus schon bedeutend vorgearbeitet, er
brauchte nur die in dessen Leben des Apollonius liegende, wenngleich
nicht ausgesprochene Tendenz schärfer hervorzukehren und er hatte,
die historische Glaubwürdigkeit dieses Berichtes vorausgesetzt, ein
nicht unpassendes Gegenbild. Während die Tendenz des Philostra=
tus mehr eine positive, auf innere Regeneration des Heidenthums
gerichtete war, so ist Hierokles ausgesprochener Polemiker gegen das
Christenthum. Abgesehen etwa von der Fabel, daß Christus Straßen=
raub getrieben, war er sonst so wenig originell, daß er seine sämmt=
lichen übrigen Einwendungen von andern entlehnt und das Meiste
sogar wörtlich aus dem Celsus abgeschrieben hatte. [4] Mithin war er

---

1) Lactant. l. c. V, 3. — 2) Lactant. ibid. — 3) Lactant. ibid. Cur
igitur nemo Apollonium pro Deo colit?

4) Euseb. adv. Hier. prooem.

auch von Origines schon zum Voraus widerlegt. Doch in dieser
ins Einzelne gehenden Parallele war er vollständig selbständig
und originell, wenn er auch, was die Sache selbst angeht, überall
auf den Schultern des Philostratus stand.

6. Dieser Theil der Schrift des Hierokles rief denn auch
bald eine Gegenschrift hervor. Der gelehrte Eusebius, Bischof von
Cäsarea, unterwarf diese Vergleichung des Apollonius mit Christus
einer gründlichen Prüfung in einer kleinen Schrift, welche den
Titel trägt: „Gegen Philostratus und sein Buch über Apollonius
von Tyana, aus Veranlassung der durch Hierokles unternommenen
Vergleichung desselben mit Christus.“[1]) Die Schrift ist also ihrem
Titel zufolge eigentlich gegen Philostratus gerichtet und mit einem
gewissen Recht; denn Hierokles hatte die Wunderberichte ange=
nommen, wie er sie bei Philostratus vorgefunden, und Eusebius
seinerseits hält sich wieder genau an Philostratus und geht die von
ihm erzählten Wunder des Apollonius durch, jedes einzelne kritisch
prüfend. Auf das Uebrige, was in den „Worten der Wahrheits=
liebe“ enthalten war, nahm er gar keine Rücksicht, zum Theil aus
dem vorhin angegebenen Grunde, zum Theil weil er zu seiner Zeit
eine Widerlegung dieser Einwürfe zu schreiben beabsichtigte,[2]) wo=
bei er vielleicht, wie Tillemont meint, seine Praeparatio evangelica im Auge hatte.[3]) Dem Eusebius haben wir denn auch die
wenigen noch erhaltenen Fragmente des Hierokles zu verdanken.

7. Hierokles spricht sich darin über den eigentlichen Zweck
des von ihm angestellten Vergleiches also aus: „Es ist immer die
beständige Leier der Verehrer Jesu, er habe den Blinden das Gesicht
wiedergegeben und manche andere dergleichen Wunder gethan; wir
wollen nun untersuchen, um wie viel besser und verständiger wir
handeln, wenn wir solche Dinge annehmen und welche Meinung
wir von den tugendhaften Männern hegen.“[4]) Darauf erwähnt

1) Εὐσεβίου τοῦ Παμφίλου πρὸς τὰ ὑπὸ Φιλοστράτου εἰς Ἀπολλώνιον τὸν Τυανέα διὰ τὴν Ἱεροκλεῖ παραληφθεῖσαν αὐτοῦ τε καὶ
Χριστοῦ σύγκρισιν gewöhnlich adv. Hierocl. citirt. Die Widerlegung der
ganz grundlosen Ansicht des Jonsius, daß der Neuplatoniker Hierokles der Ver=
fasser dieser Schrift sei, bei Tillemont mém. pour serv. Ed. Fricx. t. V. not.
20. — 2) Adv. Hier. c. 1. — 3) l. c. art. 18. — 4) Euseb. adv. Hier. c. 2.

er kurz der Wunder des Aristeas von Prokonnesus, welchen auch schon
Celsus als Wunderthäter angeführt hatte, und bemerkt, daß ihn die Hei=
den darum doch nicht für einen Gott hielten. [1]) Ebenso erwähnt er
auch die Wunder des Pythagoras. Indessen das waren noch nicht die
Männer, auf welche es Hierokles abgesehen hatte sondern er fährt
fort: „Allein zur Zeit unserer Vorfahren blühte unter Nero Apol=
lonius von Thana, der von frühester Jugend an, seitdem er zu
Aegae in Cilicien dem die Menschen liebenden Asklepios geopfert
hatte, sehr viele Wunder that, wovon ich mit Uebergehung der
andern nur einige wenige anführen werde." [2]) Von den Wundern
des Apollonius hatte er ganz dieselbe Meinung wie sein Gewährs=
mann Philostratus, „sie seien durch eine göttliche und unaussprech=
liche Weisheit und nicht durch die Künste der Zauberei gewirkt
worden." [3])

8. Obwohl Hierokles nur die wichtigsten der Wunder anfüh=
ren wollte, zählte er sie doch, wie Eusebius sagt, sammt und son=
ders von Anfang an auf, wobei er sich genau an Philostratus
hielt. Nach dieser Aufzählung fragte er: „Weshalb habe ich sie
nun erwähnt? Aus keinem andern Grunde, als damit man die
Genauigkeit und die Sorgfalt unserer Prüfung und die Leichtfer=
tigkeit der Christen erkenne, indem wir den Mann, der so große
Dinge gethan hat, nicht für Gott, sondern nur für einen den
Göttern wohlgefälligen Menschen halten, während sie Christus we=
gen einiger wenigen Wunderthaten Gott nennen." [4]) Die Stelle
bestätigt das, was wir oben aus Lactantius mitgetheilt hatten, daß
Hierokles die Wunder Jesu Christi nicht verwarf, sondern in ihrer
historischen Wahrheit anerkannte. Auch hat er schon einen viel rich=
tigern Begriff vom Wunder als Celsus, der alles derartige bloß
für gemeine Zauberkünste erklärt und seine Absicht ist eine ganz andere;
denn er sucht die Beweiskraft der christlichen Wunder zu schwächen.
Der gelehrte Philologe Fr. Jacobs hält diese Art des Angriffes
für eine sehr gefährliche. „Nahmen die Christen, sagt er, die Wun=
der des Apollonius für wahr, so mußten sie dieselben entweder für

---

1) Orig. c. Cels. III, 26. — 2) Euseb. l. c. c. 2. — 3) Id. ibid. —
4) Id. ibid.

Wirkungen magischer Künste erklären oder von natürlichen Ursachen
ableiten. Jenes wurde aber auch dem Stifter der christlichen Reli=
gion von seinen Feinden vorgeworfen; und nichts hinderte, auch
Jesu eine tiefere Kenntniß natürlicher Kräfte beizulegen. In dem
einen wie in dem andern Falle wurde der von den Wundern her=
genommene Beweis um desto mehr geschwächt, je weniger man die
Tugenden des Apollonius ableugnen konnte. Wollte man aber, um
diesem Dilemma zu entgehen, die Wunder des Kappadociers als
eine Erdichtung verwerfen, so konnte man den Gegnern nicht wehren,
diese Waffe gegen die Wunder des Nazarenischen Propheten zu
wenden: oder man mußte ihnen zugestehen, daß man für die eigene
Sache ein anderes Maß als für die fremde gebrauche.“ [1] Jacobs,
der an einer andern Stelle das christliche Epiphanienfest aus den
heidnischen Theophanienfesten hervorgehen läßt, war ohne Zweifel ein
besserer Philologe als Theologe, sonst wäre er nicht vor einer so
geringen Schwierigkeit zurückgeschreckt. Und auch die Auskunft, wo=
zu er greift, ist ungenügend. Denn, wenn er sich mit Lactantius
auf die Weissagungen der Propheten beruft, welche das Leben,
die Thaten und den Tod Christi lange vorhergesagt hätten, so ist
diese Stütze sehr schwach, weil nach demselben Berichte auch der Ge=
burt des Apollonius Vorzeichen und Vorbedeutungen vorhergingen
und er dann doch zum wenigsten mit den Propheten des a. Testa=
mentes und mit den Aposteln des neuen auf völlig gleicher Stufe
stehen und Träger einer wirklichen Offenbarung Gottes sein würde,
so gut wie ein Daniel, Petrus und Paulus.

9. Zum guten Glück ist die Sache nicht so gefährlich, und
kann von einer historischen Glaubwürdigkeit der Berichte des Damis
und Philostratus, welche doch die Grundlage des Ganzen sind, nicht
die Rede sein. Eusebius hat daher den ganz richtigen Weg einge=
schlagen, wenn er Stück für Stück die einzelnen Wunder des Apol=
lonius vornimmt, zergliedert und ihre inneren Widersprüche und
Unwahrscheinlichkeiten vor Augen legt. Von der Persönlichkeit des
Apollonius hatte Eusebius sogar eine höhere Meinung, als wir
haben können. „Ich achtete, sagt er, den Apollonius immer als

einen menschlichen Weisen, Damis aber und Philostratus machen
aus ihm einen herumziehenden, marktschreierischen Sophisten, Zauberer und Giftmischer, anstatt ihn zu lassen, was er ist, Philosoph.")[1]

10. Es war nicht schwer, einem so leichtgläubigen und un-
kritischen Schriftsteller, wie Philostratus, eine Menge von Widersprüchen und Thorheiten nachzuweisen und ihn aus sich selbst zu
widerlegen. Auf der einen Seite machte derselbe seinen Helden zu
einem göttlichen Wesen, das alles wußte und aus sich selbst lernte,
dann aber läßt er ihn wieder die Schule des Rhetorikers Euthydemus besuchen und die Philosophie des Plato, Chrysipp, Epikur
und endlich die des Pythagoras studiren. Bei Barbanes gibt Apollonius vor, Pythagoras selbst, der doch nicht einmal etwas Schrift-
liches hinterlassen hatte, habe ihn in seiner Philosophie unterrichtet; später wird berichtet, er habe den Pythagoräismus von dem
Epikuräer Euxinus von Heraklea erlernt. Und wenn er die Kunst,
die sichtbaren und unsichtbaren Götter zu unterscheiden, gleichfalls
von Pythagoras erlernt haben will, so weiß er mehr als alle übrigen Pythagoräer,[2] welchen diese Kunst noch fremd war. Sehr
merkwürdig nimmt es sich aus, wenn Apollonius zu seinen Schülern
und Gefährten sagt, sie möchten nur immerhin Fleischspeisen genießen, ihnen nütze es nichts, sich derselben zu enthalten, ihm aber
nütze eine solche Enthaltung. Warum bewog er seinen treuen
Damis nicht vielmehr, dieselbe Lebensweise anzunehmen?[3] Auch
sonst thut er gegen ihn mit seinem Wissen ziemlich geheimnißvoll
und ist etwas eifersüchtig darauf, es allein zu besitzen. In
Indien aber braucht der Mann, der alles weiß, gar einen Dol-
metscher, um sich mit Phraotes und den andern Indiern zu un-
terhalten.[4]

11. Was nun die wunderbaren Dinge betrifft, welche er auf
dem Hügel der Weisen sah, so ist das, was von dem Lande Thule
Merkwürdiges erzählt wird, ein Kinderspiel dagegen. Und hier zeigt
es sich besonders, ob Hierokles kritisch und vorsichtig zu Werke
geht. Er hält das alles „nach sorgfältiger Untersuchung für wahr

---

1) Adv. Hier. 5. — 2) Ibid. c. 8—12. — 3) Ibid. 13, 14. — 4) Ibid.
14, 15, 21.

und glaubwürdig und verurtheilt die Thorheit und Leichtgläubig-
keit der Christen."[1]) Wie mag es, fragt Eusebius, mit der sonstigen
Glaubwürdigkeit eines Schriftstellers bestellt sein, der uns alles
Ernstes versichert, bei den Indischen Brachmanen würden Blitz und
Donner in zwei verschiedenen Fässern aufbewahrt?[2]) Ferner ist auch
das ein handgreiflicher Widerspruch, daß Apollonius erklärt, er achte
die Kunststücke und Wunderdinge der Brachmanen nicht sehr, nachher aber auf die von ihnen erhaltenen sieben Ringe, welche die
Namen und Zeichen der Planeten hatten, großen Werth legte und
an jedem Wochentage einen davon trug.[3])

12. Die Wunder der Weisen, welche Philostratus namentlich
in seinem vierten Buche mittheilt, die Abwendung der Pest durch
die Steinigung eines Greises, der sich dann in einen Hund verwandelt, die Beschwörung des Schattens Achill's, der bei dem
ersten Hahnenruf wieder verschwindet, und der seine Feindschaft
gegen Priamus und seine Nachkommen nach tausend Jahren noch
nicht abgelegt hat, die Austreibung des Dämon und die Entlar-
vung der Empusa, können nach der Ansicht des Eusebius,
wenn sie überhaupt nicht aus der Luft gegriffen sind, nichts
anderes sein, als dämonische Blendwerke und ganz ordinäre
Zauberkünste. Was hilft es, wenn Philostratus alle Augenblick
versichert, sein Held sei kein Zauberer und doch eine Menge
reiner Zauberstücke von ihm berichtet?[4]) Zwar könne man die Unwahrheit der meisten aus dem Berichte selbst erweisen, obschon in
dem Philalethes so oft versichert werde, sie beruhten alle auf reiner
Wahrheit, aber dennoch bleibe immer noch eine Anzahl übrig, die
Apollonius nur mit Hülfe des Dämon gewirkt haben könne, indem er durch Hülfe eines höhern, mächtigern Dämon den schwä-
chern bezwungen habe.[5])

13. Diese Vermuthung, argumentirt Eusebius weiter, wird dadurch bestätigt, daß seine Gabe, die Zukunft vorher zu erkennen, keine
bleibende, keine solche war, welche Apollonius jederzeit zu Gebot gestanden hätte. So sehr Philostratus und Hierokles das auch behaup-

---

1) Ibid. 17. 20. — 2) Ibid. 24. — 3) Ibid. 25. — 4) Ibid. 27—31. — 5)
Ibid. 34. 35.

ten, so war er doch über gar viele Dinge im Zweifel und oftmals
begegnete es ihm, daß er die Zukunft nicht vorher sah. So z. B. war
er Anfangs mit dem Philosophen Euphrates gut Freund, lobte und
empfahl ihn, was er offenbar nicht gethan, wenn er gewußt hätte,
wie sich derselbe späterhin gegen ihn benehmen würde.[1]) Auch arbeitete er eine lange Rede aus, um sich vor Domitian zu vertheidigen, eine Mühe, die er sich gewiß erspart haben würde, wenn er
voraus gewußt hätte, daß er die Rede nicht würde brauchen können.[2])

14. Eine große Unvorsichtigkeit ist es auch von Philostratus,
wenn er erzählt, als Apollonius im Kerker seine Fußschellen von
sich schleuderte, ohne vorher ein Opfer gebracht, eine Beschwörung
oder ein Gebet gesprochen zu haben, da habe Damis zuerst die
Natur seines Lehrers deutlich erkannt. Denn daraus ergibt sich
ganz natürlich, daß Damis vorher immer die Meinung hatte, sein
Lehrer sei nur im Stande, durch Zaubermittel, Opfer und Beschwörungen etwas zu wirken.[3])

15. Doch genug nun! Es ist aus dem Gesagten hinreichend
klar, wie scharf die Kritik des Eusebius dem Philostratus zu Leibe
ging, wie wenig Glaubwürdiges und Zuverlässiges an seinem Roman blieb und wie viel Absurditäten und Widersprüche dabei zum
Vorschein kamen. Hat die Kritik der Neuern, besonders Kayser's,
auch noch manche wichtige Punkte aufgefunden, so war doch das
Verfahren des gelehrten Kirchenhistorikers im Wesentlichen völlig genügend, um das Urtheil des Hierokles über die beiderseitigen Quellen für das Leben Jesu einerseits und für das des Thaneers an-
derseits, als eine reine Lächerlichkeit und Albernheit hinzustellen.
Derselbe verglich diese Quellen in folgender Stelle: „Auch das verdient erwogen zu werden, daß die Thaten Jesu von Petrus und
Paulus und ähnlichen lügenhaften und ungebildeten Schwarzkünstlern ausgeschmückt wurden, die Thaten des Apollonius hingegen von
Maximus von Aegae, von seinem Gefährten, dem Philosophen (!)
Damis und dem Athener Philostratus, welche auf der Höhe der
Bildung standen, die Wahrheit liebten und aus Menschenliebe wünsch-
ten, daß die Thaten eines so edeln und von den Göttern geliebten

---

1) Ibid. 33. — 2) Ibid. 42. — 3) Ibid. 37.

Menschen nicht verborgen bleiben möchten."[1]) Also das war bei Lichte
besehen der Unterschied zwischen den Leistungen dieser „ungebildeten
Schwarzkünstler" und jener durchgebildeten Philosophen, daß die Be=
richte der letztern eine Fülle handgreiflicher Abgeschmacktheiten enthiel=
ten, welche bei der oberflächlichsten Lesung auffallen müssen, während
der Scharfsinn der Gelehrten fast zweier Jahrtausende nothwendig
war, um in den Berichten der Evangelisten Widersprüche zu suchen
und — nicht zu finden.

16.   Am Schluß seines Werkes hatte denn Hierokles noch sein
eigenes Glaubensbekenntniß gegeben, wonach er in der Hauptsache
mit Celsus und Julian übereinstimmte. Er nahm einen höchsten,
obersten Gott an, daneben aber noch eine große Anzahl niederer
Götterwesen, welche dem höchsten Gott untergeordnet seien. Ueber
dieses geläuterte Heidenthum macht Lactantius folgende Bemerkung:
„Du ergehst dich in dem Lobe des höchsten Gottes, von dem du
bekennst, daß er der Herrscher, der höchste, der Werkmeister aller
Dinge, die Quelle jeglichen Gutes, der Vater aller Dinge, der
Schöpfer und Erhalter der lebenden Wesen sei. Damit hast du
deinem Jupiter die Herrschaft entrissen und ihn von seinem höchsten
Throne herab in die Zahl der dienenden Geister verstoßen. Du be=
hauptest das Dasein von Göttern und unterwirfst sie dennoch dem=
jenigen Gott als Eigenthum, dessen Religion zu zerstören du be=
strebt bist."[2])

17.   Das ist es denn, was uns über die Schrift des Hierokles
und aus derselben aufbehalten ist. Sein Unternehmen war deshalb
nicht ohne Belang, weil es einen positiven Kern in sich trug, nämlich
das Bestreben, nicht sowohl der Lehre, als vielmehr der Person des
Erlösers ein Gegenbild gegenüberzustellen, welches gleiche Berechtigung
mit dem Urbilde und gleiches Anrecht auf Bewunderung und Ver=
ehrung habe. Alle polemischen Richtungen, die vor ihm und nach
ihm hervorgetreten sind, haben in dieser Beziehung einen rein nega=
tiven Charakter, man hat unzählige Male von Celsus bis Renan
versucht, aus Christus einen Schwärmer, Betrüger oder dergl. zu
machen, aber nie hat man es wieder unternommen, über die Re=

---

1) Ibid. c. 2. — 2) Div. instit. V, 3.

gation hinauszugehen und in dieser Weise Christo einen andern Christus gegenüber zu stellen.

18.   Hier müssen wir noch die Nachricht von einem sonst unbekannten Gegner des Christenthums anfügen, welche Lactantius gibt.[1]) Er erzählt: „Als ich, nach Bithynien berufen, dort die Redekunst lehrte, und es geschah, daß zu derselben Zeit der Tempel Gottes zerstört wurde,[2]) traten zwei Männer auf, welche die verborgene und verachtete Wahrheit auf ebenso übermüthige als freche Art angriffen.   Der eine davon war Hierokles, der andere gab vor, ein großer Meister in der Philosophie zu sein. Obwohl er in der Schule ein Lobredner der Tugend und der Einfachheit und Armuth war, so entsprach sein Leben nicht seinen Worten. Er war nicht nur ein Wollüstling, sondern auch ein Schlemmer, der zu Hause besser aß und trank, als man im kaiserlichen Palaste zu speisen pflegte. Doch verhüllte er sein lasterhaftes Leben vor den Augen der Menschen durch seine Philosophentracht, sein langes Haar, seinen Mantel, sowie auch seine Reichthümer, auf deren Vermehrung er eifrig bedacht war. Er scheute dabei kein Mittel, wenn es nur zum Zweck führte, namentlich erschlich er sich die Freundschaft der Gerichtspersonen und mißbrauchte sie, um Einfluß auf ihre Sentenzen zu gewinnen und für seine eignen Ungerechtigkeiten gegen seine Nachbarn, die er von Haus und Hof vertrieb, sich Straflosigkeit zu sichern. Dieser Mensch war gemein genug, die Zeiten, als die Christen durch Verfolgung hart bedrängt waren, zu benutzen und drei Bücher contra religionem nomenque Christianum herauszugeben. Zur Ehre der Menschheit muß gesagt werden, daß selbst die damaligen Heiden ihm diesen Schritt verübelten, und anstatt sich beliebt zu machen und vielleicht anderweitige Anerkennung zu erhalten, worauf sein Streben gerichtet war, ärntete er nur Tadel und Vorwürfe.“

19.   Wir verdanken dem Lactantius auch eine kurze Notiz über den Inhalt des Werkes dieses unbekannten Philosophen. Derselbe sprach sich vor Allem dahin aus, es sei die Aufgabe des Philosophen, die Irrthümer der Menschen zu heilen und sie auf den

---

1) Ibid. c. 2. — 2) Das geschah im 1. Jahre der Diokletianischen Verfolgung 304 n. Chr.

Weg der Wahrheit zurückzuführen. Er bemühte sich danach, den Christen den heidnischen Götzendienst zu empfehlen und sie zu er- mahnen, zu demselben zurückzukehren und von ihrer thörichten, hart- näckigen Widerspenstigkeit abzulassen; dann würden sie nicht mehr solche Verfolgungen, Leiden, Martern und Peinigungen, welche ja doch ganz vergeblich seien, zu ertragen haben. Seine eigentliche Widerlegung des Christenthums war aber so abgeschmackt und schwach, ja so gänzlich verunglückt, daß sie an das Gebiet des Lächerlichen streifte. Um was es dem guten Manne eigentlich zu thun war, das zeigt das reichliche Lob, welches er in seinem Buche den Kaisern spendete. „Ihre Frömmigkeit und umsichtige Klugheit, sagte er, habe sich in vielen andern Dingen, besonders aber in der Be- schützung des Dienstes der Götter herrlich gezeigt. Wenn der gott- lose und wahnwitzige Aberglaube entfernt, alle Menschen auf die Entrichtung der gesetzlichen Opfer bedacht seien und sich die Götter geneigt machten, dann sei für die Menschen gut gesorgt." So wollte dieser gemeine Mensch also das Unglück seiner Mitbürger benutzen, um Vortheil daraus zu ziehen, die Kaiser in der betretenen schrecken- und grauenvollen Bahn zu bestärken und ihnen zeitgemäße Schmei- cheleien zu sagen. Wer derselbe gewesen sei, sagt uns Lactantius nicht, auch nicht, ob das Werk in Griechischer oder Lateinischer Sprache abgefaßt gewesen, und es liegen auch weiter keine Andeu- tungen vor, woraus man mit einiger Bestimmtheit ersehen könnte, wer der unbekannte Philosoph war.

20. Baronius hat nun die Vermuthung aufgestellt, daß Por- phyrius der Autor gewesen sei.[1]) Aber Porphyrius starb nach der wahrscheinlichsten Annahme schon im Jahre 304 und jene Schrift kann nicht vor Ende des Jahres 304 geschrieben sein, mithin em- pfiehlt sich schon deswegen die Annahme des großen Baronius nicht. Auch hätte Lactantius schwerlich die Ursache gehabt, in so verächt- lichen Ausdrücken vom literarischen Werthe dieser Leistung zu reden; denn so weit kennen wir doch den Porphyrius, daß wir von ihm

---

1) Baronius ad a. 302. §. 51. Tillemont mémoires V, 1. art. 18. und Fabricius, Bibl. Gr. l. IV. p. II, c. XI, p. 280 haben diese Vermuthung gründ- lich widerlegt.

glauben müssen, daß er nichts Abgeschmacktes und Lächerliches schreiben konnte; denn Geist und Gelehrsamkeit dürfen wir auch am Gegner nicht verkennen.   Wir erlauben uns dagegen natürlich nur hypothetisch die Ansicht auszusprechen, der bekannte Philosoph und Magier Maximus von Ephesus sei der Verfasser gewesen. Bei ihm dürfen wir keine große Bildung suchen; er war mehr Gaukler und Schwarzkünstler als Philosoph, wie wir weiter unten noch sehen werden. Derselbe lebte bis zum Regierungsantritt Julians stets in Kleinasien, theils zu Pergamum, theils auf dem Landgute einer gewissen Sosipatra, deren Kinder er erzog, am Flusse Kaystros bei Ephesus,[1]) eine Zeit lang verweilte er auch zu Nikomedien selbst, nämlich zur Zeit, als Julian die Rhetorik zu studiren begann,[2]) und fand unter Kaiser Valens im hohen Alter seinen Tod. Also Ort und Zeit stimmen recht gut und Gesinnung des Mannes ganz mit der Schilderung des Lactantius überein. Ein weiterer Zug der Aehnlichkeit mit dem Anonymus des Lactantius, worauf wir besonders Gewicht legen, ist der große Reichthum des Maximus und seine Geschicklichkeit, Geld zu erwerben.[3]) Wir glauben demnach, daß die Annahme, Maximus von Ephesus sei der Verfasser der von Lactantius beschriebenen libri tres contra religionem nomenque Christianum gewesen, gar nicht unwahrscheinlich sei.

---

1) Eunap. Vit. Soph. p. 49. 50. 69. 85. — 2) Suidas angeführt von Wyttenbach annot. ad Eunap. Maxim. p. 163. — 3) Eunap. p. 82. Πλοῦτος ἀδρότερος ὑπῆν αὐτῷ. Ibid. p. 129. Πόλλα γοῦν τῶν κτημάτων κατεκομίζετο.

Neuntes Kapitel.

--- ---

Ueber die Chaldäische Weisheit so wie über die Orphischen und Hermetischen Schriften. Der Dialog Asklepius.

1. Schon mehrfach ist von dem Bestreben die Rede gewesen, welches in diesen letzten Zeiten des Heidenthums hervortrat, demselben eine autoritative Begründung und Stütze zu geben. Dazu sollte denn vor allem die sogenannte Chaldäische Weisheit dienen. So oft diese nun auch von Jamblichus, Eunapius, Proklus und andern als ein Universalheilmittel für die Bedürfnisse der menschlichen Seele gepriesen wird, so machen uns die Quellen nirgends eine befriedigende Schilderung von deren Inhalte. Bekanntlich waren die Chaldäer von jeher als Sterndeuter und Wahrsager berühmt und in den Zeiten der ersten Römischen Kaiser, wo die Schatten- und Nachtseiten des Heidenthums immer mehr hervortraten, nämlich seine finstern, magischen und nekromantischen Künste, erlangten auch die Chaldäer einen bedeutenden Einfluß.[1] In späterer Zeit nun trug man sich mit einer Sammlung von Chaldäischen Orakeln, welche eine Auswahl der wichtigsten Aussprüche verschiedener Wahrsager und Sterndeuter, deren es in jenen Zeiten so viele gab, gewesen zu sein scheint. Ein solcher Codex von Orakeln, wenn auch deren Urheber sonst namenlose, unbekannte Häupter waren, mußte in jener Zeit, welche nach allem Uebernatürlichen hungerte, seine gläubigen Verehrer un-

--- ---

[1] Tac. Ann. II, 27. XII, 22. citirt von Lothbelz in seiner Ausgabe von Basilius de leg. libr. gent., Jena 1857, S. 133.

fehlbar finden.[1]) Namentlich bei den Neuplatonikern des fünften Jahrhunderts stand diese Sammlung der Chaldäischen Weisheit in großer Achtung und Syrianus gab sich sogar die Mühe, ein Werk in zehn Büchern darüber zu verfassen.[2]) Uebrigens kann die ganze Chaldäische Weisheit nur abgeschmacktes Zeug gewesen sein. Die christlichen Schriftsteller wenigstens nehmen keine Notiz davon, während sie auf andere Schriften der Art häufig zurückgehen.

2. Eine etwas höhere Stufe nehmen schon die Orphischen Gedichte ein. Wir müssen hier aber etwas weiter ausholen. Eine besondere Abzweigung der antiken Religion bildet die Verehrung des Sonnengottes. Es war der Dienst des reinen Lichtes, welcher den Ausschweifungen des Bacchusdienstes entgegengesetzt und reiner, ruhiger und würdiger begangen wurde. Der Apollinischen Religion hingen besonders diejenigen an, welche ein friedliches, in sich gekehrtes, beschauliches Leben liebten, die Pythagoräer und nachmals auch Apollonius und seine Anhänger. Mit diesem Heliosdienste, der in den Orphischen Weihen und Mysterien eine festere Gestalt annahm, war jene physische Askese verbunden, die in der Enthaltung von thierischer Nahrung und von allem, was von beseelten Wesen kam, also z. B. der Wolle, bestand. Zu der Dogmatik dieses Religionssystems aber, wenn dieser Ausdruck erlaubt ist, gehörte die Sage von Zagreus, dem Sohne des Zeus und der Persephone, der von der eifersüchtigen Here oder nach andern von den Titanen listiger Weise gemordet und zerstückelt wurde. Als Urheber und Einführer desselben erscheint die mythische Person des Orpheus, und die Sagen von seinem Schicksalen, seinem Hinabsteigen in die Unterwelt und seinem tragischen Untergange durch die rasenden Bacchantinnen sind gleichfalls Bestandtheile dieser Religionsform.[3])

---

1) Marinus, vita Procli, c. 25. und siehe unten das 15. Kapitel.
2) Fabric. Bibl. Gr. tom. VIII, p. 450. Die von Patricius veranstaltete Sammlung chaldäischer Orakel enthält nicht die ältern, welche Porphyrius, Jamblichus, Hierokles und Proklus vor Augen hatten, sondern nur solche, welche von gräcisirten Orientalen herrühren. Tennemann Gesch. d. Phil. Bd. VI, S. 464. — 3) Döllinger, Heidenthum und Judenthum, S. 120—131. Baur, Apollonius v. Tyana. S. 166 ff. S. 209 ff.

3. Im Gefolge dieser Orphischen Religion erscheinen schon früh= zeitig im Alterthum Gedichte, in welchen die verschiedenen, diesem Sa= genkreise angehörenden Mythen, Lebensanschauungen, theologischen und kosmogonischen Lehren niedergelegt sind. Es sind das die sogenannten Orphischen Gedichte, wobei man indessen nicht an Orpheus als Verfasser zu denken hat, sondern sie heißen Orphisch, weil sie der Orphischen Religion zugehörig sind. Nach den gediegenen Forschun= gen Lobecks[1]) waren diese jetzt größtentheils verlorenen Schriften sämmtlich jüngern Ursprungs als die Gedichte Homers. Dafür spricht das Zeugniß Herodots[2]), und Cicero erklärt mit Berufung auf die gleiche Ansicht des Aristoteles, daß Orpheus eine fingirte Person und ein gewisser Cercops der Verfasser der betreffenden Ge= dichte gewesen sei. Ebenfalls als Verfasser solcher Orphischen Ge= dichte, werden Brontinus, Zopyrus, Persinus und vor allen Ono= makritus von den Alten genannt. Die Gedichte, deren Zahl nach und nach zugenommen zu haben scheint, bildeten zusammen eine Art Religionsurkunde, eine Art heiliger Schriften, und enthielten den Inbegriff der Lehren dieser Religionsform. Im Einzelnen waren diese Bücher von sehr verschiedenem Inhalte. Außer einer Samm= lung von Hymnen hatte man verschiedene Bücher, welche die Schick= sale des Orpheus erzählten,[3]) andere enthielten die Mythen, die den eigentlichen Kern der Orphischen Lehre ausmachten,[4]) andere enthielten theologische und kosmogonische Lehren,[5]) wieder andere handelten von den Opfern, den Weihen und der Astrologie,[6]) andere beschäftigten sich sogar mit landwirthschaftlichen Vorschriften und ähnlichen Dingen.[7])

4. Wir sind nun keineswegs der Meinung, als hätten diese und die übrigen Orphischen Schriften, deren es eine ziemliche An= zahl gab, irgend eine Beziehung zum Christenthum. Sie stehen da= mit in keinem Zusammenhange und sind meistens lange vor Chri=

1) Aglaophamus, Regiom. 1829. tom. I, p. 347. — 2) Lib. II, c. 53.

3) Ἀργοναυτικά, Κατάβασις ἐς ᾅδου.

4) Θρονισμοὶ μητρῷου καὶ Βαχχικά, Κορυβαντικά, Κρατήρ.

5) Διαθῆκαι, Θεογονία, Πέπλος καὶ Δίκτυον.

6) Ἀστρονομικά, Νεωτευκτικά, Τελεταί.

7) Γεωπονικά, Δίθικά sind die Titel. Vgl. Lobeck Aglaoph. I, p. 361—411.

stus entstanden. Aber man kam in der Reaktion gegen das Chri=
stenthum wieder mehr auf sie zurück; indem man das Bedürfniß
fühlte, demselben etwas Positives, von einer besondern Autorität
Getragenes entgegenzusetzen, griff man nach diesen Orphischen
Schriften. Die Orphisch=Pythagoräische Lehre und die damit zu=
sammenhängende Askese wurde für ein besonderes taugliches Rüst=
zeug gehalten, und aus der Vergessenheit, in welche sie eigentlich
versunken war, hervorgesucht, um dem Christenthume als etwas
Ebenbürtiges entgegengesetzt zu werden. Merkwürdiger Weise geht
das Streben, die Mythen besser d. h. durch Autoritäten zu begrün=
den, mit dem Streben, sie zu allegorisiren und als sinnliche Dar=
stellungen von Naturerscheinungen und physischen Prozessen auszu=
beuten, Hand in Hand und wir finden beide Richtungen zuweilen,
wie bei Porphyrius und Proklus[1]) vereinigt. Das ist und bleibt
ein Widerspruch, zu dem nur Unklarheit des Geistes und die Noth
der Polemik treiben konnte.

5. Was das Hervorziehen der Orphischen Gedichte betrifft,
so sagt Lobeck:[2]) „Niemals aber beschäftigte man sich eifriger mit
der Orphischen Poesie als im dritten und vierten Jahrhundert
n. Chr. Man sammelte die Lehrmeinungen der Alten und suchte
sie unter einander in Uebereinstimmung zu bringen. Das that schon
Charax, ein Priester zu Pergamus, welcher nach der Zeit Nero's
lebte. Er schrieb, wie Suidas angibt, eine Geschichte Griechenlands
und viele philosophische Schriften, worin er die Uebereinstimmung
des Orpheus, Pythagoras und Plato in Betreff der Orakel darzu=
thun suchte. Auch ein gewisser Alexandriner, Namens Serapion,
war ein solcher Bewunderer der Orphischen Poesien, daß er sie sich
um jeden Preis zu verschaffen suchte." Auch der Neuplatoniker
Syrianus im fünften Jahrhundert schrieb ein Werk über die
Theologie des Orpheus und ein anderes über die Uebereinstimmung
des Orpheus, Pythagoras und Plato.[3]) Von der Thätigkeit des
Proklus für die Orphica wird weiter unten die Rede sein. Der
Neuplatonische Philosoph Hierokles aber, welcher ein Werk über die

---

1) Fabric. Bibl. Gr. tom. VIII, p. 526. — 2) Aglaoph. I, p. 344 seqq.
— 3) Fabric. Bibl. Gr. t. VIII, p. 450.

Vorsehung schrieb, bemühte sich in seinem vierten Buche, die Ueber=
einstimmung der Orakel und der hieratischen Formeln mit den
Lehrsätzen Plato's herzustellen, und im fünften Buche will er die
Platonische Philosophie auch bei Orpheus, Homer und andern nach=
weisen.[1]) Auch einer der letzten Neuplatoniker, Damascius, stellt
die Orphische und die höhere Chaldäische Weisheit noch sehr hoch.[2])

6. War sogar die Chaldäische Weisheit nicht zu schlecht, um
hervorgesucht und nach Wahrheit hungernden und dürstenden Seelen
angepriesen zu werden, so wird es uns nicht mehr wundern, wenn
mit Aegyptischen Geheimlehren dasselbe geschah. Der Einfluß
Aegyptischer Lehren und Mythen macht sich in den Schriften gel=
tend, welche den Namen des Hermes tragen. Es gibt eine
ziemliche Anzahl solcher Hermetischen Schriften und im Alterthum
gab es deren noch mehr, welche theils von medizinischem, theils
von chemischem, theils von religiös=philosophischem Inhalte waren.
Wenn man diese Schriften dem Hermes, welcher in diesem Falle
nur der Aegyptische Gott Thot oder Taut ist, zuschrieb, so dachte
man wohl nicht daran, denselben als Verfasser hinzustellen, sondern
man wollte nur die vorgetragenen Lehren auf die Autorität der
Aegyptischen Priester, welche sie von ihrem Gotte Thot empfangen
hätten, zurückführen.[3]) Auch sie erfreuten sich in der letzten Periode
des absterbenden Heidenthums eines bedeutenden Ansehens. Man
glaubte, Pythagoras und Plato hätten aus einer verloren gegan=
genen Hermetischen Schrift: Columnae Mercurii betitelt, geschöpft.[4])
Man gab sehr viel auf die Lehren der Aegypter, weil man glaubte,
sie besäßen die ältesten historischen Nachrichten, welche auf Säulen
eingegraben seien.[5]) Dasselbe behauptete der Arzt Galenus und es
war allgemein herrschende und auch wohl nicht unbegründete Ansicht.

7. Auch den Christen waren die Schriften des Hermes nicht
unbekannt. Sie suchten für ihre Zwecke aus dem Ansehen, worin
dieselben standen, Nutzen zu ziehen und Beweise für das Christen=
thum daraus zu führen, wovon wir später noch reden werden.
Schon Lactantius kannte den jetzt Asklepius überschriebenen Dialog

---

1) Phot. Bibl. cod. 214. p. 285 ed. Bekker. — 2) Ibid. cod. 242. p.
560. — 3) Fabric. Bibl. Gr. tom. I. p. 58. — 4) Amm. Marc. l. XXII,
cap. ult. — 5) Proclus lib. I, in Timaeum.

und citirt Stellen daraus.[1]) Auch Augustinus erwähnt ihn. Clemens von Alexandrien aber zählt in seinen Stromaten bereits zweiundvierzig Schriften des Hermes auf, darunter vier astrologischen, zehn hieroglyphischen und sechsundzwanzig religiösen Inhalts. Folglich gab es schon im zweiten Jahrhundert viele solcher Bücher. Aber es entstanden noch fort und fort neue dazu. So redet Cyrill von Alexandrien, der öfters diese Bücher erwähnt, von einem Manne, der zu Athen fünfzehn sogenannte Schriften des Hermes verfertigt habe.[2])

8. Man dachte sich also den Hermes nicht als Verfasser dieser zahllosen Schriften, wohl aber als den Urheber der darin niedergelegten Lehren. Die Mythen über diesen Hermes sind dürftig und unzusammenhängend; die einen hielten ihn für einen Sohn des Jupiter und der Maja,[3]) von andern wird er der Aegyptische genannt und soll dreimal nach Aegypten gekommen sein.[4]) Hermes war ursprünglich eine Aegyptische Gottheit und die Griechen und Römer hatten sie von den Aegyptern erhalten.[5]) Hermes, der Gott der Erkenntniß, der Künste und Wissenschaften bei Griechen und Aegyptern, wurde nun zum Träger und Urheber eines Lehrgebäudes gemacht, welches im vierten und fünften Jahrhunderte nach Christus sehr verbreitet und beliebt war und sich als ein wahres Sammelsurium aller Systeme und Lehren, welche damals durch einander wogten, darstellt. Die Hauptbestandtheile liefert immer die Neuplatonische Philosophie; aber sie ist hier ihres philosophischen Charakters, so zu sagen, ganz entkleidet, sie erscheint hier in populärerer Gestalt, daher mehr dogmatisch und an die Autorität angelehnt. Ferner üben Orientalische, Aegyptische und Gnostische Lehren ihren Einfluß und auch das Christenthum ist auf das Ganze nicht ohne Einwirkung geblieben. So gewagt und schwierig es auch im einzelnen Falle ist, dieses oder jenes in den Hermetischen Büchern, welche der ältern Zeit angehören, dem Christenthum

---

1) Div. instit. II, 16. IV, 6. VII, 13. 18. — 2) Cyrill. c. Jul. I, p. 30. Ὁ συντεθεικὼς Ἀθήνησι τὰ ἐπικλὴν Ἑρμαϊκὰ πεντεκαίδεκα βιβλία. — 3) Cyr. l. c. — 4) Julian bei Cyrill c. Jul. V, p. 176. — 5) Eschenburg, Handbuch d. klass. Literatur, S. 381.

zu vindiciren, so ist im Großen und Ganzen die Einwirkung des letztern nicht zu verkennen. Darum zogen diese Bücher, in so fern sie religiöse und philosophische Gegenstände behandeln, auch die Aufmerksamkeit aller Parteien auf sich; darum reden auch manche Kirchenschriftsteller mit Achtung von denselben, und besonders Cyrill von Alexandrien will mehrfach christliche Lehren in diesen Schriften entdecken und freut sich sichtlich, wenn er eine solche vermeintliche Bestätigung einer christlichen Lehre darin gefunden hat. [1]) Wenn wir auch dieses Verfahren nicht billigen können, so ist und bleibt doch diese Einmischung ein Beweis, daß das damalige Heidenthum sich dem Einflusse des Christenthums nicht mehr entziehen und, wenn es überhaupt sein Dasein fristen wollte, der christlichen Elemente nicht entbehren konnte.

9. Ihrem Wesen nach sind diese Bücher freilich durch und durch heidnisch und sogar dem Christenthum feindlich, weshalb sie denn auch bei der eifrig heidnischen Partei in hohem Ansehen standen. Am meisten natürlich sagen sie dem „göttlichen Jamblichus" zu und zu der von ihm vertretenen Richtung passen sie am besten, weshalb er und seine Schüler auch so oft auf diese Schriften hinweisen. Hermes, der Gott der Rede, sagt Jamblichus, sei der Urheber der wahren Gotteserkenntniß und die Alten hätten sie von ihm empfangen, er habe tausend Bücher über die himmlischen, hundert über die empyreischen und hundert über die ätherischen Götter geschrieben. Danach war Hermes gewiß ein fruchtbarer Schriftsteller, aber selbst diese Fruchtbarkeit genügt dem „göttlichen Jamblichus" noch nicht. Er bringt einen Bericht des Seleukus bei, wonach Hermes 20,000 Bücher verfaßt habe[2]), und eine Notiz von Manetho, welcher die Zahl derselben gar auf 36,525 angibt. Jamblichus mußte zugeben, daß diese hermetischen Schriften in der Sprache und den Ausdrücken der Griechischen Philosophen abgefaßt seien, aber das rührte nach seiner Ansicht nur von den Uebersetzern her; sie seien ursprünglich in hieroglyphischer Schrift geschrieben

---

1) Cyrill. c. Jul. I, p. 30. 34. 35. II, p. 56. 64. Ebenso hebt er auch die Uebereinstimmung mancher Stellen der Orphischen Schriften mit dem Christenthum hervor. Ibid. I, p. 25. sqq. — 2) Dasselbe sagt Julius Firmicus.

gewesen, aus welcher sie der Prophet Bitys für den König Ammon übersetzt habe. [1])

10.   Wenn Jamblichus so große Stücke auf diese Bücher hielt, so stand er damit nicht allein da, sondern theilte diese Anschauung mit vielen Zeitgenossen. Man hob sie sogar dem Christenthum gegenüber hervor und suchte in ihnen nicht nur einen Stützpunkt, sondern eine Waffe. So sagt Julian in seinem Werke gegen die Christen [2]): „Daß Gott nicht bloß der Hebräer sich angenommen, sondern, für alle Völker sorgend, jenen eben keine großen oder bedeutenden Vorzüge, uns aber (den Heiden) um so herrlichere und erhabenere verliehen hat, das sehen wir im Uebrigen auch aus Folgendem: Die Aegypter haben nicht wenige Namen von bei ihnen einheimischen Weisen aufzuzählen und sie haben viele Nachfolger des Hermes aufzuweisen, jenes Hermes meine ich, welcher zum dritten Male Aegypten besuchte." Noch im sechsten Jahrhundert machte man sich mit diesen Schriften zu schaffen. Wenn nämlich Damascius von den Lehren spricht, welche zwei Aegyptische Philosophen, Heraiskus und Asklepiades, in gewissen Aegyptischen Schriften gefunden haben sollen, so meint er ohne Zweifel die Hermetischen. [3])

11.   Wir haben also unser Urtheil über die Hermetischen Bücher mit Tennemann dahin zu fixiren, daß sie nicht den Zweck haben, irgend ein philosophisches System, selbst nicht das Neuplatonische auszubreiten, oder es auf die vorgebliche Urweisheit des Hermes zurückzuführen; denn dann müßte man mehr Uebereinstimmung damit in ihnen finden und überhaupt herrscht darin nicht der tiefe, grüblerische Forschergeist, der sich in den Schriften der Platoniker äußert; sondern sie suchen vielmehr den Glauben an die göttliche Offenbarung als die Quelle alles menschlichen Wissens zu gründen und zu befestigen, die Sehnsucht nach einer vollkommneren Erkenntniß göttlicher Dinge zu erwecken und dadurch den religiösen Sinn zu beleben; hiermit aber den Glauben zu verbinden, daß Aegypten das heilige Land sei, welches die Götter zu ihrem Wohnsitz erkoren, zu welchem sie in sichtbarer Gestalt herab-

---

1) Siehe Fabricii Bibl. Gr. tom. I, p. 76—79. — 2) Ap. Cyrill. II. p. 176. — 3) Tennemann, Gesch. d. Phil. Bd. VI. S. 479.

kamen, um den Menschen die göttliche Wahrheit mitzutheilen und ihnen die wahre Religion zu offenbaren. Die Hermetischen Schriften sollten für die Heiden ein heiliges Buch sein wie die Bibel für die Christen. Die Zurückführung der heidnischen Religion auf eine sichtbare göttliche Urkunde und die Befestigung derselben gegen das immer weiter um sich greifende Christenthum — dieses scheint der Hauptzweck bei ihrer Verfertigung gewesen zu sein, und damit lassen sich alle anderen Nebenzwecke, alle Eigenthümlichkeiten in dem Stoffe und der Form, die Benutzung der Bibel und der Philosophen, die Accommodationen auf die Dogmen und religiösen Anstalten des Christenthums ganz ungezwungen vereinigen.[1]) Dieses Urtheil Tennemanns ist ebenso kräftig ausgesprochen als an sich richtig und wir werden um so weniger Anstand nehmen, es gelten zu lassen, als wir schon bei bedeutenden Philosophen, wie Porphyrius, dasselbe Bedürfniß und dasselbe Streben nach einer autoritativen Begründung der heidnischen Religionslehren wahrgenommen haben. Porphyrius gab wohl den eigentlichen Anstoß dazu und die jüngern Zeitgenossen haben seine Ideen ohne philosophische Tiefe in gemeinfaßlicher Trockenheit und populärem Dogmatismus verwirklicht.

12. Betrachten wir nun die zwei von den Hermetischen Schriften, welche vermöge ihres religiös-philosophischen Inhalts — die medizinischen und chemischen gehören nicht zu unserm Zweck — den angegebenen Charakter am meisten an sich tragen, so sind das der Poemander und der Dialog Asklepius.

13. Der Dialog Asklepius führte auch den Titel „Die vollkommene Lehre" (λόγος τέλειος), welcher seinem Charakter und Inhalt so entspricht, daß er wohl der ursprüngliche Titel war. Derselbe gehört zu den ältern Schriften dieser Art; denn schon Lactantius hat ihn gekannt und in seinem Werke divinae institutiones viermal Stellen daraus citirt. Ursprünglich war der Dialog griechisch geschrieben, wie auch die von Lactantius und Johannes Stobaeus[2]) aufbewahrten Stellen des Originals beweisen, jetzt aber

---

1) Tennemann, Gesch. d. Phil. Bd. VI, S. 475 ff.
2) Florileg. serm. 119.

ist er nur in einer lateinischen Uebersetzung erhalten, welche nach
dem Zeugniß der Handschriften von dem bekannten Satiriker Appu=
lejus aus Madaura verfertigt ist; mit welchem Rechte das be=
hauptet wird, werden wir später sehen. Sein Verfasser aber ist
ohne Zweifel ein Aegypter gewesen[1]), der die Aegyptischen Lehren,
so weit sie sich mit den damals gangbaren Ansichten vereinbaren
ließen, zur Geltung bringen wollte.[2])

14. Das Ganze ist ein Inbegriff der zur Zeit des entstehen=
den Neuplatonismus herrschenden Ansichten; eine Mischung Plato=
nischer, Neuplatonischer und mythischer Lehren, welche in ein Sy=
stem gebracht und nicht in Form einer Untersuchung, wie etwa die
Platonischen Dialoge, gehalten sind, sondern in dogmatisirender,
lehrender Weise vorgetragen werden. Hermes, der dreimal größte,
ist es selbst, der hier als lehrende Person auftritt, ihm geziemt na=
türlich nicht eine untersuchende Form, sondern eine autoritative,
feste und bündige Vortragsweise. Zu bemerken ist auch der sehr
populäre und gemeinverständliche Ton, in welchen die Lehren ein=
gekleidet sind, so daß man versucht wird, das Ganze als eine Art
Katechismus des Neuplatonischen Systems zu bezeichnen.

15. Im Eingang preist sich der unbekannte Verfasser des Askle=
pius, der als ein Enkel des Erfinders der Medizin, des Aeskulap
gedacht wird, glücklich, daß er gewürdigt worden sei, einer so hei=
ligen, frommen und göttlichen Unterredung beizuwohnen; wenn er
dieselbe recht erfasse, so werde sein Geist aller Güter übervoll wer=
den.[3]) Außer ihm wird nur noch Ammon hinzugezogen, damit nicht
eine so fromme, über so wichtige Dinge gepflogene Unterredung
durch die Anwesenheit vieler entheiligt werde. Ihnen beiden trägt
nun Hermes, der göttliche Liebesgott, der dreimal größte, seine
Dogmen vor. Alles sei Eins und Eins sei Alles; alles sei
ursprünglich im Schöpfer eins gewesen, bevor es geschaffen war,
und alles seien nur Glieder von ihm.[4]) Der Himmel ist das ge=

---

1) Fabric. Bibl. Gr. tom. I, p. 56. — 2) Asclepius dialogus p. 418.
Wir citiren nach Luc. Apuleii Mad. opera Ed. Henricpetri Basileae 1560. tom.
II. — 3) Ibid. p. 394. — 4) Non enim hoc dici, omnia unum esse et unum
omnia, utpote quia in creatore fuerint omnia, antequam creasset omnia, nec
immerito omnia dictus est omnia, cuius membra sunt omnia. Ibid p. 395.

benbe, bie Erbe bas empfangenbe Element bei bem Schöpfunge=
afte; ber Himmel ist Gott, insofern er wahrnehmbar ist,[1] unb ihm
steht bie Materie gegenüber, aber es kommt ihr kein absolutes
Sein zu, beswegen weil sie nichts erzeugen unb hervorbringen
kann.[2] Gott ist also gleichsam bas männliche Prinzip bei ber
Schöpfung, bie Materie aber bas weibliche. Die Materie (ὔλη,
mundi natura) ist für ben Verfasser bes Asklepius im Grunbe
etwas an sich Unbestimmtes unb Wesenloses, sie ist nichts als ber
bloße Behälter, ber Raum, in welchen bie Dinge gesetzt werben,[3]
sie ist bie leibenbe Trägerin ber göttlichen Ibeen[4] obwohl ihr frei=
lich auch von Natur bas Böse anklebt.[5] Als brittes Hauptprinzip
tritt bann ber Geist hinzu, welcher alles erfüllt, belebt unb be=
wegt, er ist bas Werkzeug, vermittels bessen Gott bie Welt regiert
unb lenkt.[6] Also haben wir eine Dreiheit von Prinzipien Gott,
Materie unb Geist, welche von ber christlichen Trinität im Wesen
verschieben ist, aber einiger Maßen baran erinnert.

16.   Sehr lange hält sich Hermes Trismegistus bei Besprechung
bes Wesens bes Menschen auf. Der Mensch ist theils göttlicher theils
irbischer Natur, ba seine Seele aus Gott hervorgegangen unb,
wenn sie ihre Reinigung unb Läuterung vollbracht, bestimmt ist, zu
Gott zurückzukehren.   Dazu wirb eine Askese unb Verachtung bes
Niebern unb Sinnlichen nothwenbig. Auch erscheint hier wiederum
ein höheres Erkenntnißvermögen, hier sensus, intelligentia vera
genannt, welches nicht geringer ist als bie Gottheit selbst.[7] Die
Gottlosen, beren Seele sich bem Irbischen zuwenbet, kommen nicht
in ben Himmel, sonbern unterliegen ber Seelenwanderung. So
viel aus bem wortreichen unb weit ausgesponnenen Vortrage bes
Hermes über bie Lehre vom Menschen unb seiner Bestimmung.[8]

---

1) Coelum ergo sensibilis Deus. pag. 391. Ipsum coelum plenum est
Deo p. 397. — 2) Non enim ex sola non nata dicuntur quae necdum nata
sunt, sed ea quae carent foecunditate generandi, ita ut ex eis nihil nasci
possit. Ibid. p. 407. — 3) Ibid. pag. 408. — 4) Ibid. p. 396. seqq. u. 410.

5) Spiritu autem ministrantur omnia et vegetantur im mundo et quasi
organum vel machina summi dei voluntati subjectus est. p. 409.

6) Ibid. p. 409. — 7) Ibid. pag. 399. seqq. u. 411.

8) Siehe Ibid. p. 398—406.

17. Seine Belehrungen über die Gottheit laufen auf Fol=
gendes hinaus. Die unterste Klasse bilden die Götter, welche den
einzelnen Gattungen von Wesen vorgesetzt sind (specierum prin-
cipes dii). Welche Stellung die vom Verfasser ebenfalls erwähnten
Dämonen einnehmen, wird nicht angegeben. Dann folgen die mitt=
leren Götter, wozu namentlich die gehören, welche den Olymp be=
wohnen. Besonders erwähnt werden unter andern Zeus, der Gott
des Himmels, der Gott des Lichtes, Helios, dann sechsunddreißig
Horoscopi genannte Wesen, welche die Gestirne bewohnen. Zu
oberst steht dann zuletzt der höchste Gott, der alles leitet. ¹)

18. Eine genauere Berücksichtigung verdient noch die Art und
Weise, wie die Verehrung der Götzenbilder gerechtfertigt wird.
„Da von der Verwandtschaft und dem Umgange der Götter mit
den Menschen die Rede ist, läßt sich Hermes vernehmen, so ver-
nimm, o Asklepius, die Macht und Gewalt des Menschen. Der Herr
und Vater, und was das Höchste ist, Gott ist der Schöpfer der himm=
lischen Götter; in gleicher Weise ist der Mensch der Bildner der Götter,
welche in den Tempeln und dem Menschen nahe sind und er wird
nicht bloß erleuchtet werden, sondern auch erleuchten, nähert sich
nicht bloß Gott, sondern bestärkt auch die Götter. ²) Der höchste
Gott wirkt mit, daß ein solches Wunder zu Stande komme. Die Art
von Göttern, welche von den Menschen nachgebildet werden, ist aus
beiderlei Wesenheit zusammengesetzt, aus der göttlichen und aus der
Materie, welche die Menschen zu bearbeiten vermögen. Daher bildet
die Menschheit ihre Götter nach der Aehnlichkeit ihres Antlitzes.“
Auf die Frage des Asklepius, ob er die Götterstatuen meine, fährt
Hermes fort: „Ja, o Asklepius, die Statuen; siehst du nicht, daß
sie in einem Grade, wie du selbst nicht glaubst, belebt und vom
Geiste erfüllt sind, daß sie so große Dinge thun, namentlich die Zukunft vorherwissen, als Orakel alle Geschicke durch Träume und
auf manche andere Weise vorausverkünden, die Gebrechen der Men=
schen verursachen und sie und die Traurigkeit nach Verdienst
wieder heilen?“ ³) Um diese unklare Auseinandersetzung einiger

----

1) Ibid. p. 412. 414. — 2) Ibid. p. 417. Ich lese statt des sinnlosen illu-
minantur und illuminant, illuminatur und illuminat. — 3) Ibid. 417. 418.

Maßen zu verstehen, dazu hilft uns noch eine andere Stelle: „Da unsere Vorfahren in Betreff der Götter vielfach irrten, so erfanden sie die Kunst, Götter zu machen, wozu sie eine entsprechende Weltkraft mittheilten und mischten, und weil sie keine Seelen hervorbringen konnten, so citirten sie die Seelen der Dämonen oder Engel (angelorum) und bannten sie in die heiligen Bildnisse und die göttlichen Mysterien, wodurch allein die Idole die Macht, wohl zu thun und zu schaden, besitzen."[1]) Ein hoffnungsloser Versuch, vor der menschlichen Vernunft den Bilderdienst zu rechtfertigen! Auch der göttliche Jamblichus wird schwerlich etwas Besseres über dieses verzweifelte Problem zu sagen gewußt haben.[2])

19. Den sonstigen Inhalt des Dialogs bilden Erörterungen über verschiedene philosophische Gegenstände, über den göttlichen Willen[3]), über die Gewalten, die Stellung und die Wirkungen einzelner Götter[4]), über Ewigkeit und Zeit, Ewigkeit der Welt und Verhältniß der Zeit zur Welt[5]), über den ewigen Kreislauf der Dinge, über Ruhe und Bewegung, über die ewige Ruhe Gottes,[6]) über den Raum und das Nichtexistiren eines leeren Raumes.[7]) Dann folgt ein Versuch, die Lehre von dem unausweichlichen Verhängniß (fatum, εἱμαρμένη) mit der göttlichen Vorsehung und Weltregierung in Einklang zu bringen. Die Frage danach drängt sich gleichsam von selbst auf, da das System eine so complicirte himmlische Hierarchie annimmt, einerseits den höchsten Gott, den einen, der alles ist, andererseits die siderischen und terrestrischen Götter,[8]) welche doch auch etwas zu thun haben müssen. Demzufolge ist denn dieses Fatum das Gesetz des obersten Gottes hinsichtlich der Weltordnung, während den untern Göttern das Mitwirken

---

1) Ibid. p. 433. Vgl. auch p. 434.

2) Die Stelle, wo Hermes die Aegyptische Thieranbetung zu rechtfertigen sucht, bekennen wir, nicht zu verstehen. Sie lautet: Terrenis diis atque mundanis facile est irasci, utpote qui sint ab hominibus ex utraque natura facti atque compositi. Unde contingit ab Aegyptiis haec sancta animalia nuncupari et per singulas civitates coli eorum animus, quorum sunt consecratae viventes, ita ut eorum legibus incolantur et eorum nominibus nuncupentur. p. 434. — 3) Ibid. p. 421. — 4) Ibid. p. 424. — 5) Ibid. p. 425. — 6) Ibid. p. 426. — 7) Ibid. p. 430. — 8) Ibid. p. 434.

und Eingreifen in die Natur und Menschenwelt zukommt.[1]) Den
Schluß des Ganzen bildet ein dem Inhalte des Dialogs entspre=
chendes, schwungvolles Gebet.[2])

20. Philosophische Tiefe wird in diesem Dialoge vermißt,
der Verfasser gleitet in populärer Leichtigkeit über die Probleme
hinweg; und wenn wir die Elemente seines Systems angeben sollen,
so ist es vor allem der strengste, reinste Pantheismus, die spezifisch
Neuplatonischen Sätze, sodann einige Orphisch=Pythagoräische Lehren,
wie die Verwerfung thierischer Nahrung und alles äußern Kultus
mit Ausnahme des Gebetes,[3]) endlich einige Aegyptische Religions=
ansichten, besonders die Lehre von dem Gerichte über die Seelen
nach dem Tode,[4]) die Seelenwanderung und verschiedene Götter=
mythen. Wenn man will, so sind auch einige Anklänge an biblische
und zwar alttestamentliche Stellen vorhanden.[5]) Und welches ist
nun der Zweck dieser Schrift? Das ist unschwer anzugeben. Vor
allem ein apologetischer, weil der Verfasser solche Lehren des Hei=
denthums, welche anfingen wankend zu werden, z. B. die Anbetung
der Götterstatuen, besonders betont und vertheidigt. Dann will er
auch seine Meinungen, welche ja die Anschauungen waren, die, wenn
man sich so ausdrücken darf, bei den damaligen orthodoxen Heiden,
gäng und gäbe waren, verbreiten und als die einzig wahren hin=
stellen. Seine Lehre ist die fromme und echte, „die wahre Philosophie,
welche alles Guten voll und durch keine unzeitige Neugierde des
Geistes verkümmert ist."[6])

21. Die Frage, ob der Verfasser das Christenthum im Auge
gehabt habe, ist damit schon erledigt, sie erhält aber noch mehr Licht
durch eine lange Stelle, in welcher sehr deutlich das Christenthum
gemeint ist. Unmittelbar an seine theologische Rechtfertigung der
Anbetung der Idole reiht Hermes folgende Weissagung: „Es wird
eine Zeit kommen, da es sich zeigen wird, daß die Aegypter ver=
geblich mit frommem Sinn und eifrigem Dienst der Gottheit gehul=
digt haben und all ihre heilige Verehrung umsonst in den Untergang

---

1) Ibid. p. 435. — 2) Ibid. p. 437. — 3) Ibid. p. 437 u. 438. — 4) Ibid. p. 423.
5) Als solche kann man ansehen pag. 401: Quoniam ergo hunc (sc. hominem) fecit ex se primum et a se secundum, visusque est ei pulcher,
und p. 410. Spiritus autem implet omnia. — 6) Ibid. p. 406 u. 407.

versinken wird. Denn die Gottheit wird sich von der Erde in den Himmel zurückziehen, und Aegypten, das Land, welches ihr Sitz war, wird verlassen und der Religion beraubt, der Gegenwart der Götter entbehren. Fremdlinge werden dieses Land erfüllen und nicht bloß Vernachlässigung der Religion wird Platz greifen, sondern was härter noch ist, unter Androhung von Strafe wird Religion, Frömmigkeit und Götterdienst gesetzlich verboten werden. Dann wird dieses so heilige Land, dieser Sitz der Götter und der Tempel, voll sein von Gräbern und von Todten." Nach einigen schmerzerfüllten Ausrufungen prophezeit Hermes als weitere Folge davon völlige Entvölkerung und Veröbung des Landes. Dann fährt er fort: „Was weinst du, Asklepius? Noch mehr, noch Schlimmeres als das wird Aegypten lernen, noch größere Schlechtigkeit wird ihm beigebracht werden..... Auch diese ganze Welt wird verachtet und nicht mehr geliebt werden, dieses unveränderliche Werk Gottes, der herrliche Bau!.... denn die Finsterniß wird man dem Lichte vorziehen, der Tod wird für besser als das Leben gehalten werden und niemand wird zum Himmel aufblicken; der Fromme wird für wahnwitzig, der Gottlose für klug, der Wüthende für tapfer, der Schlechteste für gut gehalten werden." „Aber glaubt mir, weissagt er weiter, wer sich der Religion des Geistes hingibt, wird in Lebensgefahr kommen. Neues Recht, neues Gesetz wird erlassen, nichts Heiliges, nichts Frommes, nichts der Himmlischen-oder des Himmels Würdiges wird gehört oder im Geiste geglaubt werden. Dann wird eine beklagenswerthe Absonderung der Götter von den Menschen eintreten, nur die bösen Engel werden zurückbleiben, welche, der Menschheit zugesellt, die Elenden zu allen verwegenen Freveln, zu Krieg, Raub, Betrug und zu allem antreiben werden, was der Natur der Seele zuwider läuft." [1])

22. Diese in leidenschaftlicher Erregtheit gegebene Prophezeihung erinnert gar sehr an etwas Aehnliches, was von einem gewissen Antoninus erzählt wird. Er soll (siehe unten Kap. 13.) vorausgesehen haben, welches Schicksal die Tempel zu Alexandrien treffen würde. Wenn hier in die für die Heiden und ihre Heiligthümer

---

1) Ibid. p. 418—420.

so verhängnißvolle Zukunft geschaut und Weissagungen gegeben zu werden scheinen, so braucht man darum doch nicht an etwas Uebernatürliches zu denken; ein vaticinium diaboli ist gar nicht im Spiele. Denn im vierten Jahrhundert war die Zahl der Christen schon eine sehr große und die Grabkapellen der Martyrer mochten schon allenthalben zu erblicken sein. Wer also einigermaßen mit Beobachtungsgabe ausgerüstet war, konnte aus den Zeichen der Zeit den endlichen Sieg des Christenthums schon ahnen, und wenn er ein wenig Phantasie hatte, auch ohne jegliche Sehergabe eine Weissagung von den Zuständen der Zukunft, wie die vorliegende ist, ausmalen. So ist es einerseits eine trübe, das Herz beklemmende Ahnung, welche der Verfasser des Asklepius hier ausspricht; auf der andern Seite ist es ja auch ein ganz gewöhnlicher Kunstgriff, wenn man die Fortschritte einer gegnerischen Partei fürchtet, diese Besorgnisse in behauptender Redeweise auszusprechen und ihnen so die Form einer Weissagung zu geben, besonders, wenn man die Absicht hat, die eigene Partei zu erhöhtem Widerstande anzuspornen. Ein wenig Uebertreibung ist dann gar sehr am Platze; je erschreckender die Erfolge des Gegners erscheinen, desto sicherer wird der Zweck erreicht.

23. So denke ich, erklärt sich die anscheinende Weissagung im Asklepius. Freilich wenn schon Appulejus von Madaura, der in der letzten Hälfte des zweiten Jahrhunderts n. Chr. lebte, diesen Dialog ins Lateinische übersetzt haben soll, wie die Handschriften aussagen, so wäre dazumal eine solche Combination doch noch nicht möglich gewesen. Indessen ist auf eine solche Aussage der Handschriften nicht viel zu geben, man denke z. B. nur an den Dialog Philopatris. Sollte jene Angabe aber begründet sein, so könnte man sich nur durch die Annahme helfen, daß die betreffende Stelle ein späteres Einschiebsel sei, welches sich bei einer so in Fluß begriffenen Literatur wie der Hermetischen und Orphischen leicht anbringen ließ. Wir für unsere Person schließen uns denen an, welche die Autorschaft des Appulejus verwerfen.[1]

24. Eine besondere Eigenthümlichkeit des Asklepius ist die hohe Stellung, welche dem einen höchsten, Gott angewiesen

---

1) Fabr. Bibl. Gr. tom I, l. c.

wird. Die Einheit dieses Gottes wird zuweilen so stark betont, daß die Vielheit der geringern Götter fast verschwindet, der Polytheismus scheint ein überwundener Standpunkt, Hermes ein Bote und Verkündiger der Einheit Gottes zu sein. Aber es scheint auch nur so; der Polytheismus ist keineswegs völlig verschlungen, sondern das der Religion des klassischen Alterthums zu Grunde liegende pantheistische Element hat sich hier nur aufs schärffte geltend gemacht, ohne den Polytheismus auszuschließen; das rechte Verständniß dieser Erscheinung ist das, daß man den Anforderungen der Zeit nachgebend, die Einheit Gottes sehr scharf hervortreten ließ, den Polytheismus aber zurückdrängte, ohne ihn aufzugeben und somit charakterisirt sich auch der Asklepius als ein Versuch, das Heidenthum zu heben und seine Lehren dadurch, daß man sie in ein anderes Licht stellte, gegen Einwendungen zu sichern.

25. Der Asklepius trägt durchaus den Charakter eines einheitlichen Ganzen und daher kann auch bei ihm von einem Lehrsystem und einer Tendenz die Rede sein. Das läßt sich keineswegs von einer andern Schrift dieser Kategorie, dem Poemander[1]) sagen. Dieselbe besteht aus vierzehn Abhandlungen, die sich in Inhalt und Form unterscheiden. Einige dieser Stücke existirten schon im fünften Jahrhundert, einige haben entschieden ein Neuplatonisches Gepräge und tragen Neuplatonische Lehren vor in der Art, wie wir es vorhin in dem Asklepius gesehen haben. Andere Stücke sind unverkennbar christlichen oder besser gnostischen Ursprungs[2]), auch ist eine Einmischung Aegyptischer Elemente ersichtlich. Das Buch hat zu sehr den Charakter des Zusammengewürfelten und innerlich Unzusammenhängenden, als daß es von einem Verfasser herrühren könnte. Es bietet für unsern Zweck weiter kein Interesse dar, als das es eine Probe der durch einander wogenden und gährenden religiösen und philosophischen Anschauungen jener Zeit ist.

---

1) Hermetis Trismegisti Poemander. Ed. G. Parthey. Berolini, 1854.
2) Nämlich Nr. 1, worin der christliche Anflug sehr auffallend ist (es kommt z. B. der Ausdruck ὁμοούσιος vor) 4. u. 13. Fabric. Bibl. Gr. tom. I, p. 58.

IV.

Das Stadium des überhand nehmenden Aberglaubens

und

der Religionsmengerei.

Zehntes Kapitel.

Jamblichus von Chalcis.

(Gest. um 330 n. Chr.)

1. Schon durch Porphyrius war die Theurgie ein wesent=
liches Element im Neuplatonismus geworden und blieb es von da
an auch bis in die spätesten Zeiten des Hellenismus. Ihren Höhe=
punkt erreicht diese Richtung in Jamblichus. Während sich bei
den übrigen Neuplatonikern der philosophische Geist des Alter=
thums doch nicht ganz verleugnet, bezeichnet sein Biograph Eunapius
als diejenige Eigenschaft, welche ihn am meisten charakterisirt und
worin er unerreichbar war, sein gotterfülltes Wesen.[1]) Er war
gotterfüllter Seher und Großmeister der Theurgie, nebenbei Astro=
log und ein guter Mathematiker, aber nichts weniger als Philosoph.

2. Jamblichus war aus der Stadt Chalcis in Cölesyrien.
Syrien brachte überhaupt viele Neuplatoniker hervor und zum
Theil gerade die bedeutendsten, Porphyrius, Sopatros,[2]) Damas=
cius, dann auch Marinus waren Syrer, ein Umstand, der theil=
weise das Uebergewicht, welches der heidnische Aberglaube, die
Wahrsagerei, Theurgie u. s. w. im Neuplatonismus errang und be=
hauptete, mit erklären hilft. Trotzdem, daß wir eine eigene Lebensbe=

---

1) Das ist der θειασμός τοῦ Ἰαμβλίχου Eunap. p. 20. Sein stehender
Titel ist θειότατος Jul. Ep. 27 ed. Spanh. — 2) Eunap. vita Jambl. p. 12.

schreibung des Jamblichus aus der Feder des Eunapius besitzen,
wissen wir doch von seinem Leben sehr wenig. Denn dieses elende
Machwerk enthält fast nichts als schwülstige Lobhubeleien und un=
verbürgte Wundergeschichten. Jamblichus hielt sich meistens in Syrien
auf,[1]) war ein Schüler des Anatolius und des Porphyrius und hatte
selbst eine große Anzahl von Schülern; er starb noch unter Con=
stantins Regierung, also ungefähr 330 n. Chr., und wahrscheinlich
zu Alexandrien.[2]) Von seinen Zeitgenossen wurde er der wunder=
thätige und göttliche ($\vartheta\alpha\nu\mu\acute{\alpha}\sigma\iota\sigma\varsigma$ $\kappa\alpha\grave{\iota}$ $\vartheta\varepsilon\sigma\varepsilon\iota\delta\acute{\eta}\varsigma$) genannt. Beim
Beten soll er mehr als zehn Ellen über der Erde frei in der Luft
geschwebt, sein Gewand in Gold geglänzt und sein Gesicht einen
schönern Ausdruck gewonnen haben. Aehnliche Wunder erzählt Eu=
napius[3]) noch mehrere von ihm; merkwürdiger Weise aber will er
nicht für die Richtigkeit seiner Angaben einstehen.[4])

3. Sein philosophisches Verdienst ist gering, seine Schriften
sind dunkel, verworren, phantastisch und doch geistlos. Sie besitzen
im Allgemeinen keinen andern Werth, als daß sie, wie Tennemann
sagt, die verschrobene Denkart des Zeitalters bekunden. Jamblichus
wollte das Heidenthum mehr auf religiösem Wege wieder erwecken
und ist hierin ein Vorläufer Julians, von welchem er sehr hoch
geschätzt und sogar dem Plato gleichgestellt wird.[5])

4. Die Theurgie sollte nach seiner Ansicht die Philosophie
ergänzen, und eine höhere Erkenntnißstufe sein. Sie bewirke eine
innige und wirksame Vereinigung mit Gott und werde nicht durch
vernünftige Erkenntniß, sondern durch geheimnißvolle Handlungen,
Cärimonien und Symbole erlangt. Seine desfallsigen Anschauungen
spricht er in folgender Stelle aus: „Die Erkenntniß vereinigt
den Theurgen nicht mit den Göttern, da die theoretisch philosophi=
renden ungeeignet sind, die theurgische Vereinigung mit den Göttern
zu erlangen. Das geht nun also nicht, sondern die Vollbringung
unaussprechlicher und über alle Erkenntniß Gott wohlgefälliger
Werke und die Kraft geheimer, den Göttern allein bekannter Sym=

---

1) Eunap. p. 20. — 2) Eunap. p. 19 u. 20. — 3) Ibid. p. 16. — 4)
Ueber die andern ihm gleichnamigen Personen. S. Fabricius Bibl. Gr. l. IV. c.
28. — 5) Orat. IV. ed. Spanh. I. p. 146. A.

bole bewirkt die theurgische Vereinigung. Deswegen vollbringen wir sie auch nicht durch das Denken. Denn auch ohne daß wir denken, bringen die Zeichen ihre eigenthümliche Wirkung hervor und die geheime Kraft der Götter, an welche diese Zeichen adressirt sind, erkennt von selbst ihre eigenthümlichen Bilder, nicht aber dadurch, daß sie durch unsere Denkkraft angeregt wird. Denn es wäre gegen die Natur der Sache, daß das Einschließende von den Eingeschlossenen und das Vollkommene von den Unvollkommenen und das Ganze vom Theile bewegt werde. Ebenso wenig wird auch die göttliche Ursache durch unsere Gedanken zur Thätigkeit gebracht, sondern die trefflichste Disposition der Seele und die Reinheit müssen nur als Miturfachen vorher vorhanden sein; was aber den göttlichen Willen eigentlich bewegt, das sind die göttlichen Symbole."[1] So äußert sich Jamblichus in einer Schrift, die als Antwort auf den früher erwähnten Brief des Porphyrius an den Anebontes gelten soll und den Titel führt: Antwort des Lehrers Abammon auf den Brief des Porphyrius an den Anebontes und Lösung der darin enthaltenen Bedenken.[2] Wenn Porphyrius hinsichtlich der Vereinigung der Zauberei mit der Philosophie zu keinem rechten Abschluß kommen konnte, so wandte sich Jamblichus mit voller Entschiedenheit des Geistes der Theurgie zu. Sie muß ihm das ergänzen, was die Philosophie nicht leistet und durch die göttlichen Symbole (θεῖα συνθήματα) die innige und wirksame Vereinigung mit Gott (ἕνωσις δραστική καὶ ἄρρητος) herbeiführen. Darum geberdet er sich auch ganz wie ein Prophet, der sein Wissen aus unmittelbarer Mittheilung der Götter schöpft, und während er über Gebet, Opfer und Verehrung der Götzenbilder ziemlich dieselben Ansichten hegt und dieselbe Rechtfertigung gibt, wie Porphyrius, so ist doch seine Dämonologie noch ausgebildeter. Er kennt ganz genau die verschiedenen Klassen von Wesen, aus welchen die himmlische Hierarchie besteht, er beschreibt ihr Wesen,

---

1) De myster. Aegypt. II. c. 11. Vgl. Tennemann, Gesch. d. Phil. VI. S. 269. ff. Tzschirner, Fall d. Heidenth. S. 455. ff. — 2) Ueber die Autorschaft dieses Briefes, welche dem Jamblichus nicht abzusprechen ist, s. Fabric. l. c., Tennemann l. c. Pauly, Realencyclopädie Art. Jamblichus.

ihre Wohnsitze, ihre Funktionen, ihre Merkmale, ihre Erscheinungs=
weise, ihre Bilder, ihr Feuer, ihr Licht, ihr Gefolge, ihre Einwir=
kungen auf den Menschen und ihre Geschenke, alles so genau, als
wenn er es aus eigenem Augenschein kennte. Auch hat seine himm=
lische Hierarchie, verglichen mit der des Porphyrius, um zwei
Klassen zugenommen, nämlich um die Engel und Erzengel, eine
bemerkenswerthe Spur von der zunehmenden Ausbreitung Jüdischer
und christlicher Lehren.

5. Von seinen Schriften mögen mehrere eine direkte oder in=
direkte Bekämpfung des Christenthums enthalten haben, so z. B.
die Schrift „Ueber die Götter“ (περὶ θεῶν) und „Ueber die
Vortrefflichkeit der Chaldäischen Philosophie“ (περὶ τῆς
τελειότητος τῆς Χαλδαϊκῆς φιλοσοφίας) d. h. der Chaldäischen
Diakel, aber wir kennen nicht mehr davon als ihre Titel. Letztere
Schrift war eine sehr umfangreiche und enthielt wenigstens sieben
und zwanzig Bücher. [1])

6. Das größte Werk des Jamblichus war das „Ueber die
Pythagoräische Schule“ (λόγοι περὶ τῆς Πυθαγόρου αἱρέσεως),
welches aus zehn Büchern bestand. Fünf davon sind noch vorhan=
den, jedes einzelne führt aber einen besondern Titel. Das erste Buch
enthält die Lebensbeschreibung des Pythagoras und die Geschichte
der von ihm gestifteten religiös=politischen Gesellschaft. [2]) Es hat
jene indirekte Beziehung auf das Christenthum, wie wir sie oben
bei dem Leben des Apollonius von Philostratus nachgewiesen ha=
ben, während es sich dem Inhalt nach sehr eng an die Biographie
des Pythagoras von Porphyrius anschließt und ohne viel mehr
als jene zu enthalten, die Sachen in breiterer und etwas gefälli=
gerer Darstellung gibt. Mithin können wir uns hier um so kürzer
fassen.

7. Die Idee von einer Herabkunft Gottes, um den Menschen
zu helfen, die Lehre von der Menschwerdung eines göttlichen Wesens
war wie natürlich zur Zeit des Jamblichus noch viel mehr zur

---

1) Fabr. Bibl. Gr. l. c. p. 293. — 2) Es führt den Titel Περὶ βίου Πυϑα-
γοϱικοῦ λόγος und ist mit der Lebensbeschreibung des Pythagoras von Porphy-
herausgegeben von Th. Kießling. Lips. 1815.

Kenntniß der heidnischen Welt gedrungen als zur Zeit des Philo=
stratus. Und eben zu der gottmenschlichen Würde gibt Jam=
blichus ein Analogon, welches gerade in diesem Hauptpunkte dem
Original noch näher kommt, als der abenteuerliche, seiner Persön=
lichkeit nach nicht recht zu definirende Apollonius des Philostratus.
Daß Pythagoras geistig in jeder Beziehung außerordentlich begabt
war, daß er die trefflichsten Eigenschaften des Herzens und Gemü=
thes besaß, daß er die vier Cardinaltugenden in größtem Maße
hatte, versteht sich von selbst.[1]) Seine eigenthümliche Weisheit
und seine danach geregelte Genossenschaft war eine Wohlthat
für die Menschen. Daß er ein höheres Wissen hatte, Ereignisse
der Zukunft vorherwußte, sich seiner Vergangenheit d. h. seiner
vormaligen Existenz als Euphorbus genau erinnerte,[2]) überna=
türliche Kräfte besaß, die er immer nur zum Heil und Segen
der Menschheit anwandte, und viele Wunder wirkte,[3]) ist uns in
der Abart der biographischen Geschichtschreibung, mit der wir es hier
zu thun haben, nicht Neues mehr; ja diese Ausschmückung mit über=
menschlichen Kräften und Thaten ist hier eine sparsamere und mä=
ßigere als in andern ähnlichen Werken und namentlich bei Apol=
lonius; nur das ist eigenthümlich, daß diese Wundergaben als eine
Wirkung seiner Frömmigkeit hingestellt werden.[4]) Auch Jamblichus
schildert seinen Helden als einen Mann, der die Menschen zur Aus=
übung der Tugenden eifrig ermahnte,[5]) aber auch die Frömmigkeit
gegen die Götter förderte. Auch er ist darauf bedacht, überall die
jeder Gegend eigenthümlichen Götterdienste kennen zu lernen,[6]) er
opferte fleißig und ermahnte andere, so z. B. die Frauen zu Kroton,
zur Frömmigkeit und zum Opfern.[7]) Er war ein frommer Heide,
ein Wohlthäter der Menschheit, deren Wohl er überall durch Be=
lehrung, Ermahnung, Tadel, Beispiel und Anwendung seiner Wun=
derkräfte förderte. Es fehlt nichts, als daß Jamblichus wie der
Evangelist das Wirken des Herrn charakterisirt mit den Worten

---

1) Ibid. c. 29—32. — 2) Ibid. c. 14. 17. — 3) Ibid. c. 3. — 4) Ibid.
c. 9. — 5) Ibid. c. 3. 4. — 6) Ibid. c. 11.

7) Τὴν ὁσιότητα αὐτοῦ πειρασώμεν ἐπιδεῖξαι καὶ τὰ ἀπ' αὐτῆς
θαυμαστὰ ἔργα. Ibid. c. 28.

Pertransiit benefaciendo; er braucht die Worte nicht, die Sache ist vollständig da.

8. Aber Jamblichus bleibt bei einer so äußerlichen Aehnlichkeit zwischen seinem Pythagoras und Christus nicht stehen. Wenn Eunapius schon von des Philostratus Leben des Apollonius sagt, man müsse es eine Herabkunft eines Gottes zu den Menschen nennen, und Apollonius sei nicht mehr ein Philosoph, sondern ein Mittelwesen zwischen Göttern und Menschen,[1] so hat er damit den von Philostratus nur angedeuteten Gedanken zu markirt ausgesprochen; Jamblichus hingegen läßt seinen Leser nicht erst halb errathen, wer Pythagoras sei, sondern er spricht es unverhohlen aus. Zwar weist er die Vorstellung zurück, als sei er ein Sohn des Zeus oder Apollo und eine Frucht von deren Verbindung mit der Parthenis, obwohl das ganz im Geiste der alten Mythen gewesen wäre. Der Gedanke einer solchen fleischlichen Verbindung eines Gottes und eines Weibes war ihm entweder zu trivial oder der Anschauung des vierten Jahrhunderts n. Chr. doch nicht mehr angemessen. Darum läßt er die Frage, wie Pythagoras zu seiner göttlichen Natur gekommen sei, gänzlich unberücksichtigt, behauptet aber eben diese göttliche Würde desto ausdrücklicher.

9. Die ganze Darstellung des Jamblichus läuft eigentlich darauf hinaus, zu zeigen, daß Pythagoras von allen seinen Zeitgenossen, mit welchen er in Berührung kam, für ein göttliches Wesen gehalten wurde und daß seine Erscheinung auf die verschiedensten Menschenklassen diesen und keinen andern Eindruck gemacht habe. Ein Dichter der Insel Samos macht ihn zu einem Sohne Apollo's und zwar auf Grund eines unter seinen Landsleuten herrschenden Gerüchts;[2] wie denn überhaupt, um das bei dieser Gelegenheit nebenbei zu bemerken, Apollo der Lieblingsgott der Pythagoräer war, auf welchen sie den Ursprung aller ihrer Ein-

---

1) Ἀπολλώνιός τε ὁ ἐκ Τυάνων οὐκέτι φιλόσοφος, ἀλλ᾽ ἦν τι θεῶν καὶ ἀνθρώπου μέσον. Τὴν γὰρ Πυθαγορείαν φιλοσοφίαν ζηλώσας, πολὺ τὸ θειότερον καὶ ἐνεργὸν κατ᾽ αὐτὴν ἐπεδείξατο. Ἀλλὰ τὸ μὲν ἐς τοῦτον ὁ Λήμνιος ἐπετέλεσε Φιλόστρατος βίον ἐπιγράψας Ἀπολλωνίου τὰ βιβλία, δέον ἐπιδημίαν ἐς ἀνθρώπους θεοῦ καλεῖν. Eunap. p. 3. — 2) Jambl. l. c. c. 2.

richtungen und Lehren zurückführten.[1]) Doch legt Jamblichus der
Aussage dieses Dichters keinen besondern Werth bei, viel wichtiger
ist ihm schon der Umstand, daß die Bewohner von Samos überhaupt ihn für einen Gott hielten.[2]) Selbst rohe Phönicische Schiffer,
welche den Jüngling Pythagoras vom Berge Karmel nach Aegypten
übersetzen sollten und anfangs entschlossen waren, ihn als Sklaven
zu verkaufen, gewinnen allmählich während der Ueberfahrt die Ueberzeugung, daß ihr Passagier ein übermenschliches Wesen sei. In
Aegypten angekommen, erkennen sie, daß sie einen göttlichen Dämon aus Syrien nach Aegypten gebracht haben.[3])

10. Der Hauptschauplatz seiner Thätigkeit aber war bekanntlich Großgriechenland, wohin er als junger Mann kam, wo er
seinen Pythagoräischen Bruderbund stiftete und starb. Auf das Urtheil der Bewohner dieses Landes wird also auch mit Recht das
Meiste bei Beurtheilung seiner Person ankommen. Sie betrachteten
aber seine Sentenzen und Kernsprüche wie „Orakel der Götter,"[4])
seine Gesetze und Anordnungen galten ihnen als vom Himmel ge-
sendet, und sie wichen nicht davon ab. „Sie zählten Pythagoras
den Göttern zu, als einen guten und die Menschen liebenden
Dämon. Einige hielten ihn für den Pythischen, andere für den
Hyperboreischen Apollo, einige für den Päon, andere für einen der
den Mond bewohnenden Dämonen, noch andere für einen von den
Olympischen Göttern, welcher, wie sie sagten, um das Leben der
Menschen zu läutern und zum Nutzen der Menschen, ihnen in
menschlicher Gestalt erschienen sei, damit er der sterblichen Natur das heilsame Licht der Seligkeit und Philosophie brächte;[5]) kein
größeres Geschenk hätten die Menschen von den Göttern erhalten
und würden es jemals erhalten als durch diesen Pythagoras. Deshalb ehren sie auch heute noch den gelockten Samier mit dem heiligsten Namen."[6]) Niemand nämlich nannte ihn bei seinem Namen,

---

1) Vgl. Baur, Apollonius von Tyana und Christus, p. 177—207. — 2)
Τὸν νεανίαν ἐξεθείαζον. cap. 2. — 3) Δαίμονα θεῖον εἰς Αἴγυπτον
μετιέναι. Ibid. c. 3. — 4) Ibid. c. 7. — 5) Ἄλλοι δὲ ἄλλον τῶν Ὀλυμ-
πίων θεῶν ἐιήμιζον εἰς ὠφέλειαν καὶ ἐπανόρθωσιν τοῦ θνητοῦ βίου
ἐν ἀνθρωπίνῃ μόρφῃ φανῆναι, Ibid. c. 6. — 6) Ibid. c. 6.

sondern alle nannten ihn den Göttlichen. [1]) Das ist der Gesammt-
glaube eines ganzen Volkes; aber auch was die Ansicht des Philosophen Jamblichus ist, erfahren wir.

11. „Auch Aristoteles, sagt er, erzählt in seinem Buche über
die Pythagoräische Philosophie, daß jene Männer unter ihren Geheimlehren eine Unterscheidung folgender Art bewahrt hätten: Zu
den mit Vernunft begabten Naturen gehöre einerseits Gott, andererseits der Mensch, drittens aber auch Wesen wie Pythagoras.
Und sie sahen ihn auch mit gutem Grund dafür an, da sie durch
ihn eine richtige, der Wirklichkeit entsprechende und keinem sichtbaren oder erkennbaren Dinge widerstreitende Erkenntniß von den
Göttern, den Heroen, den Dämonen, der Welt, den sämmtlichen
Bewegungen der Sphären und Gestirne, den Entgegenstellungen,
Eklipsen und Unregelmäßigkeiten, den Excentricitäten, der Epicyklien
und von allen himmlischen, irdischen und mittleren Wesen, sowohl
den erscheinenden als verborgenen erhielten. Auch Wissenschaft, Spekulation und alle Kenntnisse, welche das Auge des Geistes schärfen
und die von andern Bestrebungen hervorgebrachte Blindheit des
Verstandes beseitigen, so daß er die Ursprünge und Ursachen aller
Dinge erkennen kann, wurden bei den Griechen einheimisch. Auch
die beste Staatsverfassung, die Eintracht, die Gütergemeinschaft der
Freunde, die Verehrung der Götter, die Ehrfurcht gegen die Verstorbenen, die Kunst, Gesetze zu geben und zu erziehen, das Schweigen,
die Enthaltung von thierischer Nahrung, die Enthaltsamkeit, die
Mäßigkeit, die Verständigkeit und Göttlichkeit, und, um es mit einem
Worte zu sagen, alles Gute, was Wißbegierige gern lernen und
eifrig erstreben, wurde durch ihn auf die Bahn gebracht. Deswegen
haben die Menschen, wie ich eben sagte, mit Recht den Pythagoras
in so überschwänglicher Weise bewundert und verehrt." [2]) In dieser
Stelle gibt sich Jamblichus sichtlich Mühe, seine Ansicht von der
Persönlichkeit des Pythagoras genauer zu definiren. Aber trotz des
Citates aus Aristoteles vermag er keine befriedigende Erklärung zu
geben, wie er sich dieses Mittelwesen zwischen Göttern und Menschen geartet dachte. Ueberhaupt läßt er den Lesern ziemlich freien

---

1) Ibid. c. 8. — 2) Ibid. c. 6.

Spielraum, wie sie in dieser Beziehung denken wollen; nur der Wunsch leuchtet überall durch, daß sie ihn als ein Mittelwesen, wenigstens als einen vergöttlichten Menschen ansehen möchten; wollen sie ihn geradezu für einen Gott halten, so hat er auch nichts dagegen.[1])

12. Welche dieser drei Ansichten die des Jamblichus gewesen sei, läßt sich nicht sagen. Denn an einer andern Stelle erwähnt er wieder eine andere Tradition, wonach Pythagoras der Hyperboreische Apollo selbst gewesen sei und sucht diese Meinung mit sichtlicher Vorliebe zu begründen[2]) und fügt bei, auch Abaris, der ein Priester des Apollo war, verglich ihn am meisten mit diesem Gotte.[3])

13. So sehr sich nun auch Jamblichus in diesem Punkte in Widersprüchen bewegt und so wenig er es wagt, eine feste Entscheidung zu geben, so sehr ist auf der andern Seite klar, daß er ihn um jeden Preis für ein übermenschliches, göttliches Wesen gehalten wissen will. Er liefert, so zu sagen, den Traditionsbeweis dafür, daß Pythagoras ein Gott gewesen sei, obwohl er das im strengsten Sinne selbst nicht annimmt. Daß dieser Traditionsbeweis keinen historischen Werth hat, ist klar; denn Jamblichus kann keine Quelle sein, da er 900 Jahre nach Pythagoras lebte. Ueberhaupt brauchen wir über Unbegründetheit und historische Unsicherheit aller dieser Nachrichten kein Wort zu verlieren;[4]) Pythagoras, sein Leben und seine Lehren waren ein bildsamer Stoff, der unter den Händen der phantasiereichen Neuplatoniker eine ihnen zusagende Gestalt anzunehmen sehr geeignet war.

14. Die Lehre von einem Mensch gewordenen Gott war allmählich in das Heidenthum eingedrungen. Wenn sich dasselbe auch gegen christliche Lehren anfangs sehr spröde zeigte, so konnte es doch nicht fehlen, daß sich die christlichen Ideen allmählich auch in der heidnischen Welt immer mehr Geltung verschafften. Um ihnen entgegenzutreten, kopirte man sie mehr oder minder unbewußt. Bei der Lehre von der Inkarnation lag das um so näher, als auch die

---

1) Εἴτε θεὸν εἴτε δαίμονα, εἴτε θεῖόν τινα ἄνθρωπον. Ibid. c. 11. — 2) Ibid. c. 28. — 3) Τῷ θεῷ εἰκάσας. Ibid. c. 19. — 4) Vgl. Döllinger, Heidenthum und Judenthum. S. 227.

Mythen ihre Halbgötter hatten. Aber jene waren durch Vermischung
der Götter mit menschlichen Wesen entstanden, ihr Gottsein war
also ein physisches, ein auf dem Prinzip der Abkunft von einem
Gott beruhendes. Darin unterscheiden sich aber diese göttlichen Wesen
des Neuplatonismus, sie sind nicht von den Göttern erzeugt; sie
sind auf eine andere Weise Gott, indem ein Funke der Gottheit in
ihnen wohnt. So glauben wir den Sinn des Jamblichus und Porphyrius getroffen zu haben. Es darf uns nicht befremden, wenn
uns viele solcher gottmenschlichen Wesen vorgeführt werden, — Apollonius, Pythagoras, selbst Plotinus. Das verträgt sich mit dem
Heidenthum sehr wohl; ja sogar, je mehr solcher Gottmenschen man
aufzuweisen hatte, desto mehr mußte das Zutrauen auf das Heidenthum, seine Lehren und Institutionen wieder wachsen, desto mehr
schien es erhärtet, daß dasselbe nicht von den Göttern und allem
Göttlichen verlassen und bar sei. Hätten diese Neuplatoniker die
christliche Idee treuer kopirt und die gottmenschliche Würde nur
einem Einzigen vindizirt, so würden sie den Boden des Heidenthums
verlassen haben und nicht mehr verstanden worden sein. Sie haben
nicht die Evangelien vor sich gehabt und Parallelen zu denselben
gesucht, aber ihr desfallsiges Streben ist durch die christlichen Lehren
sichtlich hervorgerufen, es ist eine Reaktion, zu welcher sie durch das,
was vom Christenthum zu ihnen gedrungen, geführt wurden. Die
Ideen drangen zu ihnen, sie nahmen sie auf, ohne vielleicht ihren
Ursprung zu kennen; sie wähnten, sie seien ihr Eigenthum, und traten
so der wahren Eigenthümerin derselben, der christlichen Religion
indirekt zwar, aber wirksam entgegen. [1])

15. In gleicher Weise müssen die sonstigen christlichen Anklänge
gewürdigt werden, welche sich bei Jamblichus und den Neuplatonikern überhaupt finden. Sie sind aus der geistigen Atmosphäre
der damaligen Zeit geschöpft, auf welche das Christenthum einen
gewaltigen, unwiderstehlichen Einfluß übte; jene Männer aber griffen
die durch das Christenthum in Umlauf gesetzten Ideen auf, und
benutzten sie zur Polemik gegen eben dasselbe. Dahin gehört es bei-

---

1) Siehe Baur, Apollonius und Christus. Küster bei Kießling. Jambl. c.
2. not 27.

spielsweise, wenn Gott als Prinzip alles sittlichen Handelns darge=
stellt wird, wenn es heißt: Gott nachfolgen sei das Ziel des ganzen
Lebens,[1]) wenn gesagt wird, man dürfe die Kinder nicht aussetzen,
um Verehrer Gottes nach seinem Tode zu hinterlassen,[2]) und wenn
endlich vorgeschrieben wird, man solle seinen Beleidigern vergeben.[3])

16. Auch eine andere Schrift des Jamblichus war durch
christlichen Einfluß hervorgerufen worden. Es ist bekannt, wie oft
die Heiden aus dem Munde der Christen den Vorwurf hören mußten,
daß sie hölzerne und steinerne Götter anbeteten. Hier war, wie
schon bemerkt, eine sehr verwundbare Stelle des Heidenthums, welche
christliche Schriftsteller so gut wie ungebildete Christen benutzten;
denn um diese Blöße zu entdecken, brauchte man kein Theolog zu
sein, hier war der Heide auch von einem ungelehrten Christen leicht
aus dem Felde geschlagen. Manche Heiden ließen dann auch diesen
Punkt fallen und schämten sich dieses des vernünftigen Menschen so
unwürdigen Götzendienstes. Jamblichus aber ging durch dick und
dünn mit und suchte die Anbetung der Bilder theologisch zu recht=
fertigen in einem Buche, das er „über die Götterbilder"[4]) betitelte.
Wir haben hier also wieder ein Stück von der heidnischen wissen=
schaftlichen Theologie vor uns. Da uns die Widerlegungsschrift des
Johannes Philoponus so gut wie das Buch selbst verloren gegan=
gen ist, so können wir unsere Nachrichten nur aus dem kleinen Re=
ferat schöpfen, welches der Patriarch Photius von Konstantinopel
uns über die Gegenschrift des Philoponus gibt.[5])

17. Es war der Zweck des Jamblichus, zu zeigen, daß die
Idole göttlicher Wesenheit voll seien, nicht bloß diejenigen, welche
menschliche Hände heimlich verfertigt haben und die man wegen
Unbekanntheit des Künstlers vom Himmel gefallen nannte,
— denn diese seien himmlischer Natur und von dort auf die Erde
gefallen, weswegen sie jenen Namen erhalten hätten, — sondern

---

1) Ὁ βίος ἅπας συντέτακται πρὸς τὸ ἀκολουθεῖν τῷ θεῷ. Vita Pyth.
c. 18. Vgl. c. 28. Ἅπαντα ὅσα περὶ τοῦ πράττειν ἢ μὴ πράττειν, διορί-
ζουσιν, ἐστόχασται τῆς πρὸς τὸ θεῖον ὁμιλίας.

2) Ibid. c. 18. — 3) Ibid. c. 8.

4) Περὶ ἀγαλμάτων. — 5) Photius biblioth. cod. 215.

sogar auch diejenigen, welche die Kunst des Erzgießers, des Stein=
metzen oder Schnitzers gegen offenkundige Bezahlung und im Tagelohn
gebildet hatte. Die Werke aller dieser Leute stellte Jamblichus für hoch
erhaben und mehr als bloß menschlichen Ruhmes würdig dar, in=
dem er theils vieles Unglaubliche fabelt, theils zu unsichtbaren Ur=
sachen seine Zuflucht nimmt, theils sich auch nicht schämt, handgreif=
lichen Unsinn zu schreiben. So der Bericht des Photius. Jamblichus
vertheidigte also ohne Zweifel auf philosophische Weise die heidnische
Vorstellung, daß durch den Akt der Einweihung des Götzenbildes die
Gottheit in dasselbe herabgezogen werde.[1] Von der Widerlegungs=
schrift des Philoponus urtheilt der gelehrte Kenner Photius in sprach=
licher Beziehung günstig, während er von dessen Argumenten gesteht,
daß sie oft nur oberflächlich und schwach seien.[2] Wie dem auch
sei, es wäre immerhin zu wünschen, daß sie noch existirte, damit
wir uns doch aus ihr einen eigenen Einblick in das apologetische
Machwerk des Jamblichus, das schon durch seine abgeschmackte Ten=
denz Interesse erregt, verschaffen könnten.

Elftes Kapitel.

Der Kaiser Julian.

Geb. 331. Gest. 363.

1. Nachdem unter Konstantin und seinen Söhnen das Chri=
stenthum mehr als ein Menschenalter hindurch die herrschende Reli=
gion gewesen und das Heidenthum in mancherlei Weise unterdrückt

---

1) Vgl. über diese Vorstellung Döllinger, Heidenth. u. Judenth. S. 217.
— 2) Photius l. c.

worden war, traten mit dem Jahre 361 auf kurze Zeit noch einmal die früheren Verhältnisse wieder ein. Mit Julian dem Abtrünnigen bestieg den Kaiserthron ein ebenso eifriger als begabter Anhänger des alten Götterglaubens, der denselben auf jede Weise wieder zu Geltung und Ansehen zu bringen suchte. Jetzt hatte man heidnischer Seits den Vortheil, daß man die drohenden Gefahren aus Erfahrung ganz genau kannte, und es ließ sich erwarten, daß man alle vorhandenen Kräfte sammeln werde, um mit Erfolg dem Christenthum entgegenzutreten. Aus allen Ecken kamen nun die Anhänger des Alten wieder hervor und schaarten sich um das neu aufgehende Meteor, von dessen Glanze auch einige schwache und halbe Christen sich blenden ließen. Die Seele alles dessen aber, was geschah, und eigentlich der einzige tüchtige Kopf unter ihnen blieb Julian.

2. Nach einer an Mißgeschicken reichen Jugend war er aus einem aufrichtigen Christen ein ebenso vollkommener Hellene geworden und seine Anhänglichkeit an den Hellenismus wurde, eben weil er sie lange Zeit unterdrücken und verheimlichen mußte, um so fester und eifriger.[1] Sobald er sich im Besitz der Gewalt sah, warf er die Maske ab, und seine erste Regierungsmaßregel war der Versuch, das Heidenthum wieder herzustellen, zu welchem Zwecke er sich mit tauglichen Personen zu umgeben suchte. Diese fand er in seinem früheren Lehrer Maximus, mit welchem wir uns noch öfter beschäftigen werden, in Priscus und Chrysanthius, welche er alle drei sogleich zu sich beschied.[2] Den Letzteren bekleidete er, da er als pontifex maximus alle geistliche Gewalt besaß,[3] wie es scheint, mit einer förmlichen geistlichen Macht und Sendung, um die Hellenische Religion zu restauriren.

3. Er beabsichtigte zunächst eine Wiedereinsetzung des gestürzten Heidenthums in seine politischen Rechte; das durchzuführen, war

1) Ueber seine Lebensumstände und seine Richtung siehe: Neander, Julian und sein Zeitalter, ein Buch, welches so ziemlich einer Apologie Julian's gleich kommt, und Auer, Kaiser Jul. b. Abtrünn. u. s. w., Wien, 1855, der mit vielem Fleiß aber wenig Geschick gearbeitet hat.

2) Eunap. ed. Commel. p. 96—102 u. 191—193.

3) Wenigstens sagt Eunapius S. 193 von Chrysanthius, daß er die ἀρχιερωσύνη τοῦ παντὸς ἔθνους angenommen habe.

ihm, als Kaiser ein Leichtes. Er widerrief also die Vorrechte, welche seine Vorgänger den Kirchen und ihren Dienern eingeräumt hatten, gab den heidnischen Tempeln und Priestern ihre Privilegien zurück und verurtheilte die Christen zum Ersatz alles Schadens und zur Wiederherstellung der zerstörten Tempel. Er bedrückte die Christen, ohne sie gerade zu verfolgen, und gebrauchte alle erdenklichen Mittel und Lockungen, um dem Christenthum Abbruch zu thun. Und wie vieles stand einem absoluten Kaiser nicht zu Gebote? Unter diesen Maßregeln war eine, welche von besonders schlauer Berechnung zeugt. Er verbot nämlich den Christen gleich zu Anfang seiner Regierung durch ein besonderes Gesetz, die Wissenschaften zu lehren und die heidnischen Klassiker zu erklären. Ebenso wenig sollte ein Christ Lehrer der Grammatik und Rhetorik und selbst der Medizin, am wenigstens aber ein Sophist sein, weil diese nicht bloß zu unterrichten, sondern auch zu erziehen hatten.

4. In dem betreffenden Edikte, welches wir noch besitzen,[1] sucht er, wie Tillemont richtig bemerkt,[2] seine wahren Gründe und Absichten zu verdecken. Er sagt, es sei ungeziemend, daß ein Mensch von schlechten Sitten das Amt eines Lehrers habe, daß solche den Homer und die andern Dichter erklärten, welche nicht an die von ihnen verehrten Götter glauben, sondern über dieselben spotteten, und daß diese ihren Lebensunterhalt durch die Schriften der Alten verdienten. Was die eigentliche Ursache dieses Verbotes war, ist unschwer zu erkennen: er wollte den christlichen Lehrern, deren es damals schon viele gab, die Gelegenheit nehmen, bei ihren heidnischen Schülern durch eingestreute Bemerkungen den Glauben an die Götter zu untergraben und sie allmählich für das Christenthum zu gewinnen. Darum verbot er den heidnischen Lehrern in jenem Edikte keineswegs, christliche Schüler anzunehmen, was er hätte thun müssen, wenn er consequent sein wollte und die wahren Ursachen angegeben hätte, sondern im Gegentheil, er sagt, er wolle den Jünglingen das Studiren nicht verbieten, weil es unrecht wäre, jungen Leuten, die noch nicht wüßten, wohin sie sich wenden sollten, den Zugang zu dem rechten Wege abzuschneiden.

1) Juliani imp. op. Ed. Spanh. tom. I, p. 42. — 2) Mém. pour serv. t. VII, 2. art. 9.

5. In diesem Edikte verbot Julian zwar den Christen nicht den Gebrauch und das Studium der Klassiker schlechthin, aber auch diesen unerhörten Eingriff in die Rechte des Einzelnen unternahm er, weil die Christen, wie er sagte, keine andere Wissenschaft, als nur die Einfalt des Glaubens suchen dürften und die Griechischen Wissenschaften den Anhängern der Griechischen Religion eigenthümlich zugehörten.[1] Dadurch beraubte er die Christen der für die damalige Zeit nothwendigen Bildungsmittel und setzte sie in nicht geringe Verlegenheit; denn die Schriften der Dichter und Rhetoren dienten beim Unterricht als Grundlage und als Muster, woran den Schülern die Regeln der Grammatik, der Rhetorik und des guten Geschmacks anschaulich gemacht wurden, und waren jedem nothwendig, der Bildung erwerben wollte. Es blieb den Christen also in ihrer Verlegenheit nichts übrig, als sich nach einem Ersatz umzusehen und somit verfertigte Apollinaris eine ziemliche Anzahl poetischer und prosaischer Werke zu dem besagten Zwecke. Dieselben blieben natürlich nur ein kümmerlicher Nothbehelf und wurden schnell wieder vergessen, sobald die Kraft jenes Gesetzes mit Julian's baldigem Tode erlosch. Sein Bestreben, den Christen die Bildungsmittel möglichst zu entziehen, geht zum Ueberfluß auch noch aus einem Briefe an den Präfekten Ecdicius von Aegypten hervor, worin er ihm aufträgt, nachzuforschen, wohin die nachgelassene Bibliothek des Arianischen Bischofs Georg von Alexandrien gekommen sei, und sie ihm zuzuschicken. Er kenne dessen Bibliothek und wisse, daß er viele Werke über Philosophie, Rhetorik und über die göttliche Lehre der Galiläer besessen habe. Die beiden ersteren Klassen von Schriften verlangt er für sich, in Betreff der letzteren ist es sein Wunsch, daß sie vernichtet wären.[2]

6. So suchte er dem Christenthum jeglichen Glanz und Schmuck der Wissenschaften zu entziehen und dem Heidenthum zuzuwenden. Auch um die Ehre, Märtyrer zu besitzen, beneidete er das Christenthum. Im Uebrigen aber sah er wohl ein, daß das Heidenthum, wie es damals beschaffen war, nicht dazu angethan sei, dem Christenthum erfolgreich die Wage zu halten. Er selbst für seine Person

1) Ambr. Ep. 11. Greg. Naz. or. III. — 2) Epist. 9.

war in Bezug auf Ritus und Praxis zwar ein Anhänger des un-
verkümmerten Aberglaubens und Opferwesens, in theoretischer Hinsicht aber huldigte er dem uns bekannten Apollinismus und war ein
besonderer Verehrer der Sonne und des Sonnengottes.[1]) Auch sah
er wohl ein, daß dem Heidenthum gar vieles fehle. Er suchte daher,
dasselbe vor allen Dingen innerlich zu regeneriren, ihm einen
neuen Geist einzuhauchen und es zu veredeln. Er gab sich wirklich
in diesem Punkte viele Mühe und es war in der That auch eine
wichtige Sache, worauf er sein Augenmerk richtete. Zwar machte
er sich durch seinen Eifer im Opfern und seine Dienstleistungen dabei
sogar bei seinen Anhängern lächerlich und seine kaiserliche Würde
verächtlich; aber jenes Streben war des Schweißes der Edlen werth,
und Julian verfolgte es mit viel mehr Feinheit, Aufklärung und
Sachkenntniß als Jamblichus und selbst Porphyrius.

7. Um uns gleich mitten in die Sache hinein zu versetzen,
betrachten wir jenes merkwürdige Fragment,[2]) welches Gibbon treffend
als eine Art von Hirtenbrief des kaiserlichen obersten Pontifex bezeichnet, und welches unter allen uns sonst bekannten Bestrebungen
mit dem Christenthum zu rivalisiren, ohne allen Zweifel das Höchste
leistet. Es enthält die Grundsätze, welche bei der Wiederherstellung
des Heidenthums maßgebend sein sollten, und ist an eine Person,
welcher er eine desfallsige Sendung übertragen hatte, gerichtet. „Ich
will nun versuchen, sagt Julian in diesem Schreiben, anzugeben,
welche Eigenschaften ein Priester haben soll; nicht zwar deinetwegen,
— denn wenn ich das nicht gewußt hätte, daß du dieses heilige
Amt, was auf deine Gesinnung ankommt, gut verwalten würdest,
so hätte ich nicht gewagt, dir dieses wichtige Geschäft anzuvertrauen
— sondern vielmehr der andern wegen, damit du sie unmittelbar
nicht bloß in den Städten, sondern auch auf dem Lande mit größter
Autorität und Nachdruck unterweisen könnest und damit du nicht
als Privatmann urtheilest und als Einzelner handelst, sondern damit du die Zustimmung meiner Person habest, der ich der oberste
Priester der Götter bin. Zwar bin ich eines solchen Amtes nicht
würdig; ich wünsche es aber zu sein und bete darum unablässig zu

---

1) Neander a. a. O. S. 103. ff. — 2) Jul. op. I, p. 288 seqq.

ben Göttern."[1]) Nach dieser Stelle zu urtheilen war das Schreiben an Chrysanthius oder an einen andern von denen gerichtet, die ihm bei der Wiederherstellung des Götterdienstes hülfreich zur Hand gingen. Denn etwas Gewisses läßt sich in Betreff des Abressaten leider nicht angeben, da das interessante Schriftstück nur verstümmelt auf uns gekommen ist.

8. In dem noch erhaltenen Fragment hält Julian den Priestern ihre Pflicht vor, sich durch eine pünktliche Beobachtung der göttlichen Gesetze auszuzeichnen. Vor allem müßten sie die Menschenliebe üben, welche sich in der Nachsicht, in der Mildthätigkeit und Gastfreundschaft zeige. Durch diese Tugenden ahme der Mensch die Götter nach, welche ja auch die Menschen lieben und ihnen Nahrung, Kleidung und mannigfache Wohlthaten zukommen lassen. Sie möchten sich in der Mildthätigkeit an ihm, an Julian, ein Muster nehmen, da er schon als Privatmann durch seine Freigebigkeit ein gutes Beispiel gegeben habe. Mit der Salbung eines Predigers führt er ihnen dann zu Gemüthe, wie ungereimt und verkehrt es sei, wenn sie, die den Zeus Xenios als Gott der Gastfreundschaft verehrten, ungastlicher sein wollten, als die Scythen. Die Menschen bilden ja in jedem Falle eine Einheit, mögen sie nun, wie manche glauben, von einem einzigen Elternpaar abstammen, oder in einer Vielheit von Individuen von Gott erschaffen sein; und dann sei ja der Mensch auch ein Wesen, das auf andere angewiesen und von Natur zur Geselligkeit bestimmt sei.[2]) „Wir, fährt er dann fort, die wir solche Lehren und Vorschriften geben, werden wir also uns theilnahmlos gegen den Nächsten verhalten? Nein; sondern durch solche Sittenlehren angetrieben, soll jeder voll Frömmigkeit gegen die Götter, voll Güte gegen die Menschen, voll Keuschheit gegen seinen eigenen Leib und voll frommer Werke sein."

9. Man sieht, daß Julian doch nicht ganz vergeblich die christlichen Kirchen besucht und noch nicht alles vergessen hat. Sofort geht er dann zu einem andern Punkte über. „Jeder möge versuchen, immer etwas Frommes von den Göttern zu denken und mit Ehrfurcht und Scheu auf die Tempel und Bildnisse der Götter blicken,

---

1) Ibid. p. 289. — 2) Ibid. p. 289—292.

als wenn er sie gegenwärtig sähe. Denn die Bildnisse, die Altäre,
die Bewahrung des ewigen Feuers, mit einem Wort alle solche
Symbole haben unsere Väter angeordnet als Zeichen der Gegenwart
der Götter, nicht damit wir sie selbst für Götter ansehen, sondern
durch dieselben den Göttern dienen. Denn da wir selbst körperliche
Wesen sind, so mußte auch unser Götterdienst ein körperlicher sein,
sie selbst aber sind körperlos; sie offenbarten uns die ersten Bilder,
nämlich das zweite Göttergeschlecht, welches vom ersten Gott ausgeht und sich um den ganzen Himmel herum bewegt; da auch diesen keine leibliche Verehrung erwiesen werden kann, denn sie sind
von Natur bedürfnißlos, — so hat man als drittes auf Erden das
Geschlecht der Bilder erfunden, an welche wir unseren Dienst richten, um die Götter uns gnädig zu machen. Denn wie die, welche
die Bilder der Kaiser, die ja auch nichts bedürfen, verehren, dabei
ihre Meinung auf die Kaiser selbst richten, so sind die, welche die
Bilder der nichts bedürfenden Götter ehren, überzeugt, daß diese
ihnen helfen und für sie besorgt sind."[1] Also wieder ein neuer
Versuch, den Bilderkult theologisch zu rechtfertigen, welcher zugleich
die heidnische Ansicht von den Götzenbildern verflüchtigt und vergeistigt. Es wird dem Julian nun bei dieser Anschauung der Sache
leicht, die Einwendungen der Christen abzuweisen; zugleich sieht er
sich aber auch genöthigt, das abergläubische Vorurtheil mancher Heiden zu bekämpfen, welche glaubten, wenn solche Bilder einmal zu
Götterbildern geworden seien, so müßten sie auch unzerstörbar werden, und in ihrem Glauben wankend wurden, wenn sie sahen, wie
die Götterbilder ungestraft von den Christen verhöhnt und zer-
trümmert wurden.[2] Wir sehen hieraus, daß die Julianische aufge-
klärte Theorie von den Idolen nur seine eigene subjektive Anschauung, keineswegs die allgemein angenommene Vorstellung war.

10.   So möchten sich also die Heiden nicht beirren, sich durch
die Behauptung einer Vorsehung nicht erschrecken und durch die vor-
geblichen Weissagungen der Jüdischen Propheten nicht wankend machen lassen. „Der Judengott — wir werden Julian's Ansicht über

---

1) Ibid. p. 293. — 2) Ibid. p. 294. seqq.

ihn unten näher kennen lernen — sei wohl ein guter Gott, aber seine Propheten und Schriftgelehrten seien alte Weiber gewesen."

11. Der übrige Theil des Sendschreibens beschäftigt sich mit der Stellung der Priester. Man müsse die Diener der Götter ehren, denn sie tragen durch ihre Opfer und Gebete viel dazu bei, daß man die Wohlthaten der Götter erlange. Möge ein Priester gut oder schlecht sein, so lange er noch nicht wegen seiner Schlech= tigkeit abgesetzt sei, müsse man ihn ehren. So sei es der Wille der Götter, welche die selbst bestrafen, die gegen Priester freveln.[1]) Den Priestern, welche sich in allen Dingen als Muster und Vorbild für das Volk erweisen, werden die Götter im künftigen Leben große Belohnungen zu Theil werden lassen, da sie ja alles sehen und wissen und an frommgesinnten Menschen eine so große Freude ha= ben.[2]) Dem entsprechend verlangt Julian auch Großes von seinen Priestern. Sie sollen allezeit in Frömmigkeit den Göttern dienen, und deshalb von allen unreinen Worten und Werken frei bleiben, keine schlüpfrigen Bücher lesen, auch nicht der Philosophie des Epikur oder Pyrrho anhangen, sondern nur gediegene philosophische und geschichtliche Werke lesen; denn wunderbar groß sei der Einfluß der Lektüre auf den Menschen. Fleißig sollen sie die Hymnen der Götter studiren und lesen, besonders die, welche beim Gottesdienst gesungen werden, auch sollen sie sowohl öffentlich als für sich, we= nigstens aber Morgens und Abends zu den Göttern beten. Diejeni= gen nun, an welchen die Reihe ist, in den Tempeln zu dienen, sollen die vaterländischen Riten beim Gottesdienst genau beobachten, so lange im Tempel bleiben, als es vorgeschrieben ist, und während dieser Zeit niemanden, auch keine Magistratsperson, besuchen. Wenn sie keine Funktionen haben, sollen sie studiren und sich rein von allem Bösen bewahren; wohl können sie dann Freunde besuchen, auf den Markt gehen, Gastmählern beiwohnen, aber mit Maß und nicht zu oft; dann mögen sie hie und da auch hohe Beamte sehen, vor allen aber die Nothleidenden aufsuchen, und sich immer einfach klei= ben, da die Prachtgewänder nur für den heiligen Dienst bestimmt seien.[3]) Durchaus haben sie die unzüchtigen Schauspiele der Theater

---

1) Ibid. p. 296. 297. — 2) Ibid. p. 299. 300. — 3) Ibid. p. 300—303.

zu meiden, da man dieselben leider nicht verbannen könne, ebenso auch die Thierhetzen und Gladiatorenkämpfe, nur der Besuch solcher heiliger Spiele, bei welchen keine Weiber mitwirken oder anwesend sein dürfen, sei ihnen zu gestatten.[1])

12. Zum Schluß will Julian noch angeben, welche Personen man zu Priestern wählen solle, weil darauf so viel ankomme. Man solle in allen Städten nur die Besten dazu nehmen und zwar die, welche sich durch ihre Liebe zu den Göttern und zu den Menschen auszeichnen, mögen sie nun reich oder arm sein; denn der Stand dürfe keinen Brauchbaren von der Priesterwürde ausschließen. Also die solle man wählen, welche Eifer für den Dienst der Götter an den Tag legen, die Ihrigen dazu anhalten und den Armen zu Hülfe kommen. Denn es sei sehr zu bedauern, wenn die Priester sich der Armen nicht annähmen, während die gottlosen Galiläer durch ihre Almosen, Liebesmahle und dergl. so viele an sich lockten.[2])

13. Diese Vorschriften, welche sich zum großen Theil als dem Christenthum entlehnt darstellen, wären in der That trefflich gewesen, oder vielmehr sie waren zu trefflich für das Heidenthum; und daher praktisch nicht auszuführen. Doch suchte Julian seinerseits, wenigstens so viel es gehen wollte, mit deren Durchführung Ernst zu machen. Er gab der heidnischen Priesterschaft eine Organisation und einen Zusammenhang, der ihr bis dahin gefehlt hatte. So z. B. ernannte er einen gewissen Theodorus zum Oberpriester der Provinz Asien, welcher „dem Lande, so wie den Priestern der Städte vorstehen und ihnen ihre Pflichten und Rechte zuweisen sollte", wie es in einem Schreiben des Kaisers an ihn heißt.[3]) Als einmal ein Heide einen Priester geschlagen hatte, schloß ihn Julian feierlich aus der Gemeinschaft aus: „Wer einen Priester schlägt, ist ein Frevler an der Gottheit. Daher thue ich, der ich nach den vaterländischen Gesetzen oberster Priester bin und nun auch noch die Didymäische Prophetenwürde erlangt habe — daher thue ich dir kund, daß du drei Monate lang keiner priesterlichen Handlung beiwohnen darfst. Wenn du nach dieser Zeit dich würdig zeigst und der Oberpriester der Stadt mir das bezeugt, so werde ich mit den Göttern zu Rathe

---

p. 304. — 2) Ibid. p. 304. 305. — 3) Epist. 63.

gehen, ob du wieder aufgenommen werden kannst. Diese Strafe lege ich dir für deine Verwegenheit auf." [1])

14. In jedem seiner Religionsedikte erwähnt Julian der Galiläer, die Rücksicht auf sie schwebt ihm immer vor, bald erinnert er, um seine Heiden zu beschämen, an ihren Eifer, bald spricht er seine Besorgnisse vor ihrem Einflusse aus und in seinem Hirtenbrief an Arsacius, den Oberpriester von Galatien, sagt er, man dürfe sich bei den erlangten Erfolgen noch nicht beruhigen, sondern sehen, wodurch die gottlose Religion der Christen sich so sehr ausgebreitet habe, und müsse sie in ihrer Sorge für die Fremdlinge, und das Begraben der Todten so wie in der erheuchelten Heiligkeit ihres Lebens nachahmen. Darum verordnet Julian, daß Arsacius alle Priester, die nicht ganz ihre Schuldigkeit thun, absetzen solle und daß in allen Städten Hospize errichtet werden, worin alle Fremden ohne Unterschied der Religion Aufnahme finden. Er weist dann weiter einen jährlichen Fonds von 30,000 Scheffel Weizen und 60,000 Sextaren Wein an, wovon der fünfte Theil für die Priesterschaft Galatiens, das Uebrige zur Unterstützung der Fremden und Armen bestimmt sein solle, „denn es sei schimpflich, daß von den Juden niemand betteln gehe und die gottlosen Galiläer sowohl ihre eignen als die heidnischen Armen ernähren." Dann gibt er dem Arsacius noch einige persönliche Fingerzeige. Er solle den Präfekten nicht so sehr den Hof machen; wenn sie in die Stadt einziehen, soll kein Priester ihnen entgegen gehen, nur wenn sie in den Tempel kommen, kann man sie im Vorhof begrüßen, es dürfe dann aber kein Soldat in ihrem Gefolge sein; denn im Tempel seien sie Privatpersonen, wie jeder andere. [2])

15. Was konnten diese an und für sich ganz schönen, ja edeln Gedanken und diese gut gemeinten Pläne bei einer Priesterschaft nützen, die nur aus gemeinen unwissenden Menschen bestand, und wie war es möglich, diesen Leuten, die nichts zu thun hatten,

---

1) Epist. 62. — 2) Epist. 49. Laffoulr (Untergang d. Hellenismus, S. 67. Anm.) hat sich die Mühe gegeben, einzelne Stellen aus den kirchlichen Kanones, welche diesen Verordnungen Julian's entsprechen, zu sammeln. Es ließen sich deren leicht noch mehrere beibringen.

als Opferthiere zu schlachten und trügerische Wahrsagungen zu geben, eine hohe Meinung von sich und ihrem Berufe beizubringen
und ihnen Achtung bei andern zu verschaffen? Das Heidenthum
war und blieb ein Leichnam, alle Versuche, es wieder zu beleben,
mußten vergeblich sein, zumal wenn sie, wie es bei mehreren Maßregeln Julian's wirklich der Fall war, mit dem Geiste des Heidenthums und mit seiner Geschichte in Widerspruch standen. Und wenn
er ferner noch den Tempelgesang, die Predigt und eine Art Asce-
tenthum in das Heidenthum einführen wollte[1]), so mußte eine
solche Nachahmung des Christenthums ganz natürlich diesem zur
Verherrlichung dienen, während die Einrichtungen auf heidni-
schem Boden keine Wurzel schlagen und nicht den gewünschten Erfolg haben konnten. Julian selbst mochte fühlen, daß das ein ver-
fehltes Unternehmen sei, zum wenigsten mochte er doch gewahr geworden sein, daß manche seiner Anhänger so urtheilten; denn er
verwahrt sich an einer Stelle ausdrücklich gegen den Vorwurf der
Neuerungssucht.[2]) Wir können uns denken, wie die Heiden bei
seinen Neuerungen sich mehr verwundert und befremdet als angezogen[3]) fühlten und müssen es uns zum Theil daraus erklären,
wenn er öfters in seinen Schriften über die Schlaffheit, Gleichgültigkeit und Theilnahmlosigkeit seiner Religionsgenossen zu klagen
hat.[4]) Es wurde bald genug, ja schon zu seinen Lebzeiten klar,
daß sich dem Hellenismus bei dem besten Willen auch so nicht
aufhelfen ließ; mit seinem Tode aber zerfiel das mühsam angelegte
Flickwerk sofort und von all seinen trefflichen Einrichtungen und
Verbesserungen ist weiter keine Rede mehr.

16. Wenn wir nun über die schriftstellerische Thätigkeit Julian's sprechen sollen, so kommt uns zunächst ein anderer philosophischer Kaiser in den Sinn, der zweihundert Jahre früher auf
dem Thron der Cäsaren saß, mit welchem sich Julian gern in
Parallele stellt, und den er auch nicht undeutlich als das Ideal

---

1) Gregor. Naz. Or. III. p. 101. Ed. Colon. 1690. — 2) Φεύγω τὴν
καινοτομίαν ἐν ἅπασι μὲν ... ἰδίᾳ δὲ ἐν τοῖς πρὸς τοὺς θεοὺς etc.
Epist. 63. — 3) Amm. Marc. XXII, 12. Augebatur caerimoniarum ritus
immodice etc. — 4) Z. B. Epist. 63.

bezeichnet, dem er nachzuahmen strebe. Und in der That ist diese
Aehnlichkeit Julian's mit Marc Aurel auch keine bloß gesuchte.
Beide waren Philosophen, beide waren Schriftsteller, beide waren
tüchtige Feldherren, welchen gleichwohl das Kriegsglück nicht immer
hold war. Wenn sie auch verschiedenen philosophischen Schulen an=
gehörten, Marc Aurel war Stoiker, Julian Platoniker, so war ihr
Charakter doch der nämliche. Marc Aurel wurde durch die Herbe
und Strenge, die in seiner Natur lagen, zum Stoicismus hingezo=
gen, Julian hatte dieselbe Herbe, ohne Stoiker zu sein; aber das
kam nur daher, weil zu seiner Zeit der Stoicismus aus der Welt
verschwunden war, sonst würde ihn sein unfreundliches, cynisches
Wesen, das er mit so großer Wohlgefälligkeit in seinem Misopogon
selbst schildert, unfehlbar dem Stoicismus zugeführt haben. Er hatte
auch das mit ihm gemein, daß er dem Christenthum sehr abgeneigt
war. Marc Aurel verfolgte die Christen offen, Julian fand es zeit=
gemäßer, es nicht offen zu thun. Wenn Marc Aurel nicht gegen
das Christenthum schrieb, sondern nur wie im Vorbeigehen sein
Mißfallen über die Hartnäckigkeit der Märtyrer ausspricht,[1]) so kommt
das daher, weil es zu seiner Zeit eben noch nicht zu den Fragen
gehörte, welche in der gebildeten und vornehmen heidnischen Welt
discutirt wurden. Dagegen gab er hinlänglich zu erkennen, daß
auch er jene gründliche Abneigung gegen das Christenthum be=
saß, welche leider oft zu den Eigenschaften gekrönter Schriftsteller,
königlicher und kaiserlicher Literaten zu gehören scheint. Julian
aber verfaßte, wie bekannt, mehrere Werke verschiedener Art gegen
die Christen und ihre Religion, wodurch er seinem Namen eine
traurige Berühmtheit gesichert hat.

17. Unter seinen vorhandenen Schriften tragen drei einen chri=
stenfeindlichen Charakter und die Cäsares sind darunter ohne Zweifel
die älteste. Julian war ein Meister in der Kunst, seinen Stoff sa=
tirisch zu behandeln und seine Gegner mit Jronie abzufertigen. Wenn
der Spott auch nichts zur wissenschaftlichen Lösung einer Frage bei=
trägt und die Erörterung um keinen Schritt fördert, also niemals
für die Dauer einer Sache nützen oder schaden kann, so ist doch

---

1) Marc. Aur. *Εἰς ἑαυτόν.* XI, 3..

ſeine momentane Einwirkung auf die Menſchen eine deſto größere; denn was lächerlich erſcheint, das wird nicht weiter geprüft, das iſt von vorn herein verurtheilt. Die Satire hat auch die Eigenthüm- lichkeit, daß ſie mehr die Perſonen als Träger einer Sache, oder gewiſſe nebenſächliche Umſtände trifft, die Sache ſelbſt aber nur indirekt berührt. Darum iſt dieſelbe deſto gefährlicher, je mehr der Werth einer Sache gerade auf Perſönlichkeiten und Nebendingen beruht.

18. Was nun die Cäſares des Julian angeht, ſo iſt die Schärfe dieſer Satire gegen eine Perſon gerichtet, welche dem Chriſtenthum ſehr nahe ſteht und in der Geſchichte deſſelben allezeit eine in der That einzige Rolle einnehmen wird. Conſtantin, den die Chriſten ſeiner Zeit ſo hoch ſtellten und den die Kirche des Orients ſogar in die Zahl ihrer Heiligen aufnahm, hatte in den Augen der Heiden das nicht wieder gut zu machende Verbrechen begangen, dem Chri- ſtenthum eine bevorzugte Stellung einzuräumen, ein Verbrechen, welches ihm auch eine gewiſſe Klaſſe unſerer modernen Geſchicht- ſchreiber nicht verzeihen kann. Es iſt ganz natürlich, daß ſein Charakter und ſeine Perſon wegen dieſes Schrittes von den Chri- ſten ſehr verherrlicht und von den Heiden ebenſo ſehr in den Staub gezogen wurde. Wenn die chriſtlichen Zeitgenoſſen geneigt waren, alle ſeine Fehler zu überſehen und die Flecken ſeines Charak- ters nicht zu bemerken, um des einzigen Umſtandes willen, daß er das Chriſtenthum begünſtigte und ſelbſt Chriſt wurde, und wenn ſie ihn als einen wahren Abgott verehrten, ſo waren die damaligen Heiden und die heidniſchen Geſchichtſchreiber befliſſen, alle mögliche Schmach auf ihn zu häufen und ſeine Schattenſeiten gehörig her- vorzuheben. Wir verehren in dem, was Conſtantin that, mehr die gütige und mächtige Hand der göttlichen Vorſehung, welche be- ſchloſſen hatte, das Chriſtenthum nun auf den Thron zu heben und zur Herrſchaft zu bringen, als eine That Conſtantin's, der nur ein Werkzeug dazu war. Das Streben gehört den Menſchen, der Erfolg gehört Gott und die erzielten Erfolge ſollten niemals bei Beurtheilung einer Perſon in Betracht kommen, ſie ſtehen oft mit der ſubjektiven Kraft in gar keinem Verhältniß. Wer bei Beurthei- lung einer hiſtoriſchen Perſon den erreichten Erfolg mit in die

Wagschale legt und sich nicht dazu erheben kann, davon ganz ab-
zusehen, der kann kein wahrer Historiker genannt werden. Die
welthistorische, providentielle Bedeutung einer Person und ihre
individuelle Bedeutung stehen in keinem nothwendigen Verhältniß.
Wer aber kein Wirken der Vorsehung in der Geschichte annimmt,
der wird immer die Größe und den moralischen Werth der
Personen nach dem Erfolge ihrer Handlungen beurtheilen und
umgekehrt die Ereignisse der Weltgeschichte nur als die Resultate
des subjektiven Strebens beraisonniren und vor sein Gericht ziehen.
Wer aber das Walten der Vorsehung in dem rechten Maße aner-
kennt, der wird auch der Ueberzeugung sein, daß wichtige Ereignisse oft durch schwache und unbedeutende Personen herbeigeführt
werden, während umgekehrt bedeutende Menschen zuweilen nichts
zu Stande bringen. Wenn also Constantin die christliche Religion
auf den Thron der Cäsaren erhob, so erwirbt er in unsern Augen
noch lange nicht den Anspruch, von vorn herein für einen vollkommenen
Tugendhelden zu gelten, die göttliche Vorsehung bedurfte eines solchen
zu diesem Zwecke nicht. Es ist wahr, der Charakter Constantin's
hat seine großen Schattenseiten, und es fehlt viel, daß sein Leben
geeignet wäre, zum Vorbild christlicher Vollkommenheit zu dienen.[1]
Haben wir diese Concession gern gemacht, so verlangt es die Gerechtigkeit auf der andern Seite ebenso sehr, daß man ihn nicht
schlechter mache, als er ist, und ihm keine Fehler aufbürde, die er
nicht hat, noch die vorhandenen vergrößere. In diesen Fehler sind
aber schon Zosimus und Eunapius verfallen.

19. Diesen Fehler hat sich auch Julian in seiner Satire, welche
„die Kaiser" betitelt ist, und die sich übrigens gar nicht übel
liest, zu Schulden kommen lassen, indem er darin seinen Oheim Constantin, von dem weder er noch sein Vater waren beleidigt worden,
auf eine recht unkindliche Art mit der Lauge seines Spottes be-
gießt. Das Ganze ist ein Fastnachtsstückchen. Julian erzählt am
Feste der Saturnalien, wo allerhand tolle Kurzweil getrieben wurde
und alle Verkehrtheiten erlaubt waren, anstatt der Witze, die er
nicht machen zu können gesteht, eine Fabel, deren Kenntniß er

---

1) O. v. Rauscher, im Freib. Kirch.-Lex. II. 830.

dem Mercurius verdanke und die wohl angehört zu werden ver=
diene. Romulus habe im Himmel zur würdigen Feier der Satur=
nalien die Götter und die kaiserlichen Halbgötter zum Mahle ein=
geladen. Für die erstern war im obern Theile des Himmels eine
Tafel gedeckt, für die andern im untern Raume. Für die Götter
waren vier Ruhepolster von verschiedener Schönheit aufgestellt, auf
welchen sie nach ihrem Range Platz nahmen. Silenus, der Lehrer
des Bacchus, der beständig angetrunkene Alte, durfte allein die
Rangordnung verletzen und sich zu seinem geliebten Bacchus setzen,
der ihn wegen seiner Heiterkeit und seiner Späße sehr gern hatte.
Er war im Hofstaate des Olymp das, was im Mittelalter der
Hofnarr war, der allen sagen durfte, was er wollte, und über
alle Witze machen konnte, ohne daß es ihm übel genommen wurde.[1]

20. Nachdem nun auch die Tafel der Kaiser zugerichtet war,
traten sie einer nach dem andern ein, um Platz zu nehmen; der
große Cäsar zuerst. Die Götter schauen von ihren höhern Sitzen
auf die eintretenden Kaisergötter herab und der närrische Silenus
macht über jeden einzelnen, sobald er eintritt, seine Bemerkungen.
Diese ironischen Bemerkungen bilden die beste Partie des ganzen
Stückes. Sie treffen stets mit vielem Witz und Geist die schwachen
Seiten dieser irdischen Größen und mit wenigen Worten wird eine
solche kaiserliche Gottheit förmlich abgethan. Zur Probe nur die
zwei ersten Kaiser. „Zuerst trat Julius Cäsar ein, der in seinem
Ehrgeiz mit Zeus selbst um die Alleinherrschaft streiten wollte.
Silenus blickte ihn an und sprach: Zeus, nimm dich in Acht, daß
dieser Mann in seiner Herrschbegierde nicht versucht, dir die Re=
gierung abzunehmen. Denn, wie du siehst, besitzt er Größe und
Schönheit und ist mir, wenn auch sonst nicht, doch an Gesicht sehr
ähnlich. Da Silenus noch so scherzte und die Götter und Göt=
tinnen ihm zuhörten, trat Octavianus ein, häufig die Farbe wech=
selnd wie ein Chamäleon, bald blaß, bald roth im Gesicht, dann
dunkel, düster und umwölkt, bald aber wieder verliebt und freund=
lich drein schauend. Er wollte mit dem Rollen seiner Augen sein
wie der große Sonnengott, niemand von allen sollte ihm ins Ge=

---

1) Juliani imp. opera ed. Ez. Spanheim. Lips. 1696. p. 806. seqq.

ficht schauen können. Silenus rief: Potz tausend, was ist das für ein Allerweltsthier! Welches Leid wird er uns zuletzt noch anthun?"[1])

21. Und so geht es die ganze Reihe der Römischen Kaiser hindurch; jedem, der eintritt, hat Silenus etwas anzuhängen. Mehrere indeß haben nicht einmal die Ehre, unter die kritische Schere des Silenus zu kommen, sondern werden sogleich bei ihrem Eintritt von der Nemesis oder Minos gepackt und in den Tartarus zurückgestoßen oder von den Göttern für unwürdig erklärt, an dem Mahle Theil zu nehmen, so Caligula, Nero, Galba, Otho, Vitellius, Commodus, Caracalla, Macrinus, Heliogabal, Gallienus, Maximianus, Maxentius und Licinius. Ohne alle tadelnde und beißende Bemerkungen können aus der ganzen Reihe nur zwei eintreten: Nerva, weil er zu alt und ehrwürdig ist, und Marc Aurel, das Ideal des Julian. Vor diesem verstummt Silenus staunend und hat keine Stichelei für ihn bereit.

22. Nach Licinius tritt dann auch Constantin ein und mit ihm seine drei Söhne. Er wird von Silenus mit keiner Bemerkung empfangen, sondern es heißt nur von ihm, daß er lange da gesessen habe.[2]) Man glaube aber nicht, daß es eine besondere Ehre für Constantin und seine Söhne sei, wenn er von Silenus unbehelligt bleibt, im Gegentheil, wenn andere Kaiser, die noch zu den tüchtigen und trefflichen gehörten, wie Trajan, Antoninus Pius, Probus u. a. ihr Theil hinnehmen müssen, so erwartet man, daß auch gegen ihn ein Pfeil abgeschossen werde. Aber das geschieht nicht; denn Constantin und seine Söhne figuriren hier nur deshalb, um die Rolle der Erbärmlichkeit und der bemitleidenswerthen Armseligkeit zu übernehmen.

23. Nun beginnt der zweite Akt der Komödie. Die Heroen sind alle versammelt, sofern sie als Gäste zugelassen worden sind. Den Göttern fehlte nichts, aber die Heroen schienen dem Mercurius noch einer Ergänzung zu bedürfen. Auch Zeus war dieser Ansicht. Aber man war nicht einig, wen sie noch rufen sollten. Romulus verlangte einen von den Seinigen, Hercules aber seinen

---

1) Ibid. p. 308. — 2) Ibid. p. 315.

Liebling und Abkömmling, Alexander den Großen, für welchen auch
Zeus sich aussprach. Als Alexander nun eintrat, erhob sich keiner,
weder Cäsar noch einer von den Kaisern; er mußte sich selbst einen
Platz suchen und setzte sich endlich auf den Platz des Caracalla,
der wegen der Ermordung seines Bruders hinausgestoßen war.

24. Als er nun da saß, machte Silenus gegen Romulus
die herausfordernde Bemerkung: „Ich fürchte, daß alle deine Nachfolger hier an Tapferkeit diesem einen Griechen nachstehen." Romulus ist natürlich der entgegengesetzten Ansicht und meint, wenn
die Römer auch dem Alexander allein unter allen Ausländern den
Namen des Großen beigelegt hätten, so wäre es doch nicht in der
Meinung geschehen, als stünden sie ihm nach; es komme nur auf
eine Probe an. Doch malte sich bei dieser kühnen Herausforderung
die Besorgniß auf seinem Antlitze, die Seinigen möchten übertroffen
werden.[1]

Doch der Wettkampf sollte veranstaltet werden und es wurde
bestimmt, daß nur die Tüchtigsten als Kämpfer zugelassen und
Cäsar, Augustus und Trajan, als die größten Kriegsmänner von
Mercur vor die Schranken gerufen werden sollten. Saturnus be-
merkte, es gezieme sich, daß doch auch ein Philosoph unter den
Preisbewerbern sei und so wurde Marc Aurel noch vorgefordert,
der mit sicherm Schritt und nachdenklichem Blick hervortrat. Seine
Schönheit leuchtete dadurch noch mehr hervor, daß sie nicht gepflegt,
sondern vernachlässigt war; auch seine Kleidung war grob und sein
Körper trug die Kennzeichen der Mäßigkeit und Abhärtung. (Also alles
wie bei Julian selbst.) So trat er in die Schranken.[2]	Da sagte
Bacchus: „Ziemt es sich, o Saturn und Jupiter, daß bei den
Göttern auch etwas Unvollkommenes gefunden werde?" Als sie die
Frage verneinten, sagte jener: „So wollen wir also auch noch
einen Freund der Schwelgerei herbeirufen." Aber er wage es nicht
hereinzutreten, sagte Zeus, wenn er uns nicht nachahmt! „Nein,
er soll vor der Thüre stehen bleiben, sagte Bacchus, und da geprüft werden und wenn es euch gut dünkt, so wollen wir einen
Mann aufrufen, der nicht unkriegerisch, aber der Lust und der

---

1) Ibid. p. 316. — 2) Ibid. p. 317.

Schwelgerei ergeben ist. Es komme also Constantin." Er kam,
doch nur bis an die Schranken. [1])

25. Dieses Manöver, wodurch Julian den Constantin vor
die Schranken bugsiren läßt, macht nach unserm Geschmack seiner
schöpferischen Phantasie nicht sehr viel Ehre. Die Hauptsache ist
aber, daß er damit glücklich an Ort und Stelle geschafft ist und der
Kampf beginnen kann. Die Kämpfer ziehen das Loos und Cäsar ist
wieder wie immer der vom Glück begünstigte, der zuerst auftreten
darf. Er beginnt nun und zählt seine Kriegsthaten auf, vergleicht
sie mit denen des Alexander, um zu zeigen, daß die seinigen viel
glorreicher seien, und bittet schließlich um den ersten Preis. [2]) Dann
kommt Alexander an die Reihe, sucht die Vorwürfe Cäsar's zurück-
zuweisen, hingegen seine Thaten ins rechte Licht zu stellen und die
des Cäsar herabzusetzen. [3]) Sodann erhält Augustus das Wort
und hebt zuerst seine glücklichen Kriege hervor, dann aber bespricht
er seine Verdienste um die innere Beruhigung des Römischen Reiches
und seine Thätigkeit als Gesetzgeber und bittet um eine angemessene
Anerkennung. [4]) Trajan fing erst an, sich mit seinem Alter und
seiner kurzen Regierungszeit zu entschuldigen, als aber Silenus
einwandte, seine Regierungszeit habe zwanzig, die des Alexander
nur zwölf Jahre gedauert, so begann er denn doch, seine Kriege
mit den Geten und Persern zu preisen und seine Milde gegen die
Unterworfenen zu rühmen. Nachdem er seine Rede geendigt hatte,
spendeten ihm alle Götter das Lob der Billigkeit und Gerechtigkeit. [5])

26. Die Worte, welche Marc Aurel sprach, verdienen als
charakteristisch angeführt zu werden. „Ich bedarf, o Zeus und ihr
übrigen Götter, keiner Worte und keines Wettkampfes. Wenn ihr
meine Thaten nicht kennet, so wäre es passend, sie euch zu erzählen. Da ihr sie aber kennt und euch kein Ding verborgen ist,
so bestimmt selbst meine Ehre." [6]) Diese gemessene, kluge und fromme
Antwort, welche dem Marcus in den Mund gelegt wird, verräth
deutlich die Vorliebe Julian's für ihn. Es versteht sich, daß von

---

1) Ibid. p. 318. — 2) Ibid. p. 320.
3) Ibid. p. 322. — 4) Ibid. p. 325.
5) Ibid. p. 327. — 6) Ibid. p. 328.

dem Glanze, den das Urbild ausstrahlt, auch etwas auf sein späteres Abbild zurückfällt.

27. Nach ihm wird Constantin zum Reden aufgefordert. „Derselbe hatte Anfangs guten Muth für den Wettkampf gehabt, da er aber die Thaten der andern gleichsam vor Augen sah, erschienen ihm die seinigen unbedeutend. Er hatte, wenn man die Wahrheit sagen soll, wohl zwei Tyrannen aus der Welt geschafft, aber der eine davon war unkriegerisch und üppig (Maxentius), der andere gebrochen und durch das Alter gebeugt (Licinius), beide den Göttern und Menschen verhaßt. Seine Unternehmungen gegen die Barbaren kamen ihm selbst lächerlich vor, er war ihnen ja beinahe zinsbar gewesen und hatte zu sehr auf ein üppiges Leben gesehen. Er stand fern von den Göttern in der Vorhalle der Luna; er liebte dieselbe und seine Blicke nur auf sie heftend [1]) kümmerte er sich nicht um den Sieg. Da er aber doch etwas sagen mußte, so sprach er: Ich verdiene darum den Vorrang vor dem Macedonier, weil ich gegen Römer, gegen Germanische und Skythische Völkerschaften Krieg geführt habe und nicht gegen Asiatische Barbaren; vor Cäsar und Octavianus, weil ich nicht wie sie gegen brave und ehrliche Mitbürger gekämpft, sondern die grausamsten und schlimmsten Tyrannen angegriffen habe. Dem Trajan müßte ich wegen meiner namhaften Thaten gegen die Tyrannen vorgezogen werden; dadurch aber, daß ich ein Land, welches er erworben hatte, wieder eroberte, dürfte ich nicht mit Unrecht ihm gleich gestellt werden, wenn nicht gar das Wiedererwerben etwas noch Größeres ist, als das Erwerben. Marcus aber hat durch sein Schweigen uns allen den Vorrang überlassen." [2])

28. Wenn hier gesagt wird, Constantin habe die Unbedeutendheit seiner Thaten selbst eingesehen, und er sie nachher doch noch anpreist, so ist das ein Widerspruch, den sich Julian hat zu Schulden kommen lassen. Und wenn er dessen Unternehmungen

---

1) Luna war bekanntlich eine Liebesgottheit; sie liebte den Adonis und wurde besonders von verliebten Weibern angerufen und die Männer pflegten ihr nur in Frauenkleidern zu opfern. Julian will also mit obigen Worten den Constantin als einen weibischen, erbärmlichen Menschen darstellen. — 2) Ibid. p. 328. 329.

gegen die Barbaren als lächerlich gering bezeichnet und sagt, er
sei ihnen fast tributpflichtig gewesen, so ist das eine Lüge. Thatsache
ist, daß Constantin die Gothen im J. 332 besiegte. Licinius aber,
den Constantin mehrmals schlug, war, als er starb, erst sechzig
Jahr alt, also noch keineswegs in einem Alter, wo jemand un=
fähig wäre, ein Heer zu führen. Wenn ja noch etwas Gutes an
Constantin's Thaten geblieben sein sollte, so nimmt es ihm zuletzt
Silenus durch die Bemerkung, daß seine Thaten nur armselige
Topfgewächse seien, welche eine kurze Zeit grünen, bald aber ver=
welken. „Hierüber, erzählt Julian weiter, erröthete Constantin, da
er recht wohl erkannte, daß sein Wirken also beschaffen sei."

29. Obwohl nun alle Bewerber für sich gesprochen hatten,
schien die Sache den Göttern doch noch nicht spruchreif. Denn die
bloßen Thaten seien noch nicht maßgebend, weil die Glücksgöttin
die meisten derselben als ihr zugehörig in Anspruch nahm. Man
beschloß also die Heroen noch genauer zu prüfen und Mercur wurde
beauftragt, zuerst Alexander den Gr. zu befragen, was er für das
Schönste halte und welche Absicht ihm bei seinen Thaten und Lei=
den vorgeschwebt habe. Er gab zur Antwort: „Die Absicht, alle zu
besiegen." Bei dieser Prüfung der Heroen leistet Silenus die treff=
lichsten Dienste; er weiß allen durch seine Gewandtheit und Men=
schenkenntniß ihre Schwächen zur Erkenntniß zu bringen, ein Spiel
des Witzes, das sich nicht im Auszug referiren läßt. Das Resultat
ist, daß Silenus dem Alexander vorhält, wie er bei seiner Begierde,
alles zu besiegen, selbst ein Knecht seiner Leidenschaft gewesen sei.
Cäsar gibt auf näheres Befragen als seinen letzten Endzweck an:
„Alle in allen Dingen zu übertreffen"; Octavian hingegen hält für
das Höchste „die Kunst, das Reich trefflich zu regieren." Trajan's
Streben war dasselbe, wie das des Alexander, nur gemäßigter.
Ihnen allen rückt Silenus den Widerspruch ihres Strebens mit
ihren Handlungen vor und alle müssen verstummen. [1]) Nur Marc
Aurel macht wieder eine Ausnahme. Auf die Frage, was er für
den höchsten Zweck des Daseins halte, antwortete er: „Die
Götter nachzuahmen." Dagegen ließ sich freilich wenig sagen, und

---

1) Ibid. p. 329—332.

auch über das, was ihm Silenus als Fehler und verkehrte Maß=
regeln vorhielt, mußte er genügende Auskunft zu geben.[1])

30.   Darauf fragte Mercur den Constantin: „Du aber, was
haft du für schön gehalten?" „Vieles zu erwerben und vieles zu spen=
den, um seine eignen Begierden und die der Freunde zu befriedi=
gen", erwiederte er. Hell auflachend sagte nun Silenus: „Du willst
dich zum Banquier machen und vergissest, daß du das Leben eines
Koches und einer Haarkräuslerin geführt hast. Das hat ebenfalls
dein Haar und deine Gestalt genugsam verrathen und jetzt über=
führt dich dessen auch die Meinung, welche du ausgesprochen hast.
So gab Silen diesem einen scharfen Stich."[2]) Der Vorwurf der
Habsucht, der hier dem Constantin gemacht wird, bezieht sich darauf,
daß er eine neue Steuer, das Chrysargyron, eine Gewerbsteuer,
zuerst eingeführt haben soll. Allein das ist ein ungerechter Vorwurf
des Zosimus, denn dieselbe war, wie uns Evagrius und Eusebius
sagen, schon vor ihm bekannt.[3]) Doch ist Julian hier wenigstens
theilweise im Recht; denn allerdings wuchs die Steuerlast unter ihm
und er verschwendete viel an unwürdige Günstlinge, wie selbst sein
Lobredner Eusebius[4]) zugesteht.

31.   Die Fabel eilt nun ihrem Schlusse zu. Es entstand eine
Stille, die Götter gaben ihre Stimmen ab und Marc Aurel erhielt
viele davon. Zeus aber hielt mit seinem Vater Kronos eine ge=
heime Besprechung und befahl darauf dem Mercur, die folgende
Entscheidung zu verkünden: „Ihr Männer, die ihr zu diesem
Wettkampfe gekommen seid! Unsere Gesetze befehlen und unsere Ur=
theilssprüche gehen dahin, daß der Sieger frohlocke, aber den Be=
siegten nicht schmähen darf. Gehet nun unter Führung der Götter,
wohin es einen jeden beliebt. Ihr sollt von jetzt an hier leben und
jeder sich einen Vorsteher und Führer wählen."[5]) Also eine eigentliche
Entscheidung wird nicht gegeben, sondern alle Bewerber in den Him=
mel zugelassen. Nach dieser Verkündigung eilte Alexander zum Her=
cules, Octavianus zu Apollo, Mark Aurel zu Zeus und Kronos,
Julius Cäsar lief lange hin und her, und wurde endlich von Mars

1) Ibid. p. 333 seq. — 2) Ibid. p. 335. — 3) Evagr. IV, 40. 41. —
4) De vita Const. IV, 54. — 5) Julian. Caes. p. 335.

und Venus aus Mitleid aufgenommen, Trajan ging dem Alexander nach und wollte sitzen, wo er saß. „Constantin aber fand unter den Göttern das Urbild seines Lebens nicht, und da er die Göttin der Schwelgerei in seiner Nähe sah, so eilte er zu ihr. Sie aber empfing ihn zärtlich, nahm ihn in ihre Arme, umhüllte und schmückte ihn mit bunten Weiberkleidern und führte ihn hinweg zur Göttin der Schlemmerei. Da fand er auch seinen Sohn, welcher allen verkündigte: „„Wer ein Verführer, ein Mörder, wer mit Schuld beladen und befleckt ist, der komme getrost her! Ich werde ihn mit diesem Wasser waschen und ihn wieder rein machen. Und wenn er noch einmal derselben Dinge schuldig wird, so werde ich ihm die Reinheit wieder geben, wenn er sich an die Brust klopft und an den Kopf schlägt.““ Jener aber freute sich, sie zu finden (die Schlemmerei) und führte auch seine Söhne aus der Versammlung der Götter mit sich fort. Aber die Rachegeister quälten ihn und ebenso seine Söhne wegen ihrer Gottlosigkeit[1]) und straften sie wegen des Blutes ihrer Verwandten, bis Zeus wegen des Claudius und Constantius ihnen Erleichterung gewährte.“[2])

32. So weit unser Fastnachtsschwank. Zwar ist das Ganze eine Satire und ein satirisches Gericht über die Kaiser — an den Saturnalien durften auch die Sklaven dem Herrn die Wahrheit sagen, ohne Strafe fürchten zu müssen — aber so viel Hiebe auch auf alle, sogar die größten und besten unter ihnen, fallen, es ist nicht so schlimm gemeint, denn die Besseren finden alle unter den Göttern das Urbild ihres Lebens und Strebens und werden von ihnen aufgenommen. Nur Constantin muß seine jämmerliche Figur bis zu Ende spielen und kommt mit seinen Söhnen wegen seiner Gottlosigkeit, d. i. wegen seines christlichen Bekenntnisses, in die Hände der Rachegeister, bis Jupiter sich wegen ihrer Vorfahren, des Claudius Gothicus und Constantius Chlorus, ihrer erbarmt. Was Julian damit will, ist klar genug. Christliche Kaiser auf dem Throne sind ihm eine Anomalie, die er nicht begreifen kann, sie gehören in den Tartarus. Je wichtiger der Schritt Constantin's in den Augen

---

1) Julian nennt das Christenthum nicht anders als Gottlosigkeit ἀθεότης. — 2) Ibid. p. 336.

der Christen war, desto mehr Schandflecken sucht Julian seinem Charakter anzuhängen. Seine drei Söhne sind auch nichts Besseres als Schlemmer und Schwelger, die nicht unter die Cäsaren gehören, und der theologische, leider oft genug verkehrte Eifer des Constantin's wird noch eigens verspottet und zugleich das Christenthum in seinen heiligsten und ehrwürdigsten Anstalten angegriffen. Denn jene giftige Aeußerung bezieht sich auf die Sakramente der Taufe und der Buße, indem dem unerleuchteten Verstande eines Julian die Leichtigkeit, mit welcher im Christenthum verhältnißmäßig die Vergebung der Sünden zu erlangen ist, halb und halb als ein desto größerer Antrieb zum Sündigen erscheint. Er ignorirt dabei, daß diese äußern Handlungen nur die Besiegelung und Vollendung der innerlich durch die Gnade Gottes bewirkten Sinnesänderung sein soll, und daß der Mensch auch nach geschehener Bekehrung noch immer schwach werden und zurückfallen kann; denn unveränderlich im Guten durch sein Wesen ist nur Gott allein.

33. Was den literarischen Werth der Cäsares angeht, so zeugt diese Satire von reicher Erfindungsgabe ihres Verfassers. Sie ist nicht ohne geistreichen Witz, treffliche Charakterzeichnung und tiefe Menschenkenntniß. Der erste Theil ist ohne Zweifel der gelungenste, dagegen geht der zweite Theil, der Wettkampf der Kaiser, nicht naturgemäß aus dem ersten hervor und ist auch dem ersten Theile nur sehr lose durch die einzige Bemerkung des Silenus angefügt. Die Details, wovon wir freilich nur wenig geben konnten, sind für eine Satire sehr gut, der Totaleindruck ist nicht so günstig und es scheint uns an einer befriedigenden Krönung des Ganzen und besonders an einem entsprechenden Schlußakt zu fehlen; der Endverlauf des Schwanks ist etwas mager und dürftig. Daß die Christen wegen der malitiösen Tendenz des Buches mit Abscheu von demselben sprechen, ist natürlich.[1]

34. Eine andere Schrift Julian's, welcher wir einige Aufmerksamkeit zuwenden, ist gleichfalls eine Satire, „der Bartkasser oder der Antiochener" betitelt. Sie ist zwar ihrer Tendenz nach nicht gegen das Christenthum und auch nicht gegen christliche

---

1) Socr. H. e. III, 1 u. 23.

Personen gerichtet, sondern gegen die Bewohner der Stadt Antiochien, ohne Rücksicht darauf, ob christlich oder nichtchristlich, aber
es fallen doch in derselben auch einige gehässige Seitenhiebe auf
das Christenthum. Ueber den Ursprung dieser Schrift gibt uns Sokrates folgenden mit den Angaben des Misopogon selber überein=
stimmenden Bericht.[1]) Als Julian im Jahre 363 sich zu Antiochien
aufhielt, um seinen Persischen Feldzug anzutreten, glaubte er zu bemerken, daß die Grundbesitzer eine künstliche Theuerung verursachten, den Preis der nothwendigsten Lebensmittel selbst machten und
auf einer unbilligen Höhe erhielten. Er wollte dem ein Ende ma=
chen, setzte selbst den Kornpreis fest und zwang die Verkäufer, nur
zu diesem Preise zu verkaufen. Die Folge war, daß diese mit ihrer
Waare an sich hielten, nichts mehr auf den Markt brachten und
ein förmlicher Mangel entstand, so daß das letzte Uebel ärger
wurde als das erste. Die Antiochener waren nun gegen Julian
aufgebracht, indem sie ihn und zwar nicht mit Unrecht als Urheber
der Hungersnoth ansahen, und da Blödigkeit ohnedies ihre Sache
nicht war, so verspotteten sie ihn ganz offen, machten sich über sein
cynisches Wesen lustig, verfertigten ein Spottgedicht in Anapä-
sten auf ihn, und besonders war sein struppiger, ekelhafter Bart
die Zielscheibe ihrer Witzeleien, was auch zu dem Titel der Satire
Julian's die Veranlassung gab.[2])

35. Julian hatte in diesem Falle offenbar in den Mitteln
fehl gegriffen; wenn er den Kornwucherern wirksam entgegentreten
wollte, so mußte er für vermehrte Zufuhr sorgen und so die Preise
herabdrücken. Da er aber von seiner Klugheit und Unübertrefflichkeit
vollständig überzeugt war, so nahm er in diesem Falle kein Einsehen
an, sondern verübelte den Antiochenern ihre vermeintliche Undankbarkeit
um so mehr, da seine Absicht eine wohlgemeinte gewesen war. Er
rächte sich, indem er Gleiches mit Gleichem vergalt und eine Satire
gegen die Antiochener schrieb. Sie ist der Form nach so gehalten,
daß sie als eine Selbstanklage erscheint, indem Julian seine
guten Eigenschaften als Fehler behandelt und bekennt, dagegen die
üblen Eigenschaften der Antiochener als Tugenden hinstellt, hinter

---

1) Socr. H. e. III, 17. Misop. p. 348. sq. — 2) Ibid. p. 364.

welchen er zurückstehe und die er auch nicht nachahmen könne, weil
er zu alt sei.   Natürlich ist hinter diesem scheinbaren Tadel seiner
Person das stolzeste Selbstlob verborgen und die üblen Eigenschaften
der Antiochener, die freilich auch zahlreich genug waren, müssen als
Folie seiner Vortrefflichkeit dienen.   Der Sittenzustand der reichen
Handelsstadt Antiochien war ein sehr trauriger, von der Schwelgerei
ihrer Bewohner, ihrer Putzsucht, ihrer Zügellosigkeit, ihrer Verschwen=
dung, ihrer Liebhaberei zu den allerunsittlichsten Schauspielen und
Tänzen entwirft noch in späterer Zeit der h. Chrysostomus eine
düstere Schilderung und ergeht sich in reichlichen Klagen.   Daher
können wir an der Wahrhaftigkeit Julian's in Betreff dieses Gegen=
standes nicht im mindesten zweifeln.   Um so herrlicher stachen gegen
diese Ueppigkeit seine stolzen Philosophentugenden ab; denn unter
den Blinden hat der Einäugige leicht König sein.

36.   Er beginnt damit, daß er sagt, durch ein Spottgedicht
Rache zu nehmen, sei nicht mehr Gebrauch, und eine gewöhnliche
Satire gegen seine Gegner zu schreiben, sei durch die Gesetze ver=
boten.   So wolle er denn eine Satire auf sich selbst schreiben; das
sei durch kein Gesetz verwehrt.   Sein erster Fehler sei, daß er, ob=
wohl von Natur nicht ohne Anmuth und Schönheit, doch auf sein
Aeußeres zu wenig Sorgfalt verwende.   Daher lasse er denn auch
seinen Ziegenbart ohne Pflege wachsen und mache sich nichts daraus,
wenn er — wir bitten den Leser eine Prise Tabak bereit zu
halten — Läuse darin beherberge.   Dann müsse er sich anklagen, daß
seine Lebensweise eine rauhe sei; er habe keine Freude an Schau=
spielen, nehme mit grober Kost vorlieb und verschmähe die Wol=
lüste, verachte alle Bequemlichkeit und sei gegen die Witterung
abgehärtet und unempfindlich.   Ueber alle diese Punkte spricht er sich
weitläufig aus und sagt dann, er könne nicht dafür, er sei einmal
so von Kindheit an erzogen und unterrichtet, Rauhheit, Abhär=
tung und ein gewisses bäuerisches Wesen seien ihm zur andern Natur
geworden, die er nicht wieder ablegen könne.   Den rauhen Galliern
habe er durch diese Eigenthümlichkeiten zwar imponirt, aber freilich
in einer so fein gebildeten Stadt wie Antiochien könne er wenig
Ehre damit einlegen; doch verzichte er gern auf das Lob der Antioche=
nen; denn sie seien in allem das gerade Gegentheil von ihm, weich=

lich und weibisch in ihrer Kleidung, unmäßig und ausschweifend in
ihren Vergnügungen und auf nichts mehr als Spiel, Theater und
unzüchtige, mimische Tänze versessen. Er sehe ihnen das aber gerne
nach, denn sie seien auch einmal so erzogen, sie hätten in ihrer
Jugend ihre Erziehung nur von Weibern erhalten und seien in
Zügellosigkeit aufgewachsen, daher müsse man sie gehen lassen. Sie
hätten auch an nichts von den Dingen Geschmack, die ihm so sehr
zusagen; sie bekümmerten sich nicht um Poesie[1]) und von der Philosophie, welche Tugend, Mäßigkeit, Klugheit lehre, seien sie vollends
gar keine Freunde.[2])

37. Aber er unterschied sich noch in einem andern Stücke
von den Antiochenern. Die Mehrzahl derselben waren Christen; wenn
auch die meisten unter ihnen, namentlich der männliche Theil der
Bevölkerung, sein Leben sehr wenig nach den Vorschriften der Religion einrichtete, so hingen sie ihr äußerlich doch im Ganzen mit Eifer
an. Julian aber war ein noch eifrigerer Anhänger der Götter und
das ist eine Verschiedenheit, über welche wir ihn sich selbst äußern
lassen wollen. „Häufig, o du rauher, finsterer und durchaus schlechter
Mensch“, läßt er sich von den Antiochenern anreden, „besuchst du die
Tempel. Deinetwegen strömt nun die Volksmenge und auch die
meisten obrigkeitlichen Personen zu den Heiligthümern und sie empfangen dich mit Zuruf und lautem Beifall in den Tempeln gerade
wie im Theater. Warum bist du nun nicht zufrieden und lobst sie
nicht, sondern willst weiser sein als der Pythische Apoll, redest öffentlich zu der Menge, tadelst die, welche dir zurufen, eben deswegen
bitter und sagst: Der Götter wegen kommt ihr selten in die Tempel,
und wenn ihr einmal zusammenkommt, so erfüllt ihr die heiligen
Oerter mit lauter Unordnung. Für Männer, die mit weiser Mäßigung geschmückt sind und in der rechten Weise zu beten wissen,
geziemte es sich, in Schweigen die Götter um gute Gaben zu bitten
und jene Regel des Homer zu befolgen:

Schweigen sei über euch!

Es ist barbarisch und weibisch, fährt er fort, oder vielmehr ein
gottloses Benehmen, was ihr da thut. Ihr lobt mich, einen Men-

---

1) Ibid. p. 351. — 2) Ibid. p. 353.

schen anstatt der Götter und schmeichelt mir. Das Beste, meine ich, wäre es, auch den Göttern nicht zu schmeicheln, sondern ihnen auf verständige Weise zu dienen."[1]) Das bezieht sich ohne Zweifel auf einen bestimmten Vorfall, wo Julian die Antiochener wegen ihres lärmenden Betragens in den Tempeln zurechtwies und ihnen ein angemessenes Verhalten empfahl. Er scheint damals förmliche Andacht bei dem Götterdienst verlangt zu haben, obwohl stille Andacht doch nur da möglich ist, wo der Geist etwas zu denken hat. Und was konnte der Heide denken, wenn die Opfer geschlachtet wurden, die sterbenden Ochsen röchelten und gestochenen Schweine quietten? Unsres Wissens kannte das Heidenthum den Begriff Andacht gar nicht, und Julian versucht abermals, eine christliche Idee in sein reformirtes Heidenthum zu verpflanzen. Daher zeigten sich denn auch die wegen ihrer Unandacht getadelten heidnischen Antiochener sehr befremdet über diese Zurechtweisung.

38. Aber nicht bloß mit dem Benehmen der Antiochener in den Tempeln war Julian unzufrieden, er war es noch mehr deswegen, weil sie den Götterkult gänzlich verfallen ließen. Er hatte in diesem Punkte sehr niederschlagende Wahrnehmungen gemacht. Am 10. Tage des Monates Lous nämlich war das Fest des Apollo Daphneus, der in Antiochia verehrt wurde, also ein großes vaterländisches Fest. Julian eilte in der Erwartung zu demselben herbei, daß der Magistrat der reichen Stadt dieses Fest in geziemender Weise verherrliche und malte sich unterwegs alle die Herrlichkeiten vor, welche sein frommes Gemüth, wie er hoffte, bald erbauen sollten, die reichlichen Opfer, die Libationen, die Prozessionen herrlich gekleideter Jünglinge u. s. w. Aber o der kläglichen Täuschung! Nichts von all dem findet er vor; endlich fragt er einen alten Priester, was denn die Stadt an diesem Feste opfern werde und bekommt von ihm zur Antwort: „Ich werde für mich zu Hause dem Gotte eine Gans opfern: die Stadt hat für jetzt nichts angeordnet." O Jammer ohne Ende! Julian hatte erwartet, die Stadt sollte einige Ochsen opfern und sie opfert nicht einmal eine Gans.[2]) Er ergeht sich nun in Klagen, macht den Gleichgültigen tugendsame Vorstellungen und gibt nicht

1) Ibid. p. 344. — 2) Ibid. p. 361 seq.

unbeutlich zu erkennen, was er für die Hauptursache dieses traurigen Verfalls der Religion halte. „Ein Jeder von euch läßt seine Frau alles den Galiläern zutragen und indem die Weiber mit euerem Gut die Bettler ernähren, wirken sie große Wunderdinge der Gottlosigkeit an den Bedürftigen."[1)] ·

39. Ueberhaupt mißt er den Antiochenischen Frauen, welche demnach durchgehends Christinnen gewesen sein müssen, die Hauptschuld aller der Uebelstände bei, worüber er zu klagen hat. Da, wo er über die Zügellosigkeit der Antiochener spricht, sagt er: „Ihr wißt nun das sehr gut, daß ihr in allem frei sein müsset und so habt ihr vor allen Dingen euern Weibern vorgeschrieben, daß sie recht frei und ungebunden seien. Dann habt ihr ihnen zugestanden, daß sie die Kinder erziehen, damit wir ja nie eine strengere Regierungsweise einzuführen versuchen und sie dann zu Sklaven machen könnten".[2)] Daher komme es, daß die Jugend in Ungebundenheit und Ausgelassenheit aufwachse, keine Ehrfurcht vor ältern Personen und auch keinen Gehorsam gegen die Obrigkeit lerne. „Was thun nun die Weiber? fährt Julian fort. Sie führen sie zu ihren Religionsübungen, und zwar durch die Wollust, welche den Jünglingen so sehr eigen ist und nicht sowohl dem Menschen als vielmehr dem Vieh zusteht. Daher glaube ich, kommt es, daß ihr so glücklich seid und jegliche Unterwerfung von euch weist, zuerst die Unterwerfung unter die Götter, dann die unter die Gesetze und zuletzt unter uns, die wir die Wächter der Gesetze sind." Was er damit sagen wollte, daß die Frauen durch die Wollust ihre Kinder zu ihrer Religion führen, ist nicht wohl zu enträthseln. Entweder wollte er damit jenen bekannten Vorwurf von der vaga libido wieder aufwärmen, aber der war zu seiner Zeit doch schon zu sehr antiquirt, oder er wollte nur dem Christenthum etwas recht Gehässiges aufbürden und schrieb darum hin, was ihm gerade in die Feder kam.

40. Der andere Vorwurf, daß an der Zügellosigkeit der Antiochener die christliche Religion schuld sei, beruht aber auf einem

---

1) Ibid. p. 363. Diese etwas dunkeln Worte sollen wohl bedeuten, die Weiber sind schuld, daß das Christenthum mit euerem Geld und Gut seine Liebeswerke thun kann. — 2) Ibid. p. 356.

Irrthum. Das Richtige ist, daß der Charakter des Antiochenischen Volks sehr zum Leichtsinn hinneigte und das es selbst dem Christenthum noch nicht gelungen war, hierin viel zu bessern. Julian widerlegt sich hier selbst und zwar auf eine schlagende Weise. Denn, wenn er gleich darauf[1]) erzählt, daß schon der alte Cato über die Weichlichkeit und den Luxus der Antiochener sich sehr mißfällig ausgesprochen habe, so muß doch ein jeder Vernünftige die Schlußfolgerung ziehen, daß sie vor vierhundert Jahren nicht anders waren und folglich das Christenthum von diesen freilich nicht zu verkennenden Mängeln nicht die Ursache sein könne. Julian leidet in diesem Punkte an der heutigen Tages sehr gewöhnlichen Kurzsichtigkeit, welche rein natürliche, böse oder gute Eigenschaften eines Volkes als Wirkung seiner Religion ansieht, während sie nur eine Folge seines Temperamentes und seiner natürlichen Begabung sind.

41. Außer dem erwähnten Spottgedichte, war noch ein Witzwort gegen Julian bei den Antiochenern in Umlauf; sie sagten das Ch und das K hätten ihrer Stadt nicht geschadet. Julian wußte Anfangs nicht, was das bedeuten sollte, später erfuhr er, das Ch bedeute Christus und das K den Konstantius, so daß also diese Redensart ein Mißtrauensvotum gegen ihn enthielt. Er redet daher in seiner Schrift die Antiochener also an: „Lasset mich mit Freiheit meine Meinung sagen: Konstantius hat nur einen Fehler begangen, daß er mich nicht getödtet hat, da er mich zum Kaiser machte; im Uebrigen wünschte ich, daß euch, aber euch allein unter allen Römern, die Götter noch recht viele Konstanze und noch mehr den Uebermuth seiner Genossen fühlen lassen möchten. Denn, was mich betrifft, so war der Mann mein Oheim und Freund, und als er nachmals mein Feind sein wollte, so haben die Götter in ihrer Milde unsern Streit geschlichtet und ich blieb ihm auch da noch ein treuerer Freund, als er erwartet hatte, da er mein Feind wurde. Warum bildet ihr euch also ein, daß ich über sein Lob verdrießlich werden sollte, da ich vielmehr denen zürne, die ihn lästern"? Nach diesen confusen und verlogenen Worten geht er auf den andern Punkt ein. „Doch ihr liebt Christus und habt ihn zum Schutzgott euerer Stadt,

----

1) Ibid. p. 358.

anstatt des Zeus, des Apollo Daphneus und der Kalliope gemacht.
Haben etwa die Bewohner von Emisa, welche die Gräber der Galiläer
(er meint die über den Gräbern der Märtyrer erbauten Kapellen) an-
zündeten, auch Christum geliebt? Habe ich die Emisener jemals betrübt? Aus euch aber habe ich die meisten oder beinahe alle betrübt,
den Rath, die Reichen und das Volk. Denn das Volk haßt mich,
da es größtentheils oder vielmehr ganz jener gottlosen Sekte anhängt, die Mächtigen, weil sie ihre Waaren nicht mehr theuer verkaufen können, alle aber wegen der Tänzer und der Theater.“[1])
In dieser Stelle spricht sich sein Haß gegen die christliche Religion
recht unverhohlen aus, indem er mit dem verhaßten Antiochia seine
getreue Stadt Emisa vergleicht und sie als Muster aufstellt. In
Antiochia hatte man freilich das gerade Gegentheil von dem gethan, was in Emisa geschehen war. Man hatte die Reliquien des
Märtyrers Babylas aus dem Hain der Daphne zwar fortgeschafft,
aber unter Triumphgesängen, und der Tempel des Apollo war
gleich darauf in Flammen aufgegangen,[2]) ohne daß man wußte,
wie das Feuer entstanden war. Nachdem Julian seinen Emisenern
ein solches Lob gespendet hat, weiß man wirklich nicht mehr, was
es heißen soll, wenn er sagt, er habe „in Betreff jenes gewissen
Christus so viel zugestanden, als ein Mann könne, der das gemeine
Beste nach Kräften fördern wolle.“[3]) Wie viel oder wenig Duldung
alsdann den Christen zu Theil geworden wäre, wenn Julian länger
regiert hätte, läßt sich nicht nach dieser geschraubten Phrase, sondern besser nach seiner Belobigung der Emisener beurtheilen. Vielleicht würde er erlaubt haben, „einen gewissen Christus“ im stillen
Kämmerlein anzubeten, sofern man im Uebrigen geneigt war, den
Pflichten eines frommen Heiden pünktlich nachzukommen.

42. Das sind die Bemerkungen, welche Julian in seinem
Misopogon gegen das Christenthum eingestreut hat. Sie leisten kaum
mehr, als daß sie seinen Haß dagegen an den Tag legen und
sind unbedeutend, wie das ganze Schriftchen unbedeutend ist. Und

---

1) Ibid. p. 357. — 2) Ibid. p. 361.
3) So nach der Lesart Χριστοῦ τινός bei E. Martiniana p. 131. Spanheim p. 366 ließ dafür Χρηστοῦ τινός.

wie sollte auch gereizte Eitelkeit und Verbissenheit etwas Bedeutendes
hervorzubringen im Stande sein?

43.   Diejenigen sind immer die schlimmsten Feinde und Unter=
drücker, welche zu ihren Ungerechtigkeiten gegen andere auch noch
hämischen Spott hinzufügen. Bei ihnen ist die Verfolgung nicht
bloß Sache des Verstandes und kalte Berechnung, sondern auch
Sache des Herzens. Wenn das richtig ist, so war Julian der grim=
migste Feind, den das Christenthum jemals gehabt hat. Denn er
läßt, wenn er eine Feindseligkeit und Ungerechtigkeit gegen das Chri=
stenthum ausübt, die Gelegenheit niemals vorbeigehen, ohne ihm
auch noch einen Fußtritt zu versetzen. Als z. B. die Arianer zu
Edessa mit der Sekte der Valentinianer thätliche Händel bekommen
hatten, benutzte er diesen Vorfall, um die Einziehung der Güter „der
Kirche zu Edessa," also nicht bloß der Arianischen Gemeinde, zu
dekretiren, damit sie, wie er höhnisch hinzufügte, um so leichter in
das Himmelreich kämen, welches ja in ihrem wundervollen Gesetze
den Armen verheißen sei.[1] Und in dem Dekret, worin er den Chri=
sten die Erklärung der Griechischen Schriftsteller verbietet, gibt er
ihnen den hämischen Rath, sie sollten lieber in ihre Kirchen gehen
und ihren Matthäus und Lukas interpretiren.[2] Aus derselben Ge=
sinnung ging es auch hervor, wenn er die Christen Galiläer zu nen=
nen befahl und sie selbst mit der strengsten Consequenz stets nur
so nannte und der Sache dadurch den Schandfleck des Partikulari=
stischen und Lokalen, welches immer etwas Lächerliches und Veräch=
liches hat, aufdrücken wollte.

44.   Der polemische Eifer Julian's war mit der Abfassung der
Cäsares und des Misopogon noch nicht befriedigt. Diese zwei kleinen
Schriften sind am Ende doch nichts als ein paar Einfälle, die ihm
in launiger Stunde kamen und schnell auf das Papier hingeworfen
wurden. Wie groß der theologische Eifer des gelehrten Kaisers war,
werden wir aus der Thatsache ermessen, daß er trotz der Verwal=
tungsgeschäfte in seiner nicht ganz zweijährigen Regierungszeit und
sogar während seines Persischen Feldzuges Muße zur Ausarbeitung

---

1) Jul. epistolae ed. H. Heyler Mogunt. 1828. Ep. 43.
2) Ibid. Ep. 42.

eines größeren polemischen Werkes gegen die Christen zu finden wußte. Wie der Titel desselben lautete, wissen wir nicht,[1]) Hieronymus sagt uns, daß es aus sieben Büchern bestanden habe.[2]) Cyrill von Alexandrien dagegen berichtet, Julian habe drei Bücher gegen die Evangelien und die heilige christliche Religion geschrieben.[3]) Dieser Widerspruch ist bei den unzulänglichen Angaben der Quellen nicht endgültig zu lösen. Wollen wir nicht annehmen, daß das Werk in verschiedenen Handschriften verschieden eingetheilt gewesen sei, so wird man wohl am besten der Angabe des Hieronymus den Vorzug geben, weil dieser in allem mehr Sorgfalt und Genauigkeit offenbart als Cyrill und weil Julian sämmtliche Dogmen des Christenthums zu berücksichtigen verspricht.[4]) Folgen wir der Eintheilung, welche dem Cyrill vorgelegen hat, so beschäftigte sich das erste Buch mit der Erörterung des Verhältnisses des Judenthums zum Heidenthum und des Verhältnisses des Christenthums zum Heidenthum, das zweite Buch behandelte die Evangelien und die vermeintlich darin enthaltenen Widersprüche, was aber das dritte Buch enthielt, geht aus der Darstellung Cyrills nicht hervor.[5]) Auch sagt Cyrill an einer Stelle,[6]) Julian habe alles, Einrichtungen, sittliche Vorschriften und Mysterien des Christenthums verworfen, demnach muß auch der Inhalt seines Werkes ein umfassender gewesen sein und richtet sich die Widerlegung des Cyrill nur gegen einen Theil desselben. Julian begann es während seines Aufenthalts zu Antiochia im Jahre 362, — er arbeitete hauptsächlich während der langen Winterabende daran[7]) und vollendete es während seines Feldzuges gegen die Perser im folgenden Jahre.[8])

45. Die Heiden waren stolz auf dieses Buch. Julian's Lobredner

---

1) Sokrates h. e. III, 23 citirt es als βιβλία κατὰ Χριστιανῶν.

2) Epist. ad Magnum, Edit. Martianay tom. IV, p. 2. p. 655.

3) c. Julian. prooem. pag. 3. Ed. Aubert. tom. VI. — 4) S. unten §. 48.

5) Zum Beweise vergleiche man die Worte Julian's selber: Ibid. pag. 42. 218 u. 261. Sokrates h. e. III, 23 citirt eine Stelle aus dem dritten Buch, welche indessen keinen Aufschluß über den Inhalt desselben gewährt.

6) Νόμοι, ἔθη καὶ μυστήρια ibid. III, p. 74.

7) Socr. h. e. III, 23. — 8) Hieron. l. c.

Libanius urtheilte davon, er habe sich darin einsichtsvoller gezeigt als Porphyrius und — alle Achtung vor diesem Greise von Tyrus — doch müsse man gestehen, der Sohn habe den Vater übertroffen.[1]) Wenn wir auch dem Schmeichler Libanius nicht glauben wollten, so sehen wir doch aus einer Aeußerung Cyrill's, daß Julian's Werk bedeutenden Erfolg hatte. „Julian, sagt er[2]), der die Gabe schöner und gewaltiger Rede hatte, spitzte seine Zunge gegen den Heiland aller, gegen Christus, und schrieb drei Bücher gegen die heiligen Evangelien und die fromme Religion der Christen. Er macht dadurch viele wankend und schadet ihnen nicht wenig; denn die Leichtsinnigen und Wetterwendischen fallen leicht und werden dem Teufel eine angenehme Beute. Aber auch die im Glauben fester Stehenden werden zuweilen verwirrt, da sie meinen, er kenne die heiligen Schriften, weil er so viele Beweise aus denselben anführt, ohne indessen zu verstehen, was er redet. Weil aber die meisten von den Heiden, wenn sie mit Christen zusammentreffen, alles verlästern, sich dabei auf seine Schriften gegen uns berufen und behaupten, ihre Beweiskraft sei unerschütterlich und keiner unserer Lehrer sei im Stande gewesen zu widersprechen oder gar seine Einwürfe zu widerlegen, so habe ich mich auf das Ermahnen vieler an die Arbeit gemacht, den Hellenischen Dünkel zu demüthigen."

46. Bei dieser wenigstens für die damalige Zeit unbestreitbaren Bedeutung des Julianischen Werkes und bei der Regsamkeit der christlichen Gelehrten konnte es an Gegenschriften nicht fehlen. Vielleicht schrieb schon Apollinaris von Laodicea dagegen[3]); dann folgte der Priester Philippus von Side, der zu Anfang des fünften Jahrhunderts lebte, mit seiner Widerlegung[4]), die, wie die übrigen Werke dieses Schriftstellers völlig verloren gegangen ist.

---

1) Liban. orat. parent. cap. 87. vid. Fabric. bibl. Gr. tom. VII, p. 313.
2) c. Jul. p. 3.
3) Sozom. h. e. V, 18. Sozomenus sagt, daß Apollinaris ein Buch gegen Julian und die heidnischen Philosophen geschrieben habe, ὑπὲρ ἀληϑείας betitelt. Daß es speciell gegen die in Rede stehende Schrift Julian's gerichtet gewesen, liegt nicht in seinen Worten. Es ist auch nicht unmöglich, daß dem Sozomenus hier ein Irrthum begegnet ist und er eine Schrift des ältern Apollinaris von Hierapolis, (worüber Euseb. h. e. IV, 27), dem Apollinaris von Laodicea beigelegt hat, wozu der gleiche Titel Veranlassung geben konnte. — 4) Socr. h. e. VII, 27.

Nicht viel später entstand die aus zehn Büchern bestehende Schrift des Cyrill von Alexandrien „über die heilige christliche Religion gegen den gottlosen Julian", welche dem Kaiser Theodosius II. gewidmet ist. Sie ist die Quelle, aus der wir so ziemlich unsere sämmtlichen Kenntnisse von Julian's Werk, wovon sie indessen nur etwa die Hälfte widerlegt hat, schöpfen. Und endlich schrieb noch im neunten Jahrhundert Photius von Konstantinopel eine gleichfalls verlorne Abhandlung gegen Julian.[1]

47. Unter den Stellen, welche Cyrill aus dem Julianischen Werke ausgehoben hat, sind einige, welche uns über dessen Inhalt und Plan ziemlich befriedigende Auskunft geben. So hat er uns die Eingangsworte aufbehalten, worin sich der Grundgedanke des ganzen Werkes ausgesprochen findet. „Es scheint mir gut zu sein, beginnt Julian, wenn ich allen Menschen die Ursachen darlege, weshalb ich die Verschwörung der Galiläer für eine menschliche Erfindung halte, welche die Bosheit zusammengeschmiedet hat. Dieselbe hat nichts Göttliches, sondern beruht auf einem Mißbrauch des niedern Theils der Seele, welcher sich zu dem fabelhaften, kindischen und unvernünftigen Wesen neigt, und bringt Wundererzählungen als Beweise der Wahrheit."[2] Es könnte auf den ersten Anblick scheinen, als hätte Julian die Absicht gehabt, zu beweisen, daß das Christenthum keine göttliche Offenbarung sei, und im Allgemeinen war das wohl auch sein Gedanke. Aber es war nicht gerade der Grundgedanke seiner drei Bücher und der Gipfelpunkt seiner Beweisführung; so prinzipiell faßte er die Sache noch nicht, daß er eingesehen hätte, wie mit dem Faktum der geschehenen historischen Offenbarung Gottes das Christenthum steht und fällt. Auch sind seine Argumente, wenigstens so weit Cyrill sie uns aufbewahrt hat, nicht gerade auf diese Tendenz hin zugespitzt. Er will nur sagen, das Christenthum hat weder in seinen Lehren noch in seinen Einrichtungen und Gesetzen etwas Göttliches im weitesten Sinne des Wortes, sondern ist nur eine Ausgeburt der Seelenkräfte des Menschen und zwar nicht der höheren wie die Philosophie, sondern der niederen.

---

1) Phot. epist. 187. S. W. Teuffel in Pauly's Realencycl. d. klass. Alterth. Art. Julian. — 2) Cyrill. c. Jul. lib. II. p. 39.

48. Julian will sodann „die sämmtlichen Dogmen des
Christenthums" in den Kreis seiner Betrachtung ziehen und bittet
sich zuvörderst aus, daß die, welche ihn widerlegen wollen, es nicht
machen sollen, wie listige Advokaten, welche anstatt die Grundlosigkeit
der Klage zu beweisen, eine Gegenklage erheben, um die Anklage
niederzuschlagen, sondern sie sollen erst die einzelnen Einwürfe gründlich widerlegen und dann erst etwaige Gegenklagen geltend machen.[1]

49. Sodann bezeichnet er den Weg, den er einschlagen will.
„Es ist nöthig, kurz darauf zurückzugehen, von woher wir den ersten Gedanken von Gott erhalten, darauf die Lehren der Hellenen
von Gott mit denen der Hebräer zu vergleichen und dann die Anhänger der Galiläischen Sekte zu fragen, warum sie die Lehren
jener (der Juden) den unsrigen vorziehen, und warum in aller
Welt sie auch nicht bei jenen stehen bleiben, sondern davon abgefallen und ihren eignen Weg gegangen sind und weder irgend etwas
von unsern Lehren noch von den Mosaischen Lehren der Hebräer
für schön und trefflich halten. Dagegen haben sie sich die eigenthümlichen Mängel beider angeeignet; die Jüdische leichtsinnige Verachtung
der Götter und unser schlechtes und ausgelassenes Leben, unsere
Vergnügungssucht und Zerfahrenheit, das haben sie die beste Gottes-
verehrung zu nennen beliebt."[2] Bei den letzten Worten, worin auch
ein starker Vorwurf gegen das Heidenthum selbst liegt, wird man unwillkürlich an die Strafpredigt erinnert, die er im Misopogon den
Antiochenern gehalten hat. Hier hat ihm ohne Zweifel die Ausgelassenheit, welche er in Antiochien vor Augen sah, vorgeschwebt und
die Feder geführt.

50. Gegen diese Theile seines Buches ist denn auch die Entgegnung des Cyrill gerichtet. Cyrill hat in derselben eine große
Anzahl Stellen daraus mitgetheilt, und daran seine Bemerkungen
angeknüpft; aber leider scheint er bei der Auswahl dieser Stellen
gar kein klares Ziel vor Augen gehabt und sich keinen Grundriß
seiner Arbeit entworfen zu haben. Sein Buch ist ein loses Durcheinander von Stellen und Entgegnungen, welches kein klares Bild
von dem Julianischen Werke und seinen Grundgedanken zu geben im

---

1) Ibid. II, p. 41. — 2) Ibid. II. p. 42.

Stande ist. Er scheint die Stellen der Reihenfolge nach annotirt zu haben; ohne die eigentlichen Grundgedanken, wie es sich gehörte, hervorzukehren und in ihrer Falschheit hinzustellen, hielt er sich mehr an das Detail. Wir müssen also die Bruchstücke Julian's selbst neh= men, wie sie uns eben geboten sind und aus ihnen die leitenden Gedanken, so wie die Beweise zu gewinnen suchen, wobei wir uns nicht immer an die Ordnung Cyrill's halten können.

51. Was den subjektiven Standpunkt angeht, den Julian ein= nimmt, so huldigt er dem geläuterten **Polytheismus**. Vor allen Dingen verwirft er die Mythologie, wie sie sich bei den Dich= tern vorfindet und beehrt dieselben kurzweg mit dem Titel Fabel= hänse; dagegen suchte er den Polytheismus auf eine Weise zu be= gründen, welche in einigen Punkten neu war und Beachtung ver= dient. „Die Unsrigen, sagt er, behaupten, daß der Weltenschöpfer der gemeinsame Vater und König aller sei, im Uebrigen aber die Völker National= und Stadtgöttern[1]) zugewiesen habe, wovon ein jeder seiner besonderen Provinz und Aufgabe für sich vorsteht. Denn in dem Vater ist alles vollkommen und eins, bei den Spezialgöttern aber herrscht die eine Kraft vor der andern vor; so steht Mars den Kriegsangelegenheiten der Völker vor, Minerva dem Kriegsrath, Merkur dem, was mehr verschlagen als kühn ist, und die ihnen an= vertrauten Völker folgen auch dem jedesmaligen Wesen ihrer Lan= desgottheiten. Wenn nun nicht die Erfahrung für unsere Lehre zeugt, so soll sie eine Erfindung und der Glaube daran Unverstand sein, euere Lehre aber das Lob davon tragen; wofern aber die Erfah= rung seit undenklichen Zeiten für unsere Behauptungen zeugt, euere Lehren aber nirgendwo eine Bestätigung erhalten, so ist kein Grund vorhanden, weswegen ihr bei euerem Eigensinn beharrt. — Man gebe mir nämlich die Ursache davon an, warum die Kelten und Germanen, so muthig, die Griechen und Römer aber durchweg civili= sirt und gebildet und zugleich beständigen und kriegerischen Sinnes sind; warum die Aegypter geschickt und kunstfertig, die Syrer un= kriegerisch und weichlich, dabei aber intelligent, hitzig, leicht und von schneller Fassungskraft sind. Wenn bei dem Vorhandensein dieser

---

1) Ἐθνάρχαι καὶ πολιοῦχοι θεοί. Ibid. IV, p. 115.

Verſchiedenheit der Völker niemand eine Urſache davon ſähe und behauptete, daß das nur etwas Zufälliges ſei, wie kann man da noch an das Beſtehen einer leitenden Vorſehung in der Welt denken? Wer aber eine Urſache davon ſetzt, beim Weltenſchöpfer! der muß ſie mir auch ſagen und angeben[1]). In Betreff der Geſetze iſt es klar, daß ſich die Menſchen ſolche gegeben haben, wie ſie ihrer Naturanlage entſprechen, die, welche am meiſten auf Bildung ſahen, haben civiliſirte und humane Geſetze, die aber, deren Naturanlage und Sitten das Gegentheil davon waren, harte und inhumane. Denn die Geſetzgeber haben hinſichtlich des Naturells und der Beſtrebungen durch ihre Anleitung wenige Veränderungen hervorgebracht; ſo haben die Skythen den Anacharſis wie einen Verrückten behandelt. Auch würde man unter den abendländiſchen Völkern nicht leicht Menſchen finden, welche zur Philoſophie oder Geometrie oder zu etwas anderem der Art befähigt ſind, als nur einige ſehr wenige, obwohl ſie ſchon ſo lange unter Römiſcher Oberherrſchaft ſtehen. Die talentvollſten unter ihnen haben nur etwas von der Dialektik und Redekunſt weggekommen, ohne ſonſt irgend eine Wiſſenſchaft anzunehmen. So unüberwindlich ſcheint die Naturanlage zu ſein. Wie ſteht es nun mit den ſittlichen Verſchiedenheiten der Völker und Geſetze?"[2]) Dann verweiſt er weiter auf die Verſchiedenheit der Sprachen und erklärt nebenbei die Urſache, welche Moſes von dieſer Erſcheinung angibt, wegen der dabei zu Grunde liegenden Anthropomorphismen für unſtatthaft[3]).

52. Weit mehr Gewicht legt er aber auf die Verſchiedenheit der Sitten und Gebräuche, weshalb er nochmals auf dieſen Punkt zurückkommt. "In Betreff der Verſchiedenheit in den Sitten und Geſetzen hat weder Moſes noch jemand anders etwas Genügendes geſagt, obwohl die Verſchiedenheit hinſichtlich der ſittlichen, rechtlichen und politiſchen Anſchauungen unter den Menſchen viel größer iſt, als der Sprachenunterſchied. Wer von den Griechen hält es für erlaubt, ſeiner Mutter, Schweſter oder Tochter beizuwohnen, und doch gilt das bei den Perſern für erlaubt. Was ſoll ich das

---

1) Ibid. IV, p. 115. 116. — 2) Ibid. IV, p. 131.
3) Ibid. IV, p. 184—187.

Einzelne berühren, wie die Liebe der Germanen zur Freiheit und Unabhängigkeit, das zahme und unterwürfige Wesen der Syrier, Perser, Parther, und der sämmtlichen östlichen und südlichen Völker, welche an despotischen Regierungsformen ihr Gefallen finden? Wenn das ohne Einwirkung einer höheren und göttlichen Vorsehung so ist, was beschäftigen wir uns dann noch mit größeren und erhabenern Dingen und ehren Gott, bei dem doch keine Vorsehung ist? Kann der noch auf unsere Verehrung Anspruch machen, der sich nicht um Leben, Sitten, Einrichtungen, gute Gesetze und politische Zustände kümmert? Sehet, auf welche Abgeschmacktheiten das führt! Nein, unter den Gütern, die zum Leben des Menschen gehören, stehen die Güter des Geistes obenan, dann kommen erst die des Leibes. Wenn Gott also unser geistiges Wohl vernachlässigt, nicht wegen unserer physischen Ausrüstung Vorsorge getroffen und uns nicht Lehrer und Gesetzgeber, so gut wie den Hebräern den Moses und nach ihm die Propheten geschickt hat, weswegen werden wir dann noch ihm zu danken veranlaßt sein?" [1]

53. Die vorgetragene Theorie war eine Lieblingslehre der Neuplatoniker; keiner von ihnen hat sie indeß so durchgebildet und so zu beweisen gesucht, wie hier Julian. Schon Plato nahm an, daß die Untergötter die Schöpfer der sterblichen Wesen und auch der halb sterblichen d. i. der Menschen seien [2]. Julian glaubt nun aus der Verschiedenheit der Nationalitäten, die er für unveränderlich hält, den unwiderleglichen Beweis dafür zu liefern und also durch augenfällige Thatsachen den Polytheismus rationell zu begründen. Wenn er dabei glaubt, die Germanen seien von Natur aus nicht für die Philosophie und Geometrie befähigt, so können wir heutiges Tages über eine solche Behauptung nur lächeln. Uebrigens war zugleich die eine Spitze dieses Beweises gegen die heilige Schrift gekehrt. Wenn Moses, will Julian sagen, schon um die Verschiedenheit der Sprachen zu erklären, eine Mitwirkung höherer Wesen zu Hülfe nehme, die Elohim vom Himmel steigen und die

---

1) Ibid. IV, p. 137. 138.
2) Becker, b. philof. System Platons. S. 102 ff.

Sprache der Menschen verwirren lasse, so sei die Verschiedenheit
der Nationalitäten gewiß nicht ohne eine Verschiedenheit der
schaffenden Wesen zu denken; denn die Verschiedenheit der Nationalitäten sei eine tiefer greifende als die der Sprachen. Darüber
könnte man aber auch noch sehr streiten und es ist zu verwundern,
daß Julian nicht darauf verfallen ist, den gesammten Nachdruck
anstatt auf die ethische Verschiedenheit auf die physische, d. i. den
Rassenunterschied unter den Menschen zu legen.

54. Die ganze Auseinandersetzung beruht, wie der Leser,
der uns bis hieher gefolgt, sofort erkennen wird, auf Neuplatonischen Principien, was noch deutlicher aus folgender Stelle hervorgeht: „Wenn es sich nicht so verhält, wenn nicht jedem Volke
ein Nationalgott vorsteht und, ihm untergeordnet, wieder ein
Engel oder Dämon und ein besonderes, den höheren Geistern die-
nendes und folgendes Geistergeschlecht und wenn dann trotzdem die
Verschiedenheit in den Gesetzen und Sitten vorhanden ist, so mag ein
anderer uns belehren, wie das zugeht. Es ist nicht genug zu sagen:
Gott sprach und es geschah, es muß auch dem Willen Gottes die
Natur des Geschaffenen entsprechen. Ich will mich deutlicher ausdrücken. Gott befiehlt etwa, das Feuer soll emporsteigen, die Erde
aber niedersinken, muß dann nicht jenes leicht, diese aber schwer
sein? Und so ist es mit allen anderen Dingen und auch mit den
göttlichen. Die Ursache ist diese: die Menschen sind ein schwaches
und vergängliches Geschlecht, natürlich sind auch ihre Werke vergänglich, veränderlich und durchaus wandelbar. Da Gott aber
ewig ist, so muß auch sein Wille ewig sein, und da er so ist, so
muß doch auch die Natur der Dinge conform sein. Denn wie könnte
die Natur der Dinge mit dem Willen Gottes in Widerspruch stehen
und wie könnte sie aus jener Harmonie heraustreten? Nun also,
wenn er auch gewollt hätte, daß wie die Sprachen auch die Nationalitäten unter einander in Verwirrung gerathen sollten, so hätte
er es nicht durch seinen Willen allein bewirkt, sondern auch durch
unsre Natur uns zu einer solchen Verschiedenheit voraus disponirt
und es mußten zuerst verschiedene Naturen (d. i. göttliche
Ideen) der Völker existiren, wenn die Völker verschieden werden
sollten. Man sieht das auch an der körperlichen Beschaffenheit,

wenn man darauf achtet, wie ſehr ſich die Germanen und Skythen von den Libyern und Aethiopen unterſcheiden. Kommt das etwa auch von einem bloßen: „„Es werde““ her, oder wirken nicht auch Luft und Land und Himmelsgegend dazu mit?“[1]) Demnach ſchließt alſo Julian aus dem Raſſenunterſchiede nicht, wie die Neueren, auf verſchiedene Urpaare des Menſchengeſchlechtes, ſondern auf verſchiedene göttliche Urbilder und mehrere ſchöpferiſche Principien.

55. Nach dieſen Grundſätzen läßt ſich unſchwer errathen, welche Stelle dem Judengott eingeräumt wird. Er kann natürlich weiter nichts ſein, als ein Partialgott, als derjenige Nationalgott, dem Judäa als betreffende Provinz zugetheilt worden iſt; und es iſt vom Standpunkte der Julianiſchen Theologie gar nichts dagegen einzuwenden, wenn derſelbe die Juden ſein Volk nennt, dagegen iſt es ſehr ungerechtfertigt, wenn Moſes dieſen Partialgott zum Schöpfer der ganzen Welt ſtempelt, vielmehr muß er nach der Meinung Julian's ſeiner Würde nach unter den heidniſchen Göttern ſtehen, weil die Heiden ja die Juden durch Macht, Künſte und Wiſſenſchaften übertrafen. Denn aus den Vorzügen eines jeden Volkes müſſe auf die größere oder geringere Macht und Würde ſeines Nationalgottes zurückgeſchloſſen werden[2]). Dieſer Judengott habe ja auch die kleinſte Provinz und das kleinſte Volk erhalten und vermöge nur mit Mühe und Noth für deſſen Exiſtenz zu ſorgen. Daß der Judengott nur ein Nationalgott ſei, das ſoll denn auch die eigentlich Jüdiſche Lehre ſein. Moſes ſelbſt nenne ihn ſo oft den Gott Iſraels, den Gott der Hebräer, Iſrael aber ſeinen Erſtgebornen. Ebenſo redeten die Propheten, Paulus aber bleibe ſich in ſeinen Aeußerungen über dieſen Punct nicht gleich, er nenne Iſrael das Erbe Gottes, ſage aber auch wieder, Gott ſei ein Gott der Heiden. Auch könne dieſer Gott nicht der Gott des Weltalls ſein,

---

1) Cyrill. c. Jul. IV, p. 143.

2) Ibid. IV, p. 141. Vgl. VII, p. 221—224, wo Julian darzuthun ſucht, daß die Juden in Bezug auf Geſetzgebung, Verwaltung, Gerichtsverfahren, Poeſie und Arzneikunde auf einer ſehr niedrigen Stufe geſtanden hätten. Eben daſelbſt vergleicht er Salomon, den weiſeſten der Hebräer, mit Sokrates, Phokylides, Iſokrates u. a. V, 178 ſetzt er aus gleichem Grunde die Jüdiſchen Helden, David und Simſon, herab.

denn, nachdem er Jahrtauſende lang die ganze Welt mit Ausnahme
des Jüdiſchen Volkes in Unwiſſenheit, und wie die Chriſten ſagen,
im Göhendienſt habe ſchmachten laſſen, habe er Jeſum geſchickt,
aber wiederum nicht als einen Propheten, Lehrer, Herold, Chrisma
für alle Menſchen, ſondern nur für das kleine Judenvolk. Daraus ergebe ſich, ſchließt Julian dieſe Auseinanderſeßung, daß der
chriſtliche Gott des All nur ein reines Gedankending ($\psi\iota\lambda\dot{\eta}$ $\check{\epsilon}\nu\nu o\iota a$)
und bei den Chriſten auch alles nur particulär ſei [1]).

56.   So ergibt ſich für Julian alſo eine principielle, wenn auch
von den Juden in dieſem Punkte total verkannte und in Abrede
geſtellte Uebereinſtimmung zwiſchen dem Judenthum und dem Heidenthum. Die Juden machen ihren Gott zwar zum Gott des All,
auf der andern Seite aber geben ſie wieder zur Genüge zu erkennen, daß er nur ein Partialgott ſei, wie die Götter der Heiden. Und ſo charakteriſirt Julian das gegenſeitige Verhältniß
von Judenthum und Heidenthum ganz kurz, wenn er ſagt:
„Die Juden ſtimmen mit den Heiden ganz überein, außer daß ſie an
einen einzigen Gott glauben." [2]) Er hat auch nicht verfehlt, als
einen Beweis dieſer völligen Uebereinſtimmung den Umſtand geltend zu machen, daß die Juden nach der Anordnung Moſes Gott
Thieropfer dargebracht haben. Der beiderſeitige Kult ſtimme gänzlich überein, die Juden hätten das Abwendungsopfer des Sünden-
bockes (Lev. 16, 7), was weiter nichts ſei als der Dienſt der Dii
Apotropaei oder Averrunci der Heiden; dann auch die Brand-,
die Lob-, Erſtlings-, Sühn- und Reinigungsopfer; desgleichen hätten
ſie die Beſchneidung mit den Aegyptern, Chaldäern und Sarazenen
gemein. Auch erlaube Moſes, von dem Fleiſche der Opferthiere zu
genießen, worin Julian eine Erlaubniß, auch von den heidniſchen
Opfern zu eſſen, finden will. [3]) Auch Abraham, der Stammvater
und Stolz der Juden, habe ſogar ſchon ganz wie die Heiden geopfert. Er trieb auch Wahrſagerei, belehrt uns Julian, und habe
viel auf Wahrzeichen gegeben; zum Beweis deſſen muß die Stelle Gen.
15, 5 dienen: „Gott führte ihn hinaus und ſprach zu ihm: Blicke

---

1) Ibid. III, pag. 99. 100. 106. Vgl. V, p. 148. — 2) Ibid. IX, p. 306.
— 3) Ibid. IX, p. 297. 298. B.—E. 305. Vgl. X, 354.

gen Himmel und zähle die Sterne, wenn du sie zählen kannst; und er sprach, so wird dein Same sein[1]). Hierin will Julian Sterndeuterei finden, doch er traut selbst dieser Beweisführung nicht sehr, und damit seine Erklärung der Stelle nicht gewaltsam erscheine, sucht er sie durch weitere Beispiele zu erhärten. Abraham habe auch den Vogelflug beobachtet. Man lese nämlich: Gott sprach zu ihm: Ich bin der Herr, der dich aus Ur in Chaldäa herausgeführt hat, um dir jenes Land zu geben, damit du es besitzest. Jener aber sprach: Herr, Gott, woran kann ich erkennen, daß ich es besitzen werde? Und Gott antwortete und sprach: Nimm mir eine dreijährige Kuh, eine Turteltaube, und eine gewöhnliche Taube. Er aber nahm dieses alles, theilte es der Hälfte nach und legte die Hälften einander gegenüber, die Vögel aber theilte er nicht. Die Vögel stiegen auf die Theile herab und Abraham setzte sich zu ihnen. So nothwendig sei es also, daß auf das Gebet ein Wahrzeichen folge.[2]) Allein es liegt hier gar kein Augurium vor, sondern Abraham in seinem kindlichen Glauben schloß hier mit Gott einen Bund nach einem Ritus, welchen die Chaldäer befolgten, wonach die beiden, den Vertrag schließenden Parteien zwischen den Hälften der Opferthiere hindurchgingen. Gott ließ sich zu dieser menschlichen Anschauung und diesem Ritus herab und ließ zum Zeichen dessen statt seiner eine Feuersäule[3]) zwischen den Opferstücken hindurchgehen. Abgesehen davon, dürfte man auch aus solchen Aeußerlichkeiten, wie ein paar übereinstimmende Riten sind, nicht auf die völlige Uebereinstimmung der zwei Religionen schließen und die offen am Tage liegenden, sehr großen Verschiedenheiten übersehen.

57. Weiter versteigt sich Julian zu der Behauptung, auch das Mosaische Sittengesetz, die zehn Gebote, seien, mit Ausnahme des ersten und dritten, von allen Völkern beobachtet worden und alle hätten auf deren Uebertretung Strafen gesetzt. So sei dieses an sich treffliche Sittengesetz auch kein den Juden eigenthümlicher Vorzug. Allein er ist den Beweis dafür, daß auch die Gedankensünden, die sündhaften Begierden, welche im neunten und zehnten

---

1) Ibid. X, p. 356. — 2) Ibid. X, p. 358. cfr. p. 361.
3) Gen. 15, 17.

Gebote verpönt worden, bei den Heiden als strafbar gegolten
hätten, schuldig geblieben.[1]) So nimmt Julian in all' Wege
das Judenthum und seine Lehren in Schutz. Dabei ist es
ihm freilich gänzlich entgangen, wie sehr er sich selbst ins
Gesicht schlägt, wenn er im weitern Verlauf gegen eine Reihe von
Lehren polemisirt, welche dem Christenthum und dem Judenthum
gemeinsam sind.

58. Wenn Gott im alten Testamente verbietet, andere Götter
anzubeten, so ist das Julian sehr anstößig. Denn dieses von ihm
für einen Partialgott gehaltene Wesen hat natürlich kein Recht,
die Verehrung der anderen Götter, welche zum Theil über ihm
stehen, zu verbieten; er sieht in diesem Verbot also entweder Neid
und Eifersucht, oder gar das Unvermögen, dem Kultus der andern
Götter Einhalt zu thun[2]). Hieran schließt sich eine Bemerkung
über die Anthropomorphismen: „Der Gott der Christen erscheint
niemals als unwillig oder zornig oder erbost oder schwörend, oder
sich schnell von einer Seite zur andern neigend, wie Moses in der
Geschichte von Phineas sagt"[3]). Und nun erzählt er diesen bekannten
Vorfall ziemlich genau, knüpft aber daran die Bemerkung, wenn
da gesagt werde, Gott habe wegen der Bestrafung des einen die
übrigen Israeliten verschont, so sei es doch besser, daß mit tausend
Guten ein Schuldiger ungestraft bleibe, als daß mit einem Einzigen
tausend andere zu Grunde gerichtet würden. Das ist aber eine
merkwürdige Flüchtigkeit oder absichtliche Verdrehung; denn Gott
that ja ganz genau dasselbe, was Julian will; er verschonte den
Rest der Schuldigen, die eben so straffällig waren, als die, welche
wirklich bestraft wurden, um des Phineas willen. (Num. 25, 11.)
Die Nutzanwendung, welche Julian aus dieser Gotteslehre zieht, ist
dann folgende: „Die Philosophen heißen uns nach Kräften die
Götter nachahmen und diese Nachahmung bestehe in der Beschauung des Seienden. Daß dies die Leidenschaft ausschließt und in
der Beschauung besteht, ist klar, auch ohne daß ich es sage; je
mehr wir in der Leidenschaftslosigkeit gegründet und der Be-

---

1) Cyrill. c. Jul. V, p. 152. — 2) Ibid. V, p. 155. — 3) Ibid. V, p.
160 seq.

trachtung des Seienden hingegeben sind, desto mehr sind wir Gott gleich geworden. Worin besteht aber die Nachahmung Gottes bei den Hebräern? — In Zorn, Aufregung und wilder Eifersucht" [1]).

59. Wie man sieht, ist die Polemik Julian's gegen den Gottesbegriff nur sehr fragmentarisch aufbehalten; wir wollen daher zur Ergänzung noch ein paar Stellen beifügen, worin sich eine Andeutung in Betreff seiner eignen Ideen findet. „Daß die Gotteserkenntniß nichts Lehrbares ist, sondern den Menschen von Natur innewohnt, davon ist uns zuerst ein Beweis jene allgemeine Geneigtheit in Betreff des Göttlichen, die sich sowohl bei den Einzelnen, als der Gesammtheit, bei dem Individuum und den Völkern findet; denn alle glauben wir auch ohne Belehrung an etwas Göttliches, worüber sich nicht alle mit Leichtigkeit genau aussprechen können, und erschöpfend, vermögen es nicht einmal, die es erkannt haben." In dieser Stelle gibt sich der Neuplatonismus Julian's zu erkennen. „Zu diesem allen Menschen gemeinsamen Begriffe kommt noch ein anderer, fährt er fort. Alle Menschen haben von Natur gegen den Himmel und die an ihm erscheinenden Götter eine solche Verehrung, daß, wenn jemand auch einen anderen Gott als diese annähme, er ihm doch als Wohnung den ganzen Himmel anweisen würde, nicht als ob er ihn von der Erde verbannen wollte, sondern gleichsam in der Voraussetzung, daß der König des All, an einem über alles erhabenen Orte thronend, von da auf die irdischen Dinge herabschaue" [2]). Jeder strecke darum, ist sein Grund, auch beim Beten und Schwören die Hände gen Himmel aus. Und man halte ihn mit Recht für den Thron Gottes; denn er sei ewig, unsterblich und unveränderlich, da gebe es keine Zunahme, keine Abnahme und keine Unordnung, sondern alles sei harmonisch. Er sei von einem höheren, göttlichen Geiste bewohnt, drehe sich um Gott und erhalte von ihm seine Bewegung, so wie wir Menschen von unserer Seele bewegt würden [3]).

60. Seine Anschauungen in Betreff der Schöpfung sind platonisirend. Sonne, Mond, Himmel und Sterne sind ihm die sichtbaren Abbilder ($\vartheta\epsilon o i$ $\dot\epsilon\mu\varphi\alpha\nu\epsilon\tilde\iota\varsigma$) höherer unsichtbarer Götterwesen ($\vartheta\epsilon o i$ $\dot\alpha\varphi\alpha\nu\epsilon\tilde\iota\varsigma$), welche dem Weltschöpfer unmittelbar ihr

---

1) Ibid. V, p. 171. — 2) Ibid. II. p. 52. B.—D. — 3) Ibid. II, p. 69.

Dasein verdanken. Außer diesen gibt es noch drei Gattungen
sterblicher Dinge, Menschen, Thiere und Pflanzen. Die Erschaffung
dieser Dinge überläßt der oberste Gott den unteren Göttern; denn
was er selbst erschafft, muß unsterblich sein; er kann nichts Sterbliches schaffen, weshalb denn auch die vernünftige Seele sein eigenes
Werk ist. Er redet also die unteren Götter an und sagt: Ich gebe
euch die Idee und den Keim dieser Wesen, wenn ihr es wollet; in
Betreff des Uebrigen könnet ihr das Sterbliche zum Unsterblichen
fügen. — Wenn zwischen dem Himmel und den geringsten Thieren
kein Unterschied wäre, so müßte der Schöpfer beider ein und derselbe sein. Nun aber ist der Unterschied zwischen beiden ein unendlicher und unveränderlicher, darum muß jedes auch einen anderen
Urheber seines Daseins haben[1]). Von diesen Principien aus, die
übrigens auch schon Celsus in fast wörtlicher Uebereinstimmung so vorgetragen hat, würdigt und versteht Julian die Mosaische Schöpfungslehre. Nachdem er den Schöpfungsbericht der Genesis mitgetheilt hat, sagt er: „Hier wird nicht von Gott gesagt, daß er auch
den Abgrund, so wie die Finsterniß und das Wasser gemacht habe.
Moses hätte doch wohl, da er angegeben hat, daß das Licht auf
den Befehl Gottes entstand, auch in Betreff der Finsterniß, des
Abgrundes und des Wassers sich aussprechen müssen. Ferner aber
that er nicht einmal der Entstehung oder Erschaffung der Engel
und wie sie geworden sind, Erwähnung, sondern nur der himmlischen und irdischen Körper, so daß Gott nach Moses gar nicht
der Schöpfer der unkörperlichen Dinge ist, sondern nur der Ordner
der vorhandenen Materie."[2]) Das ist also der Hauptvorwurf, den
Julian der Schöpfungslehre des Moses macht; während die Philosophie Gott als Schöpfer nur der geistigen Wesen hinstelle mit
Ausschluß der materiellen Dinge, mache jener ihn lediglich zum
Schöpfer der materiellen Dinge mit Ausschluß der geistigen.

61. Eben deshalb tadelt er auch die Erzählung der
Genesis von der Erschaffung des Menschen, die er, wie er es
zu machen pflegt, wieder wörtlich anführt. Er tadelt sie, weil
nach Moses der Mensch von Gott allein geschaffen werde, während

---

1) Ibid. II, p. 65. — 2) Ibid. II, p. 49.

er doch nur seinem Keime nach den Ursprung in Gott habe, der
Hauptsache nach aber ein Werk der niederen Götter sei[1]). Cyrill
bemerkt hiegegen, das Erschaffen sei, so zu sagen, mit die wichtigste
und Gott eigenthümlich zukommende Thätigkeit und es sei eine
Thorheit, zu behaupten, er könne diese Thätigkeit einem Geschöpfe
abtreten und überlassen.

62. Wie schwer es den Heiden fiel, das Böse und die
Sünde als eine freie That des Menschen und nicht als etwas Na-
turnothwendiges aufzufassen, zeigt sich deutlich an den Einwendungen,
die Julian gegen die Theorie vom Sündenfall zu machen hat.
„Man vergleiche damit (mit der Schöpfungstheorie Plato's) die Jüdische Lehre von dem von Gott gepflanzten Paradiese, dem von ihm
gestalteten Adam und dem ihm dann gewordenen Weibe! Gott
spricht: Es ist nicht gut, daß der Mensch allein sei, wir wollen
ihm eine Gehülfin machen, die ihm gleich sei. Sie half ihm aber
zu gar nichts, sondern betrog ihn und wurde die Ursache, daß er
und sie die Lust des Paradieses verloren. Das ist durchaus fabel-
haft; denn wie könnte Gott nicht wissen, daß die von ihm zur
Hülfe bestimmte dem, der sie zur Gehülfin erhielt, nicht sowohl zum
Nutzen als zum Schaden gereichen würde!"[2]) „Warum hat Gott,
fragt er an einer andern Stelle[3]), überhaupt ein Verbot gegeben,
und eine Speise untersagt? Er befahl nämlich, von jedem Baume
zu essen, außer von dem einen in der Mitte des Paradieses. Wenn
aber das Gesetz und der Befehl nicht gewesen wären, so wäre auch
die Uebertretung nicht geschehen. (Das ist freilich sehr richtig.) Denn
da er gut ist, weswegen sollte er denn strafen? Nun aber, da Gott
gut ist, so möge mir jemand sagen, ob es sich gezieme, seine Be-
fehle gering zu schätzen, und ob wir sie ungestraft werden verachten
können." Das sind alles Fragen, die sich ziemlich von selbst erle-
digen, und rein müßig ist es, wenn weiter gefragt wird: „Welcher
Sprache hat sich denn die Schlange bedient, da sie mit der Eva
redete? Etwa der menschlichen? Worin unterscheiden sich solche
Dinge von den erdichteten Mythen der Hellenen[4])?"

---

1) Ibid. II, p. 58. — 2) Ibid. III, p. 75. — 3) Ibid. III, p. 80. C. —
4) Ibid. III, p. 86.

63. Von etwas mehr Nachdenken zeugt schon die folgende
Einwendung: „Daß Gott dem von ihm gebildeten Menschen die
Erkenntniß des Guten und Bösen verwehrt, ist das nicht eine un=
geheure Abgeschmacktheit? Denn wer kann dümmer sein, als jemand,
der nicht das Gute und das Böse unterscheiden kann? Offen=
bar wird er das eine, ich meine, das Böse, nicht fliehen und dem
andern nicht nachtrachten. Also gerade die wichtigste Kenntniß,
woran ihm am meisten liegen muß, hat Gott dem Menschen ver=
wehrt. Denn daß die Erkenntniß von Gut und Böse wesentlich der
Denkthätigkeit eignet, das ist auch einem Unverständigen ganz klar"[1]).
Allein Julian hat übersehen, daß es sich in dieser Stelle nicht um
die theoretische Erkenntniß von Gut und Böse handelte. Diese
fehlte den Menschen als vernünftig erschaffenen Wesen niemals, wohl
aber hatten sie das Böse und seine Folgen noch nicht an sich selbst
durch eigne Erfahrung kennen gelernt und das ist ein bedeutender
Unterschied. Vor dem Sündenfalle hatten sie eine reine Erkennt=
niß vom Bösen, wie ein Gesunder Kenntniß von einer Krankheit
haben kann, nach dem Sündenfalle kannten sie das Böse, wie
jemand eine Krankheit kennt, von der er selbst befallen ist. Nur
wenn eine solche erfahrungsmäßige Kenntniß des Uebels ein Vor=
theil und eine Wohlthat wäre, könnte die Schlange eine Wohlthä=
terin der Menschheit und der Gott der Judenthums neidisch und
eifersüchtig genannt werden, wie Julian es thut.[2])

64. Der Abfall der Christen vom Judenthum ist ein
Punkt, der gar sehr die Aufmerksamkeit Julian's auf sich gezogen
hat. Ziemlich oberflächlich ist zunächst folgende Auslassung. „Wes=
halb seid ihr nicht bei den Lehren der Hebräer geblieben und um=
faßt nicht das Gesetz, welches Gott ihnen gegeben hat, sondern
verlaßt die vaterländischen Institutionen, hängt den Verkündigungen
der Propheten an und entfernt euch noch weiter von jenen als
selbst von uns? Von beiden habt ihr euch nicht das Beste, son=
dern das Schlechteste angeeignet und so euer Gewebe von Schlech=
tigkeit hergestellt. Denn die Hebräer haben in Betreff der Religion
sehr genaue Vorschriften, Tausende von Riten und Gebräuchen,

---

1) Ibid. III, p. 89. — 2) Ibid. III, p. 93.

welche ein ausnehmend heiliges Leben verlangen. Während aber ihr Gesetzgeber vorgeschrieben hat, nicht allen Göttern zu dienen, sondern nur demjenigen, dessen Antheil Jakob und dessen Loos seines Erbes Israel ist, so hat er doch nicht bloß dieses Eine gesagt, sondern, wie ich meine, auch noch hinzugesetzt, du sollst den Göttern nicht fluchen [1]), die Schlechtigkeit und Frechheit der Spätern aber hat, um der Menge alle Frömmigkeit zu nehmen aus dem: Du sollst nicht dienen, gemacht: Du sollst sie lästern (nämlich die Götter der Heiden). Dieses nun ist das Einzige, was ihr von ihnen herüber genommen habt; sonst stimmt ihr in nichts mit ihnen überein. Von den Neuerungen der Hebräer habt ihr nur die Gewohnheit, die ehrwürdigen Götter zu lästern, angenommen, von unserer Religion habt ihr die Verehrung jeder bessern Naturkraft und die Liebe zu den väterlichen Gesetzen verworfen und euch nur die Freiheit, alles ohne Unterschied wie Gartengemüse zu essen, angeeignet." [2])

65. Was hier hinsichtlich der Differenz zwischen dem Judenthum und Christenthum gesagt wird, erinnert stark an einige Aeußerungen des Celsus über denselben Punkt und ist auch kaum besser. Viel gründlichere Einsicht in den Sachverhalt verräth schon folgende Stelle: „Warum befolgt ihr, da ihr nun einmal von uns (den Heiden) abgefallen seid, nicht das Gesetz der Juden und bleibt nicht bei ihren Lehren stehen, möchte ein Einsichtsvoller hier fragen. Die Juden opfern nicht, könnte jemand erwiedern. Allein ich werde zeigen, daß diese Antwort eine sehr kurzsichtige ist, weil erstens auch die übrigen gesetzlichen Vorschriften der Juden bei euch nicht beobachtet werden, und zweitens weil die Juden im Verborgenen opfern und auch jetzt noch von allen Opfern genießen, vor dem Opfer beten und das rechte Schulterstück als Erstlingsgeschenk den Priestern geben. Nur weil sie ihres Tempels und Opferaltars, oder wie sie sich auszudrücken pflegen, ihres Heiligthums beraubt sind, sind sie außer Stande, Gott selbst ihren Opferantheil darzu-

---

1) Die Schlauheit dieser Beweisführung ist wirklich bemerkenswerth. Die betreffende Stelle ist Ex. 22, 28. Diis non detrahes et principi populi tui non maledices. In der Wirklichkeit bezieht sie sich auf die Aeltesten des Volkes. —
2) Ibid. VII, p. 238.

bringen. Ihr aber, die ihr eine neue Art zu opfern erfunden habt
und keines Jeruſalem bedürfet, warum opfert ihr nicht?"[1]
„Warum ſehet ihr nicht in Betreff der Lebensweiſe auf Reinheit
wie die Juden, ſondern eſſet alles ohne Unterſchied wie die Gemüſe
und glaubet darin dem Petrus, welcher ſagt: Was Gott gereinigt
hat, das ſollſt du nicht unrein nennen. Wo iſt der Beweis, daß
Gott ehemals das alles für befleckt hielt, nun aber es rein gemacht hat? Moſes hat ja in Betreff der Vierfüßler alles, was ge-
ſpaltene Klauen hat und wiederkäuet, für rein, und, was nicht ſo
beſchaffen iſt, für unrein erklärt. Wenn das Schwein ſeit jener
Viſion des Petrus ein Wiederkäuer geworden iſt, dann wollen wir
uns für überwunden erklären. Wenn es nach der Viſion des Petrus
dieſe Eigenſchaft angenommen hätte, ſo wäre das in Wahrheit ein
Wunder. Wenn er aber jene Offenbarung bei dem Gerber, um in
euerer Sprache zu reden, erdichtet hat, was ſollen wir ihm in ſo
wichtigen Dingen ſo ſchnell glauben? Was wäre es denn auch für
ein ſchwieriges Gebot, wenn er euch außer dem Schweinefleiſch
auch noch das Fleiſch der Vögel und Fiſche verboten hätte, aus
dem Grunde, weil das auch noch von Gott verworfen und unrein
geſchaffen worden ſei?"[2] Mit der letztern Bemerkung will Julian
offenbar ſeine Geringſchätzung auch der Jüdiſchen Speiſegeſetze zu
erkennen geben, während er ſie oben heilig genannt hatte.

66. Wir kommen nun auf den Kern der Sache. „Die
Chriſten behaupten, Gott habe zu dem erſten Geſetz noch ein
zweites hinzugegeben. Jenes ſei nur für eine von beſtimmten
Grenzen eingeſchloſſene Zeit geweſen; dann ſei das zweite Geſetz eingetreten, welches durch das Moſaiſche der Zeit und dem Typus nach
vorgebildet geweſen ſei. Daß dieſe Behauptung falſch ſei, werde
ich nicht bloß durch zehn, ſondern durch unzählige Stellen des Moſes,
in welchen er das Geſetz ein ewiges nennt, klar beweiſen. Ver-
nehmt nur eine aus dem Buche Exodus: Dieſer Tag wird
euch denkwürdig ſein und ihr werdet ihn dem Herrn als Feſt feiern
bis in euere künftigen Geſchlechter; ihn ſollt ihr feiern als ein ewiges
Geſetz. Sieben Tage werdet ihr Ungeſäuertes eſſen u. ſ. w. (Ex. 12, 14)."

---

1) Cyrill. c. Jul. IX, p. 305. 306. — 2) Ibid. IX, p. 314.

Julian ließ an dieser Stelle nun noch viele Citate folgen, worin das Gesetz des alten Testaments ein ewiges genannt wird; danach fährt er fort: „Da noch viele Stellen der Art übrig sind, auf Grund deren ich freilich doch der Menge wegen das Gesetz des Moses nicht ewig nennen möchte, so zeiget ihr uns nun, wo gesagt wird, was Paulus zu behaupten gewagt hat, daß Christus die Vollendung des Gesetzes sei! Wo hat Gott den Hebräern ein anderes Gesetz versprochen als das vorliegende? Nirgendwo auch nur eine Vervollkommnung desselben. Hören wir wieder den Moses: Ihr sollt nichts hinzusetzen, zu dem Worte, das ich euch vorschreiben werde, und ihr sollt nichts hinwegnehmen; beobachtet die Gebote des Herrn eures Gottes, welche ich euch heute auferlege, und verflucht sei, wer nicht in allen wandelt.[1]) Ihr aber habt es noch für zu wenig gehalten, dem, was im Gesetz geschrieben steht, etwas hinzuzufügen oder hinwegzunehmen, sondern habt es für edler und hochherziger erachtet, es vollständig zu übertreten, ohne auf die Wahrheit zu sehen, sondern nur darauf, was allen glaubwürdig und willkommen sei.“[2]) Es ist nicht unsere Absicht, die Grundlosigkeit dieser Einwendungen darzuthun, da das alte Testament, so zu sagen, auf jeder Seite auf einen neuen Bund, der vollkommener sein soll, hinweist. Doch kann man dem Julian das Zeugniß nicht versagen, daß er die h. Schrift gut kennt und scheinbare Beweise aus derselben wohl zu führen versteht. Seine Beweisführung ist in dem in Rede stehenden Punkte formell besser, als der Gegenbeweis Cyrill's für die richtige Ansicht.

67. Auch ein anderer wichtiger Differenzpunkt, dessen Erörterung noch heutiges Tages kein Dogmatiker übergehen darf, ist ihm nicht entgangen. Wenn Gott im alten Bunde die Anbetung anderer Götter so streng verbietet, warum beten dann die Christen den Sohn Gottes an?[3]) Er bespricht dann diesen Punkt sehr einläßlich. „Wir müssen mit Moses anfangen, von welchem sie behaupten, er habe die künftige Geburt Jesu vorausgesagt. Moses nun heißt nicht ein=, zwei= oder dreimal, sondern sehr oft nur den

---

1) Deut. 4, 2; 6, 17; 27, 26. — 2) Cyrill. c. Jul. IX, p. 319. 320. — 3) Ibid. V, p. 159.

einen Gott ehren, den er den höchsten nennt; einen andern Gott nennt er nirgends, wohl aber nennt er Engel, Herren und mehrere Götter. Aber nur den ersten hält er für erhaben, einen andern zweiten aber, nicht, weder den gleichen noch den ungleichen[1]) wie ihr. Wenn ihr aber eine Stelle von Moses dafür aufzuweisen habt, so muß es diese sein: Einen Propheten wird euch der Herr unser Gott aus euern Brüdern erwecken wie mich; ihn sollt ihr hören (Deut. 18, 25). Das ist erstens nicht von dem Sohne Mariens gesagt und wenn es jemand euretwegen auch zugeben wollte, so sagt Moses doch, daß derselbe ihm und nicht Gott gleich sein werde; ein Prophet wie er, aus den Menschen und nicht aus Gott. Und die Stelle: Das Scepter wird nicht von Juda weichen und der Heerfürst nicht von seinen Lenden, bezieht sich gar nicht auf ihn, sondern auf die Herrschaft David's, welche in dem Könige Ezechias erloschen zu sein scheint. Auch hat die Schrift zweierlei Lesarten: Bis das kommen wird, was ihm bestimmt ist, was ihr verfälscht habt in: Bis der kommen wird, dem es bestimmt ist. Daß davon nichts auf Jesus paßt, ist klar. Denn er ist nicht aus Juda — wie könnte jemand das sein, der euch zufolge nicht aus Joseph, sondern vom h. Geiste empfangen ist? — Den Joseph lasset ihr zwar von Juda abstammen; aber auch nicht einmal in diesem Punkte ist eure Fälschung geschickt gewesen; denn Matthäus und Lukas stimmen in der Genealogie nicht überein."[2]) „Wenn ich auch den Fürsten aus Juda gelten lasse, so ist doch nicht die Rede von einem Gott aus Gott, wie ihr sagt, und es ist nicht alles durch ihn geworden und ohne ihn ist nichts geworden. Aber da wird ja im Buch Numeri gesagt: Es wird ein Stern aus Jakob aufgehen und ein Mensch aus Israel (14, 17). — Das bezieht sich offenbar auf David und seine Nachfolger; denn David war ein Sohn des Jesse. Lasset nun sehen, wie ihr es anfangt, euern Beweis hieraus zu führen, und bringet nur eine Stelle von daher bei, von wo ich viele genommen habe." Nachdem noch ein paar Stellen (Deut. 4, 35 u. 39) angeführt sind, worin gleichfalls die Einheit Gottes betont wird,

---

1) ὅμοιον οὔτε ἀνόμοιον, Anspielung auf die Arianischen Streitigkeiten. — 2) Ibid. VIII, p. 253.

heißt es weiter: „So lehrt Moses stets nur einen einzigen
Gott. Aber die Christen werden vielleicht sagen, wir behaupten
auch nicht zwei oder drei Götter. Nun, was das angeht, so werde
ich selbst zeigen, daß sie so lehren und führe die Worte des Jo=
hannes an: Im Anfange war das Wort und das Wort war bei
Gott und das Wort war Gott. Man sieht, daß von dem Sohne
Mariens gesagt wird, er sei bei Gott — ob er nun ein anderer
war, um zugleich dem Photinus zu antworten, das macht jetzt nichts
aus, diese Controverse überlasse ich euch — aber daß er bei Gott
und im Anfange war, das muß jetzt bewiesen werden. Stimmt das
vielleicht mit den Lehren des Moses? Doch es soll ja mit den
Lehren des Isaias übereinstimmen. Isaias sagt nämlich: Siehe, die
Jungfrau wird empfangen und einen Sohn gebären. Zugegeben,
das beziehe sich auf Gott, obwohl es keineswegs so ist, so war doch
die Vermählte, welche schon vor der Empfängniß mit ihrem Ge=
mahl Umgang gehabt hatte, keine Jungfrau. Aber auch das zuge=
geben, so sagt Isaias doch nicht: Gott wird von der Jungfrau ge=
boren werden; ihr aber höret nicht auf, Maria die Gottesgebärerin
zu nennen.[1]) Oder nennt er etwa den aus der Jungfrau Gebornen
den eingebornen Sohn Gottes und den Erstgebornen vor aller
Schöpfung? Oder kann man die Worte des Johannes: Alles ist
durch ihn gemacht und ohne ihn ist nichts gemacht worden, unter
den Aussprüchen der Propheten nachweisen? Was diese lehren, das
vernehmet nun mit ihren eigenen Worten: Herr unser Gott besitze
uns. Außer dir kennen wir keinen andern. (If. 16, 13.)"[2]

68. „Aber wenn das Wort Gottes aus Gott und aus dem
Wesen des Vaters hervorgegangen ist, wie ihr glaubt, warum nennt
ihr dann die Jungfrau Gottesgebärerin? Wie kann sie, die euch
zufolge Mensch war, Gott gebären? Und ferner noch, wenn Gott
deutlich sagt: Ich bin und es ist kein anderer Helfer außer mir,
wie könnt ihr es wagen, den von ihr Gebornen den Erlöser zu
nennen?"[3]

69. „Daß Moses die Engel Götter nennt, das lernet aus

---

1) Ein Beweis, daß dieser Ehrentitel der h. Jungfrau schon lange vor Ne=
storius üblich war. — 2) Ibid. VIII, p. 261. seq. — 3) Ibid. VIII. p. 276.

seinen eigenen Worten: Es sahen aber die Söhne Gottes die Töchter
der Menschen u. s. w. Gen. 6, 2. Er, der von vielen Söhnen
Gottes redet und nicht etwa die Menschen, sondern die Engel darunter versteht, hätte gewiß das eingeborne Wort und den Sohn Gottes
— das sind ja euere Ausdrücke — den Menschen verkündet, wenn er
denselben gekannt hätte. Da Moses diesen Ausdruck für sehr viel-
sagend hält, so nennt er Israel den erstgeborenen Sohn (Gottes);
was hätte er da nicht von Jesus erst gesagt!"[1]) Hier
entfaltet Julian die ganze Kenntniß der h. Schrift, die er
sich früher erworben hatte und zugleich malt sich in solchen
Darstellungen sein früherer Seelenzustand. — Er kannte die christliche Lehre gut, ohne ihren inneren Zusammenhang erkannt zu
haben, sie mit innerer Abneigung und aus Zwang anhörend,
waren ihm nur die scheinbaren Widersprüche hängen geblieben, aber
in den Geist der Lehre war er nicht eingedrungen.

70. An die Lehre vom Sohne Gottes knüpft sich ein weiterer
Einwand, der gleichfalls immer noch seine Bedeutung hat und zwar
noch größere als die so eben besprochenen Ansichten. Er behauptet,
das Christenthum sei sich im Laufe der Zeit nicht gleich geblieben,
sondern habe sich in wichtigen Dingen verändert. „Ihr seid
so erbärmliche Menschen, daß ihr nicht einmal bei den von den
Aposteln überlieferten Lehren geblieben seid; diese wurden von ihren
Nachfolgern verschlechtert und gottloser gemacht. Wenigstens hat
Paulus Jesum nicht Gott zu nennen gewagt, auch nicht Matthäus,
Lukas oder Markus, sondern der wackere Johannes merkte,
daß in den Griechischen und Italienischen Städten schon eine große
Menge Menschen von dieser Krankheit ergriffen war, und hörte, wie
ich glaube, daß die Gräber des Petrus und Paulus gar sehr,
wenn auch nur heimlich, verehrt würden, und so wagte er zuerst
jene Behauptung. Nachdem er einiges Wenige von Johannes dem
Täufer gesagt hat, kommt er sogleich zu dem von ihm verkündeten
Logos zurück und sagt: Das Wort ist Fleisch geworden und hat
unter uns gewohnt. Doch das wie anzugeben, trug er Bedenken;
er nennt ihn nicht Jesus oder Christus, bevor er ihn Wort und

---

· 1) Ibid. VIII, p. 290.

Gott genannt hat, sondern besticht unser Ohr ganz still und heim=
lich, indem er vorgibt, Johannes der Täufer habe von Christus
Jesus das Zeugniß abgelegt, daß er der sei, von welchem man
glauben müsse, er sei Gott und das Wort."[1]

71. Abgesehen von der wirklich drolligen Entstehungsweise,
die er dem Haupt=Dogma des Christenthums zuweist, und abge=
sehen von der kühnen Behauptung, daß sogar Paulus von der
Gottheit Jesu noch nichts gewußt habe, hat der Grundgedanke
selbst, den Julian hier ausspricht, wie bekannt, auch heute
noch nicht nur seine Vertreter, sondern es ist die eigentlich
brennende Frage der Gegenwart und die zwischen dem Katho=
licismus und Protestantismus, so wie zwischen dem Glauben
und Unglauben schwebende Controverse.[2] Mit der Behauptung
einer fortschreitenden Verschlechterung, Verweltlichung, Vermensch=
lichung der göttlichen Institutionen will einerseits der Protestan=
tismus das Faktum des jetzigen Bestandes der Kirche zu Boden
schlagen und andererseits sucht der Unglaube durch die Hypothese
der mythenähnlichen Entstehung der Hauptlehren allem Christenthum
überhaupt den Garaus zu machen. So einig man in dem Princip
ist, so uneinig ist man, wenn es sich darum handelt, den Zeitpunkt,
von wo an diese Veränderung eingetreten sein, und die Lehren und
Institutionen zu bezeichnen, über welche sie sich erstreckt haben soll.
Mit demselben Rechte, womit ein orthodoxer Protestant dieses
Verderbniß von Constantin an datirt, rücken es Julian und die
Ungläubigen unserer Zeit schon in die Zeiten der Apostel hin=
auf. Auch den Reliquienkult rechnen jene zu denjenigen Dingen,
welche sich aus dem Heidenthum oder Gott weiß woher in die

---

1) Ibid. X, p. 827. Vergl. dazu p. 333—354 u. 291.

2) Man vergl. folgende Stelle von Strauß, welche zugleich eine Parallele
und eine Antithese zum Obigen ist. „Die Vergottung Jesu wurde von Paulus,
der ihn als Menschen nicht gekannt hatte, begonnen, von solchen, die, wie der
Verfasser des Hebräerbriefes in gleichem Falle waren, fortgesetzt, und von dem
Verfasser des vierten Evangeliums, der ihm zeitlich wie räumlich noch ferner stand,
vollendet." Leben Jesu. Volksausgabe S. 277. Der eine läßt die Vergottung Jesu
von Paulus ausgehen, der andere von Johannes; der eine von einem einzelnen
Apostel, der andere eigentlich von der Menge. Wer hat nun Recht, Strauß oder
der Jesu zeitlich wie räumlich näher stehende Julian?

Kirche eingeschlichen haben, setzen aber das Eindringen dieses Mißbrauchs in das vierte oder schon in das dritte Jahrhundert. Auch
Julian sieht in der Verehrung der Reliquien eine Abgötterei, setzt
aber, wie aus der eben angeführten Stelle hervorgeht, den Ursprung derselben schon in die Zeiten der Apostel. Jedenfalls ein
schätzbares Zeugniß!

72. Eine bedeutende Rolle endlich spielen in der Polemik
unseres philosophischen Kaisers gewisse Aeußerlichkeiten, die eigentlich vor dem Richterstuhl der Wissenschaft keinen Werth haben, aber
um so mehr geeignet sind, solche, deren Sache gründliches Nachdenken nicht ist, zu bestechen. So hat es Julian auch nicht verschmäht, das Christenthum als eine Religion der Armseligkeit
darzustellen, welche aller Vorzüge und alles Glanzes entbehre,
dessen sich das Heidenthum so sehr erfreue. Was die Christen Richtiges
von Gott lehren, das haben, behauptet er, unsere Vorfahren auch
schon gewußt.[1]) Der Stifter dieser neuen Religion hat in seinem
Leben nichts Ausgezeichnetes zu Stande gebracht und auch nur
wenige Menschen zu überreden gewußt; man weiß erst seit ungefähr
dreihundert Jahren etwas von ihm.[2]) Er war ein bloßer Unterthan des Kaisers und welches waren die Wohlthaten, die er seinen
Anhängern erweisen konnte? Er steht hinter Moses zurück; denn
diesem folgte das ganze hartherzige und verstockte Judenvolk, während er nicht im Stande war, es zu gewinnen.[3]) Die Christen sind
durch ihren Glauben ein armseliges, unglückliches Geschlecht geworden.[4])

73. Nachzuweisen, daß das Christenthum eine armselige Religion sei, ist ein Hauptbestreben Julian's. Wollen wir seine Gedanken darüber zusammenfassen, so soll das aus der Eigenthümlichkeit seines Stifters, seines Kultus, des schlechten Charakters der
Christen, und endlich natürlicher Weise auch aus dem Unglück folgen, von welchem sie heimgesucht sind. Ueber Jesus Christus urtheilt
er gerade wie Celsus, daß er nichts Großes gewirkt habe, als seine
etwaigen Wunder, daß er seinen Anhängern nichts habe nützen
können, und daß er sogar ein bloßer Unterthan des Römischen

---

1) Ibid. III, p. 96. — 2) Ibid. VI, p. 191. — 3) Ibid. VI, p. 213. —
4) Ibid. VI, p. 201.

Kaisers gewesen sei. [1]) Besonders verächtlich glaubt er die Christen zu machen, wenn er sagt, sie beteten einen todten Juden an und verehrten das Holz des Kreuzes, welches, wie man sich erinnern wird und wie Julian selbst andeutet, vor Kurzem war aufgefunden worden. [2]) Wenn sie nicht Christen geworden wären, versichert er ihnen und nicht mit Unrecht, so würde es ihnen viel besser gehen und sie nicht verfolgt werden. [3]) Von der Heiligkeit der Hebräer, sagt er bald darauf, haben sie keinen Begriff, sondern sie ahmen nur ihren fanatischen Eifer nach, indem sie die glaubenstreuen Heiden morden und ihre Altäre zerstören und die Häretiker verfolgen. Jesus und Paulus, meint er, haben ihnen das zwar nicht vorgeschrieben, aber wenn sie es nicht gethan haben, so sei es nicht aus Liebe und Weisheit geschehen, sondern weil sie nicht geglaubt hätten, daß je ihre Sekte sich so weit ausbreiten würde. Nur auf Sklaven und Sklavinnen hätten sie gerechnet, durch sie die Weiber gewonnen und allenfalls auch Männer, wie Cornelius und Sergius waren, aber ein bedeutender oder gar berühmter Mann sei nicht unter ihnen gewesen. [4]) Auf eine ähnliche Wirkung ist es berechnet, wenn Julian fragt, warum die Taufe nicht auch z. B. das Podagra oder die Flechten wegnehme, wenn sie ja die Flecken der Seele, als Ehebruch, Raub und Hurerei zu tilgen im Stande sei. [5])

74. Dagegen malt er die Herrlichkeit und Größe der heidnischen Vergangenheit mit den blühendsten Farben und allem Reichthume seiner Phantasie. Der gütige Vater Zeus gab den Heiden die Orakel und die Weissagungen aus den Eingeweiden der Opferthiere. [6]) Seine größte Wohlthat war, daß er ihnen den Aesculap sandte, der durch die ganze Welt wanderte, Leiber und Seelen zu heilen. [7]) Im Griechischen Alterthume finde sich eine Menge großer Männer in allen Fächern und Bestrebungen; man könne die großen Feldherren, Künstler, Gesetzgeber nicht alle namhaft machen, da die Griechen eigentlich ein Volk von Philosophen seien. [8]) Soll man

---

1) Ibid. VI, p. 191. 213. — 2) Ibid. VI, p. 194. — 3) Ibid. VI, p. 201. — 4) Ibid. VI, p. 205. 206. — 5) Ibid. VII, p. 245. — 6) Ibid. VI, p. 198. — 7) Ibid. VI, p. 200. — 8) Ibid. VI, p. 184.

dem Moses einen großen Gesetzgeber und Regenten gegenüber stellen,
so weiß man nicht, ob man den Perseus, Aeacus, Minos oder
Rhadamanthys wählen soll.[1]) Dann kommt Julian auf die Grün=
dung Rom's und seine Herrlichkeit; als die entstehende Stadt ge=
gen äußere Feinde gesichert und die neidischen Nachbarn geschlagen
waren, da erweckte Jupiter den Numa, der durch weise Gesetze auch
den innern Zustand des neuen Staates ordnete, und der wegen
seiner Heiligkeit und Weisheit eines nähern Umganges mit den
Göttern gewürdigt wurde.[2]) Den Römern haben die Götter die
Herrschaft verliehen, die Juden haben nur einen kurzen Zeitraum
hindurch ihre Freiheit und Selbständigkeit besessen und waren früher
den Assyriern, dann den Medern und Persern unterworfen und
jetzt sind sie den Römern unterthänig. Warum seid ihr Christen
geworden, also von unsern Göttern abgefallen und zu den Juden
übergetreten?[3]) Ist es denn nicht besser, zu siegen als besiegt zu
werden, und besser, frei als unterworfen zu sein? Wann haben die
Juden einen Feldherrn wie Alexander oder Cäsar gehabt? Doch
was sage ich, sie haben nicht einmal einen, der unsern geringsten
Feldherrn gleich käme.[4]) Staatsgesetze, Gerichtsverfahren und Ver=
waltung sind bei den Heiden ausgezeichnet,[5]) und in den Wissenschaften
der Logik, Poesie, Arzneikunde und Philosophie sind sie unübertrefflich.[6])

75. Am ausführlichsten spricht sich Julian über den Vorzug
der heidnischen Bildung vor der christlichen in folgender Stelle
aus: „Warum benaget ihr die Wissenschaften der Hellenen, wenn
euere Schriften schon so genügend sind? Es wäre ja doch viel
besser, die Menschen davon abzuhalten als vom Genuß des Opfer=
fleisches; denn hiedurch hat, wie Paulus sagt, der Genießende
keinen Schaden, sondern nur das Gewissen des Bruders, der es
sieht, kann Schaden nehmen. O über diese Weisheit! Durch solche
Lehren hat alles, was euch die Natur Edles gegeben hat, seine
Göttlichkeit verloren und wem nur ein wenig glückliche Anlagen
zu Theil geworden sind, der wird sehr schnell von eurer Gottlosigkeit
zurückkommen. Es wäre also besser, die Menschen von den Wissen=

---

1) Ibid. VI, p. 190. — 2) Ibid. VI, p. 193. — 3) Ibid. VI, p. 209. —
4) Ibid. VII, p. 218. — 5) Ibid. VII, p. 221. — 6) Ibid. VII. p. 222. seq.

schaften als von den Opfern abzuhalten. Aber es ist euch, wie es mir scheint, der Unterschied eurer und unserer Bildung bewußt und es reist bei euch kein edler und trefflicher Mann. Durch unsere Bildung wird jeder vollkommner werden, wenn er auch gar keine Gaben erhalten hätte. Wer aber von Natur gute Gaben hat und sich diese Bildung noch erwirbt, der wird ganz und gar ein gött= liches Geschenk für die Mitmenschen, das entweder das Licht der Wissenschaft anzündet, oder ein Staatsmann wird, oder viele Feinde in die Flucht schlägt, oder, indem er viele Länder und Meere durch= wandert, eine heroische Gesinnung an den Tag legt." Im folgen= den wirft er nun wissenschaftliche und religiös=sittliche Bildung, die wohl zu unterscheiden sind, bunt durch einander. „Wählet alle euere besten Knaben aus und laßt sie sich dem Schriftstudium widmen und wenn sie, ins männliche Alter getreten, besser sind als Sklaven, so möget ihr mich für wahnwitzig und verrückt halten. Und doch seid ihr noch so elend und unvernünftig, daß ihr jene Lehren, wodurch niemand verständiger, mannhafter und vollkommener wird, für göttlich haltet, diejenigen aber, welche zur Mannhaftigkeit, Einsicht und Gerechtigkeit führen, dem Satan und den Dienern des Satans zuschreibet."[1])

76. Wenn diese Art der Argumentation auch keinen wissen= schaftlichen Werth hat, da Julian den Versuch, den ursächlichen Zusammenhang zwischen dem heidnischen Kultus und jenem Glanze, jener Tüchtigkeit und Wissenschaftlichkeit nachzuweisen, nicht gemacht hat, so mußten doch solche argumenta ad hominem in der damaligen Zeit, wo das Römische Reich dem Zerfall sichtlich entgegen ging und die innere Fäulniß überhand nahm, von beson= derer Kraft sein. Julian war darum nicht zufrieden, bloß theoretisch solche Behauptungen aufzustellen, sondern suchte sie auch praktisch zu verwerthen. Wie gut er dies verstand, zeigt uns sein Antwort= schreiben auf das Gesuch der Alexandriner um die Zurückberufung des verbannten Athanasius. Er erinnert sie an den großen Gründer ihrer Stadt, Alexander, und an ihre Schutzgottheiten Serapis und Isis. Er schäme sich deswegen in ihrem Namen, daß auch nur

1) Ibid. VII, p. 229. seq.

einer von ihnen zu den Galiläern gehöre. Sie möchten eingedenk
sein, wie sie Aegypten beherrscht und die Vorfahren der Hebräer
ihnen als Knechte gedient hätten, dann würden sie erkennen, wie
schimpflich es sei, diesen Verächtern der väterlichen Gesetze zu dienen.
Was die Neuerer denn ihrer Stadt genützt hätten? Nicht die Lehren
Jesu, sondern Alexander, die Ptolemäer und endlich die Römer
hätten ihre Stadt groß gemacht. Die Götter hätten ihnen Ueberfluß
und Glück bescheert und nun wollten sie Sonne und Mond nicht
anbeten, sondern meinten, Jesus sei das Wort Gottes.[1]

77. Das ist es, was wir auf Grund der vorhandenen Quellen
von dem polemischen Werke Julian's gegen die Christen zu referiren
im Stande sind. Zwar ist von seinem Werke verhältnißmäßig wenig
erhalten und von dem Erhaltenen berührt wiederum nur Weniges
die Hauptdogmen des Christenthums; denn Cyrill hat es nicht recht
verstanden, die Grundgedanken seines Gegners aufzufassen und zu=
gleich in ihrer Falschheit hinzustellen, aber das Vorhandene genügt,
um das Urtheil zu begründen, daß Julian kein zu verachtender
Polemiker war. Auf der einen Seite hat er zwar ältere Werke
stark benutzt[2] und wenn Libanius sagt, er habe seinen Lehrmeister,
den Porphyrius, übertroffen, so ist das eitel Schmeichelei; denn
gar oft läßt sich die Klarheit und der Fluß des Gedankens ver=
missen. Auf der andern Seite aber steht ihm eine genaue Kenntniß
der christlichen Lehre und auch der h. Schrift zu Gebote. Er ent=
hält sich — so viel sich auf Grund der überkommenen Fragmente
sagen läßt — solcher Rohheiten, wie wir sie bei Celsus finden, und
seine Einwürfe sind in der Regel nicht ungeschickt und enthalten zuweilen
wirkliche, wenn auch nicht, wie er glaubt, unlösbare Schwierigkeiten.
Ueber das Christenthum gut unterrichtet, nicht ohne Geist, gründlich,
gewandt im Ausdruck, dabei sittlich rein, im Besitze aller irdischen
Macht und voll Haß und Erbitterung gegen das Christenthum —
so war er doch wohl unter allen Gegnern, über welche das Chri=
stenthum bis jetzt noch triumphirt hat, der gefährlichste; zumal da
er selbst als den passendsten Ausdruck seiner innern Stimmung und

---

1) Epist. LI.
2) Cyrill. c. Jul. p. 87.

Gesinnung gegen unsere Religion folgende Verse Homer's (Od. V, 73) anführt:

> Nicht ist es recht, daß ich gütig und barmherzig
> Gegen Männer sei, welche den unsterblichen Göttern verhaßt sind.[1])

Zwölftes Kapitel.

Der Dialog Philopatris.

Jahr 363 n. Chr.

1. Unter den Schriften Lucian's des Samosateners befindet sich eine, welche den Titel führt: „Der Patriot oder der Unterricht" (Φιλόπατρις ἢ διδασκόμενος). Dieser Dialog ist ein Produkt höchst eigenthümlicher Art; Form und Anlage sind ziemlich unbeholfen und plump, der Stil schwerfällig, die Sprache affektirt und nicht sehr klassisch. Der Verfasser desselben hat die Liebhaberei gehabt, seine Arbeit in sehr übertriebener Weise mit Citaten aus Homer und andern Dichtern zu schmücken und mit veralteten dichterischen Ausdrücken zu verbrämen; seine zahlreichen Witze sind ohne Salz, zuweilen sogar pöbelhaft, die Gegenstände des Gespräches sehr lose an einander gereiht und vieles scheint mit der Tendenz des Ganzen, die erst am Schlusse klar hervortritt, in keinem andern Zusammenhange zu stehen, als daß es sich auf demselben Blatt Papier und unter derselben Unterschrift befindet. Dies der erste Eindruck, den dieses sonderbare Produkt schon bei flüchtiger Lektüre macht. Das Einzige, was dasselbe einer größern Aufmerk-

---

1) Jul. Ep. 49. Οὐ γάρ μοι θέμις ἐστὶ κομιζέμεν ἢ ἐλεαίρειν
Ἄνδρας, οἳ καὶ θεοῖσιν ἀπέχθωντ' ἀθανάτοισιν.

samkeit würdig macht, ist der Umstand, daß es eine Gegenschrift gegen das Christenthum oder gegen die Christen ist.

2. Bevor wir indessen auf die Schrift selbst näher eingehen können, müssen wir eine längere kritische Untersuchung über den muth= maßlichen Verfasser, beziehungsweise über die Zeit ihrer Ent= stehung vorausschicken. Der Philopatris befindet sich in den Hand= schriften unter den Werken des Lucian von Samosata. Allein schon die alten Scholiasten haben an der Echtheit gezweifelt und daher die Bemerkung darunter gesetzt: „Dieser Dialog scheint nicht von Lucian zu sein." Die neuere Kritik ist derselben Meinung und hat sie mit entscheidenden Gründen zu unterstützen gewußt. Nament= lich hat im vorigen Jahrhundert Joh. Matth. Gesner eine besondere gelehrte und gründliche Abhandlung darüber geschrieben, worin er vorab das überzeugend nachgewiesen hat, daß der Dialog nicht von Lucian sein kann. [1]

3. Schon die innern Gründe, Stil, Schreibart und die ge= sammte geistige Physiognomie des Werkchens wären allein im Stande, das zu beweisen. Statt der Klarheit Lucian's findet sich hier eine dunkle Kürze; Lucian ist geschmackvoll, fein, elegant, hier ist alles plump und ungeschickt; Lucian weiß mit Sparsamkeit auf effektvolle Weise Stellen aus Dichtern zu verwenden, hier ist alles vollgepfropft mit solchen, die gar nicht einmal recht passen und oft rein an den Haaren herbeigezogen sind; Lucian hat treffenden, launigen Witz, der auch die Lachlust des einsamen Gelehrten in seinem Studier= zimmer nach ein paar Jahrtausenden noch reizen kann, hier ist alles so frostig, schwülstig und affektirt. Obwohl alle so urtheilten, welche hierin ein Urtheil haben, so stehen doch solche Gründe als zu sub= jektiv in keinem rechten Ansehen und darum wollen wir zu objek= tiveren übergehen.

4. Ein solcher liegt schon in dem Umstande, daß der Ver= fasser des Philopatris sich in christlichen Dingen viel besser unter= richtet zeigt, als es Lucian, nach seinen unbestritten echten Schriften

---

1) De aetate et auctoritate dialogi Lucianei, qui Philopatris inscri= bitur, dissertatio. Sie steht im IX. Bde. der Zweibr. Ausg. Lucian's, nach welcher von uns citirt wird.

zu urtheilen, gewesen ist. Danach beschränkt sich seine Kenntniß vom dogmatischen Inhalte des Christenthums auf Folgendes: Die Christen verehren einen in Palästina gekreuzigten Sophisten, welcher der Urheber ihrer neuen Mysterien ist. (Daß sie ihn für Gott halten, das scheint ihm gänzlich entgangen zu sein.) Sie verachten und verschmähen alle andern Kulte und glauben an eine Unsterblichkeit der Seele. Sie haben heilige Bücher, welche von den gelehrteren unter ihnen ausgelegt werden. Diejenigen der Ihrigen, welche die bei ihnen geltenden Gesetze übertreten, schließen sie von ihrer Gemeinschaft aus. Auf diese paar Sätze läßt sich zurückführen, was Lucian im „Tod des Peregrinus" von den Lehren der Christen sagt. Die Anspielungen aber, welche in einigen andern Schriften, im Philopseudes, Alexander und in der „wahren Geschichte", vorkommen, betreffen den Lehrinhalt des Christenthums gar nicht. Ganz andere Kenntniß davon entwickelt der Verfasser des Philopatris. Denn, wenn er auch dem Umfang nach nicht viel davon mittheilt, so kennt er doch gerade die wichtigsten Dogmen, die zum Theil unter die disciplina arcani fielen, wie die Lehre von der Trinität[1]), ganz genau. Er kennt auch die Lehre von der Schöpfung und macht Anspielungen auf Stellen in den Schriften des Moses und des Apostels Paulus[2]), welche eine ins Einzelne gehende Kenntniß derselben verrathen.

5. Entscheidender noch ist der Umstand, daß im Philopatris der Traumdeuter Artemidorus von Ephesus erwähnt wird.[3]) Dieser Mann, der von väterlicher Seite aus Ephesus, von mütterlicher Seite aber aus dem Lydischen Flecken Dalbia stammte und daher bald der Epheser, bald der Dalbianer genannt wird, schrieb ein Werk über die Kunst, die Träume zu deuten, in fünf Büchern, welches noch existirt. Er lebte, wie er in diesem Buche selbst sagt,[4]) unter Hadrian und den Antoninen und war also ein jüngerer Zeitgenosse Lucian's; denn dieser wurde geboren unter Trajan und starb unter Commodus. Dies müssen wir vorerst festhalten und so-

---

1) Philop. 12 u. 18. — 2) Ibid. 13. — 3) Ibid. 21. — 4) Pauly, Realencyklopädie d. klass. Alterthumswissensch., Artikel Artemidorus, und Fabricius Bibl. Gr. IV. cap. 13.

gleich den Umſtand hinzunehmen, daß der Philopatris, wie aus
den zwei letzten Kapiteln klar hervorgeht, unter einem Kaiſer
verfaßt wurde, der bedeutende Erfolge über die Perſer errang.
Sehen wir uns unter den Kaiſern um, während deren Regierungs=
zeit Lucian blühte, ſo ſind darunter allerdings einige, welche die
Parther mit Glück bekämpften. So Mark Aurel und L. Aelius
Verus. Allein dieſe können deshalb nicht gemeint ſein, weil im
Philopatris nur von einem Kaiſer[1]) die Rede iſt. Demnach könnte
die bezügliche Stelle auf Trajan bezogen werden, welcher ſogar
Kteſiphon eroberte, wenn nicht eben jene Erwähnung des Buches
von Artemidor entgegenſtände, welcher unter Trajan noch nicht
lebte und noch weniger ein Buch geſchrieben haben konnte, welches,
wie er ſelbſt ſagt, ein Reſultat vieler Unterſuchungen und langer
Reiſen war. Folglich kann der Philopatris nicht von Lucian und
noch viel weniger von einem ältern Verfaſſer, wie einige ſogar an=
genommen haben[2]), herrühren.

6. Zu dieſen beiden Gründen fügt Geßner noch hinzu, daß
die Erwähnung des Amtes der Exiſotä, Leute, welche die Steuer=
umlage zu beſorgen hatten,[3]) in eine ſpätere Zeit führe, weil erſt
Conſtantin dieſes Amt eingeſetzt zu haben ſcheine. Aber es iſt auch
nur Schein. Denn die von ihm zum Belege angeführte Stelle des
Euſebius[4]) ſagt das nicht und überhaupt iſt in Betreff jenes Amtes
zu wenig bekannt, um Schlüſſe darauf zu bauen.

Wir möchten ſtatt deſſen noch zwei andere Gründe geltend
machen. Ein Heide konnte zur Zeit Lucian's vom Trinitätsdogma
unmöglich die Kenntniß haben, der wir im Philopatris begegnen.
Der Philoſoph Celſus, ein Zeitgenoſſe Lucian's, der die Lehren
des Chriſtenthums bekanntlich ganz genau zu kennen vor=
gibt,[5]) hat von der Exiſtenz eines ſolchen Dogmas noch keine
Ahnung.[6]) Darum iſt es moraliſch unmöglich, daß Lucian, der ſich
doch gar nicht ex profesſo um die Lehren des Chriſtenthums ge=
kümmert hatte, oder überhaupt auch nur ein Zeitgenoſſe deſſelben

---

1) Αὐτοκράτωρ cap. 29. — 2) Das Nähere bei Geßner a. a. O. cap.
20. — 3) Ἐξισωταί = peraequatores. Philop. c. 20. — 4) Vita Constant.
IV, 3. — 5) Orig. c. Cols. I, 12 u. ſonſt. — 6) S. oben Kap. 3. §. 22 ff.

irgend etwas Genaueres davon gewußt hätte. Das läßt sich schon wegen der disciplina arcani, welche damals noch streng beobachtet wurde, nicht denken. Erst im vierten Jahrhundert drang in Folge der Arianischen Streitigkeiten eine eigentliche Kenntniß dieses Dogmas unter die Heiden. Wenn also im Philopatris vom „Sohn des Vaters und dem Geist, der vom Vater ausgeht," die Rede ist, also in einer dogmatisch ausgeprägten, der h. Schrift entlehnten Form von der Trinität gesprochen wird, so werden wir nicht mehr das zweite Jahrhundert als Abfassungszeit festhalten können.

7. Auch eine andere Stelle weist auf eine spätere Zeit hin, als das zweite Jahrhundert. Wenn unter dem „schlecht gekleideten Manne aus den Bergen, der sich das Haar hat abscheeren lassen"[1], ein Mönch zu verstehen ist, worüber alle Ausleger einig sind, so kann der Dialog nicht aus dem zweiten Jahrhundert herrühren. Denn, daß damals auf den Bergen in der Nähe von Konstantinopel, wo die Scene unzweifelhaft spielt, Mönche gewohnt haben sollen, ist historisch unmöglich, weil Paulus von Theben und Antonius, die Urheber des Mönchsthums, erst im dritten Jahrhundert lebten.

Demnach muß man die Ansicht, daß Lucian oder ein noch älterer Schriftsteller der Verfasser des Philopatris gewesen sei, entschieden verwerfen.

8. Die zweite Ansicht, welche in Betreff der Entstehungszeit aufgestellt wurde, ist die Geßner's selbst, welche dahin geht, daß dieselbe in die Regierung Julian's des Abtrünnigen zu verlegen sei, und sie bestimmt den Zeitpunkt noch genauer als den, wo Julian seinen Parthischen Feldzug angetreten hatte.

9. Als maßgebend bei Bestimmung der Abfassungszeit muß Folgendes hervorgehoben werden. Wenn der Philopatris ein ernstlich gemeinter Angriff auf das Christenthum sein soll, was nach den darin vorkommenden groben Schmähungen und Spottreden kaum zu bezweifeln ist, so kann er nur unter einem heidnischen Kaiser geschrieben worden sein. Wenn jemand unter einem christlichen Kaiser solche Dinge hätte schreiben wollen, so würde er den-

---

1) Philop. 21.

selben zur Verfolgung herausgefordert, unmöglich aber, wie der Autor des Philopatris, eine große Belohnung[1]) von ihm erwartet haben. Es kann damals weiterhin nur ein Kaiser, und nicht mehrere, wie es in den spätern Zeiten des Römischen Reiches das Gewöhnliche war, regiert haben. Dieser Kaiser nun hatte einen Krieg gegen die Perser unternommen und schon bedeutende Erfolge über sie errungen.[2]) Alle diese Umstände passen auf Julian, der auf seinem Feldzuge tief in das Gebiet der Perser eindrang und die große, gut befestigte Stadt Perisabor so wie die nur elf Meilen von der Persischen Hauptstadt Ktesiphon gelegene wichtige Festung Maogamalcha eroberte.[3]) Ferner wird im Philopatris der Wunsch ausgesprochen, daß der Kaiser, für welchen der unbekannte Verfasser große Sympathien hat, Aegypten wieder in das Joch des Gehorsams bringen und den Einfällen der Scythen ein Ende machen möge.[4]) Was das erstere angeht, so konnte die Provinz Aegypten bei Julian nicht in Gunst stehen, weil gerade dort die Christen sehr zahlreich waren; auch mußten sich die Alexandriner seine Ungnade noch in besonderem Maße zugezogen haben, weil sie es gewagt hatten, ihm wegen der Verbannung des geliebten Bischofs Athanasius Vorstellungen zu machen und um die Zurückberufung dieses dem Julian so sehr verhaßten[5]) Mannes zu bitten.[6]) Sodann werden die Christen in unserm Dialog nicht Christen sondern Galiläer genannt.[7]) Auch das paßt sehr gut in die Zeit Julian's. Seit den Zeiten der Apostel war der in Antiochia entstandene Name Christen[8]) die bei Juden und Heiden einzig gebräuchliche Bezeichnung der Anhänger der neuen Religion geblieben. Julian hielt diesen Namen für zu ehrenvoll, suchte ihn zu verdrängen und durch den der Galiläer, welcher ihm minder ehrenvoll zu klingen schien, zu ersetzen, weil die Apostel meistens aus dem kleinen, den Heiden unbekannten und von den Juden verachteten Galiläa stammten. Er selbst nannte darum die Christen niemals anders als Ga-

---

1) Ibid. 29 siehe auch unten. — 2) Ibid. 28. 29. — 3) Gibbon, Gesch. d. Abnahme und d. Falls des Röm. Reichs. Bb. IV. cap. 24. — 4) Philop. 29. — 5) Vgl. Juliani ep. VI. ad Ecdicium. — 6) Juliani ep. LI. Vgl. Gibbon a. a. O. cap. 23. — 7) Philop. 12. — 8) Act. 11, 26.

liller, ja er machte das durch ein förmliches Gesetz zur amtlichen, stehenden Bezeichnung. [1]) Es ist natürlich, daß dieser Name auch nur während der paar Jahre der Regierung Julian's üblich blieb und dann spurlos verschwand, wie alles Erkünstelte und Gemachte mit der Partei, die es hält, zu verschwinden pflegt.

10. Die Christen werden endlich in dem Dialoge als unzufriedene, gegen Kaiser und Staat übel gesinnte Menschen geschildert. [2]) Unter den Kaisern vor Constantin lebten die Christen im leidenden Gehorsam und von politischer Unzufriedenheit und Gereiztheit gegen die sie bedrückende heidnische Obrigkeit war keine Rede. Nachdem sie aber unter zwei christlichen Kaisern politische Rechte, ja sogar eine bevorzugte Stellung inne gehabt, konnten sich derartige Gefühle wohl bei ihnen einstellen und wird ihre Stimmung unter Julian's Herrschaft keine ganz geduldige und fügsame gewesen sein. [3]) Nach dem Tode Julian's veröffentlichte Gregor von Nazianz zwei geharnischte „Schmähreden" gegen ihn, während unter frühern Verfolgern kein Ton politischer Mißstimmung oder Unzufriedenheit Seitens der Christen laut geworden war.

11. Diese Unzufriedenheit gab sich auch in der Form von Ahnungen und Prophezeiungen kund. Man hatte das Siegesbewußtsein des nicht weichenden göttlichen Beistandes, so wie den lebhaften Wunsch, daß das neue heidnische Regiment bald ein Ende nehme; die einen hatten die klare historische Ueberzeugung, daß das Heidenthum abgelebt sei und Julian dem todten Leichnam kein neues Leben einhauchen könne, die andern ein dunkles Vorgefühl, daß Gottes Segen nicht bei dem sei, was Julian beginne und daß diesen bald das Verhängniß und das verdiente Strafgericht Gottes treffen werde. Darum werden wir es ganz natürlich finden, wenn man damals vielfach dem Römischen Reiche Unglück wegen Julian's Beginnen und diesem selbst einen baldigen Sturz vorher-

---

1) Γαλιλαίους ἀντὶ χριστιανῶν ὀνομάσας τε καὶ καλεῖσθαι νομοτεθήσας. Gregor. Naz. Orat. III. (invect. I.), Theodoreti H. E. III, 7.

2) Philop. 25. 26.

3) Man vergl. z. B. die freimüthigen Worte, welche der Bischof Maris von Chalcedon zu Julian sprach. Soor. H. E. III. 10.

verkündete. Und so war es auch in der That. So erzählt man
von Athanasius, daß, als er auf Julian's Befehl von seinem Bi-
schofssitze vertrieben, aus Alexandria entweichen mußte, den merkwürdigen Ausspruch gethan habe: „Lasset uns von bannen ziehen,
Freunde, es ist nur ein Wölkchen, das bald vorbeigehen wird".[1]
Noch prophetischer ist die Antwort, welche kurze Zeit vor dem Tode
des Kaisers ein Antiochener auf die spöttisch triumphirende Frage
eines Heiden gab: „Was macht nun euer Zimmermannssohn?"
„Er zimmert", lautete die Erwiederung, „einen Sarg für Julian".[2]
Ebenfalls ein Antiochener, der Priester Theodoret, soll, während er
gemartert wurde, die Niederlage und den Tod des Kaisers ganz
klar vorherverkündet haben.[3] Aehnliche Dinge werden von dem
Alexandrinischen Philosophen Didymus[4] und andern Personen er-
zählt. Diese Abneigung der Christen gegen Julian und die zum
Theil daraus hervorgehenden Unglücksprophezeiungen erklären es
auch, wie die Heiden auf den Verdacht kommen konnten, christliche
Soldaten des Römischen Heeres hätten Julian meuchlings getödtet.
So groß und allgemein die Unzufriedenheit der Christen mit Julian
war, so sehr besaßen er und seine Handlungen die Sympathie der
Heiden. Ganz so wird im Philopatris die Stimmung geschildert.
Auf die Frage der Christen, wie es in der Stadt stehe, sagt der
Heide Kritias: Alle freuen sich und werden sich noch mehr freuen.
Jene aber blinzeln mit den Augen und sagen: „Mit nichten, die
Stadt liegt in schweren Wehen u. s. w."[5]

   12. Das sind die Gründe, womit Geßner in seiner Abhandlung die Ansicht vertheidigt, daß der Philopatris unter der Regierung Julians entstanden sei. Niemand wird sagen können, daß diese
Begründung schlecht sei, vielmehr wird jene Ansicht, wenn man er-

---

1) Socr. H. E. III, 12. — 2) Theodoret. H. E. III, 18. Vgl. c. 19.

3) Er sagte: Tu quidem (der comes Julianus) malis cruciatibus in
lecto tuo morieris. Nam tyrannus tuus, qui sperat in paganos victoriam
facere, non poterit vincere, sed ita occidetur, ut ne quis cognoscat, a quo
fuerit interfectus, et nec in terram Romanorum revertetur. Ruinart, acta
mart. pag. 591.

4) Sozom. H. E. VI, 2., wo derselbe auch noch ein anderes Beispiel der Art
von einem Ungenannten berichtet. — 5) Philop. 24.

wägt, wie schön die einzelnen Gründe unter einander harmoniren, der Gewißheit sehr nahe gebracht. Es läßt sich nur ein Einwand dagegen vorbringen, nämlich der, daß auch das Heidnische im Philopatris verspottet werde. Geßner hat sich diesen Einwand auch aufgeworfen und dadurch zu lösen gesucht, daß er sagt, der unbekannte Verfasser habe hierin sein Vorbild, den echten Lucian, nachahmen wollen, der ja auch das Ansehen der Götter arg mit Füßen getreten habe.[1]) Wir werden auf diesen Punkt unten zurückkommen, wenn wir von der Tendenz des Ganzen reden, und eine andere Erklärung dieses Umstandes geben, weil wir der Meinung sind, daß der Verfasser damit dem Julian keinen Gefallen gethan habe, während er sich doch offenbar bei ihm empfehlen will.

13. Die dritte Hypothese, daß der fragliche Dialog im Mittelalter entstanden sei, ist von dem Philologen C. B. Hase aufgestellt worden.[2]) Niebuhr hat dieselbe aus dieser Allgemeinheit herausgearbeitet und näher dahin bestimmt, daß er unter der Regierung des Byzantinischen Kaisers Nicephorus Phokas (963—969) und zwar in den beiden letzten Jahren derselben entstanden sei.[3]) Seine Gründe sind folgende. Erstens die vom Ausgang des hl. Geistes gebrauchte Formel: Der Geist, der vom Vater ausgeht[4]), sei erst im neunten Jahrhundert entstanden. Niebuhr hat hier offenbar die Formel filioque im Sinn gehabt, über welche allerdings im neunten Jahrhundert sehr viel gestritten wurde. Aber jenes ist eine ganz unschuldige Formel, die sich schon in der h. Schrift[5]) findet und von welcher es sich gar nicht absehen läßt, wie sie Gegenstand einer Controverse werden sollte. Ebenso nichtig ist der andere Grund, daß die Legende von der h. Ursula und ihren Gefährtinnen erwähnt werde. Dieses hatten auch schon ältere Ausleger in den Worten des Philopatris[6]) finden wollen, aber wenn man

---

1) Dissert. c. 41. — 2) In seinen Notices et extraits des manuscrits de la bibliothèque du roi, T. IX.

3) Er hat diese Ansicht in der Vorrede zum XI. Bande seiner Ausgabe der Byzantiner S. IX. ausgesprochen und mit ein paar Worten zu begründen gesucht.

4) Πνεῦμα ἐκ πατρὸς ἐκπορευόμενον. Philop. c. 12.

5) Τὸ πνεῦμα τῆς ἀληθείας, ὃ παρὰ τοῦ πατρὸς ἐκπορεύεται. Joh. 15. 26. — 6) cap. 9.

bei dem Wortlaute stehen bleibt, so liegt gar keine solche Anspielung vor. Denn dort ist ganz einfach, ohne Nennung der h. Ursula,
von 10,000 Jungfrauen die Rede, welche auf Kreta in Stücke ge-
hauen worden wären.   Nun ist aber Kreta doch nicht Köln und
10,000 Jungfrauen nicht 11,000, sondern μύριοι ist eine unbe-
stimmt große Zahl, die hier gesetzt ist, entweder um die Zahl der
Jungfrauen, die bei einer uns unbekannten Kalamität[1]) umkamen,
als eine sehr große zu bezeichnen oder in lächerlicher Weise zu
übertreiben.   Die Siegesbotschaft des Kleolaus,[2]) lautet der dritte
Grund Niebuhr's, beziehe sich auf die Siege des Phokas über die
Sarazenen und die Hoffnung auf die Wiederunterwerfung Aegyptens
und Arabiens sei bei dem Waffenglück des Phokas zwar immer noch
überspannt, aber doch nicht gerade thöricht zu nennen. Wir wollen
zugeben, daß die Hoffnung auf die Eroberung — Arabiens für
einen Griechen des zehnten Jahrhunderts nicht thöricht, sondern
bloß überspannt gewesen sei, und ebenso den vierten Grund Niebuhr's,
daß unter den Scythen[3]) die Bulgaren gemeint seien, gelten lassen,
so blieben also noch zwei schwache Gründe übrig. Schwach sind sie
deshalb, weil sich wenigstens noch ein Dutzend anderer Kaiser auf-
finden läßt, auf welche sie eben so gut zu beziehen sind als auf
Phokas. Also die Ansicht Niebuhr's ist der Geßner'schen gegenüber,
so zu sagen, durch gar keine Wahrscheinlichkeitsgründe gestützt. Ueber-
dies bleibt den Vertretern dieser Ansicht noch die Frage zu beantworten: Wozu soll ein solcher Angriff auf das Christenthum zu
einer solchen Zeit dienen? War unter Phokas die Herausgabe einer
solchen Schrift, worin die wichtigsten Lehren der herrschenden Religion verspottet werden, klug oder war sie auch nur möglich? Und
dann, was soll es heißen, wenn der Verfasser einer solchen·Schrift
von Phokas eine reichliche Belohnung erwartet? Hatte denn Phokas
trotz seiner steten Kriege noch so viel für die Rhetoren übrig und
war er so unchristlich, daß er solche Schmähungen gegen die Reli-

---

1) Der Verfasser mag einen Vorfall im Sinne haben, ähnlich wie der, welcher
sich unter Julian's Regierung zu Arethusa zutrug, wo viele christliche Jungfrauen
von den Heiden auf einen Platz zusammengetrieben und getödtet wurden.
Gregor. Naz. Orat. III. — 2) Philop. 28. — 3) Ibid. 29.

gion noch belohnt haben würde? Julian, der ja selbst öfters das Christenthum durch Satire angegriffen hatte und dessen Freigebig=keit gegen Sophisten und Rhetoren bekannt genug war, hätte das sicher gethan, aber es von Pholas zu erwarten, wäre eine große Einfalt gewesen.

14. Darum muß man die Niebuhr'sche Hypothese ganz fallen lassen. Wenn man sie dennoch halten wollte, so könnte es nur mit der Modification geschehen, daß man, wie der Verfasser des Artikels „Philopatris" im Freiburger Kirchenlexikon[1]), sagt, das Ganze sei eine jener vielen Nachahmungen Lucian's, welche damals als Schulübung häufig versucht wurden. Damit entgeht man allerdings der zuletzt von uns erhobenen Schwierigkeit. Allein die Literatur jener Zeit ist eine so dürftige, sich meistens auf Auszüge, Wörter=bücher, Chrestomathien und dergleichen beschränkende,[2]) daß man es sehr bezweifeln muß, ob damals solche Nachahmungen Lucian's so häufig waren. Und dann läßt es sich nicht denken, daß die christlichen Rhetoren jener Zeit sich für ihre Schulübungen ein so gefährliches, unchristliches Thema gestellt haben sollten. Wenn der Philopatris eine bloße Schulübung wäre, so müßte man auch erwarten, daß der Verfasser sich mehr an das theoretische Element, an die Lehren und Anschauungen des Christenthums, gehalten hätte als an ihre politischen Erwartungen.

15. Wir müssen also durch das Uebergewicht der Gründe bewogen der Geßner'schen Ansicht beipflichten, wonach der Philo=patris unter der Regierung Julian's entstanden ist. Um aber einen bestimmten Verfasser auszumitteln und zu entscheiden, ob etwa ein jüngerer Lucian der Verfasser sei, dazu fehlt es an allem und je=dem Anhaltspunkte. Dagegen geht das mit großer Sicherheit aus einer Stelle des Dialogs[3]) hervor, daß er am Bosporus, also je=denfalls in Konstantinopel verfaßt worden ist.

16. Mit dem, was nun über Zeit und Ort der Abfassung festgestellt worden, harmonirt aufs schönste der Gesammtinhalt und die Tendenz der Schrift, was wir im Folgenden darlegen wollen.

---

1) Bd. XII. S. 973. — 2) Vgl. Bernhardy, Grundriß d. Griech. Lit. Halle, 1836. Bd. 1. S. 463 ff. — 3) Philop. 3.

Nach wiederholter aufmerkſamer Durchleſung des Philopatris haben wir uns überzeugt, daß deſſen Tendenz keine andere ſein kann, als die ſchlimmen Ahnungen der Chriſten in Betreff Julian's, ihre ſchwarzen Vorherſagungen, die als Haß gegen den Staat und Mangel an Patriotismus geſchildert werden, ſo wie ihre Hoffnungen auf bald anbrechende beſſere Zeiten zu verſpotten. Das wird einleuchten, wenn man Anfang und Ende des Dialogs zuſammenhält. Am Ende erfährt man, was Kritias unter den „ſchrecklichen Anſchlägen und leeren Hoffnungen", von welchen er Anfangs mit ſolchem Abſcheu redet,[1]) gemeint hat. Nebenbei wird noch die Art und Weiſe der Chriſten zu belehren, zu widerlegen und zu polemiſiren verſpottet, und zwar indem die redenden Perſonen, ohne ihren heidniſchen Charakter zu verleugnen, einige chriſtliche Lehren und gewöhnliche, populäre Argumentationen der Chriſten einander vortragen und zugleich karikiren und ins Lächerliche und Einfältige hinüberziehen. So predigen ſich die beiden Hauptperſonen des Dialogs abwechſelnd in poſſenhafter Weiſe einander vor, indem jede bald Schüler bald Lehrer iſt.[2]) Dieſe Tendenz iſt auch ſchon in der Ueberſchrift genugſam angedeutet: *Φιλόπατρις ἤ διδασκόμενος*. Philopatris heißt der Patriotiſche, nämlich im Gegenſatz zu dem unpatriotiſchen Benehmen der Chriſten, bibaskomenos, der ſich belehren läßt; nämlich die beiden Unterredenden belehren ſich in poſſenhafter, die chriſtliche Art und Weiſe nachäffender Manier, natürlich nicht um ſich zu überzeugen, ſondern um die Sache lächerlich zu machen.

17. Nun können wir zur Darlegung des Inhalts des Dialogs übergehen. Es treten darin drei Perſonen auf, Kritias, Triephon und Kleolaus. Letzterer iſt nur Nebenperſon und muß am Schluß der Unterredung herbeigelaufen kommen und die Botſchaft von der „Eroberung" Babylons bringen. Von den beiden andern Perſonen iſt wieder Kritias der Hauptwortführer. Die Charakterzeichnung der Perſonen iſt mangelhaft, doch ſo viel klar, daß alle drei Heiden ſein ſollen. Die Meinung einiger, Triephon ſei ein Chriſt und ſuche

---

1) Ibid 3. — 2) So ſagt Triephon c. 14. Willſt du von den Parzen ſprechen, o guter Kritias, dann höre ich wieder mit Lernbegierde dir zu.

ben Kritias von der Wahrheit des Christenthums zu überzeugen, ist eine ganz unberechtigte, da ja gerade Triephon arge Schmähungen und Spottreben gegen das Christenthum ausstößt. Er ist es z. B., der offenbar eine Stelle aus den Briefen des h. Paulus und eine des Moses[1]) verhöhnt; er spottet über die Taufe und nennt die Christen „an Geist und Verstand beschorne Glatzköpfe".[2]) Dagegen steht nichts im Wege, ihn für einen abgefallenen Christen, wie es deren unter Julian viele gab, zu halten, da er vorgibt, die Taufe empfangen zu haben.[3]) Allerdings spricht Triephon zu Anfang gegen die Mythologie und darum eben hat man ihn für einen Christen angesehen, aber bald (von Kap. 12 an) ändert er seine Sprache gänzlich. Das wäre ein Widerspruch der einfältigsten Art, wenn nicht die ganze Haltung des Vortrags verriethe, daß die Belehrung eine affektirte, das Ganze eine Parodie sein soll.

18. Kritias, so beginnt der Dialog, kommt ganz athemlos und verstört daher gerannt. Mit Mühe bringt ihn Triephon etwas zu sich, so daß er wenigstens außer Gefahr ist, in seiner Tollheit und seinem verstörten Wesen mit dem Kopfe gegen die Felsen zu rennen. Nach und nach gelingt es auch, so viel aus ihm herauszubringen, daß er durch Reden und Schmähungen, die er halte anhören müssen, in solche Raserei versetzt worden war.[4]) Nachdem Kritias den verschluckten Unsinn und die gehörten Tollheiten in Gestalt einer furchtbaren Blähung von sich gegeben hat, welche so heftig war, daß sie einen Sturm auf dem nahen Propontischen Meere erregte, erst da war er wieder so weit hergestellt, daß er den Triephon einladet, sich mit ihm unter die Platanenbäume zu setzen und seine Erlebnisse zu vernehmen.[5]) Diese hanswurstartige Scene bildet die Einleitung zu dem nun folgenden Dialoge, der damit beginnt, daß Kritias dem Triephon vorerst die Furcht zu benehmen sucht, der anzuhörende Bericht könne auch ihm in ähnlicher Weise schaden. Er versichert, daß das nicht der Fall sein

---

1) Ibid. 12 u. 13.

2) Ibid. 26. Sollte in dieser Stelle nicht κεκαρμένοι τὴν κόμην καὶ τὴν διανοίαν statt κεκαρμένοι τὴν γνωμήν κ. τ. λ. zu lesen sein?

3) Ibid. 12. 17. — 4) Ibid. 1. — 5) Ibid. 2. 3.

werde. Kritias: „Nein, beim himmlischen Zeus, das wird bei dir
nicht der Fall sein." Triephon: „Du erschreckst mich noch mehr, in=
dem du beim himmlischen Zeus schwörest. Denn wodurch könnte er
sich an dir rächen, wenn du deinen Eid brechen solltest? Wie mir
bekannt, weißt auch du wohl, wie es mit deinem Zeus steht."

19.   Damit entspinnt sich ein Gespräch über die Nichtigkeit
der heidnischen Götter.   Kritias ist bereit, bei einem andern Gott
zu schwören, zu welchem Triephon mehr Vertrauen habe; aber von
allen, die er in Vorschlag bringt, findet dieser den einen so schlecht
als den andern. Denn, wenn er gegen den Zeus seine wollüstigen
Liebesabenteuer und seine Schwangerschaften hervorzieht, so hat er
gegen Neptun dessen Ehebruch, gegen Venus und Mars ihre Be=
schämung vor den Göttern durch Hephästus in Erinnerung zu brin=
gen. An der Minerva findet er lächerlich, daß sie sich des Medusen=
hauptes zu ihrer Vertheidigung bedienen müsse. Eben so wenig will
er von der Juno wissen.[1])

20.   Hier müssen wir einstweilen unser Referat unterbrechen
und fragen, was kann der Zweck dieser Polemik gegen die Götter
sein?   Die Götterfabeln standen schon lange bei den Gebildeten in
keinem Ansehen mehr. Diejenigen, welche noch etwas auf die heid=
nische Religion hielten, verflüchtigten ihren Inhalt in moralische
oder physikalische Allegorien und deuteten sie auf Naturereignisse
und Naturgesetze. So schon Theagenes (520 v. Chr.) und Heraklit.
Andere mißbilligten die Mythen aus moralischen Gründen wie
Plato und Isokrates, andere machten sie sogar lächerlich wie Ari=
stophanes und Lucian.[2]) Und im vierten Jahrhundert gab es
vollends keinen gebildeten Heiden, der nicht die allegorische Erklä=
rung angenommen, sondern die Mythen in ihrem buchstäblichen
Sinn geglaubt hätte.   Darum kann wohl die Polemik gegen die
Mythen, welche sehr platt und gewöhnlich ist, im Munde des Trie=
phon keinen andern Zweck haben, als den Christen zu sagen: Geht
mit euerm Gerede über die Götterfabeln; ihr könnt nichts als auf
diesen Mythen herumdreschen! Wir geben sie euch gern Preis und
halten selbst nichts auf sie, wenigstens in ihrem Wortlaut. Wenn

_____

1) Ibid. c. 4—11. — 2) Döllinger, Heidenth. u. Judenth.   S. 253 ff.

ihr nichts weiter könnet, als von der Unzucht Jupiters und dem
Gezänk der Götter reden, so will diese Weisheit nicht viel sagen.
Etwas ähnliches hatte schon Celsus den Christen vorgehalten.
„Wenn ihr die Anbetung der Götterbilder verwerft, sagt er,[1] so
ist das eine alte Geschichte; das hat Heraklit auch schon gethan.
Das Prahlen mit dieser Weisheit ist lächerlich." Auch Julian geht
über die desfallsigen Einwendungen der Christen leichten Fußes
hinweg.[2]

21. Endlich fragt Kritias: „Bei wem soll ich denn schwören?[3]
Und Triephon antwortet mit affektirter Feierlichkeit, indem er in
seine Antwort ein paar Verse aus Euripides und Homer hineinflicht:

> Beim hochthronenden Gott, dem großen, ew'gen im Himmel,
> Bei dem Sohne des Vaters, dem Geist, der vom Vater hervorgeht,
> Eins aus Dreien und Drei aus eins,
> Der sei Jupiter Dir, den nenne du Gott.

War es dem Triephon um eine ernstliche Belehrung zu thun,
was brauchte er dann seine Unterweisungen in erbettelte Verschen
zu kleiden? Offenbar weiß der Verfasser die erhaben klingende,
geheimnißvolle Sprache nicht besser nachzuäffen, als durch diese
holperigen Verse.

22. Kritias meint, das sei ja ein arithmetischer Schwur, und
reiht noch ein paar spöttische Bemerkungen an. Doch Triephon
heißt ihn schweigen und fährt in derselben hochtragischen Sprache
fort: „Ich will dich belehren, über das All, wer vor allem war
und welches die Einrichtung des All ist. Denn es ist mir früher
dasselbe begegnet, wie dir. Ich traf mit einem kahlköpfigen, lang=
nasigen Galiläer zusammen, der bis in den dritten Himmel geseil=
tänzert[4] war und dort die schönsten Dinge gehört hatte. Dieser
hat uns durch Wasser wieder erneuert, uns auf den Weg der Se=
ligen gebracht und aus dem Lande der Gottlosen errettet. Und

---

1) Orig. c. Cels. VII. 62. — 2) Bei Cyrill. c. Jul. II. p. 44. — 3)
Philop. 12.

4) Eine Anspielung auf die Stelle des h. Paulus II. Cor. 12, 2. Es ist
sehr wohl anzunehmen, daß der Verfasser bei dem kahlköpfigen, langnasigen Ga=
liläer an den Apostel Paulus gedacht hat, den die Tradition als kahlköpfigen,
kleinen Mann darstellt.

wenn du mir Gehör schenken willst, so will ich auch dich zu einem wahren Menschen machen." Hier gibt sich der Redende deutlich als einen vom Christenthum abgefallenen Menschen zu erkennen, der in christlichem Tone redet, aber nur um das Christenthum zu parodiren und lächerlich zu machen. Er salbadert also weiter: „Es war ein unvergängliches, unsichtbares, unerkennbares Licht, welches die Finsterniß zerstreute und der chaotischen Unordnung ein Ende machte, und zwar durch ein von ihm gesprochenes Wort, wie der Mann mit der schweren Zunge[1]) aufgezeichnet hat. Es befestigte die Erde auf den Wassern, breitete den Himmel aus, gab den irrenden Sternen, welche du als Götter verehrst, Gestalt und einen geregelten Lauf, schmückte die Erde mit Blumen und führte den Menschen vom Nichtsein zum Sein. Und nun beobachtet es vom Himmel herab die Gerechten und Ungerechten und verzeichnet ihre Thaten in Büchern und wird allen vergelten an dem Tage, welchen es dazu bestimmt hat."[2]) Auch hier, besonders in den letzten Worten tritt die Absicht, die christliche Lehre zu parodiren, klar genug hervor.

23. Bis hieher hat Triephon das Wort geführt und den Lehrer gespielt, jetzt tauschen sie ihre Rollen für einen Augenblick.[3]) Durch die letzte Bemerkung, daß Gott alles sehe und aufschreibe, wird Kritias an die heidnische Lehre von der Vorherbestimmung, vom Fatum, erinnert und von Triephon veranlaßt, dieselbe auseinanderzusetzen. Er zeigt durch Anführung vieler Homerischen Stellen, daß ein Fatum behauptet werde, wogegen selbst die Götter nichts vermögen, welches sie nicht ändern können. Triephon ergänzt die Darlegung des Kritias, indem er hinzufügt, daß Homer ein zweifaches und unbestimmtes Fatum lehre, und z. B. sage: wenn du das thust, so ist dir dieses Schicksal bestimmt, thust du es nicht, dann jenes. Das sei dann aber keine Vorherbestimmung mehr; auf diese Art könne er auch weissagen, ohne ein Gott zu sein, und habe schon mehr als einem prophezeit: wenn du deinen Nachbar todt schlägst, so wird die Obrigkeit dich tödten, thust du es nicht, so

---

1) Moses; vgl. Exod. 4, 10. — 2) Philop. 23. — 3) Ibid. 14.

wirſt bu ein glückliches Leben haben.[1] „Siehſt bu nicht", ſchließt
er, „wie unbeſtimmt, zweideutig und unzuverläſſig die Ausſprüche
der Dichter ſind? Daher gib das alles auf, damit ſie auch dich
in den himmliſchen Büchern der Guten aufſchreiben."[2] Das kann
wieder nicht ernſtlich gemeint ſein, ſondern iſt nur eine boshafte
Verdrehung. Denn, wenn auch die h. Schriften[3] und die Chriſten
von einem Buche des Lebens ſprechen, ſo iſt das nur ein Bild.
Triephon aber thut ſo, als ob die Sache ganz ſinnlich und buch=
ſtäblich zu nehmen ſei, in keiner andern Abſicht, als damit Kritias
den wohlfeilen Spaß darüber machen könne, dann müßten „viele
Schreiber im Himmel gehalten werden."[4]

24. Triephon läßt ſich durch dieſe Bemerkung nicht aus ſeiner
erhabenen Stimmung bringen, ſondern ſagt: „Rede anſtändig und
ſage nichts Unziemliches vom wahren Gotte, ſondern laß dich wie
ein Katechumen von mir unterrichten, wenn bu in Ewigkeit leben
willſt. Wenn er den Himmel wie ein Fell ausgebreitet, die Erde
über dem Waſſer befeſtigt und den Menſchen aus Nichts gebildet
hat, was iſt es denn Auffallendes, wenn die Thaten aller Menſchen
aufgeſchrieben werden? Wenn bir in beinem Häuschen auch
nicht das geringſte, was beine Knechte und Mägde thun, verborgen
bleibt, ſollte dann nicht etwa Gott, der alles geſchaffen hat, viel
eher mit Leichtigkeit das Denken und Thun eines Jeden überſehen
können? Deine Götter ſind freilich für die Verſtändigen nur ein
Kinderſpott."[5] In dieſer Art beliebt Triephon die Lehren von der
Allwiſſenheit und der Vorſehung Gottes darzuſtellen; daß nament=
lich die letztere Lehre auch an die Reihe kommen werde, mußten
wir erwarten; denn ſie war den Heiden, als die letzte, ſehr weit=
greifende Conſequenz der ihnen ganz fremden Lehre vom perſön=
lichen, freien, einen Gott, allzeit ein großer Stein des Anſtoßes.

25. Niemand hätte hoffen ſollen, daß Kritias nach ſolchen
Belehrungen ſchon ganz bekehrt ſei und an den wahren Gott glaube;
doch er verſichert es in den geſchraubteſten Ausdrücken. Die beiden
redenden Perſonen nehmen überhaupt ſehr ſchnell Belehrungen von

1) Ibid. 14. 15. — 2) Ibid. 16. — 3) Phil. 4. 3. Apoc. 20, 15. —
4) Πολλούς γε γραφίας φῂς ἐν τῷ οὐρανῷ. Phil. 17. — 5) Ibid. 17.

22*

einander an; aber am Ende des Dialogs reden sie wieder vollständig als Heiden und Feinde des Christenthums, zum deutlichen
Beweis, daß die ganze Belehrung nur ein Possenspiel war. Einstweilen also betheuert Kritias bei diesem „wahren Gott und bei
dem Sohne des Vaters," daß dem Triephon durch seinen nun folgenden Bericht nichts Schlimmes zustoßen werde, und Triephon ermuntert ihn mit den salbungsvollen Worten: „Rede, und der Geist
gebe dir Kraft zu reden. Ich aber werde mich setzen."[1]

26. Endlich nach so vielen Umschweifen und Nebendingen
kommt die Hauptsache, auf welche der Leser so lange begierig gemacht und förmlich auf die Folter gespannt worden ist, und Kritias erzählt, wo und wie er sich jene fürchterliche Blähung geholt
habe. „Als ich diesen Morgen, um verschiedenes Nothwendige einzulaufen, auf die offene Straße gegangen war, sehe ich eine große
Menge Volks zusammengedrängt, die einander in die Ohren flüstern,
und das so leise, daß die Lippen der einen mit den Ohren der
andern zusammen zu wachsen schienen. Neugierig, was dies wohl
zu bedeuten habe, sehe ich mich überall um und halte, um desto
schärfer zu sehen, die gekrümmte Hand über die Augenbrauen, ob
ich keinen von meinen Bekannten gewahr werden könne. Endlich
erblicke ich den Beamten Kraton, der einer meiner ältesten Jugendfreunde ist."

27. Triephon. „Ich kenne den Mann, denk' ich — du
sprichst von dem Steuereinnehmer? — Gut, und wie weiter?"

Kritias. „Ich dränge mich mit beiden Ellenbogen durch den
Haufen vorwärts bis zu ihm und rufe ihm den gewöhnlichen
Morgengruß zu — da fing ein Kerlchen, Namens Charikenos, ein
schwindsüchtiger Alter, der mit der Nase schnüffelte, aus tiefster
Lunge an zu husten und spie einen Auswurf von sich, schwärzer
als der Tod. Darauf hob er mit dünner Stimme an zu kreischen:
„„Dieser wird, wie ich zuvor sagte, die Steuereinnehmer wegen der
Rückstände von aller Verantwortlichkeit befreien, allen Gläubigern
die Schulden bezahlen und alle Auflagen, auch die von Staats

----

1) Ibid. 18.

wegen gemachten, erlassen.""[1]) Solch tolles Zeug und noch ärgeres schwatzte er, die Umstehenden aber freuten sich der Reden und hörten diese Neuigkeiten mit sichtbarer Aufmerksamkeit an."[2]) Dieser Charikenos, wenn er wirklich so hieß,[3]) redet offenbar von der Steuerfreiheit der Geistlichen und Kirchen, welche sie unter Konstantin und Konstanz genossen hatten. Julian hob diese Vorrechte wieder auf und ließ auch vielleicht noch die frühern Rückstände beitreiben.[4]) Wenn sich nun die Christen wieder nach bessern Zeiten sehnten und deren Wiederkehr sicher hofften, so ist das ganz natürlich, wenn aber der Verfasser den Charikenos so weit gehen läßt, daß er hofft, in jener goldenen Zeit würden alle Schulden und Auflagen erlassen werden, so läßt er ihn eine alberne Uebertreibung sagen; denn solchen unsinnigen Hoffnungen konnten sich die Christen unmöglich hingeben.

28. Nach dem Charikenos fiel ein andrer ein, Namens Chleuocharmos, der ein fadenscheiniges Mäntelchen trug, ohne Schuhe und Kopfbedeckung war, und sagte, mit den Zähnen klappernd: „Es hat mir ein gering gekleideter Mann mit geschornem Haar aus den Bergen mitgetheilt, daß im Theater mit hieroglyphischen Zeichen der Name dessen eingegraben sei, der die ganze Stadt mit Gold überschwemmen wird."[5])

29. Nun kann sich Kritias nicht mehr halten, schilt die Versammelten wegen ihrer Träumereien aus und geräth in einen Wortwechsel, der damit endigt, daß er von seinem Freunde Kraton

---

1) Die unverständlichen Worte: $\varkappa\alpha i\ \tau\grave{\alpha}\varsigma\ \epsilon i\rho\alpha\mu\acute{\alpha}\gamma\gamma\alpha\varsigma\ \delta\acute{\epsilon}\xi\epsilon\tau\alpha\iota,\ \mu\grave{\eta}\ \acute{\epsilon}\xi\epsilon\iota\acute{\alpha}\zeta\omega\nu$ $\tau\tilde{\eta}\varsigma\ \tau\acute{\epsilon}\chi\nu\eta\varsigma$ sind ausgelassen.

2) Ibid. 19. 20.

3) So hieß der Mann sicher nicht. $X\alpha\rho\acute{\iota}\varkappa\epsilon\nu o\varsigma$ (Freudenleer) und $X\lambda\epsilon\nu\acute{o}\chi\alpha\rho\mu o\varsigma$ (von $\chi\lambda\epsilon\acute{\nu}\eta$, Hohn, Schimpf) sind erfundene Namen, welche das düstere, kopfhängerische Wesen der Christen lächerlich machen sollen.

4) Die Christen hatten wohl Ursache, zu klagen. Julian entzog den Klerikern alle Immunitäten, Ehrenbezeugungen und Getreidespenden, die Konstantin ihnen zugewiesen hatte, und vertheilte sie wieder in die Kurien. Auch von den Jungfrauen und Wittwen, die wegen ihrer Armuth zum Klerus waren geschlagen worden, ließ er das wieder beitreiben, was sie früher aus dem Staatsschatz erhalten hatten. Sozom. V. 5. Auch sonst hielt er sich gern an den Geldbeutel der Christen. Vgl. Socr. III. 11. — 5) Philop. 21.

halb wider Willen an einen geheimen Versammlungsort der Christen — wo die Kleriker der Stadt[1]) sich befinden — mitgenommen
wird, um sich von ihnen eines Bessern belehren zu lassen.[2]) Er
läßt sich also von Kraton durch eiserne Thüren und eherne Schwellen
führen und gelangt, nachdem er eine lange Wendeltreppe hinauf-
gestiegen, in einen zauberischen, vergoldeten Saal. Was er hier
fand, beschreibt er nun weiter: „Ich sah, beim Zeus[3]), keine Helena,
sondern gebeugte, bleiche Gespenster von Menschen. Als sie uns
gewahr wurden, freuten sie sich, traten an uns heran und fragten,
ob wir nicht eine Trauerbotschaft brächten? Denn es war klar,
daß sie nur das Schlimmste herabbeteten und sich über das Unglück
freuten, wie der Intrigant auf der Bühne. Sie steckten die Köpfe
zusammen und zischelten. Dann fragten sie mich:

Sage, wer bist du, dein Vaterland, wo? wer deine Erzeuger?
Deinem Aussehen nach scheinst du ein guter Mensch zu sein.
Ich: Wenige sind wohl nur gut, wie ich überall wahrnehme. Kri-
tias ist mein Name, mein Geburtsort der euere.[4])

30. Nun fragten mich die Luftwandler, wie es in der Stadt
und in der Welt stünde? Ich: Alle sind frohen Muthes und werden sich noch mehr freuen. Sie aber zwinkerten mit den Augen:
Nicht doch! die Stadt liegt in schweren Wehen. Ihr habt einen
erhabenen Standpunkt, versetzte ich in ihrem Sinne, und überblickt
aus eurer Höhe alles, ihr müßt auch das am besten merken." Und
nun fragt er sie, was sie denn in den Gestirnen gelesen hätten,
ob ein Wolkenbruch, Schnee, Hagel, Getreidebrand, Pest, Hungersnoth, Donner oder Blitz bevorstehe?[5]) Diese Frage ist mehr als
bloßer Spott, sie verräth andere Hintergedanken. Denn bekanntlich
pflegten die Heiden bei öffentlichen Plagen, Krankheiten und schädlichen Naturereignissen stets das Christenthum und seine Bekenner
als schuldig an dem Zorne der Götter zu betrachten.

31. „Das war Wasser auf ihre Mühle", erzählt Kritias

---

1) Weil sie κεκαρμένοι genannt werden. Cap. 26. — 2) Ibid. 22.
3) Vorhin hatte Kritias versprochen, nicht beim Zeus schwören zu wollen.
Hier thut er es doch wieder; ein deutliches Zeichen, daß Alles nur Ironie und
Schein ist. — 4) Ibid. 23. — 5) Ibid. 24.

weiter, „sie fingen nun an, ihr Leibstückchen zu pfeifen, es würde bald Alles anders werden, Umsturz und Aufruhr sich des Staates bemächtigen und die Kriegsheere von den Feinden besiegt werden. Hier gerieth ich außer mir, schwoll wie eine brennende Eiche und brüllte laut: Ihr elenden Menschen! Seid still mit euern Großsprechereien und hört auf, eure Zähne gegen löwen= herzige Männer zu wetzen, Männer, die Speere athmen und Lanzen und weiß umflatterte Helme. All das Unglück, das ihr euerem Vaterlande anfluchet, wird auf eure eignen Häupter fallen. Ich weiß, daß ihr nicht im Himmel waret und dort das gehört habt, und auch die mühsame mathematische Wissenschaft nicht versteht. Und wenn ihr euch von andern durch Weissagungen und Gaukeleien betrügen laßt, so ist eure Dummheit doppelt groß. Denn das sind Erfindungen alter Weiber und Narrenspossen."[1]

32. Auf die Frage des Triephon, was sie darauf erwiedert hätten, fährt Kritias fort: „Sie thaten, als ob sie das alles nicht gehört hätten, nahmen ihre Zuflucht zu einem meisterlichen Einfall und sagten: Wir bringen zehn Tage ohne Speise zu und durch= wachen die Nächte, Hymnen singend, dann bekommen wir diese Träume."[2] Triephon findet das — natürlich ist es nicht sein Ernst — sehr wahrscheinlich, und Kritias erzählt nun noch den endlichen Verlauf seines Abenteuers. „Also es ist wahr, sagte ich, wovon man in der Stadt munkelt, daß ihr euch mit solchen Traum= gesichten abgebt. Aber, versetzten sie grinsend lächelnd, sie kommen uns außerhalb des Bettes. Ich: Wenn das auch, meine ätherischen Herren, so werdet ihr die Zukunft doch wohl nie mit Zuversicht er= forschen, sondern von euren Gesichten getäuscht Dinge faseln, die

---

1) Ibid. 25.

2) Wie sehr erinnert diese Schilderung nicht an die Vision des Didymus, die Sozom. H. e. VI. 2. erzählt! Didymus betrübte sich sehr über den Irrthum des Julian und seine Ungerechtigkeiten gegen die Christen. In seiner Bekümmerniß für die Kirche fängt er an zu fasten und Gott zu bitten. Nachdem er eine Zeit lang gefastet hatte, schlummert er erschöpft ein, und in diesem Schlummer hat er eine Vision und sieht den Tod Julian's. Nachdem er erwacht war, theilte er mehreren Personen diese Vision mit. Und siehe, Tag und Stunde stimmten genau mit der Todesstunde Julian's, wie man sich später überzeugte, überein.

nicht sind und nie geschehen werden. Das aber will mir nicht
einleuchten, wie ihr im Glauben an bloße Träume, solches Zeug
faselt, das Gute verachten und am Schlimmen eure Freude haben
könnt, obwohl ihr mit dieser Schlechtigkeit keinen Nutzen habt.
Daher laßt diese seltsamen Phantasien unterwegs, so wie auch diese
schlechten Anschläge und Weissagungen, damit euch Gott nicht den
Raben vorwerfe, deßhalb, weil ihr euerem Vaterlande flucht und
trügerische Reden ausstoßt."[1]

33. Diese Stelle ist für die Charakteristik des ganzen Dialogs
wichtig.   Sehen wir sie uns darum noch einmal an.   Kritias will
sagen: Macht das einen Andern glauben, daß ihr auf Grund wirk-
licher Prophezeiungen oder auch bloßer Traumgesichte Unglück ver-
heißet. Böser Wille ist es von euch und Mangel an Patriotismus.
Deshalb verdienet ihr alle den Galgen (εἰς κόρακας) und werdet
ihm hoffentlich auch nicht entgehen. Eine solche Insinuation an den
Kaiser muß man wohl zwischen den Zeilen lesen.

34. Obige wohlgemeinte Warnung des Kritias brachte die
ganze Versammlung in Harnisch gegen ihn. Er wurde mit Schimpf-
reden überschüttet, daß er nicht mehr wußte, wo ihm der Kopf
stand. Triephon sucht ihn wieder zu beruhigen und sagt: „Laß die
Narren, bete ein Vater unser und füge zum Schluß den Gesang mit den vielen Namen hinzu!"[2] In dieser Stelle liegt doch
die Ironie auf der flachen Hand, und ebenso klar geht daraus hervor, daß Triephon kein Christ sein kann.

35. Doch da kommt schon eine thatsächliche Widerlegung der
Schwarzseherei der Christen, ein faktischer Trost für die zwei Pa-

---

1) Ibid. 26.
2) Ibid. 27. In dem Gesang mit den vielen Namen glaubte ich früher das
Te Deum erkennen zu müssen, während andere ihn für das Gloria oder die große
Dorologie hielten. In Folge einer Mittheilung, welche mir von höchst achtungs-
werther Seite gemacht wurde, bin ich im Stande, jetzt eine bessere Deutung zu geben.
Während nämlich im Te Deum wohl mehrere Klassen von Personen genannt werden,
so ist doch der Gesang, der durch die Menge der darin vorkommenden Namen wirklich
auffallend ist und auch im kirchlichen Alterthum, wie z. B. die Darstellungen in
den Römischen Katakomben bezeugen, stark in Gebrauch war, das sogenannte
canticum trium puerorum, das Benedicite bei Daniel (Kap. 3).

trioten. Kleolaus kommt gelaufen und bringt die angenehme Neuig=
keit, daß der Stolz und Hort Persiens gefallen sei und auch Susa
bald fallen werde.[1] Kritias dankt den Göttern und meint, sie
hätten beide Ursache, sich Glück zu wünschen. Sie seien beide ein
paar arme Schlucker; nun aber hoffe er von der Freigebigkeit des
Kaisers, einst seinen Kindern noch etwas hinterlassen zu können;
Triephon aber sieht schon im Geiste Babylon zerstört, Aegypten
bestraft und Arabien erobert, und fordert auf, dem unbekannten
Gott der Athener ein Dankgebet darzubringen.[2] Es kann sein,
daß das nur eine spöttisch sein sollende Anspielung auf die bekannte
Rede des Apostels Paulus in Athen ist. Allein da die Personen
in den beiden letzten Kapiteln ernsthaft und in ihrem wahren
Charakter reden, so möchte es besser sein, anzunehmen, daß sie zu
jener Klasse von Heiden gehörten, welche zwar nur ein einziges
höchstes Wesen bekannten, aber den Polytheismus mehr oder weni=
ger beibehielten.[3] Dieser geläuterte Polytheismus war ja bekannt=
lich in den letzten Jahrhunderten des bestehenden Heidenthums sehr
verbreitet.

36. So weit der Inhalt des Philopatris. Nach dieser Dar=
legung des Inhalts halte ich so viel für ausgemacht, daß der
Dialog nicht gegen die Mönche als schlechte Patrioten gerichtet ist
und noch weniger eine Verspottung der Trinitätslehre sein soll.
Beides wird zwar in demselben erwähnt, nimmt aber doch nur eine
höchst untergeordnete Stellung ein. Er ist nichts Anderes als grober
Spott, weniger gegen die Dogmen des Christenthums als gegen
die Christen überhaupt, und weiter eine gehässige Darstellung ihrer
Gesinnungen, ihrer Hoffnungen und ihres Benehmens in den da=
maligen Zeitverhältnissen. Was konnte wohl die Christen in den
Augen Julian's und der momentan herrschenden heidnischen Partei
verhaßter machen, als wenn man sie als die Unzufriedenen im

---

1) Ibid. 28. — 2) Ibid. 29.
3) Wieland in der Uebers. der Werke Lucian's (Bd. 6. S. 383) geht daher
zu weit, wenn er den Autor darum gleich zum reinen Deisten macht, der eine Art
bewaffneter Neutralität gegen die beiden damals um die Herrschaft ringenden Reli=
gionen behaupten wolle.

Staate schilderte, welche das gegenwärtige Regiment verabscheuten, ihm kurze Dauer und baldigen Sturz prophezeiten und sich nicht bloß auf Träume, Ahnungen und Wünsche beschränkten, sondern im Geheimen auch Plane[1]) schmiedeten? Das und kein anderer ist der Zweck des Verfassers, die Christen wegen ihrer Unglücks=prophezeiungen erstens lächerlich und zweitens verhaßt, sich selbst aber beim Kaiser beliebt zu machen.   Wenn er auch die Lehren von Gott und der h. Dreieinigkeit (Kap. 12), von der Schöpfung (Kap. 12 u. 17), der Allwissenheit und Vorse=hung (Kap. 14—16) zur Sprache bringt und lächerlich macht, so ist das nur Beiwerk, welches zur passenden oder auch unpassen=den Ausstaffirung des Ganzen dienen muß. Wenn also der Philopa=tris, wie sich der Leser, überzeugt haben wird, als ein ziemlich langweiliges Produkt eines dürftigen Genies, das den Lucian nach=ahmen will, erscheint, so ist er doch auf der andern Seite wieder nicht ohne ein gewisses Interesse als ein lebhaftes Abbild der Zeit, in der er entstanden, und als ein Beitrag zur Kenntniß des heid=nischen Charakters, der heidnischen Anschauungen vom Christenthum und der Gesinnungen der Heiden gegen die Bekenner desselben.

37.   Um unsere Ansicht über die Tendenz des Philopatris noch mehr zu begründen, lassen wir zum Schluß noch einen Zeit=genossen reden und uns von einer angesehenen Persönlichkeit jener Tage eine Schilderung von den Hoffnungen, Erwartungen und Absichten entwerfen, welche die Heiden an Julian knüpften.   „Wir hofften," sagt ein Lobredner dieses Kaisers, „daß ganz Persien eine Provinz des Römischen Reiches werden würde, nach unsern Gesetzen verwaltet, von unsern Beamten regiert, uns Steuern zahlen und seine Muttersprache mit der Römischen vertauschen würde.   Unsere mit ihrer Siegesbeute geschmückten Tempel sollten den Nachkommen melden, wie groß der Sieg gewesen.   Und der Vollbringer dieser Thaten hätte diejenigen, welche in Reden sein Lob verkündet hätten, durch Belohnungen aufgemuntert, die einen davon bewundert, andere wenigstens nicht verschmäht, sich an jenen ergötzt und sich über diese nicht beleidigt gefühlt, und so wären die Wissenschaften

---

1) Βουλεύματα cap. 26.

mehr als jemals allen lieb geworden. Den Tempeln hätten endlich
die Gräber Platz gemacht, alle Besitzenden wären zu den
Altären geeilt, die, welche früher dieselben umgestoßen, hätten sie
wieder aufgerichtet, und die, welche die blutigen Opfer fliehen, hätten
wieder geopfert. Der Wohlstand der Einzelnen hätte sich herrlich
gemehrt, wegen vieler andern Ursachen und besonders wegen der
geringen Abgaben." [1] Man glaubt hier nicht den Redner Libanius,
sondern den Verfasser des Philopatris zu hören, so sehr stimmt die
von beiden gegebene Schilderung der damaligen Verhältnisse überein,
und dieser Herzenserguß des Libanius ist uns ein neuer Finger=
zeig dafür, daß wir den Verfasser des Dialogs in keiner andern
Zeit zu suchen haben als in der Julian's des Abtrünnigen. [2]

---

1) Liban. orat. parent. cap. 145.

2) Ganz schief und unrichtig ist die Auffassung des Philopatris, welche Richard
v. d. Alm (Die Urtheile heidn. und jüd. Schriftsteller, S. 22 u. 23) gegeben hat.
Als historischen Gehalt gewinnt er unter anderen einen Beweis dafür, „daß die
Heiden gern geneigt gewesen wären, die christliche Lehre von einem einigen gei=
stigen Gott anzuerkennen, daß sie aber die Vergötterung Jesu dem Chri=
stenthum abgeneigt machte." Wer sucht, der findet, auch wo nichts zu finden
ist! Uebrigens hat v. d. Alm die Schrift gar nicht im Original gelesen, denn
er schreibt nicht einmal die darin vorkommenden Eigennamen richtig, und was
von anderen darüber gesagt worden, hat er nicht gekannt.

V.

Die Anstrengungen des Heidenthums,

seine bürgerliche und rechtliche Stellung zu behaupten.

Der Kampf um die Existenz.

Dreizehntes Kapitel.

Libanius und Symmachus.

1. Der alleinige Vollbesitz der bürgerlichen und politischen Rechte, in welchem sich das Heidenthum während Julian's Herrschaft befunden, hatte ganz natürlich ein Gefühl der Sicherheit, ja, sogar des Uebermuthes, wie aus dem Dialog Philopatris zu ersehen ist, erzeugt. Die darauf folgende Zeit war gewissermaßen eine Zeit des bewaffneten Friedens zwischen den beiden Parteien. Denn, wenn auch einige allgemeine Gesetze gegen das Heidenthum[1]) erlassen wurden, so gaben Valens und Valentinian ihnen doch keinen Nachdruck.[2]) Erst Gratian (375—383) fing an, wieder entschiedener gegen das Heidenthum vorzugehen. Er legte 382 die Würde und den Titel eines Pontifex Maximus ab, verbot alles Wahrsagen aus den Eingeweiden der Opferthiere, entzog den Vestalischen Jungfrauen ihre Einkünfte und Vorrechte und ließ den Altar der Göttin Victoria, bei welchem die Senatoren zu schwören und Libationen darzubringen pflegten, aus dem Sitzungssaale des Römischen Senates entfernen.

2. Indem wir uns nun zu den Vertretern und Vertheidigern des Heidenthums dieser Periode wenden, begegnet uns zuerst der Rhetor Libanius, welcher seiner Blüthezeit nach noch dem Julianischen Zeitalter angehörte. Er war der bedeutendste der damaligen Schönredner; ein begeisterter Anhänger des Alten, pflegte er allerdings mehr die ästhetische als die philosophische und theologische

---

1) Cod. Theodos. IX. 16, 7.
2) Lasiaulr, Unterg. des Hellenismus. S. 83 ff.

Erbschaft des Alterthums und hielt sich in seiner früheren Zeit in religiöser Beziehung mehr passiv. Doch scheint er mehr und mehr die Ueberzeugung gewonnen zu haben, daß die Wissenschaft und Religion des Alterthums in engem Verhältnisse ständen, und so wuchs auch mehr und mehr seine Sorge für die Aufrechterhaltung der letzteren. Daß seine christlichen Zeitgenossen ihn schon früh für eine Hauptstütze des Heidenthums und somit wenigstens indirekt für einen Gegner des Christenthums hielten, beweist der Umstand, daß man den jungen Julian, den man als Christen erziehen wollte, sorgfältig gegen seinen Einfluß abzuschließen suchte.[1]) Schon dieses Eine zeigt hinlänglich, daß von einer eigentlichen Toleranz des Libanius gegen die christliche Religion, welche von einigen gerühmt wird[2]), nicht die Rede sein kann. Wenn er auch einige artige Briefchen an Basilius geschrieben und einmal eine anerkennende Aeußerung über das Mönchsleben fallen gelassen hat, so ist das ein Tribut, den er der Freundschaft bringt, und eine abgedrungene Rücksicht, die uns an dem mehr diplomatischen als charaktervollen Libanius nicht so sehr auffallen darf, und die er durch seine späteren Schmähungen genügend widerrufen hat.

3. Libanius war zu Antiochia um das Jahr 314 geboren und stammte aus einer angesehenen und gebildeten Familie. Aus seiner Vaterstadt, wo er den ersten Unterricht genoß, ging er nach Athen und schloß sich dort der Schule des Diophantes an, besuchte jedoch dessen Vorlesungen im Ganzen genommen wenig, sondern verlegte sich mehr auf Privatstudien[3]). Später lernte er zu Konstantinopel den Grammatiker Nikokles und den Sophisten Bemarchius kennen. Darauf suchte er zu Athen ein Lehramt zu erlangen; als ihm dies jedoch fehl schlug, ließ er sich zu Konstantinopel nieder, wo er sich durch seine Vorlesungen einen großen Ruf erwarb, aber auch den Neid seiner Zunftgenossen zuzog. Er wurde von ihnen vor dem Präfekten Limenius der Zauberei beschuldigt, mußte die Stadt verlassen (um 346 n. Chr.) und ging nach Nicaea und von da nach Nikomedia, wo er ebenfalls bald wieder großen Ruhm

---

1) Liban. orat. parentalis. — 2) Z. B. in Pauly's Realencycl. d. klass. Alterthumswiss. Art. Libanius. — 3) Eunap. vita Liban. 69. Ed. Boiss.

erlangte. Dort zählte er auch den jungen Julian zu seinen Bewun=
derern, der sich, da er die Vorlesungen selbst nicht besuchen durfte, Ab=
schriften seiner Reden zu verschaffen wußte. Aber auch hier blieb er
nur fünf Jahre und müde der steten Kämpfe mit seinen Nebenbuhlern,
deren Eitelkeit er wohl oft genug verletzen mochte, zog er sich nach
einem nochmaligen kurzen Aufenthalte zu Konstantinopel in seine
Vaterstadt zurück, wo er vom Jahre 354 bis zu seinem Lebensende,
welches nach 391 erfolgte, verblieb und in Wort und Schrift als
Lehrer der Beredsamkeit thätig war.

4. Libanius war ein echter Nachahmer der Alten und wenn
er auch in seiner Verehrung für sie etwas zu weit ging und gesuchte
und veraltete Ausdrücke gebrauchte, die seinen Zeitgenossen nicht
mehr zusagten,[1]) so zeichnete er sich doch durch Reinheit des Stils,
Klarheit und Schwung der Gedanken sehr vortheilhaft vor ihnen
aus. Freilich macht sich, wie bei dieser erkünstelten Schönrednerei
überhaupt, so auch bei ihm der Mangel eines durchlebten und
erwärmenden Stoffes nicht selten geltend, was uns noch mehr auf=
fallen muß als den Zeitgenossen; doch bleibt er immerhin der
beste Schriftsteller jener Zeit. Libanius stand bei Julian in hoher
Gunst, er wurde von ihm zum Quästor ernannt, hing seinerseits
wieder mit großer Liebe an seinem Gönner und hegte die über=
schwänglichsten Hoffnungen von seinem Wirken.[2]) Doch war er ge=
wandt genug, sich auch unter Valens und Theodosius dem Gr. sein
Ansehen und seine Stellung zu behaupten, und erhielt von letzterem
sogar noch eine höhere Würde, nämlich die Präfektur.[3]) Denn
Theodosius war in dieser Beziehung sehr tolerant und beförderte
auch Heiden zu den höchsten Stellungen, wie Libanius selbst von
ihm rühmt.

5. Ueber seine Gesinnung in Hinsicht der Religion kann kein
Zweifel sein. Er war ja ein hoch angesehenes Mitglied jener Partei
— denn mehr war es nicht — welche dazumal das Heidenthum
aufrecht erhielt. Mithin kann seine heidnische Orthodoxie nicht in
Zweifel kommen. Dennoch hat ihn eine ebenso sonderbare als un=

---

1) Eunap. l. c. p. 173. — 2) Lib. orat. par. cap. 1. — 3) Lib. orat.
pro templis pag. 7 und Gothofredi annot. a h. l.

historische Sage des Mittelalters zum Christen machen wollen,[1])
ein Irrthum, wovon sich schlechthin kein anderer Entstehungs=
grund angeben läßt, als die kritiklose Fabelsucht jener Zeit in hi=
storischen Dingen. Der Religionseifer des Libanius scheint sich
übrigens an dem des Julian entzündet zu haben; denn erst
seit dessen Regierungsantritt trat er offener mit seinen Ansichten
hervor und war dieser unmittelbar oder mittelbar meistens die
Veranlassung, dieselben zu äußern. Denn es war im Ganzen doch
nicht der Beruf des Libanius in das Gebiet des praktischen oder
socialen Lebens irgendwie einzugreifen, er war und blieb Belletrist.
Darum kommt er auch nicht als eigentlicher polemischer Schrift=
steller hier in Betracht, sondern nur in so fern, als er in besondern
Fällen Gelegenheit nimmt, sich gegen das Christenthum auszusprechen.

6. Mehr als bloß im Vorbeigehen und in Seitenhieben ist
dies der Fall in der Leichenrede auf Julian. Hier hatte er
die rechte Gelegenheit, seine Gesinnung in Betreff der religiösen
Fragen, welche seine Zeit bewegten, kund zu geben. Und er konnte
es bei der nach dem Tode Julian's zeitweilig eintretenden Ver=
wirrung ziemlich offen und ungescheut thun. Seine Erwartungen
von dem Helden waren die größten und weittragendsten gewesen:
schon hatte er im Geiste das Persische Reich erobert gesehen, Rö=
mische Beamte an Stelle der Satrapen und Griechische Sprache
und Bildung anstatt der Persischen geträumt.[2]) Er hoffte ferner
die Begründung des Glückes der einzelnen Familien und vor allen
Dingen die Wiederherstellung des Götterdienstes. „Wir hatten
gehofft", sagt er, „daß endlich die Gräber (die Kapellen über den
Gräbern der Märtyrer sind gemeint) daß endlich die Gräber den
Tempeln weichen, daß alle mit Gaben zu den Altären eilen, daß
die, welche früher die Altäre umgestürzt, sie wieder aufrichten, und
die, welche die blutigen Opfer früher gemieden, nun selbst opfern
würden."[3]) All diese schönen Hoffnungen waren vereitelt und
trübselig gestaltete sich für Libanius die Gegenwart; die Rhetoren

---

1) Vincent. Bellovac. spec. histor. XIV, 44 bei Fabric. Bibl. Gr. tom.
VII. p. 382. — 2) Lib. or. par. cap. 1. Ed. Fabric. Bibl. Gr. t. VII. —
3) Ibid. c. 145. S. oben Kap. 12 am Schluß.

wurden, wie es ihm vorkam, verachtet, die Armuth nahm überhand, ansteckende Krankheiten traten auf.[1] Und durch wen konnten diese Hoffnungen wohl vereitelt worden sein? Durch wen anders als durch die Christen? Obwohl Julian, entwickelt Libanius, so tolerant war, so hatte er doch stets Feinde, welche zwar nicht von ihm genannt, aber deutlich genug als die Christen bezeichnet werden. So verschworen sich denn schon früher einmal zehn Soldaten gegen Julian's Leben, aber die Sache wurde glücklicher Weise vor der Zeit verrathen.[2]

7. Und auch sein Tod sei durch christliche Verräther des eigenen Heeres herbeigeführt worden. Die Sache verhielt sich aber so: Julian's Heer wurde auf dem Rückzuge unversehens von den Persern überfallen, so daß der Kaiser selbst nicht einmal Zeit hatte, seine Rüstung anzulegen, sondern sich ungewappnet an die bedrohten Punkte begab und die Soldaten anfeuerte, bis auch endlich die Perser zum Weichen gebracht wurden. In dem regellosen Getümmel, wo Freund und Feind durch einander wogte, erhielt der Kaiser einen Wurfspieß in die Seite, welcher ihm bis in die Leber drang und seinem Leben ein Ende machte. Wie es in einem solchen Schlachtengetümmel gehen mußte, eins der vielen umherfliegenden Geschosse traf ihn und wer konnte nun wissen, woher es gekommen sei? Die Berichte der Quellen und die Natur der Sache sind hier so, daß selbst Gibbon die Möglichkeit, daß ein christlicher Soldat der Meuchelmörder Julian's gewesen, nicht einmal zu besprechen der Mühe werth findet.

8. Libanius aber hat sich nun einmal in den Kopf gesetzt, er sei von einem Christen gemordet und sagt: „Diejenigen, welchen sein Leben keinen Vortheil brachte, das waren nämlich die, welche nicht den Gesetzen gemäß leben wollen, stellten ihm schon lange nach und damals war der Augenblick zur Vollbringung der That günstig. Ihre sonstige Ungerechtigkeit, die unter seiner Regierung keinen Spielraum hatte, trieb sie dazu und besonders der Umstand, daß die Götter wieder verehrt wurden, war es, was ihnen nicht behagte." Die Beschuldigung ist klar genug, der einzige Beweis aber, den er vorzubringen hat, ist der, daß kein Perser sich

1) Ibid. c. 146. 149. 151. — 2) Ibid. c. 99.

der That gerühmt und die ihm dafür gebührende Belohnung vom
Perserkönige gefordert habe.¹) Indessen wenn das nicht geschah, so
wird es jedenfalls seine guten Gründe gehabt haben. Es konnte ja
der glückliche Schütze nachher selbst gefallen sein und dann steht
fest, daß die Perser lange Zeit gar nichts vom Tode Julian's
wußten, also offenbar den Kaiser nicht erkannt hatten. Daher ist
die mit solchem Nachdruck vorgebrachte Beschuldigung des Libanius
nichts als eine boshafte Verleumdung, welche ihm der Haß gegen
die Christen und der Zorn wegen seiner fehlgeschlagenen Erwartungen eingegeben hat. Später scheint er denn auch wirklich die Grundlosigkeit dieser Anklage in etwas eingesehen zu haben. Er konnte
sich nämlich lange nicht über Julian's Tod beruhigen und lechzte
noch lange nach Rache, so daß er sogar noch Theodosius den Gr.
379 n. Chr. in einer eigens dazu ausgearbeiteten Rede²) veran-
lassen wollte, den Vorfall zu untersuchen und den Mörder zu
strafen. Hier hütet er sich aber wohlweislich die Christen des Mor-
des zu beschuldigen, sondern bringt nur einfach auf Untersuchung.
Wie man auch über die Sache denken mag, so wäre das wahrscheinlich sechszehn Jahre nach der That eine vergebliche Mühe gewesen.

9. In der Leichenrede spricht sich Libanius durchweg sehr
christenfeindlich aus. Er stellt die Befreiung der Kleriker von den
Gemeindelasten, welche ihnen die christlichen Kaiser verliehen
hatten, als gemeinschädlich dar,³) er lobt und preist Julian's
Schriftstellerei gegen das Christenthum selbst auf Kosten der Wahr-
heitsliebe⁴) und gegen die Ausschließung der Christen von den
Schulen hat er nichts einzuwenden.⁵) Ehe wir die Leichenrede verlassen, müssen wir noch einige Stellen daraus geben, welche geeignet sind, die Gesinnung des Libanius gegen das Christenthum
besonders ins Licht zu stellen.

10. „Julian begann seine Reform", erzählt er, „mit dem
Religionswesen der Stadt. Er spendete seine Libationen vor aller
Augen, freute sich über die, welche ihm nachfolgten, verlachte die,

1) Ibid. c. 141. — 2) Ebenfalls bei Fabric. Bibl. Gr. tom. VII. p. 145.
— 3) Or. parent. c. 61—72. — 4) Ibid. c. 87. — 5) Ibid. c. 77.

welche es nicht thaten, und versuchte sie dazu zu überreden; Zwang
wollte er jedoch nicht anwenden. Und doch bemächtigte sich der
Anhänger der verdorbenen Religion eine große Furcht und sie er=
warteten, daß ihnen die Augen ausgerissen, die Köpfe abgeschlagen
und Ströme Blutes der Ermordeten fließen würden. Sie meinten,
ein neuer Herrscher werde auch neue Zwangsmittel erfinden, zu
gering erschienen Feuer und Schwert, das Ersäufen, das lebendig
Begraben und die Verstümmelungen — solche Dinge nämlich waren
früher in Gebrauch —, jetzt erwarteten sie noch viel Schlimmeres.
Da aber die, welche solche Maßregeln angewendet, nichts erreicht
hatten, so war er anderer Ansicht und hielt die Anwendung
von Gewalt für nutzlos. Denn, wenn sie an ihrem Körper litten,
so konnte man sie durch Verbände heilen, eine falsche Vorstellung
von den Göttern aber kann man durch Schneiden und Brennen
nicht austreiben. Wenn die Hand auch opfert, so tadelt das Herz
die Hand, klagt die Schwachheit des Leibes an und liebt noch den=
selben Gegenstand wie vorher und es ist nur der trügerische Schein
einer Umwandlung aber keine Aenderung des Sinnes. Auch er=
langen solche nachher wieder Vergebung, die aber, welche ihr Leben
gelassen, werden göttlich verehrt. Aus diesen Gründen vermied er
die Maßregeln, die er mißbilligte, weil er sah, daß durch Hinrich=
tungen die Sache jener gefördert wurde, aber er führte die, welche
der Besserung zugänglich waren, zur Wahrheit und gegen die,
welche das Schlechtere liebten, wandte er keinen Zwang an."[1]

11. Wer diese Stelle oberflächlich liest, könnte glauben, Li=
banius rühme an seinem Helden das, was man heut zu Tage To=
leranz nennt. Aber mit nichten, er geht vom Gesichtspunkt der
Nützlichkeit aus und lobt Julian's Verhalten nur deshalb, weil die
Erfolglosigkeit des Gegentheils klar war. Das ist der Sinn des
Redners; und wie gefällt er sich nicht in der Schilderung der
Angst und der Besorgnisse, welche die Christen hegten, und in der
Ausmalung der verschiedenen Folterqualen und Todesarten! Daß
Julian seine Reformen mit der Religion begann, findet sein Lob=
redner sehr zweckmäßig und preiswürdig; denn die Religion sei im

---

[1] Ibid. c. 58. 59.

Staate das, was das Steuer für das Schiff sei, und ebenso sehr billigt er es, daß er die Heiden überall begünstigte und die Christen auf alle Weise zum Abfall zu verleiten suchte. Wenn der Grundsatz Julian's: „Daß Jupiters Freund sein Freund und Jupiters Feind sein Feind sei," [1] im Leben zur Geltung kam, so war das gewiß für laue Christen eine große Versuchung und dem Christenthum im Ganzen sehr gefährlich.

12. Nach dem Tode Julian's traten freilich wieder völlig umgekehrte Verhältnisse ein. Die Christen waren durch den erneuten, von so manchen Ungerechtigkeiten und Gewaltthaten begleiteten Versuch, das Heidenthum wieder zur Herrschaft zu bringen, nun erbittert und gingen hie und da auch ihrerseits zu Gewaltschritten über. „Welche Zustände", lautet die mißmuthige Klage des Libanius, „traten nach dem Tode des Kaisers sogleich wieder ein! Geachtet sind nun diejenigen, welche gegen die Götter poltern, die Priester aber, die den Dämonen geopfert haben, gelten als Uebertreter der Gesetze. Das, was vom Feuer verzehrt worden (nämlich die christlichen Kirchen), wird abgeschätzt oder vielmehr der Vermögende muß das Zerstörte mit seinem Vermögen, der Unvermögende mit seiner Haut bezahlen; von den Tempeln aber sind die einen zerstört, die andern stehen halb fertig da und dienen den schmutzigen Christen zum Gespötte." [2]

13. So jammerte Libanius damals. Später hatte er noch mehr Ursache zu klagen; denn unter Theodosius gingen die Sachen auch äußerlich noch mehr bergab. Das zeigte sich schon im Jahre 384, als die heidnische Partei, welche im Senate zu Rom noch immer die Mehrheit bildete, die Frage wegen des Altares der Siegesgöttin anregte und dessen Wiederherstellung verlangte. Zu ihrem Wortführer ernannte der Senat den Stadtpräfekten O. Aurelius Symmachus, während die christliche Partei den Bischof von Mailand, den h. Ambrosius zu ihrem Anwalte hatte. Symmachus scheint sich persönlich zu Theodosius begeben zu haben, aber von nichtswürdigen Menschen sei ihm, sagt er, die Audienz

---

1) Φίλον μὲν ἄγων τὸν Δὶ' φίλον, ἐχθρὸν δὲ τὸν ἐκείνῳ. Ibid. c. 59. — 2) Ibid. c. 148.

bei dem Fürsten verweigert worden, weil sie gewußt hätten, daß die Gerechtigkeit auf seiner Seite sei. [1]) Er ließ sich aber dadurch nicht abschrecken, sondern verfaßte ein längeres S ch r e i b e n, welches er an die Kaiser Valentinian, Theodosius und Arcadius richtete.

14. Nachdem er den Kaisern zu Anfang desselben einige Artigkeiten gesagt, setzt er aus einander, daß er in seiner Eigenschaft als Stadtpräfekt und Bevollmächtigter des Senates sich berufen fühle, zu sprechen. Es sei die Besorgniß des Senates für den Ruf und die Ehre des Kaisers, die ihn dazu antreibe; denn niemandem komme es ja mehr zu, für die Aufrechterhaltung der vaterländischen Sitten und Gesetze zu wachen, als den Kaisern, deren Ruhm um so größer sei, je weniger sie gegen die Gebräuche der Vorfahren handelten. Der Senat nun, der in dieser Frage einstimmig sei, (?) wünsche in religiöser Beziehung den Stand der Dinge zurück, welcher dem Staate so lange vortheilhaft gewesen. Es habe Kaiser von beiden Religionsbekenntnissen gegeben, die früheren hätten die Cäremonien der Vorväter in Ehren gehalten und die folgenden sie nicht unterdrückt. Wenn das Beispiel jener kein günstiges Präjudiz bilde, so möge es wenigstens die Duldsamkeit dieser. Wer nun den Altar der Victoria nicht zurückwünsche, müsse ein Freund der Barbaren, d. i. der Feinde Roms sein. Der Victoria hätten die Kaiser viel zu verdanken, und was jeder sich wünsche (nämlich den Sieg) das müsse er auch ehren. Sodann sei dieser Altar von Alters her ein gewohnter Schmuck der Senatskurie gewesen und die Senatoren könnten sich nicht daran gewöhnen, denselben zu entbehren, man möge doch gestatten, daß sie ihn einst ihren Nachkommen hinterlassen könnten! Wo sollten sie in Zukunft den Kaisern Treue schwören? Die Erinnerung an die Religion schrecke ja den Treulosen am meisten und wenn die Fürsten den Altar entfernten, so schienen sie damit den Meineid und die Treulosigkeit zu sanktioniren.

15. Eine religiöse Ueberzeugung und Anhänglichkeit an die Religion spricht sich in allem dem nicht aus. Symmachus sucht

---

1) Cui ideo divi principis denegata est ab improbis audientia, quia non erat justitia defutura. Sym. Epist. X, 61, bei Migne Patrol. t. XVIII, p. 390.

alles herbei, was er, ohne den Kaiser zu beleidigen, glaubt sagen
zu können. Auch ist er zu weitgehenden Zugeständnissen bereit; er
ist schon zufrieden, wenn nur der Allegorie, dem Namen des
Sieges einige Ehre erwiesen werden darf, da es verboten ist, die
Göttin zu ehren.[1]) Und welch elender Grund ist es, sich darauf
zu beziehen, daß man es so lange gewohnt sei, diese Göttin im
Senatssaal zu haben! Im Folgenden bemüht er sich, die Einwendungen zu widerlegen, die ihm etwa entgegen gehalten werden
könnten.[2]) Besonders zu schaffen macht es ihm, daß schon frühere
Kaiser Aehnliches verordnet haben, z. B. der göttliche Konstantius.
Es ist kläglich zu sehen, wie er sich windet, hier vorbeizukommen.
Derselbe, meint er, hätte das nicht gethan, wenn er die Folgen
eines solchen Verfahrens aus der Erfahrung gekannt hätte. Auch
habe er die Römischen Cäremonien geduldet und die Privilegien
der Vestalinnen und der Priester nicht geschmälert. Darin solle
man ihm nachahmen, wenn man sich einmal auf ihn berufen
wolle. Dann verlegt sich Symmachus noch mehr aufs Bitten; er
läßt die alte, ehrwürdige Roma auftreten und sagen, man möge
ihr Alter schonen und ihr die Religion lassen, durch welche sie
Hannibal und die Gallier geschlagen habe, sie sei zu alt, um ihre
Gewohnheiten zu ändern, und was des Geschwätzes mehr ist.
Dann glaubt er eine eingetretene schreckliche Hungersnoth als Strafe
für die Beraubung der Priester und Vestalinnen ansehen und geltend machen zu müssen und die Summe dessen, was er schließlich
verlangt, ist, der Fiskus möge die eingezogenen Grundstücke und
Tempelgüter behalten, aber den Priestern und Vestalinnen erlauben,
Vermächtnisse von Privatpersonen anzunehmen; das sei ein Recht,
welches das Gesetz nicht bloß jedem Römer, sondern sogar den
Sklaven einräume, und dieses gemeinsamen Rechtes dürfe man
niemanden, also am wenigsten die Priester berauben. Die Gesetze
müßten unparteiisch sein.[3])

16. Diese Forderung, worauf sich die Ansprüche des Symmachus zuletzt reduziren, ist keine ungerechte, aber was uns in

---

1) Reddatur tantum nomini honor, qui numini denegatus est. Ibid.
— 2) Ibid. p. 391. — 3) Ibid. p. 392. 393.

der ganzen Bittschrift so abstößt, ist die Menge elender Sophismen und Scheingründe, wozu er seine Zuflucht nimmt, und der Mangel an aller religiösen Standhaftigkeit. Uebrigens hatten diese Anstrengungen der heidnischen Partei keinen Erfolg, sondern wurden durch die Bemühungen des Ambrosius vereitelt, obwohl die Räthe des Kaisers der Sache der Heiden günstig waren und so blieb denn der Altar der Victoria, der von Konstantius entfernt, von Julian wieder hergestellt und von Gratian wieder entfernt worden war, nun für immer entfernt und die Privilegien der Vestalinnen aufgehoben.

17. Die Angelegenheiten der Heiden gingen nun immer schlechter. Allmählich fing das christliche Volk, hauptsächlich auf Anstiften der Mönche an, über die noch stehenden Tempel der Heiden herzufallen und sie zu zerstören. Die Obrigkeiten sahen solchen Volksaufläufen zu, ohne etwas zu thun, und wenn die Heiden klagten, so wurde die Sache verschleppt oder sie bekamen noch Unrecht und Strafe obenein. Denn es bestanden mehrere Gesetze von Konstantius und Gratian, wodurch das Schlachten von Opferthieren unter den schwersten Strafen verboten wurde.[1]) Man suchte nämlich aus den Eingeweiden der Opferthiere die Zukunft, insbesondere das Schicksal der Regenten, ihre Regierungszeit und die Namen ihrer Nachfolger zu erforschen.[2]) Da dieser Aberglaube also oft einen politischen und, da der Staat jetzt christlich war, einen staatsgefährlichen Charakter annahm, so wurden alle blutigen Opfer verboten, die übrigen Arten zu opfern dagegen galten als stillschweigend geduldet. Wenn nun die Christen, im Fall ein Tempel zerstört worden, nachweisen konnten, daß darin geopfert worden war, was am Ende in den meisten Fällen ein Leichtes war, so liefen die Heiden Gefahr, nicht bloß mit ihrer Klage abgewiesen, sondern sogar noch gestraft zu werden.

18. In dieser Noth, da solche Vorgänge sich mehrten, entschloß sich Libanius, etwas zu thun, und richtete eine Schutzrede

1) Codex Theod. tit. de paganis sacrificiis et templis lex. 2—11. — 2) Quodsi quispiam immolare hostiam sacrificaturus audebit aut spirantia exta consulere .... excipiat sententiam competentem, etiamsi nihil contra salutem principum aut de salute quaesierit. Ibid.

für die Tempel an Theodosius zwischen 385—391 n. Chr.[1]
Der Brief des Symmachus ist gegen diese Rede noch ziemlich frei=
müthig und offen zu nennen, Libanius dagegen entschuldigt sich
sehr demüthig, daß er es wage, dem Kaiser Rathschläge zu ertheilen.
Darauf sucht er geltend zu machen, daß das Römische Reich durch
die Götter zu Macht und Größe gelangt sei, daß man also schon
aus Staatsklugheit ihren Dienst müsse fortbestehen lassen. Dann
bespricht er das Verhalten der früheren christlichen Kaiser dem
Heidenthum gegenüber und zeigt, daß sie nur die blutigen Opfer
untersagt hätten. Er dachte nicht daran, wie früher die Christen,
zu sagen: Man muß Gott mehr gehorchen als dem Menschen,
dieses Verbot ist gegen unser Gewissen und gegen Gottes Gesetz,
wir brauchen ihm nicht zu gehorchen. Nein, er bekennt ganz unter=
thänigst: „Niemand, o Kaiser, ist so kühn oder in den Dingen des
öffentlichen Lebens so unwissend, daß er gewaltiger sein wollte als
das Gesetz."[2] Das ist sein Stützpunkt, und weil die Heiden so
gehorsam sind, argumentirt er, so hat man keine Veranlassung und
kein Recht die Tempel zu zerstören. Sein Hauptziel ist immer zu
beweisen, daß in den Tempeln gar keine blutigen Opfer mehr ge=
feiert würden, Religionsfreiheit für die Heiden zu verlangen,
fällt ihm gar nicht ein, er klammert sich stets nur an die
stillschweigende Duldung der Gesetze an, dem Gesetze freilich als
dem Willen des Kaisers müsse gehorcht werden. Bei dieser, des
freien Menschen so unwürdigen Gesinnung konnte das verfolgte
Heidenthum auch keine Märtyrer hervorbringen.

19. Sodann bemüht sich der Schutzredner, die etwaigen Ein=
wendungen der Christen abzuweisen. Er bestreitet es, daß die An=
wendung von Gewalt dem Christenthum wahre Proselyten erwerbe,[3]
er empfahl, die Tempel als Zierden der Städte stehen zu lassen,
ja er betonte sogar den materiellen Schaden, der aus der Zerstö=
rung derselben erwachse[4]); er vertheidigte endlich das Heidenthum,
da die verschiedenen Götter und Dämonen, wie er glaubt, ja so
viele Wohlthaten spendeten.[5] Kurz, seine Sprache ist nicht die

---

1) Gothofredus ad Lib. orat. pro templis p. 38. — 2) Lib. pro templis
ed. Gothofr. p. 15. — 3) Ibid. p. 17. — 4) Ibid. p. 25 seqq. — 5) Ibid.
p. 18— 22.

eines Mannes, der heldenmüthig seine Ueberzeugung vertritt, sondern die eines schlauen Diplomaten, der sich hindurch zu winden
sucht. Freimüthig ist er nur in seinen Ausdrücken gegen die
Mönche, sie waren ihm als die Anstifter des Unheils am meisten
verhaßt. Darum nennt er sie faule Drohnen und habsüchtige Menschen. „Diese schwarz Gekleideten", ruft er aus, „welche mehr fressen
als die Elephanten, deren Arbeit in recht vielem Trinken besteht,
welche sich für ihr Singen Getränke schenken lassen und die Spen-
der durch künstlich hervorgebrachte Blässe des Angesichtes betrügen — diese Menschen, o Kaiser, laufen, obwohl dein Gesetz noch
in Kraft steht, zu den Tempeln mit Knütteln, Steinen und eisernen
Werkzeugen."[1] Der Erfolg krönte die Bemühungen des Libanius
keineswegs, im Gegentheil, im J. 392 erschien ein umfassendes und
entschieden gehaltenes Gesetz des Theodosius, worin alle Opfer ohne
Ausnahme, auch die nichtblutigen, unter schweren Strafen verboten wurden.[2]

20. Das Gesagte reicht hin, um zu zeigen, in welcher Art
Libanius dem sinkenden Heidenthum zu helfen und dem Christenthum entgegenzuarbeiten suchte. Wie er, mochte auch sein Zeit-
und Zunftgenosse der Rhetor Himerius denken und wirken. Wenigstens haben wir über ihn, wenn auch seine betreffenden Reden
verloren gegangen sind, das Zeugniß des Literarhistorikers Photius,
der von ihm sagt, daß er ein eifriger Heide gewesen sei und wie
„ein boshafter Hund die Christen angebellt habe."[3] Dagegen wird
an Themistius von seinen Zeitgenossen[4] eine unbefangene und
tolerante Gesinnung gerühmt.

1) Ibid. p. 10. 11. — 2) Cod. Theodos. l. c. lex. 12. — 3) Bibl. cod.
165. — 4) Socr. h. e. IV, 32, Sozom. h. e. VI, 36, Themist. or. p. 186
Lassaulx, Untergang des Hellenismus. S. 86.

Vierzehntes Kapitel.

Eunapius von Sardes.

(Um 400 n. Chr.)

1. Die Neuplatonische Schule des vierten Jahrhunderts hat es zeitig, wir möchten sagen, noch zu ihren Lebzeiten, bevor sie erloschen war und nur der Geschichte angehörte, dazu gebracht, einen eigenen Historiker zu besitzen, den Eunapius von Sardes, aus dessen Schriften wir bisher schon manche Notiz geschöpft haben. Er hat uns Lebensbeschreibungen von dreiundzwanzig Neuplatonischen Philosophen, Theurgen und Rednern hinterlassen, welche in einem sehr schwülstigen Stile geschrieben sind und viel hohles Pathos und leeres Geschwätz enthalten.

2. Eunapius war um das Jahr 344 [1]) zu Sardes in Lydien geboren, hatte zu Athen unter dem Rhetor Proaeresius seine Schule gemacht und sich auch etwas in der Arzneikunde umgesehen. Er machte eine längere Reise nach Aegypten und ließ sich von dort zurückgekehrt, wie es scheint, zu Athen nieder. Er lebte noch bis ins fünfte Jahrhundert n. Chr. hinein. [2])

Sein Leben der Sophisten schrieb er auf Veranlassung des Chrysanthius, der sein Lehrer gewesen war. [3]) Es führt den Titel:

---

1) Vgl. Eunap. Vitae soph. p. 102 seq. ed. Commelin. — 2) Pauly, Encyklop. der klass. Alterth. — 3) Eunap. vitae soph. p. 37 u. 186.

Leben von Philosophen und Sophisten. Obwohl es an In=
halt und Form nichts weniger als klassisch zu nennen und noch
dazu in sehr fehlerhafter Gestalt auf uns gekommen ist, so bleibt
es doch eine werthvolle Quelle für den, welcher die Vertreter
des absterbenden Heidenthums, jene sogenannten Platonischen Phi=
losophen des vierten Jahrhunderts, die mehr Zauberer und Astro=
logen als Philosophen waren, kennen lernen will. Eunapius hat
die meisten dieser Männer selbst gekannt und da er ein ziemlich
naiver und kritikloser Schriftsteller ist, so wäre er die geeignete
Person uns ein recht treues Bild seiner eignen Partei vorzuführen
und sie gleichsam in ihrer Häuslichkeit darzustellen, wenn er sich
nur nicht so viel mit pedantischen Redensarten und Reflexionen
aufhielte, anstatt uns Thatsachen mitzutheilen. Auch der Mangel
an Planmäßigkeit und Ordnung ist sehr störend. Für Philosophie
hat er vollends gar keinen Sinn, eine einzige Wundergeschichte von
Maximus oder Jamblichus ist für ihn mehr werth als alle phi=
losophischen Systeme der Welt. Daher kommt es, daß er von den
älteren und bedeutendern Männern der Neuplatonischen Schule, von
Plotin, Porphyrius und Amelius nichts oder nur wenig zu sagen
weiß und sie mit ein paar Seiten abfertigt, während er sich bei
andern, die aber größere Wundermänner waren, verhältnißmäßig
viel zu lange aufhält, z. B. bei Aedesius, Maximus von Ephesus u. a.

3. Wir wollen das hierher Gehörige aus jener Schrift, so weit
wir es noch nicht benutzt haben, in den Kreis der Betrachtung zie=
hen; denn Eunapius lebte in jenen Zeiten, wo ein Tempel nach
dem anderen zerstört wurde, wo die Kaiser gewisse heidnische Kult=
handlungen zu verbieten anfingen, wo einige heidnische Zauberer
sogar mit dem Tode bestraft wurden. Eunapius ist der Historiker
eben jener Partei, welche gegen die immer mächtiger werdenden
Christen um ihr Sein oder Nichtsein zu kämpfen hatte, und es kann
bei ihm also nicht fehlen, daß er mannigfachen Bezug auf das
Christenthum nimmt. Auch waren die meisten der von ihm vorge=
führten Personen bittere Feinde desselben, und in ihrer Zahl
haben wir ohne Zweifel die unbekannten Verfasser des Philo=
patris und der von Lactantius erwähnten drei Bücher contra religionem nomenque Christianum zu suchen.

4. Nachdem Eunapius in Kürze das Leben des Plotin, Por=
phyrius und Jamblichus beschrieben, widmet er dem sonst unbe=
rühmten und unbekannten Aedesius einen längeren Abschnitt.[1]
Aedesius, ein Kappadocier, war ein Schüler des Jamblichus und
ließ sich nach dessen Tode zu Pergamum in Mysien nieder. Sein Vater,
der ein Geschäftsmann war, hatte ihn zur Ausbildung nach Griechen=
land geschickt; als er aber zurückkam, war er anstatt eines tüchtigen
Geschäftsmannes ein Philosoph geworden. Sein Vater war anfangs
darüber sehr unzufrieden, bald aber lernte er den Werth der Philo=
sophie einsehen, und seinen Sohn bewundern und erkannte, „daß er
der Vater nicht eines Menschen, sondern mehr eines Gottes sei."[2]
Schon damals wurde Aedesius sehr berühmt; dennoch suchte er den
Jamblichus in Syrien auf, um noch von ihm zu lernen, und brachte
es so weit, daß er ihm wenig nachstand, außer was das gotterfüllte
Wesen des Jamblichus angeht.[3] Denn damit mußte Aedesius der
Zeitverhältnisse wegen zurückhalten; Konstantin nämlich, der die
Tempel zerstörte und die Gebäude der Christen aufführte, war da=
mals Kaiser. Wie ungünstig die Zeiten waren, zeigt der Vorfall
mit Sopatros, der eine Zeitlang bei Konstantin in Gunst stand.
Konstantin, der seine Freude darin fand, daß die Stadt Byzanz
nach seinem Namen Konstantinopel genannt wurde, hatte eine Menge
Menschen in jene Stadt gezogen, deren Lust es war, dem Theater und
dem Weine zu leben und dem Kaiser zu schmeicheln. Bei der Ueber=
zahl der Bevölkerung bedurfte die Stadt der Zufuhren an Getreide
von auswärts. Als nun einmal wegen des widrigen Windes die
Lastschiffe nicht in den Bosporus einlaufen konnten, entstand eine
Theuerung. Da das Volk, erzählt Eunapius, vor Hunger ermattet,
im Theater saß, sein berauschendes Lob nicht wie sonst ertönen
wollte, wurde der Kaiser unmuthig. Da raunten ihm die Neider
des Sopatros zu: „Ja, der von dir so geehrte Sopatros hat durch
seine überaus große Weisheit die Winde gefesselt und hält sie zu=
rück u. dergl." Konstantin glaubte es und befahl, den Mann nie=
derzuhauen, was auch sofort geschah.[4]

---

1) Eunap. l. c. p. 34. — 2) Ibid. p. 36. Ὡς θεοῦ γεγονὼς μᾶλλον
ἢ ἀνθρώπου πάτηρ. — 3) Ibid. p. 37. Πλὴν ὅσα γε εἰς θειασμὸν
Ἰαμβλίχου φέρει. — 4) Ibid. p. 41.

5. Aber die Vorsehung vergaß des Aedesius nicht, sondern derselbe erlangte durch Gebet, worauf er sehr viel hielt, ein Traumgesicht. Ein Gott erschien ihm und gab ihm ein Orakel in Hexametern. Da wachte Aedesius auf, ganz verstört und erschreckt, die Worte des Orakels aber waren ihm entschwunden. Er forderte nun von einem Sklaven Wasser, um sich zu reinigen, und als dieser es brachte, da bemerkte er, o Wunder! wie die ganze rechte Hand seines Herrn mit Schriftzeichen bedeckt war. Und es war nichts anderes, als das Orakel, welches der Gott ihm gegeben und worin ihm befohlen wurde, die Städte zu meiden und in der Einsamkeit ein Hirtenleben zu führen; dann würde er Genosse der unsterblichen Götter werden.[1]) Gehorsam dem Gott, brachte er sein Leben bei einem Hirten zu. Aber seine Weisheit konnte nicht verborgen bleiben, seine Freunde und Anhänger spürten seinen Aufenthaltsort aus und er sah sich bald auch hier von einer Menge von Schülern umgeben, durch deren vereinte Bitten er endlich bewogen wurde, sich der menschlichen Gesellschaft wiederzuschenken. Er zog nach Pergamus, wo er sich niederließ.

6. Eine wichtige Stelle unter den damaligen Verfechtern des Heidenthums nimmt die reich begüterte, in Kappadocien seßhafte Familie des Eustathius ein. Schon Eustathius selbst war eine bedeutende Stütze des Hellenismus. Eunapius nimmt den Mund sehr voll, wo er erzählt, wie der Kaiser, obwohl er den christlichen Büchern ergeben war, sich dieses weisen Mannes zu einer Gesandtschaft beim Perserkönig Sapor bediente, wie er dort glänzend aufgenommen wurde und dem Könige so gefiel, daß die Magier eifersüchtig auf ihn wurden. Der Erfolg dieser Sendung konnte natürlich nicht anders als günstig sein.[2]) Aber trotz seiner Weisheit war er noch nichts gegen seine Gattin Sosipatra. Dieses Wunderkind war die Tochter eines sehr edeln und reichen Mannes, der bei Ephesus am Kaystros begütert war.

7. Als sie fünf Jahre alt war, kamen eines Tages zwei ältliche, in Pelze gekleidete und große Taschen tragende Männer, und

---

1) Ibid. p. 49. Δὴ τότε σαυτὸν ἔελπε συνήορα καὶ μακάρεσσιν Ἔμμεναι ἀθανάτοισιν. — 2) Ibid. p. 50—66.

baten den Gutsverwalter ihres Vaters, ihnen die Beſtellung eines Weinberges zu überlaſſen. Der Ertrag dieſes Weinberges fiel ſo reichlich aus, daß man „ein beſonderes Wunder und ein göttliches Einwirken" vermuthen mußte, und der Vater der Soſipatra ſpendete ihnen darüber gebührender Maßen Dank und Ehrenbezeugungen. Sie aber verſicherten, das, was er da geſehen, ſei noch nichts gegen die übrigen Schätze der verborgenen Weisheit, welche ſie beſäßen. Wenn er wünſche, daß ſie ihm für die eben ihnen erwieſene Ehre ein Gegengeſchenk machten, ſo möge er ihnen die kleine Soſipatra auf fünf Jahre zur Erziehung übergeben. Der gute Alte wußte nicht recht, was er dazu ſagen wollte, willigte aber ſtillſchweigend ein. Und ſie zogen ſich nun mit ihrem Zögling auf ein beſonderes Landgut zurück, wo ſie fern von allen fremden Einflüſſen dieſelbe in ihrer Weisheit unterrichteten.

8. Als der Vater nach Ablauf der fünf Jahre nun zu ihr gereiſt kam, kannte er ſie nicht mehr, ſo ſehr hatte ihre Schönheit zugenommen, und auch ſie erkannte ihn nicht wieder. Er aber fiel vor ihr auf die Kniee und glaubte irgend ein anderes Weſen zu ſehen. Als nun die Lehrer erſchienen waren und man bei Tiſche ſaß, ſagten ſie zu dem Vater: „Frage nun die Jungfrau, was du willſt." Und ſie fing nun von ſelbſt an, ihm alle Vorfälle der Reiſe, die er eben zu ihr gemacht hatte, alle Reden und Gefahren zu erzählen, als wenn ſie mit im Wagen gefahren wäre. Der Vater war natürlich mehr als bloß verwundert, fiel den Greiſen zu Füßen, und flehte ſie an zu ſagen, wer ſie ſeien. Sie aber geſtanden nach langem Zögern, daß ſie der chaldäiſchen Weisheit nicht unkundig ſeien. Der gute Vater aber glaubte feſt, Beſuch von Göttern zu haben, und ſchlief erſchöpft von all den Dingen ein. Während er ſchlief, gaben die Fremdlinge der Soſipatra ein geheimnißvolles Käſtchen mit Kleinodien, einige Bücher und das Kleid, das ſie getragen, als ſie von ihnen in die Myſterien war eingeweihet worden, ſagten, ſie müßten nun an das weſtliche Meer gehen, empfahlen ſich und man hat nie wieder etwas von ihnen vernommen. Das alles, bemerkt Eunapius, beweiſt, daß ſie Dämonen waren. [1]) Als

---

1) Ibid. p. 57—65. Τοῦτο συμφανέστατα δαίμονας εἶναι τοὺς φανέντας ἀπήλεγξε.

Soſipatra herangereift war, kannte ſie, ohne weiteren Unterricht zu
genießen, alle Philoſophen und Rhetoren, und wußte mit Leichtigkeit
über Dinge zu reden, welche andere nur mit Mühe begreifen.

9. Soſipatra heiratete ſpäter den Euſtathius und gebar ihm
drei Söhne. Eunapius weiß noch gar herrliche Dinge von ihrer Weis=
heit, ihrer Keuſchheit und Sehergabe zu erzählen, was wir indeſſen
dem Leſer in Gnaden erlaſſen wollen. Als ſie Wittwe geworden,
lebte ſie auf ihren väterlichen Gütern und hatte den Aedeſius und
den größten der damaligen Theurgen, den Maximus von Ephe=
ſus in ihrer Geſellſchaft und zur Erziehung ihrer Kinder bei ſich.
Einer von den Söhnen dieſes Weibes, welcher allgemein für ein
göttliches Weſen gehalten wurde,[1] war Antoninus, der als
eine Art Einſiedler und Ascet bei Kanopus an der Nilmündung
ſein Leben zubrachte.[2] Er enthielt ſich der Theurgie und auffal=
lender Wunderwerke, vielleicht, wie Eunapius meint, aus Rückſicht
auf den ungeſtümen Fanatismus der Kaiſer.[3] Dennoch aber wurde
er von Alexandrien aus fleißig beſucht, und die, welche zum Sera=
pistempel wallfahrteten, kamen in ganzen Schaaren zu ihm und
bewunderten ſeine göttliche Größe. Er aber redete mit keinem von
ihnen, ſondern behielt ſeine gewöhnliche Stellung, die Augen unver=
wandt und lautlos gegen Himmel gerichtet. Dieſer letzte Hüter der
Heiligthümer war ſchon lange von einer bangen Ahnung erfüllt
und ſie ging im Jahre 389 in Erfüllung, indem das Serapeion,
welches bis dahin noch alle Stürme überſtanden hatte und der letzte
Zufluchtsort der heidniſchen Religion in Aegypten geblieben war,
durch die Chriſten geplündert und zerſtört wurde.[4]

10. Dieſen vernichtenden Schlag, welcher das Serapeion und
zugleich die Tempel zu Kanopus[5] nebſt den dazu gehörigen Gebäuden
traf, erzählt Eunapius alſo: „Auch die Tempel um Kanopus er=
litten daſſelbe Schickſal, als Theodoſius regierte, Theophilus den
Frevlern vorſtand (d. h. Patriarch war,) Euetius die politiſche Ver=

---

1) Γυναῖκα εἰδὼς θεοτέραν. Ibid. p. 68. Τοῦ δὲ θεὰν ἀντικρυς
εἶναι τὴν Σωσιπάτραν ὁμολογοῦντος. p. 69 etc. — 2) Ibid. p. 73. seq.
3) Τὰς βασιλικὰς ἴσως ὁρμὰς ὑφορώμενος. Ibid. p. 76. — 4) Laſſaulx,
Untergang des Hellenismus. S. 102 ff. — 5) Ueber die Lage des Serapeion iſt
man nicht ganz einig und die Stelle des Eunapius iſt voller Unklarheiten.

waltung und Romanus das militärische Commando in Aegypten
führten. Diese stählten ihren Muth gegen die Maurer und Stein=
metzen, stürzten sich darauf, ohne auch nur den Schatten eines
Kampfes zu unternehmen, und verwüsteten so das Serapeion, und
führten mit den Bildern Krieg, ohn Widerstand zu finden. Sie be=
kämpften die Götterbilder und Weihgeschenke so wacker, daß sie sie nicht
nur besiegten, sondern auch stahlen, und ihre Kriegskunst bestand darin,
das Gestohlene zu verbergen. Vom Serapeion blieb nur der Fußboden
wegen der Schwere der Steine, die sie nicht von der Stelle bringen
konnten; sonst aber kehrten diese wackeren Kämpfer alles um, streck=
ten ihre zwar unblutigen, aber doch stark vergoldeten Hände aus,
behaupteten, sie hätten die Götter besiegt, und rechneten sich so
den Tempelraub und die Gottlosigkeit zum Lobe an. Dann führten
sie an die heiligen Orte die sogenannten Mönche, welche zwar
Menschengestalt haben, aber ein Schweineleben führen, und ganz
offen tausenderlei schlimme und abscheuliche Dinge sich gefallen lassen
und selbst thun. Aber das Göttliche zu verachten, halten sie für
Frömmigkeit; denn damals besaß jeder, der ein schwarzes Gewand
trug und öffentlich sein Aeußeres vernachlässigte, eine tyrannische
Macht. Zu solcher Tugend hat es die Menschheit gebracht! Diese
Mönche nun versetzte man nach Kanopus, sie, welche das Menschen=
geschlecht anstatt zum Dienste erkennbarer Götter, zur Verehrung
von Sklaven und nicht einmal von guten anhalten. Denn sie häufen
Knochen und Köpfe von Leuten zusammen, die bei ihren Verbrechen
ergriffen und vom Gerichte bestraft wurden, geben sie für Götter
aus und werfen sich vor ihnen nieder; ... Märtyrer pflegen sie die=
selben zu nennen und Diener und Mittler der Gebete bei den Göt=
tern,[1]) obwohl sie nur nichtsnutzige Sklaven sind, welche die Peitsche
gekostet haben und die Wunden ihrer Bosheit in ihren Seelen tra=
gen. Solche Götter bringt die Erde jetzt hervor."[2])

11. Wir wollen dem Eunapius diese boshafte Ergießung nicht
so hoch anrechnen und sogar anerkennen, daß jene Rotten des Theo=

---

1) Diese etwas lückenhafte Stelle enthält noch ein unübersetzbares Mißver=
ständniß. Er hatte etwas von Diakonen und Priestern gehört und läßt die Mär=
tyrer nun διάκονοι καὶ πρέσβεις τῶν αἰτήσεων sein. — 2) Ibid. p. 77—80.

philus gemeine, rohe Menschen waren, obwohl sie das Mönchsgewand trugen. Aber darum können wir doch mit diesen letzteren Trägern des Heidenthums kein besonderes Mitleid haben. Denn, wenn auch an sich der Untergang desselben und die Zerstörung der Tempel etwas Tragisches hat, so waren doch diese letzten Vertreter des Antiken kleinliche, eigensinnige Menschen, welche trotz ihrer grenzenlosen Beschränktheit fast alle die Grille hatten, Halbgötter sein zu wollen und mit diesem Titel gegen ihre Gesinnungsgenossen ebenfalls sehr freigebig waren.[1]) Und wie sehr auch Eunapius die romanhaften Wundererzählungen häuft, so tritt doch die Geistlosigkeit und Elendigkeit seiner Ideale offen genug an den Tag, so daß gerade sein Werk die innere Erstorbenheit des Hellenismus am deutlichsten offenbart. „Nur im Widerspruch gegen das Neue," sagt Lasaulx[2]) treffend, „zeigte das religiöse Bewußtsein der alten Welt noch einen Schein von Leben, so wie man es frei ließ, narkotische Ohnmacht, die nichts anderes mehr vermochte, als unter idealischen Bildern die müde Seele einzuwiegen in den Tod."

12. Um ein unparteiisches Urtheil über die Männer dieser Richtung und ihre christlichen Gegner auf dem Throne und dem Katheder fällen zu können, müssen wir als ein wesentliches Moment noch den finsteren Aberglauben und Dämonendienst dieser sogenannten Philosophen hinzunehmen. In diesem Stücke machte der schon genannte Maximus von Ephesus das meiste Aufsehen. Maximus, den Eunapius noch persönlich gekannt hatte, war aus guter Familie, sehr reich und Schüler des Aedesius. Er ging von dem Rufe des jungen Julian angezogen nach Nikomedien, wo derselbe sich aufhielt, und es gelang ihm, sein Lehrer zu werden.[3]) Eunapius erzählt dagegen den Hergang auf viel romanhaftere Weise. Wenn wir ihm glauben dürfen, so begab sich Julian zu dem schon sehr alten Aedesius nach Pergamus, um sich von ihm in der Weisheit unterrichten zu lassen. Dieser bedauerte, daß er ihn wegen seines hohen Alters nicht selbst unterrichten könne, und überwies ihn seinen Schülern Chrysanthius und Eusebius von Myndus, welche ge-

---

1) Ibid. p. 89. Vgl. oben. — 2) Untergang d. Hell. S. 122. — 3) Socr. h. e. III, 1. Sozom. h. e. V, 2.

rabe noch bei ihm waren, zur Unterweisung, da seine besten Schüler
Maximus und Priscus abwesend seien.

13.   Julian blieb nun längere Zeit dort. Da fielen ihm die
Worte auf, welche Eusebius öfters vorzubringen pflegte: „Das sei
das wirklich Seiende; die Künste aber, welche die sinnliche Wahrnehmung täuschen und berücken, seien Wirkungen von Wunderthätern,
welche zu gewissen materiellen Kräften hin sich verirren und rasend
sind." Julian verstand nicht, gegen wen hier Eusebius polemisirte,
und bat sich, als jener sich wieder so äußerte, eine Erklärung aus,
und dieser antwortete: Maximus ist einer unserer ältesten und kennt-
nißreichsten Zuhörer, aber er verachtet die logischen Beweise und
wendet sich Zauberkünsten zu. Er berief uns neulich in den Tempel
der Hekate, und als wir kamen, sagte er zu uns, setzt euch, liebste
Freunde, und sehet, was kommen wird, ob ich mich in etwas von
der großen Menge unterscheide. Er verbrannte einige Körner Weihrauch und sprach für sich einen Hymnus, und siehe, das Götterbild
fing an zu lächeln, und lachte dann ganz laut. Da wir unruhig
wurden, sagte er: „Es fürchte sich keiner von euch; denn sogleich
werden sich die Fackeln entzünden, welche die Göttin in den Händen
trägt." Und dies geschah auch sofort. Du aber, wandte er sich zu
Julian, laß dich von solchen Dingen nicht blenden, so wenig wie
ich, sondern halte die Reinigung, welche die Philosophie bewirkt,
für etwas großes. Aber diese Worte brachten gerade die entgegenge-
setzte Wirkung auf Julian hervor, dieser sagte sogleich: „Lebe wohl
und bleibe bei deinen Büchern, mir hast du gerathen und gezeigt,
den ich suchte;" und er ging sofort nach Ephesus zu Maximus.[1]
Dieser befahl ihm nun, auch noch den sehr göttlichen Chrysanthius holen zu lassen, und sie zwei zusammen waren kaum der
Aufgabe gewachsen, der Wißbegierde des jungen Mannes vollkommen zu genügen. Sie weiheten ihn in alle Mysterien ein. Nachdem
sich Julian auf den Thron geschwungen hatte, waren Maximus und Chrysanthius sehr thätig, den Dienst der Götter wieder
herzustellen.[2] Maximus wirkte besonders in Asien und erwarb sich
hier großen Anhang. Er wurde dadurch etwas übermüthig, und

---

1) Eun. vitae soph. p. 86 - 91. — 2) Ibid. 96—98.

als er nach Konstantinopel kam, verdunkelte er fast den Glanz des
Kaisers. Er beherrschte ihn vollständig, und war eigentlich der erste
Mann im Staate, endlich begleitete er ihn auch auf seinem Zuge
nach Persien.[1]

14. Nach Julian's Tobe aber trat bald eine Aenderung ein.
Während Jovian, wie Eunapius sagt, noch fortfuhr, diese Männer
zu ehren, kamen sie unter Valentinian und Valens in große Gefahr.
Priscus zwar unternahm nichts Außerordentliches d. h. keine Zau=
berei, hatte auch Fürsprecher und durfte in Folge dessen ruhig in
Griechenland leben. Maximus aber wurde verklagt und zur Erle=
gung einer sehr großen Geldsumme verurtheilt. Da er sie nicht so=
gleich aufbringen konnte, mußte er viele Unbilden leiden. Als
sich Procopius zum Gegenkaiser aufwarf, wurde Maximus von
dem ihm günstig gesinnten Statthalter in Asien, Klearchus, be=
freit, gelangte wieder zu Ansehen und Reichthum und trieb offen
seine theurgischen Künste. Er lebte damals zu Konstantinopel, und
sein Unstern wollte, daß ein Privatorakel einen dunkeln Ausspruch
that. Man legte es dem Maximus vor, und dieser deutete es auf
den Tod des Valens. Deswegen nun wurde er ergriffen und auf
Befehl des Kaisers Valens zu Antiochien hingerichtet. Das war
das Ende jenes berühmten Schwarzkünstlers; denn, daß er sich mit
Magie beschäftigt habe, geht aus der Schilderung des Eunapius
klar hervor. Schon im Leben des Aedesius erzählt er, wie Maxi=
mus sich eines Liebeszaubers bedient habe.[2] Eunapius glaubt selbst
daran, und es bedarf wohl keiner weiteren Beweise mehr, daß der
Zug zum Aberglauben, zur Theurgie, zum Orakelwesen, zur sog.
Chaldäischen Weisheit die vorherrschende Richtung dieser Männer
war, und wenn auch nur die Hälfte von dem, was uns in dieser
Beziehung mitgetheilt wird, wahr ist, so ist doch daraus mit Sicher=
heit zu entnehmen, was sie wollten, was sie schätzten und worauf
ihr Sinn gerichtet war.

15. Lange nicht so viel Aufmerksamkeit, als diesen Weisen,
schenkt Eunapius der anderen Richtung unter den Anhängern des
Heidenthums, den Rhetoren und Sophisten. Auch diese thaten das

1) Ibid. 98—701. — 2) Ibid. p. 69.

Ihrige, um unter Julian die Fahne des Heidenthums wieder hoch-
zuheben, und Julian befreite sie durch das bekannte Edikt, wodurch
er den Christen das Lehren der Rhetorik verbot, von aller Concur-
renz. Gelehrtsein und Frommsein war nach der Bemerkung Gibbon's in den Augen Julian's ziemlich dasselbe. Aber in den Augen
des Eunapius waren diese Gelehrten doch lange nicht von der Bedeutung, wie die Theurgen und Wunderthäter.

16. Eine hervorragende Stelle unter diesen letzten Heiden, die
weder Philosophen, noch Helden, noch Märtyrer, sondern eine feige,
listige und falsche Sippschaft von Schwarzkünstlern waren, nimmt noch
der schon genannte Chrysanthius, ein Lehrer und Freund des Eunapius, ein. Er war ein Schüler des großen Aedesius, nach welchem er auch seinen Sohn benannte, der zu großen Hoffnungen be-
rechtigte und schon in seiner Jugend die schönsten Orakel in Versen
gab, aber leider im zwanzigsten Lebensjahre starb. [1])

17. Chrysanthius selbst hatte alle philosophischen Systeme,
besonders das Platonische und Aristotelische gründlich studirt und
war in aller Wissenschaft tüchtig bewandert. „Aber das genügte ihm
nicht, sondern er wandte sich davon ab und jener Gotteserkenntniß
und Weisheit zu, welcher Pythagoras oblag, und alle, welche dem
Pythagoras folgen, der alte Archytas und diejenigen, welche den
Apollonius von Thana verehren, welche nur dem Scheine nach einen
Leib haben und Menschen sind. [2]) Und diesem Ziele zueilend und
die erste Gelegenheit ergreifend, wurde er von den Prinzipien selbst
geleitet, zu einer solchen Vervollkommnung der Seele gefördert und
erhoben, daß jedes Bild jedweder Kenntniß bei ihm den Gipfel erreichte und jedes Vorherwissen zur Vollendung gelangte. Man hätte
von ihm sagen mögen, daß er die Zukunft nicht vorhersage, sondern geradezu schaue; er sah und begriff sie so deutlich, wie einer,
der in der Nähe und im Verein mit den Göttern ist.“ [3]) So viel
aus dieser schwülstigen Stelle hervorgeht, war Chrysanthius ein
zweiter Apollonius von Thana, und empfiehlt Eunapius die sogenannte Pythagoräische Weisheit als das erprobteste Mittel zu jener

---

1) Eunap. ibid. p. 205. — 2) Ibid. p. 189.
3) Ibid. p. 190.

von allen heißersehnten höheren Kenntniß und Wissenschaft zu ge=
langen.

18. Chrysanthius war viel ruhiger und hatte etwas mehr
philosophischen Geist als Maximus. Dieses zeigte sich, als beide
von Julian zur Wiederherstellung des Heidenthums berufen wurden.
Da die Wahrzeichen für die anzutretende Reise ungünstig waren,
so stand Chrysanthius davon ab. Maximus aber plagte die Götter
mit Weinen und Beten und setzte das Opfern so lange fort,
bis die Wahrzeichen günstig ausfielen. In Folge dessen reiste er
ab, wurde Julian's Günstling, und durch seine Macht übermüthig,
was ihn nachher ins Verderben stürzte. Chrysanthius blieb viel ge=
mäßigter; er nahm zwar die Würde eines Oberpriesters und den
Auftrag an, den Dienst der Götter in Lydien wiederherzustellen,
aber er verfuhr nicht stürmisch und übereilt, so daß er keinem von
den Christen wehe that.[1]) Daher blieb er auch später, als die Chri=
sten wieder an das Ruder kamen, unbehelligt.

19. Das Gesagte wird auch zur Beurtheilung des Eunapius
selbst die genügenden Anhaltspunkte bieten. Er gehörte ganz jener
schon oft erwähnten Richtung derer an, welche durch eine gewisse As=
cese und theurgische Mittel in eine solche Verbindung mit den Göttern
zu treten suchten, daß sie ein Vorherwissen der Zukunft, überhaupt
ein höheres Wissen und gewisse höhere Kräfte erreichten. Daß diese
Stufe von vielen erklommen sei, davon sollte seine Schrift den hi=
storischen Beweis führen. Sie sollte die Herrlichkeit des Heiden=
thums sowohl in seinen frommen und heiligen, als in seinen gelehrten
Männern zeigen. Das war die Idee des Chrysanthius, der die
Anregung zu diesen Biographien gab, und des Eunapius, der auf
seinen Gedanken einging.[2]) Denn Eunapius ist durch und durch
und überall Lobredner der Personen, die er behandelt. Insbesondere
scheint es uns noch merkwürdig, daß Apollonius von Tyana damals
noch Verehrer und Nachahmer hatte. Das klare, reine, durchsichtige,
von aller finsteren Magie freie Wesen des Apollonius, der durch seine
Künste anderen zu nützen suchte, wo er konnte, sagte damals noch

---

1) Vgl. ibid. p. 191—193 und p. 96—102, welche sich ergänzen.
2) Ibid. p. 187.

vielen zu. Das ist auch der Grund, warum Eunapius den Maximus von Ephesus nicht so hoch stellt, ihn unverkennbar dem Chrysanthius nachsetzt und ihn lange nicht mit der Wärme und in den
schwülstigen Ausdrücken belobt, die wir an ihm gewohnt sind. Er
ist ihm doch zu sehr Herenmeister, denn es ist nicht zu verkennen,
daß er in den Augen des Eunapius jene von ihm angenommene,
freilich nicht näher zu bezeichnende Schranke zwischen der so hoch ge-
haltenen Theurgie und der gemeinen Magie nicht inne gehalten
hatte. [1]) Dasselbe gilt von Priscus. [2]) Daß Eunapius außerdem
ein bitterer Feind des Christenthums gewesen, geht aus allen Stellen vor, in welchen er darauf zu sprechen kommt.

20.   Als solchen zeigte er sich in noch viel höherem Maße in
einer anderen uns verloren gegangenen historischen Schrift. Sie war
eine Fortsetzung des Geschichtswerkes des P. Herennius Dexippus, eines Atheners, der in chronikenartiger Weise die Weltgeschichte
von Anfang bis auf das erste Jahr des Claudius Gothicus 269 n.
Chr. erzählt hatte. Sein Werk führte den Titel „Chronik" ($Xronix\eta$
$isto\rho ia$).[3]) Eunapius schrieb eine „Fortsetzung der Chronik
des Dexippus" ($Xronix\eta$ $isto\rho ia$ $\mu e\tau\grave{a}$ $\Delta\acute{e}\xi\iota\pi\pi o\nu$), in 14 Büchern, welche die Geschichte bis auf das Jahr 404 n. Chr. fortführt.
Als Chronik wird sie ihren Zweck jedenfalls schlecht erfüllt haben,
denn Eunapius ist, was die Chronologie betrifft, in seinen Lebensbeschreibungen der Sophisten äußerst nachlässig. In Bezug auf Stil
und Schreibart hat Photius manches an ihm zu tadeln, seine ge-
künstelten Ausdrücke, seinen unhistorischen Stil, seine häufigen Bilder; im Ganzen urtheilt er aber milder über die Form, als wir
darüber urtheilen möchten.

―――――――   ―――――

1) Charakteristisch für die Ansicht des Eunapius sind S. 88 u. 89, wo Chrysanthius es ablehnt, ein Urtheil über den Maximus abzugeben, S. 190 seq.
Nur die Rücksicht auf den diesen Dingen überaus ergebenen Kaiser Julian
hat ihn abgehalten, eine unumwundene Mißbilligung auszusprechen.

2) In einem Fragment jener Chronik sagt Eunapius: $M\acute{a}\xi\iota\mu\acute{o}\varsigma$ $\tau\epsilon$ $x a\grave{\iota}$
$\Pi\rho\acute{\iota}\sigma x o\varsigma$ $\lambda\acute{o}\gamma o\upsilon$ $\mu\grave{e}\nu$ $\mu\epsilon\tau\epsilon\iota\chi\acute{e}\tau\eta\nu$, $\tau\tilde{\eta}\varsigma$ $\delta\grave{e}$ $\tau\tilde{\omega}\nu$ $x o\iota\nu\tilde{\omega}\nu$ $x a\grave{\iota}$ $\upsilon\pi a\acute{\iota}\theta\rho\omega\nu$
$\pi\epsilon\acute{\iota}\rho a\varsigma$ $\pi\rho a\gamma\mu\acute{a}\tau\omega\nu$ $\grave{e}\lambda\acute{a}\chi\iota\sigma\tau o\nu$. Corp. script. hist. Byz. Bonn 1829. tom.
I, p. 100, no. 4.

3) Vgl. über dieses Werk Corpus script. hist. Byz. ed. Niebuhr t. I, p. XIV.

21. Es ist von dem Werke nichts erhalten, als eine Reihe größerer und kleinerer Fragmente, die aber ganz abgerissen sind und unter einander in keinem Zusammenhange stehen. Sie sind in der Niebuhr'schen Ausgabe der Byzantiner[1]) gesammelt und gewähren doch die Möglichkeit, auf den Charakter des Werkes zu schließen, zumal, wenn wir die Notizen zu Hülfe nehmen, welche Photius in seiner Bibliothek[2]) davon gibt. Vom Verfasser selbst sagt er, daß er ein eifriger Hellenist und Feind der (christlichen) Religion gewesen sei; er habe die, welche ihre Kaiserwürde durch Frömmigkeit geziert, namentlich den großen Konstantin, auf jede Weise maßlos schlecht gemacht und mitgenommen, dagegen die gottlosen und besonders Julian den Abtrünnigen erhoben, so daß er seine Geschichte nur zum Lobe dieses Kaisers ausgearbeitet zu haben scheine. „Er hat, fährt Photius fort, zwei Ausgaben desselben Geschichtswerkes verfaßt, eine erste und eine zweite. In der ersten streut er viele Lästerungen gegen unseren heiligen christlichen Glauben ein, verherrlicht den Dämonendienst der Hellenen und klagt in vielen Punkten den frommen Kaiser an; in der zweiten aber, welche er die neue Ausgabe betitelt, läßt er den Uebermuth und die Unlauterkeiten, welche er gegen das Christenthum eingestreut hat, weg, und betitelt sie, indem er den Rest der Schrift zusammenfügt, neue Ausgabe; aber auch sie zeigt noch viele Spuren des Hasses. Wir haben beide Ausgaben in alten Schriften gefunden, jedes in ein eigenes Buch abgesondert und daraus auch ihre Verschiedenheit ersehen. Es ist nun der Fall, daß in der neuen Ausgabe viele Stellen durch das Hinweglassen von einzelnen Sätzen undeutlich geworden sind, obwohl er sonst auf Deutlichkeit bedacht ist. Wie das zugeht, kann ich nicht sagen; da er in der neuen Ausgabe den Text an den ausgelassenen Stellen nicht gut zusammengefügt hat, so beleibigt er den Sinn der Leser."

22. Also es gab zur Zeit des Photius noch zwei Ausgaben der Chronik des Eunapius, die längere und die, wie er selbst sagt, auf so ungeschickte Weise von den christenfeindlichen Auslassungen gereinigte. Wenn Photius der Ansicht ist, Eunapius selbst habe

---

1) Tom. I p. 41—118. — 2) Bibl. cod. 77.

diese ausgebeinte zweite Ausgabe angefertigt, so kann man ihm
nicht recht glauben, denn kein Schriftsteller wird doch eine solche, aus
lauter abgerissenen Fetzen bestehende, des Zusammenhanges ent-
behrende Schrift unter das Publikum bringen. Was wir unter
dem Namen des Eunapius noch haben und was Photius gesehen
hat, ist möglicherweise eins und dasselbe. Aber es ist keinesfalls
das Werk des Eunapius, sondern ein Auszug, eine Chrestomathie,
welche irgend ein Unbekannter zu seinen besonderen Zwecken angefertigt hat.

23. Daß sein ganzes Geschichtswerk nichts mehr als ein
Panegyrikus auf Julian sein sollte, geht aus der noch erhaltenen
Vorrede des zweiten Buches hervor. „Die Ereignisse, welche sich
seit Abfassung der Schrift des Dexippus bis auf die Zeiten Julian's
zugetragen haben, sind hinreichend, so gut es geht, wenn man nur
die Hauptsachen berühren darf, im Vorigen erzählt. Nun wendet
sich die Erzählung von da zu demjenigen, dem sie schon von Anfang zugewendet war und zwingt uns, als wären wir von einem
Gefühle der Liebe entflammt, bei diesen Thaten zu verweilen. Wir
haben sie beim Zeus nicht gesehen oder selbst erfahren; denn der
Verfasser war noch vollständig Knabe, als er regierte,[1]) aber die
allgemeine Achtung aller Menschen und sein unerschütterlicher Ruhm
erwecken eine starke und unwiderstehliche Liebe zu ihm. Denn wie
könnten wir das verschweigen, was niemandem zu verschweigen
möglich ist? Wie könnten wir von dem nicht reden, was auch die
Unberedten rühmen, indem sie es für eine süße und goldene Beschäftigung halten? Und der große Haufe hat mich, obwohl er so
gesinnt ist, doch nicht zum Schreiben angetrieben, vielmehr ließen
mich ausgezeichnete und durch ihre Bildung hochberühmte Männer
nicht lässig sein, sondern ermahnten mich dringend dazu, um an
meiner Arbeit einen Antheil zu haben. Oribasius von Pergamus,
ein Mann, der vermöge der physischen Philosophie die Arzneikunde
zu lehren sehr tüchtig und in deren Ausübung göttlich ist, der den

---

1) Daraus ergibt sich, daß der Eunapius, den die Lydier als ihren Abgeordneten zu Julian schickten (Corpus script. hist. Byz. t. I, p. 46. Fragm.), nicht
unser Schriftsteller Eunapius war.

Julian sehr gut kannte, schalt mich sogar öffentlich, ich sei ein Gottloser, wenn ich nicht schriebe."[1]

24. Also Julian war der eigentliche Gegenstand der Geschichtschreibung des Eunapius. Er spricht von ihm allzeit mit einer wahrhaft schwärmerischen Hochachtung, zu welcher er sich um so leichter begeistern konnte, da er ihn nicht persönlich gekannt hatte. Er wagt es nicht, Dinge noch einmal zu erzählen, welche Julian selbst beschrieben hat;[2] er bedient sich, wenn er von ihm redet, solcher Ausdrücke wie: Julian war nicht gewohnt, den Kampf zu beginnen, sondern den Sieg.[3] Ein anderes Mal rühmt er seine gottähnliche Milde, weil er seinen königlichen Zorn gegen einen Sophisten, der ihn beleidigt hatte, bloß durch Abfassung einer Schmähschrift kühlte.[4] Bei der Erwähnung von Julian's Ende sagt er: „Alle wußten, daß sie keinen solchen Führer wieder finden würden, wenn auch ein Gott geboren würde; einen, der durch die Macht seiner natürlichen Gaben und seine göttergleiche Größe, so die zwingende Noth des Lebens, welche immer zum Geringern hinzieht, überwunden hätte; der aus so vielen Sturmeswellen sich erhebend den Himmel sah und der, obwohl noch im Leibe wandelnd, mit den unkörperlichen Wesen umging und die Schönheiten des Himmels erkannte." Also auch er hatte — und das verstand sich eigentlich von selbst — jene höhere Seinsweise, welche der Neuplatonismus anstrebte, erreicht. „Auch hat er," fährt der Verfasser fort, „die Kaiserwürde nicht angenommen, weil er danach begierig war, sondern weil er sah, daß die Menschheit eines Herrschers bedurfte. Er war ein großer Freund der Soldaten, nicht weil er durch sie das Volk beherrschen wollte, sondern weil er glaubte, daß es dem Staatswohle zuträglich sei."[5] Endlich bringt Eunapius auch ein Orakel bei, worin erklärt wird, daß Julian ein Gott und in die Zahl der Olympier aufgenommen sei.[6] Wäre Julian noch am Leben gewesen, als Eunapius so schrieb, so müßte dieser ein elender Schmeichler genannt werden, so ist er bloß

1) Corpus script. h. Byz. t. I, p. 62. — 2) Ibid. p. 63. no. 6. — 3) Ibid. p. 65. no. 8. — 4) Ibid. p. 68. no. 14. — 5) Ibid. p. 69. no. 19. — 6) Ibid. p. 72. no. 24.

ein beschränkter Kopf, der für ein Ideal schwärmt, das er sich selbst hergerichtet hat.

25. Die christlichen Kaiser kommen natürlich schlecht bei ihm weg; nicht bloß Konstantius,[1] sondern selbst der große Theodosius.[2] Seine Regierung sei eine ganz unglückliche gewesen, ja sogar die Ursache von einem eingetretenen Mangel an Eseln und Zugvieh, wird ihr nicht undeutlich beigemessen.[3] Den Grund solcher läppischen Anschuldigungen braucht man erst nicht weit zu suchen.

26. So hat es Eunapius also immer nur mit den Personen zu thun, niemals mit der Sache. Seine Polemik geht nur vom Herzen aus, nicht vom Verstande. Von den Lehren des Christenthums wird er wenig oder nichts gekannt haben, sondern als fanatischer Anhänger des Alten hatte er einen instinktmäßigen Haß gegen das Christenthum, in so fern es sich auf den Thron der Cäsaren schwang und die Heiden und ihre Religion öffentlich zurückzudrängen anfing. Wären die Christen damals noch wie früher eine im Verborgenen unter den niedern Klassen der Bevölkerung ihr Dasein kläglich fristende Sekte gewesen, so würde sich Eunapius nicht um sie gekümmert und vielleicht nicht einmal von ihrer Existenz gewußt haben. Denn für philosophische und theologische Lehren hatte er keinen Sinn und kein Verständniß.

---

1) Ibid. p. 66. no. 10. — 2) Ibid. p. 78. no. 42, p. 84. no. 49. — 3) Ibid. p. 83. no. 47.

Fünfzehntes Kapitel.

Der Geschichtschreiber Zosimus.

Ende des fünften Jahrhunderts.

1. Zosimus, einer der späteren heidnischen Schriftsteller des Alterthums, war ein höherer Kassenbeamter und bekleidete die Stelle eines comes fisci, wie aus dem Titel seines Geschichtswerkes, den es in den Handschriften führt, hervorgeht. Die Zeit, in welcher er gelebt hat, läßt sich nur annäherungsweise bestimmen. Die nöthigen Anhaltspunkte bietet seine Schrift selbst und ein Citat des Kirchenhistorikers Evagrius. Zosimus redet nämlich[1]) von einem Gedicht des Philosophen Syrianus, der um 450 n. Chr. starb, und sein Buch wird wiederum in dem Geschichtswerke des Evagrius, das im Jahre 591 verfaßt wurde, angeführt.[2]) Innerhalb dieser Grenzen ist seine Lebenszeit also einzuschließen. Etwas genauer läßt sie sich indessen noch aus folgendem Datum bestimmen. Zosimus tadelt nämlich Konstantin den Gr. sehr heftig, weil er eine Art Einkommensteuer, das sogen. chrysargyrum eingeführt und mit großer Härte habe eintreiben lassen.[3]) Diese schwere, und wie es scheint, unbillige Steuer, wodurch, wenn wir dem Zosimus glau-

---

1) Lib. IV. c. 16. — 2) H. e. III, 40. — 3) Lib. II. c. 38.

ben dürfen, die Städte verarmten, wurde von dem Kaiser Anastasius (490—518) wieder beseitigt.[1]) Nun ist es sehr wahrscheinlich und bei dem damals herrschenden Knechtssinn sogar gewiß, daß ein Steuerbeamter eine solche Steuer nicht eher öffentlich
zu tadeln wagte, als bis sie aufgehoben war, zumal da das Steuerwesen durch unmittelbar von den Kaisern selbst ausgehende Gesetze
regulirt wurde. Dazu erwähnt auch Suidas eines Sophisten Zosimus, der unter Anastasius gelebt habe, worauf schon Valesius aufmerksam gemacht hat.[2])

2. Das Geschichtswerk des Zosimus, welches uns nur un-
vollständig überliefert ist, behandelt nach einem gedrängten Ueberblick über die Geschichte der ältern Römischen Kaiserzeit, die Periode
von Konstantin's erstem Auftreten bis zur Einnahme Roms durch
Alarich (410). Das ist eine Periode, in welcher die religiösen Verhältnisse häufig in die bürgerlichen und politischen eingegriffen, und
in welcher die Umgestaltung des heidnischen Römerreichs in ein
christliches Kaiserthum vor sich ging; bei der Behandlung derselben
mußte Zosimus demgemäß häufig auf die religiösen Zustände zurückkommen.

3. Was seine Grundanschauung von diesen Verhältnissen angeht, so huldigte er einem den Heiden jener Zeit eingewurzelten
Irrthume, daß das Römische Reich groß geworden sei im Dienste
der Götter; mit Hülfe der Götter, meinte schon der Grieche Libanius,[3])
hätten die Römer ihre Feinde besiegt und die von ihnen besiegten Völker
glücklich gemacht. Und mit einem gewissen Hohn ruft er den Christen zu:

---

1) Evagrius h. e. III, 39.

2) In der Anmerkung zu Evagr. H. e. III, 41. Reitemeier (Disquisitio
in Zosim.) glaubt die Lebenszeit des Zosimus 40 Jahre früher ansetzen zu müssen;
denn Zosimus sage, es habe vom Beginn des Verfalles bis zum gänzlichen Ruin
des Römischen Reiches 53 Jahre gedauert und dieser Beginn sei von der Theilung
des Reiches im Jahre 395 an zu datiren. Angenommen, aber nicht zugegeben,
daß das alles so sei, so nöthigt doch nichts zu der Meinung, daß Zosimus sogleich
nach dem Eintritt dieses gänzlichen Ruines gelebt oder gar geschrieben habe. Diese
Kleinigkeit hat Reitemeier übersehen, sonst hätte er die Ansicht des Valesius, die
wir oben durch einen neuen Beweis verstärkt haben, nicht so weit weggeworfen.

3) Lib. orat. p. templ. p. 9.

„Es möge mir nun einer von denen, welche Zange, Hammer und Ambos verlassen und über den Himmel und seine Bewohner Vorträge zu halten wagen — er möge mir sagen, in wessen Dienste die Römer von schwachen Anfängen sich erhoben und mächtig geworden sind, ob im Dienste ihres Gottes (der Christen) oder im Dienste derer, welchen die Tempel und Altäre zugehören und die durch die Wahrsager kund geben, was zu thun sei?"[1]) So hatten also Griechen ihre Nationalität aufgegeben und sich für das Römerreich begeistert, daß sie dessen Größe für ein Werk der Götter hielten.

4. Auch der Grieche Zosimus ist eifriger Römischer Patriot und trauert um den Verfall des Römischen Reiches trotz einem Tacitus. Eine Hauptursache dieses Verfalles sieht er in der Einführung der monarchischen Regierungsweise, eine andere in der Vernachlässigung des Götterdienstes. Besonders legt er den säkularischen Spielen (ludi saeculares), welche alle Jahrhunderte durch Opfer, Wettkämpfe und Gesänge zu Rom gefeiert wurden, einen großen Werth bei. Er spricht mit Wärme von denselben, erzählt ihren Ursprung und führt sogar eine lange Stelle aus den Sibyllinischen Büchern an, worin von deren Begehung gehandelt wird. „Dessen sei," schließt das betreffende Orakel seine Weisungen, „immer eingedenk in deinem Herzen, dann wird das ganze Italische Land und ganz Latium ewig unter deinem Herrscherstabe den Nacken beugen." Zosimus selbst spricht seine abergläubische Gesinnung unverhüllt in Folgendem aus: „So lange noch, wie das Orakel sagt und die Sache erheischt, daß alles nach Vorschrift beobachtet wurde, bestand die Herrschaft der Römer und hatten sie ununterbrochen bis auf unsere Zeiten den ganzen bewohnten Erdkreis unter ihrer Botmäßigkeit; da aber dieses Fest nach der Thronentsagung des Diocletian vernachlässigt wurde, so gerieth sie bald in Verfall und kam unvermerkt dem größten Theil nach in die Hände der Barbaren, wie uns der Augenschein selbst zeigt. Ich will aber die Wahrheit dessen aus den Zeitläuften selbst beweisen. Vom Consulat des Chilo und Libo nämlich, als Severus die Sekularspiele feierte, bis zum neunten Consulat des Diocletian und dem achten Consulat des

---

1) Id. ibid. p. 19.

Maximian verlief 101 Jahr und damals wurde Diocletian aus einem Privatmann Kaiser und Maximian ebenfalls. Als aber Konstantin und Licinius zum dritten Male Consuln wurden (313 n. Chr.), war die Zeit von gerade 110 Jahren abgelaufen, in welchem dem Herkommen gemäß die Spiele hätten begangen werden müssen. Da dieser Zeitpunkt nicht eingehalten wurde, so mußten die Dinge dem jetzt herrschenden traurigen Zustande zueilen."[1]

5. Also hauptsächlich von dem Unterbleiben der Säkularspiele an, welche im Jahre 313 hätten gehalten werden müssen, aber unterblieben, datirt Zosimus den Verfall des Reiches. Ueberhaupt war eine fixe Idee der Heiden jener Zeit, die Römer sind in und bei dem Dienste der Götter groß und mächtig geworden, also sind sie es durch ihn geworden. Und weil sie diesen Dienst vernachlässigt haben, sind die Barbaren hereingebrochen und haben das Reich zu Grunde gerichtet. So dachte der Römische Senat noch unter Theodosius.[2]

6. Wenn schon die starke Zunahme der Christen und die Vernachlässigung des Dienstes der Staatsgötter in den Augen des Zosimus so unheilvoll für den Staat erschien, so mußte eine Neigung des Staatsoberhauptes zu der christlichen Religion und der förmliche Uebertritt desselben ihm als der Höhepunkt des Verderbens gelten. Sein Ingrimm verräth sich denn auch deutlich genug in den Ausdrücken, worin er von diesem Schritte Konstantin's spricht. „Da nun alle Gewalt," sagt er,[3] „auf Konstantin übergegangen war, so verbarg er seine ihm von Natur eigene Schlechtigkeit ferner nicht mehr, sondern ließ sich gehen, und richtete sein ganzes Thun nach der ihm eignen Macht ein. Er huldigte aber noch immer den vaterländischen Opfern, nicht sowohl aus Ehrerbietung als aus Nothwendigkeit; auch schenkte er den Wahrsagern noch Glauben, da er in allen Dingen, die ihm gelungen waren, ihre Glaubwürdigkeit erprobt hatte. Als er aber nach Rom kam, glaubte er, alles Uebermuthes voll, an seinem eignen Heerd den Anfang mit seiner Gottlosigkeit machen zu müssen und ließ seinen Sohn Crispus, der mit der Würde eines Cäsars geschmückt worden, seines natür-

---

1) Zos. II. 1. 2. 6. 7. — 2) Zos. IV. c. 59. — 3) Lib. II. c. 29. Vgl. Eutropius. X. 4.

lichen Bandes achtend, tödten, weil er in Verdacht gekommen war,
mit ſeiner Stiefmutter Fauſta verbotenen Umgang zu haben. Da
ſeine Mutter Helena über dieſes große Unglück vielen Schmerz
empfand und ihr der Verluſt unerträglich war, ſo ſuchte Konſtantin,
um ſie zu tröſten, das Unglück durch ein noch größeres gut zu
machen. Er ließ nämlich ein Bad übermäßig heizen und die Fauſta
in daſſelbe einſchließen, bis man ſie als Leiche herausbrachte. Da
er ſolcher Dinge und auch nicht gehaltener Eidſchwüre ſich bewußt
war, ſo wandte er ſich an die Prieſter, von ihnen Sühnung ver-
langend. Da ſie ihm aber zur Antwort gaben, es ſei ihnen keine
Art von Sühnung überliefert worden, welche ſolche Unthaten hinwegnehmen könne, ſo verſicherte ihm ein Aegypter, der nach Rom
gekommen und mit den Pallaſtdamen gut bekannt geworden war,
daß der Glaube der Chriſten jede Sünde hinwegnehme und die
Verheißung beſitze, daß jeder Gottloſe, der ihn annehme, jeglicher
Sünde auf der Stelle ledig werde.“

7. So faßte Zoſimus den Uebertritt Konſtantin’s zum Chriſtenthum auf und ſo beliebt er ihn darzuſtellen. Denn in ſachlicher
Beziehung iſt die ganze Darſtellung falſch. Daß heidniſche Prieſter
ihn wegen der Größe ſeiner Sünden abgewieſen haben ſollten, iſt
eine innere Unmöglichkeit. Denn ſie hatten für alle, auch die
größten Fehltritte, die leichteſten Sühnungen, die ſogenannten Tau-
robolien und Kriobolien.[1]) Auch iſt es unglaublich, daß Konſtantin
nach dem Jahre 325, dem Todesjahr des Criſpus, ſich erſt noch
über die Nachlaſſung der Sünden, und zwar von einem Aegypter, habe
müſſen belehren laſſen, nachdem er ſchon ſo lange in die theologiſchen
Streitigkeiten der Chriſten eingeweiht und mit ihren Biſchöfen bekannt war.[2]) Alſo beruht die Darſtellung des Zoſimus auf einer
dummen Lüge. Auch daß er dem Kaiſer ſein häusliches Unglück ſo
zum Verbrechen macht, iſt unbillig. Wenn er ſeinen Sohn Criſpus
auch zu hart ſtrafte, ſo iſt er doch am Tode der Fauſta unſchuldig,
da dieſelbe nach anderen Nachrichten im Bade einen Schlag bekam.

8. Ueberhaupt redet Zoſimus von den chriſtlichen Kaiſern,

---

1) Döllinger, Heidenth. u. Judenth. S. 626. — 2) Hug, Denkſchrift zur
Ehrenrettung Konſtantin’s. Freiburg, 1829. S. 75—79.

besonders von Konstantin und Theodosius, stets in einem nörgeln=
den, tadelsüchtigen Tone, an allen ihren Maßregeln hat er etwas
auszusetzen, alles bürdet er ihnen auf, für alle Uebelstände macht
er sie verantwortlich, und wo eine Maßregel erfolglos oder gar
verderblich wurde, da legt er ihnen die Schuld davon bei, ohne zu
bedenken, daß der Erfolg namentlich in einem so verwirrten, kraft=
losen und erschlafften Zeitalter nicht in der Hand des Menschen
steht. Seine Vorwürfe sind zuweilen kleinlich, z. B. wenn er den
Konstantin der Schwelgerei beschuldigt.[1]) Das läßt man sich in
einer Satire, wie bei Julian, wohl gefallen, ein Historiker müßte aber
einen solchen Vorwurf begründen. Andere Anklagen sind sogar ganz
aus der Luft gegriffen, z. B. die, daß er die Einkommensteuer des
Chrysargyrum erst eingeführt,[2]) und daß er durch übermäßige und
mit Härte eingetriebene Steuern das Land in Armuth gestürzt
habe;[3]) denn aus seinen eigenen Gesetzen[4]) geht hervor, daß er für
die Erleichterung der Steuerlast eifrig bemüht war und seinen Unter=
thanen nicht selten Rückstände von mehreren Jahren ganz erließ.
Selbst die so staatskluge und wohlthätige Einrichtung Konstantin's,
daß er die Militärangelegenheiten und die Civilverwaltung der Pro=
vinzen in verschiedene Hände legte, ist Zosimus zu bekritteln kurz=
sichtig genug.[5]) Wir können hier nicht diese Vorwürfe alle im Ein=
zelnen beleuchten und auf ihren wahren Gehalt zurückführen,[6]) sondern
nur zeigen, zu welcher griesgrämigen Bekrittelungssucht großer Per=
sönlichkeiten den Zosimus sein engherziger Parteistandpunkt verleitete.

9. So sind seine Angriffe nur gegen einige große Personen
des Christenthums gerichtet; wer aber glauben wollte, daß er gegen
die Religion selbst sich in wuthschnaubenden Angriffen ergebe, würde
sich irren. Er haßt die christliche Religion in so fern und nur in
so fern, als er glaubt, daß sie das Wohl und die Größe des Staa=
tes bedrohe. Nur auf die Mönche läßt er gelegentlich einmal einen
Seitenhieb fallen und klagt sie an, daß sie unter dem Vorwande,

---

1) Lib. II. c. 32. — 2) Lib. II. c. 38. Evagrius. h. e. III, 40. seq. —
3) Lib. II. c. 38. — 4) Cod. Theod. tit. 1. lex. 14 u. 48. tit. 11. lex. 1. —
5) Lib. II, 32. 33. — 6) Das Nähere über seine Regierungsmaßregeln und
sein Steuerwesen bei Hug a. a. O. S. 9—36 über die Hinrichtung des Lici=
nius. S. 86—89.

den Armen alles mitzutheilen, große Ländereien an sich brächten, dem Staate keinen Nutzen schafften und keine Kriegsdienste leisteten. Ueberhaupt war das Mönchthum den gebildeten Heiden besonders zuwider, und sie sprechen stets nur in Ausdrücken vornehmer Verachtung davon. Das thut besonders ein Schöngeist eben derselben Zeit, der Dichter Cl. Rutilius Numatianus. Derselbe kam auf seiner Reise von Rom nach Gallien, wovon er uns eine poetische Beschreibung hinterlassen hat, bei der Insel Capraria vorbei, welche „todt daliegt, voll von lichtscheuen Männern, die sich Mönche nennen." Er kann es nicht unterlassen, bei dieser Gelegenheit einige Verse voll Zorn und Verachtung gegen sie zu richten, weil er meint, daß sie sich entweder aus Menschenhaß oder im Bewußtsein großer Vergehungen oder gar aus Feigheit, nämlich um den Schlägen des Schicksals zu entgehen, in die Einsamkeit zurückgezogen hätten.[1] Und bald darauf beklagt er es, daß ein vornehmer, glücklich verheirateter junger Mann seiner Bekanntschaft vor kurzem auch eine solche lebendige Leiche geworden sei und glaube, durch Vernachlässigung seines Aeußern und durch Selbstpeinigungen ein himmlisches Leben zu führen. „Ist nicht diese Sekte," fragte er zum Schluß, „schlimmer als die Zaubertränke der Circe? Damals wurden nur die Leiber verwandelt, jetzt aber die Seelen."[2]

10. Zosimus ist also in seinen Vorwürfen viel mäßiger und ruhiger, als Eunapius. Er theilt weder dessen hirnlosen Aberglauben, noch hat er sein polterndes Wesen und seine unschöne, nachlässige Darstellungsweise. Er ist ein für die damalige Zeit elegant, leicht und angenehm schreibender Schriftsteller. Aber eben diese guten Eigenschaften und der Umstand, daß er in seinen Vorwürfen nicht so heftig ist und sich nicht überstürzt, bringen es mit sich, daß er dem Christenthume viel gefährlicher war und ist als jener. Seine Anklagen der christlichen Kaiser haben noch heute bei Manchen Gewicht und er war für seine Zeit wohl im Stande, gebildeten und namentlich patriotisch gesinnten Heiden bedenkliche Vorurtheile gegen die christliche Religion beizubringen.

---

1) Itiner. I, 439—452. Poet. Lat. min. ed. Wernsd. — 2) Ibid. I, 517—526.

VI.

Die letzten

philosophisch=theologischen Controversen

zwischen den

heidnischen und christlichen Gelehrten.

———

Schluß.

Sechzehntes Kapitel.

— · — · —

Proklus der Lycier.

Geb. 412, gest. 485 n. Chr.

1. Wir kommen nun zu jenem Zeitraum des antiken Heidenthums, welchen man als den des allmählichen Hinsterbens bezeichnen
kann. Nachdem es sich in der ersten Hälfte des vierten Jahrhunderts noch einmal erhoben und Männer wie Porphyrius, Julian,
Jamblichus eine Regeneration versucht hatten, war es in der Zeit,
womit wir uns jetzt beschäftigen, nur noch in abgelegenen
Gegenden bei dem Landvolk und in einem kleinen Kreise von Gelehrten zu finden. Von einer Regeneration desselben war keine
Rede mehr, es hatte sich nunmehr in die Studirzimmer und Hör-
säle einiger Philosophen und Rhetoren geflüchtet, aus dem Leben
aber war es ganz entschwunden. Jene Männer nun, welche die
sogenannte goldene Kette der Platoniker bildeten, und ihre heidnischen Schüler hüteten die kümmerlichen Reste mit derselben Sorgfalt und Aengstlichkeit, womit man ein Stückchen Römisches Mauer-
werk oder eine alte Burgruine schützt und vor dem Zerfalle zu bewahren sucht.

2. Eine Schule von Philosophen, welche vornehmlich zu Athen
ihren Sitz hatte, wahrte das theure Erbtheil des Alterthums. Die

Traditionen desselben vererbten sich förmlich und ihre Träger folgten auf einander, wie die Glieder einer Regentenfamilie. Mit ängstlicher Freude begrüßte man jeden neuen Anhänger, suchte ihn an sich zu ketten, sogar durch Heiraten und Familienverbindungen, war glücklich, wenn sich gegründete Hoffnung zeigte, daß der Stamm nicht erlösche[1]) und zählte eine förmliche Succession der Häupter der Schule.[2]) Diese goldene Kette von Nachfolgern des Plato besteht aus Plutarchus († 434), Syrianus († 450), Proklus, Domninus, Marinus, Zenodotus, Isidorus und Damascius. Das sind die eigentlichen Stammhalter der Schule, die sogenannten Scholarchen[3]); andere namhafte Mitglieder sind in jener Zeit dann noch die zum Theil uns schon bekannten: Aedesius, Eustathius, Antoninus, Maximus, Chrysanthius, Severianus, Asklepiobotus, Heraiskus, Asklepiades, Hegias und Simplicius.

3.   Und welches ist das Erbgut, von welchem sie alle zehren? Die Kunst und Poesie des Alterthums war ihnen abhanden gekommen, auch die historische Wissenschaft wurde nicht gepflegt, alles was sie noch haben, ist jene Abart der Platonischen Philosophie, welche dem Plotinus ihren Ursprung verdankt.   Doch hatte in jener Zeit wieder Aristoteles mehr Ansehen gewonnen, aber über Plato und Aristoteles ging ihr geistiger Horizont auch nicht hinaus; ihre Schriften lasen, erklärten und interpretirten sie, für die übrige geistige Hinterlassenschaft des Alterthums hatten sie keinen Sinn mehr und so bewahrte unter allen seinen geistigen Schöpfungen die Philosophie am längsten ihr Dasein.   Man glaube nicht, daß wir mit Unrecht diese Männer der Einseitigkeit beschuldigen. Sie findet ihren grellsten Ausdruck in einer Ansicht, welche Proklus oft auszusprechen pflegte: „Wenn es bei mir stünde, würde ich von den Schriften der Alten nur die Orakel und den Timäus erhalten, die übrigen würde ich alle vernichten und den Zeitgenossen nehmen, weil sie manchen schaden, welche sie auf's gerathewohl und ohne Prüfung lesen".[4])

---

1) Vergl. Marini Proclus cap. 8. 9. 11. — 2) Ibid. c. 10 u. 26. — 3) Zumpt, über den Bestand der philosophischen Schulen zu Athen und die Succession der Scholarchen in den Abhandl. der Berl. Akad. d. Wissensch. 1842. — 4) Marini Proclus cap. 38.

Ein sonderbarer Geschmack! Alle Schriften der Alten möchte der Mann vernichten, nur den Timäus und — die Orakelsprüche nicht. Das ist doch ein deutlicher Beweis, wie wenig ihm die antike Bildung überhaupt galt; er möchte sie gern zum Opfer bringen, wenn nur die alte heidnische Religion gerettet würde. Denn das ist es, was ihm am Herzen liegt, dazu hat er die Orakel, wie er sie nämlich nach dem Vorgang des Porphyrius und Jamblichus verarbeitet hat,[1] nothwendig und auch der Timäus, worin die Ideen Plato's über die Weltbildung enthalten sind, paßt in seinen Kram. Wenn auch nicht alle diesen Vandalischen Wunsch des Proklus theilten, so war doch ihre Einseitigkeit dieselbe, Plato und Aristoteles, Aristoteles und Plato, waren ihr Eins und ihr Alles, und mit ihren Philosophemen suchten sie ihren heidnischen Aberglauben, ihre pantheistischen Theorien und endlich ihre theurgischen und magischen Liebhabereien zu verbinden und, so gut es ging, aus den Schriften jener Autoritäten zu beweisen.

4. Proklus, den wir als Polemiker gegen das Christenthum nun näher in's Auge fassen müssen, war geboren am 8. Februar 412 zu Konstantinopel; seine Eltern stammten aber aus Lycien, wo er auch seine erste Jugend zubrachte und die grammatischen Studien machte. Später ging er nach Alexandria, wo er des Unterrichts und der Freundschaft des Rhetors Leonas so wie des Grammatikers Orion genoß. Hier lernte er die Lateinische Sprache und das Römische Recht kennen; aber sein eigentlicher Beruf war doch die Philosophie. Auf Aristoteles scheint er erst durch den Einfluß des Olympiodor zu Alexandria aufmerksam geworden zu sein. Doch sollte er nicht in Alexandria bleiben, sondern damit, wie Marinus, sein Biograph, sagt, die wahre Nachfolge des Plato erhalten würde, führten ihn die Götter nach Athen zu den Fürsten der Philosophie.[2] Hier blieb er denn bis zum Ende seines Lebens, als Lehrer und Schriftsteller im Gebiete der Philosophie wirkend.

5. Daß wir die Umstände seines Lebens so genau kennen, verdanken wir seinem Schüler Marinus, aus Flavia Neapolis in Samaria gebürtig. Derselbe hat uns eine Biographie seines

---

1) Ibid. c. 26. S. unten §. 9. — 2) Ibid. l. c. cap. 10.

Meisters hinterlassen, ganz im Stile der übrigen Neuplatonischen Biographien. Nach Marinus war das Leben des Proklus ein Bild des vollendeten Glückes, weshalb er auch seinem Schriftchen den Titel Πρόκλος ἤ περὶ εὐδαιμονίας gab. Er preist ihn glücklich nicht nur wegen seiner natürlichen, moralischen und bürgerlichen Tugenden, sondern sogar auch wegen seiner dauerhaften Gesundheit.[1] Seine Tugenden sind zuweilen etwas absonderlich. So war er ehrgeizig, ohne daß jedoch dieser Ehrgeiz nach der Versicherung des Marinus wie bei andern Menschen ein Fehler gewesen wäre;[2] er lebte im Cölibat, ohne darum der Wollust ganz zu entsagen;[3] er liebte es, sich von Fleischspeisen zu enthalten, ohne jedoch diese Enthaltsamkeit streng überall durchzuführen;[4] er erfreute sich endlich, was bei einem Neuplatoniker am wenigsten fehlen durfte, eines so hohen Grades der Contemplation, daß seine Seele zuweilen den Körper ganz verließ.[5] Das sind die Tugenden, welche Marinus an diesem wunderlichen Heiligen des Neuplatonismus zu lobpreisen hat, und um die Illusion vollständig zu machen, erzählt er uns mit der ernsthaftesten Miene, daß einer seiner Zuhörer das Haupt des Proklus zuweilen von einem wunderbaren Lichte umflossen gesehen habe.[6] Proklus war natürlich auch Theurg und bewirkte wunderbare Heilungen.[7]

6. Ein Hauptzug seines Charakters aber war seine Frömmigkeit gegen die heidnischen Götter. Er unterzog sich monatlichen Reinigungen und Sühnungen nach Römischer und Phrygischer Weise, fastete am letzten Tage eines jeden Monates sehr streng und feierte die Neumonde und die wichtigsten Feste aller Völker durch entsprechende Opfer und durch Hymnen. Seine Frömmigkeit war eine wahrhaft allgemeine und erstreckte sich auch über die sonst unbekanntesten Götter, z. B. Marnas und Theandrites.[8] Auch verfertigte er selbst Hymnen und Gebete zu ihrer Ehre.[9] Natürlich war er auch ein ebenso großer Liebling und Freund derselben und sie wetteiferten darin, ihm schmeichelhafte Dinge durch ihre Orakel sagen zu lassen und ihm Gunstbezeugungen zu erweisen.[10]

---

1) Ibid. c. 2—5. — 2) Ibid. c. 17. 20. — 3) Ibid. c. 19. — 4) Ibid. c. 16. — 5) Ibid. c. 21. 22. — 6) Ibid. c. 23. — 7) Ibid. 28. 29. — 8) Ibid. c. 19. — 9) Ibid. c. 24. — 10) Ibid. c. 30—33.

Und endlich war er der Astrologie und Sternbeuterei sehr ergeben.[1]
Dies ist, mit Weglassung der bei in den Neuplatonischen Biographien unvermeidlichen Ausschmückung mit Wundern, das Leben und
der Charakter des Proklus. Er starb endlich im Alter von 75
Jahren zu Athen, 485 n. Chr. am 17. April, und mit ihm war
eine bedeutende Leuchte des Hellenismus erloschen.

7. Sein System war im Ganzen das Platonische, nur versuchte er den Prozeß, in welchem sich alles aus dem Eins entwickelt,
genauer zu ergründen. Er läßt aus dem Einen drei Prinzipien
hervorgehen und aus diesen wieder andere, die sich aber immer zu
je dreien gruppiren. So verfiel er auf eine Reihe von Dreiheit-
ten, die immer nach einander aus dem Einen emaniren und ersann
ein System, welches dem mancher Gnostiker ähnlich aber viel nüchter-
ner und philosophischer war, indem er die tiefsinnigen, phantasiereichen Speculationen des Plotin in starre Formeln bannte, was überhaupt eine Hauptrichtung seines Geistes ist. Denn er war ein
tüchtiger Mathematiker und neigte sich in der Philosophie mehr zu
Aristoteles als alle übrigen Neuplatoniker. Daher behandelt er die
philosophischen Sätze ganz wie mathematische Formeln, aus denen
er durch Denkoperationen Folgerungen ableitet, und zwar thut er
das in der Regel mit einer Schärfe und Gründlichkeit, die in Um-
ständlichkeit und langweilige Breite ausartet. Als Unterlage dienen
ihm dann meistens Sätze aus Plato und Aristoteles, sie sind ihm
die unantastbaren Resultate der Wissenschaft, und auf ihre Erörterung läßt er sich nicht weiter ein. Sein philosophisches Verfahren
ist ein mechanisches, seine Arbeit ein pedantisch genaues Weiter-
schließen und Rechnen mit Formeln und Prinzipien zu nennen, die
andre vor ihm fertig gemacht haben. Trotz dieser Neigung zu einem
fast mathematischen Verfahren, nimmt er als eine über dem dis-
cursiven Erkennen stehende Erkenntnißquelle einen gewissen Glauben
an die Götter an, durch welchen die Erkenntniß der höchsten Dinge
möglich werde. Das ist dann freilich sehr unphilosophisch und eben
so ist es seine Dämonologie und die Stellung, die er der Theurgie
anweist, worin er ganz den Fußtapfen des Porphyrius und Jam-

---

[1] Ibid. c. 28.

blichus folgt. Ein besonderes Ansehen maß er den genannten
Orphischen Gedichten bei; er schrieb Scholien dazu, erklärte sie seinen
Schülern[1]) und hielt sie für die Quelle aller Griechischen Theologie.
Daher glaubte er, müßten die Sätze des Platonischen Systems den
Orphischen Götteraussprüchen gemäß erklärt werden;[2]) denn Aglaophamus habe ja den Pythagoras in die Orphischen Mysterien eingeweiht und Plato nachmals die gesammte philosophische Wissenschaft aus den Pythagoräischen und Orphischen Schriften über-
kommen. Der philosophische Werth des Proklus ist also äußerst
gering, dagegen hatte er für seine Zeit wenigstens ein wahres Verdienst um die Mathematik.[3]) Auch muß ihm das als Verdienst
angerechnet werden, daß er eine Vorsehung annahm und die menschliche freie Selbstbestimmung mit derselben — freilich auch mit dem
Fatum — zu vereinigen bestrebt war.[4])

.8. In Betreff seiner Stellung zum Christenthum sind wir
eigentlich gar nicht unterrichtet. Sein Biograph Marinus berichtet,
daß er zu Athen habe Verfolgungen ausstehen und von gewissen
„Geierriesen" hart bedrängt, Athen auf einige Zeit verlassen
müssen.[5]) Manche haben geglaubt, diese Feinde des Proklus seien
die Christen gewesen, aber schwerlich mit Recht; denn in der betreffenden Stelle ist von bürgerlichen Angelegenheiten und von gewissen
Vornehmen die Rede, deren zügelloses Leben Proklus gerügt habe.
Sie werden es auch ohne Zweifel gewesen sein, die ihm nach-
stellten, und nicht die Christen, welche damals durch die Nestoria-
nischen, Pelagianischen und monophysitischen Streitigkeiten und
Wirren mit sich genug zu thun hatten. Diesem Umstande hatten
es die so zäh am Heidenthum festhaltenden Neuplatoniker jener Zeiten
zu verdanken, daß man sie von Seiten der Christen ungestört ließ,
und daß sie sich im vierten Jahrhundert vollständiger Ruhe zu erfreuen
hatten. Man bekümmerte sich gegenseitig nicht um einander. Proklus
nimmt in seinen Schriften nirgends Notiz vom Christenthum, wel-

---

.   1) Ibid. c. 26. 27. — 2) Theolog. Platonis I, 5. — 3) Fabricius.
Bibl. Gr. vol. VIII. p. 518 seq. — 4) Seine betreffenden Schriften sind De
providentia et fato et eo, quod est in nobis und de X dubitationibus circa
providentiam Fabric. Bibl. Gr. vol. VIII, p. 465 seqq. — 5) Vita Procli c. 15.

ches ihm doch nicht unbekannt sein konnte; selbst in der von ihm noch vorhandenen polemischen Schrift ist das Christenthum gar nicht genannt und kaum eine direkte Polemik, noch weniger leidenschaft= liche Angriffe zu finden. Eben erwähnt soll hier noch werden, daß Georg Pisides in seinem Gedicht über die Weltschöpfung[1]) sagt, einem Gerücht zufolge habe Proklus Anfangs die Lehren des Christenthums bewundert, aber sein Stolz sei die Ursache gewesen, daß er es nicht angenommen habe. Daß das völlig grundlos ist, geht aus der Biographie von Marinus hervor, der diesen Umstand gewiß nicht verschwiegen, sondern den Christen zum Vorwurf er= wähnt hätte.

9. Unter seinen Schriften interessirt uns speziell zuerst sein Buch über die Orakel. Syrianus, erzählt Marinus, habe seine beiden Schüler Proklus und Dominus aus Syrien zur Erklärung der Orphischen Gedichte und der Orakel angeregt und sie hätten sich die Arbeit so getheilt, daß Proklus die Bearbeitung der Orakel= sprüche, Dominus die der Orphischen Gedichte übernommen habe. Bald darauf sei Syrianus gestorben und Proklus habe nun sein Werk gemäß den von Syrianus noch mündlich erhaltenen Finger= zeigen angelegt, dann auch dessen Kommentare zu den Orphischen Gedichten, so wie die Schriften des Porphyrius und Jamblichus benutzt, endlich die Orakel selbst fleißig studirt und so in einem Zeitraume von fünf Jahren ein ziemlich starkes Buch zu Stande gebracht. Danach hätte der Autor einen Traum gehabt, wodurch er inne wurde, daß sein Werk selbst in höheren Kreisen Beifall ge= funden habe. Es erschien ihm nämlich im Traum der große Plu= tarch, der Neuplatoniker, und offenbarte ihm, daß er so viel Jahre leben würde, als er Quartblätter über die Orakel geschrieben habe.[2]) Diese Stelle charakterisirt einerseits die geistlose Abgeschmacktheit dieser Gelehrten und ihre Vernarrtheit in veralteten, kindischen Aberglauben, so wie auch die Tendenz des Buches. Es wird den Aeußerungen des Marinus zufolge dem uns schon bekannten Werke des Porphyrius sehr ähnlich gewesen sein.

---

1) Cosmurgia v. 55—59.
2) Marin. c. 26.

10. Direkt gegen das Christenthum ist eine Schrift des Proklus mit dem Titel gerichtet: „Achtzehn Beweisgründe gegen die Christen". (Πρόκλου, διαδόχου Πλατωνικοῦ, ἐπιχειρήματα ὀκτωκαίδεκα κατὰ Χριστιανῶν.) Der Alexandriner Johannes Philoponus, der im sechsten Jahrhundert lebte und ein bedeutender Ausleger des Aristoteles war, verfaßte eine Gegenschrift, in welcher er die achtzehn Beweisgründe des Proklus vollständig aufgenommen hat. Da sämmtliche Beweise gegen die Lehre von der zeitlichen Erschaffung der Welt gerichtet sind, so führt dieses Buch die Aufschrift: „Gegen Proklus über die Ewigkeit der Welt." (Κατὰ Πρόκλου περὶ ἀϊδιότητος τοῦ κοσμοῦ.) Leider ist der Anfang und das Ende der Schrift des Philoponus nicht erhalten, daher fehlt uns das erste Argument des Proklus und, was mehr zu bedauern ist, die bibliographischen Notizen über Entstehung, Zweck und Zeit der Prokleischen Schrift, welche etwa in den verlornen Stellen enthalten gewesen sein mögen. Auch das, was von Proklus selbst erhalten ist, ersetzt diesen Mangel keineswegs, denn er hält sich äußerst objektiv und beschäftigt sich lediglich mit der Sache.

11. Was Tennemann[1]) in Betreff dieser Schrift sagt, bedarf der Berichtigung. „Er schrieb", sagt er, „nicht in dem Sinne und in dem Umfange wie Hierokles, Celsus, Porphyrius und Julianus. Die Zeiten des Kampfes waren vorbei und der Zeitpunkt der Vereinigung nahete sich. Dem Proklus, als Neuplatonischen Philosophen, war nur noch das Dogma von der Weltentstehung anstößig und dieses blieb es auch noch in spätern Zeiten, wie aus des Zacharias Mitylenensis Dialog gegen die Ewigkeit der Welt erhellt." Die Ansicht, daß sich Neuplatonismus und Christenthum damals schon bis auf den einen Punkt der Weltschöpfung vereinbart hätten, ist doch eine zu rosige. Eine Annäherung fand allerdings statt, namentlich in Bezug auf die Lehre vom Wesen und den Personen in Gott, aber es blieb doch die gänzliche Verschiedenheit der Grundanschauungen. Das Richtige an der Sache ist, daß die obwaltende Verschiedenheit bei der Frage nach der Entstehung und dem Alter der Welt am leichtesten zu Tage trat und der Kampf

---

1) Gesch. d. Philos. Bd. 6. S. 334.

ſich gern auf dieſen Punkt concentrirte. So mag es gekommen ſein, daß Proklus gerade die Frage nach der Entſtehung der Welt auf= griff, in achtzehn Sätzen das ewige Daſein derſelben behauptete und dieſe Sätze gegen das Chriſtenthum richtete, welches das gerade Gegentheil davon lehrte. Im Syſtem des Neuplatonismus hingegen verſtand ſich die Ewigkeit der Welt, ſo zu ſagen, von ſelbſt. Darum begnügt ſich z. B. Proklus auch in ſeinen „Anfangsgründen der Theologie" einfach und kurz nur die Grundſätze aufzuſtellen, ohne den daraus ſich ergebenden Schluß, die Ewigkeit der Welt, direkt auszuſprechen.[1])

12. Der erſte Beweisgrund des Proklus iſt uns in ſeinem Wortlaute nicht erhalten.[2]) So viel ſich noch aus dem noch übri= gen Theil der Widerlegung von Johannes Philoponus erſehen läßt, lautete das erſte Argument ungefähr ſo: Der Demiurg oder das Göttliche hat eine unbegrenzte Macht. Wenn dieſe Macht unbegrenzt iſt, ſo iſt ſie auch nicht von der Zeit eingeſchränkt, alſo ewig. Mithin müſſe Gott ewig ſchaffen, denn Gott eigne das Schaffen ſo, wie der Sonne das Leuchten, und wie dieſe ihre Macht, Licht auszuſtrahlen, immerfort übe, ſo müſſe Gott auch immerfort ſchaffen. Folglich ſei auch das von Gott Geſchaffene, die Welt, eben ſo ewig als Gott ſelbſt.

13. Das zweite Argument iſt platoniſirend und lautet: „Wenn das Urbild der Welt ewig iſt und wenn ſeine Weſenheit iſt Urbild zu ſein, ſo hat es auch dieſe Eigenſchaft nicht aus Zufall, ſondern an und für ſich; da es durch ſein Weſen ſelbſt Urbild iſt, ſo müßte es, weil es ewig iſt, doch wohl auch ewig durch ſein Weſen Urbild ſein. Wenn es ihm aber ewig zukommt, Urbild zu ſein, ſo möchte nothwendiger Weiſe auch das Abbild ewig ſein; denn das Abbild richtet ſich nach dem Urbild. Wenn aber das Abbild einmal zu

---

1) Institutio theologica c. 48—52.

2) Die Schrift des Joh. Philop. de aeternitate mundi iſt von dem Bene= tianiſchen Arzte Victor Trincavelli, Venet. 1535 herausgegeben. Die Handſchrift, wonach er ſeine Ausgabe beſorgte, war von Anfang und am Ende verſtümmelt: Die Ausgabe ſelbſt iſt ſehr fehlerhaft und eine andere exiſtirt nicht, wohl aber zwei Lateiniſche Ueberſetzungen von Joh. Mahot und Casp. Marcelli (vgl. Fabr. Bibl. Gr. vol. VIII. p. 522).

einer Zeit nicht war und einmal nicht sein wird, warum dann nicht auch das Urbild? Es würde entweder kein Urbild sein, wenn das Abbild nicht existirte, oder wenigstens nicht das Urbild des Abbildes. Denn von den correlativen Dingen existirt das eine nicht, wenn das andere nicht existirt. Wenn also das Urbild ewig Urbild ist, so existirt auch die Welt ewig, da sie das Abbild des ewigen Ur= bildes ist." Dieses Argument ist ganz Platonisch, obschon es Phi= loponus in der Beurtheilung desselben in Abrede stellt und mit Unrecht behauptet, Plato halte die Ideen nicht für wirkliche Exi= stenzen, was wohl im Ganzen die Ansicht des Aristoteles ist. Wohl mag sich das als Consequenz des Platonischen Systems ergeben, daß die realen Abbilder mit ihren Ideen gleichzeitig d. i. ewig sein müssen, aber an und für sich liegt keine logische Nothwendigkeit vor, dieses Verhältniß zwischen dem Weltgedanken des Schöpfers, wie Philoponus sagt, und der Welt selbst anzunehmen.

14. Den dritten Grund des Proklus lassen wir deshalb im Wortlaute folgen, weil er gut geeignet ist, einen Begriff von seiner Art und Weise der Behandlung zu geben. „Wenn der Schöpfer Schöpfer von etwas ist, so wird er doch wohl entweder der Wirk= samkeit nach immer oder nur der Möglichkeit nach Schöpfer sein, ohne immer zu schaffen. Wenn nun der Schöpfer der Wirklichkeit nach ewig schaffend ist, so wird auch das Geschaffene ewig wirklich geschaffen sein. Denn wenn die Ursache, sagt Aristoteles, wirkend ist, so wird auch ebenso das Verursachte wirklich sein; z. B. das Bauende und das Gebaute, das Heilende und das Geheilte. Und Plato sagt im Philebus, das Machende macht etwas Werdendes; aber was nichts Gewordenes macht, das kann auch nichts Werden= des machen. Wenn nun aber das Geschaffene nicht wirklich existirt, so ist auch das Schaffende nicht in Wirksamkeit; wenn es aber nicht wirksam ist, so ist es nur der Möglichkeit nach schaffend, indem es schon vor dem Schaffen existirt. Alles aber, was nur der Mög= lichkeit nach etwas ist, sagt derselbe, wird durch ein Ding wirklich, welches der Wirklichkeit nach ist, was es ist; das nur der Mög= lichkeit nach Warme wird durch etwas wirklich Warmes warm und ebenso ist es mit dem Kalten, dem Weißen und dem Schwarzen. Wird nun ein Schöpfer, der nur der Möglichkeit nach Schöpfer ist,

etwa früher sein als ein andrer, welcher der Wirksamkeit nach Schöpfer ist und jenen, der es nur der Möglichkeit nach ist, erst zum wirklichen Schöpfer macht? Nein. Und wenn jener in Ewigkeit die Ursache ist, warum jener andre ein Schöpfer wird, so wird auch dieser ewig Schöpfer sein, gemäß dem vorigen Prinzip, daß, wenn die Ursache wirkt, auch das Verursachte wirklich ist. Daher ist das Geschaffene ewig. Wenn aber etwa auch jener zweite nur der Möglichkeit nach Ursache ist, daß der Schöpfer schafft, so würde auch er wieder eines andern bedürfen, der bewirkt, daß er in Wirklichkeit den Schöpfer schaffen macht, gemäß dem zweiten Prinzip, daß alles Mögliche eines Wirklichen bedarf, um wirklich zu werden. Bei diesem gilt wieder dasselbe Räsonnement und wir werden entweder ins Unendliche fortfahren, eine aktuelle Ursache vor der potentiellen zu suchen, oder endlich zugeben müssen, daß es eine von Ewigkeit her wirkende Ursache gebe. Wenn das zugegeben ist, so folgt, daß auch das Verursachte von Ewigkeit wirklich, und daß auch die Welt von Ewigkeit her geschaffen sei. Denn es ist ja durch zwei Prinzipe erwiesen, daß der Schöpfer von Ewigkeit her Schöpfer sei, erstens weil die correlativen Dinge mit einander harmoniren müssen, entweder der Kraft oder der Wirksamkeit nach, und zweitens weil alles der Möglichkeit nach Wirkende nur durch ein Wirkliches zum Gegentheil übergeht und zuerst in der Potenz später im Akt ist."

15. Was Proklus in diesem Argumente sagen will, ist einfach. Eine wirkende Ursache ist entweder in Wirksamkeit oder nicht. Im ersten Falle bringt sie eine Wirkung hervor, im zweiten ist das nicht der Fall und sie bedarf noch einer andern Ursache, um erst in Wirksamkeit gesetzt zu werden. Dieses geht entweder ins Unendliche fort, was aber ungereimt ist, oder es muß eine stets wirkende Ursache vorhanden sein; denn daß sie einmal gewirkt hat, das sieht man aus der vorhandenen Wirkung, nämlich der Existenz der Welt. Folglich ist die Welt ewig. Proklus affektirt immer in seinen Deduktionen bis auf die letzten Prinzipien zurückzugehen, aber oft gelten ihm fertige Formeln seiner Schule oder gar abgerissene Stellen aus Plato und Aristoteles als Axiome, die weiter nicht bewiesen zu werden brauchen. Diese Axiome behandelt er dann mit seiner

logischen Gewandheit, dreht und wendet sie nach allen Seiten, so
daß dem Leser oft ganz schwindlig wird. Er pflegt alle irgend
möglichen Combinationen durchzugehen und mit einer tabellosen
Exaktheit Schritt für Schritt nach allen Regeln der Logik seine
Schlüsse zu ziehen. Leider aber artet diese Exaktheit gar sehr in
Pedanterie aus und wer etwas überklar darstellt, der bewirkt doch
zuletzt nur Unklarheit und verwirrt seine Leser. So geht es unserm
Proklus gar oft und die eben ausgehobene Stelle ist auch ein Be-
leg dazu, aber immer noch ein ziemlich mäßiger und wir wären im
Stande, viel stärkere Proben beizubringen.

16. Was das Argument selbst angeht, so wird es von Philoponus, außer andern Ausstellungen, die er zu machen hat, hauptsächlich durch folgende Bemerkung über den Haufen geworfen. Es
gibt ein doppeltes potentielles und aktuelles Können, was sich am
leichtesten durch ein Beispiel veranschaulichen läßt. Ein Knabe ist
der Potenz nach (δυνάμει) ein Baumeister; denn er hat Anlage
dazu und kann ein solcher werden; er ist es aber nicht wirklich
(ἐνεργείᾳ). Zweitens, ein Baumeister ist potentiell ein Baumeister,
wenn er nicht baut, sondern z. B. schläft oder ißt und trinkt, und
er ist wirklich (ἐνεργείᾳ) ein Baumeister, erst wenn er wirklich bauet.
Nur wenn die Ursache, also hier der Schöpfer, in diesem zweiten
Sinne wirklich ein Schöpfer ist, so entspricht der Wirkung auch eine
Ursache. Der Schöpfer ist nicht mit dem Kinde zu vergleichen,
sondern mit dem Baumeister, der immer ein Baumeister ist, auch
wenn er gerade nicht baut; eben so ist Gott immer wirklich ein
Schöpfer, ohne daß er immer zu schaffen braucht; denn er hat immer die Macht, zu schaffen. Also braucht die Welt, sein Geschöpf,
nicht ewig zu sein.

17. Der vierte Grund lautet: „Alles, was einer unbeweg-
lichen Ursache sein Dasein verdankt, ist seinem Wesen nach unbeweglich. Denn wenn das schaffende Prinzip unbeweglich ist, so
ist es auch unveränderlich, wenn es aber unveränderlich ist, so schafft
es durch sein Sein, ohne vom Nichtschaffen zum Schaffen oder vom
Schaffen zum Nichtschaffen überzugehen. Denn wenn es übergeht,
so ist es der Veränderung unterworfen, nämlich eben dem Uebergang
vom einem zum andern. Wenn es sich aber verändert, so ist es

nicht unbeweglich. Wenn also etwas unbeweglich ist, so wird es
entweder niemals schaffen oder immerfort, damit es nicht bloß durch
ein zeitweiliges Schaffen der Bewegung unterliege, so daß, wenn
etwas Unbewegliches Ursache eines Dinges ist, es sie weder niemals
noch zuweilen sein wird, sondern ewig. Wenn nun die Ursache des
Weltalls eine unbewegliche ist, damit sie einerseits nicht als der
Bewegung unterworfen erst unvollkommen sei und dann vollkommen
werde, denn jede Bewegung ist eine unvollkommene Wirksamkeit,
und damit sie andrerseits nicht als der Bewegung unterworfen der
Zeit bedürfe, Zeit herbeiführend, so ist es also nothwendig, daß das
All ewig sei, als durch eine unbewegliche Ursache geworden. Wenn
daher jemand in der Meinung, eine fromme Lehre rücksichtlich der
Ursache des All vorzutragen, sagen wollte, daß sie allein ewig sei,
das All aber nicht ewig sein läßt, so spricht er auch jener, nämlich
der schöpferischen Ursache, als etwas bewegtem und nicht unbeweg-
lichem, die Ewigkeit ab. Wenn er sie bewegt und nicht unbeweglich nennt, so läßt er sie nicht immer vollkommen sein, da jede Bewegung eine unvollkommene Wirksamkeit ist und des Geringeren
bedarf, ich meine nämlich der Zeit, eben durch die Bewegung. Wer
sie nun so als unvollkommen und nicht ewig vollkommen und des
Geringeren bedürftig darstellt, der ist ganz ausnehmend gottlos.
Wenn also Jemand in der Meinung, gegen die Ursache des All
fromm zu handeln, bloß sie allein ewig sein läßt, der handelt ausnehmend gottlos." Zu beachten ist, daß Proklus, der sonst so objektiv und ruhig ist und sich nur an die Sache hält, hier in einen
leidenschaftlicheren Ton verfällt und mit Emphase versichert, daß die
von ihm bekämpfte Ansicht eine besonders gottlose sei. Dadurch wird
sie zugleich, wenn auch verstohlen, als die christliche ($\dot{\alpha}\sigma\epsilon\beta\eta\varsigma$) bezeichnet. [1])

18. Unter den achtzehn Beweisgründen des Proklus hält
Tennemann[2]) den vierten und fünften für diejenigen, welche noch
einigen Schein haben; beide aber habe er nicht selbst gefunden,

---

1) Die Stelle lautet: *Εἴτις ἄρα εὐσεβεῖν οἰόμενος εἰς τὸν αἴτιον τοῦ
παντός, ἐκεῖνον μόνον λέγοι αἴδιον, ἀσεβεῖ διαφερόντως.*
2) Gesch. d. Philos. Bd. 6. S. 836.

sondern den ersteren von Plotin, den andern von Aristoteles entlehnt. Dieser letztere nimmt den Begriff der Zeit zu seiner Grundlage. Der Himmel, lautet er, und die Zeit gehören in ihrem Sein
zusammen, denn die Zeit ist das Maß für die Bewegung des Himmels, also der Himmel existirt nicht ohne die Zeit und die Zeit
nicht ohne den Himmel. Es gibt aber keine Zeit vor der Zeit und
keine Zeit nach der Zeit. Die Zeit kann nicht einmal existirt haben
und einmal nicht; denn der Begriff des zuweilen oder dann und
wann ist schon zeitlich; also wäre einmal eine Zeit gewesen, ohne
daß eine Zeit gewesen wäre. Folglich ist die Zeit nicht dann und
wann, sondern ewig. Der Himmel und die Zeit gehören aber in
ihrem Sein zusammen, folglich ist der Himmel, also die Welt auch
ewig. Tennemann hat dieses Argument nur loben können, weil er
es mißverstanden, d. h. in demselben die Kantische Idee von der
Zeit gefunden hat.[1]) Uns scheint es ein ziemlich schlechtes Räsonnement, denn es confundirt ganz einfach Zeittheile oder Zeitab-
schnitte mit dem Totalbegriffe der Zeit, wie auch schon Philoponus
ganz richtig bemerkt hat. Wenn nun so auf ganz falschem Fundamente mit der allerpünktlichsten Beobachtung der Regeln der logischen Kunst Schlüsse gezogen werden, so macht das einen jämmer-
lichen Eindruck auf den Leser. Proklus betrachtet seine Sätze wie
stehende Formeln, wie Apparate, woran der Geist seine Turnübun-
gen zu machen habe, ohne Rücksicht auf Zweckmäßigkeit, Brauchbar-
keit und Schönheit; mag der Gedanke noch so trivial und einfach
sein, er ruht nicht eher, als bis er ihn mit allen erdenklichen Ob-
jektionen, Distinktionen und Combinationen bearbeitet hat. Für
Schüler, die erst sollen denken lernen, mag das nicht unzweckmäßig
sein, in der Wissenschaft ist es eine Geschmacklosigkeit, die auch der
scholastischen Methode zuweilen verderblich wird.

19. Der sechste Grund besagt, daß der Demiurg allein
die Welt zerstören könne; denn sie ist unzerstörbar für jeden andern,
als für den, der sie gebaut hat. Der Demiurg kann aber die Welt
nicht zerstören, weil es unmöglich ist, daß er das, was er einmal
gut geschaffen hat, vernichten kann. Dadurch würde er mit sich

---

1) Vgl. die Darstellung, die er davon gibt, a. a. O.

selbst in Widerspruch gerathen. Aber nach Sokrates ist nur dem Gewordenen das Vergehen eigen; da die Welt nun aber nicht vergeht, so ist sie auch nicht geworden, folglich unzerstörbar und ewig. Auch dieser Grund ruht auf keinem guten Fundamente, denn der Satz, es sei böse, etwas Gutes zu vernichten, ist falsch; es kann oft sehr gut nützlich und nothwendig sein, etwas Gutes zu vernichten, nämlich wenn man eine gute Absicht dabei hat, oder etwas Besseres erreichen will.

20. Der siebente Grund ist kurz und schlecht: Die Weltseele ist das die Welt bewegende Element. Ihr kommt es wesentlich zu, die Welt zu bewegen, und sie ist niemals die Welt nicht bewegend. Also bewegt sich die Welt ewig, und ist folglich selbst ewig. Nur wer mit Plato eine Weltseele voraussetzt, wird das gelten lassen; denn die Weltseele müßte dann allerdings ein Objekt ihrer Thätigkeit haben. Die Platonische Weltseele ist übrigens nichts im Wesen von Gott verschiedenes, sie ist Gott selbst, insofern er in der Welt wohnt und wirkt[1]), sie ist also nur modalistisch von Gott verschieden.

21. Der folgende Beweis und der neunte beschäftigen sich mit der Art, wie die Welt möglicher Weise zerstört werden und vergänglich sein könnte. 1) Alles, was zerstört wird, wird es durch einen fremden Angriff und zugleich in etwas anderes verwandelt. Aber außer dem All existirt nichts mehr, sondern es umfaßt alles; ganz aus Ganzem, vollkommen aus Vollkommenem bestehend. Da außer dem All nichts existirt und es mithin in nichts anderes verwandelt werden kann, so ist es unzerstörbar, folglich auch ungeworden. 2) Wenn etwas vor dem All existiren sollte, so müßte es ihm wohl entgegengesetzt sein. Die Gegensätze gehen aber aus einander und in einander über, z. B. die Unordnung in die Ordnung, das Positive in das Negative oder umgekehrt. Der Uebergang vom Positiven zum Negativen, also vom Sein zum Nichtsein ist der leichtere. Aber schon dieser findet beim Weltall nicht statt, wie oben nachgewiesen; also noch viel weniger der Uebergang vom Negativen zum Positiven, vom Nichtsein zum Sein. Also ist die Welt ewig. 3) Alles, was vergeht, vergeht nur durch

---

1) Becker, das philos. System Platon's. S. 53.

feine schlechten Eigenschaften, nicht aber durch seine guten oder in=
differenten. Die Welt und die Götter[1]) haben nur gute Eigen=
schaften; die Welt kann also nicht vergehen, also ist sie auch nicht
entstanden, sondern von Ewigkeit. Alle drei Gründe, denn so viel
sind es eigentlich, ruhen auf dem Gedanken, daß, was unzerstörbar
und unvergänglich sei, auch ewig sein müsse.

22. Das zehnte Argument geht von den Bestandtheilen
der Welt aus. Jedes der Elemente befinde sich an seinem Platze
und zwar entweder in Ruhe oder in einer kreisförmigen Bewegung.
Wenn es sich in Ruhe befindet, so ist das sein naturgemäßer Zu=
stand, und wenn es sich kreisförmig bewegt, so ist diese Bewegung
eine ununterbrochene, ohne Anfang und ohne Ende. So ist jedes
Element an seinem Platze. Wenn nun, bevor die Welt geordnet
wurde, die Elemente schon an ihrem eigenen Platze waren, so war
schon ein geordneter Zustand vor der eigentlichen Erschaffung der
Welt vorhanden und die Ordnung in der Welt ist eine ewige.
Wollte man aber annehmen, sie seien an einem ihnen nicht zu=
kommenden Orte gewesen und durch die Erschaffung erst an ihren
rechten Platz versetzt, so müßte man einen doppelten Ursprung der
Welt annehmen, einen naturgemäßen und einen widernatürlichen.
Der widernatürliche wäre dann der frühere gewesen. Aber von
einem widernatürlichen kann keine Rede sein, so lange nicht schon
auch der natürliche Zustand der Ordnung vorhanden war, also war
auch jener Zustand ein natürlicher. Also waren auch damals die
Elemente nicht an ihrem unrechten Orte, so wenig, als sie es jetzt
sind; mithin ist die Weltordnung ewig und die zwei sogenannten
Zustände, der natürliche und widernatürliche, sind in Wahrheit einer
und derselbe. Wollte man annehmen, sie seien es nicht, so wäre
es ebenso gut denkbar, daß der jetzige Zustand der Welt der wider=
natürliche sei, und Empedokles hätte recht, wenn er die Welt theil=
weise entstehen läßt. Dieses Argument zeichnet sich besonders durch
seine Geschraubtheit und durch die Willkürlichkeit seiner Voraus=
setzungen aus.

---

1) Bei dieser Gelegenheit sagt Philop. direkt, es sei eine Lehre des Plato,
daß die Welt Gott sei. (Λόγος 3' κεφάλαιον δ'.)

23. Der folgende Beweis verliert in jeder andern Sprache als der Griechischen die Verständlichkeit. Er besagt, die Materie sei bestimmt, etwas zu werden, sie könne nicht zufällig oder aus Nichts entstanden sein, sonst sei alles zufällig und alles Sein in Frage gestellt. Die qualitätlose Materie sei also von Ewigkeit für das Werden bestimmt. Natürlich ist sie für nichts anderes bestimmt, als geordnet zu werden, d. i. damit aus ihr die Welt gestaltet werde. Also ist die Welt ewig. Dieser Schluß lag für den Griechen ziemlich nahe; denn Welt (κόσμος) und ordnen (κοσμεῖν) ist im Griechischen dasselbe Wort; so bleibt also, wenn man die Verwechslung zwischen Worten und Begriffen hinwegnimmt, auch keine Beweiskraft mehr.

24. Der zwölfte Grund hat denn doch wenigstens den Vorzug der Einfachheit und Deutlichkeit. Zu allem Gewordenen gehört Materie und eine hervorbringende Person, so daß, wenn etwas Gewordenes nicht ewig, sondern nur zeitlich ist, die Ursache dieses Mangels entweder an der Unzulänglichkeit der Materie oder an der Unfähigkeit des Hervorbringenden oder an beiden liegt. So müßte es auch mit der Welt sein.... Denn der Schöpfer ist immer zum Schaffen befähigt, da er immer derselbe ist und sich nicht verändert. Entweder ist er auch jetzt nicht zum Schaffen befähigt, oder sowohl jetzt als ehedem und in Zukunft. Die Materie war ebenso immerfort geeignet, Objekt des Schaffens zu sein, als sie es jetzt ist, oder sie ist es auch jetzt nicht, da sie immer dieselbe ist. Denn auch sie ist ebenso unveränderlich, wie das schaffende Prinzip. Also schafft der Demiurg immerwährend, die Materie ist ewig geordnet und die Welt ist ewig."

25. Im dreizehnten Beweis ist wieder viel von der Kreisbewegung die Rede. Derselbe besagt, daß Gott der Welt die kreisförmige Bewegung verliehen habe. Das sei die Bewegung der runden Körper, welche auch dem Denken am nächsten komme. Die Kreisbewegung als die vollkommenere, eignet auch dem Himmel, die einzelnen Theile der Elemente dagegen haben eine senkrechte steigende oder fallende Bewegung. Was so einander entgegengesetzt ist, das ist es auch in Bezug auf seine Entstehung und sein Vergehen; darum sagt Plato im Protagoras: „Das möchte wohl vergehen und

entstehen, das Himmlische aber ist ungeworden und unvergänglich."
Also die einzelnen Theile entstehen und vergehen, die Welt und die
Elemente als Ganzes aber nicht. Die vorgehenden Veränderungen
gehören nur dem Prozeß der Weltvervollkommnung an, indem, wie
Plato sagt, die Götter Theile der Welt entleihen und wieder zu-
rückgeben. Wenn also die Theile der Welt schon unvergänglich und
ungeworden sind, so noch viel mehr die Welt selbst, da das Ganze
besser sein muß als die Theile. Der Gang des Beweises, der ganz
Platonisch sein soll, ist mithin: Proklus schließt aus der Kreisbewegung einiger Bestandtheile des Weltalls auf deren Unvergänglichkeit und Anfangslosigkeit und daraus wieder auf die Ewigkeit der
Welt selbst, welche aus diesen und andern Theilen besteht.

26. In dem geordneten Weltall unterscheidet Proklus, an
Plato sich anlehnend, Dreierlei; die an sich form= und gestaltlose
Materie (ὕλη), die in der Welt sichtbaren Spuren der Ideen (τὰ
ἴχνη) und die als Folge davon vorhandene Ordnung (ἡ τάξις).
Er sucht nun nachzuweisen, daß diese drei Dinge nur für das Denken verschieden, in Wirklichkeit aber gleichzeitig vorhanden seien. Er
sagt, jeder Künstler muß sich die Materie für sein Werk entweder
selbst herstellen oder wenigstens so zurichten, daß sie brauchbar für
ihn wird. Der Materie kommt nun durch diese Einwirkung des
höchsten Künstlers, des Schöpfers, die absolute Werdbarkeit zu.[1]
Es ist ihre Wesenheit, und dazu mußte sie Gott bereiten. Und
zwar mußte er sich dazu der Spuren der Ideen bedienen. Die
Materie konnte nun keine ungeordnete sein; denn sonst würde sie
diese absolute Werdbarkeit gar nicht gehabt haben. Denn die Unordnung streitet und sträubt sich gegen diese Spuren, mithin gegen
die Ordnung und gegen die Werdbarkeit. Man kann auch nicht
zwei schaffende Prinzipien annehmen, wovon das eine die ungeordnete, das andre die geordnete Materie geschaffen hätte; das wäre
widersinnig. Das nothwendig anzunehmende e i n e schaffende Prinzip kann nicht erst einen ungeordneten Zustand und dann die Ord-

---

1) Proklus braucht von der Materie die Ausdrücke ὑποδοχή καὶ τιθήνη
(Amme) τῆς γενέσεως, welche von Plato entlehnt sind. Vgl. Becker, das philos.
Syst. Plat. S. 97. Anm. 1.

nung geschaffen haben. Also sind die Materie, die Spuren der
Ideen und die Ordnung der Welt gleichzeitig, also die Welt ewig.
Aus diesem Argumente ist, beiläufig gesagt, auch zu ersehen, daß
Proklus eine Einwirkung der Untergötter auf die Gestaltung der
Welt annimmt. Sie entleihen, sagt er, von dem Schöpfer Theile
der Materie, um daraus die sterblichen Wesen zu bilden. Also
auch er war wie Celsus und Julian der Ansicht, daß alle sterblichen
Wesen nicht Werke des höchsten Gottes, sondern der Untergötter seien.

27. Als weiteres Argument, fährt er fort, möge dieses be-
herzigt werden. Das Urbild der Welt ist eingeboren, ewig und
vollkommen. Eingeboren sind außer dem All nur die himmlischen
Wesen, und die Ewigkeit ist allen Ideen eigen, während diese sonst
unter einander nichts gemein haben. Gott ist gut und kann die
Dinge nur so schaffen, daß sie den Ideen nachgebildet sind; die
Welt ist am meisten ihrem Urbild ähnlich. Die Idee ist unvergänglich und ihr früherer Zustand ist ihrem jetzigen Zustande gleich,
folglich gab es auch für die Welt, welche dem Urbild vollkommen
ähnlich ist, keinen ungeordneten Zustand, sie ist unvergänglich und also
auch anfangslos. Dieses Argument bringt schlechterdings nichts
neues; der Satz: Was unvergänglich ist, das ist auch ungeworden, kehrt
in dem kleinen Werkchen zahllose Mal wieder. Des Proklus Beweisführung ist oft nichts als ein Operiren mit dieser Formel; er führt
seine Denkoperationen daran durch, ohne nach rechts oder nach links
zu schauen, ähnlich wie ein Mathematiker ein in Buchstaben ausge-
drücktes Rechenexempel zu Ende führt, ohne auf den Werth der
durch die Symbole angedeuteten Größen Rücksicht zu nehmen.

28. Im sechzehnten Argumente wird wie in vielen der frühern von einem Satze Plato's ausgegangen. Plato ist für Proklus
eine ähnliche Autorität, wie Pythagoras für seine Schüler, er ist
der Meister, der Lehrer schlechthin, und Proklus citirt ihn meistens,
ohne den Namen zu nennen, mit den Worten: „Er sagt", (ὡς αὐτός
λέγει). Plato nimmt einen doppelten Willen des Demiurgen an,
einen, wodurch er will, daß nichts schlecht und ungeordnet sei, und
einen, wodurch er alles an die einmal festgesetzte Ordnung bindet,
also einen ordnenden und einen erhaltenden Willen. Beide
Willen müssen immerfort da sein; denn, wenn einer bald da wäre,

halb nicht, so gebe es in Gott eine Vergangenheit und eine Zu=
kunft. Also ist der Wille, daß es nichts Chaotisches und Ungeord=
netes geben solle, ein ewiger. Jeder Wille Gottes schafft, indem er
existirt durch sein Sein. Da jeder so seine eigenthümliche Wirk=
samkeit ausübt, so ist auch das Gewirkte immer. Wenn es aber
immer existirt, dann ist auch nicht die Unordnung vor der Ordnung,
also hat das Geordnete keinen Anfang, also ist die Welt ewig.

29. Durch diese Uebersicht glauben wir nun einen vollstän=
digen Einblick in die achtzehn Beweisgründe des Proklus ermög=
licht zu haben. Die unausstehlichen Wiederholungen und die pe=
dantischen Weitschweifigkeiten glaubten wir im Interesse des guten
Geschmacks weglassen zu sollen. Aus ähnlicher Ursache gehen wir
auch auf die beiden noch übrigen Argumente, das siebzehnte und
achtzehnte nicht näher ein. Denn sie bringen wiederum nichts
Neues, sondern das erstere ist eine langweilige Wiederholung des
sechsten Beweises, das andere aber gar aus dreien (vier, neun und
fünfzehn) zusammengestoppelt. Daher fühlt man sich zu der Ansicht
verleitet, Proklus habe mindestens eben so viel Gewicht auf die
Anzahl der Gründe als auf die Güte derselben gelegt. Mit Recht
hat darum auch Georgius Pisides über die bettelhaften Argumente,
welche mit solchem Schwulst und Wortschwall vorgetragen werden,
seine spöttischen Bemerkungen gemacht.[1]) Er hebt auch hervor, wie
unsicher Proklus überall trotz seiner Dialektik und seiner logischen
Schärfe auftrete, während der christliche Glaube selbst ganz unge=
bildeten und unwissenden Menschen die freudigste Gewißheit und
Klarheit verleihe.[2])

---

1) Cosmurgia v. 50. seqq. Edit. Commel. 1596.

'Αλλ', ὦ σοφιστὰ Πρόκλε, τῶν κάτω λόγων
Ὁ πολλὰ βροντῶν ἐκ νεφῶν λοξοδρόμων,
Ὁ πτωχόκομπος τῶν νοημάτων σάλος,
Ὁ πολλὰ τολμῶν εἰς ἀΐδιον κτίσιν
Ἄκουε μικρῶν συλλαβῶν κράτος μέγα.

2) Ibid. v. 64. Εἰ ταῦτα φράζει Πρόκλος, ὀκνεῖ καὶ τρεμεῖ,
Πίστις δὲ θαρρεῖ καὶ λαλεῖν καὶ συγγράφειν.

Siebenzehntes Kapitel.

- - - -

**Die letzten Reste des Heidenthums und ihr Untergang.
Simplicius der Cilicier.**

1. Wenn wir den Widerstand des Hellenismus gegen das
Christenthum im letzten Stadium seines Bestehens betrachten, so
richtet sich alles Interesse ausschließlich auf die Platonische Schule
zu Athen. Während von den übrigen Athenischen Philosophenschulen
die Stoische und Epikuräische, zumeist wohl durch den Einfluß des
Christenthums, schon seit einiger Zeit spurlos untergangen waren,
und die peripatetische sich mit der Platonischen verschmolz, behauptete
diese letztere noch fortwährend das Feld, weil sie, wie keine andere,
mit dem heidnischen Religionswesen eine innige Verbindung einging,
und, indem sie das Bedürfniß des Menschen, sich mit Gott zu vereinigen, zu befriedigen suchte, auch zugleich dem Christenthum einigermaßen die Spitze zu bieten vermochte.[1] Die heidnischen Gelehrten
zu Athen waren nicht nur bis dahin im ungestörten Besitze der
Stiftungsgüter der Platonischen Akademie, sondern hatten auch eine
verhältnißmäßig ruhige und gesicherte Stellung. Denn, obwohl Bi-
schofssitz, war Athen nie ein Mittelpunkt christlichen Lebens, und
so hatten die dortigen Hellenen nichts von den Christen zu leiden
und waren ungleich besser gestellt, als diejenigen zu Alexandria,

---

1) Zumpt in der a. a. Abhandlung b. Berl. Akad. 1842. S. 54. 58. 59. 81.

wo der christliche Eifer ein viel größerer und die wissenschaftliche Thätigkeit unter den Christen eine regere war. Daher kommt es denn wohl auch, daß von den Alexandrinischen Philosophen, die sich zudem von der unphilosophischen Theurgie frei hielten, keiner als ein ausgesprochener Gegner angriffsweise gegen das Christenthum aufgetreten ist, so sehr sie sonst auch eine Stütze des Heidenthums sein mochten.

2. So also bewahrten die Reste des Heidenthums, welches übrigens mehr in den niederen Klassen der Bevölkerung seine Anhänger zählte,[1]) doch noch immer zu Athen einen geistigen Mittel und Einigungspunkt. Bei der ihm inne wohnenden Zähigkeit würde es vielleicht noch lange so fortbestanden haben, wenn nicht Justinian endlich einen Gewaltstreich dagegen geführt und 528 eine förmliche Verfolgung der sogenannten Hellenen angeordnet hätte. Unter den Angeklagten und Verfolgten werden besonders genannt: Der Patricier Phokas, Macedonius, Asklepiodotus, Pegasius mit seinen Kindern und der Quästor Thomas. Aber alle diese Maßregeln hätten für die Dauer wohl ebenso wenig genützt, als die der früheren Kaiser, wenn nicht Justinian sofort auch das Herz des Heidenthums, von welchem alle Lebenskraft ausging, getroffen hätte.

3. Er sendete nämlich im folgenden Jahre ein besonderes Edikt nach Athen des Inhaltes, daß niemand mehr dort die Philosophie oder die Rechte lehren solle. Prokopius gibt uns noch die weitere Nachricht, daß er den Aerzten und Lehrern der freien Künste die Getreidelieferungen (annonae) entzog, welche ihnen frühere Kaiser als eine Art Gehalt zugewiesen hatten, und wir halten es mit Zumpt für sehr wahrscheinlich, daß dieselbe Maßregel auch die Philosophen zu Athen traf und das Stiftungskapital der Platonischen Schule eingezogen wurde. Denn hatte Justinian es wirklich auf den Hellenismus abgesehen, so durfte er diese Schule am wenigsten schonen, sondern mußte ihr den Lebensnerv abschneiden, weil sie äußerlich zwar eine philosophische Unterrichtsanstalt, im Geheimen aber nichts anderes als eine Priesterkolonie des Hellenismus war. Daraufhin wanderten denn die letzten sieben heidnischen Philo-

---

1) Woher der Name **pagana** religio, Bauernreligion.

sophen, welche man auch wohl mit den sieben Weisen zusammengestellt hat, aus Athen aus, nämlich Isidorus von Gaza, Damascius der Syrer, Simplicius der Cilicier, Eulamius der Phrygier, Priscianus der Lydier, Hermias und Diogenes aus Phönicien gebürtig. Sie begaben sich nach Persien, wo sie ein philosophisches Volk und einen philosophischen König zu finden glaubten. Obwohl Kosru der Philosophie zugethan war und die Vertriebenen gastfreundlich aufnahm, so fanden sie sich im Ganzen doch in ihren Erwartungen getäuscht und konnten sich für die Dauer nicht in Persien heimisch machen. Einige von ihnen starben und die übrigen verlangten, zurückzukehren. Da sie sich denn nicht halten ließen, so benutzte Kosru die Gelegenheit, als er mit den Römern 549 Frieden schloß, und bedang es aus, daß die Philosophen zurückkehren und in ihrer Heimat nach ihrem Gefallen leben dürften. Das thaten sie denn auch, obwohl die Stiftungsgüter der Platonischen Schule zu Athen, welche Justinian eingezogen hatte, nicht wieder zurückgegeben wurden. Wenn sie also auch nun wieder zurückkehrten und zum Theil, besonders Simplicius, ihre Thätigkeit in gewohnter Weise fortsetzten, so erhob sich doch das Heidenthum nicht wieder; das Edikt vom Jahre 529 war sein Todesstoß gewesen.[1]

4. Unter den letzten sieben Weisen haben einen besonderen Namen Isidorus von Gaza, dessen Leben von Damascius beschrieben wurde.[2] Damascius selbst, von welchem noch verschiedene Kommentare zu Aristoteles erhalten sind,[3] und endlich Simplicius. Damascius war nach dem Zeugnisse von Photius von großem Haß gegen das Christenthum erfüllt, was sich am Ende nicht anders erwarten läßt; denn das Verfahren Justinians war nicht danach angethan, diese Leute für das Christenthum zu gewinnen. Damascius also, der sehr abergläubisch und den heidnischen Fabeln sehr ergeben war, benutzte gern die Gelegenheit, der christlichen Religion heimlich einen Hieb beizubringen.[4]

1) Lassaulx, Untergang des Hellenismus. S. 149. Zeller, die Philosophie der Griechen. III. S. 958 bes. Zumpt a. a. O. S. 59 ff. — 2) Photius Bibl. cod. 181. — 3) Ed. Imm. Bekker. Berol.

4) Τῆς ἱερᾶς ἡμῶν, εἰ καὶ δειλιώσῃ καὶ λαθραιοτέρᾳ κακοφροσύνῃ, ὅμως οὐκ ὀλιγάκις, καθυλακτῶν εὐσεβείας. Phot. Bibl. cod. 181.

5. Damascius starb in Persien, Simplicius aber, ein Schüler des Ammonius und Damascius, kehrte im Jahre 549 nach
Griechenland zurück. Er war ein fruchtbarer Schriftsteller, von welchem wir noch sehr umfangreiche, etwas weitschweifige, aber doch
werthvolle Kommentare zu den Hauptschriften des Aristoteles besitzen,
nämlich zu seiner Physik, zu den Kategorieen, zu den Schriften über
die Seele und den Himmel und endlich noch zu dem Enchiridion
des Epiktetus; außerdem sind mehrere seiner Schriften, unter anderen ein Kommentar zu der Metaphysik des Aristoteles verloren gegangen.[1])

6. Daß Simplicius ein bitterer Feind des Christenthums war,
läßt sich nach dem Gesagten erwarten. Aber auch seine Schriften
geben Zeugniß davon, sowohl in manchen bitteren und gehässigen
Bemerkungen, die sie enthalten, als auch in wissenschaftlicher Polemik. In letzterer Beziehung schließt er sich an Proklus an und setzt
den von ihm angeregten Streit über die Ewigkeit der Welt und
die damit zusammenhängenden philosophischen Ansichten fort. Er
scheint der Sache keine geringe Wichtigkeit beigelegt zu haben; denn
er läßt sich die Bekämpfung der von Johannes Philoponus gegebenen Kritik der achtzehn Beweisgründe des Proklus sehr angelegen
sein, und sucht dieselbe in den Kommentaren zu der Physik und besonders zu der Schrift De coelo mit allen Kräften zu widerlegen.
Er thut das, wie gesagt, mit großer Erregtheit und sehr wenig
Schonung gegen die Person seines Gegners, den er immer nur „den
Grammatiker" nennt, und gegen den er mit dem Vorwurfe der
Dummheit und Beschränktheit sehr freigebig ist. Dumm war nun
Philoponus nicht im geringsten, vielmehr steht er seinem Gegner an
haarspaltender Spitzfindigkeit und dialektischer Schärfe keineswegs
nach, während er ihn an Klarheit des Gedankens übertrifft.

7. Wir fassen unter den Angriffen dieses letzten Polemikers
aus dem antiken Heidenthum zunächst das ins Auge, was er in
dem Kommentare zu der Physik des Aristoteles vorbringt.[2]) Zwar

---

1) Fabricii bibl. Gr. tom VIII, cap. 39. — 2) Σιμπλικίου ὑπομνήματα
εἰς τὰ ὀκτὼ Ἀριστοτέλους φυσικῆς ἀκροάσεως βιβλία. Venetiis in aedi-
bus Aldi. 1526.

hat er diese später geschrieben, als die Schrift De coelo;[1]) aber, was er hier sagt, bezieht sich auf das Argument des Proklus von der ewigen Bewegung, welches eines der ersten ist, und deshalb nehmen wir es hier voran. In der Einleitung zu seinem Kommentar über das achte Buch der Physik, sagt er: „Einer unserer jetzigen Telchiner, (neidische, hämische Menschen), der es für nichts Großes hält, bloß die Menschen zu schmähen, und der darum gegen den Himmel selbst und die ganze Welt seinen Geifer ausgespieen hat und die Ewigkeit der Welt für eine schreckliche Lehre hält, hat einige mißverstandene Brocken der Philosophie ohne Glück und Geschick mitgenommen und gegen das, was in der Schrift vom Himmel über die Ewigkeit desselben vorgetragen wird, fünf dickleibige Bücher geschrieben, deren Grundlosigkeit und dummdreistes Wesen ich zu charakterisiren versucht habe, indem ich früher die Theorie vom Himmel erläuterte. Sein sechstes Buch aber gürtet sich gegen die dort als ewig hingestellte absolute Bewegung;" und über diesen Gegenstand will sich Simplicius nun hier verbreiten, das andere aber unberücksichtigt lassen.[2])

8. Nachdem er so seiner Entrüstung über diesen gottlosen blasphemischen Angriff auf die Ewigkeit der Welt kräftig Luft gemacht hat, geht er zur Sache selbst über, und knüpft an das Problem des Aristoteles an: „Ob die Bewegung einmal nicht existirte und einmal aufhören werde, so daß absolute Ruhe eintreten wird, oder ob sie weder geworden ist, noch aufhören wird, sondern immer war und immer sein wird." Es handle sich hier, erklärt Simplicius, nicht um eine Bewegung eines bestimmten Gegenstandes; denn diese sei niemals ewig, sondern um die Bewegung schlechthin, um die absolute Bewegung. Jedes Ding werde von einem anderen bewegt, dieses wieder von einem anderen u. s. f., also müsse es ein erstes Bewegendes geben. Die bewegenden Dinge aber erleiden eine Veränderung, indem sie aus dem Zustande des Nichtbewegens in den des Bewegens übergehen. Dazu muß wieder eine hinreichend bewegende Ursache vorhanden sein, davon wieder u. s. f.; also muß es auch in Rücksicht auf die bewegenden Dinge ein erstes Bewegendes

---

1) Ibid. fol. 257. a (eigentlich 259 a). — 2) Ibid. l. c.

geben. Wolle man davon wieder eine bewegende Ursache suchen, so müsse diese früher sein, als das erste Bewegende. Dieß sei der Gedankengang des Aristoteles. „Da aber jener Grammatiker vielen Unrath zusammengehäuft habe, nicht gegen ihn, sondern gegen die unverständigen Menschen, so will sein Erklärer die Seelen, die diesen Unrath aufgenommen haben, nach Kräften reinigen. Jener habe zwar die Stelle des Aristoteles hingesetzt, die ganze Auslegung des Alexander und die Paraphrase des Themistius hinzugefügt, aber nur um sein Buch dicker zu machen und die Ungelehrten in Staunen zu setzen." [1]

9. Johannes hatte eingewendet, Aristoteles definire die Bewegung als die Realisirung und Vervollkommnung des Bewegten, insofern es bewegt ist. [2] Demnach existire das Bewegte immer vor der Bewegung. Wenn diese Definition richtig sei, so müsse sie stets, also auch in Betreff der ewigen Bewegung gelten, und folglich vor der ewigen Bewegung auch schon etwas existiren. Nun aber sei nichts ewig, vor welchem schon etwas existire, also gebe es keine ewige Bewegung. Sodann führt Simplicius die uns bekannte Unterscheidung von dem doppelten potentiellen Können vor, (s. oben S. 402), welche Aristoteles, wie ihm Johannes vorgeworfen hatte, übersehen haben sollte und erwidert, die Definition des Aristoteles sei dennoch ganz richtig, weil die Bewegung eine unvollkommene Energie ist und nur so lange dauert als die Kraft. Das Bewegte existire allerdings vor der Bewegung, das gelte nur von der endlichen Bewegung, bei den Dingen, die in ewiger Bewegung begriffen seien, dauere nämlich die Bewegung ununterbrochen und immer, bei ihr falle das Werden und Sein zusammen, und es sei ein innerer Widerspruch bei der ewigen Bewegung, ein früheres Vorhandensein des Bewegten anzunehmen. [3] Simplicius schließt also mit einem Worte von dem Begriff der ewigen absoluten Bewegung, wie er sie sich denkt, auf deren Existenz.

10. Die Ewigkeit der ersten Bewegung, glaubt er weiterhin aus der Ewigkeit der Zeit darthun zu können; denn die Zeit sei

---

1) Ibid. fol. 259. b. — 2) Ἡ κίνησις ἐντελέχεια τοῦ κινητοῦ, ᾗ κινητόν. — 3) Ibid. fol. 260. seqq.

ja nur das Maß der Bewegung. Die Zeit aber läßt sich nicht denken, ohne den gegenwärtigen Augenblick, ja, dieser ist der Mittelpunkt und die Hauptsache an der Zeit. Die Gegenwart lehnt sich aber an die vergangene und an die zukünftige Zeit, sie kann nicht sein ohne diese beiden, und Vergangenheit und Zukunft fallen in dem gegenwärtigen Augenblicke zusammen. Daraus folgt, daß, wenn jetzt eine Zeit ist, immer Zeit war und immer Zeit sein wird, also ist die Zeit ewig, folglich auch die Bewegung.[1] Im Verlauf der Erörterung, die eben nichts Neues bringt, sondern die Aristotelischen Sätze nur breit tritt, ist noch folgende Aeußerung des Simplicius zu bemerken: „Da der Grammatiker vorgibt, viele alte, bewährte Schriftsteller stimmten mit ihm darin überein, (daß die Zeit nicht ewig, sondern geworden sei), so hat er vielleicht aus Neid sie uns vorenthalten. Aristoteles kannte sie auch nicht. Wenn er es gerade heraussagen will, so stimmen außer einem alle darin überein, daß die Zeit nicht geworden sei, oder wenn er keinen zu nennen hat, so verräth er durch ein solches Schweigen seine Unwissenheit. Wenn er aber den Ausspruch des Gesetzgebers der Juden anführt: Im Anfang schuf Gott Himmel und Erde, die Erde aber war unsichtbar und ungeordnet und Finsterniß war über dem Abgrunde und der Geist Gottes schwebte über dem Wasser; dann, nachdem Gott das Licht gemacht und zwischen Licht und Finsterniß getrennt hatte, nannte Gott das Licht Tag und die Finsterniß Nacht und es ward Abend und Morgen ein Tag, — wenn er das für die Entstehung der Zeit ansieht, so soll er wissen, daß das eine mythische Ueberlieferung und aus den Aegyptischen Mythen entlehnt ist; denn wie konnte es geschehen, daß die Sonne, die Ursache des Tages, wie Moyses selbst sagt, erst am vierten Tage geschaffen wurde."[2]

11. Simplicius vertheidigt die Lehre des Aristoteles von der ewigen Bewegung weiter und sagt, das, was die ewige Bewegung hervorbringt, ist also das erste bewegende Prinzip. Dasselbe sei nicht an Raum und Zeit gebunden; daß es keine Ausdehnung habe und untheilbar sei, folge daraus, daß nichts Begrenztes, Körperliches eine unendliche Kraft habe. Das sei undenkbar, denn, was mehr Kraft

---

1) Ibid. fol. 265. b. — 2) Ibid. fol. 268. a.

hat, vermöge schneller und leichter eine Bewegung hervorzubringen, als das, was weniger Kraft hat. Also kann das Endliche niemals eine Bewegung in derselben Zeit hervorbringen als das Unendliche. Denn, nehme ich an, das Unendliche brauche, um eine Bewegung hervorzubringen, die Zeit a, irgend eine endliche Kraft aber eben dazu die Zeit a.b, so wird, wenn ich mir die endliche Kraft ver=stärkt denke, die erforderliche Zeit immer kürzer werden, und endlich der Zeit a, die das Unendliche braucht, gleich sein. Dann würde ein Endliches in derselben Zeit jene Bewegung hervorbringen, als das Unendliche. Das ist aber ein Widerspruch, zu welchem die An=nahme einer Zeit bei dem Unendlichen geführt hat; folglich braucht das Unendliche gar keine Zeit und ist auch nichts Körperliches, hat also keine Theile und keine Ausdehnung. [1]) „Jener Grammatiker aber glaubt etwas Großes zu thun, wenn er recht viele Unwissende zur Verachtung des Himmels und der Welt verleitet, da er die Verweslichkeit beider lehrt und weiterhin auch sogar zur Verachtung des Schöpfers selbst. Denn, wenn dieser als Schöpfer einer gewor=denen und vergänglichen Welt dargestellt wird, so war er die ganze Zeit vor dem Schaffen hindurch nicht Schöpfer und nicht Gott, Vater und Herr aller Wesen, da ja noch kein Wesen existirte. Mit solchen himmelstürmenden Gedanken wagt dieser Mann, den Lehren des Aristoteles über den Himmel und die Ewigkeit des Himmels und der Welt entgegenzutreten, ohne zu verstehen, was jener im er=sten Buche de coelo sagt." Also aus der Vergänglichkeit des Ge=schöpfes folgt die Vergänglichkeit des Schöpfers und das Geschöpf muß dem Schöpfer wesensähnlich sein, das ist das immer wiederkehrende Philosophem. Wenn Philoponus die Körperlichkeit des Himmels be=tont und daraus gefolgert hatte, daß er eben als Körper keine un=endliche Kraft haben könne, so sagt Simplicius, das ist gar nicht der Sinn des Aristoteles. Dieser hält es nicht für ein und dasselbe, eine unendliche Bewegung hervorbringen können und eine unendliche Bewegung erleiden können; nur das letztere kommt dem Himmel zu und er nimmt also auch gar nicht an, daß ein Körper die unend=liche Kraft besitze und die unendliche Bewegung hervorbringen könne.

---

1) Ibid. fol. 311. a. b. cfr. 320. a.

Das was diese letztere aufzunehmen im Stande sei, müsse nur dem ersten bewegenden Prinzip gleichzeitig sein.[1]

12. Warum geräth nun Simplicius stets in einen so heiligen Eifer, daß er sich kaum zu fassen vermag, wenn er auf die Leug= nung der Ewigkeit der Welt und besonders des Himmels zu spre= chen kommt? Das hat seinen Grund in einer Eigenthümlichkeit des Aristotelischen Systems. Wenn auch das Wesen, welches die Ursache aller Bewegung ist, das erste Bewegende, nicht mit zur Welt gehört, und sich der weiteren Forschung entzieht, so steht es doch in einer ewigen Beziehung und in einem nothwendigen Verhältnisse zu der= selben. Insbesondere hält Aristoteles den Himmel für den vornehm= sten und vorzüglichsten Theil der sichtbaren Schöpfung, da derselbe die vollkommenste aller Bewegungen, die beständige Kreisbewegung hat und zwar ohne Einwirkung eines anderen Körpers, weil die un= tere Welt mit der Himmelskugel in Verbindung steht und von dieser gleichsam regiert wird; daher ist nach Aristoteles der Himmel das= jenige Organ des All, auf welches das erste bewegende Prinzip unmittelbar einwirkt, so daß er den Himmel den **göttlichen Kör= per** nennen kann.[2] So gelang es der heidnischen Philosophie auch in ihren letzten Vertretern nicht, die Schöpfung von dem Schöpfer loszulösen und die Transscendenz desselben, welche das Christenthum lehrt, zu erfassen. Das blieb die eigentliche Grundverschiedenheit der Systeme, insofern sie dem philosophischen Gebiet angehören; das wurde in dieser letzten Periode zum Kern= und Mittelpunkt des gan= zen Streites erhoben und von Simplicius mit einem förmlichen Fanatismus vertheidigt.

13. In den Kommentaren zu der Schrift de coelo wehrt er die Angriffe des Philoponus wo möglich mit noch größerer Lei= denschaftlichkeit ab, als in den eben angeführten Stellen. Kein Ausdruck scheint ihm zu stark zu sein, da er seine Gegner selbst mit den Titeln „krächzender Rabe" und „grunzendes Schwein" beehrt, und seine Hitze scheint in dem Maße zuzunehmen, je mehr er sich in Spitzfindigkeiten und bloßes Wortgezänk verliert. Die erste Partie,

---

1) Ibid. fol. 312. seqq. — 2) Aristot. de coelo II. c. 3. Tennemann, Gesch. d. Phil. III. S. 166—175.

welche gegen Philoponus — immer ohne ihn zu nennen — gerichtet
ist, handelt wieder von der ewigen Bewegung.[1]) Derselbe hatte mit
Xenarchus eingewendet, daß, wenn nach Aristoteles verschiedene
Wesenheiten auch verschiedene Bewegungen machen, daraus folge,
daß Dinge, welche die gleiche Bewegung haben, auch gleicher Natur
sein müßten. Aristoteles unterschied nämlich eine kreisförmige Bewegung, welche die vollkommenste sei und daher nur dem Himmel
und den Himmelskörpern zukomme, eine gerade, wie die des fallen-
den Steines und eine aus beiden gemischte, welche z. B. dem Feuer
eigen sei. Philoponus sagte nun, Wasser und Erde haben dieselbe Bewegung, indem sie der Schwerkraft folgen und dem Centrum zustreben, mithin müssen sie, wenn jener Satz des Aristoteles
richtig wäre, von derselben Natur und Wesenheit sein. Simplicius
erwidert, sein Meister sage nur, daß von verschiedenen Naturen verschiedene Bewegungen gemacht würden, und dann habe das Wasser
gar nicht die senkrechte Bewegung, sondern die gemischte, indem es
sich zugleich auch seitlich auszubreiten suche.

14. Wenn verschiedene Dinge eine gleiche Bewegung annehmen können, hatte der Grammatiker weiter gesagt, so folge umgekehrt, daß auch Dinge, welche nicht gleiche Bewegung haben, dennoch gleiches Wesens sein könnten, also der Himmel mit den irdischen
Dingen gleichen Wesens und nicht ewig sei. Simplicius entgegnet,
er habe den negativen Untersatz falsch formulirt; er müsse logisch
so heißen: Dinge, welche die gleiche Bewegung nicht annehmen,
könnten gleichen Wesens sein. Er sucht also seinem Gegner nur auf
formellem Wege beizukommen, indem er die dialektische Richtigkeit
seiner Antistrophe angreift, auf welche übrigens hier nicht einmal
etwas ankommt, da die Sache so oder so dieselbe bleibt. Ueberhaupt
fehlt ihm die Fähigkeit, auf die Anschauungsweise seines Gegners
einzugehen und seine Gedanken zu durchdringen; er hält sich nur
immer an die Autorität des Aristoteles, ist nicht froher, als wenn
er seinem Opponenten ein kleines Mißverständniß desselben, oder

---

1) Σιμπλικίου ὑπομνήματα εἰς δ' βιβλία Ἀριστοτέλους περὶ οὐ-
ρανοῦ. Venet. 1526. Aldus. (Die einzige Ausgabe) fol. 6. b. — 9. b. Vgl.
Fabric. Bibl. Gr. vol. 8. p. 653. ff.

eine, wenn auch gar nichts verschlagende Ungenauigkeit aufstechen kann, und so steht denn zuletzt bei ihm immer nur Behauptung gegen Behauptung. Auch bewegt er sich im Folgenden nur auf dem Boden der Auffassungen der Natur, wie sie damals gäng und gäbe waren, sowie in den Aristotelischen Lehren von den physischen Eigenschaften der Elemente der Natur und sucht das Ptolemäische Weltsystem für sich auszubeuten.[1]) Auch seine dann folgende Erörterung über die dem Lichte eigenthümliche Bewegung beruht auf den damaligen Begriffen von Physik, weshalb wir hier darüber hinweggehen.[2])

15. Ueber die eigentliche Beschaffenheit des Himmels und des Stoffes, woraus derselbe besteht, weiß Simplicius natürlich nichts Befriedigendes zu sagen. Eine eigentlich materielle Wesenheit wird ihm abgesprochen, er sei das erste und das alle andere Wesen an Schönheit und Vollkommenheit übertreffende Werk des Schöpfers, als solches habe er keine Schwere und keine Leichtigkeit, keine Trockenheit und keine Nässe, keine Kälte und keine Wärme, d. h., überhaupt keine materiellen Eigenschaften. Diese Vorzüge sollen denn auch die Sterne und alle Himmelskörper theilen, welche oberhalb des Mondes sich befinden, dieser bildet nämlich die Grenze zwischen der himmlischen und irdischen Sphäre.[3]) So wird also der Himmel, obwohl ihm eine räumliche Lage zugeschrieben wird, mit einem sehr unphilosophischen Widerspruch hier dennoch zu einem unkörperlichen Wesen gemacht. Je mehr Philoponus den Himmel und die Himmelskörper den irdischen Körpern gleichgesetzt und, so zu sagen, in den Staub gezogen hatte, desto mehr bemühte sich Simplicius, ihn zu erheben, und wenn jener mit einem derben Ausdrucke behauptete, das Licht des Himmels sei nicht besser, als das Licht, welches am Hintertheile des Johanniswürmchens leuchte, so bemerkt dieser ärgerlich, da widerspreche er doch als aus eitler Streitsucht sogar dem David, den er immer zu ehren vorgebe. Denn dieser sage ja: Die Himmel erzählen die Herrlichkeit Gottes und die Feste verkünde seiner Hände Werk.[4])

---

1) Ibid. fol. 8.—9. b. — 2) Ibid. fol. 10. seq. — 3) Ibid. fol. 15. b.—21., bes. 17. a. u. 21. a. — 4) Ibid. fol. 21.

16. Eine längere Erörterung richtet Simplicius gegen den Grammatiker, wo er die von Aristoteles für die Ewigkeit des Himmels geltend gemachten Gründe bespricht. Aristoteles hob nämlich erstens hervor, daß allen Menschen das Bewußtsein vom Dasein Gottes inne wohne, und daß alle Gott den obersten Theil des Weltall d. i. den Himmel als Wohnsitz anweisen und betend ihre Hände zum Himmel erheben. Zweitens könne man, so weit das menschliche Wissen hinaufreiche, nicht nachweisen, daß eine Veränderung am Himmel vorgegangen sei, woraus folge, daß er sich nicht verändere, also ewig unvergänglich und leidenslos sei. Drittens hätten auch die Erfinder der Sprache, die Namengeber, diese Vorstellung gehabt; denn sie hätten dem Himmel den Namen Aether gegeben, was von ἀεὶ θεῖν abzuleiten sei und das sich ewig Bewegende bedeute.[1]) Bei dieser Gelegenheit greift Simplicius eine Stelle des Philoponus an, obwohl dieselbe sich, streng genommen, nicht ganz auf den vorliegenden Gegenstand bezieht. Der Stagirite, führte Philoponus aus, unterscheide, was den Begriff des Ungewordenen (ἀγέννητον) angeht, drei Arten von nicht gewordenen Dingen: 1) solche, die plötzlich erscheinen und sogleich verschwinden, z. B. der Blitz; 2) solche, die des Werdens noch harren; und 3) solche, die überhaupt gar nicht ins Dasein treten können. Wenn nun weiter behauptet werde, der Himmel sei ebenfalls nicht geworden, so müsse man fragen, zu welchen von jenen drei in der Definition angegebenen Klassen des Ungewordenen der Himmel gehöre. Es sei aber offenbar, daß er zu keiner der drei Klassen ungeworderner Dinge gehören könne, und also nach der Erklärung des Aristoteles selbst bloß geworden sei.[2]) Hier hat es sich der Grammatiker indessen doch zu leicht gemacht und sich nur an das Wort angeklammert, denn offenbar soll jene Definition nur die im gewöhnlichen Sinne nicht existirenden Dinge umfassen, während in Betreff des Himmels nicht das Sein, sondern der Uebergang vom Nichtsein zum Sein, also das Werden im metaphysischen Sinne geleugnet werden soll.

17. Mit viel weniger Glück sucht Simplicius dann die Lehre zu vertheidigen, jedes Werden geschehe durch einen Uebergang von

---

1) Ibid. fol. 26. b. 27. — 2) Ibid. fol. 27. b.

einem Gegentheil ins andere,[1] z. B. das Warme entſteht aus dem
Kalten und umgekehrt. Dieſer Punkt war ihm deshalb von Wich=
tigkeit, weil ein ſolcher entgegengeſetzter Zuſtand in Bezug auf
die Welt, welche der Kosmos, die Ordnung iſt, nach ſeiner Mei=
nung nicht gedacht werden konnte; denn dieſer wäre dann ein Zuſtand
der Unordnung, das Chaos, und die Unordnung könne nicht das
erſte Exiſtirende ſein. Damit glaubten die Ariſtoteliker bewieſen zu
haben, daß die Welt ungeworden, ewig ſei. Aber jene Definition
vom Werden iſt offenbar zu eng; denn nicht alles Werdende geht
aus ſeinem Gegentheile hervor. Z. B., die Statue wird aus Holz
gemacht, aber das Holz kann doch nicht ein Gegentheil der Statue
genannt werden. Wenn Simplicius nun mit unſäglicher Breite uns
belehrt, daß das Gegentheil nicht als ſolches im ſtrengſten Sinne
zu faſſen, ſondern in vielen Fällen der Mangel der beſtimmten Ge=
ſtalt ſchon das Gegentheil ſei, z. B. eben bei der Statue,[2] ſo iſt
damit nichts gedient, denn eben durch dieſe Einräumung wird die
ganze Definition als eine werthloſe und ungenügende zugegeben.[3]

18. Wie, wenn nun die Gegner nicht davor zurückſchrecken,
zu behaupten, der Himmel und die Welt ſelbſt ſei aus einem Zu=
ſtand der Unordnung und der Geſtaltloſigkeit, alſo aus dem Gegen=
theile hervorgegangen? Dann weiß Simplicius keinen Rath mehr.
Wenn ſie ſich dann darauf berufen, daß der Stagirite bei allen
phyſiſchen Körpern eine Materie, aus welcher ſie geworden ſind,
vorausſetze, ſo ſagt Simplicius: Ganz recht, das gilt aber nur von
denjenigen Körpern, welche geworden ſind, nicht vom Himmel und
der Welt;[4] und wenn ſie ſagen, der Himmel ſei ja ein ſichtbares
Weſen und müſſe alſo ſelbſt Ariſtoteles zufolge aus Materie beſtehen,
ſo ſagt er wieder: Ganz Recht, Ariſtoteles ſetzt zwar eine ſichtbare
Materie beim Himmel voraus, aber nicht die gemeine und gewöhn=
liche der irdiſchen Körper, ſonſt würde er ja ſeine ſonſtigen Mei=
nungen ſelbſt über den Haufen werfen.[5] Mithin dreht ſich unſer

---

1) Ὅτι τὸ γινόμενον ἐκ τῶν ἐναντίων γίνεται. Ibid. fol. 23.
2) Alſo στέρησις und εἶδος ſei dann das ἐναντίον.
3) Ibid. fol. 28. — 4) Ibid. fol. 30. — 5) Ibid. fol. 30. b.

Aristoteliker das eine Mal im Kreise und das andere Mal behauptet er etwas, wovon er keine Rechenschaft geben kann.

19. Wenn Philoponus sagt, es sei keineswegs die Allgemein=
heit jener Idee, daß Gott im Himmel wohne, nachzuweisen, so ent=
gegnet Simplicius, daß dies an und für sich noch nichts gegen die
Richtigkeit der Aristotelischen Ansicht vom Himmel verschlage. Aber
dennoch bestehe eine solche allgemeine Ansicht aller Menschen, und nicht
zufrieden, die ihm entgegenstehenden Aussprüche anderer Philosophen
zu seinem Vortheil umgedeutet zu haben, behauptet er, sie werde auch
von dem Propheten David, den sein Gegner immer im Munde führe,
bestätigt. Denn dieser sage: In der Sonne hat er sein Zelt gesetzt,
(Pf. 18, 6.) und wenn er schon von der Erde sage: Er hat die
Erde auf ihre Fundamente gegründet, sie wird in die Ewigkeit der
Ewigkeiten nicht erschüttert werden, (Pf. 103, 5.) so müsse es gewiß
seine Ansicht auch sein, daß der Himmel ewig und unvergänglich sei.[1]

20. Das andere Argument, das Aristoteles geltend macht, um
die Ewigkeit des Himmels zu beweisen, ist die Wahrnehmung, daß
demselben die kreisförmige Bewegung zukomme.[2] Es gebe ver=
schiedene Bewegungen und ihre Verschiedenheit sei durch die örtliche
Lage der Punkte bestimmt, wohin sie gerichtet sind, nämlich aufwärts
oder abwärts, vorwärts oder zurück, rechts oder links. Alle diese
Bewegungen hätten etwas Unvollkommenes, indem sie einander aus=
schlössen oder gar eine der anderen entgegengesetzt sei. Die Kreis=
bewegung dagegen schließe alle diese Bewegungen in sich, und es
gebe keine, die ihr entgegengesetzt sei. Sie sei mithin die vollkom=
mene, die absolute und ewige. Und da der Himmel eben diese Be=
wegung und keine andere habe, so sei damit auch die Ewigkeit des
Himmels gegeben. Die Controverse über diesen Punkt und die Ver=
theidigung dieser Anschauung durch Simplicius[3] ist schon hinläng=
lich gekennzeichnet und bringt nichts Neues.

21. Darauf beschränkt sich die Entgegnung, welche Simplicius
dem von ihm so verächtlich behandelten Grammatiker zu Theil wer=
den ließ. Daß er seiner Aufgabe damit auch nur annäherungsweise

---

1) Ibid. fol. 31. b. 32. — 2) Ibid. fol. 28. a. u. 34. seqq.
3) Ibid. fol. 35. b. — 45. b.

genügt habe, wird niemand sagen; denn er greift am liebsten for=
melle Dinge und etwaige Mißverständnisse der Aristotelischen An=
sichten auf; wenn er je auf die eigentlichen Gedanken eingeht, so
ist es kaum mehr als in wahren Nebensachen. Viel besser hätte er
gethan, wenn er auf die Prinzipien eingegangen wäre, die ihm
vorgehalten wurden und die ihm offenbar, wie seine Antipathie und
sein gereizter Ton beweist, neu und befremdend waren, wenn er
z. B. nur über die Behauptung des Philoponus, daß der Wille der
ersten Ursache die schöpferische Kraft sei, daß das Schaffen in der
schaffenden ersten Ursache keine Veränderung bedinge, u. dergl. seine
Meinung abgegeben hätte. Da er sich auf alle diese Anschauungen
nicht einläßt, so mag er als Erklärer des Aristoteles immerhin
einiges Verdienst haben, die Erkenntniß der Wahrheit in dieser Streit=
frage hat er, da er die Hauptsachen stets umgeht, um keinen Schritt
gefördert.

22. So scheint sich denn die Polemik des Heidenthums gegen
die christlichen Lehren zuletzt im Sande zu verlaufen. Aber wenn
es auch wahr ist, daß diese Controverse im Einzelnen, vom heutigen
Standpunkte aus betrachtet, auf eine ziemlich unfruchtbare Weise
durchgefochten wurde, so bleibt es im Ganzen doch sehr bedeutungs=
voll, daß gerade diese Frage, die Frage nach der Ewigkeit oder
Geschaffenheit der Welt, noch im letzten Stadium des Heidenthums
Gegenstand des gelehrten Streites wurde. Wenn noch der letzte
wissenschaftliche Vertreter des antiken Heidenthums sie ziemlich leb=
haft biscutirte, so kam das nur daher, weil sie als eine Prinzipien=
frage im strengsten Sinne sich aufdrängte, und es ist uns das ein
neuer Beweis, wie sehr der Pantheismus und Naturalismus das
Grundelement der antiken Philosophie und Religion bildeten.

Achtzehntes Kapitel.

Einige allgemeine Ergebnisse aus dem Vorigen. Richard von der Alm und seine Auffassung der heidnischen und Jüdischen Zeugnisse. Blick auf die antichristlichen Schriften der Gegenwart. Schluß.

1. Wenn wir die im Bisherigen vorgeführten Erscheinungen noch einmal überblicken, so werden wir gestehen müssen, daß in jener letzten Periode des Römerreichs das Christenthum die mächtigste geistige Triebkraft war. Um es bestimmter zu sagen, war es eigentlich das einzige lebensfähige und Leben gebende Element in jener Zeit und bewährte sich in der That als ein Sauerteig, der die ganze Masse durchdrang. Denn, denken wir uns das Christenthum aus jener Zeit hinweg, wo wäre dann noch geistiges Leben zu finden? Das Christenthum aber zog die Geister entweder an sich oder rief deren Widerspruch hervor und war die einzige Ursache und Veranlassung geistigen Ringens und Kämpfens in jener öden und erschlafften Welt. Seinem Einflusse konnte sich nachgerade nichts mehr entziehen und zum Theil eben diejenigen Richtungen, welche am meisten dagegen ankämpften, zeigen uns seine alles durchbringende Macht. Wir erinnern nur an Philostratus, an den Neuplatonismus und besonders an Porphyrius und Julian. Schon die bloße Anzahl der gegen die christliche Religion gerichteten Bestrebungen könnte uns, wenn wir auch von den langjährigen Verfolgungen absehen, von der Wichtigkeit überzeugen, welche man im Alterthum ihr beilegte, sobald man ihr nur einmal auf die Spur

gekommen war. So zeigt sich die weltbewegende Macht des Chri=
stenthums an seinen entschiedensten Gegnern; am siegreichsten aber
erglänzt sie da, wo man ihr auf sittlichem Gebiete beizukommen
und zu begegnen suchte. Schon die aufgestellten sittlichen Vorbilder
allein, noch mehr aber die praktischen Reformen eines Julian be=
weisen es, daß ohne die christlichen Ideen einmal nichts mehr auf
diesem Gebiete anzufangen und zu erreichen war. Seine Maßnahmen
bekunden den Sieg des Neuen am schlagendsten und führen zur
Erkenntniß, wo die eigentliche Stärke des Christenthums lag. Denn,
während im Uebrigen die rivalisirenden Bestrebungen wenigstens bei
der eigenen Partei einigen Erfolg hatten, und die polemischen An=
griffe vielleicht dem Christenthum einigen Abbruch thaten, so prallten
hier alle Angriffe ab und wurde es sofort klar, daß ein Rivalisiren
auf diesem Gebiete nicht bloß vergeblich, sondern sogar lächerlich
und für die eigene Sache schädlich sei.

2. Denn das ist eben der bleibende Werth der von uns
durchlaufenen Literaturperiode, daß sie uns jenen geistigen Kampf
und die damit verbundenen Erschütterungen und geistigen Gährungs=
zustände vorführt. Während die Geschichte der Welt, des Rechtes
und der Politik mehr die äußeren Wirkungen und entfernteren
Schwingungen, die er hervorbrachte, uns zeigt, führt jene Literatur
in das Innere und eröffnet uns einen Blick in das Getriebe
und die bewegenden Kräfte, soweit nicht die Lückenhaftigkeit der
Quellen daran hindert. Nebst dem gewährt sie uns mancherlei
Aufschlüsse über historische Verhältnisse und gibt uns Beweise für
verschiedene Lehren der Religion an die Hand, worauf wir bei Ge=
legenheit hingedeutet haben. Immerhin aber gehört Vorsicht, Sach=
kenntniß und Umsicht dazu, um bei derartigen Rückschlüssen keine
Fehlgriffe zu thun, und ein Kompendium der christlichen Glaubens=
lehre läßt sich nicht aus jenen Quellen schöpfen. Daß dieses und
warum es nicht möglich ist, wird jedem einleuchten, der uns bis
hieher gefolgt ist, und es würde sogar überflüssig sein, es zu be=
merken, wenn dieser Irrthum nicht wirklich schon vorgebracht wor=
den wäre.

3. Von dieser Ansicht geht nämlich Richard von der Alm
aus, der die Zeugnisse der heidnischen und Jüdischen Schriftsteller

über Jesus und die erſten Chriſten ausdrücklich dazu verarbeitet
hat, um die gebildeten Deutſchen in der Frage über die Gottheit
Jeſu zu orientiren.[1]) Das kann allerdings geſchehen und auch für
uns ſind jene Zeugniſſe zu dieſem Zwecke brauchbar, nur über das
wie ſind wir mit Herrn v. d. Alm ſehr wenig einverſtanden.
Uns ſind dieſe Zeugniſſe deshalb von Wichtigkeit, weil ſie uns das
Daſein irgend eines beſtimmten Glaubens bei den damaligen Chri=
ſten bezeugen. Und was die Frage nach der Gottheit Jeſu insbe=
ſondere angeht, ſo bekennen wir ganz umſonſt gearbeitet zu haben,
wenn nicht, um von ſpäteren Polemikern zu ſchweigen, ſchon aus
den Bemerkungen des Celſus mit der größten Klarheit ſich ergäbe,
daß die chriſtliche Kirche ſeiner Zeit gelehrt und geglaubt habe,
Chriſtus ſei der Sohn Gottes. Das halten wir feſt; anders freilich
faßt v. d. Alm die Sache an. Er ſetzt zuerſt in Betreff der hei=
ligen Schrift die bekannten Ideen aus einander, daß die Evange=
liſten keine Augenzeugen der von ihnen erzählten Begebenheiten ge=
weſen ſeien, ſondern nur eine gemeinſame Griechiſche Originalſchrift
zu ihren Darſtellungen benutzt hätten. Danach bleibt ihm von den
Nachrichten über Jeſus wenig Glaubwürdiges übrig, und nachdem
ſich v. d. Alm zu den älteſten Kirchenſchriftſtellern gewendet, in
der Hoffnung, hier Nachrichten zu erhalten — ſo ſteht wörtlich
da — findet er ſich in dieſer Erwartung getäuſcht. „Bei dieſer
Unvollſtändigkeit der bibliſchen Nachrichten über das Leben Jeſu,“
fährt er dann fort, „fragt man billig, hat es keine Römiſchen, Grie=
chiſchen und Jüdiſchen Schriftſteller in jener erſten chriſtlichen Zeit
gegeben, welche ſich über die Perſönlichkeit Jeſu ausſprachen? Was
iſt ihr Urtheil?“[2]) Und von ihnen erwartet v. d. Alm zuver=
läſſigere Nachrichten, als von den erſten Chriſten, welche faſt ſämmt=
lich den ungebildeten Ständen angehörten.

4. Es iſt nun ſeine Abſicht, dieſe Urtheile zuſammenzuſtellen.
„Was wir daraus erfahren“, bekennt er gleich Eingangs, „iſt wenig,
aber das Reſultat iſt immer ein bedeutendes.“[3]) Ganz recht! So
haben wir ja gefunden, daß die klaſſiſchen Schriftſteller des erſten
Jahrhunderts nur einige gelegentliche hiſtoriſche Nachrichten vom

---

1) Siehe oben S. 17. Anm. 3. — 2) S. 7. — 3) S. 8.

Christenthum und den Christen geben und wir haben auch den
Gründen dieser Erscheinung nachgeforscht. Wir sind darum auch
nicht im Stande, die klagende Verwunderung des Herrn v. d.
Alm zu theilen, womit derselbe ausruft: „Es weiß keiner dieser
Männer etwas davon, daß irgend ein Römer, Grieche oder Jude,
der sich zu Lebzeiten Jesu in Palästina aufhielt, von den großen
Wundern, die von Jesus oder an seiner Person geschehen sein sollten, etwas bemerkt hätte; sie erklären alle diese Dinge, die doch
zum Theil, wie der Gesang der Engel am Himmel bei der Geburt
Jesu, die Auferstehung der Todten bei der Kreuzigung und Himmelfahrt ꝛc. von einer Art waren, daß sie das ganze Land in Aufregung hätten versetzen müssen, für Erfindungen einer beschränkten und
unlautern Gesinnung der Christen und sind einstimmig in dem Urtheile, daß die Vergötterung des Galiläischen Rabbi ein grober
Aberglaube eines Häufleins ungebildeter Schwärmer gewesen sei."

5. Also solches erklären die Römer, Griechen und Juden, die
sich zu Lebzeiten Jesu in Palästina aufhielten! Wir müssen nur
immer genau auf die Personen achten, von welchen Herr v. d.
Alm spricht, dann werden wir ihn bei manchem Hokuspokus ertap-
pen. Denn, wenn Celsus und noch spätere Schriftsteller etwas Aehnliches sagen, so sind das doch keine Leute, die zu Lebzeiten Jesu in
Palästina waren. Und nachdem v. d. Alm seinen Lesern die
Zeugnisse der Heiden bis zum fünften Jahrhundert vorgelegt und
die betreffenden Stellen aus dem Talmud und dem Büchlein Toldoth Jeschu ganz gegen den Titel seines Buches, wo nur von den
ersten vier Jahrhunderten die Rede ist, vermuthlich als Gratis-Bei-
lage gegeben hat, läßt er das als Zeugnisse der Zeitgenossen
Jesu paradiren.[1]) So gedankenlos das alles ist, so vermögen wir
uns doch einiger Maßen in den Gedankengang des Verfassers zu
versetzen. Er hat seine kritischen und historischen Anforderungen bis
zu dem Grade gesteigert, daß er wo möglich für jede Nachricht der
Evangelisten eine Bestätigung bei einem heidnischen oder Jüdischen
Schriftsteller verlangt und meint, wenn Jesus in Palästina Wunder
wirkte, so müßten alle Schriftsteller jener Zeit voll davon sein. Er

1) S. 162.

vergißt nur, daß sie nicht im Zeitalter der Publicität, der Zeitun=
gen, der telegraphischen Depeschen und der Eisenbahnen lebten und
daß sie weder Lust noch Beruf hatten, ja, nicht einmal in der Mög=
lichkeit waren, uns die Nachrichten zu geben, wie sie v. b. Alm
erwartet. Und wenn sie dieselben gäben, würde er ihnen dann
glauben? — Schwerlich. — Er würde schon kritische Handgriffe ausfin=
dig machen, um sie zu beseitigen. Der gute Mann stößt sich nur immer
daran, daß jene Schriftsteller so geringschätzig über das Christenthum
urtheilen. Wir hingegen finden das so wenig auffallend, als den
an sich freilich bedauerlichen Umstand, daß Herr v. b. Alm selbst
so geringschätzig vom Christenthum spricht. Denn sie waren eben
dessen Feinde so gut wie v. b. Alm, und noch dazu Heiden.

6. Da derselbe leider kein Einsehen davon hat, daß die ge=
lehrten Gegner eben indirekt manche und gerade die wesentlichsten
Wahrheiten des Christenthums bezeugen, so wäre es nur zu wün=
schen, daß er seinen Strauß, von welchem er ja eigentlich seine
ganze Weisheit hat, aufmerksamer gelesen hätte. Denn dieser sagt:
„Was die Griechischen und Römischen Schriftsteller betrifft, so kann=
ten und beachteten sie das, was in Palästina vorging, so wenig,
daß sie uns über die das Christenthum vorbereitenden Umstände
keinen Aufschluß geben; von dem Christenthum selbst aber zeigen
sie erst von da an eine genauere Kenntniß, als es die Gränzen
Palästina's längst überschritten hatte."[1] Derselbe Strauß würde
ihm, wenn er sonst geschichtlicher Einsichten fähig wäre, auch gesagt
haben, warum z. B. Flavius Josephus nicht vom Messias spricht.[2]
In seiner Gedankenlosigkeit äußert v. b. Alm selbst einmal seine
Verwunderung darüber,[3] daß die heidnischen Schriftsteller, auch
als die Christen sich schon weit verbreitet hatten, von der neuen
Sekte nur sehr selten Notiz nehmen und die Mehrzahl der Autoren
sie mit völligem Stillschweigen übergeht. Da hätte er sich denn
doch sollen über die Ursachen dieser Erscheinung belehren, anstatt
solch ungewaschenes Zeug in die Welt hineinzuschreiben! Aber es
scheint, daß er sich das sonderbare Vergnügen, alle Stellen zu sam=
meln, wo die Heiden über Jesus und die Christen schimpfen, ein=

---

1) Leben Jesu, 3. Aufl. S. 166. — 2) Ebendas. — 3) S. 10.

mal nicht verſagen konnte, und da man des Guten nie zu viel thun kann, ſo hat er denn auch eine Stelle des Rhetors Ariſtides,[1]) wo dieſer über gewiſſe habſüchtige Menſchen klagt, eiligſt auf die Chriſten bezogen, obwohl dieſelben ſo wenig gemeint ſind, als Herr v. d. Alm. Wir halten dafür, daß v. d. Alm in hiſtoriſcher und theologiſcher Beziehung auf ſeiner Reiſe durch die vier erſten Jahrhunderte total aus den Schienen gerathen iſt, vielleicht hat er in politiſcher Hinſicht mehr Erfolg. Wir ſchließen dieſes Referat mit dem Wunſche, daß er mit Zugrundelegung der oben von uns angeführten Stellen aus Juſtin, Tacitus u. a. eine Geſchichte des Judenthums, wofür er ſo ſehr eingenommen iſt, nach demſelben Zuſchnitt anfertigen möge, vielleicht könnte bei „den gebildeten Deutſchen und dem unabhängigen gebildeten Bürgerſtande“ etwas damit zu profitiren ſein.

7. So viel zur Abwehr dieſes wunderlichen Mißbrauchs, der mit unſerem Gegenſtande getrieben wurde. Wir können den letzteren jedoch nicht verlaſſen, ohne uns die Frage aufzuwerfen: wie verhält ſich der Unglaube unſerer Tage zu den Polemikern jener alten Zeit und welche Fortſchritte ſind ſeitdem in dieſer Richtung gemacht worden? Um uns dieſe Frage zu beantworten, müſſen wir etwas zurückgehen auf die Entſtehung und Entwicklung der ungläubigen Theologie, wie dieſelbe ſich im Schoße des Proteſtantismus gebildet hat. Sie iſt weiter nichts als ein auf das Gebiet der Theologie verpflanzter Ableger der deiſtiſchen Philoſophie, deren Hauptgrundſatz der war, daß die menſchliche Vernunft die einzige und ausſchließliche Quelle der Erkenntniß ſei. Ihr Verhältniß zur chriſtlichen Religion war mithin ein ſehr einfaches; was von deren Lehrinhalte mit der reinen Vernunft begreiflich iſt, das ließ ſie gelten, natürlich aber nicht inſofern es aus göttlicher Offenbarung herrührte, ſondern inſofern es eben von der Vernunft auch als das Ihrige wiedererkannt wird. Was dagegen über die reine Verſtandeserkenntniß oder die natürliche Ordnung der Dinge hinausgeht, das wird einfach abgewieſen, als nicht aus dem einzig richtigen Erkenntnißprinzip hervorgegangen und deshalb ünmöglich und unſtatthaft. Auf eine Unter=

---

1) Phot. Bibl. cod. 248.

suchung der Gründe, woraufhin das Christenthum eine übernatür=
liche Offenbarung behauptet und für seine Lehren Glaubenswürdig=
keit in Anspruch nimmt, hatte sich dieser philosophische Unglaube
nicht weiter einzulassen.

8. Anders wurde es, als die deistische Denkart seit Semler
(1725—1791) in die Theologie eindrang. An eine Verschmelzung
und Aussöhnung mit dieser war bei der Unverträglichkeit der Prinzi=
pien nicht zu denken, wohl aber mußte allmählich eine gänzliche
Zersetzung und Zerstörung des Glaubens erfolgen. Die Theologen
dieser Richtung, die sog. Rationalisten, leugneten mit mehr oder
weniger Consequenz alles Uebernatürliche und Unbegreifliche in der
Religion, ja sie gaben nicht einmal eine andere Offenbarung Gottes
zu als die rein natürliche, welche in allen Menschen geschieht. Der
Rationalismus unterscheidet sich also im Wesen gar nicht von dem
Unglauben, er tritt nur deswegen als eine andere Gestaltung des=
selben auf, weil er sich die Mühe nimmt, mit dem Christenthum,
insofern es eine gegebene historische Erscheinung ist und seine Dog=
men auf geschichtlichen Thatsachen beruhen, sich auseinanderzusetzen.
Sein Bestreben, welches in Wahrheit kein anderes sein konnte, als
das Uebernatürliche aus der Religion hinauszuschaffen, gestaltete
sich im Aeußern zu dem Erweise, daß die Offenbarung Gottes nicht
das sei, wofür sie gehalten werde, sondern daß sie mit der mensch=
lichen Vernunft übereinstimme und nicht über dieselbe hinausgehe.
Es fiel ihm mithin als theologische Aufgabe die Arbeit zu, darzu=
thun, daß die Quellen der christlichen Lehre, die Urkunden der hei=
ligen Schrift nichts Unbegreifliches lehren, nichts Uebernatürliches
erzählen wollen und daß die Stellen oder Schriften, wo dennoch
solches gelehrt oder erzählt wird, entweder in bildlichem oder sonst
einem andern Sinne zu verstehen, oder aber, wenn diese Erklärung
gar nicht anzubringen war, daß sie unecht und untergeschoben seien.
Der sittliche Lehrgehalt des Christenthums hingegen konnte beste=
hen und Christus als sittliches Ideal nicht bloß unangetastet blei=
ben, sondern sogar gebührender Maßen verherrlicht und bewundert
werden.

9. Dieser Arbeit hat sich denn auch der Rationalismus nicht
entzogen, sondern mit Deutscher Gründlichkeit ihr obgelegen. Der

Hauptstein des Anstoßes waren neben gewissen unbegreiflichen Dog=
men natürlich immer die Wunder. Wenn Christus und die Apostel
wirklich Wunder gethan haben, so waren sie auch wirklich Gesandte
Gottes und man mußte ihren Worten glauben, mochten sie auch
Dinge lehren, die über das Fassungsvermögen des Menschenver=
standes hinausgingen. Und abgesehen von dieser Consequenz, war
auch das Wunder an sich eben als etwas Uebernatürliches dem
dürren Rationalismus zuwider. Man mußte also, da die heilige
Schrift ja schon dem Herkommen und der Gewohnheit zu Liebe
Geltung und Recht behalten sollte, nachweisen, daß keine Wunder
im eigentlichen Sinne darin vorkämen. Und zu diesem Zwecke
scheute man keine Anstrengung; aber dennoch hat die Zeit nun
auch dem blödesten Verstande gezeigt, daß alle diese Mühe vergeblich
gewesen sei. Denn, wenn es auch gelang, manche Wunder in sym=
bolische Vorgänge aufzulösen, wenn sich hier und da auch einiges
Scheinbare beibringen ließ, um das eine oder das andere Wunder
auf natürliche Weise zu erklären, als magnetische Kur, als Wirkung
sympathetischer Mittel, als außergewöhnlichen geistigen Einfluß des
Wunderthäters auf den Kranken, als Resultat genauerer Kenntniß
und glücklicher Anwendung der natürlichen Heilkräfte, die nur bei
dem damaligen niedrigen Stande der medizinischen Wissenschaft solche
Verwunderung erregen konnte, — wenn das alles in den einzelnen
Fällen auch zugegeben werden müßte, so blieben doch immer noch
andere Wunder in der heiligen Schrift übrig, bei welchen jede solche
Erklärung entschieden versagte. Wollte man z. B. die Auferweckung
des Lazarus für die bloße Wiederbelebung eines Scheintodten oder
die Auferstehung Jesu für ein Wiedererwachen aus einer dem Tode
ähnlichen Betäubung ausgeben, so mußte man den Text nicht etwa
bloß gewaltsam umdeuten, sondern ihn gerade das Gegentheil von
dem sagen lassen, was er wirklich sagt. Bei noch anderen Wundern,
z. B. bei der Himmelfahrt Jesu, ist durch die Beschaffenheit des er=
zählten Ereignisses selbst auch die bloße Möglichkeit, eine natürliche
Erklärung anzubringen, von vornherein abgeschnitten, und man war
bei dergleichen Wundererzählungen gezwungen, entweder darüber
stillschweigend hinwegzugehen oder sie zu leugnen.

10. Es ist zu verwundern, wie sich ein System, das eine solche Halbheit ist und in einem solchen Maße sich des Selbstbetruges und der Lüge bedienen mußte, so lange behaupten konnte, wie sich der vulgäre Rationalismus behauptet hat. Erst nachdem viele Gelehrte ihr Leben diesem vergeblichen Bemühen gewidmet hatten, brach sich allmählich die Ueberzeugung Bahn, daß man umsonst arbeite, daß die heilige Schrift wirklich Wunder erzähle und erzählen wolle und es ein zweckloses Bemühen sei, alle übrigen Wunder aus ihr hinausgedeutet zu haben, wenn auch nur eines übrig bleibt, was man nicht beseitigen kann. Diese Erkenntniß von der Halbheit und Verkehrtheit des ganzen Verfahrens drang endlich durch und es wurde dem Rationalismus von Leuten des eigenen Lagers so zu Leibe gegangen, daß er nicht mehr auferstehen wird, sondern für ein gründlich überwundenes Stadium zu halten ist.

11. Der Rationalismus hat also seine Aufgabe, den historischen Bestand des Christenthums mit dem Unglauben zu vereinigen oder auch zu dessen Gunsten zu verflüchtigen, nicht gelöst. Er mußte daher einer anderen Richtung Platz machen, die zwar von ihm gezeugt und groß gezogen, sich doch gegen ihn kehren und ihm ein Ende machen mußte. Es ist die von Chr. Baur vorbereitete und angebahnte und von D. Fr. Strauß durchgeführte kritische Behandlungsweise der Thatsachen der Offenbarung. So wenig Jahrzehnte und so wenig Vertreter diese neue Gestaltung auch erst zählt, so scheint sie doch im Leben Jesu von Strauß ihre volle Ausbildung, ihren consequentesten Ausdruck, die Fülle ihrer Kraft erreicht zu haben. Ein weiteres Vorgehen auf dieser Bahn scheint nicht möglich, das Ziehen von weiteren Consequenzen nicht denkbar zu sein. Es ist nöthig, auf diese Erscheinung, welche durch ihre Entschiedenheit, Klarheit und Rückhaltlosigkeit ohne Widerrede die wichtigste ihrer Art ist, noch etwas einzugehen.

12. Da Strauß „für die Befreiung der Geister von religiösem Wahn, für rein humane Bildung des Volkes sorgen" will, so hat er erkannt, „daß er die Pfaffen nicht eher aus der Kirche schaffen könne, bis er das Wunder aus der Religion geschafft habe."[1] Das

---

[1] Leben Jesu. 3. Aufl. S. XIX.

Wunder und seine Möglichkeit bildet den Ausgangspunkt seines Systems, und wenn wir dieses verstehen wollen, so müssen wir uns zuvor seine Ansicht vom Wunder klar machen. „Unter einem Wunder, sagt er,[1]) versteht man insgemein ein Geschehen, das aus dem Wirken und Zusammenwirken endlicher Ursächlichkeiten unerklärlich, als unmittelbare Einwirkung der obersten, unendlichen Ursache oder Gottes selbst erscheint, zu dem Zwecke, Gottes Wesen und Willen in der Welt zu bethätigen, insbesondere einen göttlichen Gesandten in der Welt einzuführen, in seinem Thun zu leiten und hauptsächlich bei den Menschen zu beglaubigen." Ein solches Ereigniß erklärt er rundweg, ohne sich mit Beweisen aufzuhalten, für unmöglich, und zwar so, daß er uns versichert, er würde, wenn jemand, der so eben ein Wunder mit angesehen hätte, es ihm erzählte, einem solchen auf den Kopf sagen, er fasele, wenn er ihn auch sonst als einen Biedermann kenne.[2]) Damit gibt er hinlänglich zu verstehen, daß die Unmöglichkeit des Wunders für ihn Voraussetzung sei, von der er, ohne sie zu beweisen, als von etwas Gewissem ausgehen könne, und daß die eigentliche Entscheidung des Streites auf einem anderen Gebiete als dem historischen oder exegetischen erwartet werden müsse. Die Grundverschiedenheit kommt zum Vorschein, wenn die Frage nach dem Wesen und der Persönlichkeit Gottes aufgeworfen wird. Der Gott, den der Glaube lehrt, ist eine Persönlichkeit, er hat die Welt frei erschaffen und ihre Gesetze gegeben, er steht frei über ihr und ihren Gesetzen, er kann diese jederzeit durch seinen Willen aufheben, wenn eine zureichende und vernünftige Ursache vorhanden ist, und als ein solcher zureichender Grund gilt das Heil des Menschen und dessen Belehrung. Der Gott, an den Strauß glaubt, vermag nichts über die Natur; wenn er sie geschaffen hat, was noch die Frage ist, so muß er sie so lassen, wie sie ist, gleichviel aus welchem Grunde. Strauß spricht in seinem Leben Jesu den Pantheismus, — denn das ist sein System — nirgends aus, sondern sucht ihn eher zu verstecken, aber wer das System kennt, der weiß, daß es nur der pantheistische, unpersönliche und unfreie

---

1) S. 146. — 2) S. 149.

Gott ist, der keine Wunder wirken kann. Die eigentliche Streitfrage
ist also keine historische, sondern eine philosophische, und es bleibt
immer eine wissenschaftliche Unredlichkeit, das eigentliche Prinzip,
ohne es auch nur klar auszusprechen, als eine ausgemachte Sache
einzuschwärzen, um damit auf einem völlig anderen Gebiete die gewünschten Resultate zu erzielen.

13. Von dieser Grundlage aus wird nun von Strauß das
Leben Jesu hergerichtet, wie es nach seiner Meinung den Anforderungen der Geschichte entspricht. Denn das Leben des Stifters der
Religion ist immer der Punkt, an welchem sich alle solche Systeme
zuerst versuchen. Das liegt auch in der Natur der Sache, da im
Leben Jesu das Wunder und die dogmatische Thatsache sich durchdringen und je nach dem Begriffe, den man sich vom historischen
Christus macht, der Begriff von der Kirche und ihrer Lehre wird
ausfallen müssen. Von den Straußischen Voraussetzungen aus erscheint uns nun Christus durchaus als ein bloßer Mensch, wenn
er auch in vielen Beziehungen interessant und ausgezeichnet war;
alles Uebernatürliche und Wunderbare, womit er im christlichen
Glauben und der heiligen Schrift umgeben erscheint, ist als bloßer
Mythus abgestreift. Im Interesse der Sache aber darf dieses Resultat nicht als eine nothwendige Folge von Straußens philosophischer Grundidee, von seinem Pantheismus erscheinen, sondern als
ein Ergebniß ganz objektiver, historischer Forschung. Darum sucht
Strauß uns auf historischem Wege darzuthun, daß Christus erst
nach seinem Tode von seinen Anhängern, zuerst besonders von Paulus
vergöttert worden, daß sich allmählich eine biographische Literatur
ausgebildet habe, worin diese Vergottung ihren Ausdruck fand,
nämlich die drei Evangelien von Matthäus, Markus und Lukas,
die alle aus einer kürzeren und einfacheren Urschrift geflossen seien,
und daß endlich der vierte Evangelist der Menschenvergötterung den
Gipfel aufgesetzt habe. Dieses System nun sucht Strauß mit Benutzung aller wirklichen und vermeintlichen Resultate der Einleitungs-
wissenschaft und der Kritik historisch zu begründen und an Consequenz, Klarheit und Schärfe fehlt es ihm wahrlich nicht. Nachdem
er mit einem großen Aufwand von Gelehrsamkeit sich bemüht hat,
den Evangelien alle äußeren Zeugnisse und Beglaubigungen unter

ben Füßen wegzuziehen, gesteht er[1]) unumwunden: „Möchten bei
ben Evangelien die Zeugnisse für ihre apostolische Abfassung noch
so alt und einstimmig sein, wir würden ihnen doch keinen
Glauben schenken, weil der Augenschein widerspricht." Wozu also
diese Spiegelfechterei mit historischen und kritischen Nachweisen, wenn
man es selbst gesteht, daß alle diese Deduktionen nur im Dienste
einer von vornherein als feststehend angesehenen Theorie gemacht
werden. Aber abgesehen davon, hat Strauß in seiner Kritik des
Guten zu viel und zu wenig gethan. Zu wenig namentlich, weil er
sich ganz einseitig nur auf die vier Evangelien wirft und die übrigen
kanonischen Schriften nicht berücksichtigt. Daher hat er seine Aufgabe
nicht gelöst; denn diese Schriften hängen durch vielfache äußere
und innere Gründe zusammen, und wenn auch nur die Apokalypse
und einige Paulinische Briefe als echte apostolische Schriften durch
sein kritisches Sieb hindurch gehen, so ist das für uns schon genug.
Und endlich ist das Christenthum doch auch nicht in die Welt
hineingeschneit, sondern unter gewissen historischen Umständen und
unter gewissen Vorbedingungen ins Dasein getreten. Folglich wäre
er es dem Publikum schuldig, auch die Geschichte des Jüdischen
Volkes und das ganze alte Testament kritisch zu verarbeiten, und
nicht bloß das, sondern auch anzugeben, aus welchen anderen Be-
bingungen und Faktoren, nach Verwerfung der gewöhnlich angenommenen Ursachen, denn das Christenthum entstand und entstehen
mußte. Seine desfallsigen Erklärungen genügen aber höchstens
bem, der eben so fest an der pantheistischen Grundlehre hält, als
Strauß selbst.

14. Hinsichtlich des Lebens Jesu nun sind wir nach Strauß
in der übelsten Lage, in welcher ein Historiker sein kann, indem
wir anstatt zuverlässiger Geschichtsquellen nur ein Gewebe von My=
then vor uns haben. Ein Anderer würde sich mit diesem Resultate
genügen lassen und diesen mythischen Christus sein lassen, wie er
will, Strauß aber glaubt die hinter diesem mythischen Christus ver=
borgene wirkliche Person enthüllen zu müssen. Da wir aber sonst keine
Quellen über das Leben Jesu haben, so bleibt ihm nichts anderes

---

1) S. 622.

übrig, als aus den Evangelien selbst den wahren historischen Kern
auszuscheiden. Es bleiben ihm nun nach Wegräumung der mythi=
schen Schlinggewächse wirklich einige historische Thatsachen übrig,
nämlich, daß Jesus geboren und gestorben ist; sein Tod namentlich
ist für Strauß „das allergewisseste“.[1] Jesus war ferner ein sanfter,
reiner Charakter und hatte sich vermöge der Geburt und Erziehung
in Galiläa eine reinere Gotteslehre gebildet, als die landläufige der
Juden. Da er seinem Volke diese beibringen wollte, und sich bei
ihm der Glaube gebildet hatte, er sei der Messias, auf welchen sein
Volk damals hoffte, so kam er mit der Hierarchie des Judenthums
in Collision und fiel ihr zum Opfer. Das soll denn in Kürze der
historische Niederschlag aus den Evangelien sein. Aber die Evan=
gelien geben ihn auch nur dann, wenn sie mit den Straußischen
Reagentien behandelt werden. Er hat übrig gelassen, was gerade
seiner Subjektivität entspricht; denn eine andere als eine rein sub=
jektive Richtschnur ist für einen solchen Ausscheidungsprozeß nicht
denkbar, und wer auch immer über die Evangelien dieselbe Ansicht
wie Strauß hegte, könnte sich doch mit demselben Rechte ein ganz
anderes Leben Jesu aus ihnen herausspinnen als Strauß.[2] Das
eine hätte für die Geschichte und Religion genau so viel Werth als
das andere, nämlich keinen.

15. Uebrigens hat er mit dem Grundsatze: Jesus war ein
Mensch und nichts weiter, vollen Ernst gemacht. Während sonst die
Leute dieser Richtung doch noch ein sittliches Ideal oder einen be=
sonders begnadigten Menschen an ihm übrig ließen oder gar den
Gipfelpunkt der Erscheinung des Göttlichen im Menschen in ihm aner=
kannten, verwahrt sich Strauß ausdrücklich dagegen, daß ein ein=
zelnes Individuum die Idee der Gesammtheit in sich verwirklichen
könne. Jesus ist nur ein einzelner Ausdruck des Ideals der Mensch=
heit, welches der Vernunft vorschwebt. „Es sei nicht zu verkennen,“
sagt er, „daß in dem Muster, wie es Jesus in Lehre und Leben
darstellte, neben der vollen Ausgestaltung einiger Seiten andere nur

---

1) S. 268. — 2) Er weiß manchmal selbst nicht, was er mit einzelnen Vorgän=
gen anfangen soll. Besonders die Behandlung der Geschichte des kananäischen Wei=
bes, Mark. 7, 24, S. 620, gibt eine Probe seiner Willkür. Vgl. S. 279.

schwach umrissen oder auch gar nicht angedeutet sind. Voll entwickelte sich alles, was sich auf Gottes= und Nächstenliebe, auf Reinheit des Herzens und Lebens der Einzelnen bezieht; aber schon das Leben in der Familie tritt bei dem selbst familienlosen Lehrer in den Hintergrund, dem Staate gegenüber erscheint sein Verhältniß als ein lediglich passives, dem Erwerb ist er nicht bloß für sich, seines Berufes wegen abgewendet, sondern auch sichtbar abgeneigt, und alles vollends, was Kunst und schönen Lebensgenuß betrifft, bleibt völlig außerhalb seines Gesichtskreises."[1] Somit habe Jesus in seiner Vollendung als Messias und Ideal der Menschheit wesent= liche Lücken, und es sei eine Ergänzung des Bildes, sowohl aus anderen Volksthümlichkeiten, als aus anderen Zeit=, Staats= und Bildungsverhältnissen erforderlich, welche zum Theil erst der weiteren Entwicklung der Menschheit und ihrer Geschichte vorbehalten sei.[2] Also kann Jesus z. B. nicht für unser Jahrhundert als Messias oder Ideal gelten, schon aus dem Grunde, weil er nicht auch ein reicher Industrieller gewesen ist. Wenn demnach Jesus auch das Verdienst besitze, das Prinzip der Humanität aus dem Hellenenthum und den Glauben aus dem Judenthum entnommen und in Eins verschmolzen zu haben, so verleihe ihm das wohl eine weltgeschicht= liche Bedeutung für alle Zeiten, aber doch noch keine durch nichts zu überbietende Ausnahmestellung in religiöser Beziehung. Er sei auch in dieser Beziehung so wenig unübertrefflich, als Sokrates in der Philosophie.

16. Ein unverdientes, aber nicht unerklärliches Aufsehen hat Renan's Buch vom Leben Jesu gemacht. Während er an Kennt= nissen, an Klarheit und wissenschaftlicher Exaktheit unendlich unter Strauß steht, hat er doch enormes Glück gemacht. Strauß ist ob= jektiv, nüchtern, klar und bündig; Renan, ein sentimentaler Faseler, der an nervöser Gereiztheit, weichlicher Genußsucht und moderner Ueberbildung kränkelt. Auch für ihn ist Jesus nur ein Mensch, aber „ein Mann von der höchsten Bedeutsamkeit; er hat die Religion in der Menschheit gestiftet und seine Schöpfung kann man die defi= nitive Religion nennen." Renan stellt Jesus auf den Gipfel der

---

1) S. 622. — 2) S. 626.

menschlichen Größe, ja er legt ihm eine Größe bei, die der gewöhn=
liche Mensch für Wahnsinn ansieht. Denn „die beschränkten Vor=
stellungen, welche heut zu Tage über den Wahnsinn verbreitet sind,
leiten unsere historischen Urtheile in Fragen dieser Art auf die un=
verantwortlichste Weise irre. Ein Zustand, in welchem man Dinge
sagt, deren man sich gar nicht bewußt ist, in welchem der Gedanke
sich darstellt, ohne daß der Wille ihn ruft und regelt, setzt jetzt den
Menschen der Gefahr aus, als Irrsinniger unter Vormundschaft
gestellt zu werden, früher dagegen nannte man das Weissagung und
Inspiration. Die schönsten Thaten der Welt sind im Fieberzustande
geschehen."[1]) Das würden wir von dem Werke Renan's selbst
gern und unverzüglich zugeben, selbst auf die Gefahr hin, es
damit als zu den schönsten Thaten der Welt gehörig zu erklären.
Während Renan Jesus von Seiten der natürlichen Begabung
und erlangten Erfolge so hoch stellt, tritt das moralische Ideal
zurück, ja der moralische Charakter seines Jesus ist sogar ein un=
reiner und unedler. Anders ist es bei dem französischen Lutheraner
Colani, der auch einen „wirklichen, menschlichen Christus" braucht,
ihm aber die moralische Vollkommenheit beilegt. Coquerel, Sche=
rer und Keim sind ebenfalls im Verwerfen der kirchlichen Lehre
von der Person Christi einig, stehen derselben aber näher als die
eben genannten und huldigen durchaus der Halbheit.[2]) Das Cha=
rakterbild Jesu von Schenkel ist aber unstreitig das wunderlichste
Gebilde dieser Kategorie; da es aus dem Tübinger Kriticismus, aus
Ueberbleibseln des Rationalismus, aus übernatürlichen Lehren des
Christenthums, den eigenen Schenkel'schen Begriffen von Humanität,
und demokratischem Sauerteig zusammengeknetet ist, so entzieht es
sich gänzlich dem Tribunal wissenschaftlicher Kritik und ist schlechter=
dings nichts mehr mit ihm anzufangen. Das einzige Greifbare in
diesem Wirrwarr ist die demagogische Tendenz und die Absicht,
Christus als echten Volksmann und Feind der höheren Klassen der
Gesellschaft, besonders der Hierarchen hinzustellen.

17. Diese Uebersicht über die antichristliche Literatur unserer

---

1) S. das Schlußkapitel seines Lebens Jesu. — 2) S. Luthardt, die mo=
dernen Darstellungen des Lebens Jesu. Leipzig, 1864.

Tage genügt schon, um festzustellen, daß ihre Richtung dahin geht, Christus als einen bloßen Menschen oder höchstens als einen ausgezeichnet begabten Mann gelten zu lassen. Und so ist denn der Unglaube in der Sache selbst da angekommen, wo er angefangen hat. Denn auch die alten Gegner des Christenthums stehen, wo sie etwas Leibliches und Brauchbares dagegen sagen, immer auf dem rein rationellen Standpunkte. Wir brauchen das von dem von Strauß nicht ungern citirten Celsus [1]) nicht weiter auszuführen, sondern nur an die betreffenden Punkte wieder zu erinnern. Auch ihm gilt Jesus nur als ein bloßer Mensch und er bemüht sich, es nachzuweisen; das ist, wie oben gezeigt, sein eigentlicher Standpunkt, auf welchen er, obschon seine Haltung in Betreff des Einzelnen schwankend ist, stets unwillkürlich zurückkommt. So behauptet er die bloß natürliche Geburt Jesu, und er hat offenbar das ganze Leben Jesu in diesem Sinne behandelt. Denn überall, wo in den erhaltenen Fragmenten von einem übernatürlichen, wunderbaren Vorgange im Leben Jesu die Rede ist, sucht er ihn als ein wissentliches, lügenhaftes Vorgeben Jesu oder als einen wissentlichen Betrug seiner Jünger hinzustellen. Das Vorherwissen des Zukünftigen, sowie die Auferstehung Jesu verwirft er schlechthin als unwahr und behauptet die Unmöglichkeit, daß Gott den Lauf der Natur ändern könne, fast mit demselben Nachdruck, wie Strauß. Dagegen scheint er die Erzählungen des alten Testamentes mit den Götterfabeln der Heiden auf völlig gleiche Linie zu stellen, gerade wie es Strauß mit der kirchlichen Lehre vom Leben Jesu macht. Zu bemerken ist also, daß er dieses Verfahren nicht auf das Leben Jesu anwendet und daß er, wo er von der Gottheit Jesu spricht, dieselbe nirgends auf eine bloße nachträgliche Vergötterung desselben durch seine Jünger und Anhänger zurückführt, was ihm sehr nahe gelegen hätte, [2]) sondern überall zu erkennen gibt, er glaube, daß Jesus selbst sich schon für Gott ausgegeben habe. Damit ist dem Strauß'schen Mythicismus der Boden unter den Füßen weggenommen. Denn daraus geht hervor, daß man schon damals nicht einer

---

1) Z. B. Leben Jesu, S. 231.
2) Vgl. oben S. 51.

mythifchen Bildung, fondern einer feſten Geſtaltung, ſichern Per=
fonen und beſtimmten Behauptungen gegenüberſtand. Die mythiſche
Erklärungsweiſe empfahl ſich den, ſo zu ſagen, gleichzeitigen Geg=
nern des Chriſtenthums nicht. Sie konnte wohl nach achtzehn Jahr=
hunderten einige Ausſicht auf Beifall haben; damals konnte man
nicht damit hervortreten. So glaubt Celſus wohl, Jeſus und den
Chriſten Lug und Betrug vorwerfen zu können, an die Möglichkeit
einer mythiſchen Entſtehung ihres ganzen Glaubens denkt er nicht,
fondern ſieht Jeſus als deſſen Urheber und Stifter an; den My=
thicismus konnte er nicht geltend machen; denn man ſtand zu ſeiner
Zeit den Ereigniſſen noch viel zu nahe und hätte ihn zu leicht Lü=
gen ſtrafen können.

18. Porphyrius ſcheint ſeine Thätigkeit mehr gegen die heilige
Schrift gerichtet zu haben, und er hat Widerſprüche und Widerſin=
nigkeiten darin gefunden, troß einem rationaliſtiſchen Profeſſor. Da=
gegen bietet Julian wieder einige Parallelen, wenn ſich auch bei
der Lückenhaftigkeit, in welcher ſein Werk uns überliefert iſt, nur
wenige nachweiſen laſſen. Obwohl er für ſich und als Heide
nicht nur wundergläubig, ſondern ganz abergläubiſch war, ſtellte er
ſich doch dem Chriſtenthum gegenüber auf den Boden des Ratio=
nalismus, verwarf die Wunder und erklärte die Viſionen und Offen=
barungen der Apoſtel für Erdichtungen; die Erzählungen des alten
Teſtamentes dagegen, wie z. B. die Erzählung vom Sündenfall ſtellt
er mit den heidniſchen Mythen auf völlig gleiche Stufe. Wir ſehen
aus allem dem hinlänglich, daß die mythenähnlich unbewußte Ent=
ſtehung des Chriſtenthums wohl von einem Gelehrten erfunden wer=
den konnte, der den Ereigniſſen ſehr fern ſteht, daß aber der con=
ſequentere Standpunkt für Gegner des Chriſtenthums der iſt, den
die Alten eingenommen haben, wenn ſie Jeſus und die Apoſtel für
abſichtliche und wiſſentliche Betrüger erklärten.

19. Die Hauptaufgabe und Hauptſchwierigkeit für den Un=
glauben iſt immer die, das Chriſtenthum als eine hiſtoriſche Erſchei=
nung von ſeinem Standpunkte aus genügend zu erklären. Die alten
Polemiker haben das noch nicht recht gefühlt; ſie behandeln das Chri=
ſtenthum mehr wie eine philoſophiſche Theorie, und das entſpricht
ganz der damaligen Anſchauungsweiſe. Die Neuern erkennen ihre

Aufgabe beſſer; darum ſucht z. B. Strauß, der immer der Achilles
unter dieſen Achäern bleibt, ſeiner Hypotheſe von der mythiſchen
Entſtehungsweiſe der chriſtlichen Religion durch den Nachweis zu
Hülfe zu kommen, daß das Judenthum und das Heidenthum die
beiden geſchichtlichen Faktoren geweſen ſeien, die ſich nach und nach
ſo weit läuterten, daß ſie ſich vermählen und zu dem neuen Dritten,
dem Chriſtenthum, vereinigen konnten, daß ſie ſich einander in die
Hand gearbeitet hätten, um die neue Weltreligion hervorzubringen.[1]
Damit ſeine Leſer aber nicht etwa zu große Anforderungen an dieſen
hiſtoriſchen Nachweis ſtellen und eine überzeugende Argumentation
erwarten möchten, bemerkt er zum Voraus, daß man diejenigen
Momente, „die den Hervorgang des Chriſtenthums bedingten, nicht
in ſolcher Vollſtändigkeit nachzuweiſen im Stande ſei, daß Urſache
und Wirkung ſich entſprächen.‟[2] Das heißt denn doch mit anderen
Worten, man möge ſich mit dem Dunſte, den er in dem betreffen=
den Abſchnitte ſeines Werkes dem Leſer vormacht, begnügen.   Wir
aber laſſen uns mit ſolchen Verſicherungen nicht abfinden. Und wenn
er an einer anderen Stelle das helle hiſtoriſche Licht jener Periode
rühmt, ſo haben wir die unbeſcheidene Anſicht, daß es dann doch
auch hell genug ſein müſſe, um die wichtigſte Erſcheinung, die in
ihr vorging, die Bildung des Chriſtenthums, zu erklären. Wenn ſie
das aber nicht leiſtet, eine rein menſchliche und geſchichtliche Geſtal=
tung, wie das Chriſtenthum nach Strauß iſt, genügend zu erklären,
ſo folgt wohl nichts anderes daraus, als daß die Strauß'ſchen
Anſichten falſch ſind.

   20.   Umgekehrt glauben wir in den vorliegenden Blättern den
Beweis erbracht zu haben, daß das Heidenthum ſich für die Ehre
bedankt, welche Strauß ihm anthut, ein Faktor bei der Bildung des
Chriſtenthums geweſen zu ſein. Das Heidenthum erkannte niemals
und nirgends im Chriſtenthum Fleiſch von ſeinem Fleiſch und Bein
von ſeinem Bein, und wenn es dann und wann etwas von ihm
entlehnte, ſo waren es immer nur neue Flicken auf ein altes Kleid,
von welchem jeder gleich ſieht, daß ſie nicht darauf gehörten. Auch
kann das Chriſtenthum nicht ein Produkt der bewußtlos bildenden

---

1) S. 167. — 2) S. 165.

Sage gewesen sein; als solches ist es niemals in der Geschichte aufgetreten, sondern als eine Anstalt, die sich im Besitz einer Summe sich wesentlich gleich bleibender Lehren befand. So erschien es seinen Gegnern und als solche wird es von ihnen bekämpft. Das ist das Christenthum der Geschichte, und unser Wunsch ist es, für das geschichtliche Gefüge, welches die Religion umgibt und schützt, in diesen Zeilen einige feste und brauchbare Steine aus den Arbeiten und Bestrebungen ihrer Gegner gewonnen zu haben.

Druckfehler und Berichtigungen.

S. 31, Z. 6 v. o., lies: nichts statt: nicht.

S. 32, Z. 6 v. o., muß *) nach dem Worte „Auslegung" zu stehen kommen.

S. 52, Anm. ist irrthümlich Estius statt Malbonat genannt.

S. 113, Z. 17 v. o., lies: und ihm statt: oder ihm.

S. 115, Z. 21 v. o., lies: nach und fragte statt: nach fragte.

S. 188, Z. 26 v. o., lies: welche statt: welcher.

S. 210, Z. 3 v. u., lies: unverweslicher statt: unverweßlicher.

S. 363, Anm. 4, und sonst öfters, lies: Lasaulx statt: Lassaulx.

S. 382, Z. 15 v. o., lies: eingriffen statt: eingegriffen.

S. 384, Z. 5 v. o., lies: welcher statt welchem.

S. 395, Z. 7 v. o., lies: Plotinische statt: Platonische.

Alphabetisches Register.